**Laden Sie ihr persönliches eBook
unter wbv.de/download herunter.**
Ihr persönlicher Downloadcode lautet:
AqJ5XM6Z

Patricia Arnold, Lars Kilian, Anne Thillosen, Gerhard Zimmer

Handbuch E-Learning

Lehren und Lernen mit digitalen Medien

3. aktualisierte Auflage

© W. Bertelsmann Verlag GmbH & Co. KG
Bielefeld 2013
Gesamtherstellung:
W. Bertelsmann Verlag, Bielefeld
wbv.de

3. aktualisierte Auflage

Umschlagfoto: Jirsak/www.shutterstock.de

Bestellnummer: 6004194a
ISBN (Print) 978-3-7639-5182-6
ISBN (E-Book) 978-3-7639-5183-3

Printed in Germany

Bibliografische Information der Deutschen Nationalbibliothek
Die Deutsche Nationalbibliothek verzeichnet diese Publikation in der Deutschen Nationalbibliografie;
detaillierte bibliografische Daten sind im Internet über http://dnb.d-nb.de abrufbar.

Inhalt

Vorwort

Die Nutzung von Computer und Internet gehört heute zum Alltag der jüngeren und der meisten älteren Personen. Die Nutzung digitaler Medien hat auch bereits in allen Bildungsbereichen in Bildungsinstitutionen und Unternehmen Eingang gefunden, wofür entsprechende multimediale und internetbasierte Ressourcen und Formen des E-Learning entwickelt wurden. Dennoch besteht noch immer ein erheblicher didaktischer, qualitativer, organisatorischer und technischer Gestaltungsbedarf für erfolgreiche und effiziente Lehr- und Lernprozesse mit E-Learning. Denn oberstes Ziel jeder Nutzungsform von E-Learning, die es durch seine Gestaltung zu erreichen gilt, ist die Unterstützung aktueller, ganzheitlicher und qualitativ hochwertiger Bildungsprozesse. Schon in den 1990er Jahren war die Entwicklung multimedialer Lernsoftware auf Datenträgern und dann des E-Learnings über das Internet mit viel Euphorie vorangetrieben worden und bereits wenige Jahre später zu Beginn des 21. Jahrhunderts trat eine ebenso deutliche Ernüchterung ein. Zunächst dominierten die rasanten informations- und kommunikationstechnischen Innovationen die Entwicklungen von Multimedia und E-Learning und heute sind es die Entwicklungen von Web 2.0 und die damit eröffneten vielfältigen neuen Nutzungsformen auch in Lehr- und Lernprozessen. Nach reichhaltigen früheren und aktuellen Erfahrungen zeigt sich nun, dass die erprobte und evaluierte Entwicklung geeigneter Konzeptionen die entscheidenden Erfolgsfaktoren für die Lernplattformen, die Didaktik, die Qualität und die Organisation von E-Learning-Angeboten sind. Die technischen Innovationen bieten die Voraussetzungen, um die für erfolgreiches virtuelles Lehren und Lernen erforderliche pädagogische Infrastruktur schaffen zu können, auf deren Grundlage neue Bildungsressourcen, aufgabenorientierte didaktische Konzeptionen und Kulturen des Lehrens und selbst organisierten kooperativen Lernens entwickelt werden können.

Das hier nun bereits nach einem Jahr mit weiteren Aktualisierungen und Ergänzungen in dritter Auflage vorgelegte Handbuch thematisiert für Praxis und Wissenschaft im Lehren und Lernen mit digitalen Medien alle Voraussetzungen, Bedingungen und Faktoren für die Planung, Produktion, Durchführung und Qualitätssicherung erfolgreicher E-Learning-Angebote. Die Konzeption und die Inhalte dieses Handbuches entstanden aus unseren langjährigen Forschungen, Entwicklungen, Evaluationen und Erfahrungen, die wir in Universitäten, Hochschulen und weiteren Institutionen in wissenschaftlichen Forschungs- und praktischen Entwicklungsprojekten gewonnen haben: in den letzten Jahren an der Ruhr-Universität Bochum, der Technischen Universität Kaiserslautern, der Hochschule München, der Virtuellen Hochschule Bayern sowie bei dem am Institut für Wissensmedien der Universität Tübingen betriebenen E-Learning-Informationsportal e-teaching.org. Zuvor hatten wir von 1998 bis 2003 an der Helmut-Schmidt-Universität/Universität der Bundeswehr Hamburg im Bundesleitprojekt „Virtuelle Fachhochschule für Technik, Informatik und Wirtschaft" die Arbeitspakete „Didaktik und Methodik telematischen Lehrens und Lernens" sowie zum Aufbau einer „Online-Weiterbildungs-Agentur" durchgeführt. Das Bundesleitprojekt wurde von zwölf Fachhochschulen und zwei Universitäten sowie von Partnern aus der Wirtschaft im norddeutschen Raum unter der Gesamtleitung der Fachhochschule Lübeck durchgeführt. Es wurde unter der Projektträgerschaft des Bundesinstituts für Berufsbildung (BIBB) aus Mitteln des Bundesministeriums für Bildung und Forschung (BMBF) und aus Eigenleistungen aller Projektpartner gefördert. Dafür sind wir sehr dankbar, denn ohne diese Förderungen und dadurch ermöglichten wissenschaftlichen Arbeiten und praktischen Erfahrungen hätte 2004 mit anderen Akzentsetzungen unser erstes Handbuch für Hochschulen und Bildungszentren zum E-Learning nicht entstehen können. Unser Dank gilt auch allen gegenwärtigen und früheren Projektpartnern, für die wir unsere wissenschaftlichen Dienstleistungen erbracht und die uns dabei aktiv unterstützt haben; ohne sie hätten wir unsere Forschungen, Entwicklungen, Evaluationen und Erfahrungen nicht machen können, die eine Grundlage dieses Handbuches sind.

Alle unsere in fast eineinhalb Jahrzehnten gewonnenen vielfältigen Erkenntnisse und Erfahrungen sind in diese neue, thematisch erweiterte, aktualisierte und vollständig überarbeitete Fassung unseres Handbuches zum Lehren und Lernen mit digitalen Medien in kritisch reflektierter Form eingeflossen. Wobei die einzelnen Kapitel unseres Handbuches von uns zwar individuell entsprechend unseren jeweiligen Schwerpunkten und Interessen recherchiert und verfasst wurden, aber von den Entwürfen der Kapitel bis zu ihrer Endfassung auch in intensiver gemeinsamer Diskussion mit Bearbeitungsvorschlägen kritisch reflektiert und weiter entwickelt wurden. Von Patricia Arnold wurden die Kapitel 7 „Lernerfolg prüfen" und Kapitel 8 „Qualitätsmanagement" recherchiert und verfasst, wozu Gerhard Zimmer die Abschnitte 7.1 „Grundbestimmungen kompetenzorientierten Prüfens" und 8.5.1 „Kriterien für eine lernerorientierte Qualitätsentwicklung" hinzugefügt hat. Lars Kilian hat die Kapitel 3 „Virtueller Bildungsraum", für das Patricia Arnold den Abschnitt 3.1 „Mobiles und ubiquitäres Lernen" verfasst hat, und Kapitel 10 „Standards" geschrieben. Anne Thillosen hat die Kapitel 4 „Didaktische Konzeption" und Kapitel 5 „Bildungsressourcen" verfasst. Gerhard Zimmer hat die Kapitel 1 „Einleitung", Kapitel 2 „Bildung mit E-Learning", Kapitel 6 „Kompetenzen für Lehren und Lernen", Kapitel 9 „Evaluation", Kapitel 11 „Rechtshinweise" und Kapitel 12 „Nachhaltigkeit" geschrieben sowie die herausgeberische Endbearbeitung des Handbuches übernommen. Für die Kapitel 1 „Ziele und Struktur des Handbuchs", Kapitel 2 „Bildung mit E-Learning" und Kapitel 9 „Evaluation" konnte er in einigen Teilen auf von Patricia Arnold und in Kapitel 6 „Kompetenzen für Lehren und Lernen" in der Frage der Online-Betreuung auf von Anne Thillosen beschriebene Aspekte in unserem ersten Handbuch zurückgreifen und diese weiter ausarbeiten und aktualisieren.

München, Kaiserslautern, Tübingen, Berlin, im November 2012

Prof. Dr. Patricia Arnold, Lars Kilian,
Dr. Anne Thillosen, Univ.-Prof. Dr. Gerhard Zimmer

1 Ziele und Struktur des Handbuchs

Praxis von E-Learning wissenschaftlich unterstützen

Was unterscheidet dieses Handbuch von den inzwischen zahlreichen weiteren Publikationen zum E-Learning und E-Teaching? Dieses Handbuch ist aus den vielfältigen Erfahrungen in der konkreten Gestaltungspraxis virtueller Bildungsangebote in Entwicklungsprojekten und in der Durchführung in Bildungseinrichtungen entstanden. Es basiert auf der Evaluation der eigenen Praxis und der wissenschaftlichen Reflexion virtueller Bildungsangebote und zahlreicher Forschungsergebnisse. Mit diesem Handbuch möchten wir die Realisierung einzelner virtueller Bildungsangebote bis hin zum kompletten Aufbau virtueller Bildungsgänge wissenschaftlich fundiert unterstützen. Damit werden virtuelle Bildungsangebote von Bildungszentren ebenso wie Studienangebote von Hochschulen oder in der beruflichen und betrieblichen Aus- und Weiterbildung in Unternehmen in den Blick genommen. Das Handbuch ist daher gleichermaßen für alle interessant, die E-Learning, sei es in Hochschulen, Bildungszentren oder Unternehmen, aus der Perspektive einer allgemeinen oder beruflichen Bildung erfolgreich einführen und betreiben wollen.

Adressaten des Handbuchs

Adressaten des Handbuchs sind alle, die sich in Universitäten, Fachhochschulen, Akademien, in der wissenschaftlichen oder beruflichen Aus- und Weiterbildung sowie in Unternehmen in der betrieblichen Bildung mit der inhaltlichen Planung, der didaktischen Konzeption, der Medienproduktion sowie der Organisation, Betreuung und Qualitätssicherung von Bildungsangeboten befassen. Alle Beteiligten werden angesprochen: Hochschullehrerinnen und Hochschullehrer, Dozentinnen und Dozenten, Ausbilderinnen und Ausbilder, Teletutorinnen und Teletutoren sowie alle, die sich mit der Entwicklung, Produktion, Implementierung, Durchführung, Qualitätssicherung und Evaluation virtueller Bildungsangebote in praktischer und wissenschaftlicher Perspektive befassen.[1] Ebenso werden alle Lernenden und Studierenden angesprochen,

---

[1] Erwägungen zur besseren Lesbarkeit haben auch unsere Entscheidung zur Verwendung männlicher und weiblicher Bezeichnungen geprägt. Inhaltlich halten wir es für sinnvoll, die Beteiligung beider Geschlechter an Bildungseinrichtungen durch explizite Nennung männlicher wie weiblicher Berufsbezeichnungen etc. sichtbar zu machen (Gender Mainstreaming Kap. 4.2.4). Um den Lesefluss dennoch zu gewährleisten, haben wir aber häufig geschlechtsneutrale Formen, wie z. B. Lehrende oder Studierende, verwendet und nur gelegentlich beide Geschlechter explizit genannt. Im Literaturverzeichnis werden die Vornamen ausgeschrieben, um auch hier die Beteiligung beider Geschlechter an der Entwicklung von E-Learning hervorzuheben.

die in E-Learning-Arrangements ganz oder in Teilen lernen und studieren oder dies zukünftig tun werden, damit sie die virtuellen Bildungsangebote effizient und produktiv nutzen und Verbesserungen ihrer Gestaltung und Nutzung vorschlagen können. Auch alle Angebotsplaner und Entscheidungsträger sind angesprochen, die virtuelle Bildungsangebote entwickeln, organisieren und durchführen möchten.

Entstehungshintergrund

Ein erstes Handbuch zum E-Learning in Hochschulen und Bildungszentren, das wir 2004 publiziert haben und das seit längerem vergriffen ist, entstand zum großen Teil aus den wissenschaftlichen Ergebnissen und den Erfahrungen einer gemeinsamen fünfjährigen Tätigkeit im Bundesleitprojekt „Virtuelle Fachhochschule für Technik, Informatik und Wirtschaft (VFH)" des Bundesministeriums für Bildung und Forschung in den Jahren 1998 bis 2003 (Arnold/Kilian/Klockmann/Thillosen 2003; Nisius/Laudahn 2000). Mit unserer Tätigkeit in der VFH haben wir in allen Projektphasen aktiv beim Aufbau und der Gestaltung virtueller Studiengänge mitgewirkt und den Fortbestand des Studienangebots auch über die Projektlaufzeit hinaus vorbereitet. Vor allem aber haben wir, als ‚Kerngeschäft' der Begleitforschung, kontinuierlich den Einsatz von E-Learning im Rahmen wissenschaftlicher Bildungsangebote beobachtet, ausgewertet und in unsere Forschungspraxis einfließen lassen. Anschließend haben wir in weiteren verschiedenen E-Learning-Projekten in anderen Bildungseinrichtungen und in übergreifenden Kompetenzzentren für E-Teaching vielfältige Erfahrungen, insbesondere auch mit der Einführung und Nutzung der neuen Instrumente und Methoden des Web 2.0 in Bildungsprozessen, gesammelt und reflektiert, die auch in dieses völlig neu bearbeitete, aktualisierte und erweiterte Handbuch zum Lehren und Lernen mit E-Learning in allen Bildungsbereichen eingeflossen sind. Mit den Blicken ‚über die Tellerränder' der einzelnen Projekte und Zentren hinaus beziehen wir den Stand der Forschung und die Ergebnisse vielfältiger anschließender Praxis kompakt und praxisorientiert in die Darstellungen mit ein.

Kritisch reflektierende Perspektive

Weiterhin haben wir den Wechsel von der E-Learning-Euphorie Mitte der 1990er Jahre zur schon bald folgenden Ernüchterung Mitte der 2000er Jahre und das gegenwärtig erneute Wachstum des E-Learnings miterlebt und kritisch in unsere Arbeiten einbringen können (vgl. u. a. MMB/PSEPHOS 2001; MMB 2011; Uhl 2003). Wenn wir daher im Folgenden die Potenziale von E-Learning für eine umwälzende Veränderung der Lehr- und Lernkultur beschreiben, dann erfolgt dies nicht getragen von einer unkritischen Anfangseuphorie, sondern aus einer reflektiert abwägenden Beurteilung der Vorteile und der Möglichkeiten zur Vermeidung von Nachteilen. Nur qualitativ hochwertige virtuelle Bildungsangebote können zu einer nachhaltigen Verbesserung der Lehr- und Lernkultur führen.

Drei zentrale Ziele

Damit dieses *neue Handbuch* ein Fundament für Vorhaben sein kann, Bildungsangebote per E-Learning zu organisieren, sind uns drei Ziele besonders wichtig:

- Das Thema „Virtuelle Bildungsangebote" umfassend sowohl aus dem *Blickwinkel der verschiedenen Akteure* als auch in der *Perspektive der Koordination und des Zusammenwirkens dieser Akteure* zu behandeln.
- Das Handbuch ist daher durchgängig *anwendungsorientiert* geschrieben auf der Grundlage wissenschaftlicher Erkenntnisse.
- Es nimmt dafür konsequent aus einer *didaktischen Perspektive* alle zentralen Handlungsfelder in den Blick.

Verschiedene Akteursperspektiven

An Entscheidungen in virtuellen Bildungsgängen und an der Gestaltung virtueller Bildungsangebote sind immer verschiedene Personengruppen beteiligt. Damit die verschiedenen Akteure Gewinn bringend mit dem Handbuch arbeiten können, wird das Thema in allen relevanten Aspekten behandelt und über Querverweise werden Zusammenhänge zwischen den einzelnen Tätigkeitsfeldern der beteiligten Akteure aufgezeigt. Wir gehen davon aus, dass je nach eigenem Tätigkeitszuschnitt ein oder mehrere Kapitel unmittelbar für die eigene Praxis relevant sind, die übrigen Kapitel aber ebenso lesenswert sind, um einen Überblick und ein Grundverständnis für die Akteursperspektiven der jeweiligen Kooperationspartner zu erhalten. Für die Mitarbeitenden in Kompetenzzentren sind alle Kapitel gleichermaßen von Bedeutung, weil sie den Gesamtprozess virtueller Bildungsangebote von der Planung, Produktion, Durchführung und Qualitätssicherung bis zur Evaluation und Verbesserung der Angebote im Blick haben müssen.

Anwendungsorientierung

Um mit diesem Handbuch die Entwicklung und Nutzung virtueller Bildungsangebote zu unterstützen und zu verbessern, ist uns eine durchgängige wissenschaftlich fundierte Anwendungsorientierung sehr wichtig. Wir stellen dafür in allen Kapiteln die wissenschaftlichen Grundlagen und die aktuellen Forschungsergebnisse zum jeweiligen Themenaspekt zusammen, um sie für die Handlungspraxis der für diesen Bereich Verantwortlichen verfügbar zu machen. Dies geschieht auf der Grundlage der kritischen Reflexion der in unseren verschiedenen Projekten und Kompetenzzentren getroffenen Entscheidungen und gesammelten Erfahrungen.

Didaktische Perspektive

Erst passende und durchdachte didaktische Konzepte machen virtuelle Lernangebote zu qualifizierten Bildungsangeboten. Wird die didaktische Planung gegenüber technologischen oder finanziellen Überlegungen vernachlässigt, bleiben virtuelle Bildungsangebote häufig erfolglos. Auch Nachhaltigkeit, oft nur unter finanziellen Aspekten diskutiert, lässt sich nur durch ausgereifte didaktische Konzepte erreichen. Didaktische Überlegungen haben daher einen zentralen Stellenwert für alle Handlungsschritte beim Aufbau virtueller Bildungsangebote. Dementsprechend haben wir die didaktische Perspektive zur zentralen Perspektive in diesem Handbuch erhoben: Wenn auf andere Aspekte eingegangen wird, z. B. auf die Frage der technischen Gestaltung des virtuellen Bildungsraumes, des Qualitätsmanagements oder der Standardisierung, so erfolgt dies immer aus didaktischer Perspektive.

Struktur des Handbuchs

Aus dem Ziel, die Entwicklung und Nutzung virtueller Bildungsangebote umfassend, anwendungsorientiert und konsequent aus didaktischer Perspektive zu betrachten, ergibt sich die *Struktur des Handbuchs*:

In den folgenden 12 Kapiteln werden jeweils die zentralen Handlungsfelder der Entwicklung virtueller Bildungsangebote behandelt:

- Grundlagen der Gestaltung und konstituierende Faktoren erfolgreicher Lehr- und Lernprozesse in virtuellen Bildungsangeboten (Kap. 2),
- Auswahl, Gestaltung, Implementierung und Nutzung virtueller Bildungsräume und persönlicher Lernumgebungen sowie Einbindung von Web 2.0 Werkzeugen (Kap. 3),
- Didaktische Konzeption virtueller Bildungsangebote auf der Grundlage lerntheoretischer Ansätze und aufgabenorientierter Lehr-/Lernarrangements zur Förderung ganzheitlicher Handlungskompetenzen (Kap. 4),
- Gestaltung und Nutzung medialer Bildungsressourcen in virtuellen Bildungsräumen von Web Based Training bis zum Lehren und Lernen mit Web 2.0 Werkzeugen (Kap. 5),
- Entwicklung und Gestaltung der medienvermittelten Lehr- und Lernprozesse, der Kommunikation und Kooperation sowie der Aufgaben und Kompetenzen der Lehrenden, Teletutoren und Lernenden (Kap. 6),
- Möglichkeiten und Gestaltungen der handlungs- und kompetenzorientierten Prüfung von Lernerfolgen im E-Learning mit Klausuren, Tests, E-Portfolios und Web 2.0 (Kap. 7),
- Einrichtung eines Qualitätsmanagements für virtuelle Bildungsangebote und Entwicklung von Qualitätskriterien für digitale Bildungsmedien und virtuelle Bildungsangebote (Kap. 8),
- Überblick über Ziele, Phasen, Typen, Konzepte und Methoden sowie Gütekriterien und ‚Fallstricke' einer Evaluation zur Verbesserung virtueller Bildungsprozesse (Kap. 9),
- Standardisierung virtueller Bildungsangebote, um diese leicht auffindbar, integrierbar und ihre Bestandteile wiederverwertbar gestalten zu können (Kap. 10),
- Hinweise auf wichtige rechtliche Bestimmungen, die bei der Produktion und Nutzung virtueller Bildungsangebote zu beachten sind (Kap. 11),
- Strategien, Stufen und Faktoren der Implementierung virtueller Bildungsangebote zur Erzielung und Sicherung ihrer Nachhaltigkeit (Kap. 12).

Den Rahmen bilden zwei zentrale Kapitel (2 und 12) zum Einsatz von E-Learning: Wie kann überhaupt *Bildung* durch E-Learning ermöglicht werden? Und: Unter welchen Voraussetzungen und mit welchen Gestaltungsoptionen lassen sich virtuelle Bildungsangebote *nachhaltig* entwickeln? Die Grundüberlegungen zu Bildung durch E-Learning bestimmen die konstitutiven Faktoren erfolgreicher Bildungsprozesse mit E-Learning und begründen die zentralen Handlungsfelder. Die resümierenden Ausführungen zur Nachhaltigkeit greifen diese Gedanken auf und verankern sie mit Empfehlungen zu den einzelnen Handlungsfeldern in einem strategischen Nachhaltigkeitskonzept.

Jedes Kapitel behandelt das jeweilige Handlungsfeld in ähnlicher Weise: Im Sinne einer Akteursperspektive werden Tätigkeitsprofile für das Feld identifiziert und ein Überblick über die Ergebnisse aktueller Forschung und Praxis gegeben. Aus Forschungsergebnissen und vielfältigen Praxisbeispielen wird in der Regel ein ‚positiver Entwurf‘ in Form von Hinweisen, Handlungsschritten oder Leitlinien entwickelt. Schlussfolgerungen und Empfehlungen fassen die zentralen Aussagen am Ende eines jeden Kapitels noch einmal zusammen.

Herausforderung Begriffsvielfalt

Beim Schreiben dieser überarbeiteten und aktualisierten Fassung des Handbuches standen wir immer noch vor einem grundsätzlichen Problem: Im Themenbereich E-Learning existiert eine große Begriffsvielfalt, und durch die Nutzung der Instrumente des Web 2.0 sind noch viele weitere Begriffe hinzugekommen. Für viele Teilbereiche hat sich auch noch kein einheitlicher Sprachgebrauch etabliert. Bereits die oben verwendeten Begriffe ‚E-Learning‘, ‚virtuelle Bildungsangebote‘ bzw. ‚virtuelle Bildungsgänge‘ sind kaum präzise zu definieren. Alternativ könnte auch von ‚telematischen Lehr- und Lernformen‘ gesprochen werden. Denn um Lehr- und Lernformen zu benennen, die *Tele*kommunikationstechnik und Infor*matik* nutzen, z. B. über Computer mit Internetanschluss, ist das Adjektiv ‚telematisch‘ präziser als ‚virtuell‘, hat sich aber nicht durchgesetzt. In früheren Publikationen haben wir deswegen auch das Adjektiv ‚telematisch‘ dem Adjektiv ‚virtuell‘ vorgezogen (ARNOLD, P. 2001; ZIMMER 1997). Inzwischen hat das Adjektiv ‚virtuell‘, z. B. in Publikationen zum ‚Virtuellen Lernen‘ (SCHULMEISTER 2001), die ursprüngliche Konnotation des ‚Nicht-Realen‘ verloren. Wir verwenden daher ‚virtuell‘ in den herausgebildeten gängigen Zusammensetzungen, wie z. B. ‚virtuelle Bildungsangebote‘, die sehr ‚reale‘ Neuerungen darstellen. Dementsprechend klären wir in jedem Kapitel die Begrifflichkeiten und verwenden dann den Begriff, der entweder fachlich am präzisesten oder am häufigsten benutzt wird. Denn gerade in einem Handbuch, das allen einen leichten Zugang zum Thema verschaffen soll, wollen wir keine begrifflichen Hürden aufbauen. Wir folgen deshalb meist dem herausgebildeten Sprachgebrauch.

Abgrenzungen: Was das Handbuch nicht bieten kann

Mit der Hervorhebung der didaktischen Perspektive sind auch Abgrenzungen verbunden: Das Handbuch liefert keine technischen Detailinformationen, z. B. zu Lernplattformen, Autorenwerkzeugen oder Produktionsprozessen. Ebenso wenig können für alle möglichen unterschiedlichen Bildungsangebote ausführliche Schritt-für-Schritt-Anleitungen für die Planung, Produktion und Durchführung gegeben werden. Auch ausführliche Informationen für eine betriebswirtschaftliche Kostenrechnung zu virtuellen Bildungsangeboten sind aufgrund der Vielfalt der möglichen Varianten nicht möglich. In den einzelnen Handlungsfeldern (und damit in den einzelnen Kapiteln des Handbuchs) werden vielmehr die Bedeutung technischer Details sowie die Voraussetzungen, Anforderungen und Handlungsschritte aus didaktischer Perspektive aufgezeigt. Für Kostenkalkulationen werden zentrale Kostenfaktoren benannt, ohne aber präzise Zahlen anzugeben, da diese ohnehin je nach Rahmenbedingungen stark variieren. Für Details zu diesen Aspekten verweisen wir auf weiterführende Literatur, die wir in die einzelnen Kapitel integriert haben und im Literaturverzeichnis die Quellen benennen, um den Leserinnen und Lesern eine eigene, weiterführende Recherche zu ermöglichen. Und in den Kapiteln verwendete Abkürzungen und Fachbegriffe haben wir am Schluss in einem eigenen Verzeichnis zum schnellen Auffinden zusammengestellt.

2 Bildung mit E-Learning

Bildung mit E-Learning zum Erfolg führen

Wie sind erfolgreiche Lehr- und Lernprozesse zum Erwerb fachlicher, ganzheitlicher, verallgemeinerter und expansiver Handlungskompetenzen mit E-Learning zu erreichen? Wie ist dafür E-Learning zu gestalten und zu nutzen, damit die beabsichtigten individuellen, kooperativen und partizipativen Bildungsprozesse effektiv und effizient unterstützt werden? Dies sind die zentralen Ausgangsfragen und Ziele für die Unterstützung von Kompetenzentwicklung und Bildung mit E-Learning. Denn mit den digitalen Bildungsmedien, den virtuellen Lernräumen und der Entwicklung vom ‚Lese-' zum ‚Lese-und-Schreib-Internet' werden die traditionellen pädagogischen Verhältnisse zwischen Lehrenden und Lernenden, die herausgebildeten Kulturen des Lehrens und Lernens sowie die bisher vor allem durch die Lehrenden bestimmten Lehr- und Lernprozesse grundlegend verändert.

Aufbau des Kapitels

Um diese Veränderungen begreifen, gestalten und nutzen zu können, ist es notwendig, zunächst die herausgebildeten neuen Begrifflichkeiten zu klären (Kap. 2.1), um dann aus der Nutzung sowie den Erfolgen und Defiziten der bisher entwickelten E-Learning-Angebote – hier am Beispiel von Hochschulen – zu lernen (Kap. 2.2, 2.3). Ausgehend von diesen Erfahrungen und der generellen Klärung der konstituierenden Faktoren von Bildungsprozessen (Kap. 2.4) können dann die konstituierenden Faktoren für erfolgreiche virtuelle Lehr- und Lernprozesse (Kap. 2.5) geklärt und bestimmt werden. Dies ist die Voraussetzung dafür zu klären, in welcher Perspektive die erforderliche Entwicklung der virtuellen Lehr- und Lernkultur zu gestalten ist (Kap. 2.6.1), wie die Potenziale virtueller Bildungsangebote zu nutzen sind (Kap. 2.6.2) und wie die Herausbildung einer neuen Lernkultur zu fördern ist (Kap. 2.6.3).

2.1 Bestimmung zentraler Begriffe

Begriffsproblem

Der Begriff ‚E-Learning' (‚Electronic Learning', elektronisches Lernen) hat sich in den vergangenen zwei Jahrzehnten gegenüber anderen Begriffen für das Lernen mit Hilfe von Computern, wie z. B. ‚multimediales Lernen', in Wissenschaft und Praxis durchgesetzt. ‚E-Learning' setzt ‚E-Teaching' der Lehrenden voraus. In der Entwicklung des E-Learning und E-Teaching haben sich zwei Formen herausgebildet, zunächst das am Einzelplatz orientierte Computer Based Training (CBT) und dann das an Kommunikation orientierte Web Based Training (WBT), die heute oft auch integriert angeboten und genutzt werden. Die Verwendung der populären Begriffe ‚E-Learning' und ‚E-Teaching' können zu folgenreichen Missverständnissen führen, insbesondere wenn die Begriffe in einen direkten Zusammenhang mit dem Begriff ‚Bildung' gebracht werden. Mit dem Begriff ‚E-Learning', ‚elektronisches Lernen', wird kein subjektiv begründeter Modus von Lernen bzw. Kompetenzentwicklung und Bildung benannt, wie z. B. mit den Begriffen defensives Lernen oder expansives Lernen (HOLZKAMP 1993, 187ff). Den Modus ‚elektronisches Lernen', also elektronisch ‚begründetes' und vollzogenes Lernen, gibt es nur in elektronischen Systemen, z. B. in Robotern, die mit Systemen ‚künstlicher Intelligenz' ausgestattet sind. Auch mit dem Begriff ‚E-Teaching', ‚elektronisches Lehren', wird kein subjektiv begründeter Modus des Lehrens benannt, sondern die elektronisch vermittelten Formen des Lehrens.

E-Learning

Mit dem Begriff ‚E-Learning' wird ein vielgestaltiges gegenständliches und organisatorisches Arrangement von elektronischen bzw. digitalen Medien zum Lernen, virtuellen Lernräumen und ‚Blended Learning' bezeichnet. Dieses Arrangement von elektronischen Mitteln, Räumen und Verknüpfungen kann individuell oder gemeinsam zum Lernen bzw. zur Kompetenzentwicklung und Bildung von Lernenden genutzt werden – sei es zum defensiv oder expansiv begründeten Lernen. Die elektronisch arrangierten digitalen Lernmedien präsentieren den Lernenden die Lerninhalte multimedial und ermöglichen ihnen deren interaktive Bearbeitung, sei es in vorgegebenen Instruktionsstrukturen oder in Netzstrukturen für selbst gesteuertes Lernen. Die virtuellen Lernräume, in denen die digitalen Lernmedien angeboten und bearbeitet werden, sind gleichwohl reale Lernräume im Internet, in die nur Online eingetreten und mit anderen Lernenden und den Lehrenden asynchron oder synchron kommuniziert und kooperativ oder partizipativ gelernt werden kann.

Blended Learning

Der Begriff ‚Blended Learning' steht dafür, dass Lernen mit digitalen Medien in virtuellen Lernräumen ergänzt oder verbunden wird mit Lernen in Präsenzveranstaltungen. Wobei die Präsenz heute auch virtuell hergestellt werden kann, z. B. in Online-Vorlesungen, -Seminaren oder -Tutorien. E-Learning ist also ein sehr umfassender Begriff, der ein auf der Basis der elektronischen Informations- und Kommunikationstechnik entwickeltes neues multimediales Lehr- und Lernarrangement bezeichnet, in dem Lernen, Kompetenzentwicklung und Bildung von Individuen einzeln oder in Gruppen stattfinden kann und – so der Anspruch – besser als in den traditionellen Lehr- und Lernarrangements.

E-Teaching

Statt des Begriffs ‚E-Learning' wird auch der Begriff ‚E-Teaching' – seltener auch der Begriff ‚Computer Assisted Teaching', ‚computerunterstütztes Lehren' – verwendet.

Der Begriff E-Teaching, ‚Electronic Teaching‘, ‚elektronisches Lehren‘, ist zweifellos treffender. Denn in den digitalen Medien und virtuellen Lernräumen sind bei formalen Bildungsprozessen alle geplanten pädagogischen Lehrhandlungen und Kommunikationen der Lehrenden mit den Lernenden zur Erzeugung und Unterstützung der entsprechenden Lernprozesse bei den Lernenden vorab bis in alle Details konzipiert und multimedial und interaktiv elektronisch objektiviert. Der vorgestellte typische Lernende ist dabei die Zielperson, der bestimmte Kenntnisse, Fähigkeiten, Fertigkeiten und Interessen ‚elektronisch‘ vermittelt werden sollen, in dem der tatsächlich Lernende die programmierten Lehr- und Lernhandlungen mehr oder weniger selbst gesteuert nachvollzieht. Der Lernende nimmt also an einer elektronischen Lehrveranstaltung teil. Die darin fehlende unmittelbare pädagogische Kommunikation zwischen Lehrenden und Lernenden wird – falls dies für notwendig erachtet wird – in virtuelle Lernräume mit asynchroner oder synchroner Kommunikation – in kommunikatives E-Teaching – oder in begleitende Präsenzveranstaltungen verlegt. Der Begriff ‚E-Teaching‘ unterscheidet sich somit deutlich vom Begriff ‚E-Learning‘, der bereits begrifflich den Lernenden als Zielperson der elektronisch basierten Lehr- und Lernarrangements im Blick hat. Wir verwenden daher im Folgenden den Begriff ‚E-Learning‘ für das Arrangement digitaler Lernmedien und virtueller Lernräume.

Lernen

Anlass für Lernen kann sowohl die Erfahrung sein, bestimmte Problematiken oder Aufgaben mit den bisher erworbenen Kompetenzen nicht erfolgreich bearbeiten zu können, als auch die Intention, bereits erworbene Kompetenzen zu erweitern, zu vertiefen und auf weitere Handlungsfelder auszudehnen oder für die Steigerung der persönlichen Handlungsfähigkeit völlig neue Kompetenzen auf höherem Niveau für neue, komplexere und anspruchsvollere Handlungsfelder zu erwerben. Beim Lernen geht es somit immer um die Überwindung einer für das lernende Subjekt partiellen oder gar fundamentalen Kompetenzdiskrepanz in den gesellschaftlichen Lebenszusammenhängen, um eine erweiterte Teilhabe an gesellschaftlicher Praxis und Mitwirkung an ihrer Gestaltung zu erreichen (vgl. HOLZKAMP 1983, 457ff, 1993, 211ff; MARKARD 2009, 180ff; BALDAUF-BERGMANN 2009). Lernen ist somit immer eine gegenstandsbezogene Handlung in sozialen Kontexten. Damit das Subjekt den dafür notwendigen Lernprozess beginnen kann, müssen zuvor und gegebenenfalls auch im weiteren Verlauf des Lernprozesses aus den Problematiken und Aufgaben die für den Kompetenzerwerb erforderlichen Lernaufgaben ausgegliedert und bearbeitet werden. Dazu muss das lernende Subjekt sich methodischen Zugang zu den Inhalten und Bedeutungsstrukturen des Lerngegenstandes durch die entsprechenden autodidaktischen Lernhandlungen verschaffen. Die autodidaktischen Lernhandlungen können vom Lesen, Durchdenken und Lösen vorgegebener Lernaufgaben bis zum Erarbeiten, Präsentieren und Diskutieren der individuell oder in Kooperation mit anderen Lernenden oder in Partizipation mit Experten erarbeiteten Ergebnisse komplexer Lernprojekte reichen. Von entscheidender Bedeutung für die Lernmotivation und damit auch für den Lernerfolg ist dabei, ob das individuelle Lernen nur vollzogen wird, weil es von anderen gefordert und sanktioniert ist, also defensiv begründet ist, oder ob es vom lernenden Subjekt engagiert vollzogen wird, weil es ein eigenständiges und auch weitergehendes Interesse an der Überwindung der Lerndiskrepanz hat, also expansiv begründet ist. Voraussetzung dafür ist die individuelle Entwicklung eines subjektiven Standpunktes und einer subjektiven Perspektive für die Bildung der eigenen Person und ihrer Positionierung und Mitwirkung in der Gesellschaft.

Lehren

Die von den Individuen durch Lernen erworbenen und subjektiv ausgeprägten Kompetenzen gehen in den Kompetenzbestand einer Arbeitsgemeinschaft, einer Organisation, einer sozialen Schicht, einer Gesellschaft und letztlich der Weltgesellschaft ein. Die Träger der Kompetenzen bleiben dabei immer die Individuen. Der größte Teil ihrer Kompetenzen kann von ihnen in Gestalt von Wissen, Erfahrungen, Methoden, Hinweisen und Beispielen expliziert und multimedial dargestellt werden. Diese Explikationen stehen dann allen Interessierten zur Verfügung, durch deren Bearbeitung sie ebenfalls ihre Kompetenzen subjektiv entwickeln können. Die dabei immer auch entstehenden und für die Handlungsfähigkeit notwendigen impliziten Kompetenzen können dagegen nur im Prozess des Lernens sowie im jeweiligen Handlungsvollzug selbst durch das Machen eigener Erfahrungen individuell herausgebildet werden. Die explizierten und multimedial präsentierten Inhalte, Methoden und Instrumente für den Kompetenzerwerb können didaktisch und methodisch sowohl in interaktiven multimedialen Lernprogrammen für selbst gesteuertes Lernen, als auch durch Lehrende für ihre unterrichtliche Vermittlung aufbereitet werden. Die unterrichtliche Vermittlung hat den Vorteil, dass eine unmittelbare Kommunikation besteht zwischen Lehrenden und Lernenden für die immer im Prozess der lehrenden Darlegungen und subjektiven Aneignungen unvorhersehbar entstehenden Nachfragen und Erklärungen sowie für Verweise auf Kontexte, Historie und Perspektiven. Kompetenzdiskrepanzen können aber auch durch informelles Lernen im Aufgaben bearbeitenden Handlungsprozess mit jederzeit abrufbaren Informationen (DOHMEN 2001) und Kommunikationen mit anderen Beteiligten oder Experten überwunden werden. Im formellen Lernen wie bei der Ermöglichung informellen Lernens – ob in Lernmedien objektiviert oder durch Lehrende persönlich vermittelt – handelt es sich immer um didaktisch begründete und mehr oder weniger methodisch strukturierte oder beratende und moderierende pädagogische Handlungen, die es den Lernenden ermöglichen sollen, ihre Lernhandlungen zur Überwindung ihrer Kompetenzdiskrepanz effizient und erfolgreich vollziehen zu können. Die Überwindung ihrer Kompetenzdiskrepanz ist immer ein subjektiver Lernprozess, der bei offenen Lernaufgaben, wie z. B. bei Lernprojekten, auch zu neuen Lösungen und Erkenntnissen führen kann, die auch den Lehrenden bislang nicht bekannt waren. Im pädagogischen Verhältnis zwischen Lehrenden und Lernenden wird daher dann am Besten gelernt, wenn nicht nur die vermittelten Kompetenzen nachvollziehend erworben werden, sondern die Lernenden auch eigenständig und kooperativ ihre Kompetenzen entwickeln und an Ergebnissen präsentieren, wovon wiederum die Lehrenden und auch andere Interessierte lernen können.

Bildung und Kompetenz

Der Begriff ‚Bildung', mit dem sowohl der Prozess der subjektiven Entwicklung, in dem der Mensch in pädagogischen Prozessen und Verhältnissen sein humanes Selbst- und Weltverhältnis herausbildet und seine persönliche Gestalt und Handlungsfähigkeit gewinnt, als auch deren Ergebnis, die gebildete und handlungsfähige Person selbst, benannt wird, hat in seiner langen Geschichte immer wieder einen Bedeutungswandel erfahren. Wir verstehen im Folgenden unter Bildung die Entfaltung der subjektiven Potenziale bzw. Handlungsfähigkeiten eines Menschen im gesellschaftlichen Zusammenhang zur individuellen und gesellschaftlichen Lebensgewinnung. Dies schließt die Entwicklung der Kritik- und Urteilsfähigkeit bezogen sowohl auf die gesellschaftlichen Prozesse und Verhältnisse als auch auf die eigene Persönlichkeitsentwicklung ebenso ein wie die Entwicklung der subjektiven Fähigkeiten für die Erkenntnis der natürlichen und gesellschaftlichen Zusammenhänge und die Reflexion der eigenen wie auch der Erfahrungen anderer. Die Kritik- und Urteilsfähigkeit ist Voraussetzung für die Entwicklung allgemeiner und fachlicher Handlungsfähigkeiten zur aktiven Gestaltung der individuellen Tätigkeiten sowie für die aktive Mitwirkung an der demokratischen Gestaltung aller Lebensbereiche. Bildung ist nicht die Formung restriktiver Handlungsfähigkeiten von Subjekten, um deren Verwendbarkeit in fremdbestimmten Verhältnissen herzustellen, sondern die Ermöglichung und der aktive eigenständige Vollzug der Entwicklung verallgemeinerter Handlungsfähigkeiten der Subjekte zum selbstbestimmten kooperativen Handeln in der Gesellschaft. Bildung findet nicht nur in pädagogischen Verhältnissen statt, sondern immer auch im Prozess des subjektiven Denkens und Handelns im Lebensverlauf, sie ist letztlich immer Selbstbildung des Subjekts. ‚Bildung' wird also von uns nicht als ein Prozess und Ergebnis der pädagogischen Vermittlung und des subjektiven Erwerbs von ‚Wissen' im Sinne einer lexikalischen Vielwisserei verstanden, das entsprechend fremdbestimmter Anforderungen aus dem Gedächtnis oder von Datenspeichern oder anderen Experten jeweils abgerufen und in den gesetzten Anwendungsfällen entsprechend den vorgegebenen Zielen kompetent eingesetzt werden kann. Bildung wird also auch nicht verstanden als Erwerb und Besitz von ‚Kompetenzen' im Sinne der Herstellung der ‚Employability', der ‚Beschäftigungsfähigkeit'. Bildung ist vielmehr die aktive Herausbildung ganzheitlich integrierter Sach-, Sozial- und Selbstkompetenzen als subjektives Potenzial des Denkens und Handelns einer Person zur Gewinnung verallgemeinerter Handlungsfähigkeit, die Mündigkeit im Denken und Handeln notwendig einschließt. Kompetenzen werden durch allgemeine und spezielle Lernprozesse vom Subjekt aktiv in pädagogischen Verhältnissen, sozialen und gesellschaftlichen Kontexten, den „Kommunikationskulturen" (BAUER 2006), bzw. im „Medienmodell der modernen Bildungsgesellschaft" (BAUER 2009; vgl. auch MOSER 2000; FISCHBACH 2005) herausgebildet. Kompetenzentwicklung ist damit immer ein Prozess der Bildung der Persönlichkeit. Da Kompetenzen als ein ganzheitlich integriertes Potenzial eines mündigen Subjekts zu verstehen sind, kann der Kompetenzbegriff auch nicht, wie dies oft geschieht, allein auf die Anpassung des Subjekts an die heutigen Arbeitsanforderungen reduziert werden. Der Kompetenzbegriff wird daher von uns als ein modernes Synonym für den traditionellen Bildungsbegriff gefasst. Denn gerade die subjektive Entwicklung ganzheitlicher Kompetenzen entspricht den heutigen und zukünftigen Anforderungen in Arbeit, Wirtschaft, Gesellschaft und Kultur und den daraus erwachsenden Anforderungen an ein lebenslanges Lernen. Eine allein funktional-methodische neue *Steuerung* der Lernprozesse im E-Learning entsprechend detailliert vorgegebener Ziele, Inhalte und Lernzeiten verhindert dies.

Lehr- und Lernkultur

Die Bildung der Subjekte, das Lehren und Lernen, findet immer in formellen oder informellen pädagogischen Prozessen und Verhältnissen statt. Sie sind bestimmt durch die jeweiligen didaktisch, also inhaltlich und methodisch begründeten Anordnungen der aufeinander bezogenen Handlungen der Lehrenden und Lernenden. Diese didaktischen Handlungsanordnungen sind immer mehrfach bestimmt: zunächst durch die subjektiven Kompetenzdiskrepanzen zwischen den Lehrenden und den Lernenden, sodann durch die ökonomisch, sozial und kulturell bestimmten hegemonialen gesellschaftlichen Verhältnisse und die darin angestrebte Kompetenzentwicklung der Lernenden zur gegenwärtigen und zukünftigen individuellen und gesellschaftlichen Lebensgewinnung sowie durch die verfügbaren Mittel und die institutionelle Organisation der Lehr- und Lernhandlungen. Die gelebten didaktischen Handlungsanordnungen der Lehrenden und Lernenden bilden eine Kultur des Lehrens und Lernens, die heute insbesondere durch die zunehmende Nutzung von Computern, digitalen Bildungsmedien, Internet, Web 2.0 Anwendungen und virtuellen sozialen Netzwerken grundlegend verändert wird. Wie diese durch die informations- und kommunikationstechnischen Entwicklungen angestoßene und vorangetriebene Entwicklung des E-Teaching und E-Learning, also der computer- und internetbasierten Lehr- und Lernkultur weiter verlaufen wird und zu welchen neuen Handlungsanordnungen im Lehren und Lernen sie führen wird, ist in Ansätzen erkennbar. Die weitere Entwicklung der neuen Lehr- und Lernkultur bedarf aber noch der bewussten kreativen Gestaltung, damit die Lernenden in ganzheitlichen Bildungsprozessen durch expansives Lernen in kooperativen Kontexten verallgemeinerte Handlungskompetenzen entwickeln können, wie im Folgenden gezeigt werden soll.

2.2 Nutzung von E-Learning

Nutzung von E-Learning-Arrangements

Am Beispiel der Hochschule soll im Folgenden die Nutzung von E-Learning-Arrangements diskutiert werden. Unter den Studierenden ist heute die Nutzung von Computer und Internet allgemein verbreitet und vielfältig im studentischen Alltag verankert (KLEIMANN 2009; KLEIMANN/ÖZKILIC/GÖCKS 2008; SCHULMEISTER 2009). Eine Umfrage (KLEIMANN/ÖZKILIC/GÖCKS 2008, 5–14) hat ergeben, dass fast drei Viertel aller Studierenden täglich zwischen ein und drei Stunden und knapp ein Viertel sogar vier bis sechs Stunden täglich im Internet virtuell unterwegs sind. Etwa zwei Drittel der Studierenden nutzen die Online-Enzyklopädie Wikipedia besonders häufig. Die weitaus meisten von ihnen aber nur rezeptiv zum Lesen und herunterladen von Texten. Nur sehr wenige Studierende (ca. 1%) sind auch gelegentlich in der Wikipedia-Community aktiv, beteiligen sich an einer Artikeldiskussion oder überarbeiten einen bestehenden Artikel, und nur sehr wenige (ca. 0,3%) steuern einen eigenen Artikel bei. Diese Entwicklung legt den Schluss nahe, dass offenbar durch die häufige lesende Nutzung von Wikipedia bereits eine zunehmende Abwendung im Lesen und Bearbeiten von Originaltexten und Monografien stattgefunden hat. Dies kann zur Folge haben, dass nur noch die von Fremden interessiert ausgewählten Zusammenstellungen von Zitaten, Theorien oder Praxisfällen von den Studierenden rezipiert werden. Dadurch können sich die Studierenden zwar einen ersten Überblick verschaffen, aber es dabei zu belassen, ist für die Bildung einer kritischen Intelligenz durch einen intensiven und reflexiven Diskurs keineswegs hinreichend. Mehr als die Hälfte der Studierenden besuchen die sozialen Gemeinschaften sehr häufig, z. B. studiVZ, facebook, um vor allem mit Freunden zu kommunizieren oder diese wiederzufinden, aber weniger, um über Studienangelegenheiten und Prüfungsvorbereitungen zu sprechen oder gar Studienmaterialien zu tauschen. Chat/Instant Messaging wird von etwa einem Drittel der Studierenden zur individuellen Kommunikation genutzt. Foto- und Video-Communities (z. B. YouTube), Wikis, Online-Spiele, Weblogs/Blogs und seit kurzem auch Twitter und E-Portfolios werden von zunehmend mehr Studierenden genutzt. Offenbar wird das Internet von jungen Menschen weit mehr für kommunikative Interaktion und Partizipation als für geplante Prozesse genutzt. Diese Nutzungspraxis eröffnet ganz neue Möglichkeiten für selbst organisiertes und kooperatives Lernen bzw. Studieren (Kap. 5), die aber noch nicht zu einer planmäßigen Organisation der Unterstützung, Entwicklung und Gestaltung von gemeinsamen Lernprozessen und der selbstbestimmten Erarbeitung von Produkten von den Studierenden und Lehrenden genutzt werden (SCHULMEISTER 2009, 320). In den Hochschulen, in denen es bereits verschiedene E-Learning-Angebote gibt, sind die weitaus häufigste Angebotsform lehrveranstaltungsbegleitende Materialien, die auch von fast allen Studierenden in den entsprechenden Lehrveranstaltungen genutzt werden. Das Angebot und die Nutzung virtueller Vorlesungen, Seminare, Tutorien, Praktika und Labore mit und ohne Telekooperation stagniert dagegen seit einigen Jahren auf einem noch ziemlich niedrigen Niveau, während die in wachsendem Maße angebotenen Selbst-Test-Möglichkeiten und elektronischen Übungsumgebungen häufiger angeboten und von den Studierenden auch genutzt werden. Insbesondere mit der Einführung der Bachelor- und Masterstudiengänge werden in manchen Hochschulen und Studiengängen auch Infrastrukturen für computergestützte Prüfungen aufgebaut, um die in den Lehrveranstaltungen erfolgenden permanenten Leistungsmessungen bewältigen zu können (KLEIMANN 2009, 72). Eine automatische Auswertung der am Computer auf gestellte Aufgaben und Fragen zu gebende Antworten ist jedoch nur dann möglich, wenn vorgegebene Antworten anzukreuzen oder Worte oder Zahlen einzusetzen sind. Damit wird träges Wissen abgefragt. Es kann damit nicht festgestellt werden, ob sie mit dem erworbenen Wissen auch die Kompetenzen erworben haben, selbstständig kritisch reflexiv komplexere Aufgaben zu bearbeiten, zu einem brauchbaren Ergebnis zu bringen, anderen zu präsentieren und im Diskurs verteidigen zu können (Kap. 7). Diese Form computer-basierter Wissensprüfungen kann gut integriert werden in Campus Management Systeme, Learning Management Systeme oder Personal Learning Environments (Kap. 3). Mit den bisher verbreiteten E-Learning-Arrangements, Lernprozesse technologisch herzustellen, wird ein Prozess einer auf Computer und Internet basierenden Individualisierung des Lernens in Gang gesetzt, bei dem bestenfalls noch eine gelegentliche Kooperation mit anderen Lernenden erfolgt, Lernen aber vor allem in Interaktion mit den digitalen Medien erfolgt. Bildung als ein gemeinsamer Prozess diskursiver Kritik und Reflexion von Lehrenden und Lernenden zur notwendig gemeinsamen Lebensgewinnung gerät so in Gefahr, zunehmend verloren zu gehen.

Kritische Fragen sind zu beantworten

Heute werden zu fast allen Lehrveranstaltungen auch begleitende Studienmaterialien über die jeweilige Lernplattform der Hochschule angeboten. Dagegen stagniert allerdings die Nutzung virtueller Seminare, Vorlesungen, Praktika und Labore seit vielen Jahren bei etwa 10 % der Studierenden (KLEIMANN/ÖZKILIC/GÖCKS 2008, 9). Mit den unterschiedlichen Entwicklungen in den Angebots- und Nutzungsformen von E-Learning und virtuellen Räumen und Anwendungen im Internet zeichnen sich damit sehr deutliche Veränderungen in den Studienprozessen ab. So eröffnet z. B. die Implementierung von Web 2.0 Anwendungen in Lehre und Studium ganz neue Perspektiven für selbst organisierte produktive individuelle, kooperative und partizipative Bildungsprozesse. Dies ist eine Herausforderung zu kritischen Fragen und der Suche nach Perspektiven bezüglich der Konzeptualisierung der Didaktik, Organisation und Qualität von E-Learning-Angeboten sowie zu einer neuen Gestaltung der Lehr- und Lernkultur (Kap. 6).

Hochschulen beschreiten mit virtuellen Studienangeboten neue Wege. Ihr Auftrag, ein Ort zu sein, an dem Studierende ihre Bildungsprozesse vollziehen können und dabei Unterstützung erfahren, sich Bildung durch die kritisch reflexive und diskursive Erarbeitung wissenschaftlicher Grundlagen, Verfahrensweisen und Handlungskompetenzen in Bezug auf die gute Meisterung der immer neuen Aufgaben in der Praxis der individuellen und gesellschaftlichen Lebensgewinnung anzueignen, bleibt aber unverändert. In Bildungsprozessen geht es um eine beabsichtigte und reflektierte Erweiterung der individuellen Handlungsfähigkeit und gesellschaftlichen Teilhabe, also um die Überwindung einer Kompetenzdiskrepanz und die Gewinnung verallgemeinerter Handlungsfähigkeit in den gesellschaftlichen Lebenszusammenhängen (siehe oben). Im Folgenden sollen vom Standpunkt der Lernenden zunächst die bisher entwickelten virtuellen Bildungsangebote an Beispielen in Hochschulen näher betrachtet werden, um Perspektiven und Gestaltungsmöglichkeiten als Grundlage für unsere Vorschläge in den folgenden Kapiteln zu erkennen.

2.3 Erfolge und Defizite virtueller Bildungsangebote

Ziele der Förderung

In Hochschulen begann Mitte der 1990er Jahre mit vielen kleinen Einzelprojekten der Aufbau elektronischer Infrastrukturen zur Unterstützung von Lehre und Studium zunächst meist durch die Bereitstellung multimedialer und interaktiver Lernprogramme. Gegen Ende der 1990er Jahre wurden von der Bundesregierung und einigen Länderregierungen, gefordert und unterstützt durch die Hochschulrektorenkonferenz, den Wissenschaftsrat und die Bund-Länder-Kommission, Förderprogramme ('Bundesleitprojekte', 'Neue Medien in der Bildung') gestartet, um die vielen einzelnen Aktivitäten zusammen zu führen, zu verstärken und strategisch zu orientieren. Damit wurden zahlreiche Projekte zur Virtualisierung des Hochschulstudiums – und von beruflichen Bildungsangeboten – finanziell und mit großem Engagement der Beteiligten gefördert. Die Ziele der Förderprogramme waren die Verbesserung der Qualität der Lehre, die Erhöhung des Anteils betreuten selbstständigen Lernens, die Kombination von Selbstlernen und Präsenzlehre, die mediale Umstrukturierung von Lehre und Studium, die Effektivierung des Lernens, die Entwicklung der Medienkompetenz sowie die Entwicklung übertragbarer Geschäftsmodelle (HAUG/WEDEKIND 2009; KRÖPELIN 2003). Die Projekte, bspw. im Förderbereich 'Neue Medien in der beruflichen Bildung', wurden von einer Expertenkommission begutachtet und aus den Ergebnissen wurden Empfehlungen für die weitere Entwicklung gegeben (ZIMMER 2005).

Offene Fragen

Mit dem Auslaufen der Projektförderungen Mitte der 2000er Jahre ist die Einführung des E-Learning in Hochschulen kein Experimentierfeld mehr. Viele geförderte Entwicklungsprojekte sind über die entwickelten medialen Studienangebote nicht hinausgekommen oder sind nach Auslaufen der Projektförderung ohne nachhaltigen Erfolg beendet worden (UHL 2003) und im Internet heute oft nicht mehr auffindbar (HAUG/WEDEKIND 2009, 19). Die geleisteten Entwicklungsarbeiten wurden meist auch nicht von anderen Lehrenden auf die Entwicklung weiterer medialer Studienangebote übertragen. Es zeigte sich, „dass – auch im Falle von erfolgreichen Projekten – (a) die erzielten Ergebnisse nach Ende der Projektlaufzeit nicht automatisch fortgeführt werden, und (b) die Arbeiten der 'Pioniere' sich nicht selbstständig verbreiten [...]. Auch technisch und didaktisch überzeugende E-Learning-Lösungen verstetigen sich im Alltag von Hochschule nicht von selbst." (KERRES 2007, 245) Meist fehlt dazu nach Auslaufen der Projektförderungen auch das erforderliche qualifizierte Personal und die notwendigen Ressourcen. Zudem sind für viele Fragen auch noch keine zufrieden stellenden und akzeptierten Lösungen gefunden worden, wie z. B. für die Gestaltung der virtuellen Infrastruktur, die Didaktik und Methodik virtueller Lehr- und Lernprozesse, die Professionalisierung der Handlungen der Lehrenden und der Studierenden für eine effiziente virtuelle Studienkultur, die Anpassung der Studien- und Prüfungsstrukturen, die fachbereichs- und hochschulübergreifende Kooperation zur Entwicklung und Durchführung virtueller Studienangebote sowie für die Erschließung des

Weiterbildungsbereichs für virtuelle Studienmodule. Vielen scheint sowohl der Aufwand für die Entwicklung und Durchführung virtueller Studienangebote als auch für das Studium per Internet viel zu groß zu sein (BEUSCHEL 2002), sodass die nach Ende der Projektförderungen verbliebenen Engagierten vor allem nach einfacheren und das Präsenzstudium ergänzenden medialen Konzepten suchen, statt die Gründe für das Scheitern zu analysieren und daraus für eine bessere didaktische Gestaltung durchaus zukunftsfähiger virtueller Lehr-Lern-Arrangements Konsequenzen zu ziehen.

Defizite bisheriger Bemühungen

Es kann heute insgesamt festgestellt werden (CARSTENSEN 2009, 252ff), dass sich trotz vieler Förderprojekte die Hochschulen bisher überraschend wenig durch E-Learning verändert haben. Eine nachhaltige Wirkung der Förderprojekte auf das Lehrangebot in Hochschulen blieb deutlich unter den Erwartungen. Und die Überleitung der entwickelten E-Learning-Angebote in den Regelbetrieb des Studiums geschah nur selten. Die entwickelten neuen Bildungsmedien werden überwiegend nur zur Ergänzung der traditionellen Lehrveranstaltungen verwendet, eine Reorganisation der Hochschullehre erfolgte nur sehr selten (BLOH 2010, 7). E-Learning ist zwar ein ergänzender Bestandteil von Lehre und Studium geworden, aber E-Learning bestimmt noch keineswegs den Alltag von Lehre und Studium, obwohl Lehrende und Lernende Computer und Internet jeweils informell für sich intensiv nutzen. Eine gleichsam automatische Reformierung oder gar Revolutionierung der Hochschullehre und des Studiums, angestoßen durch die vielen finanzierten E-Learning-Projekte, erwies sich bald als eine Illusion. Weder wurde der Aufwand für die erforderliche Professionalisierung der Lehre und des Studiums beachtet, noch wurden die Arbeitsbedingungen der Lehrenden entsprechend angepasst und ihr Engagement anerkannt. E-Learning-Angebote und virtuelle Lernräume müssen von den Lehrenden gepflegt, aktualisiert und erweitert werden, ohne dass ihnen der damit verbundene erhebliche Mehraufwand auf das Lehrdeputat angerechnet wird. Auch fehlt oft eine ausführliche Dokumentation zur Unterstützung der Übertragung auf weitere Lehrangebote, weil dies zusätzliche Arbeit macht (HAUG/WEDEKIND 2009, 30). Es ist auch noch nicht begriffen worden, dass E-Learning einen grundlegenden kulturellen Umbruch im Lehren und Lernen zur Folge hat, der auf eine wachsende Eigenständigkeit der Studierenden gerade im Gegensatz zu den engen Vorgaben in Bachelor- und Master-Studiengängen hinausläuft. Dieser kulturelle Umbruch deutet sich bereits an in der breiten Nutzung von Wikipedia, sozialen Gemeinschaften und elektronischer Kommunikation durch die Studierenden. Noch ist hier unter den Studierenden das Kopieren, Teilen und Wiederverwenden von Studieninhalten zur Erfüllung der Anforderungen ihres durchreglementierten Studiums verbreitet. Aber diese durch Web 2.0 Anwendungen verfügbaren Dienste könnten sehr gut für die Gestaltung individueller und kooperativer Bildungsprozesse zur Entwicklung verallgemeinerter Handlungskompetenzen genutzt werden, und zwar unabhängig von der Bereitstellung virtueller Lernräume durch die Hochschulen. Für diese offenen Anwendungen im Web 2.0 müssen die Hochschulen jedoch erst noch die entsprechenden Lehr- und Studienkonzepte entwickeln. Beispielsweise durch eine Aufgaben- bzw. Projekt- und Produktorientierung von Lehre und Studium im Web 2.0, die an praktischen und theoretischen Problemstellungen in der Gesellschaft ansetzt, könnten ganz neue Chancen für eine Verbindung von Praxis und Theorie im Studium eröffnet werden.

Konsequenzen

Bereits früher hatte KERRES (2001c, 17) festgestellt, dass „der Wirkungsgrad dieser Aktivitäten im Hinblick auf qualitative Veränderungen im Lehrbetrieb [...] überraschend gering [blieb]. Ansätze zur nachhaltigen *Veränderung* von Lehre sind bislang nur punktuell sichtbar. Oft enden Bemühungen zu didaktischer Reform mit dem Ende von Projektförderungen." „E-Learning in der Hochschullehre ist somit keine revolutionäre Innovation, sondern erweist sich als inkrementale Innovation, die in eher kleinen Entwicklungsschritten erfolgt" (BLOH 2010, 9). Die Erwartungen waren offensichtlich zu sehr an der technischen Machbarkeit orientiert, während die Fragen einer sinnvollen didaktischen Gestaltung und Einbettung virtueller Studienangebote in Bildungsprozesse weitgehend unbeachtet blieben. SCHULMEISTER forderte daher ebenfalls bereits 2001 (363) eine Korrektur falscher Einschätzungen. Auch SEUFERT/ EULER (2003, 2) sahen die Zukunft des E-Learnings „an einem Scheideweg: entweder etabliert sich eLearning zunehmend als integraler Bestandteil der Lehre an Hochschulen, oder eLearning bleibt dort ein Fremdkörper und der bildungstechnologische Friedhof wird neben dem Schulfernsehen, der programmierten Instruktion und dem Sprachlabor um eLearning erweitert." Sie stellten in ihrer Delphi-Studie zur „Nachhaltigkeit von eLearning Innovationen" fest, dass selbst nach optimistischen Schätzungen „deutlich weniger als 10 % der Hochschuldozierenden eLearning in der Lehre" einsetzten (SEUFERT/EULER 2004, 2). KERRES (2007) sieht die Ursache dafür in den noch weithin fehlenden Medienkompetenzen der Lehrenden. Dabei wird nicht gesehen, dass die Entwicklung, der Betrieb und die laufende Aktualisierung medialer Studienangebote einen nicht unerheblichen zusätzlichen Zeitaufwand erfordert, der das Engagement der Lehrenden in Grenzen hält, wenn sie nicht durch Kompetenzzentren und Tutoren unterstützt werden.

Funktion von E-Learning in Bildungsprozessen

Den geäußerten negativen Erwartungen lässt sich entgegenhalten, dass in der Vergangenheit keineswegs alle bildungstechnologischen Innovationen gescheitert sind, sondern nur jene, die den Anspruch hatten, die Lehrenden ersetzen zu wollen. Überall, wo die bildungstechnologischen Innovationen als Medium – und nicht als Ersatz von Menschen – im pädagogischen Verhältnis zwischen Lehrenden und Lernenden dienten, sind sie keineswegs misslungen, sondern tragen unbestritten zur Verbesserung der Qualität, der Wirksamkeit und Effizienz des Lehrens und zu einem motivierten und erfolgreichen Lernen bei. Die Funktion von Bildungsmedien als im pädagogischen Verhältnis zwischen Lehrenden und Lernenden vermittelndes Medium ist für ihre Nutzung und Akzeptanz entscheidend. Dies gilt insbesondere – aufgrund ihrer Interaktivität – für die computer- und internetgestützten Multi-Medien (ISSING/KLIMSA 2002, 2009). Das persönliche Gespräch sowie die immer erneute Vereinbarung der Ziele, Inhalte und Methoden zwischen Lehrenden und Lernenden sind in Bildungsprozessen offensichtlich unverzichtbar. Daraus folgt, dass E-Learning-Angebote so zu gestalten sind, dass sie kommunikative Lehr- und Lernprozesse nicht ersetzen, sondern diese in ihrer Qualität unterstützen.

Aufbau von Kompetenzzentren

Bereits 2006 verfügten etwa die Hälfte der Hochschulen über zentrale Einrichtungen zur Unterstützung der Lehrenden und Lernenden in Fragen der Medienkompetenz, der Mediendidaktik, der Organisation sowie der Qualitätssicherung (KLEIMANN/ SCHMID 2007, 193). Diese Unterstützung hat sich als eine Voraussetzung für die Entwicklung, Etablierung und Nutzung von E-Learning erwiesen. Einige Hochschulen haben daher allein oder in Kooperation mit anderen begonnen, ihre Einrichtungen zu E-Learning-Kompetenzzentren auszubauen, die den Lehrenden neben unmittelbaren technischen und personellen Unterstützungen auch Schulungen, Beratungen, Erfahrungsaustausch und in manchen Zentren auch akademische Qualifizierungen (z. B. Masterstudiengänge) anbieten (KLEIMANN 2009, 83). Ein ungelöstes Problem ist die den Lehrenden fehlende Zeit für den Mehraufwand, den die Objektivierung der Lerninhalte in digitalen Medien und die Beantwortung der Online – anders als in Präsenzveranstaltungen – viel häufiger gestellten Nachfragen der Lernenden erfordern. In Fachhochschulen sind zudem aufgrund der deutlich höheren Lehrverpflichtungen, geringeren Personalausstattung, engeren finanziellen Ressourcen und wenigen zeitlichen Freiräumen für Innovationen meist die Ausgangs- und Rahmenbedingungen noch ungünstiger. So sind nach dem Ende vieler Projektförderungen und den Kürzungen von Hochschuletats in den vergangenen Jahren die notwendigen Finanzierungen für das erforderliche Personal für den weiteren Betrieb und Ausbau von E-Learning zu einem großen Problem geworden. Der Aufbau von Kompetenzzentren ist daher ein wichtiger Schritt, um den erreichten Stand der Entwicklung und Nutzung von E-Learning in Hochschulen nicht einbrechen zu lassen, sondern weiter auszubauen. Sie sind die Promotoren, die den arbeitsteiligen Prozess der Konzeptualisierung, Programmierung und Unterstützung, an dem unterschiedliche Personengruppen in unterschiedlichen Positionen und Funktionen beteiligt sind, organisieren und voranbringen (KLEIMANN/WANNEMACHER 2006; THILLOSEN/HANSEN 2009).

Akzeptanz virtueller Studienangebote

Wie nutzen die Studierenden die virtuellen Studienangebote bisher? Worin liegt die in vielen Fällen zutage tretende mangelnde Akzeptanz begründet? Zur Beantwortung dieser Fragen kann eine aktuelle Untersuchung von HAUG/WEDEKIND (2009) sowie eine frühere Untersuchung von UHL (2003) herangezogen werden.

Universität Köln

Die Evaluation des Projekts „Virtus" der Wirtschafts- und Sozialwissenschaftlichen Fakultät der Universität zu Köln mit 37 Lerneinheiten (im Sept. 2009 war noch der Stand vom 03.09.2003 angegeben), das nach Auslaufen der Förderung nur noch in geringem Umfang weitergeführt wurde, hatte ergeben, „dass die Studierenden die virtuellen Lernangebote von Virtus kaum für den Erwerb von neuem Wissen, sondern primär zur gezielten Suche nach Informationen, zur Wiederholung und insbesondere zur Prüfung des eigenen Wissens nutzen." (UHL 2003, 50) Dies zeigten auch die geringen Nutzungszeiten von zwei Drittel der Studierenden von weniger als zehn Minuten pro Sitzung (EBD., 48). Offensichtlich hatten die Studierenden die klassischen Präsenzlehrveranstaltungen den virtuell angebotenen Lehrveranstaltungen deutlich vorgezogen und die virtuellen Studienangebote nur zu deren Ergänzung genutzt.

Universität Saarbrücken

Im Bildungsnetzwerk „Winfoline", das von der Universität Saarbrücken und drei Part-neruniversitäten im Studiengang Wirtschaftsinformatik aufgebaut und bis 2003 geför-dert wurde, zeigten die „Studierenden eine hohe Akzeptanz für den Zusatznutzen der Internetangebote, die eine höhere Flexibilität des Studiums gewähren, ohne dass die Studierenden durch dieses Medium ihr Kommunikationsverhalten grundsätzlich ändern würden." (EBD., 56) Sie nutzten die Lerneinheiten, die Übungsaufgaben und die E-Mail-Funktion als zusätzliche Angebote zu den Präsenzveranstaltungen (EBD., 57). Als zentraler Engpass hatte sich die mentorielle Betreuung der großen Zahl zeit- und ortsunabhängig Studierender durch die wissenschaftlichen Mitarbeiter/-innen erwiesen, weil die Studierenden mit den Lehrenden viel häufiger Online kommuni-zierten (EBD., 57f). Hinzu kam, dass die asynchrone Online-Kommunikation sich nicht nur zeitlich über Tage und Wochen verteilte, sondern als schriftliche auch deutlich mehr Zeit für jeden Kommunikationsakt beanspruchte als bei mündlicher Kommu-nikation. Zudem erfolgte jeder schriftliche Kommunikationsakt immer eindirektional ohne unmittelbare Wahrnehmung des Gegenübers in der Erwartung einer baldigen Antwort. Im Unterschied zu Präsenzveranstaltungen, bei denen die Kommunikation im Wesentlichen auf die Veranstaltungszeit begrenzt ist, wächst bei virtuellen Veran-staltungen der Aufwand und damit auch die zeitliche Belastung durch Kommunika-tion doch ganz erheblich.

Virtueller Hochschulverbund Bayern

Auch bei dem Verbund von 31 bayerischen Hochschulen zur Virtuellen Hochschule Bayern mit heute etwa 186 Online-Lehrangeboten mit im Durchschnitt 145 Studieren-den pro Kurs (FRANKFURTER ALLGEMEINE ZEITUNG 14.07.2009) hatte sich bereits frü-her die pädagogische Arbeit der mentoriellen Betreuung der Studierenden, ohne die offenbar die virtuellen Studienangebote nicht erfolgreich studiert werden können, als ein zentrales Kapazitätsproblem herausgestellt (UHL 2003, 62), das durch speziell geschulte Online-Tutoren behoben wurde. Hinzu kam das Problem der inhaltlichen Vereinheitlichung der virtuellen Studienangebote. Einerseits sollte durch die Verein-heitlichung eine große Zahl von Studierenden erreicht werden, damit sich die hohen Kosten der Erstellung der Studienangebote im Vergleich zu den Präsenzangeboten rechneten. Andererseits kollidierte die Vereinheitlichung mit der fachwissenschaftli-chen Profilbildung der beteiligten Universitäten (EBD., 63). Geregelt wurde, dass die Online-Lehrangebote keine vollständigen Studiengänge bei den beteiligten Verbund-hochschulen ersetzen, sondern der Integration in die Präsenzlehre dienen.

Virtueller Hochschulverbund Karlsruhe

Bei den Studienangeboten des Virtuellen Hochschulverbundes Karlsruhe, der von den ehemals sechs Verbundprojekten in Baden-Württemberg heute noch weitergeführt wird (HAUG/WEDEKIND 2009, 25), waren die Studierenden widerständig gegenüber den neuen virtuellen Studienangeboten. Zwar existierte „eine positive Grundeinstellung gegenüber dem Computerlernen", allerdings wurden „kaum Angebote auf freiwilliger Basis genutzt" (UHL 2003, 75). In der Projektevaluation wurde zwar die grundsätzliche Akzeptanz bestätigt, jedoch beklagt, dass die Studierenden die Angebote primär nach der Nützlichkeit für ihre individuellen Studienstrategien beurteilten, also offensichtlich nur als neue Form zusätzlicher Studienmaterialien ansahen, aber nicht als möglichen Ersatz für ihr Präsenzstudium. Diese Haltung der Studierenden wurde auch dadurch bestätigt, dass es weder gelungen war, „die Studierendenrolle in Richtung einer Kundenrolle" zu verschieben, noch eine „Online-Community zwischen Lehrenden und Lernenden" aufzubauen (EBD.).

Virtuelle Fachhochschule Lübeck

Auch bei der Virtuellen Fachhochschule in Lübeck zeigte sich in der Pilotphase, an der Studierende im Präsenzstudium teilnahmen, dass sie ein komplett virtuelles Studium weitgehend ablehnen würden. Sie sahen den ständigen direkten Kontakt mit den Lehrenden als den zentralen Bestandteil ihres Fachhochschulstudiums an (ZIMMER/ROGNER/THILLOSEN 2001). Dies ist auch leicht nachvollziehbar, denn die Lehrenden bringen ihre Praxiserfahrungen aus den Bereichen, in denen später die Fachhochschulabsolventen arbeiten werden, auch in die Präsenzvorlesungen und Seminare anhand von Fallbeispielen und Berichten ein. Die mentorielle Betreuung durch wissenschaftliche Tutoren konnte diese ‚nachgefragten' Erfahrungen nicht ausgleichen. Die entwickelten Online-Studieneinheiten werden heute für ein berufsbegleitendes Studium unter der Marke OnCampus als Einzelkurse oder komplette Studiengänge bis zum Bachelor- oder Masterabschluss gegen Gebühren angeboten (HAUG/WEDEKIND 2009, 24). Dafür werden die entwickelten Online-Studieneinheiten aufgrund der Multimedialität, Interaktivität und Online-Kommunikation als gut geeignet begrüßt.

Erkenntnisse aus der Nutzung virtueller Studienangebote

Die Resultate dieser kurzen Betrachtung umfangreicher Hochschulprojekte zur Entwicklung und Einführung virtueller Studienangebote im grundständigen Studium zeigen, dass die Implementierung von E-Learning in Lehre und Studium noch nicht bewältigt ist:

- Die Studierenden ziehen offensichtlich das Präsenzstudium dem Online-Studium vor und die Lehrenden bleiben lieber bei der Präsenzlehre, die sie mit vielfältigen begleitenden digitalen Medien unterstützen, obwohl beide keineswegs computer- und internetfeindlich sind, sondern Computer und Internet zur Informationsverarbeitung, Informationssuche und Kommunikation vielfältig und intensiv nutzen.

- Trotz der mentoriellen Betreuung reicht den Studierenden diese Kommunikation für ein erfolgreiches Studium offensichtlich nicht aus. Die unmittelbare Kommunikation mit den Lehrenden über die Studieninhalte in Präsenzveranstaltungen – und damit auch unmittelbar mit anderen Studierenden – ist dazu anscheinend unverzichtbar notwendig.
- Die für erforderlich gehaltene unmittelbare Kommunikation mit den Lehrenden und den anderen Studierenden schließt nicht aus, dass die Studierenden auch die Möglichkeiten der Online-Kommunikation (vor allem per E-Mail) ausgiebig und in wachsendem Maße nutzen. Insgesamt hat mit Computer und Internet eine erhebliche Intensivierung und Ausweitung der Kommunikation stattgefunden, die positive Effekte hat, aber auch viel Zeit kostet.
- Es ist nicht so, dass die Studierenden die virtuellen Studienangebote nicht nutzen. Allerdings verwenden sie diese in anderer Weise als sich dies die Entwickler der Angebote vorgestellt haben. Sie ziehen Gewinn aus den Online-Studienangeboten, auch aus den Informationen von Wikipedia, indem sie diese als interaktive und multimediale Studienmaterialien neben Büchern, Zeitschriften, Arbeitsblättern etc. verwenden.
- Es entsteht die Gefahr für die Studierenden, worauf SCHULMEISTER (2009, 321) sehr deutlich hinweist, dass sie „die Gedankenschnipsel der Geistesverwandten in Weblogs" lesen, sich aber „kaum noch Zeit für die umfangreichen Originale und die anspruchsvollen Monographien" nehmen. „Was auf diese Weise entsteht, das sind nicht wissenschaftliche Schulen wie ehedem, auch nicht echte Diskurszirkel, sondern Zitationskartelle." (EBD.) Das führt zu einer Verflachung der Studieninhalte und einem Defizit in der Bildung kritisch reflektierender Handlungsfähigkeiten.
- Ohne die Einrichtung von Kompetenzzentren mit der erforderlichen personellen und finanziellen Ausstattung und ohne eine Unterstützung der Lehrenden durch Teletutoren ist der hohe Aufwand virtueller Studienangebote für die Lehrenden nur schwer oder gar nicht zu schaffen. Daher sind neue Personal- und Finanzstrukturen in Hochschulen für eine erfolgreiche Etablierung virtueller Studienangebote unabdingbar notwendig.

Diese Ergebnisse führen zu zwei daran anschließenden Fragen: (1) Was sind die Stärken des klassischen Präsenzstudiums, weshalb es anscheinend unverzichtbar ist? Oder anders gefragt: Was sind die konstituierenden Faktoren von Bildungsprozessen? (2) Wo liegen die Stärken virtueller Studienangebote und wie können sie in Bildungsprozessen nutzbar gemacht werden? Oder anders gefragt: Wie kann eine Verflachung des E-Learning verhindert werden, damit der Erwerb verallgemeinerter Handlungskompetenzen nicht gefährdet, sondern durch eine optimale Gestaltung des E-Learning gefördert wird?

2.4 Konstituierende Faktoren von Bildungsprozessen

Die beobachteten Umgangsweisen der Studierenden mit den Online-Studienangebo-
ten zeigen, dass sie keineswegs die Nutzung der digitalen Medien im Studium ablehnen und ausschließlich die klassischen Präsenzformen des Studiums bevorzugen.
Wogegen sie offensichtlich entschiedenen Widerstand leisten, ist die Organisations-
form der Online-Studienangebote, durch die beinahe vollständig oder zunächst in Teilen Präsenzlehrveranstaltungen ersetzt werden. Da die Studierenden in den Evaluationen anscheinend nicht nach den Gründen für ihre unerwartet zurückhaltende bzw.
widerständige Nutzung gefragt wurden, können diese nur aus den jeweiligen Umständen logisch rekonstruiert werden.

Defizitäre lerntheoretische Basis

Online-Studienangebote und multimediale und interaktive Lernprogramme sind bisher überwiegend nach Modellen des Instruktionsdesigns erstellt worden, denen die
Vorstellung von der Herstellung von Lernen durch Lehrmaschinen zugrunde liegt.
„Die Masse der Lernangebote im Netz [...] werden einfach additiv zur herkömmlichen
Lehre eingeführt und richten sich in der Regel nach altbekannten Lernkonzepten,
häufig behaviouristischer Provenienz. [...] Noch ist die Präsenzausbildung der virtuellen Ausbildung in der Regel überlegen." (SCHULMEISTER 2001, 363) Das bedeutet, dass
die multimedial und interaktiv präsentierten Lerninhalte, die in allen Einzelheiten –
Aktionen und erwarteten Reaktionen – in den Instruktionsstrukturen des Mediums
fixiert sind, von den Studierenden von einem vorgegebenen Ausgangspunkt zu einem
ebenso vorgegebenen Endpunkt eines Lernprozesses linear oder in wählbaren Verzweigungen fortschreitend durchzuarbeiten sind. Was sie dabei nach jedem definierten Lernschritt behalten haben, können sie mit den ebenfalls im Medium vorgegebenen Tests (meist Fragen mit vorgegebenen Auswahlantworten) oder programmierten
Übungsaufgaben jeweils selbstständig prüfen. Der Unterschied zur gescheiterten Programmierten Unterweisung in den 1960er Jahren liegt in der komfortabler eingebauten Interaktivität, die dem Lernenden einen begrenzten Spielraum in den Wegen des
Erlernens der vorgegebenen Inhalte lässt.

Missverhältnis von Lerngrund und Lernziel

Diese Vorgehensweisen medialen Lehrens werden von den Studierenden zurückgewiesen, weil sie offensichtlich nicht den Ansprüchen ihrer subjektiven Lern- bzw. Bildungsprozesse entsprechen. Die den meisten Online-Studienangeboten zugrunde liegende Vorstellung des Verhältnisses von Lehren und Lernen hat HOLZKAMP (1993,
385ff, 391, 408) ausführlich analysiert und als „Lehrlernkurzschluss" bezeichnet und
zurückgewiesen. Weil die Lerngründe der lernenden Subjekte nicht der Ausgangs-
punkt ihrer Lernaktivitäten sind, sondern die Lernziele unabhängig von den subjektiven Lerngründen planmäßig bis in alle Einzelheiten vorgegeben werden, wird Lehren
und Lernen gleichgesetzt. Wenn der erhoffte Lernerfolg nicht eintritt, so wird die
Ursache entweder in der mangelnden Begabung der Lernenden oder in der mangelnden Motivierungs- und Vermittlungsfähigkeit der Lehrenden gesucht – bei virtuellen

Bildungsangeboten werden die Ursachen analog darin gesehen, dass sie entweder nicht gut genug für unterschiedliche Begabungen programmiert sind oder nicht hinreichend motivieren bzw. erfolgreiche Behaltensleistungen nach jedem Lernschritt, ausgedrückt durch Setzen eines Häkchens im richtigen Kästchen, nicht hinreichend durch ‚lobende' Icons verstärken.

Begrenzte Chancen zum Diskurs

Systematisch ignoriert wird dabei, dass die Lernenden durch ihre Bevorzugung des Lernens in Präsenzveranstaltungen zum Ausdruck bringen, dass sie zu einem erfolgreichen Lernen offensichtlich die unmittelbar angeregte themenbezogene Kommunikation bzw. kritisch reflektierende Diskussion mit den Lehrenden und auch mit den Kommilitonen brauchen und suchen. Es geht ihnen also um die Lebendigkeit unmittelbarer Kommunikation über die Ziele, Inhalte, Abläufe und Kontexte ihres Studiums, das Kommunizieren unterschiedlicher Wahrnehmungen, Einschätzungen, Erfahrungen, Vorstellungen, Bedeutungszuschreibungen und Empfehlungen in den konkreten Situationen, in denen sich die Lehrenden und Lernenden hier und heute in Hochschule und Gesellschaft bewegen. Daher wird z. B. in den privaten Hochschulen in kleinen Studiengruppen mit engem Kontakt zu den Professoren studiert (GLOGER 2003). Die Online-Studienangebote bieten bisher noch selten ein Forum für synchrone Diskurse, durch die kritisch reflektierende Bildung und Kompetenzentwicklung wesentlich angeregt und ermöglicht werden, wie dies in Präsenzveranstaltungen der Fall ist.

Diese unmittelbare Lebendigkeit der Diskurse in Präsenzstudiengängen kann prinzipiell durch kein multimediales und interaktives Studienangebot ersetzt werden – auch nicht durch Intelligente Tutorielle Systeme (ITS), wie die vergangenen und misslungenen Versuche gezeigt haben. Auch die Ausweitung und Intensivierung der Kommunikation in Online-Studiengängen können die gefragte Lebendigkeit des Lehrens und Lernens, z. B. durch eine mentorielle Betreuung mit erheblich höherem Kommunikationsaufwand, offensichtlich nur sehr begrenzt wieder herstellen. Asynchronität und Aufwand der (obwohl meist recht formlosen) Schriftlichkeit gegenüber der Mündlichkeit der Kommunikation sind hier die entscheidenden Hemmnisse.

Lernen mit Web 2.0, Chancen und Gefahren

Mit dem Surfen im Internet und den Instrumenten des Web 2.0 können heute eine reichhaltige, aber auch unübersichtliche Vielfalt weiterer Informationen und Sichtweisen zu den Lernaufgaben gefunden werden, was die Chancen für die Erarbeitung einer eigenen Bearbeitung und Lösung deutlich erhöht. Allerdings erfordert dies genaue Vorstellungen über das Ziel der Aufgabenbearbeitung sowie Kompetenzen zur Auswahl, Analyse und Bewertung der gefundenen Informationen sowie zur kritischen Reflexion der Aufgabenbearbeitung und des erreichten Ergebnisses sowie der Kontexte, Voraussetzungen und Folgen. Die Nutzung dieser Chancen kann allerdings gründlich misslingen (CARR 2010; SPITZER 2010, 2012): Die außerordentlich große Vielfalt der Informationen sowie der verfügbaren Instrumente und Methoden im Internet und deren gleichzeitige parallele Nutzung kann durch das Hüpfen von Inhalt zu Inhalt zu Oberflächlichkeit, Mangel an Konzentration und Unterscheidung zwischen Wichtigem und Unwichtigem und damit zum Verlust an analytischer Tiefe des Denkens und zum Verfehlen der ursprünglichen Fragestellung führen. Das Denken wird zu einem flüchtigen und oberflächlichen Prozess und das Kurz- und Langzeitgedächtnis lernt das schnelle Vergessen. Dies wäre das genaue Gegenteil erfolgreichen Lernens. Noch kann kein Computer aus den Informationen, die in den Hypermedia-Strukturen der heutigen Webseiten stehen, die für die jeweilige Fragestellung bedeutsamen Informationen herausfiltern. Und für die Menschen ist die Informationsflut zu groß, um alle wichtigen Informationen erfassen zu können. Das noch in Entwicklung befindliche Semantische Web könnte hier durch eine auf Bedeutungsstrukturen basierende Informationspräsentation Abhilfe schaffen und damit auch zur Entdeckung neuer Zusammenhänge führen, die zuvor nicht erkennbar waren (PELLEGRINI/BLUMAUER 2006).

Was konstituiert erfolgreiches Lernen?

Was ist also der konstitutive Kern erfolgreichen Lernens? In der gesuchten Lebendigkeit der Kommunikation mit den Lehrenden und Kommilitonen zeigt sich, dass das Lernen als das Eindringen in einen gesellschaftlich relevanten Gegenstandsbereich offensichtlich erst durch den Diskurs mit den anderen, also vor allem mit den Lehrenden oder den Kommilitonen oder auch anderen Experten oder Partnern, konstituiert wird. Der Lerngegenstand, die Ziele, Inhalte und Methoden sind das gemeinsame Dritte, auf das sich das Lehren begründet darstellend und das Lernen reflektiert fragend jeweils beziehen. Aufgrund der Kompetenzdifferenzen zwischen den Beteiligten ist die Konstituierung des Lerngegenstandes ein Prozess subjektiv begründeter und reflektierter Auseinandersetzung. In dieser Auseinandersetzung wird der Lerngegenstand zu einem immer besser differenzierten und in seinen Kontexten bestimmten Gegenstand.

Dies geschieht in Praxisgemeinschaften oder in sich auf Praxis beziehenden Gemeinschaften (ARNOLD, P. 2003b; LAVE/WENGER 1991). Darin zeigt beispielsweise der Lehrende oder ein Lernender, wie er an einen Gegenstand reflektiert und begründet herangeht oder herangehen würde, gibt eine Einführung in die theoretischen und methodischen Grundlagen und praktischen Herangehensweisen, zeigt die Bedeutung in unterschiedlichen Praxisfeldern auf – und all dies im Diskurs mit den Studierenden bzw. in der Lerngemeinschaft. Die Lernenden erfahren die Grundlagen und Aufgaben einer Fachdisziplin im Kontext der Wissenschaften und der gesellschaftlichen Praxis durch reflektierte Erfahrungen und kritische Auseinandersetzungen mit dem Denken und Handeln eines Lehrenden als Experten seiner Disziplin und ihrem eigenen Handeln im Wissenschafts- und Praxisbezug. Sie erwerben dadurch zugleich reflexive und soziale Kompetenzen zur eigenen erfolgreichen Teilhabe in den jeweiligen Wissenschafts- und Praxisfeldern. Durch die unmittelbaren Diskurse in Lerngemeinschaften erfahren sie zugleich eine wichtige, oft auch prägende Förderung der Entwicklung ihrer Persönlichkeit.

Bildung ist subjektives Ergebnis des Lehrens und Lernens

Durch reflexiv lernendes Handeln im Studium gleichen die Lernenden so zunehmend ihre Kompetenzdifferenzen zu den Lehrenden und Fachexperten aus. Dies geschieht nicht in der Weise, dass sie zu einem ‚Klon' des Lehrenden werden, sondern dass sie ein eigenständiges Kompetenzprofil durch ihre begründeten Lernhandlungen herausbilden. Im Diskurs mit den Lehrenden, Studierenden, Experten und Nichtexperten werden die ausgetauschten Informationen erst zu Wissen im Subjekt umgearbeitet, indem die Lernenden den Informationen individuelle Bedeutungen zuschreiben. Wissen ist immer eine subjektive Leistung und nur im Subjekt existent als ein wesentliches Fundament seiner Kompetenzen. Daher kann das Wissen, das sich beispielsweise ein Lehrender im Laufe seiner Ausbildung und Tätigkeit erworben hat, niemals direkt, in Inhalt und Form gleich, auf einen Lernenden übertragen werden. Vielmehr muss er sein Wissen in Informationen und Handlungen transformieren, die für die Lernenden Anlass sein können, sich aus vorhandenen oder gewonnenen eigenen Begründungen heraus damit aktiv zu befassen, wenn es für sie daraus etwas zu lernen gibt. Erst dadurch wird ein Lerngegenstand als ein gemeinsamer konstituiert und in der begründeten Auseinandersetzung damit erwirbt der Lernende – auch in mehr oder weniger intensiver Kommunikation und Kooperation mit anderen Lernenden – seine Lernfähigkeit und seine Kompetenzen. Lernen muss immer noch jeder selbst und dies muss durch die medialen und personellen Arrangements ermöglicht und gefördert werden (LERCHE 2009, 173–176).

Lernerfolg ist keine Frage des Behaltens der dargebotenen Informationen, sondern entscheidend ist, welche Kompetenzen durch selbst erarbeitetes Wissen herausgebildet werden konnten, und dies zeigt sich erst im weiteren Verlauf des Lernens oder in der späteren Arbeit, nicht in punktuellen Tests. Denn Wissen und Kompetenzen von Experten und Novizen unterscheiden sich nicht nur quantitativ, sondern aufgrund der mit dem Lernen zugleich stattfindenden Prozesse der „Wissenskompilierung" auch qualitativ (KERRES 2001a, 163). Bildung als erworbenes Kompetenzprofil einer Person ist immer ein komplexes ‚kompiliertes' Ergebnis der Leistungen des Lehrens und der Leistungen des Lernens. Sie kann daher weder einfach gemessen noch verkauft oder gekauft werden wie ein gewöhnliches Produkt. Bildung als ‚Qualität' einer Person ist auf keinem Markt handelbar.

Bildung ist kein handelbares Produkt

Wenn interaktive Lernprogramme und virtuelle Bildungsangebote häufig als ‚Bildungsprodukte' bezeichnet werden (BERTELSMANN STIFTUNG/HEINZ NIXDORF STIFTUNG 2000, 14, 18, 27, 54 usw.), so wird Lehren und Lernen einfach identisch gesetzt und das Subjekt zum Objekt der lehrenden Modellierung gemacht. Genauso wenig macht es Sinn, in quantifizierender Redeweise wie bei industriellen Prozessen von „Lerneffektivität" und „Nutzen-/Kosteneffizienz" zu sprechen (EBD., 55) und diese am ‚Behalten' messen zu wollen. Wissen wiedergeben zu können, ist kein brauchbarer Indikator für erworbene Kompetenz. Zwar lassen sich die Kosten von Bildungsprozessen berechnen, aber nicht ihre Wirksamkeit und ihr Nutzen, weil diese bzw. dieser sich erst im weiteren Lernen bzw. in der späteren Arbeit der Ausgebildeten, in ihrer Teilhabe an der gesellschaftlichen Lebensgestaltung und in ihrem lebenslangen Lernen offenbaren. „Wir müssen umdenken und begreifen, dass die Kosten von Bildung in Wahrheit Investitionen in unser aller Zukunft sind, an der wir ein existenzielles gesellschaftliches Interesse haben." (KLUGE 2003, 240; ZIMMER/PSARALIDIS 2000)

Bildungsinhalte benötigen einen Kontext

In Hochschulen ist die Integration von Forschung und Lehre für die Aktualität der Studieninhalte und damit zur Erhaltung ihrer gesellschaftlichen Relevanz wichtig. Dies hat zur Konsequenz, dass die Studiengegenstände, die Ziele, Inhalte und Herangehensweisen nie abschließend bestimmt und festgelegt werden können. Daher kann keine Lehrveranstaltung der anderen gleichen, was die Voraussetzung für ihre Vereinheitlichung und mediale Objektivierung wäre. Mit den akkreditierten Studienmodulen in Bachelor- und Masterstudiengängen geschieht genau das Gegenteil. In der Bestandszeit von Studieninhalten gibt es bedeutsame Unterschiede. So kann es einerseits geschehen, dass eine junge Theorie schon bald durch eine noch jüngere Theorie ersetzt wird. Andererseits gibt es theoretische und wissenschaftliche Grundlagen von langer Dauer, wie z. B. die physikalischen Gesetze der technischen Mechanik. Diese könnten dazu verleiten anzunehmen, dass zumindest diese Grundlagen gut für virtuelle Studienmodule geeignet seien. Dabei wird jedoch übersehen, dass diese Grundlagen ihren Stellenwert im Studium erst aus ihrer Bedeutsamkeit für den im Diskurs immer wieder neu zu bestimmenden Studieninhalt erhalten. Das bedeutet, dass die jeweiligen Grundlagen nur bezogen auf den jeweiligen Studieninhalt vereinheitlicht werden können, also jeweils auch mit diesem aktualisiert werden müssen. Daher bietet auch die Standardisierung von kleinsten, noch sinnvollen Lerninhalten nicht immer eine angemessene Lösung. Dagegen ist das selbst organisierte Studieren, also das eigenständige Mitbestimmen und Mitbearbeiten eines Studiengegenstandes und die Präsentation und gemeinsame Diskussion des Studienergebnisses zu fördern.

Modularisierung darf nicht zu stupidem Auswendiglernen führen

Auch die aktuelle, vor allem unter ökonomischen Prämissen geführte Diskussion um die Modularisierung des Studiums scheint in einer durchgehenden Vereinheitlichung aller Lerninhalte den besten Weg zu einem kürzeren und effektiveren Studium zu sehen. Der Erwerb der Inhalte soll jeweils direkt am Ende eines Moduls geprüft und mit Punkten belohnt werden. Nicht bedacht wird dabei, dass eine solche Form von Modulen leicht zum Auswendiglernen von Antworten auf in immer gleicher Weise gestellte Fragen führt und so gerade die geforderte Kompetenzentwicklung für komplexe und sich verändernde berufliche Anforderungen behindert. Lebendigkeit und Aktualität des Lernens werden so gerade verhindert. Denn Kompetenzen und Expertenwissen entstehen erst in der reflektierenden und kompilierenden Auseinandersetzung mit allen Lerninhalten in Lern- oder Praxisgemeinschaften. Wenn Module dagegen als offene Studienabschnitte mit problembezogenen selbstständig zu erbringenden Leistungen verstanden werden, dann machen sie das Studium nicht zu einem Prozess stupiden Nachvollziehens und Auswendiglernens, sondern geben ihm

Lebendigkeit und können in der Tat zu einem engagierten und praxisorientierten Lernen beitragen. Gerade Online-Studienmodulen verleitet zu einer Vereinheitlichung der Inhalte, statt die neuen Möglichkeiten von Computer und Internet für ein lebendiges Lehren und Lernen zu nutzen, wie in den folgenden Kapiteln gezeigt wird.

Verbesserung der traditionellen Fernlehre durch Virtualisierung

Auch an der Fernuniversität Hagen, die quasi als Hochschule für Berufstätige (ca. 80 % der Studierenden) eine Sonderstellung einnimmt, sind die gleichen konstituierenden Faktoren für Bildungsprozesse wirksam: Zum einen sind Berufstätige, darunter ein erheblicher Teil an Gasthörern und Zweithörern von anderen Universitäten, in berufliche Kommunikationen eingebunden, die auch für ihr Fernstudium bedeutsam sind. Zum anderen sollen „die Potenziale des Internets primär für die Intensivierung der Kommunikationsbeziehungen zwischen den Lernenden und der Hochschule genutzt werden." (UHL 2003, 65) Diese Intensivierung dient dazu, das bestehende Defizit in der unmittelbaren Kommunikation mit den Lehrenden, das bislang hilfsweise durch Mentoren in reduzierten Präsenzveranstaltungen in dezentralen Studienzentren etwas ausgeglichen wird, nunmehr zumindest über asynchrone Online-Kommunikation stärker in Gang zu setzen. Auch hier zeigt sich, welche Bedeutung dem Dialog bzw. dem Diskurs zwischen Lehrenden und Lernenden für den Studienerfolg zukommt.

Eine ähnliche Entwicklung zeigt sich beispielsweise in der beruflichen Weiterbildung. Hier werden seit einigen Jahren Ansätze des ‚Blended Learning', also der Kombination von Präsenzveranstaltung und virtuellem Angebot, favorisiert, weil die reine mediengestützte Weiterbildung letztlich doch defizitär blieb. Mit Blended Learning findet eine Funktionsverschiebung der interaktiven Medien vom Ersatz der Lehrenden zu einem vermittelnden Medium der Lehrenden statt, das damit Teil des pädagogischen Diskurses zwischen Lehrenden und Lernenden wird (KUHLMANN/SAUTER 2008). Diese Funktionsverschiebung macht den unmittelbaren subjektiven Diskurs über die Lerngegenstände wieder zur führenden Form in Bildungsprozessen.

Die Zukunft gehört dem virtuellen Lehren und Lernen

Aus der Diskussion der konstituierenden Faktoren von Bildungsprozessen könnte nun der Schluss gezogen werden, dass virtuelle Bildungsangebote prinzipiell keinen Erfolg haben können und es daher angebracht ist, gänzlich zu Präsenzveranstaltungen zurückzukehren. Das wäre jedoch ein unangemessener Kurzschluss, der die zweifelsohne vorhandenen Vorteile der interaktiven Medien und des Internets für Bildungsprozesse missachtet. Von entscheidender Bedeutung für eine erfolgreiche Implementierung ist, wie die Entwicklung der Nutzung von E-Learning zeigt, dass nicht allein die medialen Produktinnovationen in den Blick genommen werden, sondern auch die Prozessinnovationen (ARNOLD, P. 2009). Es ist also in der Perspektive der Förderung einer ganzheitlichen Kompetenzentwicklung der Subjekte die Frage zu stellen, welche Stärken der neuen Medien wie in Bildungsprozessen genutzt werden können und wie die Vorteile des Lehrens und Lernens in Präsenzveranstaltungen in Online-Bildungsangeboten erhalten und weiter ausgebaut werden können.

2.5 Konstituierende Faktoren virtuellen Lehrens und Lernens

Ein pädagogisches Verhältnis kann nur zwischen Menschen bestehen
Nach der Methode der logischen Rekonstruktion (PAQ 1980, 19–62) der Gründe der
bislang oft nicht erfüllten Erwartungen virtueller Studienangebote und der konstituierenden Faktoren erfolgreicher Bildungsprozesse lassen sich die grundlegenden
Voraussetzungen wie die konstituierenden Faktoren für ein erfolgreiches virtuelles
Lehren und Lernen herleiten. Die früher und oft noch immer geltende – bewusst hergestellte oder unbewusst befolgte – generelle Funktionsbestimmung der digitalen
Medien im virtuellen Lehren und Lernen als Ersatz personaler Lehre ist danach vollständig aufzugeben. Ein pädagogisches Verhältnis zwischen Lehren und Lernen, das
erst durch den Diskurs über die gesellschaftlichen Bedeutungen von Lehr- und Lerngegenständen und die subjektive Zuschreibung von Bedeutungen konstituiert wird,
kann prinzipiell nur zwischen Personen bestehen. Ein pädagogisches Verhältnis zwischen Lehrenden und Lernenden oder zwischen gemeinsam Lernenden ist, bezogen
auf das gemeinsame Dritte, die Lehr- und Lerngegenstände, immer kommunikativ
vermittelt durch die Benutzung vielfältiger Symbolsysteme (z. B. Sprache, Schrift, For-
mel, Grafik, Zeichnung, Bild, Film), deren Träger sehr unterschiedliche Medien (z. B.
Buch, Zeitschrift, Arbeitsblätter, Lernsoftware) sein können.

Zwischen Mensch und Maschine (Computer und Internet) kann prinzipiell kein
reflektierter Diskurs über gesellschaftliche und subjektive Bedeutungszuschreibungen geführt werden, auch nicht mit so genannten Intelligenten Tutoriellen Systemen
(ITS). Alles, was ein Computer bzw. die darauf laufenden Bildungsmedien einem Lernenden bieten können, ist immer von anderen (z. B. Lehrenden, Experten, Lernenden)
bereits Vorgedachtes, präsentiert im Design einer interaktiven Lernsoftware – auch
ITS arbeiten nur nach einer begrenzten Zahl vorgegebener Regeln. Daher kann ein
interaktives oder gar ‚intelligentes‘ digitales Bildungsmedium niemals den Diskurs
mit einer lehrenden Person oder anderen Experten oder Mitlernenden ersetzen.

Computer als exzellentes Medium im pädagogischen Verhältnis
Wohl aber können Computer und Internet als ein neues und exzellentes Medium im
pädagogischen Verhältnis zwischen Lehrenden und Lernenden genutzt werden (Zimmer 2000a). Die Lehrhandlungen sowie die geforderten und erwarteten Lernhandlungen bezogen auf einen Gegenstand sind in den interaktiven Präsentationen der
digitalen Bildungsmedien objektiviert. Sie haben damit eine objektivierte Qualität und
stehen den Lernenden zeitunabhängig zur Verfügung. Die Funktionsbestimmung
bleibt dabei aber immer die eines interaktiven Mediums im pädagogischen Verhältnis,
mit dem von den Lernenden selbst gesteuert nur rekonstruiert werden kann, was darin
medial vorgegeben ist. Alle durch die lernende Bearbeitung angeregten und über die
medialen Präsentationen hinausgehenden Fragen können nur in Kommunikation mit
den Lehrenden oder anderen Lernenden geklärt werden. Das Lernen mit interaktiven
Medien erfordert aufgrund der Objektivierung der Lehr- und Lernhandlungen sowie
ihrer universellen technischen Funktionalitäten der Informationsverarbeitung und

Telekommunikation neue didaktische und methodische Arrangements für das Lehren und Lernen in virtuellen Lernräumen. Die Entwicklung einer geeigneten Didaktik und Methodik für das virtuelle Lehren und Lernen steht, obwohl bereits verschiedene Konzepte und vielfältige Erfahrungen vorliegen, noch immer ziemlich am Anfang. Klar geworden ist inzwischen: Die bisher entwickelten didaktischen und methodischen Konzepte von Bildungsangeboten in virtuellen Lernräumen sind noch unzureichend, weil allzu lange an falschen Vorstellungen über das Lernen als Resultat des Lehrens und über die Substitution personaler Lehre durch den Computer festgehalten wurde. Die erfahrenen Nutzungsdefizite und herausgebildeten neuen Praxen der kommunikativen und partizipativen Nutzung von Computer und Internet durch die Lernenden wurden noch nicht hinreichend kritisch reflektiert aufgegriffen, um neue erfolgreiche Modelle virtuellen Lehrens und Lernens zu entwickeln und zu erproben.

Neue Beteiligungschancen für die Lernenden

Die im Unterschied zu allen traditionellen Medien neue Funktionalität der über das Internet vernetzten Computer, nämlich die universelle Informationsverarbeitung und Kommunikation, macht eine grundlegende Veränderung und Weiterentwicklung der in Präsenzveranstaltungen bewährten didaktischen und methodischen Strukturen notwendig. Wenn Ausgangspunkt und Kern eines Lernprozesses die diskursive Bestimmung, Differenzierung und Kontextualisierung des Gegenstandes im Hinblick auf den Erwerb von Kompetenzen für eine spätere Berufstätigkeit und Teilhabe an der gesellschaftlichen Lebensgestaltung in den verschiedenen Praxisfeldern ist, dann eröffnen Computer und Internet den Lernenden vor allem breite Möglichkeiten kooperativ selbst organisierter und selbst bestimmter Beteiligung an diesen Diskursen. Den Lernenden eröffnet sich die Chance, viel weitergehender als in den regelmäßigen, aber terminlich eng begrenzten Präsenzveranstaltungen an der Bestimmung ihres Lerngegenstandes mitwirken und die übliche unbefragte Dominanz der Lehrenden durch das Einbringen eigener Vorstellungen und erarbeiteter Erkenntnisse hinterfragen oder relativieren zu können. Dies fördert die Entwicklung der eigenen fachlichen, methodischen und sozialen Kompetenzen.

Diskursive Ausgliederung von Lernaufgaben

Für die didaktische Konzeption eines virtuellen Bildungsangebotes bedeutet dies, die von Lehrenden und Lernenden gemeinsam vorzunehmende diskursive Ausgliederung von Lernaufgaben aus den jeweiligen wissenschaftlichen und/oder praktischen Aufgabenfeldern in das Zentrum der lehrenden und lernenden Bemühungen zu stellen. Diese Ausgliederung kann beispielsweise durch computerbasierte Simulationen vorbereitet werden, die den Lernenden die Erfahrung von Kompetenzdiskrepanzen ermöglicht. Diese Erfahrung bildet dann den Ausgangspunkt für den Diskurs über die in der Simulation präsentierten und in kritischer Reflexion gemeinsam anzustrebender Ziel- und Handlungsorientierungen. Computer und Internet als ortsunabhängiges und zeitflexibles multisymbolisches Präsentations- und Kommunikationsmedium bietet dazu gute Chancen für eine breitere aktive Beteiligung der Lernenden, die sich eben nicht nur in Rezeption erschöpft. Vielmehr fordert es gerade dazu auf, an der

Ausgliederung und Definition konkreter Lernaufgaben im eigenen Interesse engagiert mitzuwirken, beispielsweise in kooperativ selbst organisierten Lerngruppen. Durch eine flexible Aufteilung zwischen Präsenz- und Online-Phasen können die methodischen Vor- und Nachteile beider Phasen zur Erhöhung der Qualität und Effizienz des Lehrens und Lernens ausgeglichen werden, beispielsweise indem die Präsenzphasen vor allem zur inhaltlichen Diskussion und die Online-Phasen zur inhaltlichen Vorbereitung in kleinen Lerngruppen genutzt werden. Zwischenergebnisse der Lerngruppen können im Internet wiederum den anderen Lernenden wie den Lehrenden zur kritischen Stellungnahme präsentiert werden, um den eigenen Lernprozess reflektiert zum optimalen Erfolg zu führen.

Computer und Internet ermöglichen vielfältige Kooperationen und Kommunikationen sowie Informationsbeschaffungen und Präsentationen der Lernenden in ihrem Lernprozess bezogen auf die jeweils gemeinsam bestimmten Lernaufgaben. Sie können sich dadurch mit Unterstützung der Lehrenden selbst organisiert in die aktuellen Probleme und Aufgaben in Wissenschaft und Praxis hineinarbeiten und somit im Bildungsprozess die beruflich relevanten Kompetenzen erwerben. Dementsprechend sind auch neue, aufgabenorientierte Prüfungsformen zu entwickeln (ZIMMER/DIPPL 2003).

Aufgabenorientierte Didaktik

Diese Skizze eines die Lernbedürfnisse aufgreifenden und die neuen Funktionalitäten von Computer und Internet nutzenden virtuellen Lehrens und Lernens zeigt, dass dafür am Besten die Konzeption einer aufgabenorientierten Didaktik geeignet und angemessen ist. Denn anders als das Lernen in Präsenzlehrveranstaltungen wird das Lernen in virtuellen Lernräumen erst dann Wirklichkeit, wenn die reflektierte Ausgliederung und Definition der Lernaufgaben zum gemeinsamen Verhandlungsgegenstand im pädagogischen Verhältnis gemacht werden. Und die Produkte der Bearbeitung der vereinbarten Lernaufgaben selbst wiederum zum Gegenstand einer gemeinsamen kritischen Reflexion werden. Lernaufgaben führen zugleich zu einer größeren Differenzierung des Lernens nach Fachschwerpunkten bzw. nach zu erwerbenden Kompetenzprofilen. Dies wiederum impliziert die Organisation von kooperativ selbst organisierten Lerngruppen, die gemeinsam an ausgewählten bzw. vereinbarten Lernaufgaben arbeiten, unterstützt durch Lehrende oder andere Experten. Durch die Arbeitsteiligkeit in Lehre, Wissenschaft und Praxis wird den Lernenden nicht nur eine aufgabenbezogene Differenzierung ihres Lernens ermöglicht, sondern auch das Hineinwachsen in wissenschaftlich fundierte und erfahrungsgeleitete Herangehensweisen an aktuelle Problemstellungen in Wissenschaft und Praxis. Alle Differenzierungen beruhen auf gemeinsamen allgemeinen oder fachspezifischen Grundlagen, die bezogen auf die ausgegliederten Lernaufgaben notwendigerweise zu erarbeiten sind, wozu die Inhalte und Methoden gut über interaktive Medien im Kontext der jeweiligen Lernaufgaben zur Verfügung gestellt werden können.

Generelle Anforderungen an digitale Medieninhalte

Für die Aufgabenorientierung im virtuellen Lehren und Lernen ist daher nicht die Entwicklung abgeschlossener Hightech-Multimedia-Einheiten entscheidend, sondern die entwickelten interaktiven Bildungsmedien müssen für die Bearbeitung der vereinbarten Lernaufgaben vor allem in Bezug auf die Ziele, Inhalte, Methoden und erwarteten Ergebnisse angemessen und ergonomisch benutzerfreundlich gestaltet sein. Gerade weil die interaktiven Medien sich auf immer wieder neu verhandelte und vereinbarte und sich daher immer mehr oder weniger unterscheidende Lernaufgaben inhaltlich beziehen müssen, sind ihre Brauchbarkeit und dauerhafte Nutzung in virtuellen Lernarrangements vor allem von ihrer jederzeitigen leichten Erweiterbarkeit und Aktualisierbarkeit abhängig. Ist dies nicht der Fall, können sie von den Lernenden nicht zur flexiblen Nutzung herangezogen werden.

Medienkompetenzen der Lehrenden und der Lernenden

Dies erfordert als weiteren konstitutiven Faktor des virtuellen Lehrens und Lernens von allen Beteiligten – von den Lehrenden wie von den Lernenden – Medienkompetenzen, und zwar nicht nur für die rezeptive Nutzung der interaktiven Medien, sondern auch für deren produktive Nutzung, zumindest für einfache multisymbolische Präsentationen von Informationen. Sicher werden komplexe und umfangreiche interaktive Medien auch zukünftig in einem arbeitsteiligen Prozess, organisiert von Kompetenzzentren, von den Lehrenden in Zusammenarbeit mit Konzeptentwicklern und Programmierern erstellt werden. Aber diese Zusammenarbeit erfordert von den Lehrenden zumindest ein grundlegendes Verständnis des Erstellungsprozesses, weil sie sonst nicht in der Lage sind, die Lerninhalte in der für die virtuelle Präsentation erforderlichen Weise vorzubereiten.

Neue Professionalisierung der Lehrenden

Bei der mediendidaktischen Professionalisierung der Lehrenden geht es aber nicht nur um den Erwerb von Medienkompetenzen, sondern auch um die Veränderung ihrer primären Lehrhandlungen. Von den Lehrenden werden gefordert: die Moderation des Diskurses (in Präsenz und Online) zur Ausgliederung von Lernaufgaben, die Aufbereitung der Lerninhalte für die Erstellung der interaktiven Medien, die Anleitung der Teletutoren zur fachlich und methodisch beratenden Unterstützung der Teilnehmer im Verlauf der Bearbeitung ihrer Lernaufgaben sowie die Moderation des Diskurses über die von den Teilnehmern erbrachten Ergebnisse im Kontext des Fachgebiets und der relevanten Praxisfelder.

Sicherlich sind diese notwendigen Veränderungen im Lehren am schwierigsten zu erreichen, weil sie im Grunde einen gravierenden Bruch mit den jahrhundertealten Traditionen vorbildlicher Lehre bedeuten. Gleichwohl, das zeigt auch die Untersuchung von Uhl (2003, 43ff), ist die – bislang noch immer oft fehlende – mediendidaktische Professionalisierung der Lehrenden für die Konzeptualisierung, Organisation und Durchführung eines virtuellen Bildungsangebots, der entscheidende konstituierende Faktor, ohne den ein virtuelles Studium nicht erfolgreich etabliert werden kann. Dies zeigt auch das Verhalten der Studierenden, die – wie oben rekonstruiert – so außerordentlich großen Wert auf den Diskurs mit den Lehrenden legen, für den ihnen die digitalen Bildungsmedien offensichtlich keinen Ersatz liefern können und das Internet noch kaum genutzt wird. Die Etablierung virtuellen Lernens wird daher nur erfolgreich sein, wenn der Diskurs zwischen Lehrenden und Lernenden in integrierten Präsenzveranstaltungen und virtuellen Lernräumen in neuen Formen wieder hergestellt wird.

Neuordnung der Zeitstrukturen im virtuellen Lehren und Lernen
Eine aufgabenorientierte Didaktik, die Integration von Kommunikation und Kooperation, die Professionalisierung der Lehrenden und die aktiv Lernaufgaben ergreifenden Lernenden sind die zentralen konstituierenden ‚Faktoren' des virtuellen Lehrens und Lernens. Ihr erfolgreiches Zusammenwirken erfordert die Entwicklung einer neuen Kultur virtuellen Lehrens und Lernens. Dafür konstituierend ist vor allem auch die Herausbildung einer neuen Zeitstruktur, in der die Handlungen der Lehrenden und Lernenden zueinander angeordnet werden müssen. Dabei geht es nicht allein um einen Wechsel zwischen Präsenz- und Online-Phasen, sondern vielmehr darum, wie die neuen Formen der Kommunikation und Kooperation sowie die aufeinander folgenden und parallel laufenden aufgabenorientierten Diskursphasen und die damit verbundenen Handlungen der Lehrenden und Lernenden zeitlich strukturiert werden. Hierüber gibt es erste Erfahrungen, z. B. über wachsende Kommunikationsbelastungen, aber bislang noch keine allgemeine Lösung, wie die erforderlichen neuen Zeitstrukturen für alle Beteiligten so gestaltet werden können, dass sie keine zeitliche Überlastung, sondern einen deutlichen qualitativen Zugewinn bringen. Denn die klassischen Präsenzlehrveranstaltungen haben durch ihre definierten Zeitgrenzen für die gemeinsame Arbeit und die je individuell zu definierenden Zeiten für Vor- und Nacharbeiten ein hoch effizientes Zeitmanagement entwickelt. Eine neue, virtuelle Lehr- und Lernkultur lässt sich nicht herausbilden und zum Erfolg führen ohne die Entwicklung eines neuen Zeitmanagements, das an der effizienten Erbringung von Ergebnissen in individueller Arbeit wie in kommunikativer und kooperativer Zusammenarbeit orientiert ist.

2.6 Entwicklung der virtuellen Lehr- und Lernkultur

2.6.1 Perspektiven der Entwicklung

Entwicklung der virtuellen Lehr- und Lernkultur noch offen
Wenn Bildung erfolgreich durch virtuelles Lehren und Lernen gefördert und ermöglicht werden sollen, reicht es – wie aufgezeigt – nicht aus, digitale Bildungsmedien zu erstellen. Vielmehr muss umfassend die Entwicklung einer neuen Lehr- und Lernkultur gefördert werden, die die konstituierenden Faktoren virtuellen Lehrens und Lernens aufgreift und die technologischen Potenziale von Computer und Internet zur Unterstützung von Bildungsprozessen zur Entfaltung bringt. Dabei ist zu beachten,

dass mit der Art und Weise der Nutzung von Computer und Internet zwei entgegengesetzte Richtungen in der Entwicklung der Lehr- und Lernkultur eingeschlagen werden können.

Transportperspektive des Lehrens ...

Schon vor den E-Learning-Projekten an Hochschulen haben Brown/Duguid (1996) zwei gegensätzliche Entwicklungsrichtungen skizziert: Internettechnologien können in Lernprozessen entweder unter einer Transportperspektive oder einer Gemeinschaftsperspektive eingesetzt werden. Bei knappen Ressourcen können virtuelle Lernangebote als willkommene Möglichkeit zur Rationalisierung des Lehrbetriebs durch die Aufhebung der Subjektivität der pädagogischen Handlungen und ihrer Objektivierung in digitalen Medien aufgegriffen werden. Dabei wird eine Transportperspektive eingenommen, bei der Lernende ‚Wissensempfänger' und Lehrende ‚Wissenslieferanten' darstellen. Das Internet fungiert als eine geeignete Technologie, um die ‚Durchflussgeschwindigkeit' und ‚Verbreitung' von ‚Wissen' zu erhöhen, unabhängig von den zur Verfügung stehenden Lehrkapazitäten und nachfragenden Lernenden. Dabei kann auf die individuellen Belange der Lernenden, z. B. auf ihre Nachfragen, wie dies im traditionellen expositorischen Lehren möglich war, nicht mehr eingegangen werden. Initiative und Kreativität der Lernenden werden ganz verhindert. Training ist so möglich, erfolgreiche Bildungsprozesse für den Erwerb ganzheitlicher Handlungskompetenzen nicht.

... oder Gemeinschaftsperspektive des Lernens?

Soll gelingendes Lernen im Sinne eines Zuwachses an Handlungskompetenzen und gesellschaftlicher Teilhabe durch die Internetnutzung gefördert werden, muss dagegen eine Gemeinschaftsperspektive die Virtualisierung der Lehr- und Lernkultur bestimmen: Virtuelle Lehr- und Lernformen müssen so gestaltet werden, dass den Lernenden ein Zugang und eine wachsende Teilhabe an Wissen schaffenden Gemeinschaften ermöglicht wird. Konkret knüpft diese Forderung an das zuvor skizzierte Prinzip an, im Lernen den Diskurs zwischen Lehrenden und Lernenden über den Lerngegenstand in den Mittelpunkt zu stellen. Lernenden sollte auch der direkte Kontakt zu Fachexperten und somit ein ‚Hineinwachsen' in die Praxis ermöglicht werden. Die durch die Nutzung von Web 2.0 herausgebildete anarchische Form der Kommunikation vieler Lernender im Internet ist dazu in einen planmäßigen Kommunikations- und Kooperationsprozess zur Produktion von Ergebnissen für die Lerngemeinschaften zu verwandeln. Die Qualität des Technologieeinsatzes in Bildungseinrichtungen zur Unterstützung des Lehrens und Lernens ist also daran zu messen, ob und inwieweit er einen solchen Diskurs sowie die Entstehung entsprechender produktorientierter sozialer Gemeinschaften fördert: Lerngemeinschaften, die in Verbindung zu Lehrenden und anderen Fachexperten stehen und in einem diskursiven Prozess ihre Lernaufgaben definieren, ausarbeiten sowie die Praxis und das Ergebnis ihrer Bearbeitung der Aufgaben gemeinsam bewerten und reflektieren und daraus Konsequenzen für das weitere Vorgehen ziehen.

Studierende als ‚Konsumenten' ...

FISCHER (2002) skizziert unter einem leicht anderen Blickwinkel zwei ähnliche Entwicklungsoptionen der Veränderung der Lehr- und Lernkultur durch virtuelle Studienangebote: Mit dem plakativen Bild „Beyond ‚Couch Potatoes': From Consumers to Designers and Active Contributors" zeigt er auf, dass der Interneteinsatz an Hochschulen einerseits eine Konsumentenhaltung fördern kann, indem eine Vielfalt an Informationen und unterschiedlichen Studienangeboten relativ leicht zugänglich ist. Diese Angebote und Informationen können unaufwendig ‚konsumiert' werden, sind aber ohne aktiven Erschließungsaufwand, eigene Informationsbewertung und aktive Aneignung des Studiengegenstands für Bildungsprozesse relativ wertlos.

... oder als ‚Designer' und aktive Mitarbeiter?

Andererseits kann der Interneteinsatz aber auch dazu beitragen, dass Studierende zu aktiven ‚Designern' von Lehr- und Lernprozessen werden. Mithilfe der Internettechnologie können Lernende eigene Anfragen, Diskussionsbeiträge sowie Arbeits- und Rechercheergebnisse leicht anderen Lernenden und auch Externen zugänglich machen und ihre Beiträge im Rahmen des Studiums zur Diskussion stellen. Darüber hinaus können vollständig selbst organisierte virtuelle Lernkontexte geschaffen werden, die zwar von den Beteiligten nicht notwendig als Lernkontexte bezeichnet werden, in denen aber durchaus erfolgreiches Lernen stattfinden kann. Solche internetbasierten Lerngemeinschaften sind z. B. PerlMonks, ein Zusammenschluss von Perl-Programmierern (WILEY/EDWARDS 2002), oder die FESA-Community, ein selbst organisierter Zusammenschluss von Fernstudierenden (ARNOLD, P. 2003b).

Expansives Lernen ...

Expansives Lernen setzt in Anlehnung an HOLZKAMP (1993) bei der Erfahrung eines Kompetenzdefizits an, das Lernende als bedeutsam erleben und durch expansive Lernschritte überwinden wollen. Ihr Lernen erfolgt mit der Intention, einen bedeutsamen Kompetenzzuwachs zur Erweiterung ihrer allgemeinen wie auch ihrer spezifischen Handlungsfähigkeiten zu erreichen. Durch die Individualisierung des Lernens, eine größere Auswahl an Lernressourcen, vielfältige Kontakte sowie die Entstehung sozialer Gemeinschaften kann nicht nur die Reflexion der Bedeutung der Lerngegenstände, sondern auch die Produktion eigener Ergebnisse angeregt werden. Lernende können durch eine größere kooperative Differenzierung ihre Lerntätigkeiten leichter an ihren subjektiven Begründungen ihres Lernens orientieren und damit ihre Kompetenzentwicklung expansiv zu verallgemeinerten Handlungskompetenzen erweitern.

... oder defensives Lernen?

Defensives Lernen entsteht, wenn Lernende keine für sie bedeutsamen Lerngründe finden und ausschließlich aus Angst vor Sanktionen die Expositionen und Anforderungen der Lehrenden mit möglichst geringem Einsatz aufzunehmen und zu erfüllen suchen. Der Verlust des subjektiven pädagogischen Diskurses durch die mediale Objektivierung der expositorischen Lehrhandlungen und erwarteten Lernhandlungen der verallgemeinert vorgestellten Lernenden in digitalen Medien bringt die Gefahr einer weiteren Vertiefung defensiv begründeten, eng begrenzten Lernens mit sich. Die Kompetenzentwicklung der Lernenden findet dadurch quasi in fremdbestimmten Kompetenzkanälen statt und wird durch die in den Medien inhaltlich und methodisch errichteten Kanalwände formiert.

Vision der Veränderung der Lehr- und Lernkultur

Die Entwicklung der neuen, virtuellen Lehr- und Lernkultur – verstanden als sich gesellschaftlich-historisch herausbildende „Muster institutionalisierter Anordnungen pädagogischer Handlungen" (ZIMMER 2001, 121) – erfordert somit

- die Orientierung der Bildungsangebote an einer Gemeinschaftsperspektive,
- die Aktivierung der Lernenden als produktiv Mitarbeitende im Bildungsprozess sowie
- die Förderung des Erwerbs verallgemeinerter Handlungskompetenzen.

2.6.2 Potenziale virtueller Bildungsangebote

(1) Orts- und Zeitflexibilität im Lernen und Lehren ...

Durch virtuelle Lehr- und Lernformen wird die bisherige „prinzipielle Unmittelbarkeit und Gleichzeitigkeit des Lehrens und Lernens" aufgehoben (ZIMMER 2000b, 103). Lehrende und Lernende gewinnen in zeitlicher und örtlicher Hinsicht bei der Gestaltung ihrer Lehr- und Lernhandlungen neue Freiheitsgrade. Allerdings muss die Orts- und Zeitflexibilität bzw. Orts- und Zeitdistanz durch eine Objektivierung der Lehrhandlungen und erwarteten Lernhandlungen sowie durch eine Intensivierung der technisch vermittelten Kommunikation zwischen Lehrenden und Lernenden überbrückt werden. Ein berufsbegleitendes Fernlernen wird dadurch leichter möglich. Lehrende können wesentlich eher als zuvor auch andere Fachexperten in ihre Lehre, z. B. als virtuelle Gastexperten, einbeziehen. Und die Lernenden können auch unabhängig von den Lehrenden kommunizieren, beispielsweise durch Videokonferenzen (GAISER 2002).

... benötigt aber auch feste Lernzeiten und einen virtuellen Lernraum

Zeitliche und örtliche Flexibilität verweist aber auch auf neue Gestaltungsnotwendigkeiten. Ohne feste Lernzeiten werden Lernhandlungen oft extrem fragmentarisiert oder finden ohne Zielvorgaben erst gar nicht statt. Zudem braucht es einen virtuellen Lernraum und weitergehend auch eine vom Lernenden selbst einzurichtende persönliche Lernumgebung, die erfolgreiches Lernen mit interaktiven Medien sowie die Kommunikation und Kooperation mit den Lehrenden und Lernenden ermöglicht. Insbesondere Videokonferenzen sind gut geeignet für eine zeitgleiche Kommunikation von örtlich getrennten Lehrenden und Lernenden (GAISER 2002).

(2) Offenheit und Vielfalt von Lernressourcen ...

Offenheit und Vielfalt der Lernressourcen stellen eine weitere entscheidende Veränderung bei virtuellen Bildungsangeboten dar. Selbstverständlich war auch vor der

Nutzung von Computer und Internet in Bildungsprozessen jede Auseinandersetzung mit einem Lerngegenstand prinzipiell unabgeschlossen und die Lernmaterialien durch Fachbücher ergänzbar, aber das Internet hat diese Offenheit auf eine qualitativ neue Stufe gehoben: Durch das Internet ist die Recherche und das Auffinden von Materialien ungleich einfacher und beschleunigter, Kontakte können direkt und weltweit aufgenommen werden. Zu den von Lehrenden konzipierten Lernmaterialien kommen Arbeitsergebnisse von Lernenden hinzu, die aufgrund der leichten Veröffentlichungsmöglichkeiten im Internet als ‚Open Content' ebenfalls zur Verfügung stehen.

... benötigt aber auch Orientierungshilfen

In dieser Offenheit und Vielfalt der Lernressourcen benötigen Lernende wie Lehrende Orientierung, Recherchetechniken und insbesondere Bewertungskompetenzen, um aus der ‚Informationsflut' für ihre Zwecke und mit angemessenem zeitlichen Aufwand geeignete Ressourcen zu erschließen – und nicht in der Masse unverbundener Materialien unterzugehen. Eine Gestaltungsoption ist dabei die Standardisierung und Katalogisierung von Lehrmaterialien, sodass die jeweilige individuelle Suche danach erleichtert wird. Dieser Lösungsweg beinhaltet aber auch die Gefahr, dass die virtuellen Lerneinheiten immer mehr in ihrem pädagogischen Design angeglichen werden. Nur wenn sie über eine schematisch zu erfassende innere Struktur verfügen, sind sie über automatisierte Suchvorgänge auffindbar.

(3) Differenzierung und Diversität von Lern- und Lehrhandlungen ...

Ein weiteres Potenzial virtueller Lehr- und Lernarrangements besteht in ihrer prinzipiellen Differenzierung und Diversität – es sei denn, die zu verwendenden Medien und zu lernenden Inhalte und zu lösenden Prüfungsaufgaben werden strikt vorgegeben. Die Lernhandlungen können individualisiert werden, das heißt, die Lernenden können ihren Präferenzen entsprechend Schwerpunkte bei der Auseinandersetzung mit dem Lerngegenstand realisieren, durch die Auswahl von Lernaufgaben, die Steuerung ihrer eigenen Lernpfade, die Bestimmung der Reihenfolge ihrer Bearbeitungsschritte und die Festlegung ihrer eigenen Lernzeiten. Diese Individualisierung erfordert eine Diversifizierung der Lehrhandlungen aufseiten der Lehrenden: Bestanden ihre Lehrhandlungen traditionell zu einem großen Teil in der expositorischen Präsentation von Fachwissen und der Diskussion in Seminaren, beraten und betreuen sie in virtuellen Bildungsangeboten die Lernenden, geben ihnen Orientierungen für die Erschließung zusätzlicher Quellen, moderieren Fachdiskussionen im virtuellen Raum und kooperieren mit Multimedia-Entwicklern und Programmierern bei der Erstellung virtueller Lerneinheiten.

... schafft aber auch neue Unsicherheiten

Die Individualisierung und Ausdifferenzierung unter Auflösung tradierter Formen des Lehrens und Lernens in Hochschulen und Bildungszentren schafft auf beiden Seiten aber auch Verunsicherung: Lernende müssen lernen, mit den erweiterten Wahlmöglichkeiten und Freiheitsgraden umzugehen. Lehrende müssen entsprechende neue und zusätzliche Kompetenzen erwerben und sich mit ihrer veränderten Rolle und den neuartigen Arbeitsformen auseinander setzen und diese neu gestalten, um die Autonomie und Selbstorganisation der Lernenden in virtuellen Lehr- und Lernarrangements optimal unterstützen zu können.

(4) Autonomie und Selbstorganisation des Lernens ...

Die mit den digitalen Medien gegebene Orts- und Zeitflexibilität, Offenheit und Vielfalt der Lernressourcen sowie Differenzierung und Diversität der Lehr- und Lernhandlungen ermöglicht und erfordert die Entwicklung der Fähigkeiten zum autonomen und selbst organisierten Lernen. Dies entspricht den Anforderungen des Arbeitens und Lebens in der ‚Wissensgesellschaft'. Die Lernenden müssen ihre Kräfte aktivieren und ihre individuellen Interessen und Begabungen selbstständig entfalten können. Computer und Internet ermöglichen es ihnen, die für ihr Lernen erforderlichen Informationen jederzeit aus den Medien bzw. dem Internet zu ‚ziehen' und die Informationen autonom und selbst organisiert kritisch zu reflektieren und in eigenes Wissen umzuarbeiten. Indem sie die traditionellen Lehrfunktionen, nämlich die Definition der Lernziele, die Auswahl der Lerninhalte, die Wahl der Lernmethoden, die Kontrolle und Bewertung ihrer Lernergebnisse, autonom selbst übernehmen, machen sie sich zu Subjekten ihrer eigenen Lernprozesse, zu autodidaktisch Lernenden. In der Entwicklung ihrer autodidaktischen Kompetenzen müssen sie wiederum unterstützt werden. Lehrende werden nicht überflüssig. Im Gegenteil, die Lehrenden sind als fachkompetente, beratende, moderierende, informierende und mitarbeitende Partner im Lernprozess unverzichtbar, denn Lernen ist die Überwindung einer Kompetenzdiskrepanz zwischen Personen bezogen auf ein gemeinsames ‚Drittes'.

... können aber auch behindert werden

Ob die Lernenden autonom und selbst organisiert Lernen können, hängt aber entscheidend von der didaktischen und methodischen Struktur der Medien ab (GROTLÜSCHEN 2003). Wenn diese entsprechend dem Modell expositorischen Lehrens und rezeptiven Lernens strukturiert sind, wird autonomes und selbst organisiertes Lernen gerade unmöglich gemacht. Auch ist der Diskurs mit Lehrenden, Experten und anderen Lernenden im autonomen und selbst organisierten Lernprozess unverzichtbar und muss über die Kommunikation, Partizipation und Kooperation in virtuellen Lernräumen wie in Präsenzveranstaltungen sichergestellt werden.

(5) Neue soziale Kontexte und Kooperationsformen ...

Virtuelle Bildungsangebote ermöglichen kooperatives Lernen und Arbeiten, trotz zeitlicher und örtlicher Flexibilisierung. Durch die neuen Kommunikations- und Kooperationsmöglichkeiten über das Internet, insbesondere das Web 2.0, entstehen ganz neue soziale Kontexte, in denen z. B. in international zusammengesetzten Gemeinschaften Lernende und Berufstätige sich gemeinsam über Erfahrungen, Wissen, Interessen und Ergebnisse austauschen können. Aufgrund der freien Verfügbarkeit entsprechender Kommunikations- und Kooperationssoftware werden selbst organisierte Gemeinschaften möglich (ARNOLD, P. 2003b; WILEY/EDWARDS 2002). In diesen virtuellen

Gemeinschaften wirken veränderte Kooperationsökonomien: Eine passive Teilnahme ist beispielsweise ohne großen Aufwand und ohne andere Mitglieder zu beeinträchtigen möglich, ein aktiver Beitrag hat bei gleich bleibendem Aufwand potenziell eine sehr große Reichweite, abhängig von der Größe der Gemeinschaft (KOLLOCK 1999).

... können aber auch die Kommunikation erschweren

Gleichzeitig kann die potenziell größere Heterogenität der Teilnehmenden in solchen Gemeinschaften sowie die in Bezug auf Gestik, Mimik etc. reduzierte Kommunikation sowie das Übergewicht der Asynchronizität auch dazu führen, dass wichtige Kontextinformationen verloren gehen und dadurch Lernprozesse beeinträchtigt werden (ARNOLD/SMITH 2003). In textbasierten Diskussionsforen kann es beispielsweise schnell unübersichtlich werden. Sequenzialität ebenso wie Spontaneität von Dialogen laufen so Gefahr, verloren zu gehen. Zur Aufgabe von Lehrenden bei der Moderation diskursiver Aushandlungsprozesse in solchen Gemeinschaften gehört daher auch, Mittel und Wege zu finden, die es ermöglichen, dass auch in der Internet-Kommunikation die relevanten Kontexte der Beteiligten sichtbar bleiben. Außerdem lassen vorhandene virtuelle Kommunikations- und Kooperationsräume nicht automatisch kooperative Lernkontexte entstehen. Kommunikation und Kooperation müssen vielmehr sinnvoll in ein Gesamtkonzept integriert sein und auf vielfältige Weise unterstützt werden, damit nicht, wie so oft, virtuelle Foren mit äußerst spärlicher Beteiligung entstehen.

(6) Präsentieren und Diskutieren von Lernergebnissen ...

Beim autonomen und selbst organisierten Lernen in virtuellen Bildungsräumen entscheiden die Lernenden selbst, ob, wann, wozu und wie sie die Ergebnisse ihres Lernprozesses – in formalen Rahmungen – zusammenfassen, formulieren und dokumentieren bzw. präsentieren wollen. Dafür stehen ihnen mit Textverarbeitung, Datenbank, Bild- und Grafikbearbeitung, Tabellenkalkulation und anderen Arbeitsprogrammen am Computer vielfältige Instrumente zur Verfügung. Sie können damit ihre erarbeiteten Ergebnisse differenziert und anschaulich und für andere leicht nachvollziehbar präsentieren und zur Diskussion stellen. Mit der Erarbeitung der Präsentation und Diskussion der Lernergebnisse können wiederum Lerneffekte ausgelöst werden, die dadurch entstehen, dass der Lernende mit eigenen Worten einen Sachverhalt beschreibt, eine Problematik erneut formuliert, eine selbst erarbeitete Lösung begründet oder eine kritische Stellungnahme abgibt. Dadurch können auch kreative Ideen, Problematisierungen bisher erarbeiteter Ergebnisse oder neue Interessen und Lernziele ausgelöst werden. Denn mit der Erstellung der Präsentation der Lernergebnisse sind die Lernenden gezwungen, sich über ihre eigenen gegenstandsbezogenen Bedeutungszuschreibungen sowie über die der Zielpersonen ihrer Präsentation klar zu werden, damit die präsentierten Ergebnisse allgemein verständlich und diskutierbar werden. Die Ergebnisse können so von anderen empfangen und auch kommentiert, ergänzt und bearbeitet werden. Die autonom und selbst organisiert durch ihr forschendes Lernen erarbeiteten Ergebnisse werden so zu einem Gegenstand lernender Kommunikation und Kooperation für alle beteiligten Lernenden und auch Lehrenden.

... können aber durch Instruktion verhindert werden

Die Präsentation und Diskussion von eigenständig erarbeiteten Lernergebnissen fördert zweifellos die heute in der ‚Wissensgesellschaft' notwendige Kompetenz zur inhaltlich fundierten und allgemein verständlichen Kommunikation über notwendige Problemlösungen, erforderliche Entwicklungen, neue Ergebnisse und deren Bedeutung für die Gesellschaft. Dies erfordert in Lehr- und Lernprozessen einen erheblichen Zeitaufwand. Da zugleich mit der Einführung und Nutzung digitaler Medien eine zeitliche Verkürzung von Lernprozessen erhofft wird, entsteht die Gefahr, dass damit gerade die mögliche Autonomie und Selbstorganisation im Lernen erheblich erschwert oder durch implementierte Instruktionsstrukturen unterbunden wird. Während in traditionellen Lehr- und Lernprozessen die Lernenden das Erlernte noch mündlich oder schriftlich in Referaten, Klausuren, Aufsätzen oder Niederschriften referieren, die gewöhnlich von den Lehrenden veranlasst und schließlich kontrolliert und zensiert werden, wird in instruktionalen Lernmedien das Erlernte durch die richtige Auswahl aus vorgegebenen Antworten oder die Eingabe des richtigen Begriffs oder der richtigen Zahl geprüft, was richtig auswendig gelernte Fakten und Formeln voraussetzt. Ganzheitliche Handlungskompetenzen können so nicht erworben und geprüft werden.

2.6.3 Förderung der virtuellen Lernkultur

Sechs Ansatzpunkte

An welchen Punkten muss angesetzt werden, um die Entstehung einer neuen Kultur virtuellen Lehrens und Lernens zu fördern, die die beschriebenen Potenziale virtueller Bildungsangebote aufgreift und gelingende Bildungsprozesse ermöglicht? Den Erfolg ihrer Bildungsprozesse stellen die Lernenden letztlich immer selbst her. Die Lernenden müssen daher im Mittelpunkt aller Überlegungen zur Förderung einer neuen virtuellen Lernkultur stehen. Sechs Ansatzpunkte sind dafür bei der Entwicklung virtueller Bildungsangebote zu berücksichtigen:

(1) Aufgabenorientierte didaktische Konzepte: Aushandlung von Lernaufgaben

Didaktische Konzepte müssen den Erwerb ganzheitlicher Handlungskompetenzen für die Berufstätigkeit (HAHNE 2003) sowie die Teilhabe an der gesellschaftlichen Lebensgestaltung in den verschiedenen Praxisfeldern als auch die wissenschaftliche Weiterentwicklung des aktuellen Wissensbestands im Lernbereich in ihr Zentrum stellen. Primäres methodisches Mittel ist dabei, dass Lehrende und Lernende in diskursiven Prozessen gemeinsam allgemeine wie spezielle Aufgabenstellungen aus den entsprechenden gesellschaftlichen Aufgabenbereichen ausgliedern, die dafür notwendigen Grundlagen bestimmen und diese lehrend vermitteln und lernend aneignen. Dieser ‚Aushandlungsprozess' dient dem tieferen Eindringen in den Lerngegenstand, seiner Ausdifferenzierung und Kontextualisierung. Gleichzeitig ermöglicht ein solches Vorgehen den Lernenden, subjektiv bedeutsame Defizite ihrer Handlungsfähigkeiten wahrzunehmen und auszugleichen, subjektiv bedeutsame Teilelemente auszuwählen und durch kommunikative Bezüge (Lerngruppen; Dialog mit Lehrenden; Kontakt mit Fachexperten etc.) auch partizipative und kooperative Lernprozesse zu erfahren und auf diese Weise in die Prozesse und Methoden adäquater Handlungsweisen schrittweise ‚hineinzuwachsen'.

‚Aushandlung' von Lernaufgaben bedeutet nicht, dass der Kompetenzvorsprung der Lehrenden unbeachtet bleibt. Im Gegenteil, Lehrende bringen ihren Kompetenzvorsprung auch in virtuelle Bildungsangebote ein, indem sie Aufgabenvorschläge erarbeiten und Prozesshilfen bei der Bearbeitung geben. ‚Aushandlung' erfordert vielmehr, dass auch die Interessen, Lerngründe und Arbeitsergebnisse der Lernenden als wichtige Lernressourcen einzubeziehen sind. Eine Rückkopplung der Arbeitsergebnisse der Lernenden an die Gesamtgruppe gehört also unverzichtbar zu aufgabenorientierten didaktischen Konzepten. Gerade durch die Erstellung eigener Arbeitsergebnisse erwerben sie ihre Kompetenzen ganzheitlich und befähigen sich zugleich, sie auch eigenständig erfolgreich einzusetzen. Mit aufgabenorientierten didaktischen Konzepten wird auch zur Kontextualisierung von Lerngegenstand, Lernsituation und Praxisfeld beigetragen. Weitere Vorkehrungen, um den notwendigen Kontext für Lernen herzustellen, können z. B. Erfahrungsgeschichten und Fallstudien sein, aber auch Reflexionshilfen zur jeweiligen Lernsituation und -strategie (ARNOLD/SMITH 2003).

(2) Förderung autodidaktischer Kompetenzen

Zeitlich und örtlich flexibilisiertes Lernen mit vielfältigen Lernressourcen und einem hohen Grad an Individualisierung sowie in neu entstehenden virtuellen sozialen Kontexten stellt hohe Anforderungen an die autodidaktischen Kompetenzen. Die Lernenden müssen ihre Lernziele bestimmen und Diskrepanzerfahrungen machen, ihre Lernzeiten planen, ihre Lernumgebung organisieren und gestalten, die Lernressourcen erschließen und für ihre Lernziele auswählen, eigene Lernschritte bestimmen, planen, durchführen, kontrollieren, bewerten und daraus Schlussfolgerungen für ihren weiteren Lernprozess ziehen, sich gegebenenfalls auch Hilfen organisieren und in dieser Vielfalt an erforderlichen Handlungsschritten Prioritäten setzen. Virtuelle Bildungsangebote sollten daher Vorkehrungen und Hilfen beinhalten, mit denen die Lernenden die notwendigen autodidaktischen Kompetenzen selbstständig erwerben können, und Raum für Erfahrungsaustausch und Reflexion der eigenen Lernhandlungen bereitstellen. Für die Lehrenden bedeutet dies, ihre eigenen Kompetenzen dahingehend zu erweitern, dass sie die Lernenden beim selbst gesteuerten Lernen und bei dem dazu notwendigen Kompetenzerwerb unterstützen können.

(3) Förderung der Selbstreflexion

Selbst organisiertes Lernen im virtuellen Bildungsraum erfordert die Selbstreflexion der eigenen Lernprozesse. E-Portfolios sind dafür ein sehr brauchbares Instrument. In den Portfolios werden alle wichtigen Lernergebnisse gesammelt, die Lernprozesse in ihren Voraussetzungen, Bemühungen, Fortschritten und Leistungen protokolliert und die angestrebten weiteren Lernziele und die zu ihrer Erreichung zu vollziehenden Lernschritte notiert. Diese Sammlungen und Aufzeichnungen sind die Grundlage für Kommentare und Empfehlungen der Lehrenden und anderen Lernenden sowie für die Selbstreflexion. Wichtig ist, dass die E-Portfolios in die didaktischen Konzepte integriert sind. Den jeweiligen Lehr- und Lernformen entsprechend können sie unterschiedlich gestaltet sein und auch als alternative Form für realitätsnahe kompetenzorientierte Prüfungen verwendet werden (Kap. 7.3).

(4) Förderung von Medienkompetenzen

Lehrende wie Lernende brauchen für erfolgreiches Lehren und Lernen Medienkompetenzen. Grundlegend ist die Mediennutzungskompetenz zur Erschließung und Nutzung der Lernressourcen. Darüber hinaus brauchen beide aber auch Mediengestaltungskompetenz: Lernende, die ihre Arbeitsergebnisse in der Gruppe präsentieren, müssen dies im virtuellen Raum tun können. Lehrende, die virtuelle Lernmodule aktuell ergänzen wollen, müssen mediale Gestaltungskompetenzen haben. Voraussetzung dafür ist, dass die dafür verwendete Software benutzerfreundlich ist. Denn es geht in virtuellen Bildungsangeboten nicht um den Einsatz aller technologischen Möglichkeiten, sondern um eine dem didaktischen Konzept und den Gründen, Zielen, Inhalten und Methoden der Lernenden angepasste funktionsorientierte Gestaltung, die vor allem auch eine leichte Aktualisierung und Erweiterung der Bildungsmedien berücksichtigt. Auch wenn ein Großteil der Erstellung virtueller Bildungsangebote auf medialer Ebene in einem arbeitsteiligen Prozess durch andere Experten (z. B. Lernprogramm-Autoren, Multimedia-Entwickler) geleistet wird, brauchen Lehrende dennoch ein Grundverständnis der Produktionsprozesse, der medientechnischen Zusammenhänge und insbesondere der interaktiven Programmgestaltung, um die Lerninhalte auswählen und inhaltlich aufbereiten und den medialen Herstellungsprozess kooperativ unterstützen zu können.

(5) Professionalisierung des medienbasierten Lehrens und Lernens

Für die aufgabenorientierte didaktische Gestaltung der virtuellen Bildungsprozesse, für die Förderung der autodidaktischen Kompetenzen der Lernenden sowie für die Förderung der Medienkompetenzen muss die Professionalisierung aufseiten der Lernenden wie auch der Lehrenden entwickelt werden. Lernende müssen Medienkompetenzen, autodidaktische Kompetenzen, Kompetenzen zur Ausgliederung und Bestimmung von Aufgaben und Kompetenzen zur Kommunikation im Internet wie zu kooperativem und partizipativem Lernen und Arbeiten in virtuellen Räumen als Teil ihrer Berufskompetenz in der Wissensgesellschaft begreifen und entsprechend aktive, reflektierende und gestaltende Rollen einnehmen können.

Lehrende müssen das Arbeiten mit virtuellen Bildungsangeboten ebenfalls als Chance der Professionalisierung und Erweiterung ihrer Kompetenzen bzw. Verschiebung ihrer Tätigkeitsschwerpunkte begreifen. Tätigkeiten wie Lernberatung und -begleitung, Moderation von Diskussionen und Kooperationen im virtuellen Raum, diskursive Aushandlung von komplexen Lernaufgaben fordern ein anderes Kompetenzprofil von Lehrenden als bislang und eine entsprechende Professionalisierung ihrer Kompetenzen.

(6) Lernförderliche Zeitstrukturen entwickeln

Eine wesentliche Herausforderung bei der Gestaltung einer virtuellen Lehr- und Lernkultur, die erfolgreiches Lernen fördert, besteht darin, geeignete Zeitstrukturen zu entwickeln und anzuwenden. Im virtuellen Raum wird dem ökonomischen Umgang mit Zeit angesichts des Einsatzes einer ‚schnellen' Technologie oft nicht die nötige Aufmerksamkeit geschenkt. Erfolgreiches Lernen braucht immer eine Eigenzeit, ein ausreichendes Zeitbudget zur Bearbeitung der Lernaufgaben und für die Aushandlungsprozesse muss daher eingeplant werden. Ebenso müssen Lehrende berücksichtigen, dass viele Lehrhandlungen aufgrund der Neuheit zunächst mehr Zeit benötigen. Lehrende ebenso wie Lernende müssen beachten, dass die überwiegende Schriftlichkeit und Asynchronität der Kommunikation und Kooperation eine Segmentierung und wechselnde Abfolge paralleler Handlungsfolgen zur Folge hat und dadurch zusätzliche Zeitbedarfe entstehen lässt.

2.7   Fazit

Neue Perspektiven für Lehren und Lernen

Die Klärung, Reflexion und Bestimmung der zentralen Begriffe, wie z. B. E-Teaching, E-Learning, Blended Learning, pädagogisches Verhältnis, Lehr- und Lernkulur, Bildung, ist die Voraussetzung, um die Entwicklung und Nutzung bereits implementierter Online-Bildungsangebote beschreiben, analysieren und reflektieren zu können. Sie sind die Instrumente, um die bisherigen Erfolge und Defizite erkennen und daraus Konsequenzen und Perspektiven für Verbesserungen sowie weitere und neue Entwicklungen ziehen zu können. Dies zum Anlass nehmend, sind zunächst die generellen konstituierenden Faktoren von Bildungsprozessen beschrieben worden, um auf dieser Grundlage die konstituierenden Faktoren virtuellen Lehrens und Lernens bestimmen und beschreiben zu können. Die konkrete Ausgestaltung der Potenziale und Perspektiven dieser Faktoren ermöglichen die pädagogische Entwicklung einer erfolgreichen virtuellen Lehr- und Lernkultur, die beispielsweise eine Vielfalt an Lernressourcen eröffnet, ein expansives und kooperativ selbst organisiertes Lernen fördert und den Lernenden neue Beteiligungschancen für ein produktives Lernen in Partizipation mit den Lehrenden ermöglicht. Es ist in vielen Aspekten deutlich geworden, dass mit der durch die digitalen Bildungsmedien, das Internet und die Kommunikation in virtuellen Lernräumen veranlassten grundlegenden Umwälzung der pädagogischen Verhältnisse und der Lehr- und Lernkultur eine große Herausforderung an die erfolgreiche medientechnische und mediendidaktische Gestaltung der Lehr- und Lernprozesse entstanden ist. Dazu liefern die folgenden Kapitel wichtige Grundlagen und Anregungen.

3 Virtueller Bildungsraum

Der virtuelle Bildungsraum, in dem im E-Learning die individuellen und kooperativen Bildungsprozesse stattfinden, ist die Nahtstelle zwischen Informations- und Kommunikationstechnik, didaktischer Konzeption und den Lehr- und Lernhandlungen. In diesem Kapitel wird die Gestaltung virtueller Lernräume systematisch aus pädagogischer Sicht betrachtet. Dabei wird zunächst kurz auf den neueren Trend der völligen Eingrenzung der Lernorte in Form des mobilen und ubiquitären Lernens eingegangen (Kap. 3.1). Um die Bedeutung der bewussten Gestaltung virtueller Bildungsräume zu verdeutlichen, auch wenn sie wie im Falle des mobilen bzw. ubiquitären Lernens fließend in reale Bildungsräume übergehen bzw. in diesen eingebettet sind, werden zunächst die Unterschiede zwischen realen und virtuellen Bildungsräumen aufgezeigt (Kap. 3.2). Anschließend werden die für vollständige und erfolgreiche virtuelle Lehr- und Lernprozesse erforderlichen Funktionsbereiche eines virtuellen Lernraums herausgearbeitet (Kap. 3.3). Insbesondere für aktive selbst organisierte individuelle, kooperative und partizipative Bildungsprozesse sind die neuen Möglichkeiten der Nutzung der Instrumente des Web 2.0 in den virtuellen Lernraum einzubeziehen (Kap. 3.4). Darauf aufbauend werden Hinweise zur Gestaltung der pädagogischen Infrastruktur für virtuelle Lehr- und Lernprozesse gegeben (Kap. 3.5). Der Auswahl eines geeigneten virtuellen Lernraums ist besondere Aufmerksamkeit zu schenken, damit dieser den Anforderungen an seine Implementierung und Nutzung sowie den Anforderungen des virtuellen Bildungsangebots in allen Dimensionen und Aspekten entspricht (Kap. 3.6). Anschließend werden die Formen, Anforderungen und notwendigen Unterstützungen der Nutzung eines virtuellen Lernraums durch die Lehrenden und Lernenden beschrieben (Kap. 3.7). Abschließend werden aus den detailliert dargestellten und zu beachtenden Aspekten virtueller Bildungsräume wesentliche Schlussfolgerungen gezogen und wichtige Handlungsempfehlungen gegeben (Kap. 3.8).

3.1 Mobiles und ubiquitäres Lernen

Während über die Fragen der Unterschiede und der Gestaltung von virtuellen Bildungsräumen im Vergleich zu realen Bildungsräumen diskutiert wird, entwickelt sich zunehmend eine Eingrenzung der Bildungsräume, die Lernen und Lernunterstützung mobil und durchgängig verfügbar bzw. allgegenwärtig ('ubiquitär') erscheinen lässt.

Angestoßen wird diese Entwicklung durch den stark beschleunigten Fortschritt auf dem Gebiet mobiler Technologien, mit internetfähigen mobilen Endgeräten wie Smartphones oder Tablet-PCs und einer Vielzahl spezialisierter Softwareprogramme für diese Geräte (Applikationen oder kurz ‚Apps'). Der Horizon-Report prognostiziert den verstärkten Einsatz dieser Technologien für den tertiären Bildungsbereich seit mehreren Jahren, im Bericht von 2012 wird der Einsatz der mobilen Apps sowie der Tablet–PCs die schnellste Durchdringung innerhalb eines Jahres vorausgesagt (JOHNSON/ADAMS/CUMMINS 2012).

Vorteile

Welche Vorteile und didaktischen Potenziale bietet eine mobile oder ubiquitäre Lernunterstützung durch mobile Technologien? Zum einen können mittels der mobilen Technologien zahlreiche „Brückenfunktionen" realisiert werden, nämlich „zwischen formalen und informellen Lernsettings, zwischen personalisierter und sozial eingebetteter Lernunterstützung, zwischen verschiedenen Lernzeiten und Lernorten, zwischen physikalischer Umgebung und digitalen Informationen, zwischen verschiedenen Geräten, sowie zwischen verschiedenen Lernaufgaben und -aktivitäten" (SPECHT/EBNER 2011, 2). Speziell können Lerngegenstände und –aufgaben in authentischer Umgebung situiert werden (z. B. Pflanzenbestimmungen auf einer Exkursion, kulturgeschichtliche Zusatzinformationen am individuellen Standort bei einer Stadtbesichtigung). Aber auch innerhalb eines klassischen Kursraumes können mit mobilen Endgeräten und geeigneten Aufgabenstellungen die Interaktivität und die Personalisierung in der Lehre erhöht werden, z. B. durch Zusatzrecherchen zu Fachbegriffen oder reflexiven Blogeinträgen (WEGENER et al. 2011a). Lernende können so aktiv einbezogen und insbesondere in ihrer Reflexion unterstützt werden oder personalisierte und situierte Zusatzinformationen multimodaler Art erhalten (für verschiedene Klassifikationen der Einsatzmöglichkeiten sowie einzelne Beispiele vgl. SPECHT/EBNER 2011; für weitere Beispiele siehe die Hinweise zu ‚Augmented Reality' in Kap. 5.1.2 und zu ‚Geocaching' in Kap. 5.1.3; siehe auch: ‚Horizon-Report' JOHNSON/ADAMS/CUMMINS 2012, 11-20; WEGENER et al. 2011b).

Herausforderungen

Herausforderungen beim mobilen bzw. ubiquitären Lernen bestehen einerseits darin, dass Einsatzszenarien derzeit überwiegend experimentellen Charakter haben und erst entwickelt und getestet werden. Hinzu kommt, dass Dozentinnen und Dozenten über eine Affinität zu den Technologien verfügen sollten (WEGENER et al. 2011b). Auf der technologischen Ebene stellt die geringe Standardisierung im Hard- und Software-Bereich eine sehr große Herausforderung dar. Für jedes mögliche Einsatzszenario muss daher immer neu entschieden werden, für welche Endgeräte ein didaktisches Design zu entwerfen ist und für welche Betriebssysteme Applikationen entwickelt werden sollen. Weiterhin ist zu klären, wie die Lernenden mit den entsprechenden Endgeräten auszustatten sind (Leihgeräte, Teil einer Kursausstattung, Nutzung der privaten Endgeräte der Lernenden etc.) bzw. wie intelligente Technologien in die physikalische Umgebung integriert werden können (Sensoren, Displays etc.). Noch sind in diesem Bereich zahlreiche Hürden mit Blick auf angemessene didaktische Designs, Softwareentwicklungen und Finanzierungsmodelle zu überwinden.

3.2 Reale und virtuelle Bildungsräume

Die Frage nach dem Ort des Lehrens und Lernens, dem ‚Bildungsraum', ist bei der Planung und Durchführung von Präsenzlehre in der Regel schon durch die vorhandenen Ausstattungen beantwortet. Die Bildungseinrichtungen bilden das Umfeld, in dem sich Lehrende und Lernende treffen, und stellen die Räume für die Gestaltung der unterschiedlichen Anforderungen und Situationen des Lehrens und Lernens zur Verfügung:

- Unterrichts-, Kurs- und Seminarräume,
- Sprechzimmer für verschiedene Arbeitsformen und Diskussionen bis hin zur Einzel- und Lernberatung,
- Bibliotheken und Lesesäle zum Selbstlernen,
- Cafeterien zur informellen Kommunikation,
- Verwaltungsräume für organisatorische Zwecke (für Sekretariat, Lehrende, wissenschaftliche Mitarbeiter, Verwaltung usw.).

E-Teaching und E-Learning findet dagegen zunächst einmal vor dem Bildschirm eines Computers statt, sei es in einem PC-Raum bei einem Bildungsanbieter, am heimischen Arbeitsplatz oder bei der zunehmenden Ausstattung mit drahtlosen lokalen Netzwerken (‚Wireless Local Area Network' – WLAN) auch an anderen Orten. Obwohl es zutrifft, dass „Lernen immer real ist, unabhängig davon, ob es mit physischen oder elektronischen Materialien, in realen oder virtuellen Umgebungen stattfindet" (SCHULMEISTER 1999, 1), zieht die Virtualisierung des ‚Bildungsraumes' eine Fülle von Konsequenzen nach sich. Sie betreffen nicht nur die Organisation der Rahmenbedingungen des Lehrens und Lernens, sondern auch die Didaktik, die Bereitstellung und den Zugriff auf Lernmaterialien und deren Aufbereitung, die Gestaltung der Lernszenarien sowie die Kommunikation der Beteiligten.

Bedeutung virtueller Lernräume

Während es zu Beginn der Entwicklung von E-Learning-Angeboten – die zunächst individuell am heimischen PC zu nutzende Lernprogramme (‚Computer Based Training' – CBT) waren – noch kaum ein Bewusstsein für die Bedeutung virtueller Lernräume gab, wuchs mit dem Angebot an internet-basierten, Kommunikation und Gruppenarbeit integrierenden Kursen (‚Web Based Training' – WBT) die Nachfrage nach geeigneten technischen Lösungen, die auch dem weniger technisch versierten Lehrenden bei der Vorbereitung und Durchführung der Veranstaltung unterstützen und dem Lernenden einen geschützten Raum für das Lernen bieten. In der Folge wurden eine Vielzahl unterschiedlicher Software-Angebote für virtuelle Lernräume entwickelt, welche die Planer von E-Learning-Angeboten vor nicht unerhebliche Entscheidungsfragen bzgl. der Auswahl des geeigneten Lernraums stellen (für einen Überblick über Angebote und Auswahlkriterien siehe u. a. BAUMGARTNER 2002; BAUMGARTNER U. A.

2004; TRAHASCH/KRAUS/EFFERTH 2002; ZÜRCHER 2002). Denn die Anschaffung kann nicht nur mit erheblichen Kosten verbunden sein, sondern die technische Infrastruktur muss auch möglichst passgenau und anpassbar an die Bedarfe der Nutzer sein. Die Einführung eines virtuellen Lernraums beeinflusst nicht zuletzt auch die zukünftige strategische Ausrichtung des Bildungsanbieters bzgl. des Aufbaus seiner Bildungsangebote. Zwar ist es prinzipiell möglich, dass die Teilnehmenden an einem virtuellen Kurs auch ohne einen virtuellen Lernraum mithilfe der im Internet vorhandenen Dienste (wie E-Mail, Newsgroups, Chat, Diskussionsforen, Büroanwendungen usw.) miteinander kommunizieren und kooperieren. Jedoch erleichtert ein gemeinsamer (virtueller) Lernort, der Zugriff auf alle notwendigen Bereiche des Kurses bietet (wie z. B. Informationen zu den Lehrenden, den Teilnehmenden, dem Kursplan und -verlauf, aktuellen Terminen, Prüfungen, Lernmaterialien und unterschiedliche Kommunikationsfunktionen) das Lernen erheblich. Für ein vollständiges virtuelles Lehr-Lern-Szenario ist er aber unverzichtbar.

Was einen guten virtuellen Lernraum kennzeichnet, kann nicht von vornherein bestimmt werden und unterliegt technischen sowie lehr- und lernkulturellen Entwicklungen. Diese sind unter anderem abhängig sowohl vom Nutzungsverhalten der Lehrenden und der Lernenden, den Entwicklungen im Bereich der digitalen Medien als auch von den Vermarktungsformen der Angebote im Netz (z. B. ‚Open Source' und ‚Open Content' versus proprietäre Angebote). Die ‚optimale' Lösung wird es nicht geben; auch die Lernräume in Präsenzbildungsstätten sind unterschiedlich ausgestattet, z. B. der Hörsaal für Germanisten an einer Universität, der PC-Raum für EDV-Kurse an einer Volkshochschule oder der Chemieraum einer allgemein bildenden Schule.

Abgrenzung des Bildungsraums vom virtuellen Lernraum

‚Bildungsraum' ist ein Begriff, der neben den räumlichen Gegebenheiten (z. B. Seminarraum mit Lernmaterialien, Museum mit Exponaten, Labor mit Experimentiermöglichkeiten) auch die subjektiven Verfasstheiten und Ansprüche der Lernenden und Lehrenden mit in den Blick nimmt, so ist der ‚Lernraum' eine technische Plattform, die Werkzeuge und Bereiche bereithält, mit denen Bildungsprozesse, Lehr- und Lernhandlungen, technisch und organisatorisch unterstützt werden (Abb. 3.1). Diese Plattformen werden je nach ihrer Charakteristik als ‚Learning Management Systeme' (LMS), ‚Content Management Systeme' (CMS) bzw. in Verknüpfung beider Systeme als ‚Learning Content Management Systeme' (LCMS) bezeichnet. Dabei sind LMS in Aufbau und Funktionen eher auf die Unterstützung von netzbasierten Lehr- und Lernprozessen ausgerichtet und haben in der Regel Kommunikations- und Kooperationswerkzeuge für die Unterstützung der Lehr-Lern-Prozesse, Kurserstellungs- und Verwaltungswerkzeuge für die Lehrenden, Werkzeuge zur Organisation und Bearbeitung eines Kurses für die Lernenden oder auch Werkzeuge zur Gruppenbildung sowie zur Leistungsüberprüfung. CMS hingegen unterstützen die netzbasierte Dokumentenerstellung, -ablage und -recherche. Die meisten der heute am Markt befindlichen Lernplattformen sind LCMS, die beide Funktionsbereiche umfassen.

Internetnutzung

Nach den Ergebnissen einer Onlinestudie der Fernsehanstalten ARD und ZDF (ZDF-PRESSESTELLE 2010) besaßen über 70 % aller Bundesbürger 2010 einen Online-zugang (VAN EIMEREN/FREES 2010, 335), knapp drei Viertel der Internetnutzer haben einen schnellen DSL-Anschluss (Digital Subscriber Line, dt. digitale Teilnehmerlei-tung) und fast jeder neunte Nutzer besitzt eine Internetflatrate. Die Internet-Nutzung ist also in Deutschland sehr verbreitet. Eine Studie von Microsoft (MICROSOFT 2009) prognostiziert, dass das Internet in Europa im Juni 2010 das Fernsehgerät in der Nut-zung überholt hat. Das Internet wird dabei hauptsächlich zur Informationsrecherche, Kommunikation, aber auch zum Zeitvertreib genutzt. Dabei werden vor allem Nach-richten, Informationen aus Forschung, Wissenschaft und Bildung und Serviceinfor-mationen wie Wetter und Verkehr sowie Regionalnachrichten stark abgefragt.

Internet als gesellschaftlicher Bildungsraum?

Das Internet ist ein Informations- und Kommunionsmedium, das intensiv genutzt wird. Neben dem Informieren, bspw. über Suchmaschinen, in Diskussionsforen oder auf den Webseiten einer Zeitung, findet Kommunikation statt. Kommunikation bedeutet zugleich auch eine kritisch reflexive Auseinandersetzung mit Informationen, die dazu in den Kontext des bereits bekannten gestellt werden. Dies ist ein Lernprozess, der die Wissensgenese ermöglicht (AUER 2003). Die Auseinandersetzungen mit einem Thema sowie die vielfältigen themenbezogenen Kommunikationen unterstützen auch den Transfer des Wissens in andere Anwendungsbezüge, was letztlich zur weiteren Entwicklung der Kompetenzen führt. Kompetenzen sind die „erlernbaren kognitiven Fähigkeiten und Fertigkeiten, um bestimmte Probleme zu lösen, sowie die damit ver-bundenen motivationalen, volitionalen und sozialen Bereitschaften und Fähigkeiten, um die Problemlösungen in variablen Situationen erfolgreich und verantwortungsvoll nutzen zu können" (WEINERT 2001, 27).

Damit das Internet ein ‚Bildungsraum' werden kann, benötigen die Nutzer entspre-chende Kompetenzen. Im Zusammenhang mit den digitalen Medien wird von ‚Medi-enkompetenz' (BAACKE 1996, 1998) gesprochen, die für einen adäquaten Umgang mit den Medien erforderlich ist. Jedoch reicht Medienkompetenz, die Medienkunde, -kri-tik, -gestaltung und -nutzung umfasst, allein nicht aus, um die Teilhabe und vor allem einen Gewinn für die Nutzer digitaler Medien zu ermöglichen. Neben einer ‚interkul-turellen Kompetenz' (AUERNHEIMER 2008) bedarf es auch einer ‚Informationskom-petenz', um überhaupt eigene Bedarfe definieren, gezielt danach suchen sowie die gefundenen Informationen bewerten und verarbeiten zu können (ACRL 1989). Denn es wird „häufig übersehen, dass eine methodisch versierte Herangehensweise und die Nutzung professioneller Fachinformation zu den Grundvoraussetzungen erfolgrei-chen Lernens und Forschens gehören" (DGI 2008, 321).

Sichtbarmachen des Lernerfolges

Diese Kompetenz(en) ermöglichen, dass sich die Nutzer selbst organisiert Informa-tionen aneignen und neue Wissensinhalte aufbauen können. Damit einher geht eine weitere Besonderheit des ‚Bildungsraums Internet', dass es nämlich bislang kaum eine Möglichkeit gibt, die im Internet informell und non-formal erworbenen Wissensbestände und Kompetenzen so festzuhalten, dass sie, ähnlich einem Schul- oder Universitätsabschluss, mit einem Zeugnis oder qualifizierten Bescheinigung belegt werden können. Hier gibt es zwar erste Ansätze (z. B. den Profilpass, http://www.profilpass-online.de/), jedoch haben sich diese, vor allem in Deutschland, bislang nicht durchgesetzt. Darüber hinaus scheinen eine Vielzahl dieser Ansätze das Lernen im Internet noch nicht ausreichend erfassen zu können. Doch gerade hier werden Lernprozesse und -ergebnisse häufig ‚nebenbei' dokumentiert und könnten sehr gut nachvollzogen werden, wenn die Nutzer bspw. in Diskussionsforen Probleme lösen, auf einer eigenen Webseite Ergebnisse ihrer Arbeit einstellen etc. (Kap. 7.6, 7.7). Hier ist nicht nur Entwicklungsarbeit zur Gestaltung entsprechender Werkzeuge nötig, es muss auch ein Umdenken bzgl. der Verteilung und Anerkennung des Guts ‚Bildung' erfolgen. „Dieses Umdenken hat in der Praxis noch nicht stattgefunden, und so werden Lernaktivitäten regelmäßig mit Prüfungen ‚abgeschlossen', statt die Lernaktivität als solches zu kreditieren. Genau dies ist die Chance einer Lehr-/Lernplattform: Auf ihr wird der Lernprozess selbst sichtbar und genau dieser Lernprozess kann damit auch als Leistung dokumentiert und honoriert werden" (Kerres u. a. 2009, 112).

3.3 Funktionsbereiche eines virtuellen Lernraums

Pädagogische Infrastruktur des Bildungsraums

Zur Entfaltung der Bildungspotenziale des E-Learning (Kap. 2) bedarf es nicht nur eines technischen Rahmens, sondern einer ‚pädagogischen Infrastruktur' (Zimmer 2000b, 2000c). In der Literatur finden sich hierfür verschiedene Modelle mit unterschiedlichen Funktionsbereichen. Dabei lassen sich bei den einzelnen Modellen Überschneidungen und Gemeinsamkeiten feststellen. Zimmer (2003, 12ff) nennt sechs Funktionsbereiche bzw. Aktivitätsklassen eines virtuellen Lernraums, die sich um einen zentralen Arbeitsbereich gruppieren, in dem die Lernmodule bearbeitet werden, und die sich aus den Aktivitäten aller Beteiligten ergeben: Angebot und Auskunft, Planung und Verwaltung, Mediathek und (Arbeits-)Ergebnisse, Schnittstellen zu Anwendungssoftware, Kommunikation und Kooperation sowie Prüfung und Evaluation.

Baumgartner u.a. (2002, 26f) schlagen fünf Funktionsbereiche virtueller Lernräume vor: (1) Präsentation von Inhalten, (2) Kommunikationswerkzeuge, (3) Werkzeuge zur Aufgaben- und Übungserstellung, (4) Hilfen für die Bewertung und Evaluation und (5) Administration. Der von Schulmeister (2005b, 56f) im Rahmen einer Untersuchung virtueller Lernräume für Hamburger Hochschulen vorgestellte Katalog mit den wichtigsten Merkmalen umfasst zehn Funktionsbereiche: (1) Administration, (2) Kursmanagement, (3) Didaktik, (4) Kommunikation, (5) Medien, (6) Design, (7) Evaluation, (8) Technologie und Technik, (9) Support und (10) wirtschaftliche Gesichtspunkte.

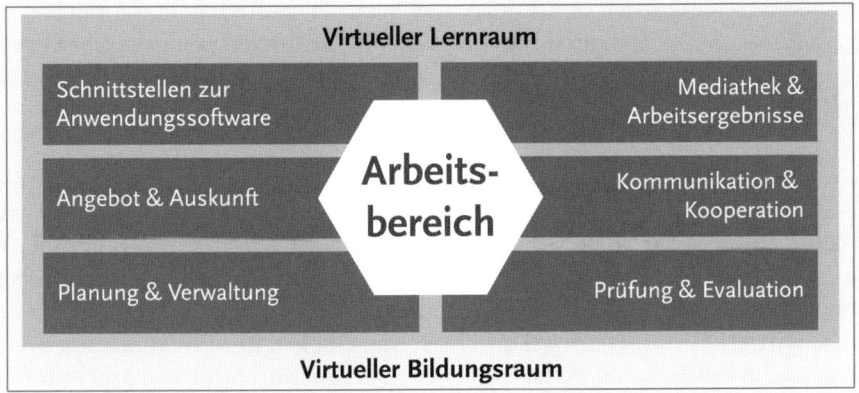

Abb. 3.1: Sechs Funktionsbereiche eines Lernraums nach ZIMMER (2003)

Diese Beschreibungen der Funktionsbereiche virtueller Lernräume weisen unterschiedliche Detaillierungsgrade und Gewichtungen einzelner Aspekte auf. Bei genauerem Betrachten sind diese jedoch auch alle in den von ZIMMER (2003) vorgeschlagenen Funktionsbereichen enthalten.

Neue Funktionen in virtuellen Lernräumen

In den vergangenen Jahren fand eine Fortentwicklung der Internet-Technologien statt, die auch neue Anforderungen an die virtuellen Lehr- bzw. Lernräume stellen. KERRES U. A. (2009, 105ff) reformulieren „die fünf zentralen Funktionen einer ‚Lehrplattform‘ im Licht dieser Entwicklungen“:

1. „Rollen und Rechte in einer sozialen Inszenierung zuweisen“,
2. „Aktivitäten von Akteuren organisieren“,
3. „Lernmaterialien verknüpfen“,
4. „Meta-Informationen für das Lernen bereitstellen“ und
5. „Lernprozesse und -ergebnisse dokumentieren“.

Diese fünf Funktionsbereiche signalisieren eine Öffnung des bisher eher geschlossenen Systems ‚Virtueller Lernraum‘. ‚Öffnung‘ meint hier, dass einerseits Werkzeuge und Inhalte aus dem Internet in den Lernraum aufgenommen werden können, andererseits aber auch, dass Lernergebnisse nicht mehr nur durch Prüfungen attestiert werden (Kap. 7.6, 7.7), sondern auch Artefakte, die im Prozess des Arbeitens mit dem Lerngegenstand entstehen, als Ergebnisse anerkannt werden. Weiterhin wird vor allem die Bedeutung der sozialen Komponente im Lehr-Lern-Prozess betont, die sich in der Unterstützung von ‚Rollen‘ niederschlägt. Diese ‚Öffnung‘ ist Folge der technischen Entwicklungen des Web 2.0 (Kap. 5.4).

Diese Funktionen werden in der folgenden Abb. 3.2 verdeutlicht. Dazu wurden exemplarische Anwendungsbezüge vom virtuellen Lernraum in den virtuellen Bildungsraum ausgewählt. Lehrende und vor allem Lernende können über die Grenzen des geschützten virtuellen Lernraums in den virtuellen Bildungsraum vordringen, um dort

Informationen, Werkzeuge und Kooperationspartner zu finden. Diese reichen dabei wieder indirekt in den virtuellen Lernraum hinein, indem die neu gewonnenen Informationen als Ergebnisse und Prozesse wirken und für den weiteren Lernprozess genutzt werden können.

Design eines virtuellen Lernraums

Das Design eines virtuellen Lernraums, das sog. ,Graphic User Interface' (GUI), muss dazu beitragen, dass die Nutzer sich leicht innerhalb des Systems zurechtfinden. Dafür muss ein Lernraum einen übersichtlichen und ,aufgeräumten' Eindruck machen, Symbole und Bezeichnungen müssen eindeutig und verständlich sein. Hierzu trägt auch die Barrierefreiheit (Kap. 5.3) und Mehrsprachigkeit der Funktionsbeschreibungen bei. Darüber hinaus sollte der virtuelle Lernraum auch an das Corporate Design des Bildungsträgers anpassbar sein (SCHULMEISTER 2005a, 57).

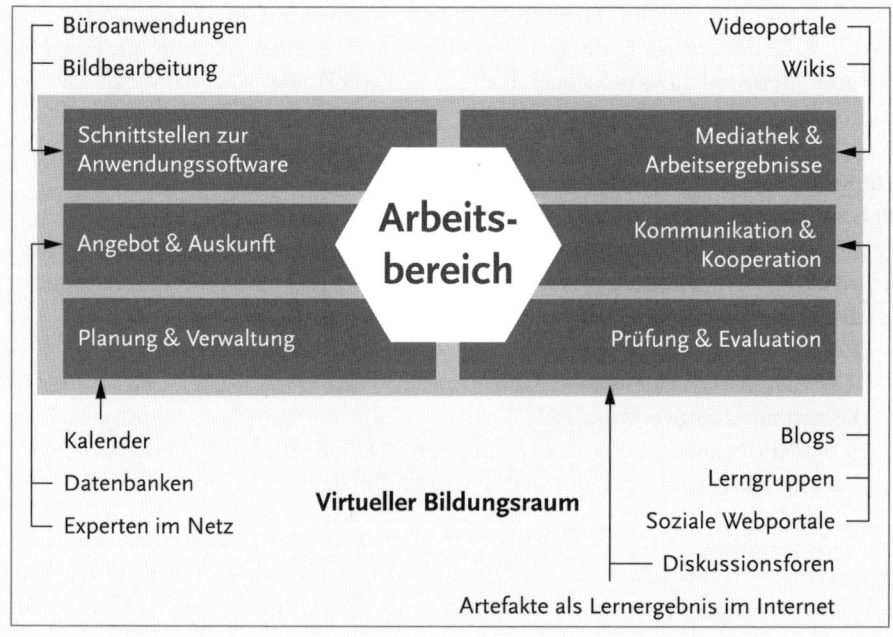

Abb. 3.2: Integration des virtuellen Bildungsraums in den virtuellen Lernraum (in Anlehnung an ZIMMER 2003 und KERRES U.A. 2009)

Sechs Funktionsbereiche eines virtuellen Lernraums

Bei der folgenden inhaltlichen Erläuterung der Funktionsbereiche eines Lernraums wird auf das erweiterte Modell von ZIMMER (2003, 12f) und KERRES U.A. (2009) mit seinen sechs Bereichen zurückgegriffen (Abb. 3.2). Dabei sei darauf hingewiesen, dass in einem solchen Modell die Funktionsbereiche eines Lernraums *systematisch* beschrieben werden; die *konkrete* Umsetzung in den unterschiedlichen Lernraumsystemen kann eine andere Aufteilung enthalten. Wichtig ist jedoch, dass die hier aufgelisteten

Funktionen vorhanden sind. Dies zeigt sich auch darin, dass einige Funktionen und Werkzeuge durchaus in mehreren Bereichen verwendet werden können und sollen.

(1) Angebot und Auskunft

In diesem Bereich finden die Lernenden zum einen allgemeine Beschreibungen zu den Lernangeboten, z. B. zu Zeitplänen, Zugangsvoraussetzungen, Lernzielen, Zertifikaten und Kosten. Diese können durch Bewertungen durch Lehrende und Tutoren, aber auch durch Mitlernende sowie frühere Lernende ergänzt werden, die die Lernangebote bereits absolviert haben. Solche Bewertungssysteme können die Lernenden unterstützen, gezielter nach eigenen Bedarfen, Vorwissen oder verfügbarer Lernzeit die entsprechenden Lerninhalte auszuwählen. Zum anderen muss es auch aktuelle Ankündigungen zum Lernangebot bzw. den belegten Kursen geben, etwa über Sprechzeiten, Gruppenarbeitszeiten, Terminverschiebungen etc., die von den Lehrenden eingestellt und aktualisiert oder auch von den Gruppenmitgliedern in Eigenverantwortung koordiniert werden können. Eine Anbindung an die Kursverwaltungssysteme eines Bildungsträgers ist empfehlenswert, um die Daten über eine zentrale Datenbank zu pflegen und konsistent zu halten. Es muss Hinweise und Auskünfte auf alle erwartbaren Fragen der Lernenden geben. Da jedoch nicht alle Fragen vorhersehbar sind, müssen auch Möglichkeiten für persönliche Auskünfte (z. B. per E-Mail, Chat) implementiert sein. Ein Online-Hilfesystem sollte integriert sein, Listen mit regelmäßig gestellten Fragen (FAQs = Frequently Asked Questions) sind hier einzustellen und regelmäßig zu aktualisieren. Dabei ist es denkbar, dass nicht nur die Lehrenden oder Administratoren diese Listen pflegen, sondern sich die Lernenden gegenseitig bei Fragen und Problemen unterstützen und Lösungsansätze online zur Verfügung stellen, z. B. durch Links auf Diskussionsforen außerhalb des Lernraums im Netz, in denen das Problem und dessen Lösung besprochen wurde.

Da dieser Bereich zentral für die Orientierung, Planung und Organisation des Lernens ist, ist es hilfreich, wenn die Lernenden die Möglichkeit haben, diese Seite individuell zu gestalten, damit sie die für sie notwendigen Informationen auf einen Blick erfassen können. Die Integration von ‚Push-Medien' (WERLE 2008, 204) kann helfen, neue Informationen schnell und direkt auf den eigenen Bildschirm gesendet zu bekommen.

(2) Planung und Verwaltung

Dieser Bereich dient der Planung individueller und der Abstimmung gemeinsamer Lernaktivitäten. Dazu müssen den Lernenden entsprechende Hinweise und Instrumente zur Verfügung gestellt werden, z. B. die Möglichkeit, über verschiedene Kalenderfunktionen eigene Termine wie auch Gruppentermine einsehen und verwalten sowie passwortgeschützt Informationen zu eigenen Lernaktivitäten und Lernerfolgen sowie anstehenden Aufgaben abrufen zu können.

Schnittstellen zu elektronischen Kalendern, die die Lernenden ggf. auch im Alltag nutzen, sollten durch standardisierte Formate gegeben sein. Zur Abstimmung und Information ist die Anbindung an Kommunikationswerkzeuge notwendig. Hilfreich ist es, wenn biografische Hinweise zur eigenen Person von Lernern, Lehrern und

Tutoren sowie ggf. auch externen Fachexperten eingestellt werden können. Diese können sowohl als extra Seite im Lernraum angelegt werden, wahlweise wäre auch eine Verlinkung auf externe Seiten in sozialen Netzwerken oder auf die eigene Homepage möglich. Somit können die Mitglieder des Bildungsangebots eine zentrale Seite zur eigenen Person pflegen und müssten nicht verschiedene Profilseiten auf die Gültigkeit der Daten prüfen.

Darüber hinaus findet in diesem Bereich die Kursverwaltung statt, z. B. die Online-Registrierung für Bildungsgänge und einzelne Kurse. Auch die Zuordnung von einzelnen Nutzern zu bestimmten Gruppen, Aufgaben oder Inhalten erfolgt hier. Lehrende können Informationen über die Kursbelegungen abrufen oder die Erstellung neuer Inhalte weitermelden, damit diese in das System eingepflegt werden. Idealerweise unterstützt das System die Möglichkeit, schnell und unkompliziert Lerninhalte durch die Lehrenden oder Tutoren selbst einzustellen, ohne Umwege über eine administrative Stelle nehmen zu müssen. Idealerweise kann die Verwaltung die Nutzerdaten und Kursangebote portieren, um die Teilnehmerverwaltung, die Gebührenerhebung, aber auch die Lehrplanung durchzuführen. Hierzu sollte der Lernraum entsprechende Schnittstellen bieten, die diese Prozesse automatisieren. Dies kann durch die Synchronisation mehrerer Datenbanken geschehen oder durch den Zugriff verschiedener Systeme auf eine zentrale Datenbank. Für Interessenten, die sich durch einen Einblick in ein Bildungsangebot informieren wollen, kann ein Gastzugang mit beschränkten Rechten und zeitlicher Begrenzung eingerichtet werden.

(3) Mediathek und Ergebnisse

Hier finden die Lernenden die für sie zugänglichen Lerninhalte sowie verschiedene Werkzeuge, auf die sie zur Unterstützung und Gestaltung ihres Lernprozesses zugreifen können. Dazu zählen z. B. die Möglichkeiten, Lesezeichen zu setzen, um wichtige Inhalte schnell wiederzufinden oder das Erstellen und Hinzufügen von Annotationen zu den Lernmaterialien. Die Einbindung von ‚Social Bookmarks' (Lesezeichen, die im Internet abgelegt, verwaltet, bewertet und eingesehen werden können) kann Orientierung schaffen, wenn Lerner sich gegenseitig Hinweise zu weiteren Ressourcen geben. Auch kann in diesem Bereich ein Glossar und eine Suchfunktion integriert sein. Die einzelnen Kurse sind mit Inhaltsverzeichnissen und Navigationssystemen zu versehen. Bei umfangreicheren Lernmodulen sollten die einzelnen Kapitel über die Navigation direkt ansteuerbar sein. Die einzelnen Lerneinheiten sollten so benutzerfreundlich verwaltet werden, dass Lehrende Lernmaterialien leicht aktualisieren, ergänzen und erweitern können. Gleichzeitig muss das Verwaltungssystem auch Schutz vor unbefugten Zugriffen und Veränderungen bieten.

Um eigene Arbeitsergebnisse zu präsentieren und mit Kommilitonen und Lehrenden bzw. Tutoren zu diskutieren und ggf. weiterzubearbeiten, müssen Lernende eigene Dokumente selber einstellen wie auch Dokumente auf ihren eigenen PC herunterladen können. Dafür müssen nicht nur den Lehrenden, sondern auch den Lernenden Autorenwerkzeuge zur Verfügung stehen, um Lernmaterialien zu ergänzen, eigene Ergebnisse einstellen und neue Aufgaben gestalten zu können. Weiterhin sollte die

Möglichkeit bestehen, Inhalte anderen zugänglich zu machen bzw. im Ergebnisbereich abzulegen, um sie an anderen Orten selbst weiter zu bearbeiten oder aber auch anderen zur weiteren Bearbeitung zur Verfügung zu stellen. Neben der Arbeit an Dokumenten auf dem eigenen PC empfiehlt es sich, Online-Kooperationswerkzeuge zur Verfügung zu stellen, um gemeinsam Arbeitsaufgaben online zu bearbeiten. Einfache Möglichkeiten wären der Einsatz eines ‚Wikis' oder die Nutzung von Online-Büroprogrammen. Eine Vorschaufunktion für das Einstellen eigener Dokumente (‚Wie sehen meine Ergebnisse am Bildschirm aus?') sowie eine Versionskontrolle – gerade für gemeinsam erstellte Dokumente – inklusive einer eigenen Rechtevergabe für die selbst erstellten Inhalte zur Weiterverarbeitung durch andere Lerner ergänzen den Funktionsumfang. Um sich mit anderen Lernern auszutauschen, Hilfe zu erfragen und Gruppenarbeiten zu initiieren, muss dieser Bereich stark mit dem Bereich der Kommunikation und Kooperation verbunden sein. Schnittstellen ins Internet sollten selbstverständlich vorhanden sein, damit auf externe Informationsquellen zugegriffen werden kann. Über diese können auch weitere Inhalte, z. B. Fotos oder Videos, die in anderen Online-Gemeinschaften selbst erstellt wurden, in den Lernraum integriert werden.

Hilfreich ist es, wenn Lernende die Arbeit an dem Punkt wieder aufnehmen können, an dem sie bei der letzten Sitzung aufgehört haben. Damit verbunden ist eine Verlaufsübersicht (‚History') über bereits bearbeitete Einheiten und eine Fortschrittsanzeige, die den Lernfortschritt und den notwendigen Zeitaufwand für die weitere Bearbeitung anzeigen. Ergänzt werden kann dies durch eine Statistikfunktion, mithilfe derer die Lernenden bspw. ihre Anwesenheit, zu erledigende Aufgaben oder Prüfungsergebnisse einsehen können. Benutzeraktionen können durch automatische Protokollierung (‚User-Tracking') verfolgt und von den Tutoren oder auch von den Lernern selbst ausgewertet werden, um das Lernverhalten und ggf. Lernbarrieren zu analysieren. Dabei ist auf die Wahrung des Datenschutzes zu achten.

(4) Schnittstellen zur Anwendungssoftware

Dieser Bereich ist eng an den Bereich ‚Mediathek und Ergebnisse' angebunden. Es geht darum, Lernenden bereits während der Bearbeitung der Lernmodule die Chance zu bieten, Zwischenergebnisse in möglichen Anwendungsfeldern zu erproben (soweit diese auf dem Rechner darstellbar und zugänglich sind) und dafür auf die entsprechende Anwendungssoftware zugreifen zu können. Dies ist auch für die Präsentation von Arbeitsergebnissen notwendig. Für Lehrende bietet sich hier die Möglichkeit, Autorentools zu nutzen und Inhalte zu generieren. Auch die Schnittstelle ins Internet ist wichtig, um bereits vorhandene Webressourcen als Lernmaterial einzubinden. Gleichzeitig können sie die Arbeitsergebnisse und Zwischenergebnisse einsehen, dokumentieren und die Auswertung der Daten an die Lernenden zurückfließen lassen.

Die Lernenden und Lehrenden können (abhängig von den rechtlichen Regelungen, siehe Kap. 11) Lernmaterialien auf ihren lokalen Rechner oder auf serverbasierte Anwendungen im Netz laden, dort bearbeiten und wieder in den Lernraum einstellen, z. B. um die eigenen Ergebnisse in eine Gruppenaufgabe einzufügen. Auch die Synchronisation des Kalenders im Lernraum mit dem eigenen digitalen Kalendersystem, ist eine wichtige Funktion, da es umständlich ist, verschiedene Terminplaner separat zu koordinieren.

In diesen Bereich müssen Import- und Exportfilter integriert sein, die zumindest die üblichen Dateiformate unterstützen. Auch externe Kommunikationswerkzeuge, beispielsweise zur Gruppenwahrnehmung ('Awareness Tools') können hier eingebunden sein.

(5) Kommunikation und Kooperation

Da die Kommunikation für den Lernprozess eine entscheidende Rolle spielt (Kap. 2, 6) und die Lernenden in einem E-Learning-Kurs in der Regel zeit- und ortsverteilt arbeiten, muss der virtuelle Lernraum Möglichkeiten für Kommunikation und Kooperation in möglichst vielen Formen unterstützen. Dazu müssen sowohl synchrone Kommunikationsmittel wie Text-, Sprach- oder Video-Chat sowie Instant Messenger für schriftliche Kurzmitteilungen kombiniert mit einer Anzeigefunktion 'Wer ist online?' und Videokonferenzen (KAWALEK 1997) als auch asynchrone Kommunikationswerkzeuge wie E-Mail, Mailinglisten und Diskussionsforen (inklusive der Funktion 'Was ist neu?') vorhanden sein. Die Offenheit für weitere Kommunikations- und Kooperationswerkzeuge, die die Lernenden in ihrem Arbeitsalltag einsetzen, sollte gegeben sein. Fehlen entsprechende Schnittstellen, ist die Kreativität der Tutoren gefragt. Mögliche Lösungen wären Webseiten im Lernraum, die auf entsprechende Werkzeuge im Internet verlinken. Auf den eigenen Homepages können Lehrende und Lernende Ihre Kennungen zu ihren genutzten Kommunikationsräumen, wie bspw. Skype, Twitter, Facebook, auflisten, um alle Kommunikationsmöglichkeiten zu unterstützen. Hinzuweisen ist aber darauf, welche Informationen über externe Kommunikationswerkzeuge fließen sollten oder können und welche nur in den geschützten Lernraum gehören. Auch wenn es grundsätzlich möglich ist, muss nicht jeder Lernende und Lehrende zu jeder Zeit erreichbar sein. Die verschiedenen Kommunikationsmöglichkeiten sind Angebote, aber keine verpflichtende Aufforderung zum Austausch. Für eine funktionierende Kommunikation und Kooperation sollten daher schon zu Beginn verbindliche Regeln vereinbart und eingeführt werden.

Durch die Ausprägung der sozialen Komponente durch Online-Gemeinschaften gewinnen auch die Rollenfunktionen aller Beteiligten eine stärkere Bedeutung (KERRES U.A. 2009). An die Rollen sind Erwartungen bzgl. des Verhaltens geknüpft. Diese sind im Internet zugleich mit Rechten verbunden (der Administrator darf bspw. am System arbeiten, der Gast darf nur eingeschränkt in einen Kurs schauen, ohne etwas zu verändern). Je mehr Rollen eine Lernplattform anbietet, desto mehr Rollen können auch im Lehr- und Lernprozess vergeben werden. „Insofern ist die Zuweisung von Rollen zu Personen in einem LMS eine ganz zentrale und vielleicht nicht immer hinreichend reflektierte Funktion" (EBD., 115). Neben den üblichen Rollen der 'Lehrenden' und 'Lernenden' kann es u. a. auch die von 'Tutoren' geben, die für verschiedene Aufgabenfelder (Technik, Organisation, Inhalt) tätig sind. Auch für Gruppenarbeiten im virtuellen Lernraum sind solche Rollen von Bedeutung. Neben den Gruppenmitgliedern, die gemeinsam eine Aufgabe bearbeiten, können weitere Rollen wie die eines ‚Zuschauers' vergeben werden. Diese können sich den Prozess der Ergebnisentwicklung ansehen, eine Rückmeldung geben, aber selbst nicht eingreifen. Weiterhin sind Rollen von ‚Experten', ‚Beratern' u. a. m. denkbar. Je mehr Rollen verfügbar sind, desto differenzierter können die Lehr-Lern-Szenarien gestaltet werden.

Software zum gemeinsamen Bearbeiten von Inhalten (‚Application-Sharing') sowie ein ‚Whiteboard' und ähnliche Anwendungen sind wichtig, außerdem gewinnen die Web 2.0 Instrumente zunehmend an Bedeutung (Gaiser 2002, 2008). Um die Kooperation zu unterstützen, sollten die Lernenden von diesem Bereich aus auf den Gruppenkalender zugreifen können, um Arbeitstreffen oder synchrone Kommunikationstermine zu planen und abzustimmen.

Für die Lehrenden stehen dieselben Funktionen zur Verfügung. Zusätzlich haben sie die Möglichkeit, Mandate für einzelne Kommunikationswerkzeuge zu vergeben. Synchrone Kommunikationsmittel sollten eine Protokoll- und Archivierungsfunktion beinhalten, damit es für die Nutzer möglich ist, Chats nachzulesen, um beispielsweise einen Lösungsweg nachvollziehen zu können. Protokolle bzw. Diskussionsmitschnitte stellen eine zusätzliche Arbeitsressource sowie Dokumentation der Lernprozesse dar.

Da in virtuellen Lernräumen die Kommunikation und Kooperation dadurch erschwert wird, dass soziale und nonverbale Hinweisreize (Mimik, Gestik usw.) sowie gemeinsames Hintergrundwissen teilweise reduziert sind oder fehlen, können spezielle Werkzeuge eingesetzt werden, um diese Defizite auszugleichen. Solche sind z. B. Lernnetze (grafische Repräsentationen des gemeinsamen Wissenshintergrundes), Lernprotokolle (schrittweise Anleitungen für gemeinsame Arbeitsprozesse) und Maßnahmen zur Gruppenwahrnehmung (Arnold, P. 2001, 38).

(6) Prüfung und Evaluation

Dieser Bereich innerhalb eines Lernraums bietet den Lernenden die Möglichkeit, ihre Lernleistungen und Lernerfolge zu überprüfen und anderen eine Rückmeldung über ihre Lernerfahrungen, z. B. eine Bewertung der Lernunterstützung zu geben. Wichtig ist es deshalb, dass dieser Bereich nur von autorisierten Nutzern mit Passwort betreten werden kann und die jeweiligen Daten je nach Rollen im virtuellen Lernraum einsehbar sind.

Lernräume sollten den Lehrenden ermöglichen, ohne großen Aufwand Tests zu erstellen (z. B. Multiple Choice Tests = Fragen mit Auswahlantworten, Drag and Drop Aufgaben = Beantwortung von Fragen durch Ziehen und Ablegen), die den Lernenden zur Selbstüberprüfung dienen, aber auch in die Gesamtbewertung eines Lernmoduls eingehen können. Jedoch sind gerade in einem virtuellen Lernangebot automatisch auswertbare Aufgaben keineswegs ausreichend. Entscheidend für die Kompetenzentwicklung sind vielmehr umfassende Lernaufgaben für Einzelne und Lerngruppen, die von den Lehrenden oder anderen Experten mit kompetenzorientierten Tests und Prüfungen oder von den Tutoren oder auch von der Gemeinschaft der Lernenden selbst bewertet werden (Kap. 7).

Außerdem müssen Werkzeuge für die Evaluation der Lernmaterialien und -module, der Betreuung, des Lernraumes usw. zur Verfügung gestellt werden. Es trägt zur Transparenz und zur Qualitätsverbesserung bei, wenn die Ergebnisse allen Beteiligten mitgeteilt werden (Kap. 8, 9). Wenn Lernende die eigene Lernleistung sowie die Zusammenarbeit mit Kommilitonen und Lehrenden sowie Tutoren bewerten, erhalten alle Beteiligten wertvolle Hinweise für die weitere Gestaltung des Lernangebots und der Lernprozesse, was zur Verbesserung der Lehr- und Lernkultur beiträgt (Kap. 6).

Darüber hinaus zählen nicht nur die Endergebnisse von Testaten oder Klausuren zu den Prüfungsleistungen, sondern auch die Artefakte, die im Laufe des Lernprozesses entstanden sind (Lerntagebücher, Weblogs, Diskussionen, gestaltete Arbeitsergebnisse usw.), denn es zeugen gerade diese Artefakte von der Wissens- und Kompetenzentwicklung der Lernenden, die weit über das eigentliche Lernziel hinausgehen können und neben dem Erwerb fachlicher, auch die Entwicklung sozialer und technischer Kompetenzen belegen.

Vom geschlossenen System zur offenen Architektur

Bislang stellen die meisten virtuellen Lernräume eher geschlossene Systeme dar, die vom Administrator für die jeweilige Lehrveranstaltung angepasst werden und zu dem nur Befugte Zugang haben. Aufgrund der technischen Innovationen im Internet ist es heute notwendig, dass die virtuellen Lernräume nicht mehr einen relativ starren und geschlossenen virtuellen Raum, sondern vielmehr einen virtuellen Raum darstellen, der die verschiedenen virtuellen Bereiche und Anwendungen miteinander verbindet. Es ist nicht mehr zwingend notwendig, dass alle für das Lernen benötigten Medien, Informationen und Anwendungen im geschlossenen virtuellen Lernraum integriert sind. Inzwischen gibt es im Web 2.0 vielfältige Online-Anwendungen, die von Lernenden außerhalb des Lernraums genutzt werden. Die meisten Lernenden sind durchaus gewöhnt, mit ‚ihren eigenen' Werkzeugen im Internet souverän umzugehen. Eine Zwangsumstellung auf die im Lernraum enthaltenen Inhalte und Werkzeuge kann daher auch zur Abwertung oder gar Verweigerung seitens der Lernenden führen. Der virtuelle Lernraum sollte daher eher als ein ‚Lernportal' gestaltet werden, als ein „Tor ins Internet, das Studierenden Wege zu Lernmaterialien und -werkzeugen weist", das den Zugriff auf verfügbare Materialien zulässt, „soziale Gruppenprozesse [unterstützt]" und „Lernprozesse und Lernergebnisse der Beteiligten [dokumentiert]" (KERRES U. A. 2009, 103f). Lernportale ermöglichen somit eine ‚Entgrenzung des Lernens' über den bisher geschlossenen virtuellen Lernraum hinaus. Lernräume, die solchen Ansprüchen gerecht werden wollen, müssen eine Vielzahl von offenen (technischen) Schnittstellen besitzen und an andere technische Systeme anpassbar sein. Zugleich müssen sie aber auch gewährleisten, dass der eigentliche Lernraum als solcher geschützt vor Zugriffen ‚von außen' bleibt, damit Inhalte und Informationen nicht im Internet öffentlich werden, die dort nicht hingehören. Das gilt für Lernaktivitäten wie Gruppendiskussionen ebenso wie für den Schutz von Urheberrechten, z. B. wenn für das Lernen ein Text zur Verfügung gestellt wird (Urheberrechtsgesetz UrhG § 52a, BMJ 2008; Kap. 11).

Augmented Reality – Verschmelzen von realen und virtuellen Räumen

Derzeit findet nicht nur die Ausweitung des Lernraums aus dem geschlossenen System auf das gesamte Internet statt, es zeichnen sich auch immer mehr Ansätze ab, den realen Raum mit dem virtuellen Raum zu verschmelzen. Unter dem Namen ‚Augmented Reality' (AR) (‚Erweiterte Realität') können Entwicklungen beobachtet werden, die beiden Räume zusammen zu bringen. Die immer leistungsstärker und preiswerter werdenden mobilen Endgeräte, wie Smartphone und Tablet-PC, sowie die dazu notwendige Infrastruktur, wie die mobilen Datennetze, ermöglichen und unterstützen diese Fusion.

So gibt es interessante Ansätze und Praxisanwendungen, die aufzeigen, wie eine Zusammenführung von realen und virtuellen Räumen aussehen kann. Paradebeispiel sind u.a. Stadtrallyes mit dem Smartphone. Auf solchen Rallyes ist es z.B. möglich, Schülern oder Touristen Interessantes und Wissenswertes über eine Region zu vermitteln. Hierzu wird die Kamera des Smartphones auf ein bestimmtes Objekt (z.B. einen Platz) gehalten und eine Software (ein App) auf dem Gerät erkennt den Ort. Diese Funktion ist auch mit den in diese Geräte integrierten GPS-Funktionen (‚Global Positioning System', Satellitennavigationssystem) koppelbar. Ist das Objekt Teil der Rallye, werden die im Vorfeld bereitgestellten Informationen (z.B. zu dem Platz, Bilder, aber auch virtuelle Tutoren) von einer Datenbank auf einem Server abgerufen und auf das Gerät übertragen. Der Nutzer sieht nun auf seinem Display z.B. den Verlauf der Berliner Mauer von 1989, kann den Potsdamer Platz in verschiedenen Jahrzehnten besuchen, einen virtuellen Rundgang durch bereits abgerissene Gebäude machen, Detailinformationen abrufen (z.B. Höhe, Bauzeit, Materialverbrauch beim Fernsehturm Berlin) oder mit historischen Persönlichkeiten interagieren (z.B. Wilhelm von Humboldt an seinen Wirkungsstätten in Berlin kennen lernen) (vgl. Seitz 2012). Dies ist auch mit einem Brillenaufsatz möglich, der die Inhalte auf einen augennahen Minibildschirm überträgt. Reale und virtuelle Inhalte werden überlagert und können der Kopfbewegung folgen und mit Datenhandschuhen gesteuert werden; neue Entwicklungen, wie z.B. die Google-Brille ‚Glass' (siehe Frankfurter Allgemeine Zeitung, 03.07.2012, S. T2), soll es darüberhinaus auch ermöglichen, über das Internet zu kommunizieren.

Andere Anwendungen nutzen wiederum den QR-Code (‚Quick Response', ‚schnelle Reaktion') (Abb. 3.4). Dabei handelt es sich um schnell und einfach zu erstellende Pixelmuster in Pixelquadraten, die Texte (etwa 4.000 Zeichen), Bildbeschreibungen, geografische Koordinaten, Adressen, Telefonnummern oder eine Internetseite enthalten, auf der weitere Informationen, z.B. zu einem Gebäude, abrufbar hinterlegt sind. Der Pixelcode kann mit einem Smartphone mit Kamera und entsprechender Software, die oft frei verfügbar ist, ausgelesen werden. Eigene QR-Codes können auch über das Internet schnell selbst erstellt werden.

Abb. 3.3: Beispiel einer Augmented Reality Anwendung: Das Reichstagsgebäude in Berlin heute und um 1900

Abb. 3.4: Beispiel für einen QR-Code (‚Quick Response')

Aber auch für klassische Lehr-Lern-Kontexte gibt es entsprechende Angebote, virtuelle und reale Lernräume miteinander zu verschmelzen. Dafür können z. B. QR-Codes in Lehrbüchern abgedruckt werden. Interessierte Lernende können dann diese Codes z. B. mit ihrem Tablet-PC einscannen und bekommen weitere Informationen im Lernraum bereitgestellt. Oder es ist möglich, z. B. Medizinstudierenden beim Sezieren eines Organs über Datenbrillen zugleich die medizinischen Informationen zu einzelnen Bereichen des Organs, möglichen Erkrankungen und notwendigen Behandlungen visuell zu vermitteln.

Die Anwendungsbeispiele für ‚Erweiterte Realität' sind vielfältig, erste Erfahrungen für den Bildungsbereich werden gesammelt und es ist noch nicht absehbar, welche

Szenarien Bildungsprozesse unterstützen und welche sich auch durchsetzen werden. Denn es wird bereits jetzt deutlich, dass zwar vieles technisch möglich ist und auch umgesetzt wird, dass jedoch der erforderliche Aufwand für die Planung und Realisierung unterschiedlich hoch sind (vgl. LANGE 2012). So ist es z. B. bei dem Beispiel der Stadtrallye notwendig, ein Drehbuch zu entwickeln, die virtuellen Angebote und Zusatzinformationen mit der realen Welt zu verknüpfen, multiple Lösungsmöglichkeiten und Informationsangebote zur Verfügung zu stellen und zu pflegen sowie die Hard- und Software bereitzuhalten, denn noch ist nicht jeder im Besitz entsprechender Geräte.

Zusammenfassend kann gesagt werden, dass die von ZIMMER (2003) aufgestellten Funktionsbereiche ihre Gültigkeit behalten haben. Die aktuellen Entwicklungen im Netz erfordern darüber hinaus, dass eine Systemoffenheit gewährleistet ist, die sich sogar dahingehend entwickeln kann, dass eine Vielzahl der Funktionsbereiche aus dem virtuellen Lernraum ausgelagert oder die internen Funktionsbereiche durch Externe erweitert werden. Nicht nur das technische System, auch die Planung, Durchführung und Evaluation des Lehr-Lern-Prozesses sind von diesem Wechsel betroffen und sollten berücksichtigt und integriert werden (Kap. 9).

3.4 Web 2.0 im virtuellen Bildungsraum

Was ist Web 2.0?
Geprägt wurde der Begriff von dem Verleger O'REILLY (2005) durch seinen Artikel „What is Web 2.0? Design Patterns and Business Models for the Next Generation of Software". Der Begriff ‚Web 2.0' steht für eine neue Version von Software-Anwendungen im Internet. Insgesamt findet O'REILLY sieben Kennzeichen, die das neue ‚Web 2.0' ausmachen:
- Das Netz ist eine Plattform, auf der (inter)agiert wird; Programme werden im Netz ausgeführt, Daten im Netz abgelegt;
- die kollektive Intelligenz der Nutzer durch ihre Teilhabe im Netz – als Konsumenten, aber vor allem als Produzenten, die ihr Wissen anderen zur Verfügung stellen;
- statt Rechenkraft wird zukünftig vor allem die Qualität des angebotenen Inhalts entscheidend sein;
- Software und Dienste werden im Netz bereits im Beta-Stadium, also vor Veröffentlichung, zur Verfügung gestellt, die Nutzer können diese testen und Fehler aufdecken und in manchen Fällen werden sie auch zur Mitarbeit eingeladen;
- statt großer Software- und/oder Servicepakete werden kleine Komponenten im Netz entwickelt, sind schnell anpassbar und adaptierbar;
- geräteunabhängige Software und
- vielfältige Nutzererfahrungen mit Software und Internet-Diensten, die dezentral im Netz und mit verschiedenen Endgeräte funktionieren, während die Nutzer

darauf zugreifen, die eingegebenen Daten werden miteinander vernetzt und durch die Nutzereingabe mit weiteren Informationen angereichert und zur Verfügung gestellt (BEHRENDT/ZEPPENFELD 2008, 5ff).

Vom Ich zum Wir

Der Kern der neuen Web 2.0 Anwendungen sind zwei Eigenschaften: (1) Das Netz wandelt sich ‚vom Ich zum Wir' und (2) können die Nutzer auch Inhalte produzieren. Eine treibende Kraft ist die Entwicklung von ‚Social Software', die sich durch „Vernetzung von Menschen und die Organisation von Daten und Wissen" (E-TEACHING.ORG 2007c) auszeichnet. Sie kann als eine treibende Kraft der neuen Web 2.0 Anwendungen gesehen werden, was nicht nur die Erfolgsgeschichte von ‚Wikipedia' belegt. Internet-Nutzer laden Videos ins Netz, die von anderen z. B. bewertet und verlinkt werden. Sie kommunizieren in ihrer Online-Gemeinschaft, treffen sich in virtuellen Räumen und teilen Informationen mit der Internet-Gemeinschaft. Statt des einzelnen Konsumenten von Informationen im Internet entwickeln sich soziale Netzwerke, die über beliebige Themen und Interessen kommunizieren. Das Neue besteht darin, dass jeder Nutzer seine eigenen Inhalte für die Gemeinschaft digital verfügbar machen, Informationen anderer kommentieren, bearbeiten oder ergänzen kann und so ein Miteinander in sozialen Netzwerken entsteht.

Pädagogische Implikationen

In der Gestaltung der pädagogischen Infrastruktur im Internet findet ebenfalls ein Rollenwechsel statt. Nicht nur können Lernende immer wieder Neues von anderen Nutzern lernen, vielmehr können die aktiv und produktiv Lernenden auch zu Lehrenden werden. Die Einbindung von Web 2.0 Anwendungen wie ‚Wikis', ‚Weblogs', ‚Podcasts' oder ‚Social Bookmarks' lässt die Lernenden zu Gestaltern von Inhalten werden. Natürlich bedeutet das nicht, dass diese Inhalte didaktisch professionell aufbereitet sein müssen. Die Kompetenzen über die didaktische Aufbereitung von Lerngegenständen oder die Gestaltung einer pädagogische Infrastruktur für gelungenes Lernen besitzen vor allem und wohl auch weiterhin Pädagogen. Jedoch werden Lernende durch den Akt der Eigenproduktion von Inhalten aus der passiven Konsumentenrolle gedrängt, was große Vorteile für einen handlungs- und kompetenzorientierten Lehr- und Lernprozess hat. Darüber hinaus gewinnen die generierten Inhalte durch die kollektive Zusammenarbeit in der Regel eine hohe Qualität (GILES 2005), die von einer Einzelperson in dieser Form selten erbracht werden kann.

Diesem durch die Web 2.0 Entwicklungen ausgelösten Paradigmenwechsel in den pädagogischen Verhältnissen muss im E-Learning Rechnung getragen werden. Es bedarf bei der Gestaltung moderner E-Learning-Szenarien der Berücksichtigung der geänderten Nutzergewohnheiten beim Umgang mit Online-Bildungsressourcen. Der virtuelle Lernraum als technische Infrastruktur muss für diese neuen Anforderungen gerüstet sein. Dies bedeutet jedoch nicht, dass nun auch alle Lernenden diese neuen Formen des Interagierens bevorzugen. Lerngewohnheiten können nur langsam um die neuen Möglichkeiten ergänzt werden, die gewohnten und bewährten Muster von Lernhandlungen und Lernbiografien müssen berücksichtigt werden. Jedoch bieten sich bei den neuen Formen digitaler Kommunikation und Kooperation neue Möglichkeiten, den lange geforderten Lernkulturwandel (ARNOLD/SCHÜSSLER 1998) zu verwirklichen. Dieser drückt sich u. a. darin aus, dass Lernende die aktive Verantwortung für ihren Lernprozess übernehmen, der Lehrende sich hingegen eher als Begleiter oder Ermöglicher von Lernen sieht, der bei Fragen und mit Anregungen den Lernenden zur Seite steht.

Neue Input-, Prozess- und Outcome-Qualitäten durch Web 2.0

Interessant ist, dass durch die aktive Einbeziehung der Lernenden in die Lehr- und Lernprozesse sowohl die Qualität der Prozesse selbst als auch der Inhalte (‚Input') und der Ergebnisse (‚Outcome') gesteigert werden kann. Dabei liegt es auf der Hand, dass die Lernenden einen Kurs durch ihre aktive Mitarbeit – allein oder in Gruppen – in der Prozessqualität steigern. Und bei den Inhalten kann festgestellt werden, dass Lernende als ernst genommene Partner im Lehr-Lern-Prozess mit hohem Engagement versuchen, die Qualität eines Bildungsangebots zu stützen, wie Praxiserfahrungen (KILIAN 2010) und Ergebnisse (GIESECKE/STAHL/FRÜH 2010) zeigen. Dies kann durch komplexe Anforderungen wie die Gestaltung von Podcasts oder Wikis unterstützt werden, wie auch durch niederschwellige Einbindung und Verwendung leicht zu bedienender Werkzeuge (z. B. ‚Social Bookmarks', ‚Social Tags' oder ‚Blogs'), die es den Einzelnen ermöglichen, ihre Ergebnisse mit anderen zu teilen und zu besprechen. Hervorzuheben ist weiterhin die Möglichkeit, die Qualität des Outcomes zu steigern. So können Bewertungssysteme, wie sie im Internet häufig genutzt werden, auf Kurse übertragen werden. Bereits jetzt bieten virtuelle Lernräume Bewertungssysteme für Diskussionsbeiträge oder Lernmaterialien an, die von Nutzern für Nutzer generiert werden. Aber auch die Prüfungsformen wandeln sich in einem solchen Szenario. Wechselseitige Beurteilungen bspw. stellen eine Möglichkeit dar, Ergebnisse Ressourcen schonend und lerner- sowie kompetenzorientiert zu bewerten. Andere Formen wie elektronische Lerntagebücher, die Aufzeichnung und Analyse von Lernprozessen im Lernraum (‚User-Tracking') oder E-Portfolios finden bereits in der Praxis Anwendung und gehen meist über die Anerkennung und Bewertung der angeeigneten Inhalte eines Kurses hinaus. (Zu allen Aspekten der Nutzung von Web 2.0 Anwendungen im E-Learning siehe Kap. 5.4, 6, 7.)

3.5 Infrastruktur für E-Learning

Die Fülle didaktischer, organisatorischer und technischer Anforderungen macht die Entwicklung und den Aufbau komplexer Systeme und einer umfassenden Infrastruktur für das Lehren und Lernen im E-Learning notwendig.

Gestaltung einer Lernumgebung

Solange nur einzelne Lehrende virtuelle Lernangebote bei einem Bildungsanbieter planen und selber durchführen, ist es relativ leicht möglich, eine Kursumgebung für die Zwecke der eigenen Veranstaltung selber zu entwickeln (REINMANN-ROTHMEIER 2003). Eine Kursumgebung kann auf der Basis allgemein verfügbarer Internettechnologie und von Standardwerkzeugen (Internetseiten, E-Mail und Newsgroups, Blogs etc.) zusammengestellt werden; auch lassen sich Groupware-Plattformen integrieren oder als Lernraum nutzen (ARNOLD, P. 2001; ARNOLD/PUTZ 2000). Mittlerweile ist das Angebot an Inhalten sowie Werkzeugen im Internet allerdings so groß, dass es sich empfiehlt, auf diese Ressourcen zurückzugreifen und in die eigenen Kurse zu integrieren, sofern sie – unter Beachtung der Urheber- und Nutzungsrechte – inhaltlich geeignet und didaktisch nutzbar sind. Dies gilt insbesondere für frei verfügbare Open Educational Resources (OER) auf der Inhaltsseite und für Freewaretools (freie Software) auf der Werkzeugseite (Kap. 11.2).

Sobald jedoch von einer Bildungseinrichtung viele virtuelle Veranstaltungen angeboten werden, ist es sinnvoll, über die Gestaltung und Nutzung der erforderlichen virtuellen Lernräume gemeinsame Abstimmungen zu treffen. Dies erscheint schon allein deshalb notwendig, da durch die Nutzung eines gemeinsamen virtuellen Lernraums die Lernenden entlastet werden und sich nicht jedes Mal in einer neuen Kursumgebung zurechtfinden müssen. Für die Lehrenden, Kursentwickler und Tutoren kann dies zunächst mehr Arbeit, Abstimmung oder auch Einschränkung der eigenen Präferenzen bedeuten. Allerdings stellen Lernräume den Rahmen für E-Learning zur Verfügung, der nach Auswahl und Implementation nicht stets aufs Neue definiert werden muss, wodurch auch aufseiten der Lehrenden, Kursentwickler und Tutoren mit einer Entlastung zu rechnen ist.

3.5.1 Virtuelle Lernräume

Wie eingangs dargestellt, werden die Begriffe ‚Lernplattform' oder ‚Lernraumsystem' hier für die informations- und kommunikationstechnische Basis bzw. für die Software verwendet, die entwickelt wurde, um Lehr- und Lernprozesse im E-Learning zu unterstützen und auch Lernmaterialien und Nutzerdaten zu verwalten. Hier gibt es eine Vielzahl von Entwicklungen (BAUMGARTNER U. A. 2004; SCHULMEISTER 2005a) sowohl von kommerziellen Anbietern als auch auf der Basis von Open Source Software mit kostenlosen Lizenzen. Auch wenn seit 2004/2005 etliche Neu- und Fortentwicklungen angeboten werden und auch Zusammenschlüsse oder das ‚Wegsterben' von Software-Anbietern zu verzeichnen ist, sind dennoch die in den Katalogen aufgeführten Kriterien eine hilfreiche Grundlage für die Entscheidung, welche Funktionalitäten ein geplanter virtueller Lernraum besitzen soll.

Content Management Systeme

‚Content Management Systeme' (CMS) waren „ursprünglich für die Organisation und das Management von Inhalten konzipiert" (BAUMGARTNER/HÄFELE/MAIER-HÄFELE 2002, 34). Inzwischen haben sie sich „zu komplexen Redaktionssystemen entwickelt, die sowohl die Abläufe eines kooperativen webbasierten Arbeitsprozesses koordinieren, als auch bei der Online-Erstellung der Inhalte [...] helfen" (EBD.). CMS können zum Erstellen, Verwalten, Recherchieren und Wiederverwenden von Online-Inhalten genutzt werden und vereinfachen dem Nutzer den Umgang mit diesen. Sie sind durch drei Merkmale gekennzeichnet (EBD., 34f):

1. die Trennung von Layout und Inhalt (das Layout von Online-Inhalten wird automatisch vom CMS erstellt),
2. das Komponenten-Management (Inhalte werden mit Metadaten in einer Datenbank abgelegt und bei Bedarf wieder abgerufen und zu neuen Inhalten zusammengesetzt, vgl. Kap. 10),
3. das Workflow-Management (Steuerung der Arbeitsabläufe).

Learning Management Systeme

Während CMS stark auf die Organisation von Inhalten ausgerichtet sind, wurden ‚Learning Management Systeme' (LMS) vor allem entwickelt, um virtuelle Lehr- und Lernprozesse zu unterstützen. In den LMS „wird selbst erstellter oder zugekaufter Content in einer Datenbank verwaltet und den Lernenden zur Verfügung gestellt. Dabei wird der individuelle Lernprozess [...] vom System mitverfolgt (Tracking) und protokolliert. Die Lernenden können miteinander über synchrone (z. B. Chat) oder asynchrone (z. B. Diskussionsforum, File-Sharing) Kommunikationstools kommunizieren und kollaborieren" (EBD., 30). Darüber hinaus unterstützen LMS auch die (Kurs- und Lerner-)Verwaltungsabläufe oder bieten Hilfsmittel zur Erstellung von Online-Material für die Dozenten und Tutoren an.

Learning Content Management Systeme

Jedoch zeigte sich in der Praxis, dass ein LMS allein virtuelles Lehren und Lernen nicht ausreichend unterstützt, da LMS nur bedingt für die Erstellung, Verwaltung und Bearbeitung von Lernmaterial geeignet waren. Dies ist insofern ein wichtiger Faktor, als die Produktion multimedialer Lernmaterialien ein sehr zeit- und kostenaufwendiger Prozess sein kann. Nicht nur selbst erstellte Inhalte, sondern auch extern produzierte und zugekaufte Lernmaterialien müssen von einem System gut verwaltet werden können und (wieder)verwendbar sein. Darüber hinaus wird es zunehmend interessanter, auf externe Ressourcen im Netz zuzugreifen, diese mit in das System zu integrieren und zu verwalten. Diesen Anspruch erfüllen wiederum CMS. Aus diesem Grund wurden die Vorteile der LMS mit denen der CMS in Learning Content Management Systemen (LCMS) zusammengeführt.

Autorenwerkzeuge

Zur eigenen multimedialen Erstellung von Lerninhalten werden zusätzlich Autorenwerkzeuge angeboten, die entweder bereits in einem LMS bzw. LCMS enthalten sind oder als zusätzliche Software genutzt werden können. Die Funktion solcher Software ermöglicht es den Lehrenden, ohne Programmierkenntnisse eigene Inhalte für die Distribution über den Lernraum oder das Internet aufzubereiten. Mit diesen Werkzeugen ist es Lehrenden bspw. möglich, weiterführende Aufgaben oder zusätzliche Erläuterungen zu einer virtuellen Lernsequenz zusammenzustellen. Die mittlerweile große Fülle an Werkzeugen und Editoren, die auch als Open Source Software im Netz verfügbar ist, erlaubt es, auch mit geringem technischen Vorwissen Lerninhalte und Lernressourcen zu erstellen.

Mit der Entwicklung des Web 2.0 muss darüber hinaus der Lehrende nicht mehr alleiniger Inhaltsproduzent sein. Vielmehr können die Lernenden in den Prozess der Inhaltsproduktion integriert werden. Vielfältige Erfahrungen auf diesem Gebiet liegen bereits vor (HOFHUES/BIANCO 2009; KILIAN 2010).

Virtuelle Lernwelten

Einige Lernraumsysteme stellen den Lernraum als ‚begehbare dreidimensionale Lernwelt' dar, in der Seminarräume und darin befindliche Gegenstände wie Tafel, Tische u. a. Arbeitsgeräte räumlich abgebildet werden (SCHULMEISTER 2005a, 104). Personen, also Lehrende, Experten, Tutoren, Lernende und Zuschauende, können sich als zwei- oder dreidimensionale Abbildungen oder Spielfiguren (‚Avatare') durch diese Räume bewegen und in Echtzeit kommunizieren. Solche Lernraumsysteme haben ihren Ursprung in den virtuellen Spielwelten der textbasierten MUDs (‚Multi User Dungeons' = Labyrinth- bzw. Rollenspiele für mehrere Benutzer) und der MOOs (‚Multi User Dungeons Object-Oriented'). Letztere beziehen grafische Repräsentationen wie 3D-Objekte und ‚Virtual Reality Objects' mit ein. Einer der bekanntesten dieser Räume ist ‚Second Life' (http://secondlife.com).

Inwieweit eine solche virtuelle Umsetzung realer Räume auch in Lernkontexten über eine erste spielerische Annäherung hinaus sinnvoll ist, wird kontrovers diskutiert. PÄTZOLD (2007, 15) untersuchte das Potenzial dieser 3D-Lernumgebungen und kam zu dem Schluss: „Zum einen handelt es sich zweifellos um technisch ambitionierte Erweiterungen der bisherigen Möglichkeiten computervermittelter Kommunikation und Gemeinschaftsbildung, die auch ein medienpädagogisches Potenzial haben. Gleichzeitig ist das Potenzial in Bezug auf den Einsatz solcher Umgebungen als Lernwelten aber bisher auf recht spezielle Nischenanwendungen beschränkt." In den letzten Jahren gab es einige Bildungsanbieter, die solche Ansätze durchaus erfolgreich testeten. Beispielhaft sei hier die Volkshochschule Goslar erwähnt, die seit vielen Jahren Kurse im ‚Second Life' anbietet (http://www.vhs-sl.de/) und 2008 damit sogar den europäischen E-Learning-Preis „eureleA" gewonnen hat (KREISVOLKSHOCHSCHULE GOSLAR 2008). Jedoch nutzen auch andere virtuelle Lernräume die Raummetapher, wenn sie einzelne Bereiche oder Abteilungen mit Raumnamen belegen (Gruppenraum, Bibliothek, Café u. a., vgl. ARNOLD, P. 2001, 36). „Eine naheliegende Reaktion auf den zunächst noch ungewohnten, ungegliederten und unstetigen virtuellen Lernraum sind die Versuche, Vorstellungen von realen Lernräumen in den virtuellen Raum zu übertragen" (PETERS 1999, 19).

Virtuelle Klassenzimmer

Als ‚Virtuelle Klassenzimmer' werden häufig Konferenzsysteme bezeichnet, die für synchrone Online-Seminare genutzt werden und z. B. einen Audiochat oder eine Video-Übertragung mit einem Whiteboardsystem verbinden. So können bspw. Power-Point-Vorträge synchron an ortsverteilte Teilnehmer übertragen oder am Whiteboard gemeinsam über geteilte Anwendungen Aufgaben bearbeitet werden. Solche Systeme können in virtuelle Lernraumsysteme integriert sein; sie werden aber auch als Einzellösungen angeboten. Die Durchführung von Seminaren in virtuellen Klassenräumen unterscheidet sich von Präsenzveranstaltungen und muss gut geplant werden (Kap. 6; GAISER 2002; KAWALEK 1997).

Ähnliche Funktionen der angebotenen Komplettlösungen

Jede der am Markt angebotenen Komplettlösungen weist spezifische Funktionalitäten zur Unterstützung der erläuterten Aktivitätsklassen der Lernenden auf. Jedoch verfügen fast alle virtuellen Lernräume inzwischen über folgende Komponenten (ARNOLD, P. 2001, 38, in Anlehnung an BRITAIN/LIBER 1999):

- Ankündigungen/Aktuelles
- Kursbeschreibung
- E-Mail-Bereich
- Diskussionsgruppen
- Teilnehmerverzeichnis
- Metadaten
- Terminverwaltung
- Aufgabenbereich
- Werkzeuge für synchrone Zusammenarbeit
- Multimediale Ressourcen
- Multimediale Ressourcen
- Suchmöglichkeiten
- Lesezeichen setzen
- Navigationsmodell
- Annotationen
- Lernkontrollen

Lernumgebung als Bildungsraum

Die virtuelle Welt außerhalb des umgrenzten virtuellen Lernraums ist für Lernende und Lehrende nur einen Mausklick entfernt. Sie ist durch das Internet selbst als *Darstellungsraum* (der Inhalte präsentiert), *Ereignisraum* (in dem Interaktionen stattfinden und Zugänge zu Daten und Informationen geboten werden) und *Bedeutungsraum* (in dem die Informationen durch ihr gezieltes Aufsuchen Bedeutung erhalten) gegeben und gehört zu den Chancen und Potenzialen des E-Learning und ist damit auch Teil des Bildungsraums (SCHULMEISTER 2007, 19). Die virtuelle Welt des Internets sollte daher durch Verweise, Aufgaben, Recherchen, Einbindung externer (Experten-)Meinungen usw. unbedingt in die Gestaltung von Lehr-/Lernszenarien einbezogen werden.

Zugleich ist bei der Gestaltung von Szenarien darauf zu achten, dass Lehrende und Lernende jeweils auch an einem eigenen realen Lernort sitzen; anders als in Präsenzseminaren wird dieser Lernort nicht geteilt; und es hat sich als sinnvoll erwiesen, in synchronen Kommunikationssituationen die je konkreten Gegebenheiten zumindest in der Einstiegsphase kurz zu thematisieren (Kap. 6.6, 6.7).

Virtuelle Lernräume als Bildungsräume

Was machen die – in ihren Funktionalitäten teilweise unterschiedlichen – virtuellen Lernräume zu ‚Bildungsräumen', d. h. zu virtuellen, das Lernen unterstützenden Räumen? Aus pädagogischer Perspektive reicht dabei ein Vergleich der jeweils angebotenen Funktionen oder Werkzeuge nicht aus. Deshalb sollten solche Kriterien herangezogen werden, die den mit dem Potenzial virtuellen Lernens verbundenen möglichen Wandel der Lernkultur unterstützen (ARNOLD, P. 2001, 39f; ARNOLD/SCHÜSSLER 1998,

4ff), also Interaktivität, Abbau der traditionellen Dominanz der Lehrenden, erleichterten Zugriff auf das weltweit verfügbare Wissen, Kommunikation mit anderen Lernenden sowie Fachexperten (Kap. 2, 6). Daraus lassen sich in Anlehnung an den Evaluationsansatz von BRITAIN/LIBER (1999) folgende Beurteilungsfragen für virtuelle Lernräume ableiten:

- Unterstützen sie die *Aushandlung von Lernressourcen*, z. B. durch Einflussnahme der Lernenden auf Lerninhalte, die Möglichkeit, eigene Arbeitsergebnisse für alle sichtbar einzustellen, auf Informationen zu verweisen?
- Unterstützen sie die *Koordinationsprozesse* bei der Zusammenarbeit von Lernenden, z. B. durch Werkzeuge zur Gruppenwahrnehmung, Gruppenarbeitsräume, gemeinsame Terminkalenderverwaltung?
- Welche Möglichkeiten bieten sie Lehrenden und Lernenden, Lernprozesse und Lernfortschritte mitzuverfolgen (*Monitoring*), z. B. durch individuelle Abfrage des Lernstands, Möglichkeiten der Rückmeldung, tutorielle Betreuung?
- Gibt es Möglichkeiten der *individuellen Anpassung* des Lernraums, z. B. durch die Wahl individueller Lernwege oder Repräsentation der Lernmaterialien, die Möglichkeit, Annotationen zu machen, Bookmarks zu setzen, die Oberfläche individuell anzupassen?
- Welche Hilfen werden für *selbst organisiertes Lernen* von Einzelnen oder kooperatives Lernen von Lerngruppen bereitgestellt, z. B. durch Werkzeuge zur Zeitplanung, durch das Einrichten von Webseiten, Diskussionsforen, Mailinglisten)?
- Ermöglicht der Lernraum *Adaptivität*, d. h. Änderungen am Konzept und an den Lernressourcen, z. B. durch eine Rubrik ,Aktuelles'?

In Bezug auf die Unterstützung solcher Merkmale können die auf dem Markt angebotenen Lernräume sehr unterschiedliche Bildungsräume mitgestalten. Nicht alle Merkmale sind auch in bestimmten Lernzusammenhängen gleich wichtig. Ein solcher Fragenkatalog kann aus didaktischer Perspektive zur Bestimmung von Kriterien für die eigene Arbeit beitragen. So benötigt eine einfache Informationsveranstaltung oder das Abprüfen deklarierter Wissensbestände nicht zwangsläufig die Möglichkeiten der Kooperation der Lernenden, ein gruppendynamischer Prozess mit hohen Anteilen reflexiven Lernens hingegen benötigt diese dringend. In Abhängigkeit von den zu erreichenden Zielen und den eingesetzten Methoden kann bereits im Vorfeld entschieden werden, welche Funktionen ein Lernraum für eine erfolgreiche Unterstützung des Lernprozesses mitbringen sollte.

3.5.2 Persönliche Lernumgebung

Der virtuelle Lernraum 2.0

Eine ,Persönliche Lernumgebung' (,Personal Learning Environment' PLE) ist „konzeptionell nichts anderes als die persönliche Wissens- und Lernumgebung (...). Technisch läuft eine PLE auf (Web-)Applikationen hinaus, die für eine individuelle und dezentrale Zusammenstellung vieler verschiedener (Web 2.0) Werkzeuge (versus einer fremdorganisierten Umgebung wie klassische Learning Management Systeme) offen ist und dem Lernenden im Idealfall lebenslang und unabhängig von bestimmten Bildungsinstitutionen zur Verfügung steht" (Reinmann 2008a, 55). Aufgrund der neuen Internet-Technologien und der dadurch veränderten Internet-Nutzung bedarf auch der virtuelle Lernraum einer größeren Offenheit und Adaptierbarkeit für die jeweiligen Nutzer. Lernen findet nicht mehr nur im geschlossenen virtuellen Lernraum statt, sondern auch im Internet, ohne dass eine Bildungsinstitution dahinter steht – und es ist denkbar, dass mehrere virtuelle Bildungsangebote parallel genutzt werden; dabei finden die individuellen Lernprozesse kontinuierlich und in vielfältigen Kommunikationen statt (Attwell 2007). PLEs zeichnen sich durch eine hohe Individualisierung aus. Sie sind dafür im Gegensatz zu vielen Lernräumen weniger vorgefertigt, sondern können vom Lerner an seine Bedürfnisse angepasst werden. Das betrifft sowohl die Werkzeuge als auch die Einbindung von Informationsquellen und (Lern)Gemeinschaften.

Merkmale von PLE

Die Besonderheit von PLEs liegt darin, dass kein besonderes Softwaregerüst installiert und gewartet werden muss. Vielmehr legen sich die Lernenden Ihre notwendigen Werkzeuge zum Informieren und Recherchieren, zur Kommunikation und Kooperation, die Lerninhalte und Lernergebnisse in einer eigenen Umgebung zurecht und passen diese immer wieder ihren neuen Bedürfnissen an. Der Nutzer hat u. a. die Möglichkeit, Informationen beliebig zu verknüpfen, Kontakte mit Kommunikationen zu verbinden, Informationen automatisch auf den Startbildschirm zu bekommen. Somit bleiben die relevanten oder als bedeutsam erachteten Informationen auf einen Blick sichtbar und können nach Bedarf durch Zusatzanwendungen erweitert werden. PLE besitzen folgende Merkmale: (1) Interaktion mit Lernobjekten durch alleinige oder gemeinsame Erstellung, Bearbeitung und Kommentierung, (2) Kommunikation und Kollaboration unter Rückgriff auf Werkzeuge des PLE-Anbieters oder von Fremdanbietern (je nach individuellen Präferenzen), (3) Adaptierbarkeit der PLE an die Lernerpräferenzen bzgl. der inhaltlichen Darstellung als auch der Funktionen (Kaliva 2009).

Schaffert/Kaltz (2009, 6) beschreiben PLE als "Lernanwendungen, bei denen Lerner verteilte Online-Informationen, -Ressourcen oder -Kontakte einerseits selbst in ihre PLE integrieren können und andererseits auch ihre im Rahmen der PLE vollzogenen Aktivitäten und deren Produkte in anderen Online-Umgebungen auf der Basis von Standards zur Verfügung stellen können." Die Erweiterung der Sichtweise um Standards, die es erlauben sollen, Lernaktivitäten in andere Umgebungen zu implementieren, muss vor dem Hintergrund der Anerkennung, Verwendung und dem Ausbau (in)formell erworbener Kenntnisse und Kompetenzen besondere Beachtung geschenkt werden. Zwar bietet die Verschriftlichung von Wissensbeständen im Internet die Möglichkeit, eine kompetenzorientierte Zertifizierung durchzuführen, es fehlen dafür jedoch noch die entsprechenden Schnittstellen zwischen Artefakten, welche die Kompetenzen abbilden, den PLE und der Lernerverwaltung in einer virtuellen Lernumgebung, die mit den entsprechenden Verwaltungssystemen eines Bildungsträgers verknüpft sind. In diesem Bereich ist noch Forschungs- und Entwicklungsarbeit zu leisten.

Acht Funktionsbereiche der PLE

Folgende Funktionsbereiche soll eine PLE erfüllen (ATTWELL U. A. 2008, 82f, dt. übersetzt):

1. *Informationssuche und -strukturierung:* Informationen sind eine Basis für das Lernen. Lernende müssen in der PLE ihre Suchergebnisse sammeln und strukturieren können. Somit können Gemeinsamkeiten, aber auch Unterschiede der Informationen erkannt und der Lernprozess unterstützt werden.

2. *Bearbeitung:* Nach der Informationssuche müssen die Daten interpretiert werden. Für die weitere Arbeit sollen diese Daten bearbeitbar und damit dem eigenen ‚Wissens- und Problemhorizont' angepasst werden können, damit diese individuell für den Lernprozess genutzt werden können.

3. *Analyse:* Die PLE soll eine entsprechende Struktur bieten, um dem Lernenden den Vergleich neuer Informationen mit bereits vorhandenen Ressourcen zu ermöglichen.

4. *Reflexion:* Darüber hinaus soll die PLE Möglichkeiten der Reflexion des Gelernten bieten. Dafür eignen sich beispielsweise Blogs oder Diskussionsgruppen.

5. *Präsentation:* Die PLE bietet Möglichkeiten, Arbeitsergebnisse, Problemlösungen usw. anderen zu präsentieren.

6. *Transfer:* Der Transfer zielt auf die Übertragung der neuen Erkenntnisse auf neue/ähnliche Problemfelder. Er kann als Meta-Reflexion dazu dienen, das Gelernte im Sinne der Kompetenzentwicklung (wovon ATTWELL U. A. in diesem Zusammenhang nicht sprechen) in neue Anwendungsfelder zu übertragen.

7. *Teilen:* Das Teilen von gewonnenen Informationen und Wissen ist ein zentraler Aspekt der PLE und dient der Verbreitung neuen Wissens und der Partizipation an Erkenntnissen anderer.

8. *‚Netzwerken' mit anderen:* ‚Networking' ist nach ATTWELL U. A. die ‚key-challenge', die für das Lernen in persönlichen Lernumgebungen zentrale Herausforderungen. Ohne die Einbindung in und den Ausbau sowie die Pflege von Netzwerken ist eine effektive, kritisch reflektierte und vernetzte Wissens- und Kompetenzentwicklung schwer möglich.

Viele arbeiten bereits – so kann festgestellt werden – (bewusst oder unbewusst) in und mit PLEs. Es gibt zwar wenig PLE-Anbieter, jedoch entwickeln gerade routinierte Internet-Nutzer ihre eigenen PLEs. Diese sind in einigen Fällen auch plattformübergreifend aufgebaut. So werden Linklisten verwaltet, welche die favorisierten Webseiten enthalten, Messaging-Systeme sind auf dem PC installiert, um zu chatten, Newsgroups werden besucht oder über einen Mailverteiler werden Informationen in der Gemeinschaft ausgetauscht. Unterwegs können über das Mobiltelefon RSS-Feeds gelesen oder SMS verschickt werden. Für die Bearbeitung einer Lernaufgabe wird über Online-Officeprogramme gemeinsam gearbeitet, bei der Recherche gefundene interessante Informationen fließen in Blogeinträge oder es wird ein Wikipediabeitrag editiert. Diese kurze Beschreibung soll verdeutlichen, wie eine PLE aussehen könnte. Eine PLE ist weniger die Bereitstellung einer neuen Software-Komplettlösung zum Lernen als vielmehr die Aggregation verschiedener Informations-, Kommunikations-, Reflexions- und Evaluationsmodule in einem offenen System.

Herausforderungen beim Wechsel vom LMS zum PLE

Bei einem Wechsel von LMS zu PLE zeichnen sich Herausforderungen ab, die auch zu Veränderungen im E-Learning führen. Mit der Realisierung von PLE-Konzepten findet ein Wechsel aufseiten der Lernenden von ‚Konsumenten' zu ‚Produzenten' statt, die selbst organisiert ihre Lernprozesse gestalten. Beim Einsatz einer PLE ist es notwendig, dass die Nutzer fähig sind, verschiedene und für ihre Lerninteressen geeignete Werkzeuge auszuwählen und einzusetzen. Die Kompetenz zu einer guten Selbstorganisation muss mitgebracht bzw. aufgebaut werden. Für das inhaltliche Arbeiten ist es notwendig, dass die Beteiligten Kompetenzen zum Suchen und Finden, aber auch zur Verwendung und Bewertung der gefundenen Inhalte besitzen. Bezüglich der sozialen Einbindung stellen die Online-Gemeinschaft und die Kooperation zentrale Lernmöglichkeiten dar. Weiterhin ist der Zugang zu den persönlichen Daten zu anderen und für andere Beteiligte notwendig. Der Schutz persönlicher Rechte wird dabei durch die Lerner selbst oder den Anbieter kontrolliert. Weiterhin findet beim Einsatz von PLE ein Wechsel der Lehr- und Lernkultur zu Eigenverantwortung und Selbstorganisation der Lerner statt. Auf der technischen Seite ist es notwendig, dass Interoperabilität zwischen dem LMS (und Lernobjekten) und der ‚Social Software' gegeben sein muss (GAISER 2008, 8f, in Anlehnung an SCHAFFERT/HILZENSAUER 2008). Insgesamt bleibt festzustellen, dass der Wandel von formalen und vorgefertigten Lernangeboten in einem virtuellen Lernraum hin zu informellem Lernen in einer PLE eine Vielzahl von Anforderungen an die Nutzer sowie das technische System stellt. Andererseits ist der mit einer PLE mögliche Gewinn nicht zu unterschätzen, da die Lerner die Möglichkeit bekommen, selbst organisiert, bedarfsgerecht und nach eigenen Präferenzen sich das angestrebte Wissen anzueignen bzw. zu erarbeiten.

Mögliche Probleme beim Einsatz von PLE

Eine PLE hat jedoch nicht nur Vorteile. Ihre hohe Individualisierbarkeit macht es – im Gegensatz zu einem virtuellen Lernraum – fast unmöglich, diese durch Dritte zu administrieren. Wenn technische Probleme auftreten, sind die Lerner auf sich gestellt, um eine Lösung zu finden. Das kann z. B. die problembehaftete Einrichtung eines Netz-Zugangs sein, der plötzliche Verlust aller ‚Bookmarks' oder ein vergessenes Passwort für eine Online-Anwendung. Diese wenigen Beispiele machen deutlich, dass ein für formales Lernen verwendeter virtueller Lernraum mit implementierten E-Learning-Werkzeugen auch Vorzüge hat, da sich zentrale Ansprechpartner (Tutor, Lehrender oder Administrator) um die Lösung eines aufgetretenen Problems bemühen können. Bei institutionalisierten Lernangeboten stellt sich zudem die Frage, ob und inwieweit Lerner auf die Einrichtung einer PLE verwiesen werden können. Fragen des Datenschutzes (bspw. beim Bearbeiten eines Online-Dokumentes oder dem Austausch in einem öffentlichen Chat) können sich stellen, da diese Prozesse in einem Raum stattfinden, der nicht von der Bildungsinstitution ‚geschützt' werden kann. Auch das Bereitstellen von Bildungsressourcen, z. B. eine urheberrechtlich geschützte

Datei ohne erhaltene Verwertungsrechte oder Lizenz, ist in solchen offenen Lernumgebungen nicht möglich. Es sind daher Standards einzuhalten (SCHAFFERT/KALTZ 2009), die dazu beitragen sollen, Aktivitäten und Lernergebnisse in anderen Umgebungen zur Verfügung zu stellen. Mit Blick auf die Individualisierbarkeit der PLE und damit auch der Nutzung unterschiedlicher Module ist es nur sehr schwer bis überhaupt nicht möglich, den Anspruch zu erfüllen, eine Integration der Lernergebnisse aus verschiedenen Quellen zu gewährleisten. Hier sind Absprachen innerhalb der Lerngruppe zu treffen, welche Werkzeuge und Formate genutzt werden sollen, um einen Austausch zu ermöglichen. Die Entwicklung des PLE-Konzepts bedeutet nicht, dass die ,herkömmlichen' virtuellen Lernräume ihre Berechtigung verlieren. Wie oben beschrieben, müssen sie sich aber für eine Modularisierung von Werkzeugen und die Individualisierung der Lernprozesse öffnen. Umgekehrt können auch virtuelle Lernräume in die PLE eines Lerners als ein Baustein integriert werden. Das Konzept der PLE bindet also auch die bereits zur Verfügung stehenden und im E-Learning genutzten Werkzeuge ein, erweitert diese jedoch um die Komponenten, die für einen erfolgreichen Lernprozess des Einzelnen notwendig sind.

3.6 Auswahl eines Lernraumes

Alle Beteiligten in die Auswahl einbeziehen

Der beste virtuelle Lernraum ist nicht der mit den meisten Funktionen oder Werkzeugen. Im Gegenteil, zu viele Funktionen, die weder benötigt noch genutzt werden, können die Akzeptanz verringern. Ein Lernraum sollte möglichst passgenau für die Anforderungen der geplanten Lernszenarien ausgewählt werden. Auswahl, Implementierung und Nutzung eines Lernraums haben weitreichende Konsequenzen für den Lehr-und Lernbetrieb und müssen daher strategisch geplant und transparent gestaltet werden. Ein entscheidender Faktor für die zukünftige Akzeptanz bei der Implementierung und Nutzung eines Lernraums liegt in der Erhebung und Berücksichtigung der „Kundenanforderungen" (KIEDROWSKI 2001a). Danach sind „Kunden" eines Lernraums alle am Bildungsprozess beteiligten Personen, die Lernenden und Lehrenden bzw. Tutoren wie auch die Administratoren, die Entwickler, die Verwalter oder die möglichen Auftraggeber. Diese unterschiedlichen Personengruppen mit ihren jeweils spezifischen Anforderungen sollten deshalb in die Entscheidungsprozesse einbezogen werden, auch wenn sich dies als ein komplizierterer Prozess erweisen sollte. Denn gerade im Hinblick auf die zukünftige didaktische Gestaltung des virtuellen Lernens ist die Nutzerorientierung die entscheidende Komponente. Die Erfahrungen des Lehrpersonals sind für den Auswahlprozess sehr wichtig. Darüber hinaus ergeben sich aus den unterschiedlichen Fachgebieten teilweise spezifische Anforderungen an den virtuellen Lernraum. So sind eventuell Formeleditoren für einen Kurs in den Naturwissenschaften unverzichtbar, für ein virtuelles Sprachstudium ist die Unterstützung verschiedener Zeichensysteme, wie beispielsweise des kyrillischen Alphabets, notwendig. Die Nutzerorientierung entspricht auch dem Konzept der PLE, jedoch kann die Funktionsbeschränkung den Anforderungen und Wünschen der Nutzer widersprechen. Denn einige Lerner wünschen sich die Anbindung an spezielle Online-Gemeinschaften oder Diskussionsgruppen im Internet, andere bevorzugen Linklisten oder Videoportale für die Arbeit. Hier gilt es, die Nutzerinteressen zu erfassen und abzuwägen, welche Funktionen bereitgestellt und betreut werden und welchen (pädagogischen) Mehrwert sie bieten. Es kann auch darauf verwiesen werden, dass einzelne Funktionen nicht im Lernraum angeboten werden, aber dem Lerner im Netz durchaus zur Verfügung stehen.

3.6.1 Technische und wirtschaftliche Rahmenbedingungen

Konkrete Auswahlentscheidungen müssen über die bisher diskutierten pädagogischen Kriterien hinaus weitere Aspekte in Betracht ziehen. Schulmeister (2000) verweist auf Design, Technologie, Support sowie wirtschaftliche Gesichtspunkte; Arnold, P. (2001, 41) nennt Wirtschaftlichkeit, Performance (Reaktionszeiten, Stabilität etc.), Skalierbarkeit (Erweiterbarkeit), Integration in die bestehenden Technologien und Komfortabilität des Kursmanagements. Im Folgenden wird nur auf einige zentrale Punkte eingegangen, darüber hinaus wird auf die erwähnte Fachliteratur verwiesen.

Die verwendete Technologie

Bei der Auswahl eines virtuellen Lernraums ist darauf zu achten, dass die verwendete Technologie kompatibel zu den bereits verwendeten Systemen ist. Dazu stellen sich z. B. die Fragen, auf welcher Client-Server-Architektur das System aufbaut, welche Datenbanken integriert werden können, welche Protokolle und Formate unterstützt werden. Besitzt ein Lernraum bspw. keine Schnittstellen zu der Software bzw. den Datenbanken, die in der Verwaltung genutzt werden, entstehen ggf. hohe Folgekosten für neue Datenbanklizenzen. Schnittstellen sind etwa für die Übertragung und Verwaltung von Nutzerdaten notwendig; dies betrifft alle Prozesse von der Einschreibung bis zur Vergabe von Zertifikaten und muss der Verwaltung bspw. ermöglichen, über den Lernraum die Lernleistung abzufragen. Auch die Erweiterbarkeit um Zusatzsoftware bzw. die Möglichkeit, einen Lernraum aus einzelnen Modulen aufzubauen, die den eigenen Anforderungen gerecht werden, sind wichtige Kriterien.

Wirtschaftliche Gesichtspunkte

Kosten bei der Auswahl eines virtuellen Lernraums ergeben sich nicht nur durch die Anschaffung. Ein weiterer wesentlicher Kostenfaktor sind die Lizenzbedingungen. Hier gibt es verschiedene Lösungen: zum einen Jahreslizenzen, mit denen beliebig viele Lernende arbeiten können, zum andern Lizenzen pro Nutzer bzw. Arbeitsplatz. Konkrete Preisangaben können dazu hier nicht gemacht werden. Es kann aber davon ausgegangen werden, dass nutzerunabhängige Jahreslizenzen gerade bei großen Hochschulen von Interesse sein dürften, während kleine Bildungsanbieter wahrscheinlich mit Nutzer- oder Arbeitsplatzlizenzen besser beraten sind. Eine strategische Planung der Entwicklung der Lehr- und Lernprozesse (erwartete Anzahl der Nutzer,

Nutzungsdauer etc.) ist hier unerlässlich, um sich für eine optimale Gestaltung der Lizenzen entscheiden zu können.

Darüber hinaus haben sich auch Kooperationsanbieter am Markt etabliert, die virtuelle Lernräume für das E-Learning als Serviceeinrichtung betreiben. So gibt es für Universitäten in verschiedenen Bundesländern spezielle Ansprechpartner, z. B. der Virtuelle Campus Rheinland-Pfalz (http://www.vcrp.de) oder das Bildungsportal Thüringen (http://www.bildungsportal-thueringen.de) für Hochschulen, sowie für Schulen das Angebot von Lehrer-online (http://www.lo-net.de). Einige dieser Anbieter bieten den Service für entsprechende Einrichtungen auch kostenfrei an.

Folgekosten beachten

Auch für die technische Administration ist die Implementierung eines neuen Lernraums oft nicht bekannt. Deshalb sollte bei der Finanzplanung auch darauf geachtet werden, welche Unterstützung der Hersteller hierbei anbietet und welche Garantien übernommen werden. Nicht alle Hersteller bieten Handbücher oder (auf bestimmte Nutzergruppen ausgerichtete) Hilfestellungen an, die jedoch ein wichtiges Hilfsmittel sind.

Häufig nicht berücksichtigte Kosten fallen außerdem bei der Anpassung vorhandener Systeme an einen virtuellen Lernraum, der Bereitstellung notwendiger Hard- und Software und der Weiterentwicklung eines Systems an.

Die diskutierten und vor dem Hintergrund der Schnittstellenoffenheit und Kompatibilität verschiedener Systeme angesprochenen Standards von E-Learning-Materialien und Modulen (Kap. 10) sollte bei der Auswahl eines virtuellen Lernraums berücksichtigt werden. Auch die Verwaltung, Nutzung und Wiederverwertung von Lernmaterialien sowie die Einbindung verschiedener Module in den Lernräumen sollte unterstützt werden.

3.6.2 Anforderungen und Prozess der Auswahl

Formulieren von Anforderungen

Bei einer einrichtungsweiten Umsetzung von E-Learning-Vorhaben sollten alle am Auswahlprozess Beteiligten über die Rahmenbedingungen informiert werden. Zu den Rahmenbedingungen können bspw. folgende Aspekte zählen: Gibt es in der Einrichtung einen technischen Support oder soll dieser durch externen Service eingekauft werden? Soll der Lernraum Präsenzveranstaltungen komplett ersetzen oder dient er nur als Ergänzung zu Präsenzveranstaltungen? Benötigt der Lernraum eine umfassende Nutzerverwaltung oder Schnittstellen zu weiterer Verwaltungssoftware? Mit den Rahmenbedingungen können auch die Anforderungen der Anwender an den Lernraum beschrieben werden. Hierzu ist es hilfreich, einen Kriterienkatalog zu entwickeln, in dem alle Kriterien gesammelt, geordnet und gewichtet werden. Dabei kann es für einige der Beteiligten schwierig sein, konkrete Kriterien für einen Lernraum aus ihrer Sicht zu formulieren, „weil sich diese Erwartungen noch in der Entwicklung befinden und daher auch noch nicht immer hinreichend artikuliert werden können" (ZIMMER 2003, 12), eventuell müssen sie sich die dafür notwendigen Kenntnisse erst aneignen.

Vorhandene Anforderungskataloge als Anregung

Um diesen Prozess anzuregen und zu unterstützen, kann auf bereits vorliegende Kriterienkataloge zurückgegriffen werden; z. B. auf den sehr umfangreichen Katalog aus der Untersuchung von SCHULMEISTER (2005a), durch welche die Kriterien unter Heranziehung von 23 internationalen Studien gewonnen wurden, sowie auf die Untersuchung von BAUMGARTNER/HÄFELE/MAIER-HÄFELE (2002). Anzumerken ist, dass vorliegende Kataloge als Anregung betrachtet werden sollten. Sie können in der Regel nicht komplett auf andere Projekte übertragen werden, aber zur Erstellung eigener Kriterienkataloge anregen. Denn jede Einrichtung und jeder Anwender wird für ihr und sein spezifisches Profil jeweils andere Kriterien als wichtig erachten.

Gewichtung von Auswahlkriterien

Nützlich ist die Unterscheidung in ‚Muss-', ‚Soll-' und ‚Kann-Kriterien'. Insbesondere die Definition von ‚k. o.-Kriterien' ist eine Hilfe bei der Beurteilung der Eignung eines virtuellen Lernraums für die Bedürfnisse des jeweiligen Projekts. Die Kriterien und deren Gewichtung sollten von allen Beteiligten gemeinsam erarbeitet und diskutiert werden, um die für den späteren Einsatz notwendige Akzeptanz zu schaffen. Danach kann ein Fragebogen für die Auswahl entwickelt werden, bei dem bspw. den einzelnen Kriterien die Felder ‚vorhanden', ‚nicht vorhanden' und ‚wird derzeit entwickelt' zugeordnet werden.

Recherche nach Angeboten

Anhand des erstellten Kriterienkataloges kann die Recherche nach geeigneten Lernräumen beginnen (siehe auch HAGENHOFF/SCHUHMANN/SCHELLHASE 2001). Grundsätzlich besteht zunächst eine Wahlmöglichkeit zwischen kommerziellen Anbietern und Open Source Produkten. Natürlich ist es auch möglich, einen virtuellen Lernraum selber zu entwickeln; jedoch ist dies zeit- und ressourcenintensiv, wenn die Neuentwicklung an die bereits am Markt verfügbaren Angebote heranreichen soll und dürfte häufig die Lizenzgebühren kommerzieller Anbieter erheblich übersteigen.

Produktpräsentationen und Testbetrieb

Es ist unwahrscheinlich, dass ein virtueller Lernraum gefunden wird, der alle Kriterien hinreichend erfüllt. Dennoch werden einige Lernräume eher für die eigenen Bedürfnisse geeignet erscheinen als andere. Diese Favoriten sollten in einer Produktpräsentation vorgestellt werden, damit sich das Auswahlgremium ein Bild über deren Aufbau und die Funktionsweise machen kann. Da solche Präsentationen allerdings noch nicht den Einsatz in Lehr- und Lernprozessen widerspiegeln, ist es vorteilhaft, wenn Testversionen erprobt werden, da hierbei Vor- und Nachteile besser zutage treten. Allerdings ist ein solcher Testbetrieb arbeits- und zeitintensiv, zumal dies unter Umständen bedeutet, dass sich die Lernraumnutzer mehrmals auf ein neues System einstellen müssen.

Auf Erfahrungen anderer Nutzer zurückgreifen

Statt eines Testbetriebs eines virtuellen Lernraums im eigenen Projekt kann alternativ auch erfragt werden, welche Erfahrungen andere Bildungseinrichtungen und Nutzer mit bestimmten Lernräumen gemacht haben. Ein solcher Erfahrungsaustausch bietet außerdem den Vorteil, dass die Erfahrungen verschiedener Nutzergruppen – etwa technische Administratoren, Rechenzentren, Lehrende und Lernende – einbezogen werden können. Renommierte Anbieter von LMS und LCMS verweisen oft in ihren Präsentationen auf entsprechende Referenzlisten. Eine weitere Möglichkeit besteht darin, persönliche Beurteilungen und Rezensionen von Nutzern im Internet oder in Zeitschriften zu sammeln. Einige Gutachter rezensieren Lernräume bewusst aus Verbrauchersicht. Diese Perspektive zeigt häufig erst die Probleme und Chancen sowie die Umsetzung der Konzepte auf.

Technische Implementierung eines virtuellen Lernraums

Nach der Auswahl des Lernraums erfolgt die technische Implementierung und die Einführung der Anwender – der Lernenden und der Lehrenden – in die Nutzung. Die Unterstützung der Anbieter aus technischer Sicht kann dabei stark variieren. Teilweise wird die Anpassung des Lernraums an das jeweilige System des Bildungsträgers durch das Personal des Anbieters vorgenommen. Andere Firmen halten den Support sehr gering, sodass vor allem die Mitarbeiter der eigenen Einrichtung oder andere Verantwortliche die Installation und Pflege des virtuellen Lernraums durchführen müssen.

Die Nutzer bei der Implementierung berücksichtigen

Allgemein wird der Aufwand für die technische Einbindung des virtuellen Lernraums als sehr wichtig eingeschätzt, während die Bedarfe der Nutzer in den Hintergrund treten. Da jedoch gerade deren Akzeptanz wesentlich für den späteren Erfolg der Lehr- und Lernprozesse ist und damit auch für die Einführung von E-Learning, sollte hierfür eine Strategie entwickelt werden. So können bspw. Testgruppen auf dem Lernraum in einem geschützten Bereich arbeiten, um im Voraus mögliche Mängel zu erkennen. Dabei sollte auch das Zusammenspiel aller Nutzergruppen in Pilotphasen getestet werden, wie etwa die Zusammenarbeit zwischen den Lehrenden und der Verwaltung oder den Lehrenden und der technischen Administration (Hettrich/Korolova 2003, 79).

Benutzerfreundlichkeit

‚Usability' ist ein Begriff, der aus der Softwareergonomie stammt und auf die Benutzerfreundlichkeit und Gebrauchsfähigkeit eines Produktes verweist. Es gibt mehrere ISO-Normen zur Benutzerfreundlichkeit: z. B. ISO 14915 (Softwareergonomie für multimediale Nutzerinterfaces), ISO 13407 (für benutzerorientierte Gestaltung interaktiver Systeme), ISO 4291 (Mensch-System-Interaktion). Häufig sind die Anforderungskataloge umfangreich und nicht einfach in eigene Projekte zu übertragen. Stapelkamp

(2007) und Schweibenz/Thissen (2003) geben einen umfassenden Einblick in den Bereich der nutzerfreundlichen Gestaltung von Online-Systemen.

Für den Bereich des E-Learning sollen nachfolgend die vier Dimensionen von Benutzerfreundlichkeit vorgestellt werden (Reglin 2001):

- *Operability* meint die Bedienbarkeit eines technischen Systems. Reglin (2001, 58) plädiert hier für die „Unaufdringlichkeit" bei der Interfacegestaltung. So sollen „Lernsysteme ergonomisch zweckmäßig und intuitiv nutzbar" gestaltet werden, damit „das Lernprogramm nicht ,erster Lerngegenstand' wird und die Aufmerksamkeit der Lernenden sich ganz den zu erarbeitenden Inhalten widmen kann".
- *Accessibility* meint den Zugriff und die Verfügbarkeit von Inhalten. „Wir fragen danach, wie Lerneinheiten gegeneinander abgegrenzt und miteinander verknüpft – oder verknüpfbar – sind, ob und wie sie sich zu einem konsistenten System fügen und durch welche Verfahren ein solches Lernsystem sicherstellt, dass sicher und zielgenau auf benötigte Inhalte zugegriffen werden kann." (EBD.)
- *Viability* verweist auf die Art der Darbietung der zu vermittelnden Inhalte (Didaktik); Lernen wird demnach u. a. erreicht durch die Unterstützung des individuellen Lernprozesses, Lebensweltbezug, Zielorientierung, Motivation. Lernraumsysteme sind dazu so zu gestalten, „dass eine Anpassung an veränderte Anwendungssituationen jederzeit möglich ist. Sie messen sich, kurzum, an ihrer Tauglichkeit als Instrumente der Aneignung nützlichen Wissens." (EBD.)
- *Social connectivity* heißt, die Lernprozesse sollen in einem sozialen Raum eingebettet sein, denn „Lernangebote – jeder Art – (stehen) zur sozialen Umwelt der Lernenden in Beziehung, und auch das Gelingen dieser Beziehung ist wesentliches Moment ihrer (guten) Nutzbarkeit." (EBD., 59)

,Usability' bei virtuellen Lernräumen stellt für drei Gruppen eine Besonderheit dar:
1. „die Dienstleister, die den technischen Support und das einführende Training leisten,
2. für die Lehrenden, die die Systeme in der Lehre nutzen wollen,
3. und für die Studierenden, die damit lernen sollen." (Schulmeister 2005a, 13)

In einer Befragung gaben *Entwickler* an, dass eine Lernplattform Standards entsprechen sollte, die den Transfer von Lernobjekten, die Einfügung von Metainformationen über Lernobjekte, die Einbindung digitaler Bibliotheken unterstützen bzw. ermöglichen, die Stabilität des Systems gewährleistet und Agententechnologien enthält, die die Erstellung von Lehrinhalten unterstützen. *Lehrende* wünschen sich von einer Lernplattform, dass diese flexibel genutzt werden kann, um unterschiedliche Lernszenarien zu realisieren, Multimediaelemente eingebunden sowie Lernmodule flexibel zusammengestellt und portiert werden können, der Computer als ,Mind Tool' zur Unterstützung der Herausbildung kognitiver Strukturen nutzbar ist und die Lernplattform leicht handhabbar und offen ist. *Lernende* gaben an, dass sie sich von einer Lernplattform die Unterstützung der Entwicklung von Lernkompetenz, die lernergerechte Verwaltung, Betreuung, Organisation, eine Individualisierung ihrer Lernprozesse, eine Unterstützung bei der Orientierung, der Navigation und des Informationszugriffes, Transparenz des Online-Kurses und einen flexiblen Zugriff auf relevante Inhalte sowie die Unterstützung von Kommunikation und Kooperation wünschen (TERGAN/ZENTEL 2003, 224ff). Die mannigfaltigen Anforderungen an einen virtuellen Lernraum im E-Learning machen deutlich, dass es nur schwer möglich ist, ein optimales, alle zufrieden stellendes System zu erstellen.

3.6.3 Einsatz mehrerer Lernräume

E-Learning gehört für viele Bildungsanbieter mittlerweile zum Angebot und die dafür notwendige technische Infrastruktur ist bereits vorhanden. Oft wird nicht mehr nur ein virtueller Lernraum genutzt, sondern mehrere Lernräume werden parallel betrieben.

Gründe für den Einsatz mehrerer Lernräume
Dies kann unterschiedliche Gründe haben: So ist es möglich, dass ein Lernraumanbieter seine Produktentwicklung eingestellt oder auch den Support, die allgemeinen Geschäftsbedingungen oder Angebotspreise geändert hat. Der Lernraum dient dann eventuell noch dazu, laufende Kurse abzuschließen sowie die Arbeitsergebnisse für die Lerner der letzten Jahrgänge zu erhalten, damit diese z. B. für Nachbereitungen genutzt werden können. Denkbar ist auch, dass sich die Anforderungen der Bildungsanbieter und/oder Lerner geändert haben und neue Funktionen notwendig sind, die im bisherigen Lernraum nicht enthalten sind.

Ein weiterer Grund für das Anbieten mehrerer Lernräume kann darin bestehen, dass die Nutzer (Lehrende und Lernende, aber auch Administratoren) nach einer Einarbeitungsphase in E-Learning konkretere Vorstellungen von den notwendigen Funktionen eines Lernraums haben, welche von dem vorhandenen System nicht entsprechend realisiert werden können. Dies könnte eine einfachere Verwaltung der Datenbanken oder die Anbindung an Verwaltungssysteme beim Bildungsanbieter aus technischer Perspektive sein, aber auch eine bessere Unterstützung bei der Einbindung von Lehrmaterial oder ein funktionaleres Angebot bei Kooperations- und Kommunikationswerkzeugen für die Lernenden bis hin zur Individualisierbarkeit und Schnittstellenoffenheit.

Sind diese Gründe, die zu einer Implementierung anderer LMS führen, für eine zentrale Verwaltungseinheit von Belang, z. B. für ein E-Learning-Kompetenzzentrum, so können innerhalb von Bildungseinrichtungen auch mehrere Lernräume aufgrund individueller Vorlieben und Bedarfe von Lehrenden nebeneinander existieren. Durch die zunehmend einfachere Administration von virtuellen Lernräumen mit geringem technischen Know-how ist es dem Lehrenden so bspw. möglich, schneller auf Lehr- und Lernbedarfe zu reagieren, zusätzliche Applikation zu installieren, Arbeitsbereiche neu zu vergeben oder die Aufteilung von Lerngruppen kurzfristig zu organisieren, ohne dabei ggf. den Umweg über eine IT-Abteilung nehmen zu müssen. Das Beispiel der Hochschulen in Rheinland-Pfalz, welche durch den Virtuellen Campus Rheinland-Pfalz (VCRP) eine Serviceeinrichtung an ihrer Seite haben, die entsprechende LMS anbietet, verdeutlicht dies. Hier nutzen die Hochschulen, einzelne Lehrstühle oder auch einzelne Mitarbeiter weitere Lernräume wie Moodle oder Simple Wikis und Blogs für E-Learning-Angebote.

Herausforderungen beim Einsatz mehrerer virtueller Lernräume
Das Anbieten unterschiedlicher Lernräume stellt jedoch Lehrende und Lernende vor einige Herausforderungen. So müssen sich diese in mehrere technische Systeme einarbeiten. Lehrende müssen die Funktionen kennen lernen, die für die Gestaltung des Lehrprozesses und die Anregung des Lernprozesses dienlich sind. Dies könnten Editoren zum Erstellen von Aufgaben, Kommunikations- und Kooperationswerkzeuge, Kalender oder Werkzeuge (Tools) für die Nutzerverwaltung, Gruppenbildung u. v. m. sein.

Auch die Lernenden müssen sich mit den einzelnen Systemen auseinandersetzen. Das beginnt beim Login für die Nutzung des Lernraums, über die grundlegende Orientierung im System bzgl. Navigation, Informationssuche oder Nutzung der im Lernraum enthaltenen Werkzeuge zur Aufgabenbearbeitung bis hin zu Möglichkeiten des Beitritts zu Lerngruppen, geschützten Arbeitsbereichen oder das Einsehen des eigenen Lernfortschrittes.

Die hier aufgezeigten Aspekte stellen nur einen kleinen Ausschnitt dar, welche Besonderheiten für Lehrende und Lernende bei der Nutzung mehrerer Lernräume zu berücksichtigen sind. Diese variieren u. a. je nach Funktionalitäten des Lernraums, der eingesetzten und einsetzbaren Werkzeuge, der Individualisierbarkeit und Anpassbarkeit an die eigenen Bedürfnisse.

Weiterhin muss bedacht werden, dass die Anbindung an entsprechende Verwaltungssysteme des Bildungsanbieters durch den Einsatz unterschiedlicher Lernräume erschwert wird. Gerade bei größeren Bildungsanbietern werden oft Verwaltungssysteme installiert, die es ermöglichen, Lernleistungen aus dem Lernraum über entsprechende Schnittstellen zu übertragen und anzuerkennen. Durch den Einsatz verschiedener virtueller Lernräume ist eine Kompatibilität zu den Verwaltungssystemen nicht mehr gewährleistet, was zu einem Mehraufwand für die Lehrenden führen kann. Darüber hinaus sind beim Betreiben individueller Lernräume auch rechtliche Fragen zu bedenken. Während bei zentral verwalteten Lernräumen viele Rechtsfragen durch die Verwaltung geklärt sind (z. B. Einsatz von rechtlich geschützten Dokumenten, Nutzertracking) sollten Lehrende, die eine Individuallösung anvisieren, neben den technischen und pädagogischen Kenntnissen auch Kenntnisse über die rechtlichen Fragen im E-Learning haben (Kap. 11).

Einbindung des LMS in den studentischen ‚Lebenskreis'
In den letzten Jahren zeichnete sich darüber hinaus ein Trend vor allem an Universitäten ab, der unter dem Stichwort ‚Student Lifecycle' auch den verstärkten Einsatz von Informationstechnik (IT) für die Einwerbung und Verwaltung der Studierenden, die Verbesserung des Studiums und der Studierbarkeit bis hin zur Betreuung von Alumni

gefasst werden kann. Hierbei werden unter Einsatz einer technischen Infrastruktur Vorinformationen über die Studiermöglichkeiten an einer Universität gegeben, über die sich potenzielle Studienbewerber informieren können. Brückenkurse können einen Einstieg in das Studium erleichtern und die Wahl des geeigneten Studiengangs unterstützen. Bewerbungen und Einschreibungen online für Studienplätze, die bedarfsgerechte Auswahl von Lernangeboten, die Protokollierung von Prüfungsleistungen oder das Herstellen von Lerngruppen sowie der Kontakt zu Dozenten und/oder Tutoren werden mittels der technischen Infrastruktur unterstützt. Dies kann gerade für die ersten Semester hilfreich sein, um sich im Studienalltag zurechtzufinden. Darüber hinaus kann mittels geeigneter IT und unter Einsatz von E-Learning die Qualität von (Massen)Lehrveranstaltungen und die Zufriedenheit der Studierenden erhöht und die Kosten für den Bildungsträger eventuell gesenkt werden. Im Laufe des Studiums kann die Selbstorganisation der Studierenden gestärkt und die Studienzeiten sowie die Lehrorganisation dem Lernen angepasst werden. Die Mobilität der Lerner wird unterstützt und die Abbrecherquoten können verringert werden. Nach Abschluss des Studiums hält das System über die technische Infrastruktur Weiterbildungsangebote für Alumni bereit. Auch die hochschulübergreifende Nutzung von Lernmaterialien ist insbesondere für Studiengänge mit geringeren Studierendenzahlen ein Grund, ein solches System aufzubauen (SCHULMEISTER 2007).

Es wird deutlich, welche Vorteile E-Learning für die Gestaltung des ‚Student-Lifecycle' bieten kann. Jedoch ist hierfür eine homogene technische Infrastruktur notwendig, in die der virtuelle Lernraum eingebettet ist. Einzellösungen bergen u. a. die Gefahr, dass Lernende desorientiert zwischen verschiedenen virtuellen Lernräumen pendeln oder Fehler aufgrund nicht funktionierender Schnittstellen zwischen Lernraum und dem technischen Managementsystem entstehen, die nicht nur aufseiten der Lernenden für Missmut und Demotivation sorgen dürften. Daher empfiehlt es sich gerade in größeren E-Learning-Projekten, die Einzellösungen in ein Komplettsystem zu integrieren oder im Umkehrschluss ein System bereitzustellen, das individuell konfigurierbar ist und den jeweiligen Bedürfnissen gerecht wird. Erfolg versprechende Ansätze lassen sich finden, wie u. a. die Universität Freiburg zeigt (http://www.campus-innovation.de/node/134).

3.7 Nutzung eines Lernraumes

Neue Erfahrungen für Lernende und Lehrende

Ein technisch erfolgreich implementierter Lernraum wird nicht schon deswegen (sinnvoll) genutzt, weil seine Funktionen zur Verfügung stehen. Für die Akzeptanz eines Lernraums ist es wichtig, dass Lernende und Lehrende verstehen, wie durch den Lernraum Lern- und Lehrprozesse gestaltet und gefördert werden können. Einführungen zu Beginn der Lernraumnutzung sollten deshalb nicht nur die Funktionen eines Lernraums erläutern, sondern auch darauf eingehen, wie diese Funktionen effektiv genutzt werden können. Dies betrifft sowohl Hinweise darauf, wie der Lern-raum an einer Bildungseinrichtung oder in einem Projekt normalerweise genutzt wird, als auch darauf, wie er Kurs spezifisch eingesetzt werden kann und welche Mög-lichkeiten es gibt, ggf. je nach Lerninhalt oder bevorzugter Arbeitsmethode auch indi-viduelle Einstellungen vorzunehmen. Problematischer kann es werden, wenn der vir-tuelle Lernraum durch Einbindung externer Werkzeuge durch die Lernenden erweitert und individualisiert wird, da hier nicht unbedingt technische und organisatorische Unterstützung angeboten werden kann. Aber Lernende binden meist nur die Werk-zeuge zusätzlich ein, mit denen sie zu arbeiten gewohnt sind und die ihren Hand-lungsweisen entsprechen.

Erst durch die Beiträge der Lernenden wird ein Lernraum ‚lebendig' und motiviert dazu, die verschiedenen Bereiche zu besuchen und sich an der Kommunikation zu beteiligen. Auch wenn die Nutzung des Internets mittlerweile zum Alltag gehört, sollte nicht unterschätzt werden, dass es Lernenden fremdartig sein kann, sich in einem virtuellen Lernraum durch Beiträge in schriftlicher (z. B. in einem Diskussionsforum), auditiver (z. B. durch einen Podcast) oder visueller (z. B. durch ein Video) Form am Lernprozess aktiv zu beteiligen.

Frustrierende Erfahrungen zu Beginn lassen sich meist nur schwer ausgleichen, eben-so wie einmal etablierte Arbeitsroutinen im Umgang mit einem virtuellen Lernraum oft nur mühsam geändert werden können, auch wenn sie umständlicher oder zeit-aufwendiger sind. Aus diesem Grund wird in den folgenden Abschnitten die Nutzung des Lernraums aus den Perspektiven der unterschiedlichen Akteure betrachtet. Dies ist natürlich – je nach Lernraum und Projekt – zu modifizieren. Dabei geht es an dieser Stelle *nicht* vorrangig darum, inwiefern sich z. B. die Betreuung, die Kommunikation usw. in virtuellen Lernszenarien ändert und was dabei zu beachten ist – dies wird in Kap. 6 ausführlich behandelt –, sondern um die Bedeutung der *Lernraumfunktionen und -nutzung* in virtuellen Lernszenarien.

3.7.1 Die Perspektive der Lernenden

Themen und Formen der Einführung in einen Lernraum
Mit dem ‚ersten Besuch' eines virtuellen Lernraums treten die Lernenden in eine neue (Lern)Welt ein. Für diejenigen Lernenden, die noch keine Erfahrungen mit E-Learning haben, stellt die Arbeit in einem virtuellen Lernraum eine Herausforderung dar. Bisher gewohnte Arbeitsprozesse wie z. B. das Auffinden von Informationen, der Umgang mit Arbeitsmaterialien, die Kommunikation und Zusammenarbeit in virtuellen Lern-gruppen verlaufen anders. Auf alle diese Bereiche muss in einführenden Veranstal-tungen – vergleichbar einer Einführungsveranstaltung für Studienanfänger an einer Präsenzhochschule – eingegangen werden. Der Rahmen für Einführungen in einen virtuellen Lernraum kann sehr unterschiedlich sein. Sie können z. B. während einer Präsenzveranstaltung stattfinden, die natürlich auch weitere Themen behandeln kann, in die sich Praxisübungen integrieren lassen. Möglich ist auch eine Einführung als

Online-Kurs, ggf. mit Möglichkeiten zum Üben und Ausprobieren. Begleitende schriftliche Unterlagen mit Abbildungen bzw. Screenshots können hilfreich sein.

Erklärt werden müssen alle Abteilungen des Lernraums und die vorhandenen Funktionen und Werkzeuge sowie deren Nutzung im Lernprozess. Technische Aspekte der Arbeitswerkzeuge wie die Unterstützung von Dateiformaten, Down- und Uploadprozeduren, die Arbeit im eigenen Speicherbereich usw. müssen erläutert werden. Sofern vorhanden, sollte auf die Hilfefunktion des Systems oder die Unterstützung durch die Tutoren im Lernprozess hingewiesen werden. Dies ist notwendig, um Probleme bei der zukünftigen Erstellung, Sicherung oder Präsentation der Arbeitsergebnisse zu vermeiden. Die Lernenden müssen sich mit den Funktionsweisen des Systems auseinandersetzen und dabei im Laufe der Nutzung eigene, effiziente Arbeitsstrategien entwickeln.

Auch eine Einweisung in die Nutzung der Kommunikationswerkzeuge ist notwendig, z. B. in das Versenden von E-Mails über einen Verteiler oder notwendige technische Zusatzsoftware für die Nutzung geteilter Anwendungen wie einem Whiteboard. Für alle Funktionen gilt, dass das Lernen damit zunächst ungewohnt sein kann und erst eingeübt werden muss; so müssen z. B. virtuelle Gruppenarbeiten wegen des damit verbundenen Koordinationsaufwandes langfristiger angelegt werden, die Gruppenarbeiten in Präsenzgruppen und die gruppeninterne Kommunikation muss auf die jeweiligen Arbeitsphasen abgestimmt werden. Auf diese veränderten Arbeitsprozesse wird in Kap. 6 ausführlich eingegangen.

Alle Hilfefunktionen erläutern

Wie bereits angedeutet, sollen bei der Einführung in den Lernraum alle Hilfefunktionen vorgestellt werden, d. h. sowohl Hilfestellungen des Systems als auch z. B. ‚Frequently Asked Questions' (FAQ), Online-Hilfen, ‚Newsgroups', damit die Lernenden auch zu einem späteren Zeitpunkt die Möglichkeit haben, spezielle Fragen zu klären und sich weiter in den Lernraum einzuarbeiten. Nicht zu unterschätzen ist auch hier die Hilfe der Lerngruppe. Deshalb empfiehlt es sich, von Anfang an zur gegenseitigen Hilfe anzuregen. Dazu können die FAQ für die Lerner editierbar sein, Linklisten mit Hinweisen zur Lösung von z. B. technischen Problemen in Internet gepflegt und erweitert werden oder über moderne Kommunikationsformen wie einem Videochat per Skype Direkthilfe von Lernern für Lerner etabliert werden. In der Praxis haben sich solche Szenarien bewährt und erhöhen bei den hilfeanbietenden Lernern die Verbundenheit mit dem Kurs und dem virtuellen Lernraum. Hier wird auch die Möglichkeit der von KERRES U. A. (2009) formulierten Anforderungen an moderne Lernräume bezüglich eines differenzierten Rollenmodells deutlich: Lernende, die in speziellen Gebieten besonders kompetent sind (z. B. technische Unterstützung, sehr gute Sprachkenntnisse), können z. B. die Rolle eines ‚Neben-Administrators' für ihre Wissensdomäne erhalten, die auch mit neuen Rechten im Lernraum (z. B. Administration der technischen FAQ oder der Diskussionsforen) verbunden ist.

Information über Ansprechpartner

Bei der Einführung in den virtuellen Lernraum müssen die Lerner darüber informiert werden, an welche Ansprechpartner sie sich bei inhaltlichen, organisatorischen und technischen Fragen wenden können. Hierfür sollte es im Lernraum einen Bereich geben, in dem sich Lehrende, Tutoren, Verwalter und Administratoren, in den jeweiligen Kursen auch die Lernenden untereinander, vorstellen und ihren Zuständigkeitsbereich kurz beschreiben. Es ist auch denkbar, auf bereits existierende Seiten im Internet (Blogs, Homepages, Seiten in Online-Gemeinschaften etc.) zu verweisen, was die Pflege der persönlichen Daten für die Nutzer vereinfacht und die Daten somit ggf. regelmäßig aktualisiert werden. Zu beachten sind dabei unbedingt alle datenschutzrechtlichen Bestimmungen, damit es zu keinem Missbrauch kommt, weder in der Bildungseinrichtung noch darüber hinaus. Es sollte daher vereinbart werden, was die Kurzvorstellung im geschützten Lernraum enthalten sollte und was nicht. Auch sollten die Lerner darüber informiert werden, wer alles Zugriff auf ihre Kurzvorstellungen und welchen Zugriff sie auf die anderer Gruppen hat.

Klärung von Rechten

Wichtig für die Lernenden ist die Information über die Rechte der einzelnen Personen in einem Lernraum wie Schreib- und Leserechte. Wer kann die Chatprotokolle lesen? Wer kann Test- und Prüfungsergebnisse einsehen? Wer hat Zugriff auf meine Arbeitsergebnisse? In diesen Bereich fallen ebenfalls Informationen über die Urheber-, Verwertungs- und Nutzungsrechte von Lern- und Arbeitsmaterialien sowie von Software usw., damit die Lernenden nicht unwissentlich Rechtsbruch begehen. Vor allem die Verwertungs- und Nutzungsrechte müssen auch im Internet beachtet werden. Gerade für Inhalte aus dem Internet ist es sowohl für Lehrende wie auch für Lernende oft nicht einfach, zu entscheiden, welchen rechtlichen Beschränkungen diese Inhalte unterliegen. Mittlerweile gibt es auch erste Portale und Internetseiten, die versuchen, mit der Auflistung entsprechender Rechtsvorschriften, teilweise mit Suchfunktion oder kategorisiert nach Inhaltstyp oder Benutzergruppe, Klarheit zu schaffen (z. B. die Internetseite „Knowledge Based Law: Copyright", http://kb-law.info/; Kap 11).

Ausbilden von Arbeitsstrategien

Gerade wenn Lernende mehrere Kurse besuchen, kann ein virtueller Lernraum schnell unübersichtlich werden. Die Suche nach Informationen und Neuigkeiten und die Kommunikation in verschiedenen Kursräumen können dazu führen, dass sie sich weniger auf die eigentlichen Lerninhalte als auf den Umgang mit dem Lernraum konzentrieren. Es ist daher hilfreich, wenn Lernende von Beginn an eigene Strategien im Umgang mit dem Lernraum entwickeln, beispielsweise immer zuerst in den kursübergeordneten Kalender sehen, dann überprüfen, ob es neue Mitteilungen in einem Kurs gibt (Ankündigungen der Lehrenden, neue Diskussionsbeiträge in Foren und Gruppenarbeitsräumen), regelmäßig ihren aktuellen Arbeits- bzw. Lernstand abfragen, um den weiteren Lernverlauf und die notwendigen Lernzeiten zu planen. Hilfreich ist es für Lernende, wenn der Lernraum hierzu entsprechende Anwendungen bereitstellt, auf Neuigkeiten hinweist, Aufgabenlisten verwaltet aber auch die bereits geleisteten Lernergebnisse des Lerners, eventuell sogar mit einem (anonymen) Vergleich zur Lerngruppe ermöglicht – wodurch die eigene Lernaktivität und der Lernfortschritt vergleichbar wird. Hier kann, falls der Lernraum nicht die entsprechenden Werkzeuge zur Verfügung stellt, auf Alternativen im Netz verwiesen werden, wo eine Vielzahl an Instrumenten zum Selbst- und Zeitmanagement zur Verfügung stehen. Hilfreich ist es auch, wenn zentrale Informationen zu einem Modul immer in derselben Abteilung eines Kursraums zu finden sind. Sollte der virtuelle Lernraum kursspezifisch anders genutzt werden, sollte explizit darauf hingewiesen werden.

3.7.2 Die Perspektive der Lehrenden

Mit dem Lernraum vertraut machen
Die Aufgabe der Lehrenden bzw. der Tutoren ist es, den Lernprozess der Lernenden zu unterstützen. Dafür müssen sie die Besonderheiten des virtuellen Lernens kennen, z. B. Lernszenarien, Kommunikationsformen, Gruppenarbeiten (Kap. 6). Dies wiederum erfordert, dass die Lehrenden mit dem Lernraum und dessen Funktionen gut vertraut sein müssen, und zwar aus der Doppelperspektive der Lernenden und Lehrenden, da für sie durchaus unterschiedliche Darstellungen und Funktionsumfänge möglich sind. So beinhalten die meisten virtuellen Lernraumsysteme erweiterte Rechte für Lehrende, z. B. die Möglichkeit, Ankündigungen und neue Inhalte einzustellen, Tests zu generieren, Evaluationen durchzuführen. Darüber hinaus müssen Lehrende wissen, an wen sie Lernende bei speziellen Fragen, z. B. einer Prüfungsordnung oder der Anerkennung von Vorleistungen, verweisen können.

Abstimmungen zur Nutzung des Lernraums treffen
In größeren Projekten und kompletten virtuellen Bildungsangeboten, in denen die Lernenden mehrere Kurse belegen, ist es sinnvoll, wenn die Lehrenden sich bei der Nutzung des virtuellen Lernraums abstimmen, d. h. bestimmte Bereiche und Funktionen einheitlich verwenden, damit die Lernenden gewünschte Informationen wie Terminkalender, Arbeitsaufträge etc. in allen Kursen an derselben Stelle finden. Die Erfahrungen zeigen, dass sich dies nicht von selbst ergibt und keineswegs selbstverständlich ist. Neu hinzukommende Lehrende sollten über die Arbeitsweisen informiert und in diese eingearbeitet werden und ihre Lernraumnutzung an etablierten Routinen orientieren.

Den Lernraum beleben
Wenn die Kursteilnehmer feststellen, dass sich in einem virtuellen Lernraum dauerhaft nichts tut, d. h. keine neuen Ankündigungen vorhanden sind, keine neuen Beiträge in Forendiskussionen erstellt werden, sinkt auch die Motivation, sich selber zu beteiligen. Der Lernraum muss lebendig sein! Dies erfordert eine Arbeitskultur des ,Sich-Sichtbar-Machens'. Es ist die Aufgabe von Tutoren bzw. Lehrenden, den Lernenden die Notwendigkeit bewusst zu machen und zugleich durch Ankündigungen und Mitteilungen, aber auch durch Anregungen zur Diskussion die Entwicklung einer

solchen Lebendigkeit im virtuellen Lernraum zu fördern. Persönliche Nachrichten, wie z. B. Neujahrsgrüße, lockern die Atmosphäre auf, sollten aber die inhaltlichen Informationen nicht überdecken.

Ein Universalrezept für die Belebung des Lernraums gibt es nicht. Sie ist abhängig von vielen Faktoren wie z. B. Gruppengröße, Lerngegenstand, Lehrmethoden. Mit der Zeit werden die Lehrenden ein Gespür dafür bekommen, was in welchem Kurs notwendig ist (Kap. 6). Hier gilt der Grundsatz: so viel Unterstützung wie notwendig, so wenig wie möglich.

Tätigkeiten vor Beginn eines Kurses

Vor Beginn eines Lernmoduls können folgende Tätigkeiten sinnvoll sein:

- Vertraut machen mit dem virtuellen Lernraum und ihren Bereichen sowie Funktionen;
- Informieren über Nutzungsroutinen;
- Planen, wie der konkrete Kurs im Lernraum eingebunden sein muss;
- Abgleichen mit allgemeinen Nutzungsregeln und der Frage, ob es im Kurs Besonderheiten gibt, die ein Abweichen davon sinnvoll machen;
- Einstellen von Informationen in den Lernraum, z. B.
  - Informationen zur Durchführung des Kurses, zu Lernszenarien, Lernformen, Terminplänen, Lernmaterialien, Prüfungen;
  - Informationen zur eigenen Person (Erreichbarkeit, E-Mail-Adresse, Telefon, Sprechzeiten, Angabe zu Antwortgeschwindigkeiten, Foto, eventuell auch einige persönliche Informationen);
  - Einstellen von Verweisen auf andere Daten (Links), Literaturlisten usw.;
  - Begrüßen der Teilnehmer im Ankündigungsbereich;
  - erste Aufgaben für die Lerner, z. B. sich auf einer Homepage allen Kursteilnehmern vorzustellen, eine Mitteilung zur Begrüßung in einem Diskussionsforum zu machen.

Tätigkeiten während eines Kurses

Während des Kursverlaufs können folgende Tätigkeiten sinnvoll sein:

- Ankündigungen regelmäßig einstellen (dabei ist die Häufigkeit von unterschiedlichen Faktoren abhängig – z. B. wie viele Module die Lerner belegt haben –, und muss im Einzelfall geprüft werden);
- Rückmeldung im Lernraum geben, z. B. über die Bearbeitung von Aufgaben, den Stand der Gruppe;
- Anregung der Nutzung der Werkzeuge und Kommunikationstools im Lernraum;
- Anregung von Gruppenarbeitsprozessen: Nutzung der Gruppenräume und Kommunikationstools etc. (Vorschläge, Hilfestellungen);
- Anregung von Kommunikation;
- Strukturieren von Diskussionsforen;
- Erstellen und Einstellen von Tests;
- Fortsetzen des Einstellens von Lernmaterialien, Links, Literaturverweisen usw. und darauf jeweils mit einer Ankündigung hinweisen.

Tätigkeiten nach der Bearbeitung eines Kurses

In die Reflexion des Verlaufs eines Kurses nach seiner Durchführung sollten die Lehrenden die Nutzung des Lernraums einbeziehen, damit diese Erfahrungen zur Optimierung genutzt werden können, z. B. durch Erweiterungen, technische Veränderungen, aber auch durch andere Arbeitsroutinen. Die jeweilige Projektleitung sollte dafür die Rahmenbedingungen schaffen, damit die Vorschläge gesammelt, mit Kolleginnen und Kollegen diskutiert und an die technische Administration weitergegeben werden können.

3.7.3 Technisch-organisatorische Anforderungen

Kommunikation zwischen den Bereichen

Auch wenn technische Administration und Verwaltung nicht unmittelbar in die Lehr- und Lernprozesse involviert sind, können sie durch die Bereitstellung kursrelevanter Auskünfte, technischer Hilfestellungen usw. erheblich zu reibungslosen Prozessen beitragen. Schnittstellen zum Lernraum müssen das Einstellen solcher Informationen und die Kommunikation zwischen Mitarbeitern dieser Bereiche und den Lernenden und Lehrenden ermöglichen. Kommunikationsroutinen (und Kommunikationsregeln) sollten von Beginn an etabliert werden. Eine Vorstellung der jeweiligen Ansprechpartner für Lernende und Lehrende im Lernraum ist wünschenswert; Informations- und Unterstützungsangebote sollten dargelegt und regelmäßig aktualisiert, Listen mit häufigen Fragen gepflegt werden. Alle relevanten Informationen (z. B. Änderungen, Termine) müssen an die Nutzer in den anderen Bereichen kommuniziert werden. Umgekehrt sollten die Nutzer wissen, welche Informationen Verwaltung und technische Administration von ihnen benötigen.

Die Aufgaben der Verwaltung

In der Verwaltung werden das Angebot, die Belegung der Veranstaltungen sowie die dafür zur Verfügung stehenden Lehr- und Betreuungskapazitäten geplant. Dazu müssen Werkzeuge zur Ressourcenplanung und Verwaltung der Lernenden zur Verfügung stehen. Eine Schnittstelle zum Lernraum ist dafür optimal.

Für die Lernenden stellt die Verwaltung zum einen Auskünfte wie Curricula und Prüfungsordnungen über die Bildungsangebote zur Verfügung. Zum anderen sind organisatorische Abläufe, wie z. B. Veranstaltungsorganisation, Einschreibung, Kursbelegungen wichtige Informationen. Lernende wenden sich in diesen Zusammenhängen mit ihren Anliegen und Fragen an die Verwaltung, umgekehrt kann die Verwaltung Lernende an Anmeldungen erinnern oder Kurseinschreibungen bestätigen.

Um diese Anforderungen zu erfüllen, ist es notwendig, dass die Verwaltung von den Lehrenden oder automatisch über das Verwaltungssystem die entsprechenden Auskünfte erhält, z. B. über neu erstellte Angebote, die in das Profil des Bildungsanbieters eingepflegt werden. Auch kann die Verwaltung unter Rücksprache mit den Lehrenden kursrelevante Informationen wie bspw. Termine für Prüfungsanmeldungen direkt in den Lernraum einstellen.

Die Einbindung der LMS in Verwaltungssysteme

Problematisch scheint die Einbindung eines virtuellen Lernraums in ein entsprechendes Verwaltungssystem. Die eingesetzten Verwaltungssysteme bieten oft keine oder nur wenige Schnittstellen zu anderen Systemen an, sodass die Daten meist an mehreren Orten (Lernraum, PC der Lehrenden, ggf. sogar im Internet, sowie auf den Servern des Bildungsanbieters) verteilt liegen und oft manuell übertragen werden müssen. VELTMANN (2003, 2) stellt dazu fest: „Ein Hauptproblem stellt die mehrfache Erfassung und Pflege von Daten dar, die jeweils in den oft isolierten Systemen der einzelnen Institutionen innerhalb der Universität gehalten werden. Redundanz bei den Arbeitsabläufen und Inkonsistenz innerhalb der Daten sind die Folge. Explizite, manuelle Datenabgleiche zwischen den Institutionen und überflüssige Neuerfassung von Daten sind an der Tagesordnung."

Strukturell problematisch scheint dabei u. a., dass Verwaltungssysteme speziell für die Anforderungen der Verwaltung einer Einrichtung, Lernräume hingegen für die Unterstützung des Lernprozesses konzipiert und eingesetzt werden. Damit zielen beide Systeme auf unterschiedliche Arbeitsbereiche eines Bildungsanbieters. Um die gesammelten Daten konsistent zusammen zu führen, ist ein Abgleich der beiden Systeme notwendig. Dies ist nicht nur eine technische Herausforderung, zumal es eine Vielzahl von Verwaltungssystemen, aber auch von virtuellen Lernräumen gibt. Somit muss die Integration der Daten bei fast jedem Bildungsanbieter individuell konfiguriert werden.

Nicht nur die technischen Schnittstellen bereiten bei der Datenzusammenführung verschiedener Systeme Probleme, sondern auch die Unterschiedlichkeit der Arbeitskulturen. Nach einer Studie von DOBERKAT U. A. (2002) gibt es zu klärende organisatorische Voraussetzungen bei der Integration eines Lernraums in ein Verwaltungssystem, die darauf abzielen, „Arbeitsabläufe und -techniken mit denen aus einem eher bürokratisch geprägten Umfeld zusammen zu bringen" (EBD., 55). Interessanterweise sehen die Autoren hierbei vor allem die Beziehung prägenden zwischenmenschlichen Probleme zwischen Lehr- und Verwaltungsbetrieb und stellen fest: „Der Erfolg der Integration eines neuen Systems, wie einer eLearning-Plattform, in bestehende Verwaltungsabläufe ist vor allem vom guten Willen aller Beteiligten abhängig." (EBD.) Bezüglich der Datenintegration verdeutlichte die Studie, dass Verwaltungssysteme „historisch gewachsene, monolithische und isoliert betriebene Systeme mit einer komplexen Funktionalität" sind (EBD., 56). Statt diese Komplexität weiter zu steigern, wird verstärkt daran gearbeitet, diese in einzelne Module aufzulösen. Durch diesen Prozess soll der Zugriff und Datenaustausch virtueller Lernräume und Verwaltungssysteme über eine externe Datenbank ermöglicht werden. Dabei muss genau geprüft werden, welcher Nutzer welche Daten einsehen und verwenden bzw. bearbeiten darf (EBD., 56f). Auf die Schnittstellen der Systeme ist daher besonders zu achten.

Eine Fragmentierung der Daten führt nicht nur zu erhöhtem Verwaltungsaufwand aufseiten der Lehrenden, sondern beschränkt auch die Möglichkeiten, Lernleistungen, die über eine einfache Notengebung hinausgehen und komplexeren Prüfungsformen folgen, über solche Systeme zu erfassen. Hier ist noch Entwicklungsarbeit zu leisten. Angebote wie z. B. HISinOne (http://www.hisinone.de) beschreiten dieses Neuland. So versucht dieses System eine technische Plattform für Bewerber-, Zulassungs- und Prüfungsmanagement, Studierenden-Management, Unterstützung von Lehre und Forschung, Alumni-Management, Evaluation, Unterstützung für die strategische Steuerung der Hochschule und Ressourcen-Management zu sein.

Technische Administration ist eine Dienstleistung

Aufgabe der technischen Administration ist die Bereitstellung und Pflege der technischen Infrastruktur eines virtuellen Lernraums, wie Datenbanken, die IT-Sicherheit oder die Sicherung und Archivierung von Daten. In Absprache mit dem Lehrpersonal können durch die technische Administration Zugriffsrechte auf die einzelnen Bereiche des Lernraums vergeben werden.

Von zentraler Bedeutung für den Lernbetrieb ist die schnelle Beseitigung technischer Fehler, z. B. bei Systemausfällen, Anwendungsfehler oder Sicherheitslücken. Eine weitere wichtige Aufgabe der technischen Administration ist die Optimierung des eingesetzten virtuellen Lernraums für den Lernbetrieb, wenn hier Eingriffsmöglichkeiten bestehen. Dazu zählen u. a. die Erweiterung der verfügbaren Funktionen um weitere Werkzeuge oder Zusatzsoftware. Wichtig ist dabei die Kommunikation und Abstimmung mit allen Beteiligten. Auf jeden Fall müssen Veränderungen im virtuellen Lernraum den Nutzern mitgeteilt werden. Außerdem sollte die Projektleitung die Rahmenbedingungen schaffen, um Hinweise und Anregungen zur Optimierung des virtuellen Lernraums von Lernenden und Lehrenden zu sammeln, gemeinsam zu diskutieren und abzustimmen.

Für den Einsatz von PLE relativieren sich diese Anforderungen bzw. werden auch auf Akteure übertragen, die den Nutzern nicht bekannt sind. Zwar sind Fragen der IT-Sicherheit, Sicherung und Archivierung immer noch wesentlich, jedoch zeigt sich hier, dass dies nicht mehr die IT-Abteilung beim Bildungsträger gewährleisten kann. Teilweise müssen die Nutzer selbst das Funktionieren von Grundanforderungen verantworten (z. B. Systemsicherheit), in Teilen wird die Verantwortung aber auch an Dritte weitergegeben, wenn bspw. externe Dienste in die PLE eingebunden werden. Vorteil einer solchen Implementation in die persönliche Lernumgebung ist die bereits beschriebene Hilfe durch die Online-Gemeinschaft. Diese kann durchaus die eigene Lerngemeinschaft eines Kurses sein, kann sich aber auch auf die Nutzer des Internets insgesamt erstrecken. Die Lernenden benötigen in diesem Fall jedoch die Fähigkeit, eventuell auftretende Probleme zu analysieren, zu beschreiben und Hilfe zur Selbsthilfe zu finden.

3.8 Fazit

Virtuelle Lernräume als technische und pädagogische Infrastruktur

Virtuelle Lernräume bilden nicht nur die technische, sondern auch die pädagogische Infrastruktur des virtuellen Lehrens und Lernens. Für die orts- und zeitunabhängige Gestaltung der Lernaktivitäten stehen Lernenden und Lehrenden eine Vielzahl von Funktionen und Räumen zur Verfügung, die den Lernprozess unterstützen und den virtuellen Lernraum zu einer Ergänzung bzw. Erweiterung ‚traditioneller' Lernräume werden lässt.

Neue Kompetenzen für effizienten Umgang notwendig

Dennoch scheint es trotz der vorhandenen Hilfen und Werkzeuge oft schwierig zu sein, in einem virtuellen Lernraum zu arbeiten, sich zu orientieren, zu kommunizieren, zu kooperieren und Lerninhalte zu bearbeiten. Denn Lehrende und Lernende müssen mit der Nutzung virtueller Lernräume neue Kompetenzen erwerben, damit die Arbeitsaufwände nicht auf die Bedienung des Lernraums, sondern auf den Lernprozess konzentriert werden. Durch die Fortentwicklung der Technologien einerseits sowie der Nutzung andererseits kann dabei nicht davon ausgegangen werden, dass die Lehrenden bereits umfangreiche Erfahrungen im Umgang mit digitalen Medien haben. Eher verfügen die Lernenden über die erforderlichen Medienkompetenzen. Dennoch bleibt die Verantwortung bei den Lehrenden, mittels pädagogisch begründeter Handlungen den Lernprozess anzuregen und zu unterstützen.

Tutoren und Lehrende haben die Aufgabe, die Lernenden in ihren Lernprozessen zu unterstützen und beim Kompetenzerwerb zu begleiten. Jedoch müssen sie oft selber erst noch eigene Erfahrungen mit virtuellen Lernräumen sammeln. Dazu ist auch eine intensive Auseinandersetzung mit den damit verbundenen neuen Informations- und Kommunikationsformen, z. B. mit der Teilnahme an virtuellen Gemeinschaften und das Ausloten des didaktischen Potenzials der neu entstehenden Anwendungen im Internet notwendig. Schließlich sind, um die Leistungspotenziale virtueller Lernräume ausschöpfen zu können und damit die Lernmöglichkeiten zu erweitern, vor allem Kompetenzen im Bereich der Didaktik des E-Learning (Kap. 4) und der tutoriellen Betreuung (Kap. 6) unabdingbar notwendig.

Kreativität und Engagement sind erforderlich

Die Entwicklung im Bereich der Lernraumsysteme verläuft außerordentlich dynamisch. Gerade der Bereich der PLE oder das mobile Lernen verdeutlichen dies. Trotzdem wird und kann es den optimalen virtuellen Lernraum nicht geben. Dies liegt nicht nur an der Vielzahl der technischen Möglichkeiten, sondern vor allem daran, dass verschiedene Lernszenarien, verschiedene Anforderungen der Lernenden und auch unterschiedliche Intentionen von Bildungsanbietern jeweils individuelle Unterstützungsformen erfordern. Dennoch gibt es Lernräume, die für bestimmte Lehr- und Lernangebote geeigneter sind als andere. Für größere Projekte ist deshalb die sorgfältige Auswahl eines geeigneten Systems von hoher Bedeutung. Allerdings sind oft auch

Kompromisse notwendig und sinnvoll, damit z. B. in einer Bildungseinrichtung nicht (zu viele) unterschiedliche Lernraumsysteme genutzt werden. In der Praxis müssen die auftretenden Mängel durch (aufeinander abgestimmte) Maßnahmen, das Engagement und die Kreativität der Tutoren und Lehrenden ausgeglichen werden. Schließlich ist es wichtig, dass Lehrende und Lernende in die Verbesserung der vorhandenen Systeme einbezogen werden. Hilfreich sind dafür Qualitätsmanagement und Evaluationen (Kap. 8, 9). Aber auch informelle Austauschformen, wie sie z. B. in den verschiedenen Open Source Initiativen praktiziert werden, können dazu beitragen. Denn die Nutzer – Lernende, Tutoren und Lehrende – können den Entwicklern die notwendigen Hinweise für die optimale, lehr- und lernförderliche Gestaltung virtueller Lernräume geben.

4 Didaktische Konzeption

Bedeutung der Didaktik für E-Learning

Nicht nur das Lernen, auch das Lehren wird durch die digitalen Bildungsmedien erheblich verändert. Dies betrifft die Kurskonzepte, Lehr- und Lernformen sowie Lehr- und Lernszenarien, z. B. in Bezug auf die Struktur und Aufbereitung der Lernmaterialien, den zeitlichen und organisatorischen Ablauf, die Bedeutung der Aufgabenstellung, der Kommunikation und Betreuung der Lernenden. In Kapitel 2 wurde dargestellt, dass damit das Potenzial verbunden ist, dem Zusammenspiel von Lehren und Lernen neue Impulse zu geben und zu einer Veränderung des pädagogischen Verhältnisses von Lehrenden und Lernenden beizutragen. Allerdings entwickelt sich eine solche neue Lehr- und Lernkultur kaum ‚von selbst', sie bedarf vielmehr einer entsprechenden didaktischen Gestaltung (Frank 2012; Kerres/Jechle 2002; Zimmer 2002) – denn ein unreflektierter Einsatz von E-Learning-Elementen kann Lernprozesse auch erheblich behindern.

Im Folgenden werden daher lerntheoretische Grundlagen und didaktische Überlegungen vorgestellt, die es erleichtern sollen, effiziente komplett virtuelle oder mit Präsenzveranstaltungen kombinierte virtuelle Bildungsangebote zu konzipieren und bereits mit der Planung den notwendigen Wandel der Lehr- und Lernkultur zu unterstützen (Kap. 2.6).

Notwendige Begriffsklärungen

Da die Veranstaltungsformen und die Begrifflichkeiten im Bereich des E-Learning zurzeit sehr heterogen sind, ist es in vielen Fällen notwendig, vor Beginn der Veranstaltungsplanung einheitliche Sprachregelungen zu vereinbaren. Dies ist umso wichtiger, als viele Beteiligte den eigenen Sprachgebrauch bzw. das eigene Verständnis als selbstverständlich betrachten und auch bei den anderen voraussetzen, was dazu führen kann, dass Missverständnisse entstehen (und möglicherweise zu spät entdeckt werden), die sich auch auf die konkreten Ausführungen bei der Konzeptentwicklung von E-Learning-Modulen sowie von multimedialen Inhalten auswirken und dann bei der Durchführung der Kurse nicht mehr geändert werden können. Dies kann z. B. den Umfang der zu erstellenden Lernmaterialien betreffen, aber auch mögliche Formen der Kommunikation und Betreuung oder andere Modulelemente.

Im Folgenden werden ‚virtuelle Lernmodule' als Lehr- und Lernveranstaltungen im Kontext von Hochschule bzw. anderen Bildungseinrichtungen verstanden, die umfangreichere computer- und internetvermittelte Anteile enthalten und nicht ausschließlich in Präsenz durchgeführt werden. Dabei geht es nicht um die Aufbereitung von ‚Lernhäppchen', sondern um inhaltlich (und zeitlich) umfassendere Kurse, etwa im Umfang einer Semesterveranstaltung (z. B. einer Vorlesung oder eines Seminars), die wiederum kleinere Lerneinheiten enthält, die etwa einer Vorlesungs- oder Seminarstunde entsprechen und ihrerseits aus unterschiedlichen, kleineren Lernelementen (‚Learning Objects', Kap. 10.1.3, 10.2.2) bestehen können.

Eine aus didaktischer Perspektive sinnvolle Konzeption virtueller Lernmodule muss über die Aufbereitung von Inhalten (z. B. die Entwicklung von Lernmaterialien) hinausgehen, auf die sich die Aufmerksamkeit von Entwicklern häufig konzentriert. Erst durch die Einbettung in ein Gesamtkonzept, das die Planung des zeitlichen und organisatorischen Ablaufs sowie der Kommunikation und Betreuung mit der Konzeption der Lernmaterialien verbindet, können Lehr- und Lernprozesse im virtuellen Bildungsraum effektiv und effizient gestaltet werden.

Aufwendige Planung virtueller Lernmodule

Virtuelle Lernmodule müssen sorgfältig vorbereitet werden. Die Konzeptentwicklung und die technische und organisatorische Realisierung virtueller Module erfordern mehr und andere Arbeitsschritte als die Vorbereitung von Präsenzveranstaltungen (WILBERS 2001a, 2001b). Der Grund ist nicht nur die aufwendige technische Erstellung multimedialer Lerninhalte. Auch im Zeitalter von Web 2.0 sind spontane Reaktionen und Änderungen in virtuellen Bildungsveranstaltungen schwerer zu realisieren als in Präsenzveranstaltungen, in denen Lehrende direkt auf die Lernenden reagieren und wenn nötig sogar ihr Gesamtkonzept noch einmal verändern können. Dies ist in Kursen mit hohen virtuellen Anteilen nicht so leicht möglich, zum einen wegen des damit verbundenen Erstellungsaufwandes, zum andern aber auch, weil es schwierig sein kann, die Lernenden über nachträgliche Veränderungen von Lerninhalten oder Verbesserungen adäquat zu informieren: Für die Lernenden, die die entsprechenden Inhalte noch nicht gelesen haben, ist die Information überflüssig; für diejenigen, die den Stoff bereits bearbeitet haben (und an den jeweiligen Stellen entweder eine völlig veränderte Seite wiederfinden oder auch nur kleine Änderungen suchen müssen), verwirrend.

Notwendigkeit der Zusammenarbeit

Außerdem sind an der Planung, Entwicklung und Durchführung von virtuellen Lernmodulen zumeist mehr Personen beteiligt als in herkömmlichen Lernsituationen. An der Entwicklung können bspw. Fachexperten, didaktische und technische Berater, Drehbuchautoren, Designer und Programmierer beteiligt sein, in größeren Projekten häufig auch Projektmanager. Oft werden multimediale Lernmaterialien von anderen Personen eingesetzt und betreut als von denjenigen, die sie entwickelt haben. Alle Beteiligten müssen ihre Tätigkeiten aufeinander abstimmen. Die Auswirkung einer solchen arbeitsteiligen Erstellung und Durchführung und der „qualitative Unterschied bei der Produktion und dem Einsatz eines Mediums für *eigene* Lehrzwecke oder für eine vom Produzenten unabhängige Verwendung wird vielfach unterschätzt" (KER-

RES 1998, 308). Auch wenn – im Gegensatz zu den oft großen und komplexen Projekten in der Anfangszeit des E-Learning – inzwischen häufig unkomplizierte, kleinere Lösungen umgesetzt werden, die nur kurzfristige Beratungen erfordern, bleibt die arbeitsteilige Gestaltung von E-Learning ein wichtiger Aspekt. Die Unterstützung und Koordination der Zusammenarbeit aller Beteiligten, z. B. durch E-Learning-Kompetenzzentren, ist deshalb weiterhin von nicht zu unterschätzender Bedeutung (THILLOSEN/HANSEN 2009, 146).

Gliederung des Kapitels

Die Gliederung des Kapitels orientiert sich an den Faktoren, die für die didaktische Gestaltung virtueller Lernmodule wichtig sind. Zunächst wird auf die Rahmenbedingungen eingegangen, unter denen ein Modul entwickelt wird (Kap. 4.1). Anschließend erfolgt eine systematische Darstellung der didaktischen bzw. methodischen Grundlagen für die Konzeption (Kap. 4.2), die in einem handlungs- bzw. aufgabenorientierten Gesamtkonzept zur Entwicklung virtueller Module konkretisiert werden (Kap. 4.3). Abschließend werden Empfehlungen zur Entwicklung von virtuellen Kursen und Lernmodulen gegeben (Kap. 4.4). Zentral für die Umsetzung der hier vorgestellten didaktischen Grundlagen ist die Entwicklung der Medien- sowie der Lehr- und Lernkompetenzen der beteiligten Personen (Kap. 6).

4.1 Rahmenbedingungen der Entwicklung von E-Learning-Modulen

Vor der Darstellung der didaktischen Konzeptualisierung von virtuellen Bildungsangeboten werden an dieser Stelle zunächst die dafür notwendigen Rahmenbedingungen umrissen. Denn Aspekte wie die Größe eines E-Learning-Projekts und dessen finanzielle und technische Ausstattung haben auch auf die didaktische Konzeption erheblichen Einfluss. Dabei müssen keineswegs immer komplette virtuelle Module entworfen werden. Gerade im Kontext der Einbindung von E-Learning in die Präsenzlehre bieten auch kleinere digitale Lerneinheiten für bestimmte Inhalte (etwa zur Veranschaulichung) oder in bestimmten Situationen (z. B. zur Motivation oder zur Selbstüberprüfung des Lernfortschritts) Lernenden eine sinnvolle Unterstützung. Für Lehrende bzw. Entwickler kann die Erstellung solcher weniger aufwendigen Lerneinheiten – die durch die Nutzung von Web 2.0 Werkzeugen noch vereinfacht wird – motivierend sein und den Einstieg in komplexere Entwicklungen anregen.

Die meisten E-Learning-Entwicklungen, zumindest im Bereich der Hochschullehre, waren zunächst entweder Initiativen einzelner Lehrstühle oder Fachbereiche, oder sie entstanden durch zeitlich begrenzt geförderte Projekte von sehr unterschiedlicher Größe (Kap. 2.2, 2.3). Inzwischen haben verschiedene Hochschulen damit begonnen, Konzepte zur Integration von E-Learning in ihre Gesamtstrategie zu entwickeln und die entsprechende Infrastrukturen dafür zu schaffen (Kap. 11; STRATMANN/KERRES

2008). Damit entstehen klarere Rahmenbedingungen für die E-Learning-Akteure, auch wenn sich diese von Institution zu Institution stark voneinander unterscheiden können.

Analyse der Rahmenbedingungen und Planung der Ressourcen

Ob also das Konzept für ein virtuelles Modul (wie oft in kleinen, weniger komplexen Projekten) von denselben Personen entwickelt wird, die den Kurs dann auch durchführen, oder ob die Planung durch Projektmitarbeiter innerhalb einer großen Arbeitsgruppe erfolgt und inwieweit dabei Möglichkeiten bestehen, Rahmenbedingungen zu beeinflussen oder mitzugestalten, ist im Einzelfall ebenso unterschiedlich wie die konkreten Tätigkeiten.

REINMANN-ROTHMEIER (2003, 89ff) nennt für Hochschullehrende, die E-Learning-Projekte planen bzw. vorbereiten, folgende in der Kontext- und Ressourcenanalyse zu beachtende Faktoren:

- *finanzielle Rahmenbedingungen:* Kalkulation vorhandener und einzuwerbender Mittel, Kostenschätzung, Erstellung eines Finanzplans;
- *verfügbarer Zeitrahmen:* Projektbeginn und -ende; eventuelle Vorgaben durch feste, z. B. hochschulspezifische Zeitpunkte wie Semesterverlauf oder durch den Projektförderer, Erstellung eines Meilensteinplanes mit ‚Pufferzonen‘;
- *personelle Kapazitäten:* studentische und wissenschaftliche Mitarbeiter am jeweiligen Lehrstuhl; Kooperationen innerhalb der Fakultät oder darüber hinaus mit anderen Hochschulen oder sonstigen Partnern;
- *technische Bedingungen:* Infrastruktur am Lehrstuhl und an der Hochschule, vorhandene Hard- und Software, Unterstützung durch technisch versierte Mitarbeiter und durch das Rechenzentrum.

Schnittstellen zwischen Modulentwicklung und anderen Aufgabenbereichen

In größeren Projekten wird eine Analyse dieser Faktoren meist nicht zu den Aufgaben der Personen gehören, die das Konzept der Module entwickeln. Jedoch beeinflussen auch weitere Aspekte die ‚Kernaufgabe‘ der Planung von Bildungsarrangements und -materialien. Es ist deshalb wichtig, dass Entwickler durch das Projektmanagement darüber informiert werden, welche Elemente zur Modulplanung bereits feststehen, noch festzulegen oder aber frei zu handhaben sind.

Feststehende Rahmenbedingungen können z. B. die Struktur der Organisation und des Bildungsangebots sein (Zusammenhang der Kurse, Abschlüsse etc.) oder die Zielgruppe, die Bildungsorganisation (Curricula, Prüfungsordnungen etc.) oder die zeitliche Planung (Ferien, Präsenztermine etc.) betreffen. Weitere Faktoren sind der verwendete virtuelle Lernraum, die technischen Rahmenbedingungen und andere mehr.

Wenn es noch nicht feststehende technische oder organisatorische Faktoren gibt, die direkten Einfluss auf die Konzeption der Module haben, kann es sinnvoll sein, die Entwickler in die Planungs- und Entscheidungsprozesse einzubeziehen, bspw. in die Entwicklung der Gestaltungsrichtlinien oder in die Auswahl der zu nutzenden Techniken.

Werden Module von mehreren Bildungseinrichtungen eingesetzt, sollten Inhalte, Aufbereitung und zu erwartende Zielgruppen mit den dortigen fachverantwortlichen Dozenten (z. B. in einem Fachausschuss) zumindest grob abgestimmt werden.

Wenn die Entwickler von Konzepten und Lernmaterialien die virtuellen Kurse nicht auch selber durchführen, ist außerdem die Rückkopplung mit den Lehrenden und Betreuern wichtig, um Rückmeldungen über den Verlauf und eventuell notwendige Veränderungen zu erhalten.

Alle Abstimmungsprozesse erfordern Kooperationsfähigkeit und entsprechenden zeitlichen Aufwand, der bei der Planung und während der alltäglichen Arbeit oft vernachlässigbar erscheint. Jedoch sind die Abstimmungsprozesse ein wesentlicher Erfolgsfaktor bei der Entwicklung der virtuellen Module.

Modulentwicklung in Projektgruppen

Durch den arbeitsteiligen Prozess der Konzeption und Umsetzung eines E-Learning-Moduls verändern sich traditionelle Arbeitsprozesse: Im Gegensatz zur Vorbereitung von Präsenzlehrveranstaltungen, für deren Durchführung meist ein einzelner Dozent allein verantwortlich ist, ist ohne ein Team „ein Vorhaben wie Blended Learning, das multiple Kompetenzen erfordert, kaum zu schultern" (REINMANN-ROTHMEIER 2003, 93). In betrieblichen Kontexten sind die Projektgruppen oft interdisziplinär besetzt: BRUNS/GAJEWSKI (2002, 128ff) nennen u. a. Projektleiter, Fachexperten, Didaktiker, Designer und Programmierer bzw. Multimedia-Produzenten. In Hochschulen bestehen die Teams oft auch aus studentischen und wissenschaftlichen Mitarbeitern. Damit nicht das Gefühl entsteht, überfordert oder ausgenutzt zu werden, ist es für die Beteiligten wichtig, die jeweiligen Verantwortlichkeiten festzulegen und die zeitlichen Ressourcen zu planen. Dabei sind auch die ‚Schnittstellen' zu berücksichtigen, die sowohl organisationsintern als auch extern (z. B. zu Produktionsfirmen) notwendig sind.

Die Zusammenarbeit in Teams verläuft nicht immer reibungslos. Eine erfolgreiche Zusammenarbeit kann durch verschiedene Maßnahmen unterstützt werden: etwa durch eine kompetenzorientierte Auswahl der Projektmitarbeiter und entsprechende Aufgabenzuweisung sowie die Gewährleistung eines gemeinsamen und individuellen Nutzens der Projektergebnisse (REINMANN-ROTHMEIER 2003, 96ff). Für die Projektleitung werden u. a. empfohlen: transparenter, zielorientierter Führungsstil, persönliche Vereinbarungen und Rückmeldungen, Aufstellen und Beachten von Gruppenregeln, Verminderung von Reibungsverlusten, konstruktiver Umgang mit Konflikten durch frühzeitige Wahrnehmung und schnelle Entwicklung von Lösungsstrategien. Zudem sollte ein abgestimmter Projektplan erstellt werden, der Verantwortlichkeiten, Meilensteine und Zeitpläne festlegt (EBD.).

4.2 Grundlagen der Konzeption von E-Learning-Modulen

Gestaltungsmöglichkeiten als Orientierungsgrundlage

Was gehört zur Konzeption von E-Learning-Modulen? Welches Verständnis von Lehren und Lernen bildet die Grundlage dafür? Welche Bedeutung hat die Auswahl der Medien und die Gestaltung von Lernmaterialien im Gesamtkontext? Und welche Tätigkeiten sind zur Entwicklung der Konzeption erforderlich? Die folgende Übersicht gibt eine Orientierung in den vielfältigen Gestaltungsmöglichkeiten von E-Learning, indem sie die Beziehung zwischen der Rolle der Medien im Lernprozess, den damit verbundenen Anforderungen an die Lernenden, den Aufgaben der Mediengestalter und der Rolle der Betreuer der Lernprozesse darstellt. Sie zeigt zudem, wie weitreichend das Aufgabenfeld der Personen ist, die das Kurskonzept entwickeln bzw. wie unterschiedlich die Anforderungen an sie verstanden werden können.

Tab. 4.1: Drei Varianten des E-Learning (in Anlehnung an REINMANN-ROTHMEIER 2003, 35)

Rolle der Medien für den Lernprozess	Verständnis von E-Learning und Anforderungen an die Lernenden	Aufgaben der Entwickler	Rolle der Betreuer
Distribution von Informationen	• selbst gesteuerte Informationsrezeption und -verarbeitung • Medienkompetenz • ausreichendes Vorwissen • hohes Anforderungsniveau	• lernerfreundliche Informationsgestaltung	• keine Betreuer notwendig
Interaktion zwischen Nutzer und System	• angeleitete Informationserarbeitung • selbst organisiertes Üben • Motivation • eher niedriges Anforderungsniveau	• lernerfreundliche Informationsgestaltung • Gestaltung von Lernaufgaben und Übungen, Feedback und Antworten	• Betreuer als Lernberater oder Teletutoren
Kollaboration zwischen Lernenden	• eigenständige Wissenskonstruktion • soziales Problemlösen • Selbststeuerungsfähigkeit • Medienerfahrung • sehr hohes Anforderungsniveau	• Lernerfreundliche Informationsgestaltung • Gestaltung von Lernaufgaben und Übungen, Feedback und Antworten • Gestaltung von Gruppenaufgaben, Einbeziehen sozialer Kontexte	• Betreuer als Initiatoren und Begleiter von Gruppenprozessen

Ein idealtypisches virtuelles Lernmodul sollte immer umfassende Lernaufgaben (Kap. 4.2.2) und Interaktionen mit den digitalen Medien enthalten. Weitere konstitutive Elemente sind das Einbeziehen sozialer Kontexte und die Betreuung der Lernenden, auch in individuellen Lernsituationen.

Notwendige Kenntnisse und Kompetenzen

Die Planung solcher Bildungsarrangements erfordert andere Kenntnisse und Kompetenzen als die Planung klassischer Präsenzlehrveranstaltungen. Grundlegend dafür sind:

- Kenntnisse über den Ablauf und die Kompetenzen zur Gestaltung von Lernprozessen,
- Kompetenzen zur Organisation und (zeitlichen) Strukturierung virtueller Kurse,
- Kompetenzen zur Gestaltung und Strukturierung digitaler Lernmaterialien sowie
- technische Grundlagenkenntnisse.

Diese Themenbereiche werden im Folgenden zunächst getrennt voneinander dargestellt. Bei der Konzeption von Modulen müssen die Bereiche jedoch wechselseitig aufeinander bezogen werden, damit Lernprozesse durch die Auswahl bestimmter Lernszenarien und Formen der Materialaufbereitung gezielt unterstützt werden können. Ein Modell dazu wird in Kap. 4.3.1 vorgestellt.

4.2.1 Lerntheoretische Grundlagen

Als Lerntheorien werden hier bestimmte, zu einem System zusammengefasste Auffassungen darüber verstanden, was Lernen und Wissen ist und wie der Prozess der Aneignung des Wissens verläuft. Kenntnisse über Lerntheorien sind für die Entwicklung von virtuellen Lehr- und Lernarrangements von großer Bedeutung, weil sich Annahmen über Wissen und Lernen – bewusst oder unbewusst – immer auf die Gestaltung der Lernsituationen und der Lernsoftware auswirken (HENSE/MANDL 2009; KOPP/MANDL 2009; REY 2009). Im Zusammenhang mit virtuellen Lehr- und Lernarrangements werden als zugrunde liegende Lerntheorien häufig Behaviorismus, Kognitivismus und Konstruktivismus sowie seit 2005 auch Konnektivismus genannt. Diese werden im Folgenden kurz vorgestellt und um die subjektwissenschaftliche Lerntheorie ergänzt. Dabei wird jeweils auch gezeigt, welche Bedeutung die Lerntheorien für die Konzeption von E-Learning-Modulen haben.

Behaviorismus

Die behavioristische Lerntheorie versteht Wissen als objektive, extern von den Lernenden existierende Fakten. Denk- und Verstehensprozesse werden nicht betrachtet, sondern als ‚Blackbox' bezeichnet. Die Steuerung des Lernens geschieht durch Hinweisreize und Verstärkung von erwünschtem Verhalten. Lernen wird also als Reiz-Reaktions-Schema gedeutet. Die Erzeugung bedingter Reflexe auf vorangegangene Reize, wie sie PAWLOW (1849–1936; vgl. z. B. PAWLOW 1927; 1928) bei seinen bekannten Experimenten mit Versuchstieren hervorrief, wird als klassisches Konditionieren bezeichnet. Nach SKINNER (1904–1990) können jedoch auch Reaktionen auf zu erwartende nachfolgende Ereignisse eintreten (operantes Konditionieren oder instrumentelles Lernen), dabei wirken Belohnungen stärker als Sanktionen.

In seinem 1958 vorgestellten behavioristischen Konzept der Programmierten Unterweisung betrachtet SKINNER Unterricht als streng aufeinander aufbauende Abfolge von kleinen Frage-Antwort-Sequenzen mit sich steigerndem Schwierigkeitsgrad, auf die sofort eine Rückmeldung gegeben wird. Dieses Prinzip wurde auf die ersten computerbasierten Lernprogramme übertragen. Die auf der Grundlage der Programmierten Instruktion entwickelten unterschiedlichen Varianten (vorwiegend) linearer Lernprogramme werden als tutorielle Systeme, Tutorials oder Drill-and-Practice-Programme bezeichnet. Als problematisch erwies sich mit der Zeit die Inflexibilität dieser Programme durch die strenge Steuerung, die keine individuellen Lernwege erlaubt. Geeignet sind sie vor allem zum Erreichen einfacher Lernziele, zum Erwerb von Faktenwissen oder memorierbarem Wissen, nicht jedoch zum Erwerb von Problemlösefähigkeit. Dennoch findet man diesen lerntheoretischen Hintergrund immer noch häufig, „vor allem bei handelsüblicher Lernsoftware, beispielsweise in Form von ‚Drill-and-practice'-Programmen zum Mathematik- oder Vokabellernen" (Glaser/Weigand/Schwan 2009, 193).

Inzwischen wird jedoch auch betont, dass der Vorwurf, behavioristische Konzeptionen hätten eine passive Vorstellung von Lernen, Skinners Intention der Aktivierung der Lernenden gerade nicht entspricht. Kerres/de Witt (2002, 3ff) vermuten, dass dies auch daran liegen könnte, „dass die seinerzeit entwickelten Lehrmaschinen technisch sehr eingeschränkte Möglichkeiten für ‚Aktivitäten' der Lernenden vorsahen" und weisen darauf hin, dass Skinner die in solchen Programmen oft verwendeten ‚Multiple Choice' Fragen aus theoretischer Perspektive mit der Begründung ablehnte, dass damit den Lernenden immer auch eine falsche Antwortalternative angeboten werde, die sich ihnen möglicherweise einprägt. Sie stellen daher die Frage, „ob die Anwendung der entsprechenden Prinzipien in den frühen Lehrmaschinen tatsächlich gelungen ist, und ob nicht gerade neuere Anwendungen aus dem Bereich Computersimulation/-spiele und VR (Virtuelle Realität; die Verf.) interessante Anknüpfungspunkte für eine erneute und vorurteilslose Beschäftigung mit Konzepten des Behaviourismus bieten" (ebd.).

Kognitivismus

Aus kognitivistischer Perspektive wird Lernen als (individueller) Informationsverarbeitungsprozess von extern und objektiv vorhandenen Fakten verstanden. Aufnahme und Verarbeitung von Wissen geschieht durch den Aufbau mentaler Modelle bzw. Schemata. Wesentliches Unterscheidungsmerkmal zum Behaviorismus ist die zentrale Rolle, die dabei die selbstständigen Denk- und Verstehensprozesse des Individuums in Auseinandersetzung mit der Umwelt spielen und die als so bedeutend erachtet werden, dass mit der zunehmenden Orientierung am Kognitivismus seit den 1960er Jahren von einer ‚kognitiven Wende' gesprochen wird. Piaget (1896–1980) als führender Vertreter kognitiver Entwicklungstheorien beschreibt Lernen als zwei unterschiedliche Austauschprozesse des Individuums mit der Umwelt: der Akkomodation als Anpassung bestehender persönlicher Schemata an die Umwelt und der Assimilation als Anwendung persönlicher Schemata zur Veränderung der Umwelt (Piaget 1974; Batinic/Appel 2008).

Mit dem Verständnis von Lernen als Informationsverarbeitung entsteht eine enge Verbindung des Kognitivismus zum Forschungsfeld der Künstlichen Intelligenz.

Damit verbunden ist der Versuch, ‚Intelligente Tutorielle Systeme' (ITS) bzw. adaptive Lernumgebungen zu entwickeln. Trotz einiger gelungener Prototypen werden diese jedoch vor allem aus pädagogischer und lernpsychologischer Perspektive immer noch eher kritisch beurteilt, nicht zuletzt, weil „der mit der Entwicklung verbundene Aufwand in keiner Relation zum erwarteten Nutzen steht" (KLAUER/LEUTNER 2007, 307; siehe auch NIEGEMANN U. A. 2008, 12; SCHULMEISTER 2004, 140ff; KERRES/DE WITT 2002; Kap. 5.2.1).

Jedoch wird mit dem Kognitivismus auch entdeckendes, von Neugier geleitetes und selbst gesteuertes Lernen, Explorieren, eigenes Finden und Ordnen von Informationen mit dem Ziel der Findung von Problemlösungen stärker betont. Angewendet auf computerunterstütztes Lernen sind damit reichere Lernumgebungen und das Angebot offener Lernwege sowie das Angebot von Simulationen, Hypermedia und Mikrowelten verbunden, ebenso die Notwendigkeit von Metawissen der Lernenden über die eigenen Lernziele und -wege (BLUMSTENGEL 1998).

Konstruktivismus

Der Begriff Konstruktivismus ist vieldeutig und vielschichtig (TERHART 1999). Der so genannte ‚radikale Konstruktivismus' ist eine Erkenntnis- bzw. Wissenschaftstheorie, der zufolge alles, was der Mensch wahrnimmt, subjektive Konstruktion und Interpretation ist (GLASERSFELD 1987). Wie auf viele andere Disziplinen, hatte der Konstruktivismus im letzten Jahrzehnt auch auf die Pädagogik – oft in seiner ‚gemäßigten' Form – starken Einfluss. Zentral ist dabei die Annahme, dass Wissen nicht ‚objektiv' vorhanden ist, sondern durch interne subjektive Konstruktion entsteht. Lernen wird nicht – wie im Kognitivismus – als Informationsverarbeitung, sondern als Konstruktion eines aktiven, lernenden Individuums in einem konkreten sozialen Kontext verstanden. Betont wird deshalb auch das eigenständige Entdecken von Problemen. Die Bildung von ‚trägem Wissen' (das nur zu Prüfungszwecken gelernt wurde) bzw. der mangelnde Praxistransfer sollen damit vermieden werden. Neues Wissen wird dabei mit vorherigem Wissen verknüpft, wodurch neue Strukturen und mentale kognitive Landkarten gebildet werden. Lernwege sind damit nach konstruktivistischer Auffassung individuell, nicht vorhersehbar und nicht ‚vermittelbar'; Lehren im allgemein üblichen Verständnis ist dementsprechend nicht möglich, stattdessen wird von ‚Lernbegleitung' gesprochen.

Konstruktivistische Prinzipien der Gestaltung von Lernsituationen

Aus konstruktivistischer Perspektive sind die folgenden Prinzipien für die Gestaltung von Lernsituationen wichtig (BLUMSTENGEL 1998; REINMANN-ROTHMEIER/MANDL/ PRENZL 1994, 46; MANDL/GRUBER/RENKL 2002, 143ff):

- *Die Authentizität der Lernumgebung* – im Gegensatz zu der oft üblichen Vereinfachung und Reduktion – wird als wichtiges Mittel betrachtet, Praxistransfer zu ermöglichen und der Bildung von ‚trägem Wissen' durch die Einbettung in einen Anwendungskontext entgegenzuwirken.
- *Situierte Anwendungskontexte:* Aus der Annahme, dass die Lernsituation eine zentrale Rolle bei der Wissenskonstruktion spielt und Sachverhalte immer in Verbin-

dung mit physischen und sozialen Kontexten gelernt werden, ergibt sich die Anforderung, Lernen in soziale und anwendungsbezogene Kontexte einzubinden, die zwar nicht die ganze Komplexität des Gegenstands präsentieren müssen, es jedoch ermöglichen sollen, ihn in einen größeren Zusammenhang einzuordnen.

- *Multiple Anwendungskontexte und Perspektiven* sollen der kritischen Auseinandersetzung mit dem Stoff dienen und den Transfer auf andere Gebiete unterstützen.
- *Komplexe Ausgangsprobleme,* die sowohl an die Erfahrungen der Lernenden anknüpfen als auch genügend Neuigkeitswert haben, sollen als Herausforderung dienen, eine oder mehrere Lösungen zu finden, um eine vorrangig auf Prüfungsergebnisse ausgerichtete Lernmotivation zu ersetzen oder zumindest zu ergänzen.
- *Sozialer Kontext:* Wesentlicher Bestandteil der Lernsituation ist die Beziehung der Lernenden untereinander und zu Lehrenden und Fachexperten. Gefördert werden sollen das gemeinsame Erarbeiten von Lösungen und der soziale Austausch.
- *Artikulation und Reflexion* unterstützen zum einen die Auseinandersetzung zwischen eigener und fremder Sichtweise, zum anderen den Prozess der Metakognition. Beide tragen dazu bei, allgemeine Problemlösungsstrategien zu entwickeln.

Gestaltungsformen von Lernsituationen auf konstruktivistischer Basis

Die im Folgenden knapp zusammengefassten, für virtuelles Lernen als relevant betrachteten Gestaltungsformen berücksichtigen diese Prinzipien in unterschiedlicher Weise:

- *Anchored Instruction:* Der Ansatz wurde von der Cognition and Technology Group an der Vanderbilt University entwickelt (BRANSFORD U.A. 1990). Zentrale Vorstellung dabei ist, dass mit einer möglichst authentischen und komplexen Aufgabe oder Ausgangssituation ein ‚Anker‘ bei den Lernenden gesetzt wird, dessen Funktion es ist, die Bildung von ‚trägem Wissen‘ zu vermeiden.
- *Cognitive Apprenticeship:* Dieser Ansatz will das Modell der traditionellen Ausbildung im Handwerk auch auf intellektuelle Aufgabenstellungen übertragen und integriert damit auch die sich sukzessive erweiternde Teilnahme der Lernenden an der Expertengemeinschaft. Der soziale Kontext, das gemeinschaftliche Arbeiten und Anwenden und die Einbindung der Lernenden in „Expertengruppen“ werden damit zum wesentlichen Bestandteil der Lernsituation (COLLINS/BROWN/NEWMAN 1989).
- *Cognitive Flexibility:* Das diesem Ansatz zugrunde liegende Konstrukt zur Beschreibung der Anforderungen an kognitive Strukturen und kognitive Prozesse bei der Verarbeitung von Informationen wurde von SPIRO, COULSON, FELTOVICH und ANDERSON (1988) entwickelt (siehe SPIRO/JEHNG 1990; SPIRO U.A. 1992). Um kognitive Flexibilität zu fördern und Übervereinfachungen zu vermeiden, sollen die Lernenden multiple Perspektiven einnehmen; Lerninhalte sollen auf vielfältige Weise kognitiv repräsentiert und gespeichert werden (MANDL/GRUBER/RENKL 2002; WEIDENMANN 2002b).

Kritik konstruktivistischer Konzepte

Die Kritik an konstruktivistischen Konzepten als Grundlage bei der Entwicklung virtueller Lernarrangements bezieht sich u. a. auf die hohen Anforderungen an die Lernenden, die durch die Komplexität und durch die ausschließliche Steuerung durch die Lernenden selbst entsteht. Solche Konzepte können zur Konzentration auf weniger wichtige Teilaspekte führen und sind daher nicht für alle Lernsituationen und für alle Lernenden geeignet. Zudem ist mit diesen Konzepten ein sehr hoher Entwicklungsaufwand verbunden, gleichwohl können sie den Anspruch an völlige Authentizität nie vollständig einlösen.

Als wesentliche Anregungen ergeben sich daraus die Schaffung von Angeboten für selbst gestaltete Lernprozesse durch reichhaltige Lernumgebungen sowie die Bereitstellung von Angeboten und Anregungen für aktives und entdeckendes Lernen (BLUMSTENGEL 1998; EULER 1999).

Systemisch-konstruktivistische Ansätze

In den vergangenen Jahren wurde der gemäßigt konstruktivistische Ansatz auch im deutschsprachigen Raum über die bis dahin vorherrschenden kognitivistischen und individualistischen Grundannahmen hinaus in verschiedene systemisch-konstruktivistische Richtungen weiterentwickelt. So weist etwa der ‚emotionale Konstruktivismus' (ARNOLD, R. 2005, 2009; ARNOLD/ARNOLD-HAECKY 2009) darauf hin, dass konstruktive kognitive Lernprozesse immer emotional eingebettet sind, denn die subjektive Konstruktion von Welt beruhe immer auch auf früh erworbenen emotionalen Mustern. Bei der Gestaltung von Lernsituationen muss dies ebenso berücksichtigt werden wie die Selbstreflexion dieser Muster, die zur Entwicklung individueller emotionaler Kompetenz notwendig ist. Soziokulturelle konstruktivistische Ansätze fokussieren den Einfluss von sozialen bzw. kulturellen Systemen auf die Konstruktion von Wirklichkeit (z. B. SCHMIDT, S. 1994). So geht auch der ‚interaktionistische Konstruktivismus' (REICH 1998a, 1998b, 2006) von einer Wechselwirkung zwischen der sozial-kulturellen Lernumgebung und dem subjektiven Handeln der Lernenden aus. Er beschreibt Lernen als einen Dreischritt von Rekonstruieren, Konstruieren und Dekonstruieren von Welt, das am wirkungsvollsten ist, wenn es selbst gesteuert erfolgt. Dazu sind jedoch Methodenkompetenzen und die Beherrschung von Kulturtechniken erforderlich, die erst erlernt werden müssen (z. B. die Auswertung von Informationsquellen, zu denen auch das Internet, Datenbanken usw. gehören). Für Lehrende ergibt sich daraus die Anforderung, reichhaltige Lernumgebungen zur Verfügung zu stellen und Lernsituationen zu schaffen, die die Lernenden zu einer Auseinandersetzung mit ihrer subjektiven Wirklichkeitskonstruktion ermutigen, indem sie Diskrepanzerfahrungen zu der gerade wissenschaftlich und gesellschaftlich konsensfähigen Wirklichkeit ermöglichen und zu deren produktiver Überwindung anregen. Die Integration digitaler Medien in situierte Lernsituationen wird dabei umso wichtiger, je stärker sie sich ausbreiten und gesellschaftlich an Bedeutung gewinnen.

Lernen durch Lehren und Forschen

Als eine weitere konstruktivistische Lehrmethode hat in Deutschland der Ansatz des ‚Lernens durch Lehren' in den vergangenen Jahren an Bedeutung gewonnen (LERNEN DURCH LEHREN 2010; MARTIN 2001; RENKL 1997). Er wird inzwischen nicht nur in Schulen eingesetzt, sondern auch in der Weiterbildung und in Hochschulen, und dort auch um den Faktor ‚Forschen', erweitert (GRZEGA 2003, 2005). Die Übernahme von Lehrfunktionen und Forschungsaufgaben geschieht hier nicht um ihrer selbst will, sondern zielt primär auf eine Vertiefung und Intensivierung des Lernprozesses. Die Wissenskonstruktion erfolgt handlungsorientiert in situierten, sozial ausgehandelten Problemlösesituationen. Dabei geht es nicht nur darum, dass die Lernenden zu Experten für bestimmte Inhalte werden und diese präsentieren. Ein wesentliches Element ist auch die ständige Interaktion und der Diskurs mit der gesamten Lerngruppe, die als ‚neuronales Netz' zur gemeinsamen Wissenskonstruktion verstanden wird. Die Aufgabe der Lehrenden besteht darin, die Voraussetzungen dafür zu schaffen, sowohl durch die Gestaltung effektiver Lernumgebungen als auch durch aktive Präsenz in den durch die Lernenden gestalteten Vermittlungsphasen. Wichtig ist dabei, die Lernenden bei der (nachträglichen) linearen Ordnung des Wissens (Linearität a posteriori) und im Diskurs darüber zu unterstützen. Der Erwerb dieser Kompetenzen ist zugleich Vorbereitung auf eine ‚Wissensgesellschaft', in der die Fülle und Nicht-Linearität von Informationsangeboten im Internet sowie die Ansprüche an (nicht-digitale und digitale) Selbstrepräsentation und Kommunikation ständig wachsen (MARTIN 2001).

Konnektivismus

Mit den zuletzt beschriebenen Entwicklungen wird bereits eine Verbindung zwischen den ‚klassischen' Lerntheorien und neuen didaktischen Theorien geschaffen, die zurzeit entwickelt werden und sich stärker an den Anforderungen von E-Learning und einer ‚vernetzten Welt' orientieren (DOWNES 2005; KERRES 2006). Einer der erfolgreichsten Ansätze ist dabei der Konnektivismus; allerdings ist umstritten, ob es sich tatsächlich um eine Lerntheorie handelt.

Der Begriff ‚Konnektivismus' (engl. ‚Connectivism') wurde von GEORGE SIEMENS (2004) geprägt; der theoretische Hintergrund wird u. a. gemeinsam mit STEPHEN DOWNES kontinuierlich weiterentwickelt (CONNECTIVISM & CONNECTIVE KNOWLEDGE 2010). Ausgangspunkt ist die Feststellung, dass die klassischen Lerntheorien den neuesten Entwicklungen im Bereich des Lernens, insbesondere im Zusammenhang von Web 2.0, nicht mehr entsprächen. Im Gegensatz zu deren Paradigma, dass Erkenntnisse und Erfahrungen, die ausschlaggebend für den Lernerfolg sind, eigenständig durch die Lernenden selber gemacht werden, könne Wissen heute, bedingt durch eine stetig wachsende Informationsflut, nicht länger nur als persönlich verinnerlichtes Gut gelten, sondern müsse veräußerlicht werden, um Ordnung in den herrschenden Informationsüberfluss zu bringen. Die zunehmende Komplexität von Informationen mache es nötig, Netzwerke aus Personen und Informationen zu bilden (GÖRTING/PELKA/SCHMITT 2008, 6). Zentrale Metapher für Lernen wird damit – angelehnt an die Verknüpfungen in Hypertexten – die Vernetzung über Knoten und die Verbindungen zwischen zwei Knoten. Als solche Knoten gelten dabei sowohl die Lernenden selbst und weitere Personen als auch andere Ressourcen, z. B. Internetseiten und Printmedien. Lernen wird danach verstanden als ein Prozess, in dem durch neue Verbindungen zu anderen Knoten ein Netzwerk aufgebaut wird, in dessen Zentrum das ‚Wissen wo' und nicht mehr das ‚Wissen was' oder ‚Wissen wie' steht. Die Verbindungen werden damit wichtiger als deren Inhalt; Lernen und Wissen beruht danach auf der Kenntnis der Vielfältigkeit von Meinungen. Um kontinuierliches Lernen zu ermöglichen, ist es deshalb notwendig, Verbindungen zu pflegen und zu erhalten. Eine Kernkompetenz ist die Fähigkeit, Verbindungen zwischen Themenfeldern, Ideen und Konzepten zu erkennen (Wikipedia, „Konnektivismus", 21.11.2009).

Ein weiterer Ansatzpunkt des Konnektivismus ist das prozessartige, dialogische Lernen, das in Gegensatz zu statischem, textbasiertem Lernen gestellt wird. Durch den Dialog zwischen Lehrendem und Lernendem und zwischen Lernenden untereinander entstehe eine ‚Zwei-Wege-Erfahrung', in derem Verlauf die Lernenden durch den ständigen Dialog und Austausch ihr Wissen an die sich stetig in Bewegung und Weiterentwicklung befindliche Wirklichkeit anpassen, Bedeutung formen und interpretieren (GÖRTING/PELKA/SCHMITT 2008, 6). Der Lernprozess besteht auch darin zu entscheiden, was gelernt wird und die Bedeutung der eingehenden Informationen im Kontext einer sich verändernden Realität einzuordnen, denn eine Antwort, die heute richtig ist, kann morgen aufgrund möglicher Änderungen in der Informationsgrundlage, bereits veraltet sein. Intention aller konnektivistischen Lernaktivitäten ist aktuelles und akkurates Wissen (Wikipedia, „Konnektivismus", 21.11.2009). Für SIEMENS (2006) stellt das Internet an sich den Netzwerkgedanken des Konnektivismus am besten dar: ‚Das Lernen ist das Netzwerk'. Der konnektivistischen Theorie zufolge hat sich das Lernen damit vom Verständnis einzelner Elemente hin zur Erfassung eines großen Ganzen bzw. eines Zusammenhangs gewandelt.

Kritik und Konsequenzen konnektivistischer Ansätze
Kritik am Konnektivismus bezieht sich u. a. darauf, dass es sich nicht um eine Lerntheorie, sondern eher um eine ‚pädagogische Sicht auf Bildung' handele: Während Lerntheorien sich mit der Frage befassen, wie Menschen lernen, geht es im Konnektivismus mehr um das was und warum des Lernens, also den curricularen Aspekt (VERHAGEN 2006). Ein zentrales Problem ist auch, dass im Konnektivismus die Bedeutung von Fakten und Tatsachen relativiert wird oder im pluralistischen Netzwerk von Meinungen und Verbindungen sogar ganz verschwindet.

Bildungspolitische und didaktisch-methodische Konsequenzen der konnektivistischen Perspektive sind z. B. für alle Interessierten kostenfrei und offen zugängliche Kurse, in denen Lernmaterialien in verschiedenen Formaten online zur Verfügung gestellt sowie von den Lernenden selber eingebracht werden können – z. B. Artikel, Videos, Audioaufzeichnungen – und von ihnen selbst durch die Werkzeuge ihrer Wahl in Beziehung zueinander gesetzt werden, etwa durch Forendiskussionen, Blogeinträge, Onlinetreffen in ‚Second Life'.

Subjektwissenschaftliche Lerntheorie

Die subjektwissenschaftliche Lerntheorie (HOLZKAMP 1993) grenzt sich von allen bisher vorgestellten Lerntheorien ab, indem sie die gesellschaftlichen Lebensbedingungen der Menschen berücksichtigt. Lernen wird weder als Reiz-Reaktions-Mechanismus noch als reine Informationsverarbeitung oder individuelle Wissenskonstruktion verstanden, sondern als eine Form begründeten menschlichen Handelns zur Realisierung der eigenen Lebensinteressen. Lernanlass ist danach eine ‚Diskrepanzerfahrung', d. h., die Erfahrung, eine Situation nicht durch die bisher erworbenen Handlungsmöglichkeiten bewältigen zu können. Positiver Grund für ‚expansives Lernen' ist somit eine Erweiterung der eigenen Handlungsmöglichkeiten. ‚Defensives Lernen' erfolgt dagegen – wie oft in institutionalisierten Lernzusammenhängen – zur Vermeidung von befürchteten negativen Konsequenzen (Kap. 2.1).

Wesentliche Faktoren der subjektwissenschaftlich begründeten Lerntheorie sind weiterhin die Identifizierung des „Lehr-/Lernkurzschlusses" (HOLZKAMP 1993, 319ff), d. h., die fälschliche Gleichsetzung von Lehrprozessen mit den intendierten Lernprozessen, sowie die Thematisierung des pädagogischen Verhältnisses zwischen Lehrenden und Lernenden, das auch Ziel, Inhalt, Form, Bedeutung und Reflexion der Diskurse über die Lerngegenstände bestimmt (Kap. 2). In Bezug auf die Gestaltung virtueller Lernsituationen wird damit auch deutlich, dass multimediale und interaktive Lernmaterialien in Lernprozessen nie den Diskurs mit einem menschlichen Betreuer ersetzen können. Der Ansatz legt somit eine handlungs- bzw. aufgabenorientierte Konzeption von Lernsituationen nahe (Bedeutung von Lernaufgaben Kap. 4.2.2; Konzeption virtueller Lernmodule Kap. 4.3.2).

Umsetzung in Lehrkonzepte I: Instruktionsdesign

Mit dem Begriff ‚Instructional Design' (Instruktionsdesign) wurde in den USA seit den späten 1950er Jahren ein Grundmodell zur Planung und Gestaltung von Bildungsprozessen bezeichnet, das in Übertragung von Mensch-Maschine- bzw. auch von Organisations- und Managementprozessen auf Bildungsprozesse entwickelt wurde. Es geht in vier Hauptschritten vor: Analyse (des Problems bzw. Lernbedarfs), Planung (der Auswahl und Sequenzierung des Lernstoffs), Entwicklung (der Lernmaterialien) und Evaluation (des Lernerfolgs).

Inzwischen gibt es „Hunderte von Modellen des Instruktions-Designs (ID) bzw. des Designs von Instruktions-Systemen" (ISSING 2002, 157), die in ihrem Detailliertheitsgrad und ihrer Schwerpunktsetzung sehr unterschiedlich sind. ISSING (EBD.) unterscheidet drei Wirkungsebenen solcher Modelle: die Entwicklung von Bildungssystemen, die Entwicklung von Unterricht und die Entwicklung von Produkten (Medien). Insbesondere die beiden letzten Modellgruppen sind für das Instruktionsdesign von multimedialen Lernprogrammen interessant.

Die ersten Modelle (ID1) basieren auf behavioristischen Lernvorstellungen, also der Vermittlung von Wissen durch geeignete Instruktionsschritte und beziehen sich vor allem auf die Planung von Drill-and-Practice-Programmen. Sie wurden jedoch mit dem Aufkommen des Konstruktivismus immer stärker kritisiert.

Die Instruktionsmodelle der ‚zweiten Generation' (ID2) beziehen deshalb bspw. konstruktivistische Anforderungen an die Gestaltung von Lernumgebungen (wie ‚Cognitive Apprenticeship' oder ‚Anchored Instruction') in die Planung mit ein (RAUTENSTRAUCH 2001, 69f).

Ein nochmals erweitertes Verständnis des ‚Didaktischen Designs' findet sich bei KERRES/DE WITT (2002, 14f). Sie sehen es als übergeordnetes Prinzip zur Begründung von Entscheidungsprozessen und -dimensionen für den Einsatz von (auch auf unterschiedlichen lerntheoretischen Annahmen beruhenden) Methoden und Ansätzen bei der Planung und Gestaltung von Lernsituationen.

Umsetzung in Lehrkonzepte II: E-Learning-Patterns
‚Pattern' (Muster) sind ein „systematischer Weg, erprobte Lösungsformen für wiederkehrende Problemstellungen zu dokumentieren und klassifizieren [...]. Ein didaktisches Muster erfasst die Regelmäßigkeiten erfolgreicher Praktiken (good/best practices) mit der Zielsetzung, erprobte Methoden, Szenarien, Aufbereitungstechniken wiederzuverwenden und auf neue Gestaltungsaufgaben zu übertragen" (E-TEACHING.ORG 2009a; vgl. auch KOHLS 2009; KOHLS/WEDEKIND 2008, 217–227; NIEGEMANN U. A. 2008, 89–92). In Lernkontexten und im Bereich des E-Learning lassen sich solche wiederkehrenden Muster in verschiedenen Bereichen finden: u. a. auf der Ebene der Organisationsformen, bei der Gestaltung der Curricula, der Lehr- und Lernszenarien und Veranstaltungsformen, in der Verwendung von Methoden und Werkzeugen, bei der Gestaltung von Materialien und Interaktionsformen.

Der ursprünglich aus der Architekturtheorie stammende Entwurfsmuster-Ansatz (ALEXANDER 1979) wurde bald auch auf andere Bereiche übertragen und erzielte seinen Durchbruch mit dem Standardwerk "Design Patterns" zur objektorientierten Softwareentwicklung (GAMMA U. A. 1995). Das erste Wiki wurde von WARD CUNNINGHAM mit dem Ziel entworfen, kooperativ Entwurfsmuster zu sammeln (LEUF/CUNNINGHAM 2001). Auch die ersten pädagogischen Musterbeschreibungen entstanden in diesem eher technisch geprägten Umfeld (THE PEDAGOGICAL PATTERNS PROJECT 2010).

Beschreibungen von Mustern sollten nicht zu allgemein (im Sinne reiner Prinzipien) oder zu speziell (im Sinne von Richtlinien) formuliert werden, sondern eine Schnittstelle zwischen Theorie und Praxis bilden. Die Beschreibungsfelder können nach Einsatzkontext variieren bzw. darauf abgestimmt sein. Folgende Kategorien sollten jedoch immer beschrieben werden:
- *Kontext*, d. h., die Rahmenbedingungen, in denen ein bestimmtes Problem auftritt, welches durch die passende Lösungsform beseitigt werden kann, etwa der Hochschulstudiengang, das Curriculum u. a. m.;
- *Problem und Einflussfaktoren*, die durch den Kontext in Konflikt miteinander geraten und das eigentliche Kernproblem darstellen, z. B. die zu vermittelnde Stoffmenge und die zeitlichen Rahmenbedingungen;
- *Lösung* durch eine Ausbalancierung der verschiedenen Einflussfaktoren. Um Fehlschläge, aber auch zufällige Lösungen zu vermeiden, werden die schrittweise

herausgearbeiteten erfolgreichen Lösungen erfasst und als Annäherung an ein Lösungsideal wieder verwendbar gemacht (‚good practice' statt ‚best practice'). Durch das Finden besserer Muster können bestehende obsolet werden.

Der Ansatz weist Parallelen zu Methodenbaukästen und Sammlungen didaktischer Methoden und Werkzeuge auf – etwa FLECHSIGS ‚Handbuch didaktischer Modelle' (1996) –, unterscheidet sich von diesen Modellen aber durch sein spezielles Beschreibungsformat ebenso wie durch verschiedene Grundsätze, die bei der Findung, Beschreibung und Veröffentlichung berücksichtigt werden müssen: In der Regel werden Pattern aus der Erfahrung abgeleitet und nicht theoretisch deduziert, „sie werden nicht erfunden, sondern gefunden" (E-TEACHING.ORG 2009a). Die dafür verwendete Metapher des ‚Pattern Mining' soll zum Ausdruck bringen, dass „bereits vorhandenes implizites Wissen herausgearbeitet werden soll" (EBD.). Die Verschriftlichung und Veröffentlichung erfolgt – zumindest idealtypisch – in einem gemeinschaftlichen Prozess, z. B. bei den jährlichen Treffen der europäischen Konferenz für ‚Pattern Languages of Programs' (EuroPLoP).

Pattern vermitteln also Praxiserfahrungen erfahrener Anwender und tragen dadurch dazu bei, Fehler nicht zu wiederholen. Sie dienen als Analysewerkzeug und stellen Lösungen für Probleme ebenso vor wie Kriterien der Anwendbarkeit und Gültigkeit, mögliche Einflussfaktoren, die damit verbundenen Probleme und schließlich die Konsequenzen der Lösung. Zugleich schaffen sie ein gemeinsames Verständnis und Vokabular und erleichtern so auch die Kommunikation in interdisziplinären Arbeitsgruppen, wie sie gerade bei der Gestaltung von E-Learning typisch sind.

Inzwischen existieren verschiedene öffentlich zugängliche didaktische und für E-Learning spezifische Muster-Sammlungen (E-TEACHING.ORG 2009b), z. B. die Sammlung „Didaktische Design Patterns" zur Dokumentation didaktischen Wissens an Hochschulen (VOGEL/WIPPERMANN 2004; DIDAKTISCHE DESIGN PATTERNS 2010) und das E-LEARNING DESIGN PATTERNS REPOSITORY (2010).

Gesellschaftliche Einflüsse auf Lerntheorien und Lernkultur

Wie stark lerntheoretische Paradigmen (und die jeweils finanziell geförderten Technologien) auch in Wechselwirkung mit gesellschaftlichen Entwicklungen stehen, zeigen eindrucksvoll die Bezüge, die PASUCHIN (2009) herstellt: Zwar werde in der mediendidaktischen Literatur die Abkehr von Lerntheorien in der Regel mit mangelnden empirischen Belegen für deren Effizienz begründet, oft spielten dabei jedoch auch ganz andere Faktoren eine Rolle. So habe etwa das Interesse an einer Effizienzsteigerung des Bildungssystems infolge des ‚Sputnikschocks' Ende der 1950er Jahre (als die Sowjetunion vor den USA den ersten Satelliten in eine Erdumlaufbahn brachte) zum Aufschwung behavioristisch begründeter Lerntheorien geführt, etwa der programmierten Unterweisung. Die Abkehr von diesem Ansatz sei dann nach den Rezessionen erfolgt, die Anfang der 1970er Jahre durch die Ölkrise ausgelöst wurden und den technologisch begründeten Optimismus erheblich minderten. In den letzten Jahren sei nach „dem jähen Platzen der ‚Dotcom-Blase' im Jahre 2001" auch die erste E-Learning-

Euphorie abgeflaut und zeitgleich „auch der Konstruktivismus in Ungnade" gefallen – etwa bei DOWNES, der 2005 in einem oft zitierten Artikel dafür plädierte, an den Konnektivismus von SIEMENS (2004) anzuknüpfen, dessen Ansatz auf Netzwerk-, Komplexitäts-, Selbstorganisations- sowie insbesondere auf Chaostheorien basiert (PASUCHIN 2009, 159).

Pragmatismus und Leitlinie didaktischen Handelns

„Muss man sich als Lehrender entscheiden, ob man Konstruktivist oder Kognitivist ist? Ist ein ‚Bekenntnis' zu *einer* Seite notwendig?" REINMANN-ROTHMEIER (2003, 38) verneint diese Frage, und auch andere Autoren schlagen inzwischen unter Rückgriff auf DEWEY (1859–1952) den „Pragmatismus als weiterführende Perspektive der Mediendidaktik" vor. Die zentrale Frage der Mediendidaktik sei, „unter welchen Bedingungen Menschen wie mit Medien erfolgreich lernen können" (KERRES/DE WITT 2002, 13). Der Pragmatismus liege insofern ‚quer' zu den bisherigen Konzepten, als damit ein didaktisches Design von Lernprozessen möglich werde, das es erlaube, bei der Planung einer konkreten Lernsituation jeweils auf das passende Konzept zu einer Lösung des Problems zurückzugreifen, durch das die „Perspektiven menschlichen Handelns und die Handlungsfähigkeit von Menschen erweitert" werden (EBD.; HÄRTA 2002).

Oberste Leitlinie jeder Gestaltung didaktischer Arrangements ist die Förderung der Entwicklung der Handlungskompetenzen, der Subjektivität der Individuen zur demokratischen Teilhabe an der gesellschaftlichen Lebensgewinnung. Denn die Grundlage der Entwicklung des „immer subjektiv – bewusst oder unbewusst – begründeten Denkens und Handelns sind die jedem Menschen objektiv gegebenen und subjektiv erkannten Möglichkeitsbeziehungen seines individuellen Denkens und Handelns zu den gesellschaftlichen Strukturen und Prozessen und ihren Bedeutungen. [...] Seine ihm immer gegebenen Möglichkeitsbeziehungen zur Welt und zu sich selbst sind dabei Notwendigkeit und Herausforderung zu einem bewussten eigenständigen Denken und Handeln" (ZIMMER 2010a, 2). Kooperative und partizipative pädagogische Verhältnisse und aufgabenorientiert konzipierte, mit (digitalen) Bildungsmedien angereicherte Lernszenarien fördern und unterstützen diese subjektive Entwicklung der Lernenden.

4.2.2 Bedeutung von Lernaufgaben

Bei der Gestaltung virtueller Lernsituationen spielen geeignete Studien- oder Lernaufgaben eine zentrale Rolle (ARNOLD/THILLOSEN 2002). Ihre Funktion ist die Aktivierung der Lernenden auf kognitiver und/oder emotionaler Ebene oder zur Kommunikation und Kooperation sowie die Sicherung des Lernerfolgs durch Anwendung oder Übung in Vorbereitung auf eine Prüfung (KERRES/DE WITT 2002; REINMANN-ROTHMEIER 2003, 57f).

Funktion von Aufgaben in der subjektwissenschaftlichen Lerntheorie

Aus der Perspektive einer auf der subjektwissenschaftlichen Lerntheorie begründeten aufgabenorientierten Didaktik geht die Bedeutung von Aufgaben weit über die genannten Funktionen hinaus: Ihre Relevanz liegt darin, einen Bezug zur späteren beruflichen Praxis herzustellen und dadurch einen Anlass zu expansivem Lernen zu schaffen. Hierfür geeignete Aufgaben werden deshalb idealerweise im Dialog zwischen Lehrenden und Lernenden aus den jeweiligen beruflichen Handlungskontexten ausgegliedert, z. B. aus beruflichen Aufgaben, aus Aufgaben in einer Praktikumssituation oder auch aus einem Prozess des wissenschaftlichen Forschens (ZIMMER 1998, 2010a). Bei der Konzeption virtueller Lernmodule nach einem aufgabenorientierten didaktischen Modell sind umfassende Lernaufgaben ein zentraler strukturierender Faktor. Die Entwicklung eines komplexen Handlungsfeldes, aus dem geeignete Lernaufgaben von den Lernenden selbstständig oder in Kommunikation und Kooperation mit anderen Lernenden oder in Partizipation mit Lehrenden oder Fachexperten ausgegliedert werden können, ist der erste Schritt bei der Planung eines Moduls. Die Konzeptentwickler virtueller Lernmodule haben damit „aufgrund der *Kompetenzdifferenz* zu den Lernenden bei der Ausgliederung von Lernaufgaben oft eine sehr entscheidende Aufgabe" (ZIMMER 2004, 66; Kap. 4.3.2). Einzubeziehen in diese Überlegungen sind nicht nur die verschiedenen Wege der Aufgabenbearbeitung, sondern auch die Rolle der Betreuer bei der Ausgliederung von speziell auf die Bedürfnisse der jeweiligen Lernenden oder Lerngruppen abgestimmten Aufgaben und die Unterstützung bei der Aufgabenbearbeitung. Denn ein unreflektiert suchendes ‚Herumklicken' der Lernenden kann zu Aufmerksamkeitsstörungen und unzureichenden Lernerfolgen führen.

Eigenschaften von Aufgaben

Umfassende Studien- bzw. Lernaufgaben in virtuellen Lernsituationen sind also zunächst dadurch charakterisiert,

- welche Kompetenzen durch die Bearbeitung erworben werden (Bedeutungswissen, Handlungsinteresse, Fachkompetenz, Methodenkompetenz, Sozialkompetenz, Entscheidungskompetenz, Bewertungskompetenz, Selbstkompetenz; Kap. 4.3.1) und
- in welcher Sozialform sie bearbeitet werden (in Einzelarbeit oder in Gruppenarbeit mit gleichen oder arbeitsteiligen Aufgaben; Kap. 6).

Unterscheidungsmerkmale von kleineren Aufgaben bzw. von speziellen Teilaufgaben in umfassenden Studien- und Lernaufgaben sind:

- *Einfachheit oder Komplexität:* Automatisch auswertbare Aufgaben (‚Multiple Choice' etc.) bieten Interaktivität und schnelle Rückmeldung. Für den Lerntransfer in die Praxis sind jedoch meist umfangreichere, auf die zu erwerbenden Handlungskompetenzen ausgerichtete Aufgaben notwendig.
- *Position und Funktion* der Aufgaben im Lernzusammenhang, von der Überprüfung des Vorwissens bis zur abschließenden Lernkontrolle, Erprobung und Reflexion des Gelernten.

Zusätzliche Informationen und Hilfestellungen

Insgesamt spielen bei der Konzeption von Aufgaben in E-Learning-Kontexten Prinzipien des ‚Mehrwerts' der virtuellen Umgebung eine besondere Rolle. Dazu gehören z. B. die Möglichkeiten der schnellen Rückmeldung, das Bereitstellen von Musterlösungen und der Rückfluss von Aufgabenlösungen von einzelnen Lernenden oder von Lerngruppen in den Lernprozess als Lernressource. Bei der Aufgabenstellung ist zu bedenken, dass von Beginn an genügend zusätzliche Informationen bereitgestellt werden (z. B. zur Zielrichtung der Aufgabe), die in Präsenzlernsituationen schnell mündlich gegeben werden können, ebenso wie (prozess- oder ergebnisorientierte) Hilfestellungen. REINMANN-ROTHMEIER (2003, 72) weist darauf hin, dass die Öffentlichkeit von Aufgabenlösungen teilweise Verunsicherung auslöst, gerade bei Lernenden, die die Aufgaben weniger professionell gelöst haben. Solche Unsicherheiten können durch geeignete Informationen in der Aufgabenstellung aufgefangen werden. Ob dies bereits bei der Entwicklung des Konzepts oder erst später durch die tutoriellen Betreuer geschieht, hängt von der Struktur des Lernangebotes ab.

Häufig werden automatisch auswertbare Aufgaben als besonderer Vorteil virtueller Lernarrangements und Lernerfolgskontrollen betrachtet. Dies können geschlossene Fragetypen wie ‚Multiple Choice', Zuordnungsaufgaben, Reihenfolgebestimmungen und Objektmarkierungen oder offene Fragen (z. B. Frei- oder Lückentextaufgaben) sein (EULER 1992, 128–148). Solche Aufgaben ermöglichen einen interaktiven Umgang mit dem Lernstoff. Wichtig ist dabei eine schnelle, individuelle und differenzierte Rückmeldung über den erreichten Wissensstand (KERRES 1998, 187). Diese Aufgabenformen ersetzen jedoch in keinem Fall die diskursive Auseinandersetzung mit komplexen Inhalten, die nur im Dialog mit den tutoriellen Betreuern, Lehrenden, Fachexperten und anderen Lernenden stattfinden kann (Kap. 7).

Ein weiterer wesentlicher Faktor bei der Aufgabenplanung sind die Transparenz der Bewertungsschemata (für Betreuer und Lernende) sowie die möglichen Prüfungsformen, die ggf. mit den jeweiligen Prüfungsämtern abzustimmen sind.

4.2.3 Lernszenarien: Organisation virtuellen Lehrens und Lernens

Lernszenarien als Beschreibung pädagogischer Verhältnisse

Im Folgenden werden verschiedene Möglichkeiten der Gestaltung und Organisation virtueller Bildungsveranstaltungen vorgestellt. Dabei soll einleitend darauf hingewiesen werden, dass im Arrangement von Bildungsveranstaltungen, ob in mediengestützten oder in Präsenzveranstaltungen, (oft implizit) immer auch die pädagogischen Verhältnisse, also die Beziehungen zwischen den beteiligten Personen und die Verantwortlichkeiten für den Lernprozess zum Ausdruck gebracht werden. Dies betrifft nicht nur mediengestützte Veranstaltungen: Auch Präsenzveranstaltungen können z. B. dozentenzentriert oder gruppenorientiert gestaltet werden. Jedoch können mit dem Einsatz bestimmter Techniken und Medienstrukturen spezielle Einschränkungen oder auch erweiterte Möglichkeiten verbunden sein und damit Voraussetzungen geschaffen werden, die die Grundausrichtung der pädagogischen Verhältnisse eines Lernarrangements noch erheblich verstärken. Dabei scheint es drei Haupttendenzen zu geben:

(1) Dominanz der Lehrenden

Viele E-Learning-Szenarien bergen die Gefahr, dass die Lernenden noch mehr als in traditionellen Lehrveranstaltungen zu bloßen Rezipienten von fest fixierten Lerninhalten werden und damit die Dominanz der Lehrenden weiter ausgebaut wird. Dies ist z. B. der Fall, wenn bei der digitalen Übertragung von Veranstaltungen (sei es an Einzelrechner oder auch in einen oder mehrere andere Hörsäle) die dozentenzentrierte Vermittlung verstärkt wird, weil keine Rückkanäle für Nachfragen der Lernenden zur Verfügung stehen oder aus technischen oder organisatorischen Gründen kaum genutzt werden. Auch die multimediale Aufbereitung von Lerninhalten kann dazu führen, dass diese „in viel höherem Maße als bei gedruckten Materialien begrenzt und fixiert und die Möglichkeiten ihrer Er- und Bearbeitung ein[ge]schränkt" werden, da „alle bislang in Lernmaterialien vorhandene[n] Poren, deren Vorteil [...] ja gerade darin lag, dass sie erst durch Kommunikation der Lehrenden und Lernenden nachdenkend geschlossen werden konnten" nun von vornherein geschlossen werden müssen (ZIMMER 1997, 114).

(2) Dominanz des Lernens gegenüber dem Lehren

Dagegen kehrt sich das eben beschriebene Dominanzverhältnis nahezu um durch die grundsätzliche Möglichkeit, dass Lernende sich aus einer „prinzipiell unbegrenzten Vielfalt an [Online vorhandenen] Informations- und Lernangeboten der unterschiedlichsten Bildungseinrichtungen" (EBD., 116) ihre Stundenpläne dem eigenen Bedarf entsprechend selbst organisiert zusammenstellen können. Damit ist nicht nur ein hoher Anspruch an die Verantwortung und die (auto)didaktischen Kompetenzen des einzelnen Lernenden verbunden, zugleich stellt sich mit dieser „sich abzeichnenden Umkehrung des Organisationsprinzips von Lehren und Lernen" die Frage, was unter dieser Voraussetzung „den *Anreiz* für das Lernen der Individuen und den *Zusammenhang* ihres Lernens schafft" (EBD.). Neue, nicht-dominante Formen der Unterstützung dafür müssten jedoch erst gefunden werden. Mit dieser Organisationsform des Lernens deutet sich ein Umbruch in der traditionellen Lern-, aber auch der Lehrkultur an. Allerdings ist die Realisierung in der Praxis aufgrund der immer noch problematischen Anerkennung von Lernleistungen durch die verschiedenen Bildungseinrichtungen sowie des de facto vorhandenen Angebots bzw. der Auswahlmöglichkeit von E-Learning-Modulen heute immer noch schwierig.

(3) Dominanz des Kommunikativen gegenüber dem Individuellen

Inzwischen stehen zahlreiche Werkzeuge für die Zusammenarbeit von Lernenden an verteilten Orten zur Verfügung: „*Telematische Lernformen* sind von ihrer grundlegenden Bestimmung her *Formen gemeinsamen Lernens*" (EBD., 121). Möglich ist dies in synchronen Szenarien (Videokonferenzen, virtuellen Klassenzimmern, der Zusammenarbeit auf geteilten Whiteboards, in Dokumenten usw.) ebenso wie in asynchronen

Arrangements (z. B. auf Lernplattformen mit Diskussionsforen, Wikis, Weblogs). Die Größe von Kursen kann sehr unterschiedlich sein, von Kleingruppen bis hin zu Kursen mit tausenden von Teilnehmern weltweit. Beim kollaborativen und kooperativen Lernen stehen die gemeinsamen Aktivitäten der Lernenden zur Erarbeitung von Lerninhalten im Mittelpunkt, während die Rolle der Lehrenden sich vom Dozierenden hin zum Moderator oder Lernbegleiter wandelt.

Lernaufgaben als Orientierung für Lernszenarien

Diese Grundformen der pädagogischen Verhältnisse werden in konkreten E-Learning-Szenarien realisiert. Dabei werden weder mit dem Einsatz bestimmter Medien noch mit anderen Elementen – z. B. der Gruppengröße oder der Abfolge von Lernsequenzen – ‚automatisch' bestimmte pädagogische Verhältnisse geschaffen, und oft sind auch die Übergänge fließend. Jedoch kann die bewusste Gestaltung von Lernszenarien erheblich dazu beitragen, die traditionelle Dominanz der Lehrenden zu vermindern und selbst organisiertes und kooperatives Lernen zu unterstützen. Zentrale Bedeutung kommt dabei den Lernaufgaben zu (Kap. 4.2.2). Sie tragen nicht nur zur Motivation und Aktivierung der Lernenden bei, sondern geben dem Lehren und Lernen unter den heterogenen Bedingungen von E-Learning Orientierung, indem sie es in einen großen Zusammenhang einbinden und auf diskursiver Verständigung beruhen. Für Lehrende bedeutet dies, dass ihre Aufgabe immer mehr darin besteht, mit den Lernenden gemeinsam Aufgaben zu definieren und deren Bearbeitung zu begleiten.

In den folgenden Abschnitten werden verschiedene Faktoren und Beschreibungsmodelle vorgestellt, die in die Planung von E-Learning-Szenarien einbezogen und bei der Entscheidung für den Einsatz konkreter Gestaltungselemente helfen sollen.

Traditionelle Präsenzlehrveranstaltungen versus virtuelle Lernarrangements

Das Lernszenario wird in traditionellen Präsenzlehrveranstaltungen meist nicht explizit thematisiert, denn Veranstaltungsformen wie Seminare, Vorlesungen oder Workshops greifen in der Regel auf etablierte Lehr- und Lernformen zurück, die jeweiligen Tätigkeiten von Lehrenden und Lernenden, ihr Verhältnis zueinander usw., haben sich eingespielt. Die gleichzeitige Anwesenheit von Lehrenden und Lernenden bei regelmäßigen (meist wöchentlichen) Lehrveranstaltungen zur selben Zeit am selben Ort ermöglicht es außerdem, noch nicht feststehende Einzelheiten oder neue Lernformen rasch zu vereinbaren.

Im Gegensatz dazu sind die Organisations- und Ablaufpläne von virtuellen Bildungsveranstaltungen und Blended-Learning-Szenarien weder bereits etabliert noch ergeben sie sich von selbst. Da jedoch Arrangements, die auf konkrete Module abgestimmt sind, das Lernen erheblich unterstützen und zur Lernmotivation beitragen können, ist es wichtig, deren Planung in die Konzeption einer Veranstaltung einzubeziehen. Je höher der Anteil der virtuellen Phasen einer Veranstaltung ist, umso größer ist die Bandbreite an Gestaltungsmöglichkeiten. Zugleich besteht jedoch auch die Notwendigkeit, eine Vielzahl von Entscheidungen zu treffen, über die die Lernenden und die späteren Lehrenden – falls sie nicht zu den Konzeptentwicklern der Module gehören – informiert werden müssen. Sie betreffen vor allem folgende Punkte:

- den *Gesamtablauf* des Moduls und (eventuell) die Reihenfolge der Lerneinheiten;
- die *Taktung* von Lerneinheiten/Lernmaterialien: Soll eine Veranstaltung feste Anfangs- und Endtermine haben? Sind die Lernmaterialien zu bestimmten Zeiten zur Verfügung zu stellen? (Kap. 6.6.1)
- die *Planung* von Präsenz- und E-Learning-Phasen im zeitlichen Ablauf und in ihrem Zusammenwirken: Präsenzphasen beispielsweise für Einführung, Vertiefung, Ergänzung oder Wiederholung;
- die *Sozialform(en)* des Lernens: Sind Gruppenarbeiten geplant? Über welchen Zeitraum sollen sie sich erstrecken? Wie groß sollen die Arbeitsgruppen sein? (Kap. 6.6, 6.8)
- die Art der *Betreuung*: Gestaltungsspielräume der Betreuenden, Vorschläge zur Betreuung von Lernaufgaben, Antwortfrequenzen etc. (Kap. 6.7);
- die Gestaltung der *Prüfungen*: begleitende Bewertung, Prüfung zum Abschluss in Präsenz, Online oder per Videokonferenz, Entwicklung und Einsatz adäquater Kontrollmechanismen, Bewertung von Gruppenleistungen; die Prüfungsformen müssen auf die Rechtsvorschriften der jeweiligen Organisationen abgestimmt sein bzw. mit den Prüfungsämtern abgesprochen werden (Kap. 7).

Verteiltes Lernen, synchrone und asynchrone Lernszenarien

Charakteristisch für Online-Bildungsangebote und Blended Learning-Szenarien ist, dass zumindest über gewisse Zeiten eine räumliche Distanz zwischen Lehrenden und Lernenden und den Lernenden untereinander besteht, was als *verteiltes Lernen* bezeichnet werden kann. Wenn Lehr- und Lernhandlungen außerdem zeitlich versetzt sind, spricht man von *asynchronem Lernen*; bei gleichzeitigen Aktivitäten von Lehrenden und Lernenden an unterschiedlichen Orten ist das Szenario *verteilt und synchron* (z. B. bei Audio- und Videokonferenzen). Asynchrone Lernszenarien ermöglichen den Lernenden die größte Flexibilität, z. B. bei der Wahl ihrer Lernzeit und ihres Lerntempos. Wird in solchen Szenarien (über asynchrone Medien) kommuniziert, kann es problematisch sein, dass es keine unmittelbare Rückmeldung auf die Lernhandlungen gibt. Bei länger dauernden Kursen entstehen daraus oft auch Motivationsprobleme.

Synchrone virtuelle Lernformen sind immer noch stark von den technischen Gegebenheiten abhängig. Obwohl sie den Vorteil direkter Rückmeldungen bieten, werden diese selten ganz ausgeschöpft; auch wird die zeitliche Flexibilität dabei ebenso eingeschränkt wie die Möglichkeit, eigene Lernwege zu wählen (Arnold, P. 2003a, 26).

Drei Grundszenarien virtuellen Lehrens und Lernens

In der Regel werden E-Learning-Szenarien nach dem Grad der Virtualisierung beschrieben. Dabei wird meist zwischen drei verschiedenen Stufen unterschieden (Bachmann u. a. 2002, 94ff; Schulmeister 2005a, 163–187), von der Anreicherung der Präsenzlehre durch digitale Medien über teilvirtuelle Blended Learning-Szenarien bis zu komplett virtuellen Veranstaltungen. Dabei sind die Übergänge fließend. In allen Szenarien können dieselben Medien zum Einsatz kommen. Große Unterschiede bestehen jedoch in der Zielsetzung, im Betreuungsaufwand und in der didaktischen Gestaltung der Lernmaterialien und dem damit verbundenen Erstellungsaufwand (Kap. 5). In Hochschulen werden Präsenzveranstaltungen in der Regel nicht vollständig virtualisiert, sondern durch einen virtuellen Lernraum und/oder digitale Bildungsmedien und Kommunikationsformen ergänzt; jedoch gewinnen komplett virtuelle Szenarien in Fernstudienangeboten und Veranstaltungen anderer Bildungsanbieter zunehmend an Bedeutung.

(1) Anreicherung von Präsenzveranstaltungen

Digitale Medien können auf zwei unterschiedliche Weisen genutzt werden, um Präsenzveranstaltungen anzureichern: einmal direkt während der Veranstaltung, zum anderen begleitend, z. B. in einem virtuellen Lernraum (E-TEACHING.ORG 2010 h). In einer Präsenzlehrveranstaltung können vortragsbegleitend digitale Folien, Bilder, Grafiken, aber auch Videos, Animationen und Simulationen zur Visualisierung eingesetzt werden und so dazu beitragen, die Konzentration der Lernenden – die bei längerem Zuhören häufig nachlässt – zu unterstützen. Für Inhalte, die sukzessive entwickelt werden (z. B. mathematische Gleichungen) eignet sich die Nutzung eines digitalen Whiteboards. Schließlich kann der Einsatz von Abstimmungssystemen dazu beitragen, die Teilnehmenden während der Veranstaltung einzubeziehen und auf diese Weise zu aktivieren.

Begleitend zu einer Präsenzlehrveranstaltung kann beispielsweise ein virtueller Lernraum auf unterschiedliche Weise genutzt werden: Vor dem Beginn der Veranstaltung, um den Wissensstand der Teilnehmenden zu erfragen oder vorbereitende Materialien zur Verfügung zu stellen, während der Veranstaltung, um nicht direkt mit den Vorlesungsinhalten verknüpfte Lernmaterialien, Skripte, allgemeine Linksammlungen etc., aber auch auditive oder audiovisuelle Aufzeichnungen anzubieten. Auch begleitende Kommunikationsmöglichkeiten wie Forendiskussionen, Chats, ein Blog mit Kommentarfunktion usw. können zur Verfügung gestellt werden.

Die beiden bisher beschriebenen Möglichkeiten erweitern entweder einen formalen Lernort (wie einen Seminarraum oder Hörsaal) oder sie schaffen zusätzliche Möglichkeiten des zeit- und ortsunabhängigen Lernens in einem „irrelevanten Kontext" (GÖTH/FROBERG/SCHWABE 2007, 13), etwa am heimischen Computer oder auch auf dem Weg zur Arbeit. Mobile Geräte und mobile Applikationen ermöglichen es jedoch, Lernen darüber hinaus in neuen physischen und sozialen Kontexten zu situieren und explorative Lernmöglichkeiten dort zu eröffnen, „wo der Umgebungskontext zum Lernkontext passt, d.h. beispielsweise im Wald [...], im Museum [...] und im Zoo" (EBD.; vgl. auch FROHBERG 2008). In diesem Zusammenhang wächst auch die Bedeutung von ‚Augmented Reality' (AR) (‚Erweiterte Realität'): Durch Zusatzinformationen in Text-, Bild- oder auch 3D-Formaten können reale Orte und Szenarien (historische Stätten, aber auch medizinische Umgebungen u.v.m.) um lernrelevante Zusatzinformationen ergänzt werden, teilweise auch von den Lernenden selbst. Für manche Anwendungen ist weiteres Zubehör notwendig, z. B. Spezialbrillen. Auf diese Weise können situierte und experimentelle Lernsettings entstehen; dabei „macht AR aus mobilen Geräten ein zunehmend allgegenwärtiges Instrument, nicht für soziale Interaktionen, sondern für das Lernen, das die Grenzen zwischen formellem und informellem Lernen aufweicht" (JOHNSON u.a. 2011, 19ff.; siehe auch Kap. 3.2).

(2) Blended Learning/Hybrides Lernen

Seit etwa 2001 ist immer häufiger von ‚Blended Learning' die Rede, im deutschsprachigen Raum wurde zunächst auch von ‚hybridem Lernen' gesprochen (ARNOLD, P. 2003a; SAUTER/SAUTER 2002; WILBERS 2003). Ziel dieses Lernszenarios ist es, durch die Mischung (engl. ‚blend') unterschiedlicher Elemente bei der Organisation von Bildungsangeboten deren Vorteile zu nutzen und deren Nachteile zu vermeiden, bspw. durch den Einsatz bzw. die Kombination folgender Elemente:

- Präsenzelemente (z. B. Workshops, Seminare, Vorlesungen) und Distanzelemente, die alle E-Learning-Formen und Telekommunikationsformen integrieren können;
- Elemente einer klassischen Phasenbildung für Lehr- und Lernprozesse;
- Elemente mit unterschiedlichen Sozialformen und Steuerungsinstanzen;
- Elemente, in denen bestimmten zu erwerbenden Kompetenzen oder Zielen bestimmte Methoden zugeordnet werden (z. B. Rollenspiele zum Erwerb von Sozialkompetenzen).

Kritiker betonen, dass mit dem Begriff ‚Blended Learning' nichts gesagt werde, das nicht bereits bekannt sei. Dennoch „lenkt er die Aufmerksamkeit stärker auf die Zusammenstellung derartiger Elemente und erreicht so eine entsprechende Sensibilität bei Wissenschaft und Praxis bei einem alten und sicher nicht überforschten Problem" (WILBERS 2003; vgl. auch KERRES 2001b).

(3) Virtuelle Veranstaltung

Reine Online-Bildungsveranstaltungen finden komplett in einer virtuellen Lernumgebung statt und können synchrone Anteile – wie Online-Vorlesungen oder Chats – und/oder asynchrone Elemente – z. B. bereitgestellte Lernmaterialien, Möglichkeiten zum Austausch in Forendiskussionen, zur Zusammenarbeit in Wikis u. a. m. – enthalten. Der Grad der Virtualität lässt nicht unbedingt Rückschlüsse über die didaktische Gestaltung der Veranstaltung zu: "Virtuelle Seminare tragen keine didaktische Konzeption in sich. Virtuelle Seminare können sowohl als instruktionsorientierte Seminare als auch als problemorientierte/handlungsorientierte Seminare gestaltet werden" (KREMER/SLOANE 2001, 6). Je mehr virtuelle Anteile eine Lehrveranstaltung hat, desto sorgfältiger muss das Konzept geplant werden, vom Ablauf der Veranstaltung über die Betreuungsformen und Kommunikationselemente bis zur Entwicklung multimedialer Lernmaterialien, die geeignet sein müssen, komplett selbst organisiertes Lernen zu unterstützen (Kap. 6.5ff; MERKT 2005).

Eine neue Form von reinen Online-Bildungsveranstaltungen sind „Offene Online Kurse"; bei sehr großen Teilnehmerzahlen (so waren zu einer 2011 durchgeführten Veranstaltung 160.000 Teilnehmer angemeldet, FRIES 2012) wird auch von „Massive Open Online Courses" (MOOCs) gesprochen. Seit der Durchführung des ersten weltweiten Open Online Course 2008 (CONNECTIVISM 2008) wächst das Angebot; es werden geeignete didaktische Szenarien – meist ein Wechsel aus Online-Live-Veranstaltungen und asynchronen Lern- und Diskussionsphasen – und technischen Unterstützungsformen erprobt. Open Online Courses finden rein webbasiert statt, kennzeichnend sind der kosten- und voraussetzungsfreie Zugang ohne Teilnehmerbeschränkung und zu allen Materialien. Die Kurskonzepte sind unterschiedlich: Die ursprüngliche Idee der kanadischen E-Learning-Experten Stephen Downes und George Siemens ist konnektivistisch (vgl. Kap. 4.2.1) und beinhaltet entsprechende Prinzipien. Experten setzen einen thematischen Fokus und geben Impulse, die Teilnehmenden definieren ihre Lernziele jedoch individuell, setzen eigene Schwerpunkte und kommunizieren öffentlich darüber (Plenk 2010; Panke 2011). Andere Kurse sind sehr stark dozentenzentriert und an vorgegebenen Inhalten ausgerichtet. Teilweise besteht auch eine Anbindung an einen Bildungsanbieter, der Leistungen und Lernziele vorgeben und die Möglichkeit eines Leistungsnachweises anbieten kann (e-teaching.org 2012).

Komplexere Beschreibungsformen von E-Learning-Szenarien

Ein weiteres, noch komplexeres Modell führt über die Quantität des Virtualitätsgrades hinaus weitere Kategorien zur Beschreibung von E-Learning-Szenarien ein und nennt dabei insgesamt drei unterschiedliche Kategorien mit sechs Skalen (Schulmeister u. a. 2008):

- *Quantitative Kategorien* sind der Grad der Virtualität (angereicherte Präsenzveranstaltung, Blended Learning und virtuelle Veranstaltung, s. o.) sowie die Gruppengröße (Einzellernen, Kleingruppen und Großgruppen).
- *Technische Kategorien* sind der Grad der Synchronizität einer Veranstaltung (asynchron, asynchron und synchron, synchron) und der Grad der Medialität (gering: z. B. Vorlesung und elektronische Kommunikation – gemischt: z. B. Einsatz von Podcasts oder Selbstlernprogrammen – oder hoch: z. B. Simulationen, interaktive Übungen).
- *Didaktische Kategorien* sind der Anteil von Inhalten versus Kommunikation (Lernen von Inhalten, Inhalten und Diskurs alternierend, Lernen im Diskurs) sowie der Grad der Aktivität (rezeptives Lernen: z. B. Lesen vorgegebener Informationen – Mischformen und aktive Lernformen zur Produktion von Artefakten durch die Lernenden: z. B. durch synchrone oder asynchrone Kommunikation).

Diese unterschiedlichen Kategorien und Skalen können miteinander kombiniert werden und ergeben dann komplexe Schemata, innerhalb derer z. B. der Virtualitäts- und Medialitätsgrad einer Veranstaltung sowie die Aktivitäten der Lernenden und die Gruppengröße gemeinsam beschrieben und miteinander in Beziehung gesetzt werden. Entsprechend könnte anhand dieser Kategorien beschrieben werden, ob es sich z. B. bei der Videoübertragung einer Vorlesung um eine rein virtuelle Veranstaltung oder den Teil eines Blended-Learning-Szenarios handelt, ob eine Gruppe von Lernenden in einem Hörsaal oder einzelne Nutzer vor ihren Rechnern adressiert werden, ob die Veranstaltung ausschließlich synchron verläuft oder außer der Übertragung auch asynchrone Anteile enthält, welche Medien dabei eingesetzt werden und ob sie vor allem auf die Inhaltsvermittlung gerichtet ist oder auch diskursive Elemente enthält. Ebenso könnten auch bisher nur in Bezug auf den Virtualisierungsgrad beschriebene Szenarien exakter charakterisiert werden.

Deutlich wird dabei vor allem, dass Lernszenarien weder durch die eingesetzten Medien noch durch andere einzelne Elemente allein hinreichend beschrieben werden können; insofern ist dieses ‚Beschreibungsmodell' ein hilfreiches Instrument für eine detaillierte Darstellung von E-Learning-Szenarien (Reinmann 2009).

Auswahl von Lernszenarien

Für Lehrende und Entwickler, die eine E-Learning-Veranstaltung planen, ist jedoch ein Entscheidungs- bzw. Handlungsmodell wichtiger als ein Beschreibungsmodell. Ausgangspunkt eines solchen Modells ist das „Ziel einer Lehrbemühung [...], wobei man zugleich die (sichtbaren) Rahmenbedingungen (z. B. Größe der zu unterrichtenden Gruppe) berücksichtigen muss [...] weil die Logik des Vorgehens eine andere ist, wenn ich etwas beschreibe und bewerte versus wenn ich etwas selbst entwickle und kreiere" (ebd., 1). Am Anfang der Planung steht dann z. B. die Frage, welche Aufgaben dazu geeignet sind, die Lernenden durch selbst organisierte und kooperative Lernformen (Breuer 2001) beim Kompetenzerwerb zu unterstützen und ihnen im pädagogischen Verhältnis mit den Lehrenden wachsende Möglichkeiten der Selbstbestimmung zu schaffen.

Der Ablauf eines konkreten Lernmoduls basiert auf einer Fülle von Einzelentscheidungen. In Bezug auf die Kombination der oben dargestellten Gestaltungsmöglichkeiten, z. B. der Online- und Offline-Elemente oder unterschiedlicher Prüfungsformen, sollten Faktoren wie die Lerninhalte bzw. Lernaufgaben, die Zielgruppe etc. berücksichtigt werden (Euler 2001; Euler/Wilbers 2002; Kremer/Sloane 2001). Für die Entwickler ist außerdem wichtig zu planen, ob bzw. welche dieser Festlegungen sie ggf. den Betreuern der virtuellen Kurse überlassen.

Neben didaktischen Erwägungen sind in die Planung des Lernszenarios auch technische Gegebenheiten einzubeziehen, z. B. die funktionellen Möglichkeiten des eingesetzten Lernraums. Darüber hinaus ist es sinnvoll, auch pragmatische Faktoren zu berücksichtigen bzw. mit der jeweiligen Bildungseinrichtung oder Hochschule oder mit den Fachbereichen abzustimmen. So ist es bspw. – anders als bei der Planung von Einzelkursen – Studierenden, die in einem Semester mehrere Studienmodule belegen, auf Dauer kaum zuzumuten, an mehreren Abenden in der Woche an synchronen Kommunikationsforen teilzunehmen.

4.2.4 Gender Mainstreaming und Diversität

Worum geht es bei Gender Mainstreaming und Diversität?

Computernutzungsprofile weisen in Freizeit und Beruf deutliche Unterschiede nach Geschlecht auf. Obwohl die Wachstumsquoten in Bezug auf die Nutzung des

Internet bei beiden Geschlechtern im letzten Jahrzehnt fast identisch waren, besteht weiterhin ein Gefälle: Frauen nutzten 2010 mit 64,8 % das Internet immer noch deutlich seltener als Männer mit 79,5 %. Zugleich zeigt sich jedoch, dass diese Differenz mit weiteren Faktoren verbunden ist und z. B. mit dem Alter steigt oder vom Bildungsabschluss abhängig ist: So liegt die Differenz in der Internetnutzung zwischen Frauen und Männern von 20 bis 29 Jahren bei nur 1,8 % und steigt kontinuierlich bis zu einer Differenz von 14,5 % im Alter zwischen 50 und 59 Jahren. Frauen mit Hochschulreife sind nur zu 2,7 % seltener online als Männer, bei abgeschlossenem Studium sogar nur zu 2,2 % ((N)ONLINER ATLAS 2010, 41–46). Trotz dieser sukzessiven Angleichung des Nutzungsverhaltens bleibt die Anforderung bestehen, im Bildungsbereich Aspekte des Gender Mainstreaming zu berücksichtigen, also alle Programme und Maßnahmen auf ihre potenzielle Wirkung für beide Geschlechter zu überprüfen und so zu realisieren, dass sie zur gleichen Teilhabe beitragen. In den vergangenen Jahren hat sich außerdem gezeigt, dass Unterschiede in der Nutzung von Computer und Internet nicht nur zwischen den Geschlechtern bestehen, sondern auch in Bezug auf andere Merkmale wie Alter, Nationalität, wirtschaftliche Verhältnisse, kulturelle und soziale Herkunft usw. sowie in Lernkontexten in Bezug auf Motivation, Lernstile, Lernstrategien u. a. m. (SCHULMEISTER 2004, 133). Aus dieser Vielfalt bzw. Diversität (engl. diversity) ergeben sich neue Anforderungen. So definiert das Bundesministerium für Familie, Senioren, Frauen und Jugend *Diversity Management* als eine „Strategie zur Erhaltung der Vielfalt", die darauf abzielt, die Heterogenität zu bewahren und als Ressource zu betrachten sowie Machtasymmetrien abzubauen (vgl. Webseite des BMFSFJ: Das Verhältnis von Gender Mainstreaming zu Diversity Management).

Gender Mainstreaming in Bildungskontexten

Die Integration der Geschlechterperspektive „in Forschungs-, Planungs-, Entwicklungs-, Einsatz- und Evaluationsprozesse" virtueller Lernarrangements (JELITTO 2004, 1; SCHINZEL/RUIZ BEN 2002) war in vielen E-Learning-Projekten des Bundesministeriums für Bildung und Forschung (BMBF) Förderkriterium und zielte auf die Sicherstellung von Chancengleichheit und optimale Ressourcennutzung männlicher und weiblicher Besonderheiten. Damit ist verbunden, virtuelle Lernmodule zielgruppenorientiert zu planen und den Zugang zum virtuellen Studium zu erleichtern, so auch die deutlich unter den Zahlen männlicher Studierender liegenden Anfängerzahlen bei Frauen zu erhöhen und deren hohe Ausstiegsquote zu verringern (SCHINZEL 2001, 11). Neuere Untersuchungen haben nun ergeben, dass in der Regel keine Unterschiede in Bezug auf die individuelle Nutzung, Akzeptanz und Häufigkeit der Anwendung von E-Learning-Angeboten bestehen (KLEIMANN/WANNEMACHER 2005), insbesondere, wenn an einer Hochschule die Nutzung von E-Learning vorausgesetzt wird, die sog. „Nutzungsnötigung" (HAUBNER U. A. 2009). Allerdings gibt es weiterhin Differenzen: Ein zentraler Punkt ist dabei die Selbsteinschätzung der eigenen Medienkompetenz. Trotz differierender Angaben in unterschiedlichen Untersuchungen schätzen Frauen ihre eigenen Kompetenzen immer geringer ein als Männer (HAUBNER U. A. 2009, 47f; PANNERALE/KAMMERL 2007, 70f). Immer noch haben mehr Studenten (95 %) als Studentinnen (91,3 %) ungehinderten Zugang zu einem Rechner (ARRENBERG/KOWAL-SKI 2007, 23) und besitzen mehr Studenten (94 %) als Studentinnen (86 %) einen eigenen Rechner. Auf den wichtigsten Internetzugang, den privaten Anschluss von zu Hause können mehr Studenten (81 %) als Studentinnen (69 %) zugreifen (PANNERA-LE/KAMMERL 2007, 33). Außerdem hat sich gezeigt, dass sich Lernstile von Frauen und Männern unterscheiden und z. B. Vorlieben für unterschiedliche Aufgabentypen bestehen. So möchten Studentinnen „häufiger freie Antworten formulieren können, wogegen Studenten eher nur ein Wort bzw. eine Zahl als Antwort eingeben wollen" (ARRENBERG/KOWALSKI 2007, 24). Mehr Studentinnen (40 %) als Studenten (30 %) nutzen Computer und Internet fast ausschließlich für Studium und Beruf (PANNERA-LE/KAMMERL 2007, 36).

Die Umsetzung des Gender-Mainstreaming-Konzepts in virtuellen Hochschulen betrifft unterschiedliche, sich teilweise überschneidende Felder, wie die Organisation von Projektmanagement und Hochschule (z. B. durch paritätische Besetzung der Gremien), die Nutzung und Gestaltung der Technik(kultur), die Aufbereitung von Inhalten, den Sprachgebrauch, didaktische Konzepte und Betreuung, die Kommunikation zwischen Studierenden und Lehrenden. Zu Beginn war die Sensibilität für dieses Themenfeld relativ neu und in vielen Projekten bestand „eine grundlegende ‚Unwissenheit' und ‚Unsicherheit', wie der Gender-Mainstreaming-Aspekt umgesetzt werden kann" (JELITTO 2004, 1). Praktische Tipps und Leitlinien für eine gendergerechte Gestaltung von E-Learning wurden deshalb bereits seit Beginn der großen BMBF-Förderprogramme erstellt (JELITTO 2004; WIESNER U. A. 2003). Konkrete Anforderungen an eine diversitätsgerechte Gestaltung von E-Learning werden dagegen erst heute identifiziert. In ersten deutschsprachigen Praxisleitfäden (MATTERN 2009) werden bereits beide Aspekte miteinander verbunden.

Auswirkungen von Diversität in Bildungskontexten

Studien vor allem an us-amerikanischen Hochschulen haben gezeigt, dass nicht nur Gender-Aspekte relevante Auswirkungen auf den Lernerfolg und die Abbruchquoten im Fernstudium haben. So zeigte z. B. eine Untersuchung von TREISMAN (1992, zit. n. SCHULMEISTER 2004, 137f), dass der deutlich schlechtere Lernerfolg schwarzer und lateinamerikanischer Studierender in Mathematikkursen in Berkley nicht – wie angenommen – auf den sozialen Hintergrund und eine fehlende Motivation und familiäre Unterstützung zurückzuführen war und entsprechend durch Unterstützungsangebote ausgeglichen werden konnte. Stattdessen erwies sich die ethnisch-kulturell begründete Praxis, allein zu lernen – im Gegensatz etwa zu chinesischen Studierenden, die in Gruppen arbeiteten und sich gegenseitig korrigierten – als wichtiger Ansatzpunkt, und die Unterstützung von Gruppenarbeiten führte zu signifikanten Erfolgen (EBD.). Ähnliche Auswirkungen auf den Lernerfolg können motivationale Aspekte – z. B. Angst vor einem Lernstoff – oder Konzepte von Lernstilen haben, die nur für Teile von Lerngruppen zutreffen.

Umgang mit Diversität in Bildungskontexten

Eine Folgerung aus der Diversität Lernender ist, dass sich keine Lehr-/Lernmethode für alle Stoffe und Lernenden gleich gut eignet (SCHULMEISTER 2004 140). Die von verschiedenen Anbietern adaptiver Lernsysteme (Kap. 5.2.1) vorgeschlagene Lösung, stets unterschiedliche Lernsysteme zur Verfügung zu stellen, betrachtet SCHULMEISTER jedoch aus verschiedenen Gründen als unrealistisch. So sei u. a. die Zahl der Variablen zu hoch, um wirklich erfasst werden zu können, und die Passung von Lernmethoden und Lernstilen entbehre „einer vernünftigen Grundlage" (EBD., 141). Als Alternative schlägt er „offene Lernsituationen" vor, d. h., hoch interaktive Lernumgebungen, die den Lernenden hohe Freiheitsgrade einräumen, ohne einen bestimmten methodischen Stil zu erzwingen (EBD., 142). Nutzen lassen sich auch Web 2.0 Technologien. WIESNER (2008) weist bspw. darauf hin, dass bei der Zusammenarbeit in einem Wiki unterschiedliche Stärken von Lernenden sichtbar werden, über das Schreiben von Beiträgen hinaus z. B. auch Korrekturarbeiten und Strukturierungen oder Koordination von Zusammenarbeit in der Gruppe.

Impulse für eine geschlechter- und diversitätsgerechte Gestaltung

In die Planung von Lernaufgaben und Lernszenarien sollten unterschiedliche Vorgehensweisen einbezogen werden. Aus genderspezifischer Perspektive sollte dabei Folgendes berücksichtigt werden (zu den folgenden Hinweisen vgl. vor allem MATTERN 2009, ZORN U. A. 2004 sowie JELITTO 2004):

- Untersuchungen haben gezeigt, dass Männer eher experimentell, spielerisch und problemlösungsorientiert vorgehen, während Frauen eher planerisch und mit Bezug auf den Gesamtkontext arbeiten und Werkzeuge zielgerichtet einsetzen (,tools versus toys').
- Frauen nutzen (in Hypertexten) eher eine freie Navigation, Männer dagegen eher hierarchische Navigationssysteme. Dies ist bei der Auswahl von Software und der Gestaltung von Inhalten und Materialien mitzubedenken.
- Möglich ist auch, dass Kursbetreuer geschlechterspezifisches Nutzungsverhalten thematisieren und zur kritischen (Selbst-)Reflexion und Diskussion anregen. Hilfreich ist dabei, wenn weibliche und männliche Betreuungspersonen zur Verfügung stehen (dies gilt auch für die technische Unterstützung).

Hinweise zu Rahmenaspekten

Grundsätzlich sollten diversitätsgerechte E-Learning-Angebote motivierend, transparent und übersichtlich gestaltet sein:

- Dies betrifft z. B. Maßnahmen zur guten Anfangsorientierung, eine vertrauensfördernde Transparenz sowie die zeitliche und inhaltliche Struktur der Kurse.
- Supportangebote sind ein wichtiger persönlicher Service und müssen auf die unterschiedlichen Lebensumstände und Bedürfnisse der Nutzenden abgestimmt werden (z. B. berufstätige Eltern).
- Auch im Qualitätsmanagement und bei der Evaluation von virtuellen Lernsituationen sind Gender- und Diversitätsaspekte zu berücksichtigen (Kap. 8.5, 9.1).

Aufbereitung von Materialien

Eine geschlechter- und diversitätssensible Aufbereitung von Inhalten impliziert u. a.:

- Vermeidung von Geschlechterstereotypen, Wahl von Männern und Frauen als Vorbilder,
- Einbeziehen unterschiedlicher Lebenskontexte in Fallbeispiele (z. B. unterschiedliche Altersstufen, Personen mit Migrationshintergrund) und bewusst gewählte Vielfalt im Alltag, Interessenvielfalt und künftige berufliche Kontexte der Lernenden,
- Verwendung von Männer- und Frauenstimmen bei Audiobeiträgen, ausgewogenes Verhältnis unterschiedlicher Personen auf statischen und bewegten Bildern (z. B. auch Männer als ‚dekorative' Elemente und Frauen in Videos, da die Aktivität und Dynamik von Personen in Videos höher eingeschätzt werden als in statischen Bildern);
- Sichtbar machen des Beitrages von Frauen und Männern in den einzelnen Disziplinen, auch in historischen Betrachtungen sowie
- Beachtung der barrierefreien Nutzbarkeit der Materialien (Kap. 5.3).

Nicht diskriminierender Sprachgebrauch

Vorschläge zum gender- und diversitätsgerechten Sprachgebrauch sind beispielsweise:

- Die Vermeidung der Nutzung ausschließlich männlicher Formen, da Untersuchungen ergeben haben, dass bei der Nutzung nur männlicher Schreibweisen Frauen weniger assoziiert werden. Möglich ist die Verwendung neutralisierter Formen (z. B. ‚Anwesende' oder ‚Teilnehmende' statt ‚Teilnehmer') oder die Sichtbarmachung von Frauen durch entsprechende Formulierungen (JELITTO 2004, 30–35).
- Durch das Ausschreiben von Vornamen in Literaturverzeichnissen kann das Geschlecht der Person, die den Text verfasst hat, also des Autors bzw. der Autorin sichtbar gemacht werden, ggf. können auch Institutionen statt Personen zitiert werden („Koordinationsstelle für Gender Mainstreaming" statt der Namen der jeweiligen Verfasserinnen bzw. Verfasser).
- Repräsentation von Personen in den von ihnen bevorzugten Bezeichnungen (z. B. Mensch mit Assistenzbedarf, Muslim und Muslimin, queer – also von den gängigen Geschlechterrollen abweichend, u. a. MATTERN 2009, 28). Dabei ist darauf zu achten, dass Bezeichnungen keine negativen Bewertungen zum Ausdruck bringen, z. B. Alter nur als gesellschaftliches Problem oder Behinderung als Außenseiterperspektive.

Wahl der Methoden und Kommunikationsformen

In Bezug auf die Wahl von Lehr- und Lernmethoden und Kommunikationsformen sollte grundsätzlich auf Stärkenorientierung, Eigenverantwortung sowie Abwechslung und Vielfalt geachtet werden:

- Lernende haben unterschiedliche technische und inhaltliche Kenntnisstände und Vorlieben. E-Learning ermöglicht eine stärkere Individualisierung. Hier kann bspw. darauf geachtet werden, dass weibliche Lernende eher Aufgabentypen mit frei zu formulierendem Text bevorzugen, während männliche Lernende Aufgaben bevorzugen, bei denen ein Wort oder ein Ergebniswert eingegeben werden muss. Auch halten männliche Lernende eher Aufgaben für sinnvoll, bei denen ein Wettbewerb mit anderen Lernenden entsteht.

- Eine zielgruppengerechte Auswahl von Kommunikationswerkzeugen und -regeln muss auf die spezifischen Kompetenzen und Ressourcen der Teilnehmenden abgestimmt werden (Kap. 6).
- Unterschiedliche Diskussionsstile sollten berücksichtigt bzw. bewusst gemacht werden. So sind z. B. Beiträge von Männern oft eher sachorientiert und länger, während Frauen eher kommunikationsorientiert sind und die eigene Person zurücknehmen; auch Personen aus anderen Kulturkreisen können spezifische Kommunikationsstile haben. Bei Gruppenarbeit sollte auf gemischt geschlechtliche, ggf. auch internationale oder multiethnische Gruppen geachtet werden. Allerdings kann auch der Wunsch nach homogenen Gruppen vorhanden und die Arbeit in solchen Gruppen lernförderlich sein. Ausprobiert werden könnten z. B. die Einrichtung von Kommunikationsräumen nur für Frauen und nur für Männer oder die Durchführung eines anonymen, geschlechtsneutralen Chats.

4.3 Aufgabenorientierte Module zur Kompetenzentwicklung

Im Folgenden werden die in den vorhergehenden Abschnitten behandelten Aspekte für die Konzeption von E-Learning-Modulen – die Rahmenbedingungen sowie die didaktischen und methodischen Grundlagen – zu einem Gesamtkonzept gefügt. Das folgende Modell soll Entwickler unterstützen, virtuelle Lernmodule so zu konzipieren, dass sie den Erwerb ganzheitlicher Handlungskompetenzen ermöglichen. Vor dem Hintergrund der kontroversen nationalen und internationalen Diskussion um den Kompetenzbegriff, insbesondere im Bereich der Berufsbildung (z. B. MÜNK/SCHELTEN 2010), soll betont werden, dass Kompetenz hier verstanden wird als „modernes Synonym für den traditionellen Bildungsbegriff" (vgl. Kap. 2.1): Der Kompetenzerwerb beschränkt sich weder rein auf die Wissensebene noch auf ‚Problemlösefähigkeit' oder ‚Beschäftigungsfähigkeit' (‚Employability' im Sinne der Ziele des Bologna-Prozesses), vielmehr geht es um den Erwerb ganzheitlich integrierter Sach-, Sozial- und Selbstkompetenzen.

Grundlage dafür ist das im Folgenden vorgestellte Modell einer aufgabenorientierten Didaktik (ZIMMER 1998, 2003, 2004, 2006, 2009a, 2009d, S. 78–84, 2010a) zur Entwicklung virtueller Lernmodule das auf dem subjektorientierten lerntheoretischen Ansatz aufbaut (Kap. 4.2.1). Nach einer kurzen Darstellung der theoretischen Grundlagen werden anschließend die konkreten Arbeitsschritte für Konzeptentwickler in ihrem zeitlichen Ablauf dargestellt.

4.3.1 Theoretische Fundierung

Aufgabenorientierte Didaktik zur Kompetenzentwicklung

Ausgangspunkt einer aufgabenorientierten didaktischen Gestaltung von Lernsituationen sind immer „typische bzw. verallgemeinerte Aufgaben in beruflichen, individuellen oder gesellschaftlichen Feldern" (ZIMMER 2003, 10). Die Ausgliederung von Lernaufgaben aus den typischen und verallgemeinerten (Berufs)Aufgaben, sei es im Hochschulkontext oder in vielen anderen Bildungskontexten, dient sowohl der Einübung von Fähigkeiten und Fertigkeiten, die in späteren wissenschaftlichen oder anderen beruflichen Situationen benötigt werden, als auch der Forschung. Im weiteren Sinne stehen die Aufgaben damit immer auch im Kontext der Erweiterung persönlicher und gesellschaftlicher Handlungsspielräume; ihnen können auf einem hohen Abstraktionsniveau in unterschiedlicher Ausprägung sieben Dimensionen zugewiesen werden (EBD.):

- Bildung der Persönlichkeit,
- Zivilisierung des sozialen Zusammenarbeitens und Zusammenlebens,
- Beherrschung der eingesetzten Techniken und Technologien,
- Bewahrung der bearbeiteten bzw. genutzten Natur,
- Organisation der Arbeiten zur Realisierung der Aufgaben,
- Beachtung der Wirtschaftlichkeit der Prozesse,
- Beitrag zur Entwicklung gesellschaftlicher Lebensbedingungen.

Notwendige Kompetenzen

Zur Bearbeitung der Berufs- und Lernaufgaben sind verschiedene (je nach der spezifischen Aufgabe unterschiedlich ausgeprägte) Kompetenzen notwendig, denen acht Dimensionen zugewiesen werden können (EBD.):

- Wissen um die Bedeutung der Berufsaufgabe bzw. auch der Lernaufgabe,
- Reflexion und Bestimmung eigener Handlungsinteressen,
- Fachkompetenzen zur sachgerechten Aufgabenbearbeitung,
- Methodenkompetenzen zur wirkungsvollen und leistungsfähigen Aufgabenbearbeitung,
- Kompetenzen zur Kommunikation und Kooperation zwecks erfolgreicher Arbeit,
- Kompetenzen für das Treffen sachgerechter Entscheidungen,
- Kompetenzen zur Bewertung der Planung, Durchführung und Ergebnisse der Aufgabenbearbeitung
- Kompetenzen zur Bewertung der erbrachten Leistungen und zur Planung und Durchführung weiterer Lernschritte.

Ausgliederung von Lernaufgaben

Nach der Definition der Aufgaben in den jeweiligen Praxisfeldern müssen in einem nächsten Schritt relevante und typische Lernaufgaben ausgegliedert werden, durch deren Bearbeitung die später in beruflichen Situationen erforderlichen Kompetenzen erworben werden können. Wenn das jeweilige Arrangement dies ermöglicht, sollten solche Aufgaben im Diskurs zwischen Lernenden und Dozenten bzw. Betreuern aus-

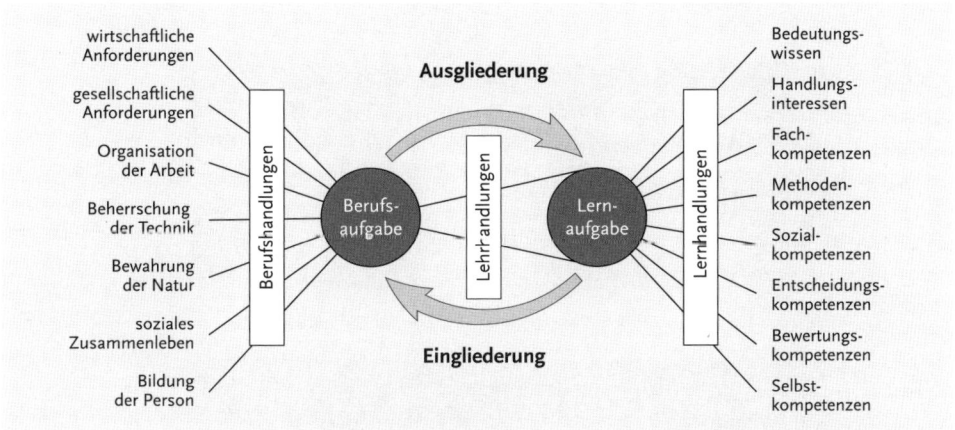

Abb. 4.1: Modell einer aufgabenorientierten Didaktik nach ZIMMER (1998, 2003, 2004, 2006, 2009a, 2010a)

gehandelt werden (Kap. 6.6.1). Jedoch ist es sinnvoll, dass Dozenten und Konzeptentwickler sich bereits bei der Konzeption virtueller Lernmodule an zu bearbeitenden Lernaufgaben orientieren. Die konkrete Umsetzung dieses Ansatzes ergibt sich zum einen aus den Dimensionen der identifizierten Berufshandlungen, zum anderen aus den Dimensionen der daraus abgeleiteten Lernaufgaben. Sie umfasst die Planung des Szenarios und der Kommunikationsformen sowie der Lernressourcen zur Bearbeitung der Aufgaben: Lerninhalte, Informationen, Übungsaufgaben, Simulationen, Hinweise, Fragen, Anregungen und anderes mehr.

Die folgende Grafik gibt einen Überblick über die vier aufeinander aufbauenden Planungsphasen (I – IV). Die unterschiedlichen Arbeitsschritte (A – I) in den jeweiligen Phasen und der Einfluss, den Entscheidungen für bestimmte Lernformen für die weiteren Arbeitsschritte haben, werden unten ausführlich beschrieben. Bei der Konzeption erscheinen insbesondere die ersten, konzeptionellen Arbeitsschritte sehr (zeit-)aufwendig. Dies mag zutreffen, wenn nur einzelne, kurze Lernsequenzen entwickelt werden. Eine Arbeitserleichterung ergibt sich jedoch sehr schnell, sobald mehrere und längere Lernmodule entwickelt werden. Das Konzept und die Festlegung der didaktischen Struktur dienen dann auch dazu, Lernformen und multimediale Elemente bewusst und begründet einsetzen und aufeinander abstimmen zu können.

Gerade in Projekten, in denen viele Lernmodule entwickelt werden, zeigt sich, dass z. B. mit entsprechenden „Didaktischen Leitlinien [...] eine wertvolle Hilfe zur systematischen Erfassung" aller Ideen zur Verfügung gestellt wird (GÖRLITZ/MÜLLER 2003a, 404ff.). Sie ermöglichen zugleich auch die in großen, arbeitsteiligen und lang andauernden Projekten und bei Fluktuation der Mitarbeiter notwendige Dokumentation der Planungsschritte und die „einfache Be- und Überarbeitungsmöglichkeit auch durch mehrere Personen" (EBD.). Darüber hinaus hat sich gezeigt, dass die Vorüberlegungen und die auf dieser Basis getroffenen Entscheidungen zugleich wichtige (und nachgefragte) Informationen für die Lernenden sind, ebenso wie für die Betreuenden, die das Modul nicht entwickelt haben.

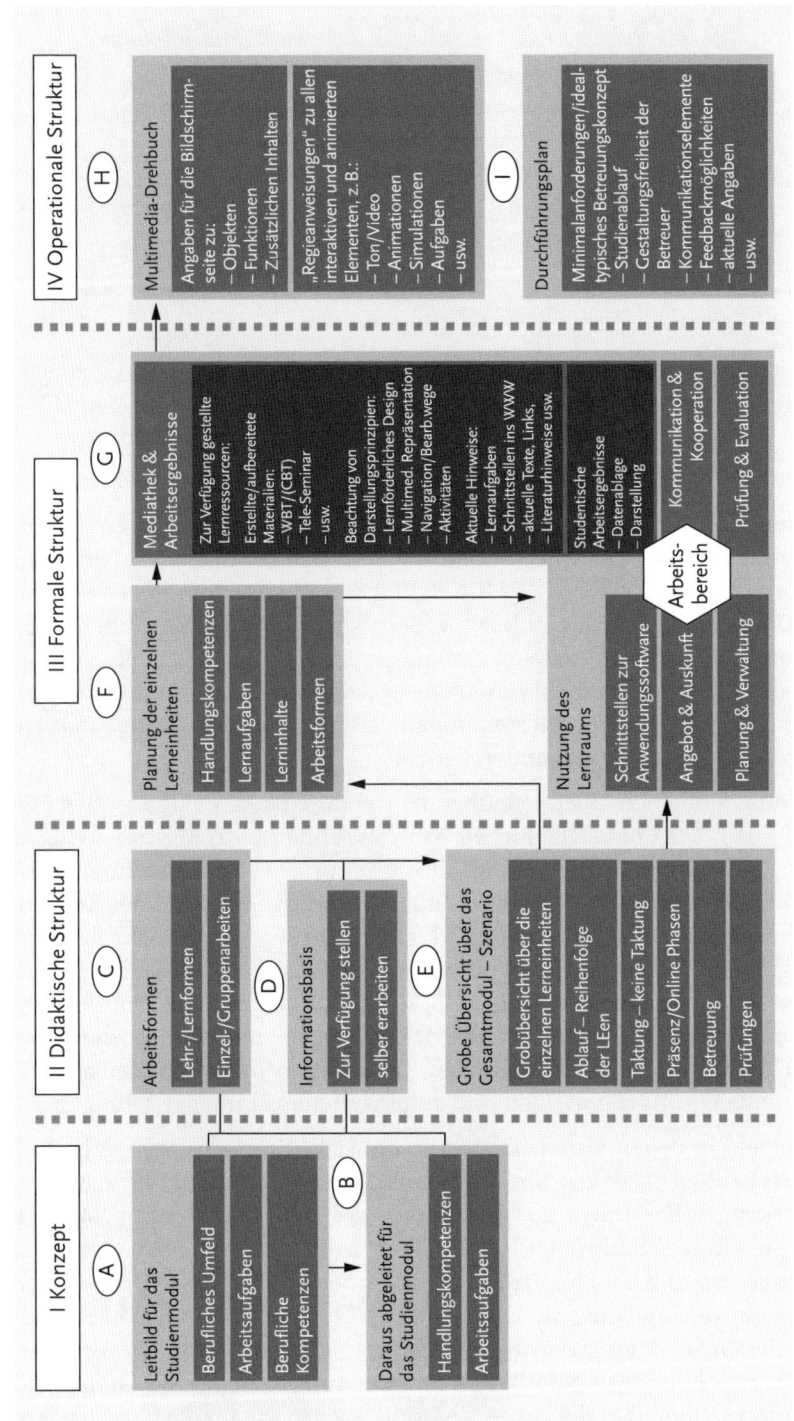

Abb. 4.2: Planungsphasen und Arbeitsschritte zur Konzeption virtueller Lernmodule

4.3.2 Konzeptphase: Leitbild eines Lernmoduls

Phase I

Die zentrale Fragestellung zur Konzeption lautet: Welche Aufgaben sollen die Lernenden in einem Lernmodul bearbeiten, um die Kompetenzen zu erwerben, die sie später zur Bewältigung ihrer wissenschaftlichen oder anderen Berufsaufgaben benötigen? Ist ein Lernmodul Bestandteil eines Bildungsgangs, so sollten zuvor ein Leitbild und entsprechende Handlungskompetenzen auch für den gesamten Bildungsgang beschrieben werden. Die Leitbilder und Handlungskompetenzen für ein einzelnes Modul dürfen diesen Festlegungen nicht widersprechen bzw. müssen sich in das gesamte Curriculum einfügen.

Didaktisch-methodisches Leitbild (A)

Zunächst wird ein didaktisches Leitbild als Richtlinie für das Lernmodul erstellt, das grob mögliche spätere berufliche Umfelder der Lernenden beschreibt und daraus exemplarische Berufsaufgaben und die zu ihrer Bewältigung notwendigen Kompetenzen ableitet. Das Leitbild mit seinen drei Komponenten kann sehr knapp formuliert werden. Wichtig ist, dass aus der Definition der Berufsaufgaben und der Kompetenzen im nächsten Schritt Lernaufgaben bzw. die im Lernmodul zu erwerbenden Handlungskompetenzen abgeleitet werden können.

Eine weitere wichtige Überlegung an dieser Stelle ist, welche Voraussetzungen die Lernenden erfüllen müssen, um am Kurs teilnehmen zu können, wo im Gesamtkontext des Bildungsangebots das Modul lokalisiert ist und ob es für sich alleine steht oder auf andere Module aufbaut.

Handlungskompetenzen und Lernaufgaben (B)

Im nächsten Schritt kann nun entschieden werden, welche Handlungskompetenzen die Lernenden in dem Modul erwerben sollen und welche Lernaufgaben dafür geeignet sind (zu einem späteren Zeitpunkt wird dies auch für die einzelnen Lerneinheiten festgelegt). Um die mit einem Modul zu erwerbenden Kompetenzen (Kap. 4.3.1) zu beschreiben, sind die folgenden Fragen hilfreich:

- Was sollen die Lernenden über die Bedeutung des Moduls in ihrem späteren beruflichen Kontext wissen? Wo werden sie den Inhalt und die erworbenen Kompetenzen anwenden können?
- Welche Handlungsziele und Handlungsgründe sollen zur Entwicklung der Motivationen und Einstellungen erarbeitet werden?
- Welche Fachkompetenzen sollen für eine sachgerechte Aufgabenbearbeitung erworben werden?
- Welche Methodenkompetenzen sollen für effizientes Lernen und Arbeiten erworben werden?
- Welche kommunikativen und kooperativen Kompetenzen sollen erworben werden?

- Welche Entscheidungskompetenzen sollen erworben werden, damit berufliche Entscheidungen kompetent getroffen werden können?
- Welche Evaluationskompetenzen sollen die Lernenden erwerben, damit sie ihre fachlichen Lernhandlungen und später ihre Arbeitshandlungen angemessen selbst bewerten können?
- Welche Selbstkompetenzen sollen sie für ihre eigene Kompetenzentwicklung erwerben?

Da aus den Handlungskompetenzen die Lernaufgaben (und dann die dafür günstigsten Lernformen) abgeleitet werden, sollten sie möglichst konkret formuliert werden.

Lernaufgaben als strukturbildendes Element virtueller Lernmodule

Lernaufgaben unterstützen nicht nur die Lernmotivation und den Erfolg beim Selbstlernen erheblich, sondern bilden als zentrales Moment einer aufgabenorientierten Didaktik die Grundlage für die Struktur eines virtuellen Lernmoduls: Im Mittelpunkt der Modulplanung stehen damit also nicht primär die Inhalte in ihrer sachlogischen Reihenfolge, sondern die Aufgaben, die zum Erwerb der erforderlichen Handlungskompetenz führen.

Zu einer solchen Strukturierung eines Moduls sind vor allem umfassende Lernaufgaben geeignet, also komplexe, umfangreichere Aufgaben, die den Inhalt einer Lerneinheit umfassen oder sogar darüber hinausgehen, Transferleistungen benötigen und eine Herausforderung für die Lernenden darstellen. Lösungen solcher Aufgaben sollten im Regelfall von einem Betreuer bzw. Dozenten begutachtet werden.

Ausgliederung von Lernaufgaben

Exemplarische und relevante Lernaufgaben werden aus den formulierten zu erwerbenden Handlungskompetenzen und den Berufsaufgaben abgeleitet. Sie betreffen Basiskompetenzen, Methoden- und Organisations- sowie Bewertungskompetenzen und sollten, ebenso wie auch die Bearbeitung von beruflichen Aufgaben, das Zusammenspiel unterschiedlicher Kompetenzen erfordern. Anhand einer solchen Lernaufgabe muss überprüft werden können, ob die Lernenden die definierten Kompetenzen erworben haben. Beispielhafte Fragen zur Konkretisierung der Lernhandlungen und Lernaufgaben sind:
- Welche Informationen sollen die Lernenden sich erarbeiten?
- Welche Fragen sollen sie beantworten?
- Welche Berechnungen sollen sie durchführen?
- Welche Fallbeispiele sollen sie bearbeiten?
- Welche Lösungen sollen sie im Netz präsentieren?

Es geht hier also nicht um automatisch auswertbare Aufgaben, wie 'Multiple Choice', 'Drag and Drop', Lückentextaufgaben und andere (vgl. dazu Kap. 7.5). Solche Aufgaben werden von den Lernenden akzeptiert und gewünscht und sollten in jedem Modul eingesetzt werden. Genauere Überlegungen dazu sind jedoch erst bei der Planung der 'Formalen Struktur' (siehe unten) der einzelnen Lerneinheiten notwendig. Entwickler sollten sich an dieser Stelle darauf konzentrieren, eine Auswahl geeigneter, relevanter Lern- bzw. Studienaufgaben zu erstellen.

Ergebnis der Konzeptphase: Lernaufgaben für das Gesamtmodul

Das Ergebnis der Konzeptphase ist eine Auswahl von Lernaufgaben, die aus wissenschaftlichen und/oder beruflichen Aufgaben sowie den zu erwerbenden Handlungskompetenzen abgeleitet wurden. Eine Aufgabe kann sich hauptsächlich auf eine Kompetenz beziehen, meistens jedoch wird sie, wie auch die Berufsaufgaben, unterschiedliche Kompetenzen erfordern, z. B. Fachkompetenzen und Methodenkompetenzen oder Fachkompetenzen, Sozialkompetenzen und Entscheidungskompetenzen.

4.3.3 Didaktische Struktur: Arbeitsformen und Lernszenarien

Phase II

Nach der Zusammenstellung geeigneter Lernaufgaben können verschiedene Entscheidungen zur didaktischen Struktur eines Lernmoduls getroffen werden:
- Welche Arbeits- und Prüfungsformen sind zum Bearbeiten dieser Aufgaben am besten geeignet?
- Welche Informationen müssen den Lernenden zur Verfügung gestellt werden, damit sie die Aufgaben bearbeiten können, welche Informationen sollen sie selbst erarbeiten und ggf. auch anderen Kursteilnehmern zu Verfügung stellen?
- Welche Lernaufgaben und Informationen sollen zu Lerneinheiten zusammengefügt werden? (Erst an dieser Stelle entsteht also eine erste grobe Übersicht über die einzelnen Lerneinheiten.)
- Welchen Organisations- und Ablaufplan, d. h., welches Lernszenario (vgl. Kap. 4.2.3) legt diese Kombination von Lernaufgaben und Arbeitsformen nahe?

Planung und Auswahl von Arbeitsformen (C)

Zur Planung und Auswahl geeigneter Arbeitsformen sind folgende Teilaspekte zu beantworten und zu einem stimmigen Ganzen zusammenzusetzen:
- In welchen Lernformen sollen die Lernenden die Aufgaben bearbeiten und die Handlungskompetenzen erwerben? Sind bspw. umfassende Recherchen sinnvoll, eine Simulation oder die durchgängige Bearbeitung eines Falles? Besonders wichtig ist dabei die Überlegung, wie die Arbeitsergebnisse der Lernenden wieder in den Kurs einfließen und als weitere Lernressource genutzt werden können.
- Welche Lehrform soll für welche Inhaltsbereiche überwiegen? Ist bspw. die direkte Übertragung einer Vorlesung oder eine konservierte Videoaufzeichnung geeignet, sollte der Inhalt eher in Form asynchroner Gruppenarbeit mit höherer Beteiligung der Lernenden vermittelt werden oder eignet sich der im Lernmodul vorgesehene Präsenzanteil am Besten für den jeweiligen Bereich? Hier ist auch die Frage der Möglichkeit und Bedeutung von ‚Rückkanälen' zu klären, also wel-

che Möglichkeiten Lernende bei diesen Lehrmethoden haben, ihre Fragen, Interessenschwerpunkte und Vorerfahrungen einzubringen.

- Sollte ein bestimmter Inhalt in Einzel- oder in Gruppenarbeit erarbeitet werden? Wie geschieht ggf. die Zusammenstellung der Arbeitsgruppen? Ist eine Zusammenarbeit in einer Gruppe fakultativ oder verpflichtend, wie geht sie in die Bewertung mit ein (zur Planung von Gruppenaufgaben siehe auch Kap. 6.6.3).

Für die Transparenz der Lern- und Arbeitsbedingungen der Lernenden sowie zur Information der Betreuenden des Moduls sind Überlegungen und Entscheidungen an dieser Stelle gut zu dokumentieren.

Bereitstellung von Inhalten/Informationen (D)

Zur Bearbeitung der Lernaufgaben benötigen die Lernenden Inhalte und Informationen. Die Entscheidung, welche und wie viele Inhalte zur Verfügung stehen müssen, ist abhängig von den zu erwerbenden Kompetenzen und den Lernaufgaben. Außerdem muss unterschieden werden zwischen Informationen und Inhalten, die den Lernenden zur Verfügung gestellt werden sollen und solchen, die sie sich selbst erarbeiten. Virtuelle Lernformen bieten hierfür sogar umfangreichere Möglichkeiten als das klassische ‚Referatsmodell‘ eines Seminars in der geistes- und sozialwissenschaftlichen Präsenzlehre, so z. B. in Form von Zusammenfassungen von Rechercheergebnissen, thematischen Ausführungen, Linklisten, Kommentaren in einem Diskussionsforum, selbst entwickelten Suchhinweisen und -strategien, Aufbau einer Wissensbasis aus relevanten Dokumenten, die im Internet verfügbar sind.

Grobe Übersicht über die einzelnen Lerneinheiten: Lernmodulszenario (E)

Die bisherigen Arbeitsschritte ermöglichen nun eine begründete zeitliche und organisatorische Strukturierung des Moduls und die Auswahl der Komponenten des Modulszenarios: Welche Inhalte sollen in den einzelnen Lerneinheiten behandelt werden? Welche Lernaufgaben und Arbeitsformen sind dafür geeignet? Weitere Entscheidungen betreffen den Gesamtablauf des Moduls und (eventuell) die Reihenfolge der Lerneinheiten, die Taktung der Lerneinheiten, das Zusammenspiel von Präsenz- und virtuellen Lernphasen, die Betreuung sowie die Gestaltung der Prüfungen (Kap. 4.2.3; Kap. 7).

4.3.4 Formale Struktur: Feinstrukturierung der Lerneinheiten

Phase III

Nach der bisherigen Grobplanung des gesamten Lernmoduls erfolgt in dieser Phase die detaillierte Planung der einzelnen Lerneinheiten. Im Mittelpunkt steht dabei die Planung der multimedialen Lernressourcen (der Lerninhalte und deren Präsentationsformen), jedoch sollte dabei im Blick behalten werden, welche Handlungskompetenzen in der Lerneinheit erworben werden sollen und auf welche Weise der Lernraum in die Gestaltung einbezogen werden soll.

Detaillierte Planung der einzelnen Lerneinheiten (F)

Zunächst müssen auf der Grundlage der bisherigen Vorüberlegungen nun auch auf der Ebene der einzelnen Lerneinheiten Entscheidungen bezüglich der folgenden Punkte getroffen werden:

- Handlungskompetenzen, die in der Lerneinheit erworben werden sollen,
- konkrete Lernaufgaben, die dazu nötig sind,
- Lernressourcen, die den Lernenden zur Bearbeitung dieser Aufgaben zur Verfügung gestellt werden sollen bzw. die sie ggf. selbst erarbeiten und anderen Lernenden zur Verfügung stellen sollen sowie
- die dafür geeigneten Lernaufgaben in dieser Lerneinheit.

Nutzung des Lernraums

In die Konzeption der Lerneinheiten sollte auch die geplante Nutzung des Lernraumes mit seinen verschiedenen Abteilungen und Werkzeugen eingehen. Dazu ist es notwendig, dass Entwickler von Lernmodulen die Funktionen, Vor- und Nachteile des jeweils verwendeten Lernraums (Kap. 3) sowie eventuell bereits entwickelte Nutzungsroutinen gut kennen. Hilfreich ist dabei der Austausch mit den Kursbetreuern (Kap. 6.6).

Grundsätzlich enthält der Lernraum Informationen zu den veränderlichen Elementen des Moduls (etwa zu Terminen, Prüfungsformen, Angaben zu den Lehrenden etc.) und wird während der Durchführung des Moduls zur Kommunikation genutzt, während die gleich bleibenden Angaben (z. B. zu Hilfen und Werkzeugen, Navigation) direkt in die Lernmedien werden sollten. Die Übergänge können jedoch fließend sein, und die Entwickler müssen die Betreuer der Module darauf hinweisen, auf welche Faktoren sie jeweils achten müssen.

Außerdem können sie auch Hinweise dazu geben, wie der Lernraum in speziellen Modulen oder in einzelnen Lerneinheiten genutzt werden soll. Nicht in jedem Modul müssen alle Lernraumwerkzeuge verwendet werden; zur Bearbeitung bestimmter Aufgabenstellungen oder zur Präsentation spezieller Sachverhalte können sich bestimmte Werkzeuge besser eignen als andere. Bei solchen Vorschlägen sollte jedoch möglichst nicht gegen etablierte Nutzungsroutinen verstoßen werden. Wichtig ist auch darauf hinzuweisen, wie groß der Gestaltungsspielraum der Betreuer ist.

Des Weiteren muss zu diesem Zeitpunkt geplant werden, ob zusätzliche Hilfen und Werkzeuge für den Umgang mit den Inhalten, die Präsentation der von den Lernenden entwickelten Arbeitsergebnisse oder die gemeinsame Arbeit an Dokumenten notwendig sind und wie diese bereitgestellt werden können (Kap. 6.8).

Multimediale Lernmaterialien (G)

Erst nach all diesen Vorüberlegungen kann an dieser Stelle nun die begründete Entscheidung getroffen werden, auf die sich oft die Überlegungen von Entwicklern konzentrieren: welche Elemente eines virtuellen Kurses wie multimedial realisiert werden sollen. Bei der Planung der Gestaltung müssen die in Kap. 5.1 detailliert beschriebenen

Regeln zur multimedialen Präsentation am Bildschirm berücksichtigt werden. Auf die folgenden Regeln soll hier schon besonders hingewiesen werden:

- Lernförderliches, klares Design, das sich an der technischen Ausstattung der Zielgruppe orientiert.
- Die multimediale Präsentation sollte sich primär an inhaltlichen und nicht an gestalterischen Aspekten orientieren. Die Verwendung der einzelnen medialen Elemente muss hingegen als Ganzes betrachtet werden, jedes Element sollte genau auf seine Funktion und sein Zusammenwirken mit den anderen Elementen überprüft werden. Eine technologiebezogene Motivation der Verwendung einzelner Elemente sollte vermieden werden.
- Ein schlüssiges Navigationskonzept sollte dem Phänomen des ‚Lost in Hyperspace' entgegenwirken. Als Minimalanforderungen können eine geführte, lineare Navigation (‚Guided Tour') sowie die Möglichkeit der freien Navigation, also das direkte Anwählen eines spezifischen Abschnittes angesehen werden.

In die Planung der multimedialen Lerneinheiten müssen die Aktivitäten der Lernenden und der Betreuer und die dazu notwendigen Hinweise (auch im Lernraum) mit einbezogen werden.

4.3.5 Operationale Struktur: Multimedia-Drehbuch und Durchführungsplan

Phase IV
Die bis zu diesem Zeitpunkt getroffenen Entscheidungen werden in der letzten Phase konkretisiert. Dies geschieht zum einen durch die detaillierte Beschreibung der zu erstellenden Lernmaterialien in einem Multimedia-Drehbuch – falls für das Modul digitale Lernmaterialien erstellt werden sollen –, zum anderen durch den Entwurf eines Durchführungsplans, in dem für die Betreuer (ggf. auch für die Lernenden) der geplante Verlauf des Studienmoduls dokumentiert wird.

Multimedia-Drehbuch/Storyboard (H)
Analog zu einem Film-Drehbuch werden in einem Multimedia-Drehbuch für jede einzelne zu programmierende Bildschirmseite alle Inhalte, Elemente und Regieanweisungen festgehalten. Die verschiedenen Phasen der Drehbuchstellung und die notwendigen Angaben und Regieanweisungen zu den verwendeten Elementen werden in Kap. 5.2.2 genauer beschrieben.

Durchführungsplan (I)
Da den Betreuern virtueller Lernmodule oft zentrale Hinweise zur Durchführung fehlen, die nur die Entwickler geben können, ist es sinnvoll, solche Angaben in einem Durchführungsplan festzuhalten. Dieser sollte wenigstens Angaben zum Szenario bzw. zur zeitlichen Planung des Moduls, zur Taktung sowie zu Prüfungen und Prüfungsformen enthalten.

Darüber hinaus kann außerdem auf folgende Punkte eingegangen werden:

- Zeitpunkte für Aufgabenstellungen,
- Gestaltungsfreiheit der Entwickler beim Einsatz des Moduls, z. B. in der Aufgabengestaltung,
- Einsatz des Lernraums und der Kommunikationselemente,
- Rückmeldemöglichkeiten, verantwortliche Stellen für Nachfragen oder Änderungshinweise,
- Einstellen aktueller Hinweise, Links und Literaturangaben,
- Möglichkeiten bzw. Notwendigkeiten des Einsatzes kooperativer Arbeitsformen.

4.4 Fazit

Die strukturellen und organisatorischen Bedingungen, unter denen Blended Learning-Veranstaltungen und virtuelle Lernmodule zurzeit geplant und durchgeführt werden, sind ausgesprochen heterogen. Auch die didaktischen Konzepte und die Vorstellungen in Bezug auf eine effektive Gestaltung von Lernarrangements und -materialien unterscheiden sich stark voneinander. Dementsprechend sind auch die Aufgaben und Tätigkeitsfelder bei der Konzeptentwicklung sehr unterschiedlich, ein umfassendes und allgemeines Tätigkeitsprofil zu ermitteln scheint kaum möglich.

Didaktische Gesamtkonzeption notwendig

Absehbar ist jedoch bereits, dass auf Dauer die Konzentration auf die bloße Entwicklung von Lernmaterialien und -programmen keinen nachhaltigen Erfolg hat. Stattdessen ist eine schlüssige didaktische Gesamtkonzeption von virtuellen Bildungsangeboten notwendig, die Betreuungskonzepte und organisatorische und institutionelle Rahmenbedingungen in die Planung einbezieht. Entwickler benötigen hierzu Unterstützung durch eine transparente Projektorganisation und Informationen über projektinterne und projektexterne Schnittstellen und Rahmenbedingungen. Je nach den Bedürfnissen eines Projekts empfiehlt sich außerdem die Entwicklung von didaktischen Leitlinien und von Leitlinien für das Design.

Zur Weiterentwicklung virtueller Studien- bzw. Lernkonzeptionen sind außerdem die kritische Reflexion der eigenen Tätigkeit, die Verbesserung von Arbeitsroutinen und die Aufdeckung von Theorie-Praxis-Differenzen notwendig. Diese Prozesse werden unterstützt durch Evaluationen der Lernmodule und Rückmeldungen von Lernenden und Lehrenden an die Modulentwickler. Die dazu notwendigen Verbindungen, Kommunikationsroutinen und zeitlichen Freiräume müssen ggf. durch das Projektmanagement geschaffen werden. Auf der anderen Seite ist der Austausch über Projektgrenzen hinaus notwendig; dazu gehört auch, die mediendidaktische Theorieentwicklung sowie die technischen Entwicklungen mitzuverfolgen.

5 Bildungsressourcen

Bedeutung der Bildungsressourcen im E-Learning

Im folgenden Kapitel geht es um die Darstellung und Rezeption von digital aufberei-teten Bildungsressourcen für E-Learning und Blended Learning, also um den sog. ‚Content'. Diese Ressourcen umfassen Lerninhalte, Informationen und Hinweise in unterschiedlichen symbolischen Darstellungsformen, interaktiven Strukturen, z. B. in statischen oder dynamischen Bildern, dreidimensionalen Darstellungen, parallelen Audio- oder Video-Elementen und die Kombination verschiedener Medien. Darüber hinaus geht es auch um die Aktivierung der Lernenden durch die Interaktion mit dem Lernmaterial – etwa mit Simulationen – sowie um die Darstellung an unterschiedli-chen Endgeräten vom Computerbildschirm bis zum MP3-Player oder Tablet-PC. Die Möglichkeit, Bildungsinhalte (multi)medial aufzubereiten und ihre Rezeption und Bearbeitung interaktiv zu gestalten, wurde von Beginn an als eine besondere Chance von E-Learning gesehen.

Produktion umfangreicher Bildungsressourcen

Die im E-Learning zunächst dominierenden Lernmedien wie ‚Computer Based Trai-ning' (CBT) und ‚Web Based Training' (WBT), in denen meist sehr umfangreiche Inhalte – etwa der Lernstoff eines Kurses – komplett multimedial und interaktiv auf-bereitet werden, stellen inzwischen nur noch einen Teil der digitalen Bildungsres-sourcen dar, dem jedoch gerade in formellen Bildungskontexten weiterhin eine große Bedeutung zukommt. Dabei sind die strukturellen Bedingungen, unter denen CBTs und WBTs erstellt werden, ausgesprochen heterogen. Dementsprechend sind auch die Tätigkeitsfelder der beteiligten Personen, z. B. der Konzeptentwickler und Drehbuch-autoren, sehr unterschiedlich; die Ermittlung eines umfassenden und allgemeinen Tätigkeitsprofils scheint kaum möglich. Jedoch hat sich bestätigt, dass die Konzentra-tion auf die bloße Entwicklung der digitalen Lernmaterialien keinen nachhaltigen Erfolg hat. Vielmehr ist eine schlüssige didaktische Gesamtkonzeption virtueller Kurse notwendig, die Betreuungskonzepte und institutionelle Rahmenbedingungen einbe-zieht. Entwickler benötigen hierzu Unterstützung durch eine transparente Projektor-ganisation und Informationen über projektinterne und -externe Schnittstellen. Je nach den Bedürfnissen eines Projekts empfiehlt sich außerdem die Entwicklung von didak-tischen Leitlinien und/oder eines Styleguides. Zur Weiterentwicklung virtueller Lern-angebote und -konzepte sind außerdem die kritische Reflexion der eigenen Tätigkeit von Konzeptentwicklern, die Verbesserung von Arbeitsabläufen und die Aufdeckung von Theorie-Praxis-Differenzen notwendig. Diese Prozesse werden unterstützt durch Evaluationen der Lernmodule und Rückmeldungen von Lernenden und Lehrenden an die Modulentwickler (Kap. 9). Die dazu notwendigen Arbeitsroutinen und zeitlichen Freiräume müssen ggf. durch das Projektmanagement geschaffen werden. Dies betrifft auch den Austausch über die Projektgrenzen hinaus, der zunehmend an Bedeutung gewinnt.

Frei verfügbare und von Lernenden erstellte Bildungsressourcen

Hier bietet insbesondere der Austausch von (offenen) Bildungsressourcen, ‚Open Educational Resources' (OER), ein großes Potenzial. Um dies auszuschöpfen, ist es jedoch zum einen notwendig, die Auffindbarkeit von Bildungsressourcen durch geeignete technische, aber auch didaktische Metabeschreibungen zu fördern und zum anderen, Modalitäten zur (gemeinsamen) Weiterentwicklung, zum Umgang mit veränderten Inhalten in Bezug auf Copyright (Kap. 11.2) und Qualitätssicherung (Kap. 8) zu finden.

Ein weiterer wichtiger neuer Faktor bei der Konzeption von Lehrveranstaltungen sind vor allem die unterschiedlichen Web 2.0 Technologien, die eine Beteiligung der Lernenden an der Entwicklung von Lernressourcen ermöglichen. Durch die Möglichkeit, unkompliziert Inhalte – teilweise auch sehr kurze Inhalte, den sog. ‚Microcontent' – im Netz zu veröffentlichen, wird auch der Erwerb unterschiedlicher Kompetenzen unterstützt, von fachlichen Kompetenzen durch eine kritische Auseinandersetzung mit Inhalten, über Medienkompetenzen durch die Nutzung der Web 2.0 Werkzeuge bis zu Kommunikations- und Kooperationsfähigkeit bei gemeinsamer Produktion von Beiträgen.

Veränderung der Bildungsressourcen – Veränderung der Lehr- und Lernkultur

Im Zeitalter von Web 2.0 wird also eine immer größere Fülle von Bildungsressourcen im Netz frei zugänglich, die sich erheblich von den klassischen Lernmedien unterscheiden, etwa in der medialen Gestaltung und im Umfang. Solche Inhalte enthalten nicht nur interessante und lernrelevante Informationen, sondern haben auch das Potenzial, die Lehr- und Lernkultur im E-Learning mit Wirkungen bis in Präsenzveranstaltungen hinein erheblich zu verändern: Die Möglichkeiten, dass alle Interessierten selbst erstellte Inhalte, den ‚User' oder ‚Learner Generated Content', weltweit – also nicht nur innerhalb einer geschlossenen Lehrveranstaltung – zugänglich machen können, verändert die Rollenzuschreibungen von Lernenden und Lehrenden (Kap. 4.3.3).

Jedoch wächst mit diesen neuen Möglichkeiten zugleich auch die Gefahr der Überforderung der Lernenden, die eine zentrale Ursache dafür ist, dass die Erfolge des Lernens mit digitalen Medien oft „weit hinter dem zurück [geblieben sind], was aufgrund von Analysen der mit diesen Medien verbundenen Potenziale erwartet worden war" (PLÖTZNER/LEUDERS/WICHERT 2009, 7f). Die Gestaltung von Lernmedien, die in diesem Kapitel behandelt wird, ist also nur eine Seite der Medaille – zumal Lehrende bzw. Bildungsanbieter auf die Gestaltung von frei zugänglichen oder von den Lernenden selbst erstellten Materialien oft keinen Einfluss haben. Komplementär dazu sind deshalb immer auch Maßnahmen zur Unterstützung der Lernenden bei der Entwicklung von Lernstrategien im Umgang mit unterschiedlichen Medientypen und Medienverbünden notwendig. An dieser Stelle soll noch einmal daran erinnert werden, dass sowohl Gestaltungs- als auch Unterstützungsmaßnahmen nicht für sich stehen und allein nicht hinreichend sind, sondern immer im Rahmen des Gesamtkonzepts einer Bildungsveranstaltung geplant werden müssen: Content ist zwar ein wichtiger, aber ein integrativer Bestandteil des gesamten Lernszenarios.

Gliederung des Kapitels

Bei der Gestaltung und dem Einsatz multimedialer und interaktiver Bildungsressourcen müssen also unterschiedliche Aspekte berücksichtigt und in Beziehung zueinander gesetzt werden. Ausgangspunkt dieses Kapitels sind deshalb grundsätzliche Überlegungen zu den verschiedenen Formen medialer Präsentation – vom linearen Text bis zur interaktiven Simulation – und die Besonderheiten bei deren Gestaltung und Einsatz in Lernsituationen (Kap. 5.1). Auf dieser Grundlage geht es dann zunächst um die Entwicklung des im E-Learning bereits traditionellen Lernmediums WBT (Kap. 5.2) und um die barrierefreie Gestaltung von Bildungsressourcen (Kap. 5.3). Im folgenden Schritt werden Konzeption und Einsatz verschiedener Web 2.0 Werkzeuge in Lernsituationen behandelt (Kap. 5.4), daran anschließend offen zugängliche ‚freie Bildungsressourcen' (Kap. 5.5). Das Kapitel schließt mit einem kurzen Fazit (Kap. 5.6).

5.1 Elemente der medialen Präsentation

Die Inhalte sind wichtiger als das Design

Im „Laufe der vergangenen Jahre ist deutlich geworden, dass die Aufbereitung der *Inhalte* den Mehrwert eines Bildungsangebots ausmacht und weniger [...] das multimediale oder netzbasierte Design. [...] Unbedacht ausgewählte, schlecht strukturierte und lernunfreundlich formulierte Inhalte lassen sich [...] mit High-Tech auf der Hard- und Software-Ebene [...] nicht wieder gutmachen" (REINMANN-ROTHMEIER 2003, 53). Dennoch können sich Mängel in der Darstellung von Lernmaterialien negativ auf Lernprozesse auswirken, da sie von den eigentlichen Lerninhalten ablenken und so die extrinsische kognitive Belastung (extraneous cognitive load) erhöhen. Auch die Lerninhalte selbst bedeuten für Lernende eine intrinsische kognitive Belastung (intrinsic cognitive load). Unterstützend wirkt dagegen eine lernförderliche kognitive Belastung (germane cognitive load), die durch Lernstrategien zur Auseinandersetzung mit den Inhalten dazu beiträgt, Lerninhalte im Langzeitgedächtnis zu verankern und nicht nur im Arbeitsgedächtnis, das nur über eine begrenzte Kapazität und einen kurzfristigen Behaltensspeicher verfügt (CHANDLER/SWELLER 1992). Für die Gestaltung von Lernmedien spielen also kognitionspsychologische Ansätze wie die Theorie der kognitiven Belastung eine wichtige Rolle und stehen neben didaktisch-methodischen Überlegungen im Mittelpunkt dieses Abschnitts.[2] Dabei werden die wesentlichen Elemente der medialen Codierung in drei Hauptgruppen betrachtet:

- *verbale Codierungen*, also schriftliche Texte, Hypertexte und gesprochene Sprache,
- *visuelle Codierungen*, also sowohl statische als auch bewegte Bilder sowie
- *interaktive Darstellungsformen* wie Simulationen, Spiele und 3D-Lernwelten.

Die Übergänge zwischen diesen Kategorien sind fließend, denn auch schriftliche Texte sind visuell, Audioelemente müssen nicht sprachlich sein usw.; außerdem werden zunehmend verschiedene Codierungsformen kombiniert. Thematisiert werden deshalb in bestimmten Abschnitten auch die Doppelcodierung von Inhalten (z. B. als Text und Bild; PAIVIO 1986) sowie der Modalitätseffekt, also das Ansprechen unterschiedlicher Sinneskanäle (BADDELEY 2002). Zudem ist inzwischen bekannt, dass „die gleichen Eigenschaften, die in bestimmten Medien und Medienverbünden lernförderlich wirken können, auch neue Anforderungen an die Lernenden stellen" (PLÖTZNER/LEUDERS/WICHERT 2009, 7). Aus diesem Grund endet dieser Abschnitt mit grundsätzlichen Überlegungen zur multimedialen Gestaltung von Lerninhalten (MAYER 2009) sowie zum Umgang mit Medienkombinationen und -verbünden.

5.1.1 Verbale Präsentationsformen

Lineare Texte

Längere lineare Texte unterschiedlicher Gattungen – Aufsätze, Studienbriefe usw. – sind die klassische Form der Wissenspräsentation in Lernsituationen. Sie sind eine wichtige Ressource für sehr unterschiedliche Lernziele, z. B. den Erwerb deklarativen und prozeduralen Wissens, sie können multicodal gestaltet sein, also Bilder und andere Elemente enthalten, und in ganz unterschiedlichen Lernkontexten zum Einsatz kommen, vom klassischen Selbstlernen bis zu verschiedenen kooperativen Lernformen (FRIEDRICH 2009, 19). Auch in virtuellen Bildungsveranstaltungen haben Texte weiterhin hohe Bedeutung, teilweise auch als Gegengewicht zu der befürchteten Verflachung von Lerninhalten durch die typische Darstellung von Bildschirmtexten in kleinen, leicht zu lesenden Informationseinheiten.

Um das Lernen mit Texten zu unterstützen, sollte – in Anlehnung an die Cognitive Load Theory (SWELLER 2005) – kognitive Belastung durch lernerunfreundliche Textgestaltung vermieden werden. Eine lernerfreundliche Gestaltung von Texten kann auf unterschiedlichen Ebenen ansetzen (BALLSTAEDT 1997; FRIEDRICH 2009, 27f).

---

2   Jedoch beeinflussen auch Kriterien der Software-Ergonomie und des Screen-Designs die Entscheidungen bezüglich der Elemente der medialen Präsentation (Multimodalität/Multicodierung) sowie der Struktur der Präsentation (Navigation/Bearbeitungswege) (ARNOLD, P. 2001, 87; DÖRR/STRITTMATTER 2002; HARTWIG/TRIEBE/HERCZEG 2002a, 2002b). Auf diese Fachgebiete kann hier nicht ausführlich eingegangen werden; sie werden deshalb nur in ihren Überlappungsbereichen mit Gestaltungskriterien aus didaktisch-methodischer Perspektive betrachtet.

Unterstützt werden sollten:

- *basale Leseprozesse* durch angemessene typografische Gestaltung (Schrifttyp, Schriftgröße, Zeilenlänge, Zeilenabstand usw.),
- *lokale Kohärenzbildung*, z. B. durch unkomplizierte Satzbildung, Herstellen eindeutiger Bezüge und Konzeptaufnahmen,
- *globale Kohärenzbildung* durch Ordnungsschemata, die Lernende zur Organisation des Wissens nutzen können, z. B. klare Gliederung des Textes nach Sachstrukturen oder Begriffshierarchien, verbale Zusammenfassungen oder Visualisierungen,
- *elaborative Prozesse*, z. B. durch kognitive Vorstrukturierung wie Advance Organizers, Konkretisierung durch Beispiele, anregende stilistische Gestaltung durch Verknüpfung von Bekanntem mit Neuem oder durch die Aktivierung kognitiver Konflikte, etwa das Aufzeigen und Klären von Widersprüchen.

Jedoch sind nicht alle Texte lernerfreundlich aufbereitet, zudem unterscheiden sich die Rezeptionsbedingungen bei Personen mit guten Vorkenntnissen von denen mit schlechten Vorkenntnissen. Deshalb ist es wichtig, die lernförderliche kognitive Belastung, die zur konstruktiven Verarbeitung, zum Verstehen und Behalten von Texten führt, durch „strategieanregende Aneignungsaufgaben" zu unterstützen, die je nach Zielgruppe unterschiedlich komplex sein können, von „Oberflächenhandlungen" wie Notizen machen usw. bis zur Aktivierung von Vorwissen und Verarbeitung durch Gruppendiskussionen oder Schreibaufgaben (FRIEDRICH 2009, 28ff). Damit solche Strategien überhaupt aktiviert werden, sollten sie durch Trainingsmaßnahmen begleitet werden.

Ändert sich das Lernen mit Texten durch die Distribution am Bildschirm? Dies betrifft z. B. Fernstudienbriefe im PDF-Format, die über das Internet versendet werden, zunehmend jedoch auch elektronische Bücher, laut HORIZON REPORT (2010, 17ff) ein Zukunftstrend für die nächsten Jahre. Hier führt die Verbesserung elektronischer Lesegeräte (,E-Reader') im Vergleich zum Lesen am Computerbildschirm zu großen qualitativen Verbesserungen, weitere Vorteile sind u. a. individuelle Einstellungen, Suchfunktionen, Möglichkeiten der Annotation und (externen) Archivierung. Grundsätzlich verlaufen die zentralen Lese- und Verstehensprozesse am Bildschirm nicht anders als bei gedruckten Texten (SHAPIRO/NIEDERHAUSER 2004). Die Lesegeschwindigkeit am Bildschirm ist in den vergangenen Jahren gestiegen. War sie in den 1990er Jahren im Vergleich zu Büchern noch um 20 bis 30 % reduziert (BALLSTAEDT 1997), ergaben neuere Untersuchungen nur noch einen Unterschied von ca. 6% (Tablet-PC) bis 10% (E-Book-Reader) (NIELSEN 2010). In Bezug auf die Zufriedenheit mit unterschiedlichen Distributionsmedien differieren die Ergebnisse unterschiedlicher Studien: NIELSEN (2010) zufolge liegen Buch, E-Book-Reader und Tablet-PC ungefähr gleichauf, weit vor dem Lesen am Computerbildschirm. Dagegen ergab eine deutsche Studie, dass Probanden das Lesen von Papierseiten im Vergleich zu anderen Distributionsformen subjektiv am angenehmsten empfanden. Dieser Eindruck steht jedoch im Gegensatz zu einem anderen Ergebnis derselben Studie: Danach zeigten sich beim Lesen auf einem Tablet-PC neuronal messbare Vorteile bei der Informationsverarbeitung gegenüber Papierseiten (Johannes Gutenberg Universität Mainz 2011). Komplexer werden die Lese- und Informationsverarbeitungsprozesse, wenn Hypertexte bzw. Hypermedien eingesetzt und Lernressourcen vernetzt werden.

Hypertexte

In Hypertextsystemen werden Informationen durch Texte mit Querverweisen ('Knoten') und elektronischen Verknüpfungen ('Links') zwischen diesen Knoten präsentiert; Hypermediasysteme enthalten auch andere Modalitäten und Codierungen wie (bewegte) Bilder oder Ton. Solche Systeme sind schnell änderbar und aktualisierbar (Arnold, P. 2001, 90f; Tergan 2002). Unterschieden wird zwischen linearen, hierarchischen und vernetzten Strukturen; der Zugriff erfolgt auf unterschiedliche Weisen, häufig indem Nutzer 'Stöbern' ('Browsing'), aber auch gezielt suchen oder vorgeschlagenen Pfaden folgen (Tergan 2002, 102ff).

In Lernkontexten wurden mit Hypermedien hohe Erwartungen verbunden, besonders für das selbst gesteuerte Lernen Erwachsener bzw. für fortgeschrittene Lerner, da man annahm, dass die netzwerkartige Informationspräsentation günstig für den Wissenserwerb sei und der selbst gesteuerte Prozess des Wissenserwerbs ebenso gefördert werde wie die kognitive Flexibilität (ebd., 105ff). Inzwischen hat sich gezeigt, dass zwei Typen von Lernproblemen mit der Nutzung von Hypertexten verbunden sind: (1) Die Gefahr der Desorientierung ('Lost in Hyperspace'), also die Schwierigkeit, die Struktur von Informationen zu erfassen und sich eine eigene Vorstellung ('Mental Map') davon zu machen. (2) Die Gefahr der kognitiven Überlastung ('Cognitive Overload'), d. h., dass die kognitive Anstrengung der Lernenden, die sich auf die Navigation, das Auffinden von Informationen usw. konzentriert, nicht mehr für tiefere Informationsverarbeitung genutzt werden kann (ebd., 108ff; Arnold, P. 2001, 90f; Unz 2000).

Wichtig bei der Konzeption von hypermedialen Lernsystemen ist also vor allem eine übersichtliche und schlüssige Navigation. Auch das Schreiben von Hypertexten ist zunächst ungewohnt, da die Autoren ihre 'lineare Denkweise' überprüfen und revidieren müssen (Reinmann-Rothmeier 2003, 48). Dies kann jedoch produktiv genutzt werden, wie Studien zur (angeleiteten) Produktion von Hypertexten durch Lernende gezeigt haben, die sowohl zur vertieften Auseinandersetzung mit den Inhalten als auch zu Verbesserung der eigenen Lernstrategien mit Medien beitrugen (Stahl 2001; Stahl/Bromme 2005; Stahl 2009; Swertz 2002).

Audio

Bei der Gestaltung von Bildungsmedien kann gesprochene Sprache aus vielen Gründen sinnvoll sein. Sprechtext kann eine wahrnehmungslenkende Steuerungsfunktion haben, Aussprachehinweise geben sowie dazu beitragen, die Textmenge am Bildschirm zu reduzieren. Lernrelevant ist neben der Informationsvermittlung, dass menschliche Stimmen Emotionen ansprechen und damit Aufmerksamkeit, Motivation und Aktivierungsgrad erhöhen sowie zur Authentizität von Lernmedien beitragen können (Niegemann u. a. 2008, 196); menschliche Stimmen sind computer-generierten vorzuziehen ('Voice Principle', Mayer 2009).

Eine bedeutende Rolle in Lernsituationen hat die Kombination von gesprochenen Texten und (bewegten) Bildern. Das Arbeitsgedächtnis wird durch die duale – verbale und bildliche – Codierung entlastet und eine Überlastung des visuellen Kanals bzw. Blicksprünge zwischen geschriebenem Text und Bildern werden verhindert; außerdem werden zwei Sinneskanäle angesprochen (,Modalitätsprinzip'). Auf diese Weise wird die Integration bzw. Zusammenfügung des verbalen und des piktoralen Modells des Lerngegenstands zu einem gemeinsamen mentalen Modell erleichtert. Erst ein solches gemeinsames Modell wird mit dem Vorwissen im Langzeitgedächtnis verknüpft und kann dann vom Langzeitgedächtnis abgerufen werden (MAYER 2005). Wichtig dabei ist eine gute Koordination von Text und Bild, um Interferenzen und Aufmerksamkeitsteilungen zu vermeiden (ARNOLD, P. 2001, 97).

Auch für den Einsatz von Audio-Elementen ist die Nutzerkontrolle bzw. -steuerung wichtig. Da Audio-Sequenzen flüchtig sind, müssen sie wiederholbar und adaptierbar sein. Das heißt, gesprochene Sequenzen müssen angehalten, ein- und ausgeschaltet werden können. Sie sollten nicht zu lang sein, und die Abspieldauer muss vorher mitgeteilt werden. Zu Sprechtexten muss es ein schriftliches Äquivalent geben; um Aufmerksamkeitsteilungen zu vermeiden, sollten sie nicht beide gleichzeitig erscheinen (NIEGEMANN U. A. 2008, 202).

Auch nonverbale auditive Elemente können den Lernprozess unterstützen. So können Musik und Geräusche dazu beitragen, Lerninhalte zu situieren, indem sie z. B. geschichtliche, kulturelle oder geografische Assoziationen hervorrufen (z. B. Barockmusik, Musik der 1960er Jahre, lateinamerikanische Musik) oder zum Aufbau von Stimmungen wie Entspannung oder Spannung beitragen (EBD., 198ff). Signale oder kurze Tonfolgen (,Jingles') können z. B. für Rückmeldungen verwendet werden (WENDT 2003, 192f), sollten aber sparsam eingesetzt werden. Auf Hintergrundmusik sollte in Lernzusammenhängen ganz verzichtet werden (ARNOLD, P. 2001, 97; BRUNS/ GAJEWSKI 2002, 92f; NIEGEMANN U. A. 2008, 201).

Zunehmende Bedeutung erhalten im Zeitalter von Web 2.0 außerdem Audio- (und Video-)Podcasts. Solche (Ton-)Dokumente können nicht nur von professionellen Entwicklern, sondern auch von Lernenden unkompliziert erstellt werden und sehr unterschiedlichen Lernzielen dienen, z. B. dem Erwerb von Sprechpraxis in einer Fremdsprache, aber auch unterschiedlichen anderen Medien- und inhaltlichen Kompetenzen (Kap. 5.4.4).

5.1.2 Visuelle Präsentationsformen

Bilder und Diagramme
In Lehr- und Lernkontexten können Bilder als ,visualisierte Argumente' verstanden werden (WEIDENMANN 2002a). Unterschieden wird dabei häufig zwischen Abbildern (wie Fotos und Zeichnungen) und logischen bzw. analytischen Bildern (Diagramme, Schemata usw.). Bilder werden kognitiv anders verarbeitet als Texte. Während Bilder

simultan und holistisch wahrgenommen und schnell verarbeitet werden, erfolgt Schriftwahrnehmung linear und sukzessiv. Bei Bildern ist – anders als bei Texten – der Aufbau eines mentalen Modells relativ leicht. Dies kann dazu führen, dass Lernende meinen, sie könnten Bilder und Diagramme ‚mit einem Blick erfassen', sie jedoch tatsächlich nur oberflächlich verarbeiten, ohne die notwendigen internen Modelle aufzubauen; die Lernleistung bleibt in solchen Fällen gering. Um Bilder dagegen nicht nur wahrzunehmen, sondern auch zu verstehen, müssen die entsprechenden kognitiven Prozesse gezielt aktiviert werden, etwa durch geeignete Darstellungsformen und Aufgabenstellungen (SCHNOTZ 1997, 230ff, 2002, 68–72).

WEIDENMANN (2002a) unterscheidet unterschiedliche instruktionale Funktionen von Abbildern in Lehr- und Lernkontexten: (1) die *Zeigefunktion* von Bildern vermittelt eine Vorstellung vom Lernobjekt, (2) eine *Situierungsfunktion* haben Bilder, wenn durch sie Informationen in einen Rahmen oder Kontext eingeordnet werden können, (3) die *Konstruktionsfunktion* von Bildern dient der Einbettung komplexerer Zusammenhänge in ein mentales Modell.

Tab. 5.1: Kognitive Funktionen von Bildern und Grafiken (in Anlehnung an OESTERMEIER 2008, 3)

Kognitive Funktion	Beispiel	Gegenstandsbereich	Bildtypen	Sprachliche Ergänzungen
Wahrnehmen und Wiedererkennen		sichtbare körperliche Gegenstände	Fotos, Abbilder, Malerei	Namen, Orts- und Zeitangaben, Beschreibungen, Behauptungen
Klassifikation und Veranschaulichung		„unsichtbare" Gegenstände oder Sachverhalte, Klassen von Gegenständen	typisierte Illustrationen, Planskizzen, Modellzeichnungen	Definitionen, Erläuterungen, Erklärungen
Schlussfolgerungen		abstrakte mathematische Gegenstände, quantitative Zusammenhänge, Naturgesetze	geometrische Planfiguren, logische Diagramme	Negationen, Definitionen, Beweise, Formeln, Gesetze, Argumente

Bei Abbildern und logischen Bildern kommt der Gestaltung große Bedeutung zu, damit die wesentlichen Elemente gut verstanden werden können. So haben Evaluationen gezeigt, dass z. B. sehr realistische Bilder zwar besonders wirkungsvoll situieren, jedoch auch Gefahr laufen, schnell zu veralten. Weitere Gestaltungselemente von Bildern sind ihr Komplexitätsgrad, die Aufmerksamkeitslenkung durch Steuerungscodes wie Pfeile, Hervorhebungen oder Beschriftung u. a. m. (SCHNOTZ 2002; WEIDEN-MANN 2002a).

In Lernzusammenhängen ist in der Regel davon auszugehen, dass zur Nutzung der kognitiven Funktion von Bildern und Grafiken sprachliche Zusatzinformationen benötigt werden und die doppelte Codierung das Lernen unterstützen kann. Bei der Gestaltung von Lernmaterialien sollte deshalb der Verbindung von Bildern und Texten besondere Aufmerksamkeit gewidmet werden. Das integrierte Modell des Text- und Bildverstehens (SCHNOTZ 2005) geht ebenso wie die kognitive Theorie des multimedialen Lernens (MAYER 2005) davon aus, dass die Verarbeitung visueller bildhafter und verbaler Informationen über unterschiedliche Kanäle erfolgt. Dabei werden zunächst im Arbeitsgedächtnis voneinander getrennte mentale Modelle gebildet, die dann zu einem gemeinsamen Konzept verbunden und mit dem bereits vorhandenen Vorwissen verknüpft und im Langzeitgedächtnis gespeichert werden. Bei der Gestaltung von Lernmaterialien müssen deshalb die Belastung des Arbeitsgedächtnisses und die Bildung von Schemata berücksichtigt werden. Daraus ergeben sich Gestaltungsprinzipien wie die Vermeidung der räumlichen Trennung von Text und Bild sowie von redundanten Informationen in Text und Bild oder die Nutzung gesprochener Sprache zur Erläuterung von Bildern, um eine kognitive Überlastung durch Blickbewegungen zu vermeiden. OESTERMEIER (2008, 26) schlägt u. a. folgende Leitfragen zur Identifikation informativer Bilder und zur Text-Bild-Kombination vor: „Ergibt die Visualisierung einen echten Informationsmehrwert gegenüber einem Text? Welche sprachlichen Anleitungen sind nötig, um weniger offensichtliche Informationen entnehmen zu können? Wie stelle ich sicher, dass die Informationen auch entnommen wurden? [...] Sollte ich den Leser auffordern, die Visualisierung in Hinblick auf bestimmte Fragen zu betrachten?"

Das Lernen anhand von Bildern erfolgt nicht intuitiv, und die Förderung des Bildverstehens ist noch weniger erforscht als die Unterstützung von Textverstehen. Dennoch gibt es auch hierzu bereits einige Vorschläge, z. B. Fragen zu einem Bild zu beantworten, Bilder zu vergleichen, zu produzieren, zu beschriften oder (auch interaktiv am Computer) Texten zuzuordnen (SCHLAG/PLÖTZNER 2009, 127f).

3D-Lernobjekte

Eine spezielle Form der visuellen Präsentation sind 3D-Lernobjekte, d.h. Modelle eines jeweiligen Originals oder eines fiktiven Objekts, die dessen dreidimensionale Eigenschaften vermitteln. Sie sind geeignet, Sachverhalte anschaulich darzustellen, die durch Texte, aber auch durch zweidimensionale, statische Bilder allein schwer vorstellbar sind. So ermöglicht das Drehen von 3D-Objekten die Ansicht auf ein Modell aus verschiedenen Perspektiven. Potenzielle Lernvorteile zeichnen sich nach bisherigen Studien eher schwach ab, jedoch wecken 3D-Lernobjekte die Aufmerksamkeit und wirken motivierend (BAMFORD 2011; NICK/URHAHNE 2004; WANG/CHANG/LI 2007). Eingesetzt werden können sie z. B. zur Darstellung von sonst nicht sichtbaren Mikro- oder Makrosachverhalten (wie Atomstrukturen oder Planetenkonstellationen), von zeitlich und/oder räumlich nicht Erreichbarem (z. B. geschichtlichen Situationen) oder von schematischen Wiedergaben (z. B. von Funktionen, dem Aufbau von Objekten usw.) (MÜNSTER 2012).

Die optische Darstellung kann mit Ton und anderen Darstellungsformen kombiniert werden, aber auch mit komplexeren, z. B. taktilen Interaktionsformen, etwa auf einem Touchscreen, oder mit Hilfsmitteln wie einem Datenhandschuh oder einer Spezialbrille. Zur Ausgabe auf dem Bildschirm oder auf mobilen Geräten vor Ort (auch im Sinne von ‚Augmented Reality', ‚Erweiterter Realität', vgl. Kap. 3.2 und Kap. 4.2.3), bspw. an historischen Schauplätzen, kommen Einsatzmöglichkeiten wie die Darstellung mit 3D-fähigen Projektoren in einer Klassenraumsituation (BAMFORD 2011), als Hologramme (z. B. in Museen) oder in begehbaren Spezialumgebungen, die das dreidimensionale Objekt noch realistischer räumlich erfahrbar macht. So können z. B. medizinische Objekte und Präparate „auf Basis des stereoskopischen Sehens in ihrer räumlichen Ausdehnung betrachtet werden, was insbesondere für die Tiefenwahrnehmung bis hin zu Immersionseffekten in virtuellen Lernumgebungen von besonderer Bedeutung ist" (MOOTZ 2011).

Dabei kann die Darstellung zwischen realistischem Abbild und Schema liegen; der Abstraktionsgrad eines 3D-Lernobjekts ist ein wichtiger Faktor bei der Gestaltung. Hier können Chancen zur didaktischen Reduktion – etwa im Vergleich zu Filmen – und zur Lenkung der Aufmerksamkeit liegen, es können aber auch Probleme entstehen: Schon Bilder werden als ‚wirklich' hingenommen, viel stärker trifft dies jedoch auf dreidimensionale Präsentationsformen zu, obwohl es sich noch weniger als bei Fotos um ‚realistische' Abbildungen der Objekte handelt. In diesem Zusammenhang ist z. B. die aktuelle Debatte darüber interessant, wie ausgearbeitet die Visualisierung von historischen Gebäuden bzw. Szenarien sein sollte: Zwar können sich Lernende oder Laien Sachverhalte anhand von realistischen Darstellungen besser vorstellen, und der Lerneffekt kann nachhaltiger sein; andererseits können auf diese Weise auch falsche Bilder entstehen: „Wenn unscharfes oder vages Wissen in solch perfekter Anmutung erscheint [... erscheint dies] häufig als abgeschlossene Aussage [..., es] ist weniger interpretierbar, lässt weniger Spielräume als textliche Information" (GUPTA 2012). Es hat sich aber auch gezeigt, dass Rekonstruktionen es ermöglichen – wenn auch aufgrund geschätzter Informationen – weitere Fragestellungen zu entwickeln und Erkenntnisse zu gewinnen, die nur anhand der harten Fakten nicht hätten generiert werden können.

Dass 3D-Objekte oft als realistische Abbildungen der Wirklichkeit betrachtet werden liegt auch daran, dass den meisten Nutzenden nicht bekannt ist, wie sie entstehen: Anders als Fotografien müssen 3D-Objekte aufwändig modelliert werden, und dabei muss eine Vielzahl von Entscheidungen getroffen werden, z. B. in Bezug auf die Farbgebung und andere Gestaltungselemente. Für die Erstellung gibt es spezielle Softwareangebote, die komplette Animationspakete umfassen oder die Umsetzung von Einzelaspekten (z. B. Gebäudedarstellungen) unterstützen können. In jedem Fall ist die Entwicklung aufwändig und erfolgt in einem komplexen Arbeitsprozess, der ein didaktisches und ein Designkonzept, die Erstellung eines (geometrischen) Modells, dessen

Abb. 5.1: 3D-Modell eines fiktiven Tempels in unterschiedlichen Abstraktionsgraden (Materialien für einen Versuch im Rahmen des Projekts ‚Lernen mit konfligierenden 3D-Rekonstruktionen', GLASER/SCHWAN, in Vorbereitung)

Ausgestaltung (mit Farbe, Textur, Beleuchtung, ggf. Animation) sowie eine Ausgabe-bearbeitung (Rendering / Postproduktion) erfordert (MÜNSTER 2012; zu den Beson-derheiten der Produktion von 3D-Videos vgl. MENDIBURU 2009).

3D-Objekte können als Bilder und Illustrationen dienen, möglich sind aber auch Ein-satzformen wie Filme, Animationen bzw. interaktive, z. B. drehbare Lernobjekte, Simulationen oder sogar komplette dreidimensionale Lern- bzw. Spielwelten; zur lern-förderlichen Gestaltung dieser Modi siehe die folgenden Abschnitte.

Animationen

Animationen sind Visualisierungen, die durch eine Abfolge mehrerer Einzelbilder den Eindruck von Bewegung erwecken; oft sind sie mit auditiven oder schriftlichen Ergän-zungen verbunden. In Lernsituationen werden sie häufig verwendet, um „Struktur, Kausalität und/oder Chronologie" von Prozessabläufen dynamisch darzustellen, sowohl bei realen Abläufen – z. B. Wachstumsprozessen – wie bei abstrakten Prozes-sen, z. B. der Entwicklung von Gleichungen (PLÖTZNER/LEUDERS/WICHERT 2009, 10; SCHNOTZ/LOWE 2008). Didaktische Vorteile von Animationen sind u. a. ihre Attrakti-vität und motivierende Wirkung, die Unterstützung des Erwerbs von prozeduralem Wissen durch die Schritt-für-Schritt-Modellierung von Handlungen sowie die Mög-lichkeit, dreidimensionale Strukturen und Prozesse darzustellen, die in der Realität nicht beobachtet werden können, weil sie zu schnell oder zu langsam sind. Anderer-seits können Animationen auch ablenken, Lernende durch die hohe kognitive Belas-tung überfordern oder durch ihre scheinbare Einfachheit zu der falschen Annahme verleiten, bereits alles verstanden zu haben (NIEGEMANN U. A. 2008, 256). Neueren Ansätzen zufolge unterscheidet sich das Lernen mit Animationen kaum vom Lernen mit Bildern, da es dasselbe kognitive System betrifft (SCHNOTZ/LOWE 2008). Wie beim Lernen mit Bildern muss sich der Einsatz am Vorwissen, der Erfahrung der Zielgruppe mit Animationen sowie an den Lernzielen orientieren. Die kognitive Verarbeitung von Animationen kann dann durch unterschiedliche Maßnahmen unterstützt werden, z. B., indem Teilprozesse und unterschiedliche Detailebenen sichtbar gemacht wer-den. Zur Aufmerksamkeitslenkung können Steuerungscodes eingesetzt werden, nicht nur statisch wie bei Bildern, z. B. durch Pfeile, sondern auch dynamisch, z. B. durch Pausen (NIEGEMANN U. A. 2008, 250ff). Verschiedenen früheren Untersuchungen zufolge haben Animationen im Vergleich mit statischen Bildern keinen lernförderlichen Effekt oder sogar negative Auswirkungen (BETRANCOURT 2005; SCHNOTZ 1997). Im Gegensatz dazu zeigen neuere Studien, dass Animationen statischen Bildern unter bestimmten Bedingungen überlegen sein können, z. B., wenn sie lernzielrelevante Funktionen erfüllen und nicht zu rein dekorativen Zwecken eingesetzt werden. Auch unterstützen sie den Erwerb von statischen (also nicht nur dynamischen) Inhalten und deklarativem Wissen (HÖFFLER/LEUTNER 2007).

Es ist sinnvoll, Lernende durch Advance Organizers auf Animationen hinzuweisen, deren Länge anzugeben und eine individuelle Steuerbarkeit anzubieten, d. h., die Nutzer sollten die Animationen anhalten, zurück- und vorspulen und die Geschwindigkeit selbst regulieren können. Insbesondere unerfahrene Lernende müssen jedoch zunächst angeleitet werden, um diese Art der Steuerung effektiv einsetzen zu können (NIEGEMANN U. A. 2008, 259).

Auch Videos und Simulationen sind Animationen, unterscheiden sich jedoch von den eben beschriebenen Formen durch die Erstellung (Video: Aufzeichnung) und den Grad der Interaktion (Simulation) und werden deshalb im Folgenden gesondert dargestellt.

Video

Videos bieten die Möglichkeit, unterschiedliche Darstellungsformen miteinander zu kombinieren: bewegte und statische Bilder, Ton, Animationen, Schrift usw. Vorteile sind ihre hohe Anschaulichkeit und die authentische Darstellung auch von Gegenständen, die in der Wirklichkeit nicht unmittelbar zugänglich sind (aufgrund von räumlicher oder zeitlicher Entfernung, Größenverhältnissen, zu hoher oder geringer Geschwindigkeit, Risiko u. a. m.). Die filmische Visualisierung kann die Auseinandersetzung mit dem Gegenstand und die Erinnerungsfähigkeit erleichtern und zur Intensivierung der Aufmerksamkeit beitragen, da sie Emotionen anspricht (E-TEACHING.ORG 2008a). Jedoch kann auch hier die vermeintliche ‚Einfachheit‘ der Inhaltsrezeption zu verminderten Lernanstrengungen und damit zu verminderten Lernleistungen führen (BEHRENS 2001). So erzielten Versuchspersonen in experimentellen Studien beim Lernen mit linearen Texten höhere Lernleistungen als beim Lernen mit nicht-interaktiven Videos (FURNHAM/GUNTER 1985; GUNTER/FURNHAM 1986; GUNTER/FURNHAM/LEESE 1986; WALMA VAN DER MOLEN/VAN DER VOORT 2000). Zurückgeführt wird dies auf die mangelnde Möglichkeit der Interaktion: In Texten können Lernende vor- und zurückblättern, Passagen markieren, Notizen machen und erhalten weitere Orientierungshilfen wie Inhaltsverzeichnis, Glossar, Register, Marginalien usw. Es ist deshalb sinnvoll, Lernvideos mit Steuerelementen (Stopp- und Spulfunktionen) zu versehen (SCHWAN/RIEMPP 2004). Zusätzlich sollten auch bei Videos mit Büchern vergleichbare Orientierungsmöglichkeiten angeboten werden, z. B. ein Kapitelverzeichnis, Register, (ggf. wechselnde) Überschriften oder Marginalien während verschiedener Abschnitte eines Films (MERKT U. A., im Druck). Möglich ist inzwischen auch die Annotation von Videosequenzen mit Tags (Kap. 5.4.5), auch in kollaborativer Zusammenarbeit (SACK/WAITELONIS 2008). In digitalen ‚Hypervideos‘

können Details über dynamische Hyperlinks mit zusätzlichen Informationen verknüpft werden. Manche Hypervideosysteme erlauben es den Nutzenden auch, eigene Informationen oder Kommentare einzufügen (E-TEACHING.ORG 2008b).

Zunehmende Bedeutung erhalten inzwischen auch über Video-Portale bzw. im Internet frei verfügbare Video-Podcasts (Kap. 5.4.4). Bei ihrem Einsatz in Lernkontexten ist es sinnvoll, sie nicht nur zur Motivation zu nutzen, sondern mit Lernaufgaben zu verbinden, die ohne das Video nicht gelöst werden könnten (BLESSING/KORTENKAMP 2011).

5.1.3 Interaktive Präsentationsformen

Simulationen

Als Simulation wird entweder eine Animation bezeichnet, die ein bestimmtes Niveau an Interaktivität überschreitet – z. B., wenn die Nutzenden bestimmte Parameter und damit den weiteren Verlauf der Animation beeinflussen können (BETRANCOURT 2005) – oder ein Computerprogramm, das Phänomene so darstellt, dass Nutzende durch interaktive Veränderung oder Manipulation mit Hilfsmitteln Schlüsse über Wirkungsprinzipien, Funktionen und Gesetzmäßigkeiten ziehen können (NIEGEMANN U. A. 2008, 260).

Solche Darstellungsformen – manchmal auch als ‚Mikrowelten' bezeichnet (WENDT 2003, 55–59) – können Modelle komplexer Lerngegenstände aus der realen Welt sein, die die Lernenden sonst nicht frei erforschen könnten (z. B. das menschliche Gehirn) oder auch nicht sichtbare Phänomene wie magnetische Felder. Bezüglich ihrer Funktion wird unterschieden zwischen modellanwendenden Simulationen – wie Flugsimulatoren – und modellbildenden Simulationen, die z. B. mögliche Entwicklungen (etwa Zinsentwicklungen) oder komplexe Planungsprozesse (z. B. Bauvorhaben) abbilden. Solche Simulationen beruhen auf mathematischen Modellen, die die Reaktionen des Systems bestimmen. Sie kommen vor allem in naturwissenschaftlichen Fächern zum Einsatz, in denen solche Modelle und kausale Zusammenhänge eher bestehen als in den Geisteswissenschaften (NIEGEMANN U. A. 2008, 260). Dabei können die Darstellungsweisen sehr unterschiedlich sein. „Einfache Simulationen können beispielsweise in Java-Applets realisiert werden und stellen bestimmte Zustände in Abhängigkeit von Benutzereingaben dar" (ARNOLD, P. 2001, 97). Möglich sind aber beispielsweise auch physikalische Experimente, die durch fotografische Wiedergabe realistisch dargestellt werden können, oder dreidimensionale Modelle.

Im Gegensatz zu anderen Formen multimedialen Lernens, bei denen die medialen Elemente oft nur zur Veranschaulichung dienen, liegt der Schwerpunkt von Simulationen auf Handeln, Explorieren, Beobachten, Erfahren und Können zum Erwerb von Handlungsfähigkeit. Studien haben gezeigt, dass Lernende dabei dazu neigen, durch die Konstruktion ihrer Experimente ihre bisherigen Hypothesen zu bestätigen und Schwierigkeiten haben, „das zugrunde liegende Modell einer Simulation durch reine

Exploration zu verstehen" (NIEGEMANN U.A. 2008, 264). Helfen können hier strukturierte Formen, in denen die Komplexität sukzessive zunimmt oder kurze Erläuterungen, die die Lernenden dabei unterstützen, ihre Aufmerksamkeit auf die relevanten Prinzipien zu lenken und Feedback (Rückmeldungen) der Programme richtig zu interpretieren (EBD.).

Trainingslabor

Inzwischen gibt es auch virtuelle Trainingslabore z. B. für Assistenzärzte zur Ausbildung ihrer Handlungsfähigkeiten zur Durchführung von medizinischen Operationen, z. B. zur Entfernung von Gallensteinen. In einem solchen Trainingslabor sind ein Plastik-Torso und die bei Operationen verwendeten Geräte an einen Laptop angeschlossen und auf dem Bildschirm kann der Lernende seine operativen Handlungen am Torso in einer annähernd vergleichbaren Situation und Ansicht in realen Operationen verfolgen. Die Simulation einer Operation im virtuellen Trainingslabor ist aber zugleich durch einen erfahrenen Mentor erklärend und korrigierend zu begleiten, damit bezogen auf reale Operationen die für den jeweiligen Krankheitsfall eines Patienten notwendigen und sinnvollen operativen Handlungen richtig gelernt werden (PERGANTE 2012).

Lernspiele

Zum Wissenserwerb können auch computer- bzw. internetbasierte Spiele eingesetzt werden. Als Lernspiele werden Aktivitäten bezeichnet, deren Inhalte, Struktur und Ablauf in pädagogischer Absicht gestaltet sind, zugleich aber zentrale Merkmale von Spielen enthalten (SEUFERT/MEIER 2003). Die spielerische, aktive Erprobung von Fähigkeiten und Kenntnissen kann Lernprozesse unterstützen und erleichtern. Kennzeichnend sind u. a. eine rahmengebende Spielidee, Spielregeln und eine intrinsisch motivierende Handlungssituation, die ein hohes Maß an aktiver Beteiligung und Selbststeuerung erlaubt (EBD.). Aus didaktischer Perspektive können beim Einsatz von Lernspielen unterschiedliche Ansatzpunkte gewählt werden: Entweder können Lernaufgaben in ein Spiel integriert werden oder ein Spiel wird in eine Lernsituation eingebettet (KERRES/BORMANN/VERVENNE 2009). Ein zentrales Problem mit Lernspielen liegt jedoch darin, dass häufig ein Bruch zwischen Spiel- und Lernmodus entsteht. Dadurch wird der Spielfluss unterbrochen und der Spielspaß gehemmt. Zudem erreichen viele Lernspiele auch technisch, ästhetisch und im Design nicht die Qualität von Unterhaltungsspielen (EBD; BREUER 2010; LE/WEBER 2011). Dabei wird zwischen unterschiedlichen Spielformen unterschieden, die in den folgenden Abschnitten dargestellt werden.

Rollen- und Planspiele

Rollenspiele kombinieren Fallbeispiele und rollenbasierte Simulationen: Wie Simulationen basieren sie auf dem Modell realer Prozesse oder Konzepte (E-TEACHING.ORG 2010b), beziehen sich dabei jedoch weniger auf mathematische als auf Rollenmodelle: Die Spielentwicklung ergibt sich aus der Interaktion der Mitspielenden. Klassische Rollenspiele stammen ursprünglich aus den Genre-Bereichen von Science Fiction und

Fantasy. Dabei geht es darum, gemeinsam eine Geschichte zu durchleben; jeder Mitspieler verkörpert einen eigenen Charakter. Der grundlegende Inhalt steht schon zu Beginn des Spiels fest, jedoch gestaltet sich der eigentliche Ablauf erst durch die Interaktion der einzelnen Teilnehmerinnen und Teilnehmer (EBD.).

Planspiele dienen der realitätsgetreuen Simulation einer Organisation und sind vor allem im Unternehmensbereich bereits etabliert. Ziel ist es, Vorgänge und (Unternehmens)Prozesse so realitätsnah wie möglich (kollaborativ) zu durchlaufen und so die Abläufe umfassend zu erlernen. Da sowohl die Einarbeitungszeit als auch das Verinnerlichen der Spielregeln viel Zeit benötigen, sollte ein solches Lernkonzept als ein mehrtägiges Projekt gestaltet werden; wichtig ist eine systematische Auswertung der Ergebnisse (ESSER/TWARDY/WILBERS 2001).

Solche handlungsorientierten Rollen- und Planspiele können auch ohne aufwendige Multimedia-Produktionen durchgeführt werden (ARNOLD, P. 2001, 97ff) und fanden zunächst vor allem textbasiert in sog. MUDs statt (‚Multi User Dungeons' = multiuserfähige Umgebung für Rollenspiele im Internet). Inzwischen werden Rollenspiele (als Lernabenteuer) immer häufiger mit Avataren in kompletten 3D-(Lern)Welten durchgeführt, z. B. in der bekanntesten Online 3D-Welt ‚Second Life'. Als zunehmend interessant für die Lehre werden ‚Massively Multiplayer Online Games' (MMOGs) mit offenem Ausgang eingeschätzt. Bei diesem Spieletyp werden viele Spieler zusammengebracht, um an Aufgaben zu arbeiten, die eine kollaborative Lösung, Teamarbeit, Führungsqualitäten und Entdeckergeist erfordern, aber auch Einzel- und Gruppeninhalte enthalten können (JOHNSON/ADAMS/CUMMINS 2012). Die hohe Komplexität von Rollen- und Planspielen kann jedoch dazu führen, dass die Bearbeitung ziellos erfolgt und unbefriedigend bleibt. Wichtig sind deshalb die Vorbereitung der Lernenden und eine Begleitung während des Lernprozesses. Darüber hinaus sollte auch der Modellcharakter von Simulationen im Lehr- und Lernprozess reflektiert werden.

Positionsbezogene und stationäre Spiele

Neu zu den verschiedenen Arten digitaler Spiele kommen zurzeit Spielszenarien hinzu, die Onlinespiele an konkreten Orten situieren und damit reale Umgebung und Onlinespiel verknüpfen. Sie benötigen immer eine Technologie zur Lokalisierung des Spielenden, z. B. satellitengestützte Navigationssysteme. Ein beliebtes positionsbezogenes Spiel (‚Location Based Game', LBG) ist beispielsweise ‚Geocaching'. Dabei sind die Teilnehmenden mit mobilen Geräten mit GPS (‚Global Positioning System', Satellitennavigationssystem) ausgestattet. Ziel des Spiels ist eine Art Schatzsuche in bestimmten Umgebungen nach konkreten oder ideellen Gegenständen. Solche Spielformen können auch in den Bereich der Bildung übertragen und z. B. für biologische, archäologische, politische Erkundungen eingesetzt werden (‚Educaching') (BROMBACH 2010).

Eine andere Form von stationären digitalen Spielen sind (Sport-)Spiele, die auf Gesten der Nutzenden reagieren, wie etwa die Videospiel-Konsole ‚Wii'. Über die eingebauten Bewegungssensoren eines speziellen Controllers werden die Position und die Bewegungen der Nutzenden im Raum kontrolliert und in entsprechende Bewegungen von Spielfiguren oder -elementen auf dem Bildschirm umgesetzt. So müssen Nutzende nicht – wie in klassischen Videospielen – Knöpfe des Controllers oder Analogsticks betätigen, sondern können die Spiele steuern, indem sie den Controller selbst bewegen. Solche Spiele können z. B. zum Training von Bewegungsabläufen eingesetzt werden.

Game Based Learning, Edutainment und Serious Games

Computerspiele nehmen im Alltag vieler, vor allem männlicher Jugendlicher, einen wichtigen Stellenwert ein. Aber nicht nur wirtschaftliche Interessen führen dazu, sie – als ‚Serious Games' (‚ernsthafte Spiele') – auch in Lernsituationen einzusetzen. Aus didaktischer Perspektive sind Computerspiele reizvoll, da sie die Motivation der Lernenden erhöhen: „Motivierte Lernende sind enthusiastisch, konzentriert, interessiert, identifizieren sich mit dem, was sie tun, sind daher fleißig und vergessen darüber sogar die Zeit" (SCHWAN 2006).

Computerspiele können „das Verständnis für komplexe Zusammenhänge und dynamische Entwicklungen fördern" und zu einer größeren Lernerzentrierung und einer aktiveren Rolle der Lernenden führen, bei der die Nutzer nicht nur Informationen sammeln, sondern auch lernen, wie sie zu finden sind (EBD.; GARRIS/AHLERS/DRISKELL 2002). Computer-Lernspiele können aber auch – als Spezialfall von ‚Computer Based Trainings' (CBT) – auf instruktionistischen Konzepten beruhen und vor allem das Training fördern, echtes Lernen aber vernachlässigen (EBD.). Zu den Gattungen, denen Computerspiele zugeordnet werden können, zählt SCHWAN (2006, 3) Actionspiele (bei denen es vor allem auf Geschicklichkeit und Reaktionsgeschwindigkeit ankommt), Abenteuerspiele (in denen es Abenteuer zu bestehen und Punkte zu sammeln gilt), Rollenspiele (s. o.), Puzzles und Simulationen (s. o.).

‚Gute' Computerspiele sollen den Lernenden (1) Handlungsspielräume eröffnen, bei denen sie sich als Produzenten fühlen, ihrem persönlichen Stil entsprechend agieren, sich neue Identitäten schaffen können und Möglichkeiten zur Manipulation der Umgebung haben, die allerdings nicht zu komplex sein dürfen. Sie müssen (2) Kompetenzen zum Lösen von Problemen unterstützen und (3) das Verständnis fördern. Unterstützend wirken z. B. Vorstrukturierung, individuelle Anpassung von Levels, Instruktionen an geeigneter Stelle und positive Rückmeldungen (GEE 2005; SCHWAN 2006). Zu den didaktischen Gestaltungsregeln von Lernspielen gehören u. a. die Ansprache der Fantasie und Neugier, die Vorgabe klarer Regeln, Rückmeldungen, eine angemessene Herausforderung und die Übertragung von Kontrolle an die Spielenden (GARRIS/AHLERS/DRISKELL 2002; SCHWAN 2006, 14).

3D-Welten und Second Life

Virtuelle Welten stellen eine Erweiterung des Internets in die Dreidimensionalität dar. Grafische Stellvertreter der Benutzerinnen und Benutzer, sog. ‚Avatare', können sich in Echtzeit in diesem virtuellen Raum frei bewegen, eigene Inhalte erstellen und präsentieren sowie untereinander interagieren und in Communities mit Gleichgesinnten in Kontakt treten. Die größte und bekannteste Parallelwelt, ‚Second Life' (‚Zweites Leben', kurz: SL), ist seit 2003 online und hatte 2009 über 18 Millionen registrierte Nutzer weltweit. Die Kommunikation zwischen den Avataren läuft entweder privat oder öffentlich über einen integrierten Instant Messenger oder Voice-Chat'. In dieser virtuellen Welt können die unterschiedlichsten Aspekte der realen Lebenswelt nachgebildet werden, auch professionelle Lebensbereiche wie Arbeit oder Lernsituationen; inzwischen haben auch verschiedene Bildungseinrichtungen Niederlassungen in SL eingerichtet. Durch schnelle Internetverbindungen kann die Interaktion zu jedem beliebigen Zeitpunkt stattfinden und ist nicht an Öffnungszeiten oder räumliche Verfügbarkeit gebunden. Vorteile bieten solche dreidimensionalen Lernumwelten einerseits in Fachbereichen wie Chemie, Physik oder Architektur, in denen Modelle zur Veranschaulichung genutzt und die bestehenden Modellierungswerkzeuge von SL zur Darstellung dreidimensionaler Objekte genutzt werden können. Da durch die Avatare jedoch auch ein hohes Maß an sozialer Präsenz entsteht, kann SL andererseits aber auch zur Unterstützung von Gruppenlernprozessen und zur Kommunikation in Lernsituationen genutzt werden (MÜLLER/LEIDL 2007).

In der Tabelle 5.2 sind die typischen Merkmale, Vorteile und Maßnahmen zur lernförderlichen Gestaltung der oben dargestellten verbalen, visuellen und interaktiven Präsentationsformen zusammengefasst.

Tab. 5.2: Übersicht über typische Merkmale, Vorteile und lernförderliche Gestaltung medialer Präsentationsformen

Präsentationsformen		Typische Merkmale	Vorteile, besonders geeignet für/besonders häufig genutzt	Mögliche Lernprobleme und → lernförderliche Gestaltung des Lernprozesses
Verbal	Lineare Texte	unterschiedliche Gattungen als klassische Form der Wissenspräsentation (Monografien, Aufsätze, Studienbriefe usw.). Multicodale Gestaltung, d. h. Integration von Bildern u. a. möglich	• geeignet für unterschiedlichste Lernziele von deklarativem bis zu prozeduralem Wissen und verschiedene Lernszenarien vom klassischen Selbstlernen bis zu verschiedenen kooperativen Lernformen • E-Books als Zukunftstrend, v. a. duch die Verbesserung elektronischer Lesegeräte (E-Reader): Vorteile u. a. individuelle Einstellungen, Suchfunktionen, Möglichkeiten der Annotation, (externen) Archivierung usw.	→ kognitive Belastung durch lernerunfreundliche Textgestaltung → lernerfreundliche Gestaltung von Texten auf unterschiedlichen Ebenen: Unterstützung basaler Leseprozesse (typographische Gestaltung), lokaler Kohärenzbildung (z. B. durch unkomplizierte Satzbildung), globaler Kohärenzbildung (durch Ordnungsschemata), elaborativer Prozesse (z. B. durch kognitive Vorstrukturierung) → Unterstützung von Prozessen zur konstruktiven Verarbeitung, Verstehen und Behalten von Texten, durch ‚strategieanregende Aneignungsaufgaben‘, je nach Zielgruppe von unterschiedlicher Komplexität (Notizen machen, Aktivierung von Vorwissen, Verarbeitung durch Gruppendiskussionen usw.)
	Hypertexte/ Hypermedien	Präsentation von Informationen durch Texte mit Querverweisen (‚Knoten‘) und elektronischen Verknüpfungen (‚Links‘) zwischen diesen Knoten; lineare, hierarchische oder vernetzte Struktur	• Integration unterschiedlicher Modalitäten und Codierungen wie (bewegte) Bilder oder Ton in Hypermediasystemen • hohe Erwartungen besonders für das selbst gesteuerte Lernen aufgrund der Annahme, dass die netzwerkartige Informationspräsentation den selbst gesteuerten Prozess des Wissenserwerbs und die kognitive Flexibilität fördere • gängige Präsentationsform komplexer Lernmedien wie WBT/CBT	• Gefahr der Desorientierung (‚Lost in Hyperspace‘) • Gefahr der kognitiven Überlastung (‚Cognitive Overload‘) → übersichtliche und schlüssige Navigation, der sich Lernende so anvertrauen können, dass sie bei entsprechender Bewegung durch ein WBT das gesamte Material gesehen haben → individuelle Navigationsmöglichkeiten und Wahl der eigenen Bearbeitungsschritte, Orientierungsangebote wie Inhalts-, Autoren-, Quellen-, Abbildungs-, Animationsverzeichnis usw. → Einübung des Schreibens von Hypertexten (auch durch Lernende) zur vertieften inhaltlichen Auseinandersetzung und Verbesserung der eigenen Lernstrategien mit Medien

Präsentationsformen		Typische Merkmale	Vorteile, besonders geeignet für/besonders häufig genutzt	Mögliche Lernprobleme und → lernförderliche Gestaltung des Lernprozesses
	Audio	Sprechtext oder non-verbale auditive Elemente wie Musik oder Geräusche	• wahrnehmungslenkende Steuerungsfunktion, Aussprachehinweise, Reduzierung der Textmenge am Bildschirm • zunehmender Einsatz von Audiopodcasts, als Veranstaltungsaufzeichnung, Experteninterview usw. • Ansprache von Emotionen, Erhöhung von Motivation und Aktivierungsgrad durch menschliche Stimmen • Situierung von Lernsituationen durch Musik und Geräusche	• Flüchtigkeit von Audiosequenzen → Ermöglichung von Nutzersteuerung (anhalten, ausschalten, vorherige Mitteilung der Abspieldauer) → Bereitstellung eines schriftlichen Äquivalents zu Sprechtexten; zur Vermeidung von Aufmerksamkeitsteilungen keine gleichzeitige Präsentation → zur Koordination von Sprechtext und Bild siehe ‚Bilder und Diagramme‘ → Vermeidung von Hintergrundmusik in Lernsituationen
Visuell	Bilder und Diagramme	Abbilder (z. B. Fotos und Zeichnungen) und logische bzw. analytische Bilder (Diagramme, Schemata usw.)	• ‚visualisierte Argumente‘ für Lerninhalte, simultane und holistische Wahrnehmung • Zeigefunktion (zur Bildung einer Vorstellung vom Lernobjekt) Situierungsfunktion (zur Einordnung von Informationen in einen Kontext) oder Konstruktionsfunktion zur Einordnung komplexer Zusammenhänge in ein mentales Modell • zur Nutzung der kognitiven Funktion von Bildern und Grafiken, in der Regel sprachliche Zusatzinformationen notwendig; Unterstützung des Lernens durch die doppelte Codierung	• kein intuitives Lernen anhand von Bildern; vermeintlich leichtes Erfassen ‚mit einem Blick‘ kann zu oberflächlicher Verarbeitung ohne Aufbau eines internen Modells führen → Beachtung von Gestaltungsprinzipien, z. B. Komplexitätsgrad, Aufmerksamkeitslenkung durch Steuerungscodes → gute Koordination von Text und Bild zur Vermeidung von Aufmerksamkeitsteilung (Nutzung von gesprochener Sprache zur Bilderläuterung, auch um zwei Sinnesmodalitäten anzusprechen) → Unterstützung des Bildverstehens durch Fragen, Bildvergleiche, Anregung zur Produktion, Beschriftung, Zuordnung zu Texten usw.
	3D-Lernobjekte	Modelle eines jeweiligen Originals, die dessen dreidimensionale Objekteigenschaften vermitteln	• Darstellung von Gegenständen, Strukturen, Prozessen, die in der Realität so nicht beobachtet werden können • didaktische Reduktion und Lenkung der Aufmerksamkeit • motivierende und aufmerksamkeitsweckende Wirkung	• Einsatz am Bildschirm, aber auch in Lernumgebungen, die mit Hilfsmitteln wie Spezialbrillen, Datenhandschuhen etc. ausgestattet sind • durch 3D-Objekte können auch falsche Bilder von der Wirklichkeit entstehen, daher ist Unterstützung der kognitiven Verarbeitung notwendig • zur konkreten Gestaltung siehe auch Animationen, Video, Simulatoren und Lernspiele

Präsentationsformen		Typische Merkmale	Vorteile, besonders geeignet für/besonders häufig genutzt	Mögliche Lernprobleme und → lernförderliche Gestaltung des Lernprozesses
	Animationen	Visualisierungen, die durch eine Abfolge mehrerer Einzelbilder den Eindruck von Bewegung erwecken; oft verbunden mit auditiven oder schriftlichen Ergänzungen	• dynamische Darstellung von realen und abstrakten Prozessabläufen (z. B. Wachstumsprozesse oder Entwicklung von Gleichungen) • Unterstützung des Erwerbs von prozeduralem Wissen • Darstellung dreidimensionaler Strukturen und Prozesse, die in der Realität nicht beobachtet werden den können • Attraktivität und motivierende Wirkung.	• Überforderung durch hohe kognitive Belastung • durch scheinbare Einfachheit Verleitung zu der falschen Annahme, bereits alles verstanden zu haben → Unterstützung der kognitiven Verarbeitung z. B. durch Sichtbarmachen von Teilprozessen und unterschiedliche Detailebenen und Einsatz von (auch dynamischen) Steuerungscodes zur Aufmerksamkeitslenkung → Möglichkeit der individuellen Steuerbarkeit (anhalten, zurück- und vorspulen, Geschwindigkeit regulieren) → Anleitung unerfahrener Lernender
	Video	hohe Anschaulichkeit und Möglichkeit der Kombination unterschiedlicher Darstellungsformen: bewegte und statische Bilder, Ton, Animationen, Schrift usw.	• authentische Darstellung, auch von Gegenständen, die in der Wirklichkeit nicht unmittelbar zugänglich sind (aufgrund räumlicher oder zeitlicher Entfernung, Größenverhältnissen, Risiko u. a. m.) • Erleichterung der Auseinandersetzung mit dem Gegenstand und Intensivierung der Aufmerksamkeit durch Ansprache von Emotionen • zunehmender Einsatz auch für Veranstaltungsaufzeichnungen	• vermeintliche ‚Einfachheit' der Rezeption kann zu verminderten Lernanstrengungen und Lernleistungen führen • Gefahr, dass Lernende zu reinen Rezipienten fest fixierter Inhalte werden, Verstärkung von Dozentenzentrierung → Angebot von Interaktionsmöglichkeiten durch Steuerelemente (Stopp- und Spulfunktionen) → Angebot von Orientierungsmöglichkeiten z. B. Kapitelverzeichnis, (wechselnde) Überschriften usw. während verschiedener Abschnitte eines Films → Möglichkeit der Annotation von Videosequenzen mit Kommentaren/Tags, auch in kollaborativer Zusammenarbeit

Präsentationsformen		Typische Merkmale	Vorteile, besonders geeignet für/besonders häufig genutzt	Mögliche Lernprobleme und → lernförderliche Gestaltung des Lernprozesses
Interaktiv	Simulationen	auf mathematischen Modellen beruhende Modelle komplexer Lerngegenstände, deren Wirkungsprinzipien die Nutzenden durch die durch interaktive Veränderungen erforschen können.	• Anwendung von Modellen (z. B. Flugsimulatoren) • Bildung von Modellen (z. B. zu komplexen Entwicklungen wie Zinsentwicklungen oder Planungsprozessen wie Bauvorhaben) • Schwerpunkt: Exploration, Beobachtung	• Neigung der Lernender, durch die Konstruktion ihrer Experiment ihre bisherigen Hypothesen zu bestätigen • Schwierigkeiten, das einer Simulation zugrunde liegende Modell durch 'eine Exploration zu verstehen → Unterstützung durch strukturierte, sukzessive komplexer werdende Formen und Erläuterungen, die die Aufmerksamkeit: auf relevante Prinzipien lenken und helfen, das Feedback der Programme richtig zu interpretieren
	Lernspiele:	in pädagogischer Absicht gestaltete Inhalte, Struktur und Ablauf; zentrale Merkmale von Spielen enthalten u. a. rahmengebende Spielregeln, Spielregeln, intrinsisch motivierende Handlungssituation, hohes Maß aktiver Beteiligung		
	Rollen- und Planspiele	Kombination von Fallbeispielen und rollenbasierten Simulationen; Handlung ergibt sich aus der Interaktion der Mitspielenden	• realitätsnahe Simulation von Vorgängen und Prozessen, z. B. in einem Unternehmen, • (kollaboratives) umfassendes Erlernen von Abläufen • textbasierte Durchführung ohne aufwendige Multimedia-Produktionen möglich, inzwischen häufige Durchführung in 3D-Lernwelten	• hohe Komplexität, kann zu zielloser Bearbeitung führen
	Game Based Learning	Gattungen u. a. Actionspiele (Geschwindigkeit, Reaktion) und Abenteuerspiele (Abenteuer bestehen, Punkte sammeln)	• Förderung des Verständnisses für komplexe Zusammenhänge und dynamische Entwicklungen • die zu einer größeren Lernerzentrierung und einer aktiveren Rolle der Lernenden führen	• Vorstrukturierung, individuelle Anpassung von Levels, Instruktionen an geeigneter Stelle, positives Feedback • Ansprache von Fantasie und Neugier, Vorgabe klarer Regeln, angemessene Herausforderung, Übertragung von Kontrolle an die Spielenden
	3D-Welten	dreidimensionale Erweiterung des Internets, grafische Stellvertreter der Benutzer (Avatare)	• Veranschaulichung dreidimensionaler Inhalte in bestimmten Fächern (Physik, Chemie etc.) • Unterstützung von Gruppenbildung und sozialer Präsenz durch Avatare	• vgl. Simulationen und Rollenspiele

5.1.4 Auswahl und Kombination von Präsentationsformen

Kriterien zur Auswahl der Darstellungsformen

Bei der multimedialen Aufbereitung von Lerninhalten gibt es weder eindeutig überlegene Darstellungsformen noch eine rezeptartige Zuordnung von Inhaltstypen zu optimalen Darstellungsformen. Die Auswahl und Verwendung der unterschiedlichen medialen Elemente müssen als Ganzes betrachtet werden und die einzelnen Elemente in Bezug auf ihre Funktion und ihr Zusammenwirken mit den anderen Formen überprüft werden. Grundsätzlich gilt, dass es besser ist, multicodierte Lernmaterialien zur Verfügung zu stellen, z. B. Texte mit Bildern statt nur Texte (,Multimediaprinzip', MAYER 2009). Allerdings wird die Geltung solcher instruktionalen Prinzipien durch individuelle Unterschiede, wie Vorwissen, kognitive Strukturen, Lernstrategien usw. eingeschränkt. So profitieren Lernende mit niedrigem Vorwissen stärker von multimedialen Darstellungen, während für erfahrene Lernende reduzierte Darstellungen vorteilhafter sind.

Für die Darstellung multimedialer Bildungsressourcen sind aus lernpsychologischer Perspektive einige Hinweise hilfreich (MAYER 2005, 2009; SCHNOTZ 2005). Hierbei geht man davon aus, dass beim Lernen sowohl ein sprachliches internes Modell als auch ein bildliches internes Modell eines Gegenstandes erzeugt werden. Daraus ergeben sich verschiedene Anforderungen zur Vermeidung kognitiver Belastung und zur Unterstützung von Lernprozessen:

- Zur *Entlastung der extrinsischen Belastung* tragen u. a. folgende Darstellungsprinzipien bei, durch die Aufmerksamkeitsteilungen und Hemmungseffekte vermieden werden können (MAYER 2009): Verzicht auf irrelevante Wörter, Bilder und Töne sowie eine hohe Kohärenz von Texten und Bildern (,Kohärenzprinzip'); Hinweise zur Organisation wesentlicher Lernelemente (,Signalprinzip'); Vermeidung von Redundanzen zwischen Texten und Bildern sowie Verzicht auf eine schriftliche Erläuterung, wenn Bilder mit einer auditiven Schilderung präsentiert werden (,Redundanzprinzip'); räumlich nahe Präsentation zusammengehöriger Texte und Bilder (,Prinzip der räumlichen Nähe') sowie simultane und nicht sukzessive Darstellung (,Prinzip der zeitlichen Nähe').
- Zur *Unterstützung wesentlicher mentaler Prozesse* dienen u. a. folgende Prinzipien (EBD.): das Angebot segmentierter Lerneinheiten statt einer großen Einheit und die Möglichkeit der Bearbeitung der Segmente in der eigenen Geschwindigkeit (,Segmentierungsprinzip'); wenn vor der Bearbeitung multimedialer Lernressourcen wesentliche Konzepte, Begriffe und Bezeichnungen bekannt sind, werden bessere Lernergebnisse erzielt ('Pre-training Principle'); statt Bilder mit einem schriftlichen Text zu begleiten, sollte mit einer auditiven Erklärung eine andere Sinnesmodalität angesprochen werden (,Modalitätsprinzip').

Berücksichtigung der Rahmenbedingungen

Zu bedenken ist außerdem, dass auch die Interaktion mit einem Programm (Simulationen etc.) kognitive Ressourcen fordert (und deshalb häufig nicht genutzt wird). Zudem schließt eine Verhaltensaktivität nicht immer zugleich auch eine kognitive

Aktivität ein. Schließlich kommen „zu Multimedialität, Multikodalität und Multimo-dalität noch eine weitere Rahmenbedingung" hinzu, wenn die Rechner miteinander vernetzt sind und virtuelle Kommunikationsformen, Gruppenarbeiten mit Web 2.0 Techniken eingesetzt werden usw. (FRIEDRICH 2009, 35).

Auch muss bei der Auswahl der zum Einsatz kommenden Bildungsressourcen das geplante Lernszenario berücksichtigt werden. So erläutert REINMANN-ROTHMEIER (2003, 53), dass sie bei der Darstellung multimedialer Lerninhalte auf einer CD-ROM vor allem logische Grafiken zur Unterstützung des Aufbaus mentaler Modelle ver-wendete, außerdem Übersichtsgrafiken sowie zahlreiche Details und weiterführende Verweise. Komplementär wählte sie für die ‚Face-to-Face'-Veranstaltungen desselben Moduls Abbilder zur Verankerung und legte den inhaltlichen Schwerpunkt auf den ‚Gesamtbogen' der Veranstaltung (statt auf viele Details).

Unterstützung des Lernens mit Medienverbünden

Der Einsatz von Medien bietet also ein großes Potenzial, um Lernen effektiv zu unter-stützen, durch die Kombination von Medien können Sachverhalte vollständiger – z. B. dynamisch – dargestellt werden, als dies mit Einzelmedien möglich wäre. Auf diese Weise können umfassendere mentale Repräsentationen entstehen. Jedoch haben Ler-nende oft auch Schwierigkeiten, die unterschiedlichen Repräsentationen zu ‚dekodie-ren' und die Inhalte der verschiedenen Medien aufeinander zu beziehen. Dem kann einerseits durch die Gestaltung der Medien entgegengewirkt werden (z. B. durch Ver-meidung von Redundanzen); wichtig ist andererseits aber auch, die Ausbildung von Lernstrategien im Umgang mit Bildern, Texten und Medienverbünden aufseiten der Lernenden zu unterstützen. Solche Strategien sollten kognitive Prozesse, die den lern-förderlichen Umgang mit Einzelmedien berücksichtigen, in ein Gesamtmodell inte-grieren. Vielversprechend erscheint es hier, bei der Bearbeitung von Lerninhalten die Prozesse der Selektion, Organisation, Transformation und Integration zu unterstüt-zen. Lernende sollten also dazu angeregt werden, zentrale Inhalte auszuwählen, in eine spezielle Ordnung zu bringen, in andere Repräsentationsformen zu überführen oder unterschiedliche Repräsentationsformen in Beziehung zueinander zu setzen (KOMBARTZKY/PLÖTZNER 2009).

5.2 Inhaltsvermittlung durch Web Based Training (WBT)

‚Traditionelle' E-Learning-Inhalte

E-Learning-Inhalte werden häufig in ‚Web Based Training' (WBT) oder ‚Computer Based Training' (CBT) zur Verfügung gestellt. Dabei handelt es sich in der Regel um hypermedial strukturierte, umfangreiche Lernmaterialien, in die verschiedene Ele-mente der oben (Kap. 5.1) beschriebenen Darstellungsformen integriert sind. Die Dis-tribution von CBT erfolgt über CD-ROM und stellt somit inhaltlich eine abgeschlos-sene Lösung dar; technisch sind teilweise Installationsroutinen notwendig, damit die

Lernprogramme genutzt werden können. Außerdem müssen Mindestanforderungen hinsichtlich der Systemkonfiguration und möglicher Lernplattformen berücksichtigt werden. Günstig ist die Nutzung eines solchen Distributionsmediums, wenn den Lernenden sehr große Datenmengen zur Verfügung gestellt werden. WBTs werden über das Internet verbreitet und setzen die Verwendung eines Browsers voraus, der eventuell mit verschiedenen Plug-ins ergänzt werden muss. Konzeptionell sind bei WBT Verweise auf weiterführende Informationsquellen aus dem Internet angelegt; außerdem kann WBT zentral aktualisiert und mit Internetdiensten zur Kommunikation und weiterführenden Recherche verbunden werden. Nachteile sind ggf. lange Ladezeiten bei der Einbindung datenintensiver Visualisierungen und Animationen (E-TEACHING.ORG 2006).

Die Planung von WBT und CBT erfolgt idealerweise, indem sie als integratives Element eines gesamten Lernszenarios betrachtet werden. Die Grundlagen dafür wurden ausführlich in Kap. 4.3 beschrieben. Im folgenden Abschnitt werden im Zusammenhang mit der lernförderlichen Gestaltung von WBT und CBT zunächst Strukturelemente, danach die Konzeption und schließlich das notwendige technische Grundwissen betrachtet.

5.2.1 Strukturelemente von WBT

Navigation/Bearbeitungswege

Die Herausforderung bei der Gestaltung von Hypertexten bzw. multimedial aufbereiteten (Lern)Inhalten ist es, die Gefahren der Desorientierung ('Lost in Hyperspace') und der kognitiven Überlastung (der Konzentration der Lernenden auf die Navigation statt auf die Inhalte) zu vermeiden. Dazu werden unterschiedliche Formen der Strukturierung von Inhalten und von Orientierungshilfen gegeben. So fordert der Styleguide der Virtuellen Fachhochschule (HARTWIG/TRIEBE/HERZCEG 2002c):

- Studienmaterialien müssen zumindest eine Art der Navigation bieten, der sich Lernende so anvertrauen können, dass sie bei entsprechender Bewegung durch die Lerneinheiten alles vorhandene Material gesehen haben;
- darüber hinaus müssen individuelle Navigationsmöglichkeiten und die Wahl der eigenen Bearbeitungsschritte bestehen. Zur Orientierung können dabei verschiedene Formen von Übersichten angeboten werden (z. B. Inhaltsverzeichnis, Glossar, Quellenverzeichnis, Autorenverzeichnis, Index, Abbildungsverzeichnis, Tabellen- und Animationsverzeichnis);
- alle Navigationsmöglichkeiten in einem Modul müssen den Lernenden explizit erläutert werden;
- Lernende müssen Lesezeichen setzen und eigene Annotationen machen können;
- der Bearbeitungsstand muss durch automatische Markierung der besuchten Seiten oder durch von den Lernenden selbst zu setzende Markierungen kontrollierbar sein;
- möglich sind darüber hinaus weitere Orientierungshilfen wie z. B. Mindmaps.

,Intelligente Tutorielle Systeme' (ITS)

Mit dem „Siegeszug des Personal Computers" (LEHMANN, R. 2010, 16) war auch die Hoffnung verbunden, eine individuelle Unterstützung von Lernenden nicht nur durch persönliche Tutoren zu ermöglichen, sondern durch Lehrprogramme, die sich individuell auf die Bedürfnisse der Lernenden einstellen können. Lernsysteme, die sich selbstständig an Nutzereigenschaften (wie Wissensstand, Vorgehensweisen, Informationssuchverhalten) anpassen und entsprechend abgestimmte Hilfestellungen geben können (etwa in Bezug auf Aufgabenschwierigkeiten oder Hilfestellungen beim entdeckenden Lernen), werden als ,adaptiv' bezeichnet. Werden dabei Verfahren der künstlichen Intelligenz angewendet, so handelt es sich um ,Intelligente Tutorielle Systeme' (ITS) (LEUTNER 2002, 124).

Zur Beschreibung von Adaptivität wurden verschiedene Modelle entwickelt. LEUTNER (2002) unterscheidet zwischen mikroadaptiven und makroadaptiven Systemen. Der Anspruch der technisch sehr aufwendigen mikroadaptiven Lernumgebungen ist es, „selbständig den Unterstützungsbedarf des Lernenden zu ermitteln und sich selbst dementsprechend zu verändern" (LEHMANN, R. 2010, 17). In den erheblich weniger aufwendigen makroadaptiven Systemen erfolgt die Anpassung der Lernumgebung an die Bedürfnisse des Lernenden durch Eingriffe der Lehrenden. In Bezug auf den Zweck der Adaption unterscheidet LEUTNER (2002) zwischen dem Fördermodell (das Defizite durch zusätzliche Lerneinheiten abbauen soll), dem Kompensationsmodell (das Defizite durch Hilfestellungen abbauen soll) und dem Präferenzmodell (das keine Defizite identifiziert, sondern Stärken der Lernenden für den Lernprozess nutzen soll). Das Modell von BURGOS/TATTERSALL/KOPER (2007) nennt andere Aspekte von Adaption. Zunächst beschreibt es ein Adaptivitätskontinuum zwischen den Polen „adaptivity" – also der vollständig vom System geleisteten Adaptivität – und „adaptability", der Adaptierbarkeit durch die Nutzenden. Danach geht es um die Informationsquelle (bzw. Diagnosekomponente), an der sich die Adaption orientiert, z. B. Nutzerbeobachtung oder ein Regelsatz (die zu einer Adaption des Systems führen) bzw. Dozenten- oder Lernerentscheidungen (die eher auf die Adaptierbarkeit eines Systems zielen). Schließlich geht es um die Art der Anpassung, die sich z. B. auf die Gestaltung oder Taktung der Inhalte, auf die Unterstützung von Lernenden oder Gruppen sowie auf die Evaluation des Programms beziehen kann. LEHMANN, R. (2010, 19f) integriert die in beiden Ansätzen genannten Aspekte zu einem Modell, das die Eigenschaften adaptiver Lernumgebungen in fünf Dimensionen charakterisiert (Tab. 5.2).

Lernermodell von ITS

Ein zentrales Merkmal adaptiver Systeme ist, dass sie immer über zumindest eine Diagnosekomponente – bzw. „Informationsquelle" (Tab. 5.2, Ebene 4) – verfügen, anhand derer das Verhalten der Lernenden analysiert und Rückschlüsse über deren Kompetenzen gezogen werden können. Als Bestandteile solcher Diagnoseinstrumente nannte SCHULMEISTER (2007, 176) mehrere idealtypisch modellierte Komponenten: ein Modell des Wissensgebietes („domain model"), ein Modell des Lernenden („student model"), ein Modell der pädagogischen Strategien („tutor model") sowie eine

Komponente für die Kommunikation des Programms mit den Lernenden („interface"). Fast dieselben Begriffe verwenden Streule/Läge (2010) zur Beschreibung der Diagnoseinstrumente eines von ihnen entwickelten adaptiven tutoriellen Systems: „Expertenmodul", „Lernermodul" und „Tutormodul". Lernen im Sinne von ITS beruht damit (ebenso wie der Programmierte Unterricht) auf einem Verhaltensbegriff: Das Modell des Wissensgebietes ist ein Modell von Konzepten im Sinne von Verhaltenszielen, und das Lernermodell ist ein Modell von Verhaltenssequenzen des Lernenden. Die gesamte Anlage eines ITS basiert darauf, dass diese Konzepte als Verhaltensziele operationalisiert werden, damit ein Vergleich von Lernermodell und Wissensmodell möglich ist. Ein ITS ist somit ein „zweckrationales System, das die Relation von Anfangs-, Ziel- und Endstadium optimieren soll" (Schulmeister 2007, 184).

Tab. 5.3: Definitionsebenen von Adaptivität in Anlehnung an Lehmann, R. (2010, 20)

Ebene der Adaptivität oder Adaption	Pole/Ansatzpunkte/Modelle der Adaptivität oder Adaption		
I. Pole der Adaptivität (Burgos/Tattersall/ Koper 2007)	Adaptivität		Adaptierbarkeit
II. Granularitätsebene der Adaption (Leutner 2002)	Mikroadaptivität		Makroadaptivität
III. Gegenstand der Adaption (Burgos/Tattersall/ Koper 2007)	Inhaltsgestaltung, -taktung	Unterstützung bei Problemlösung, Gruppenarbeit	Evaluation
IV. Informationsquelle der Adaption (Burgos/Tattersall/ Koper 2007)	Beobachtung der Nutzer, Regelsatz		Entscheidung von Dozent oder Nutzer
V. Ziel der Adaption (Leutner 2002)	Förder-, Kompensations- und Präferenzmodell		

In einer Bestandsaufnahme kommt Lehmann, R (2010, 24) zu dem ernüchternden Schluss, dass es aktuell zwar bereits eine „Bandbreite adaptiver Systeme" gibt, diese jedoch noch keineswegs zu befriedigenden Ergebnissen führen. Er konstatiert, dass „die Realisierung mikroadaptiver Systeme technisch sehr aufwendig ist und die Implementierung entlang einer pädagogischen Theorie kaum möglich erscheint" (EBD.). Makroadaptive Systeme dagegen seien zwar „technisch weitaus einfacher zu entwickeln", in den zurzeit vorhandenen Systemen seien jedoch weiter Fehlerquellen vorhanden, „die aus der Subjektivität der Untersuchten resultieren", auf deren Grundlage das Lernermodell ermittelt wird. Nicht nur habe sich bisher kein Modell endgültig durchsetzen können, auch seien die „empirischen Belege für die positive Wirkung der Adaptivität [...] noch nicht abschließend erbracht" (EBD.; vgl. auch Klauer/Leutner 2007, 307; Niegemann u. a. 2008, 12).

Pädagogische Agenten

Unter Softwareagenten werden „Computerprogramme, die im Auftrag oder im Sinne von Benutzern und Systemen Aufgaben erledigen und dabei autonom und mit einem Mindestmaß an Intelligenz agieren", verstanden (BENDEL 2003, 36). Sie wurden zunächst als Suchwerkzeuge für das Internet konzipiert und sollen auf die Vorlieben eines Benutzers reagieren, Informationen klassifizieren sowie neue Fälle auf der Grundlage dieser Erfahrungen lösen können. Ihre Eigenschaften werden häufig mit menschlichen Qualitäten – etwa „Dienstbarkeit und Intelligenz" (EBD., 261) – verglichen (MURCH/JOHNSON 2000, 17). Oft werden sie vermenschlicht dargestellt, sowohl in Bezug auf ihr Äußeres (z. B. als animierte 3D-Figur bzw. Avatar) als auch in Bezug auf Kommunikation und Verhalten.

Softwareagenten werden in vielfältigen Bereichen vor allem in der Wirtschaft und im Informationsmanagement eingesetzt (BENDEL 2003, 59f). Als pädagogische Agenten werden (oft anthropomorph gestaltete) Softwareagenten bezeichnet, die in multimedialen Lernumgebungen eingesetzt werden. Sie können über gesprochene Texte mit den Lernenden kommunizieren und in unterschiedlichen Rollen auftreten, z. B. als Trainer, Ratgeber, Experte, Befragender oder als Lernbegleiter. BENDEL (2003, 2004) sieht ihr grundsätzliches Potenzial in unterschiedlichen Aktionsfunktionen, die er den Kategorien Information, Kommunikation, Transaktion und Interaktion zuordnet; im Lernkontext lassen sie sich zur Wissensvermittlung, Unterstützung und Förderung des Lernprozesses und zur Motivation der Lernenden einsetzen (DOMAGK 2008). Erste Pädagogische Agenten wurden seit dem Ende der 1990er Jahre entwickelt; jedoch haben sie sich noch nicht in weiterem Umfang durchgesetzt, und auch die Forschung über ihre lernförderliche Wirkung befindet sich noch in den Anfängen (FLEISCHER u. a. 2008, 39). Ob sich die zeit- und kostenaufwendige Erstellung lohnt, hängt einer neueren Untersuchung zufolge von Funktion und Gestaltung des Agenten sowie von Merkmalen der Lernenden ab (DOMAGK 2008). Danach scheinen Lernende z. B. Figuren des jeweils anderen Geschlechts zu bevorzugen, die ein ähnliches Alter haben wie sie selber (DOMAGK/POEPPERLING/NIEGEMANN 2006). Eine andere Studie hat dagegen weder die Hypothese bestätigt, dass das Erscheinungsbild eines Agenten den Lernerfolg beeinflusst, noch dass der Einsatz eines virtuellen Agenten sich überhaupt positiv auf Lernerfolg und Motivation auswirkt (FLEISCHER u. a. 2008, 39).

Adaptierbarkeit durch Wahlmöglichkeiten

Angesichts der aufwendigen Entwicklung von ITS und der oben beschriebenen, bisher sehr ernüchternden Ergebnisse, bleibt die von KERRES bereits 1998 (64f) aufgeworfene Frage aktuell, ob die didaktische Strategie von E-Learning tatsächlich auf der Grundlage von Verhaltensmodellen online optimiert werden solle und ob sich der Aufwand lohne, Programme zu entwickeln, die auf die kognitiven Merkmale des Lernprozesses rekurrieren. Er schlägt stattdessen vor, Intelligenz weniger ‚im' Programm bereitzustellen als vielmehr in der Präsentation des Lernangebots. Damit ist z. B. gemeint, dass nicht das System sequenziert und ‚entscheidet', sondern ein Nutzer dem System mitteilen kann, welche Form der Darstellung er wünscht: bspw. weniger kompliziert oder als grafische Übersicht. Statt Adaptivität durch die ‚Diagnosefähigkeit des Systems' geht es also um Adaptierbarkeit durch die Gestaltung der Interaktivität, die Präsentation der Informationen, die angebotenen Schwierigkeitsgrade, Darstellungsformen und die Art der Navigation. Auch SCHULMEISTER (2004, 141f) hält die Zahl der Variablen und Interaktionen für viel zu hoch, um wirklich erfasst werden zu können; die Passung von Lernmethoden und Lernstilen entbehre damit „einer vernünftigen Grundlage". Als Alternative schlägt auch er „offene Lernsituationen" vor, d. h. hoch interaktive Lernumgebungen, die den Lernenden hohe Freiheitsgrade einräumen, ohne einen bestimmten methodischen Stil zu erzwingen (EBD., 142).

5.2.2 Konzeption von WBT

Die Planung eines Lernmoduls ist ein komplexer Prozess mit mehreren, aufeinander aufbauenden Schritten, der sich nicht nur auf die Konzeption der Bildungsressourcen bezieht, sondern das komplette Lernszenario einschließt (die im Folgenden genannten Arbeitsschritte von A bis I zur Konzeption virtueller Lernmodule sind in Kap. 4.3 detailliert beschrieben; vgl. auch Kap. 4.3.1, Abb. 4.2): (A) Am Anfang steht die Entwicklung eines didaktischen Leitbilds für das gesamte Lernmodul, das grob mögliche spätere berufliche Umfelder der Lernenden beschreibt und daraus exemplarische Berufsaufgaben und die zu ihrer Bewältigung notwendigen Kompetenzen ableitet. (B) Daran anschließend kann nun entschieden werden, welche Handlungskompetenzen die Lernenden in diesem Modul erwerben sollen und welche Lernaufgaben dafür geeignet sind (zu einem späteren Zeitpunkt wird dies auch für die einzelnen Lerneinheiten festgelegt). Danach kann die didaktische Struktur des Moduls festgelegt und die Planung des konkreten Lernszenarios erfolgen: Die Planung und Auswahl der Arbeitsformen (C) und der Bereitstellung von Inhalten und Informationen (D) mündet in eine erste grobe Übersicht der einzelnen Lerneinheiten, das Lernmodulszenario (E). Die Feinstrukturierung, d. h., die detaillierte Planung vollzieht dieselben Schritte auf der Ebene der einzelnen Lerneinheiten (F). Die Vorüberlegungen beziehen also in die Konzeption der multimedialen Lernmaterialien (G), die im Folgenden detaillierter beschrieben wird, die Aktivitäten der Lernenden und der Betreuer sowie die Nutzung des Lernraums ein und verbinden sie zu einem Gesamtkonzept.

Erst nach all diesen Vorüberlegungen kann nun eine begründete Entscheidung darüber getroffen werden, welche Elemente eines virtuellen Bildungsangebots multimedial umgesetzt – das heißt, als WBT (ggf. auch CBT), als Simulation, als Televorlesung usw. – realisiert werden sollen. Bei der Planung der Gestaltung müssen die in Kap. 5.2 beschriebenen Regeln zur multimedialen Präsentation am Bildschirm berücksichtigt werden.

Multimedia-Drehbuch/Storyboard (H)

Analog zu einem Film-Drehbuch werden in einem Multimedia-Drehbuch für jede einzelne zu programmierende Bildschirmseite alle Inhalte, Elemente und Regieanweisungen festgehalten. Die Erstellung eines Drehbuchs erscheint den Entwicklern von Lernmodulen oft als sehr aufwendig oder sogar unnötig, insbesondere, wenn das Entwicklungsteam klein ist. Deshalb soll hier darauf hingewiesen werden, dass ein Drehbuch/Storyboard kein ,Kunstwerk' ist. Eine handschriftliche Skizze der Seite oder (schriftliche) Angaben, wie ,an dieser Stelle erscheint Bild x', sind ausreichend.

Auf jeden Fall ist ein Drehbuch unabdingbar, wenn ein Modul extern produziert wird. Es ist schon dann notwendig, wenn mehr als eine Person an dem Modul arbeitet, da gewährleistet werden muss, dass alle an der Planung und Produktion beteiligten Personen (wie Programmierer, Layouter, Grafiker etc., oder auch nur ein anderer als der ursprüngliche Bearbeiter) dieselben Grundlagen haben bzw. Veränderungen daran nachvollziehen und dokumentieren können und in der Lage sind, das Modul eigenständig umzusetzen.

Phasen der Drehbuch-Erstellung

In der Fachliteratur wird häufig zwischen den folgenden Vorstufen zur Erstellung des Drehbuchs unterschieden:

- *Erstellung eines Exposés*: Festlegung von Zielgruppe und Einsatzbereich, kurze Inhaltsangabe, Lernziele des Programms, Grobüberblick über Gestaltung und Umsetzung;
- *Erstellung eines Grobkonzepts*: Festlegung der Rahmenbedingungen, Strukturierung des Inhalts, Entwicklung der groben Programmstruktur, Abschätzung des Programmumfangs, Benutzerführung der wichtigsten Standardseite(n), Gestaltung der wichtigsten Standardseite(n);
- *Erstellung eines Feinkonzepts*: Feinplanung der Programmstruktur, Festlegung der Inhalte pro Bildschirmseite in Stichworten, Festlegung des Programmumfangs, Festlegung des Aufbaus, der Benutzerführung und der Gestaltung von Standardseiten, Ideen für mediendidaktische Aufbereitung, z. T. Programmierung von grundlegenden Strukturen und Standardseiten.

Diese Vorstufen entsprechen den hier vorgestellten Überlegungen zur Konzeptphase (A-B) und den Phasen der Entwicklung der didaktischen und formalen Struktur (C-G), wobei der didaktische Ansatz der Aufgabenorientierung jedoch eigene Akzente setzt, die es zu berücksichtigen gilt.

Elemente und Regieanweisungen im Drehbuch

Das Drehbuch konkretisiert die bisherigen Entwicklungsschritte im Detail. Es enthält für jede einzelne Bildschirmseite alle Angaben über

- die Objekte, die auf der jeweiligen Seite erscheinen sollen,
- die Funktionen, die dem Anwender zur Verfügung stehen sollen,
- die bildschirmseitenbezogenen zusätzlichen Inhalte (Hilfetexte, Glossar etc.).

Sofern der Einsatz der folgenden Elemente vorgesehen ist, muss das Drehbuch entsprechende Regieanweisungen enthalten zu

- Ton- und Videoelementen,
- Animationen und Simulationen,

- Fotos bzw. Illustrationen, z. B. für Rollenspiele,
- Aufgaben, z. B. Multiple Choice Fragen (Was soll passieren, wenn welche Antwort ausgewählt wird? Welche Hinweise sollen zu Einsendeaufgaben gegeben werden?),
- zusätzlichen Fenstern,
- internen und externen Links.

Durchführungsplan (I)

Da den Betreuern virtueller Lernmodule oft zentrale Hinweise zur Durchführung fehlen, die nur die Entwickler geben können, ist es sinnvoll, solche Angaben für die Teletutoren in einem Durchführungsplan festzuhalten. Dieser sollte wenigstens Angaben zum Szenario bzw. zum zeitlichen Verlauf des Moduls, zur Taktung sowie zu Prüfungen und Prüfungsformen enthalten. Darüber hinaus kann außerdem auf folgende Punkte eingegangen werden:
- Zeitpunkte für Aufgabenstellungen,
- Gestaltungsfreiheit der Entwickler beim Einsatz des Moduls, z. B. in der Aufgabengestaltung,
- Einsatz des Lernraums und der Kommunikationselemente,
- Rückmeldemöglichkeiten, verantwortliche Stellen für Nachfragen oder Änderungshinweise,
- Einstellen aktueller Hinweise, Links und Literaturangaben,
- Möglichkeiten bzw. Notwendigkeiten des Einsatzes kooperativer Arbeitsformen.

5.2.3 Technisches Grundwissen

In vielen Fällen liegen Konzeption und technische Realisierung von E-Learning-Inhalten in Lernmodulen nicht in einer Hand. Oft wird die Umsetzung bzw. Programmierung nach der Erstellung des Multimedia-Drehbuchs auch an externe Firmen vergeben. Dennoch ist es für die Konzeptentwickler wichtig, zumindest Grundlagenkenntnisse in Bezug auf die wichtigsten Entwicklungswerkzeuge zu haben und zu wissen, mit welchen Werkzeugen ihre Module umgesetzt werden. Nur so können sie einschätzen, welche Programme sich für die Umsetzung ihrer Vorstellungen eignen bzw. wie groß der Gestaltungsspielraum eines Programms ist, welche technischen Besonderheiten es hat und welcher Aufwand damit verbunden ist. Dies ist auch wichtig, damit die Kommunikation mit den Programmierern reibungslos verlaufen kann.

Außerdem ist für Konzeptentwickler von Interesse, in welcher Lernumgebung, also in welchem Lernmanagementsystem ihre Module eingesetzt werden. Nicht alle Systeme erlauben problemlos die Einbettung von Modulen, die mit bestimmten Werkzeugen erstellt wurden. Außerdem bieten unterschiedliche Lernraumsysteme jeweils eine leicht unterschiedliche Kommunikations- und Informationsumgebung. Wenn bereits feststeht, welcher Lernraum genutzt wird, sollten die Entwickler seine Struktur und eventuell im Einsatz herausgearbeitete Nutzungsvereinbarungen der einzelnen

Bereiche kennen. Dazu ist außer der Kommunikation mit der technischen Betreuung auch der Austausch mit den Teletutoren wichtig.

Autorenwerkzeuge und HTML-Editoren

Zur Erstellung von Lerninhalten können entweder ‚klassische' Autorenwerkzeuge oder einfache HTML-Editoren, z. B. Microsoft Expression Web oder Adobe Dreamweaver genutzt werden. Das WYSIWYG-Konzept (‚What you see is what you get') solcher Editoren ermöglicht auch ohne Programmierkenntnisse die Gestaltung ansprechender Webseiten mit Texten und Grafiken oder Animationen. Anspruchsvolle, interaktive Lernmodule können damit jedoch nicht erstellt werden. Dazu eignen sich eher komplexe Autorensysteme wie Director oder Toolbook. Außerdem gibt es Werkzeuge, die speziell zur Erstellung von Lerninhalten konzipiert sind – z. B. WBTExpress, Adobe Captivate, Composica oder Lectora – und Templates für die Gestaltung von Informationsdarstellung, unterschiedliche Testformen, Antwortanalyse und Rückmeldung enthalten. Meist werden sie zur Produktion von (oft stark geführten, an den Konzepten der programmierten Unterweisung orientierten) Lernprogrammen genutzt. Die Auswahl der Werkzeuge richtet sich nach dem gewünschten Funktionsumfang und dem verwendeten Lernraumsystem. Einige Lernmanagementsysteme enthalten auch integrierte Werkzeuge zur Produktion von Lernmodulen. Allerdings können diese oft nicht exportiert, also nur innerhalb dieses speziellen Lernmanagementsystems eingesetzt werden. Um Probleme bei der Übertragung zu großer Datenmengen zu vermeiden, erfolgt die Distribution von Lernmodulen oft auf Datenträgern, z. B. CD-ROM, wodurch jedoch die Aktualisierung der Inhalte erschwert wird. Für die Erstellung einiger spezieller Darstellungsformen, die dann in die Module integriert werden können, sind weitere gesonderte Werkzeuge notwendig, etwa Bildbearbeitungsprogramme oder Flash-Dateien, die zur Entwicklung von Animationen oder interaktiven, multimedialen Anwendungen dienen.

Web 2.0 Technologien

Die Umsetzung von Lerninhalten wird durch Web 2.0 Technologien noch einmal erheblich vereinfacht. Anwendungen wie Wikis (Kap. 5.4.1), Weblogs (Kap. 5.4.2), Podcasts' (Kap. 5.4.4) und andere ermöglichen es, auch ohne umfangreiche technische Kenntnisse E-Learning-Inhalte zu entwickeln. Dies ermöglicht sowohl weniger technikaffinen Lehrenden als auch Lernenden einen relativ unkomplizierten Einstieg in die Produktion von E-Learning-Inhalten (Kap. 5.4). Allerdings darf technisch unkomplizierte Umsetzung nicht dazu führen, dass die didaktische Planung und lernförderliche Gestaltung vernachlässigt wird.

5.3 Barrierefreie Gestaltung von E-Learning

Zielgruppen und Nutzen von barrierefreien Webseiten

Nach Angaben des STATISTISCHEN BUNDESAMTS (2010) lebt etwa jeder zehnte Deutsche mit einer anerkannten Behinderung; in der Europäischen Union gibt es derzeit etwa „38 Millionen Menschen mit verschieden schweren Handicaps, von leichten Einschränkungen wie Sehschwächen bis hin zu Blindheit oder schweren Mehrfachbehinderungen" (ZENTEL 2006, 2). Für Lernende mit Behinderungen kann die Nutzung von E-Learning-Angeboten „neben dem üblichen didaktischen ‚Mehrwert' unter bestimmten Umständen einen erheblichen Nachteilsausgleich bewirken" (DROLSHAGEN/KLEIN 2003, 26). Da also für Lernende mit Behinderungen ein besonderes Interesse an der Nutzung digitaler Medien besteht und sie eine wichtige Zielgruppe darstellen (OMMERBORN/SCHUEMER 2001), sollte darauf geachtet werden, dass virtuelle Bildungsangebote den Kriterien einer barrierefreien Webgestaltung entsprechen. Zudem profitieren auch viele andere Nutzergruppen von einem barrierefreien Internet. Dazu zählen insbesondere alte Menschen, internetunerfahrene Nutzerinnen und Nutzer sowie Personen mit älterer Computerausstattung (ZENTEL 2006). Nicht zuletzt lohnen sich für die Wirtschaft „barrierefreie Websites nicht wegen der Behinderten, sondern wegen der positiven Seiteneffekte bei vielen anderen Zielgruppen. Barrierefreie Websites sind einfach gut durchdachte, qualitativ hochwertige Websites" (BORNEMANN-JESKE 2006, 9), denn sie werden von Suchmaschinen leichter gefunden, und die Internetauftritte sind sauber und pflegeleicht programmiert, was bei eventuellen späteren Änderungen zu Geldeinsparungen führt.

Was ist Barrierefreiheit? Gesetzliche Grundlagen und Richtlinien

Nach Artikel 3 des Grundgesetzes darf niemand wegen einer Behinderung benachteiligt werden. Das Behindertengleichstellungsgesetz (BGG) (BMJ 2002a) verpflichtet nach §11 alle Bundesbehörden, ihre Informationen barrierefrei anzubieten. Barrierefreiheit bedeutet nach §4 BGG, dass Gebäude und sonstige Anlagen, Verkehrsmittel, Informationssysteme und Gebrauchsgüter sowie gestaltete Lebensbereiche wie informationstechnische Einrichtungen, Webseiten etc. für behinderte Menschen auf die allgemein übliche Weise zugänglich und ohne fremde Hilfe nutzbar sind. Dies gilt auch für den Zugang zu Bildung und Arbeit. Entsprechend müssen auch E-Learning-Angebote barrierefrei gestaltet werden, um für behinderte Menschen nutzbar zu sein. Barrierefreiheit soll auf Landes-, Bundes- und internationaler Ebene durch Richtlinien und Gesetze garantiert werden. Die konkrete Umsetzung dieses Anspruchs regelt die Barrierefreie Informationstechnik-Verordnung (BITV) (BMJ 2002b; siehe auch http://www.wob11.de). Auch in den einzelnen Bundesländern sind entsprechende Landesgleichstellungsgesetze in Kraft gesetzt worden; dies gilt auch für die Universitätsgesetze der Bundesländer.

Die jeweiligen Gesetze greifen zurück auf die vom World Wide Web Consortium (W3C) im Rahmen der Web Accessibility Initiative (WAI) aufgestellten Web Content Accessibility Guidelines (WCAG 2.0) zur Gestaltung von barrierefreien Webinhalten vom Dezember 2008. Darin steht das Wort „Webseite" nicht nur für „statische HTML-Seiten", sondern auch für „dynamische Webseiten, die im Web neu entstehen, einschließlich ‚Seiten', die komplette virtuelle, interaktive Communities darstellen können" (WCAG 2.0). Nach den Kriterien des W3C sollen barrierefreie Webinhalte grundsätzlich folgende Kriterien erfüllen (http://www.w3.org/Translations/WCAG20-de/ bzw. die autorisierte dt. Übersetzung der WCAG 2.0 vom Oktober 2009: http://www.w3.org/Translations/WCAG20-de/):

- *Verständlichkeit* in Bezug auf die Inhalte, aber auch die Bedienung und den Umgang mit der Informationstechnik;
- *Bedienbarkeit* nicht nur mit einer Standardtastatur und -maus, sondern auch mit alternativen Eingabegeräten, z. B. für Menschen mit einer motorischen Behinderung;
- *Robustheit* in Bezug auf Funktionstüchtigkeit mit aktueller, aber auch mit zukünftiger Technik. Da Hilfsmittel und unterstützende Technologien zwar laufend weiterentwickelt werden, jedoch nicht alle Nutzenden mit der jeweils aktuellsten Version ausgestattet sind, muss Informationstechnologie standardkonform gestaltet sein.
- *Wahrnehmbarkeit* aller Inhalte und Gestaltungselemente für alle Nutzenden, d. h., für Personen mit einer Sinnesbehinderung müssen äquivalente Darstellungen der Inhalte von Bild-, Ton-, Videoelementen usw. bereitgestellt werden.

Bei der Erfüllung der WCAG 2.0 sind unterschiedliche Konformitätsstufen möglich: A (niedrigste), AA und AAA (höchste) (weitere Konformitätsbedingungen siehe http://www.w3.org/Translations/WCAG20-de/#conformance). Grundsätzlich gilt eine Internetseite dann als ‚barrierefrei', wenn sie problemloses Lesen und Navigieren mit den derzeit zur Verfügung stehenden Hilfsmitteln ermöglicht. Es sollen „weder durch Hard- noch durch Software noch durch Gestaltung von Inhalten Barrieren zwischen den angebotenen Informationen und ihren Nutzern und Nutzerinnen errichtet werden" (Drolshagen/Klein 2003, 28). Was sich im Einzelnen als eine Barriere erweist, hängt von der Art der jeweiligen Beeinträchtigung ab, d. h., für gehörlose Menschen werden andere Elemente zu Barrieren als für sehgeschädigte oder motorisch beeinträchtigte Personen.

Barrierefreies E-Learning

Barrierefreie Gestaltung bedeutet also nicht, auf Elemente wie Grafiken oder Videos zu verzichten, sondern Alternativen zur Nutzung eines Informationsangebots zur Verfügung zu stellen bzw. Wahlfreiheit bei der Nutzung der angebotenen Medien zu bieten. Nachdem zunächst neben der ‚normalen' Version einer Webseite oft parallel eine ‚Nur-Text-Version' angeboten wurde, die auf grafische Gestaltungselemente verzichtete, hat sich bereits relativ früh die Herstellung einer Version für alle Nutzer durchgesetzt (Klein 1994). Dies scheint auch für die Nutzung in Lehr-/Lernkontexten insofern günstiger zu sein, als sich damit Kommunikation und Kooperation aller beteiligten Personen auf dieselben Seiten beziehen können. Im Kontext E-Learning bezieht sich barrierefreie Gestaltung auf unterschiedliche Bereiche von der Erstellung von Lernressourcen wie Text-, Audio- und Videodokumenten, multimedialen Anwendungen wie WBTs usw. über den Einsatz von Kommunikationselementen und Web 2.0 Werkzeugen bei der Durchführung von Veranstaltungen bis zur Entscheidung für grundlegende Technologien wie Lernmanagementsysteme. Entsprechend ist die Umsetzung unterschiedlich komplex und liegt teilweise auch in verschiedenen Verantwortungsbereichen.

So ist die Barrierefreiheit von Lernmanagementsystemen zurzeit oft noch ein Problem, das von einzelnen Lehrenden oder auch von der jeweiligen Bildungsinstitution nicht gelöst werden kann, da die Funktionen vom Hersteller vorgegeben sind. Das vom Bundesministerium für Arbeit und Soziales (BMAS) geförderte Aktionsbündnis für barrierefreie Informationstechnik (ABI 2008a, 2008b) hat ein Verfahren zur Evaluation der Barrierefreiheit von Lernmanagementsystemen entwickelt, das folgende Elemente bewertet: die Loginseite, die Kursstartseite, die einzelnen Inhaltsseiten, die Navigations- sowie Kommunikationsfunktionen wie Mail, Forum und Chat. Bei der Darstellung der Testergebnisse wird u. a. eingegangen auf die Bereitstellung äquivalenter Alternativen für auditive und visuelle Inhalte, Verständlichkeit der Darstellung ohne Farbe, die korrekte Verwendung der Markup-Sprachen, Unabhängigkeit von der Bedienung mit der Maus und Verwendbarkeit älterer unterstützender Technologien. Eine Darstellung des Evaluationsverfahrens sowie die Testergebnisse für einige populäre Open Source Plattformen finden sich auf der Projekthomepage des ABI (http://www.wob11.de/lernplattformen.html).

Web 2.0 stellt durch die Möglichkeit der aktiven eigenen Beteiligung auch „für Menschen mit Behinderung eine direkte Verbesserung der Teilhabe am Alltag dar" (http://www.wob11.de/intro-web20.html) und ermöglicht ihnen, selbst die Zugänglichkeit von Webseiten mitzugestalten. So können etwa Mitglieder des Social Accessibility Projects (http://sa.watson.ibm.com/) Bilder auf Webseiten mit Alternativtexten versehen, falls der Betreiber dies nicht übernimmt. Hürden können sich im Web 2.0 z. B. durch die veränderte Navigation durch 'Tag-Clouds' ergeben. In solchen ‚Schlagwort-Wolken' wird die Bedeutung der einzelnen Begriffe durch unterschiedliche Schriftgrößen angegeben, die von ‚Screenreadern' – also Programmen, die den Bildschirminhalt auslesen und über Sprachausgabe, Braillezeile oder Schriftvergrößerung blinden oder sehbehinderten Computernutzern zur Verfügung stellen – jedoch oft nicht unterschieden werden. Auch durch den verbreiteten Einsatz von AJAX (Asynchronous Javascript And XML) – eines Konzepts der asynchronen Datenübertragung, das die dynamische Veränderung einzelner Elemente einer Webseite ermöglicht, ohne dass die gesamte Seite neu geladen werden muss – werden Änderungen verursacht, die von vielen Screenreadern nicht erkannt werden.

Notwendige Kenntnisse zur Gestaltung barrierefreier multimedialer Bildungsressourcen

Wenn die barrierefreie Gestaltung von Beginn an in die Planung einbezogen wird, entstehen dadurch kaum zusätzliche Kosten (KLEIN 2002). Notwendig dazu ist jedoch das Wissen aller Beteiligten über die Anforderungen bestimmter Nutzergruppen sowie über die Möglichkeiten der technischen Verwirklichung, z. B. in Bezug auf technische Bedingungen wie Hard- und Software, bestimmte Browsereigenschaften sowie vor allem spezifische Hilfsmittel wie Vergrößerungssoftware und Screenreader.

Über die technische Umsetzung hinaus muss bei der Planung und Strukturierung von Lernmodulen darauf geachtet werden, dass der Aufbau eines Gesamtdokuments, der einzelnen Seiten und der Textelemente auch z. B. bei Nutzung der Tastatur anstelle der Maus navigierbar und übersichtlich bleibt. Es ist auch darauf zu achten, dass geeignete Alternativen für bestimmte Darstellungsmodi zur Verfügung gestellt werden, z. B. schriftlicher Text statt Ton, Ton oder schriftlicher Text statt eines Bildes. Insgesamt sollte Wert auf die bewusste Gestaltung der Inhalte (Layout, Farben, Audio- und Video-Elemente etc.) gelegt werden.

„Für Webseiten gelten zwei Standards: HTML für die strukturierte Auszeichnung der Inhalte und CSS [Cascading Style Sheets] für die optische Gestaltung" (Bornemann-Jeske 2006). Sie bilden die Basis für eine saubere Programmierung von Webseiten. Alternative Befehle im HTML-Code (‚alt-tags') stellen beim Ansteuern eines Bildes, eines Links usw. mit der Maus einen alternativen Text zur Beschreibung des angesteuerten Elements zur Verfügung, der auch von Screenreadern wiedergegeben werden kann. Solche Alternativen müssen z. B. darauf hinweisen, ob ein Bild darstellende oder konstruierende Funktion hat (Kap. 5.1.2) oder wohin ein Link führt. Die Planung alternativer Darstellungsmodi und aussagekräftiger Hinweise (z. B. durch ‚alt-tags') sollte nicht erst bei der Programmierung, sondern bereits bei der didaktischen Konzeption und beim Schreiben der Drehbücher berücksichtigt werden, zumal dies auch als Bereicherung der Lernmaterialien betrachtet werden kann.

Zentrale Anforderungen an Barrierefreiheit

Im Folgenden sind die zentralen Anforderungen an die Gestaltung von barrierefreiem E-Learning aus den Leitfäden des Aktionsbündnisses für barrierefreie Informationstechnik (ABI 2008a, 2008b; http://www.wob11.de/loesungenhinweise.html) sowie des Grundlagenwerks „Barrierefreies Webdesign" (Hellbusch/Mayer 2006) zusammengefasst:

- *Texthinterlegung:* Für jeden auditiven oder visuellen Inhalt sind geeignete äquivalente Inhalte bereitzustellen, die den gleichen Zweck oder die gleiche Funktion wie der originäre Inhalt erfüllen, z. B. ein Alternativtext (max. 150 Zeichen) für Bilder und Abbildungen, Audiobeschreibung der wichtigen Informationen einer Videospur, Synchronisation äquivalenter Alternativen von zeitgesteuerten Multimedia-Präsentationen, Untertitel bzw. Untertitelung, genaue Beschreibung komplexerer visueller Elemente wie Diagramme, Animationen, etc. im Fließtext.
- *Kontraste, Farben und Schriftbild:* Zu vermeiden sind unruhige und verwirrende Hintergrundbilder, Bildschirmflackern oder blinkende Inhalte. Bewegte Inhalte (Animationen, Audios) sollen angehalten oder ausgeschaltet werden können. Ein weitgehender Verzicht auf Farbvoreinstellungen erlaubt eigene Einstellungen, ansonsten sollen deutliche Farbkontraste genutzt und Rot-Grün-Blindheit berücksichtigt werden. Günstig sind gut lesbare Schrifttypen und -größen (seri-

fenlose Schriftarten, Zeilenabstand mindestens 1,5fach), möglichst wenige Layoutvorgaben, um den Nutzenden bei der Anzeige Spielraum zu lassen sowie der sparsame Einsatz benutzerdefinierter Animationen.

- *Skalierbarkeit:* Die Schriftgröße muss nach eigenen Bedürfnissen individuell anpassbar sein.
- *Linearisierbarkeit, Geräteunabhängigkeit und Tastaturbedienbarkeit:* Ein Textdokument bzw. eine Präsentation soll in einem Format gespeichert werden, das von möglichst vielen anderen Programmen geöffnet und verarbeitet werden kann. Bei PDF-Dateien muss die Leseweise von Screenreadern berücksichtigt werden. Die Einstellung von sehr großen Dateien ins Netz soll vermieden werden bzw. diese Dateien sollen geteilt werden. Gegebenenfalls sind Alternativen als HTML-, TXT- oder die PDF-Version eines Textdokuments bereitzustellen. Tabellen sollen möglichst direkt im Textverarbeitungsprogramm/Präsentationsprogramm erstellt werden, um die Umwandlung in barrierefreie Formate zu erleichtern. Eingebettete Steuerelemente wie ein Flash-Video müssen zugänglich und per Tastatur zu bedienen sein.
- *Navigation und Orientierung:* Die Navigation in einer Präsentation bzw. einem Textdokument soll erleichtert werden durch eine Inhaltsfolie bzw. ein Inhaltsverzeichnis mit integrierter Direktnavigation zu den einzelnen Inhalten, angemessene Gruppierung der Informationen zur leichteren Orientierung sowie die Wahl eines durchgängigen Präsentationsstils, klare Navigationsmöglichkeiten und deutliche Beschriftung von Links.
- *Verständlichkeit:* Der Zugang zu Inhalten soll erleichtert werden durch die Wahl der klarsten und einfachsten möglichen Sprache und das Erkennbarmachen von sprachlichen Besonderheiten wie Wechsel der Sprache oder Abkürzungen. Richtlinien und ein Logo für eine ‚Leichte Sprache' wurden von der gemeinnützigen Organisation Inclusion Europe entwickelt. Zu deren Prinzipien gehört z. B., dass jeder Satz kurz und nur eine Aussage enthalten soll (Europäische Vereinigung der ILSMH 1998; Inclusion Europe 2009).
- *Strukturelemente:* Für die genaue und ordentliche Strukturierung von Textdokumenten und Präsentationen sind Formatvorlagen für Absätze, Überschriften und Seiten bzw. für das Folienlayout und Foliendesign zu verwenden.

Erstellte Seiten können mit Hilfe von allen gängigen Browsern und den Hilfstechniken auf Barrierefreiheit überprüft werden. Dafür gibt es sowohl Software (z. B. A-Prompt, http://wob11.de/apromptkomplett.html) als auch die Möglichkeit der Online-Überprüfung (z. B. Barrierecheck, http://www.barrierecheck.net/). Diese Programme berücksichtigen die Anforderungen der Barrierefreien Informationstechnik-Verordnung (BITV). Weitere Informationen sind im Internetportal „Web ohne Barrieren nach § 11 im Bundesbehindertengleichstellungsgesetz" (http://www.wob11.de/) zusammengestellt.

5.4 Lehren und Lernen mit Web 2.0

Was ist Web 2.0?

Unter ‚Web 2.0' werden verschiedene interaktive und kollaborative Technologien zusammengefasst, die den Wandel des Internets von einem primären ‚Abrufmedium' zum ‚Mitmachmedium' charakterisieren, das den Nutzenden nicht nur (vermeintlich ‚passives') Lesen und Surfen ermöglicht, sondern auch das unkomplizierte, aktive Einstellen von Inhalten. Die Grundlage dieses Wandels vom „Read Web" zum „Read-Write Web" (Downes 2005) sind allerdings weniger konkrete technische Neuerungen, zumal viele der darunter zusammengefassten Anwendungen bereits vorhanden waren, bevor sich der Begriff ‚Web 2.0' etablierte. Vielmehr beschreibt die ‚Vision Web 2.0' eine veränderte Haltung der Nutzenden, insbesondere eine aktivere Teilhabe und die konsequentere Verwendung der technischen Möglichkeiten (Reinmann 2008b). Allerdings wird der – zuerst im Rahmen der Marketingmaßnahmen für eine Tagungs-reihe verwendete – Begriff inzwischen immer häufiger kritisiert, sowohl wegen seines kommerziellen Hintergrunds als auch wegen seiner inhaltlichen Unklarheit und Jar-gonhaftigkeit (Berners-Lee 2006), und zunehmend durch den Begriff „Social Media" ersetzt (Google Trends 2010). Dennoch führte die hohe Popularität des Begriffs dazu, dass er in viele andere Bereiche übertragen wurde, so auch ‚Lernen 2.0' oder ‚E-Lear-ning 2.0'.

Gibt es E-Learning 2.0?

Zwar ist der Einsatz von Web 2.0 Werkzeugen noch nicht zum Hochschulalltag geworden (Kleimann/Özkilic/Göcks 2008), jedoch werden Werkzeuge wie Wikis, Weblogs oder Podcasts inzwischen immer häufiger auch in formellen Bildungskon-texten eingesetzt. Allerdings zeigte sich dabei auch schnell, dass sie dort leicht den Reiz verlieren können, der sie in informellen Zusammenhängen so erfolgreich macht. Dies liegt u. a. an den nahezu konträren Rahmenbedingungen: Freiwillige und ano-nyme Teilnahme oder Hierarchiefreiheit sind in formellen Bildungssituationen kaum umzusetzen. Das Konzept des selbst organisierten Lernens, eine zentrale subjektive Voraussetzung für die Nutzung von Web 2.0 Werkzeugen, ist eine Herausforderung, die aufseiten der Lernenden „nicht nur eine ganze Reihe von kognitiven Fähigkeiten und Interesse voraussetzt, sondern auch einen freien Willen, den man sich erst einmal aneignen muss" – und der von Bildungsinstitutionen aktiv gefördert werden muss (Reinmann 2008b, 14f). Welche Voraussetzungen und Kompetenzen sind aufseiten der Lehrenden und der Lernenden notwendig? Welche didaktischen Szenarien sind sinnvoll, welche organisatorischen Rahmenbedingungen müssen geschaffen werden, welche rechtlichen Aspekte sind zu bedenken? Und wo liegen die Grenzen von E-Learning 2.0?

User Generated Content und Microcontent

Ein typisches Merkmal von Web 2.0 ist die aktive Produktion von Inhalten durch die Nutzenden, also deren Rollenwechsel zu „Produmenten" oder „Prosumenten". Diese bereits 1980 von Toffler (1983) geprägten Verbindungen der Begriffe Produzent und

Konsument bekommt im Internetzeitalter noch einmal eine neue Bedeutung. Solcher von den Nutzern erstellter und veröffentlichter ‚User Generated Content' kann natürlich auch in Lehrveranstaltungen entwickelt werden. Dieser ‚Learner Generated Content' unterscheidet sich zunächst bereits deshalb von klassischen (Lern)Ressourcen, weil sich auch Lernende – und nicht nur Lehrende bzw. Fachleute – an der Produktion beteiligen können oder sogar müssen, denn einige Web 2.0 Anwendungen, z. B. Wikis, könnten „ohne das Strukturprinzip der Mitgestaltung durch die Nutzenden gar nicht erst entstehen" (THILLOSEN 2008, 215). Darüber hinaus handelt es sich – im Gegensatz zu Lehrbüchern, Studienbriefen oder WBTs – oft um sehr kurze Inhalte, ‚Microcontent', teilweise auch in Formaten, die bisher in Bildungskontexten weniger gebräuchlich sind, also nicht nur um kurze Texte, sondern auch um einzelne Bilder oder kurze Audio- oder Videosequenzen. Solche Formate sind zwar Bildungsressourcen, jedoch sind sie weniger auf bloße Rezeption angelegt als auf kooperative Bearbeitung, Verbreitung in Netzwerken usw. Insofern kann man etwa bei Wikis und Weblogs von „äußerlich nicht dialogische[r] Kommunikation" sprechen (THELEN/GRUBER 2003, 359). Alle diese Aspekte beeinflussen die Gestaltung von Lehr-/Lernprozessen erheblich und tragen damit deutlich zu einer Veränderung der Lernkultur bei.

Zugleich führt Web 2.0 dazu, dass im Internet eine Fülle von Lernressourcen frei zur Verfügung stehen, angesichts derer KERRES (2006) fragt, weshalb im E-Learning 1.0 so viele Ressourcen darauf verwandt wurden, Lerninhalte zu erstellen. Jedoch wird dabei ein zentrales Problem von ‚User Generated Content' nicht berücksichtigt: die fehlende Qualitätssicherung. Aufseiten der Lernenden kann außerdem die Vielzahl der Informationen und Beteiligungsmöglichkeiten zu Überforderung führen; sie benötigen daher neue Strategien im Umgang mit der Informationsfülle sowie Recherche- und Bewertungskompetenzen.

Institutionelle und rechtliche Rahmenbedingungen

Ein weiteres Problem stellt die (zumindest im Hochschulkontext bisher unübliche) Integration von Microcontent und von nicht-schriftlichen Artefakten in didaktische, curriculare und inhaltsbezogene Kontexte dar. Urheberrechtliche Problemfelder, die bereits in Bezug auf die Einstellung von Inhalten in geschlossene Lernmanagementsysteme auftreten, erweitern sich im Zusammenhang mit den im Internet abgelegten Artefakten von Lernenden. Angesichts der Persistenz von Informationen im Internet können Datenschutzprobleme auftreten. Außerdem sind organisatorische Rahmenbedingungen zu schaffen, die z. B. die Aufnahme von neuartigen Prüfungsformen – etwa lernbegleitende, kooperativ erbrachte Leistungen – in die Prüfungsordnungen ermöglichen (DÖBELI HONEGGER 2008; KERRES 2006).

Noch darüber hinaus gehende Überlegungen betreffen die Möglichkeit, dass Lernende sich aus der Vielzahl online vorhandener Bildungsressourcen ihrem eigenen Bedarf entsprechende Stundenpläne und Curricula zusammenstellen können (Kap. 4.2.3). Dem stehen allerdings die institutionellen Rahmenbedingungen entgegen. So „kontrollieren wir in formalen Bildungsarrangements nicht nur die zeitlichen Abläufe, sondern auch, wer, d. h., welche Personen Zutritt zum Bildungsangebot haben. Schon das Wort ‚Bildungsangebot' und das dahinter stehende und zu erfüllende Curriculum widerspricht der Idee des informellen, zwanglosen, freiwilligen und en passant Lernens" (BAUMGARTNER 2006, 6). Jedoch: Die konkrete Verfügbarkeit und Zugänglichkeit von Bildungsressourcen für formale und informelle Lernsituationen ist durch Web 2.0 um ein Vielfaches gestiegen – unabhängig davon, ob ein solcher Anspruch mit den Rahmenbedingungen von formalen Bildungskontexten wie Studium, beruflicher Aus- und Weiterbildung grundsätzlich vereinbar oder auch im Sinne von Qualitätssicherung wünschenswert ist (GAISER/THILLOSEN 2009).

Neue Lernkultur durch Web 2.0?

Geht mit dem Einsatz von Web 2.0 Werkzeugen in Lernkontexten ein Lernkulturwandel einher? Bereits in den frühen 1990er Jahren wurde im Zusammenhang mit dem Einsatz multimedial angereicherter, internetbasierter Lehrszenarien in Kombination z. B. mit konstruktivistischen lerntheoretischen Ansätzen ein Paradigmenwechsel der Lernkultur eingefordert, der von den heute verwendeten Begrifflichkeiten geprägt ist. Schon damals war „nicht mehr von Lehrsystemen, sondern von Lernumgebungen die Rede, nicht mehr von Instruktion, sondern von autonomem Lernen, nicht mehr von Lernkontrolle, sondern von Unterstützung und Coaching" (WEIDENMANN 1993, 10). Dass die angestrebten Veränderungen nicht oder zumindest nicht vollständig eingelöst werden konnten, liegt nur zum Teil an den technischen Möglichkeiten von E-Learning 1.0, sondern auch an den bis heute nicht gelösten Problemen mit den organisatorischen und rechtlichen Rahmenbedingungen.

Werden jedoch Faktoren wie Veränderung des Verständnisses von Wissenserwerb oder eine Verschiebung traditioneller pädagogischer Verhältnisse (Kap. 4.2.3) als Kennzeichen für den Wandel der Lernkultur betrachtet, so zeigen viele Lernszenarien, in denen Web 2.0 Werkzeuge zum Einsatz kommen, deutliche Merkmale eines solchen Prozesses. So werden einerseits Lernende zu Autoren von Bildungsressourcen, andererseits nimmt z. B. mit der zunehmenden Wissensvermittlung durch Podcasts die Bedeutung selbst organisierten Lernens zu. Zwar wäre dies theoretisch auch durch traditionelle Lernmedien wie Bücher möglich gewesen, tatsächlich führte doch erst die relativ unkomplizierte Produktion von Podcasts zu einer Veränderung. Verschiebungen des traditionellen Umgangs mit Lernressourcen durch Wikis und Weblogs sind z. B. die Veröffentlichung noch ‚unfertiger' Produkte oder die Praxis kollektiven Schreibens. Nicht zuletzt eröffnet Web 2.0 neue Öffentlichkeitsräume für die Präsentation von Inhalten und den Austausch – zwischen Lernenden und Experten, Praktikern und Theoretikern – über üblicherweise geschlossene Bildungskontexte hinaus, die sich auch auf die traditionellen Darstellungs- und Beurteilungskriterien und Veröffentlichungswege und damit auf die Rollen der Beteiligten und ihre Beziehungen untereinander auswirkt (GAISER/THILLOSEN 2009, 191ff).

Web 2.0 Werkzeuge haben also ein hohes Potenzial, neue (Formen von) Bildungsressourcen zu schaffen, die Aktivierung und Vernetzung von Lernenden zu fördern und zu einem Wandel der Lernkultur beizutragen – aber sie sind kein Allheilmittel. Zudem ist die Nutzung von Web 2.0 Werkzeugen in formellen Bildungskontexten kein Selbstläufer, und es gibt zahlreiche ungeklärte rechtliche und organisatorische Aspekte. Mit den folgenden Darstellungen von Einsatzmöglichkeiten typischer Web 2.0 Anwendungen in Lernsituationen ist immer zugleich die Frage verbunden, ob und wie sich diese auch auf bereits etablierte Formen von E-Learning und auf die Lernkultur auswirken. Vor allem geht es jedoch darum, in welchen Lernsituationen und zum Erwerb welcher Kompetenzen der Einsatz eines Werkzeugs sinnvoll ist und wie Bedingungen geschaffen werden können, die Lernende zur Nutzung motiviert. Dazu werden im Folgenden Wiki (Kap. 5.4.1), Weblog (Kap. 5.4.2), Microblogging bzw. Twitter (Kap. 5.4.3), Podcast (Kap. 5.4.4), Social Bookmarking und Social Tagging (Kap. 5.4.5.) sowie RSS (Kap. 5.4.6) und ihr möglicher Einsatz in Lernkontexten vorgestellt.

5.4.1 Wiki

Was ist ein Wiki?

Ein Wiki ist eine Sammlung von Hypertexten, die durch Links miteinander verbunden sind. Die einzelnen Seiten können von den Nutzenden nicht nur gelesen, sondern auch unkompliziert und ‚schnell' online verändert werden – der Begriff ist vom hawaiianischen ‚wikiwiki', ‚schnell', abgeleitet. Wikis können im World Wide Web zur Verfügung stehen, lassen sich aber auch in Intranets oder auf lokalen Rechnern einrichten (LEUF/CUNNINGHAM 2001) und sind inzwischen bereits in viele Lernmanagementsysteme integriert. Für den Einsatz im Kontext E-Learning sind Wikis ein relevantes neues Werkzeug, da sie kostengünstig und einfach individuelles Lernen und kooperative Wissenskonstruktion unterstützen können (CRESS/KIMMERLE 2008).

Das Wiki-Prinzip

Dabei sind es weniger die technischen Aspekte als vielmehr einige grundlegende funktionale Charakteristika, die das „Prinzip Wiki" ausmachen (MOSKALIUK 2008a, 18ff; MOSKALIUK/KIMMERLE 2008, 2f):

- *Einfaches und schnelles Bearbeiten*: Wikis basieren auf einfachen Content Management Systemen, die es (in der Regel) allen Nutzenden erlauben, ohne tiefere Vorkenntnisse jeden Inhalt eines Wikis zu bearbeiten und neue Seiten anzulegen. Die Bearbeitung erfolgt direkt im Web-Browser, zusätzliche Software, Plug-ins, Applets usw. sind nicht erforderlich. Auf diese Weise verschmelzen die Rollen von Leser, Autor, Redakteur, Reviewer und Herausgeber zu der im Web 2.0 typischen Verbindung von Produzenten und Konsumenten zu einer einzigen Rolle, den ‚Prosumenten' (Kap. 5.4; PANKE/THILLOSEN 2008, 3).
- *Nicht-lineare Hypertextstruktur*: Typischerweise ist ein Wiki nicht hierarchisch strukturiert, sondern die einzelnen Seiten sind durch Querverweise miteinander verbunden. Inhalte und Hypertextstruktur verändern sich kontinuierlich mit dem Wachsen des Wikis (MOSKALIUK/KIMMERLE 2008, 2). In Lernkontexten bietet die Struktur eines solchen ‚assoziativen Netzwerks' auch den Vorteil, dass neue Inhalte und Seiten in das bestehende Netzwerk integriert werden müssen und es Lernenden auf diese Weise erleichtert wird, neue Querverbindungen und Bezie-

hungen zwischen Inhalten herzustellen. Zudem wird der ‚Serendipity-Effekt' verstärkt, d. h., es werden zufällig Informationen gefunden, nach denen eigentlich gar nicht gesucht wurde, die aber dennoch auf weitere relevante Zusammenhänge und Themen aufmerksam machen (EBD., 4). Da Wikis schnell unübersichtlich werden können, sollte eine gute Suchfunktion integriert sein. Auch die Verschlagwortung von Beiträgen mit Hilfe von Tags kann zur Übersichtlichkeit – und zum Lernerfolg – beitragen (Kap. 5.4.5).

- *History-Funktion und Versionierung*: Jede Änderung an einer Seite eines Wikis führt automatisch dazu, dass eine neue Version dieser Seite angelegt wird; alle vorhergehenden Fassungen werden in einer ‚History' gespeichert und versioniert. Auf diese Weise kann der Bearbeitungsprozess eines Textes genau mitverfolgt und auch der ursprüngliche Zustand leicht wieder hergestellt werden. Diese Funktion dient sowohl als Schutz wie auch zur Koordinierung (THILLOSEN 2008, 217). Darüber hinaus können Veränderungen auf einer angegliederten Seite erläutert und diskutiert werden. Gerade in Lernsituationen kann diese Funktion für die gemeinsame Bearbeitung von Texten konstruktiv eingesetzt werden, da sie jedoch vielen Nutzenden bzw. Lernenden zunächst nicht vertraut ist, muss dies gezielt angeregt werden.

- *Kooperative Arbeit an einem gemeinsamen Produkt*: Obwohl auch eine Einzelperson, z. B. zu Lernzwecken, ein privates Wiki anlegen kann, liegt der besondere Mehrwert eines Wikis in der Zusammenarbeit. Eine Wiki-Seite spiegelt dabei jeweils den aktuellen Stand der Kooperation in Bezug auf den jeweiligen Inhalt wider, denn Metainformationen über den Autor bzw. die Autoren bestimmter Texte oder Textteile, die Entstehungsgeschichte usw. sind zumindest auf den ersten Blick nicht ersichtlich – im Gegensatz etwa zu Blogs oder Foren, deren Autoren deutlich erkennbar sind und von anderen Nutzern nur kommentiert, nicht aber bearbeitet werden können.

- *Anpassbarkeit/Adaptivität:* Innerhalb eines Wiki-Systems können die Funktionen einfach an sich ändernde Anforderungen angepasst werden. Beispielsweise können Administratoren weitergehende Rechte haben als andere Nutzer, um Inhalte vor Veränderungen zu schützen, oder es können in Lehrveranstaltungen bestimmte Lese- oder Schreibrechte vergeben werden. Durch diese Flexibilität eignen sich Wikis sowohl für große, offene Gruppen als auch für kleine, geschlossene Projekt- und Lerngruppen.

Wikis und Wikipedia – offene und geschlossene Wikis

Bereits 1995 entwickelt (LEUF/CUNNINGHAM 2001), wuchs „das Wiki-Web [in den ersten Jahren zunächst ...] weitgehend unbemerkt von der Öffentlichkeit" (LEITNER 2005), erlangte jedoch mit der Gründung der Online-Enzyklopädie Wikipedia im Jahr 2001 schnell weltweite Bekanntheit. Bereits am Ende des Entstehungsjahres existierte die Wikipedia in 18 Sprachen, im Jahr 2010 waren es über 260 Sprachen mit einer Artikelzahl von über zehn Millionen (WIKIPEDIA DT. 2010a). Diese große Popularität der Wikipedia war ein wesentlicher Motivator, Wikis auch in Lernsituationen einzusetzen. Dabei wurde zunächst jedoch oft nicht berücksichtigt, dass die Wikipedia aufgrund ihres Bekanntheitsgrads und der damit verbundenen hohen Nutzerzahlen ein Sonderfall ist, da gleich mehrere maßgebliche Erfolgsfaktoren der Online-Enzyklopädie, die lange als zentral für die ‚Wiki-Philosophie' und das Funktionieren von Wikis betrachtet wurden (EBERSBACH/GLASER/HEIGL 2005, 28–32), in formellen Lernsituationen oft nicht realisiert werden können: So etwa die sehr großen Teilnehmerzahlen – die bei Wikipedia auch wesentlich zur schnellen Korrektur von Fehlern und damit zur Qualitätssicherung beitragen –, die Möglichkeit der anonymen und freiwilligen Teilnahme, flache Hierarchien sowie die Ausrichtung auf dynamisch wachsende Nutzerzahlen und die Ausrichtung auf eine zeitlich tendenziell unbegrenzte Dauer der Verfügbarkeit und Bearbeitung. Solche ‚selbst gesteuerten Wikis', also offene Wiki-Projekte mit freiwilliger Beteiligung (wie Wikipedia) unterscheiden sich von ‚fremd gesteuerten', in formellen Lernsituationen, Firmen oder Projekten eingesetzten Wikis durch oft nahezu entgegengesetzte Rahmenbedingungen, z. B. fest umrissene, geschlossene Adressatengruppen und eine häufig homogene Expertise, organisationale Hierarchie, Beteiligung als Pflicht und geschützte Inhalte sowie einen bestimmten zeitlichen Rahmen und vorgegebene Arbeitsabläufe (MOSKALIUK 2008a, 22). Natürlich können Wikis auch in formellen Lernszenarien konstruktiv eingesetzt werden; jedoch ist es vor dem Hintergrund der eben beschriebenen Unterschiede zu einer selbst gesteuerten Nutzung von besonderem Interesse, welche kognitiven, motivationalen und sozialen Aspekte zur erfolgreichen Nutzung von Wikis beitragen und wie diese auch in Lernkontexten realisiert werden können.

Die Technik eines Wikis gibt keine bestimmte Nutzungsweise vor; der Vergleich mit einem ‚Schweizer Messer', das viele verschiedene Werkzeuge integriert, sehr unterschiedlich genutzt und den jeweiligen Bedürfnissen entsprechend gezielt eingesetzt werden kann (DÖBELI HONEGGER 2005, Folie 1–3) ist also durchaus treffend. So können Wikis z. B. durchaus flexibel als Lernplattform, als Veranstaltungshomepage oder zur Dokumentenverwaltung genutzt werden. Im Folgenden soll es jedoch um Einsatzmöglichkeiten in Lernkontexten gehen, die für Wikis besonders typisch sind und deren grundlegenden Prinzipien am Besten entsprechen.

Nutzung öffentlicher Wikis in Lernkontexten

Zunächst einmal werden öffentliche Wikis inzwischen ganz selbstverständlich als (erste) Informationsquellen verwendet: Die Online-Enzyklopädie Wikipedia etwa ist „längst schon Teil des wissenschaftlichen Alltags geworden [und ...] wird von Dozierenden ebenso genutzt wie von Studierenden" (HODEL 2007), und über Wikipedia hinaus gibt es inzwischen eine Vielzahl von frei zugänglichen Wikis für verschiedene Fachinhalte. Insofern ist es wenig sinnvoll, Zitate aus Wikipedia in wissenschaftlichen Arbeiten zu verbieten (HABER 2007). Da es für Lernende jedoch gerade zu Beginn der Auseinandersetzung mit einem Thema schwierig ist, die Richtigkeit und Bedeutung von Inhalten einzuschätzen, die in offenen Bildungsressourcen im Internet zur Verfügung stehen, sollten im Lernprozess die Frage der Verlässlichkeit – und auch der Adäquatheit – von Informationsquellen explizit thematisiert und vor allem auch Gelegenheiten geschaffen werden, andere und oft mühsamere Prozesse und Methoden der (wissenschaftlichen) Informationsrecherche einzuüben (Kap. 6.6).

Außerdem können Lernende sich an öffentlichen (Fach-)Wikis schreibend beteiligen. Dabei werden über die inhaltliche Auseinandersetzung mit dem Thema hinaus oft auch weitere Kompetenzen erworben, z. B. können die inhaltlichen und formalen Unterschiede zwischen einer Seminararbeit und einem Wikipedia-Artikel das Bewusstsein für verschiedene Textsorten und eine zielgruppenorientierte Darstellung von Inhalten wecken (THILLOSEN 2008, 237ff). Zugleich tragen eigene Erfahrungen mit den Redaktionsprozessen in öffentlichen Wikis – z. B. mit Änderungen oder Löschungen – oft auch zu einer neuen Einschätzung der Stärken und Schwächen von Wikis als Informationsquellen bei (HODEL/HABER 2007). Beteiligen Lernende sich freiwillig an einem öffentlichen Wiki oder initiieren sogar eigene Wiki-Projekte, ist dies vergleichbar mit dem Engagement in einer Community of Practice (CoP), bei dem die Möglichkeit besteht, sich im Sinne der „legitimen peripheren Partizipation" (LAVE/WENGER 1991) je nach eigenem Kenntnisstand, zeitlichen Ressourcen usw. mehr oder weniger einzubringen. Die (Wiki-)Technik ermöglicht damit Lernenden nicht nur, Lerninformationen selbst organisiert zusammenzustellen und bereits damit traditionelle Strukturen in Lernverhältnissen eigeninitiativ zu verändern (Kap. 4.2.3), sondern sich sogar an der Produktion von (öffentlich verfügbaren) Lernressourcen zu beteiligen.

Wiki-Einsatz in geschlossenen Lehrveranstaltungen

Mit der zunehmenden Integration in Lernmanagementsysteme werden Wikis auch im Rahmen von Lehrveranstaltungen bzw. in geschlossenen Kursen oder kursübergreifend an einer Institution, in einem Studien- oder Ausbildungsgang eingesetzt (vgl. BEISSWENGER/ANSKEIT/STORRER 2012). Dabei haben sich einige Formen des gemeinsamen Sammelns von Informationen und des aktiven Schreibens inzwischen bereits etabliert, so etwa die Erstellung von Kurs-Lexika oder -Glossaren, die Dokumentation von Veranstaltungen durch Protokolle und Skripte oder die Sammlung von kommentierten Literaturhinweisen oder Linklisten. Aber auch komplexere Inhalte – etwa fachbuchähnliche Materialien – können (ggf. sogar Kurs- und Schülergenerationen übergreifend) in einem Wiki gemeinsam entwickelt werden. Bei diesen Verwendungsweisen können Verfasserschaften und Verantwortlichkeiten leicht sichtbar gemacht werden, im Unterschied zu der in öffentlichen Wikis häufigen Praxis des anonymen Schreibens und der unkommentierten Veränderung von Texten. Ein solches gemeinsames Schreiben an einem Text oder die Veränderung von Texten anderer ist in Lernsituationen, vor allem im Hochschulkontext, zurzeit oft noch ungewohnt. Jedoch bietet sich die Nutzung von Wikis auch für schreibdidaktische Ziele an, etwa um den üblicherweise isolierten Schreibprozess öffentlich zu machen und zu unterstützen (THELEN/GRUBER 2003, 2005). Hier kann ein Wiki als Infrastruktur für gemeinsame Schreibprojekte, Problemlösungen oder auch E-Portfolios sowie als Koordinationsraum für Projektarbeit genutzt werden (FERRIS/WILDER 2006; XU 2007). Zudem kann auch vereinbart werden, dass nicht nur Textbeiträge, sondern auch koordinierende und redaktionelle Arbeiten in die Bewertung von Arbeitsleistungen eingehen (WIESNER 2008). Weitere – allerdings weniger typische – Möglichkeiten für den Wiki-Einsatz sind Brainstorming, Webquests oder sogar Drill-and-Practice-Übungen (KLAMPFER 2005).

Unterstützung der Lernenden bei der Nutzung von Wikis

Die bisherigen Erfahrungen zeigen, dass solche ‚fremd gesteuerten' Wikis in der Regel nicht von selber genutzt werden. Der Einsatz sollte deshalb durch eine geeignete Aufgabenstellung, entsprechende Hinweise und diskursive Begleitung des Arbeitsprozesses unterstützt werden.

Obwohl Wikis einfach zu bedienende Systeme sind, ist es meist sinnvoll, zu Beginn einer Veranstaltung die technische Funktionsweise zu erklären und dabei auf Themen einzugehen, die für Teilnehmende eine Hürde darstellen können, z. B. die Einbindung von Bildern und Fußnoten oder Fragen zum Layout. Darüber hinaus sollten die konkrete Nutzungsweise in der Veranstaltung – vor allem die Freiheit der Lernenden und die erwarteten Leistungen, Arbeitsanweisungen usw. – ebenso erläutert und diskutiert werden wie grundsätzliche Fragen zum Prinzip Wiki und seinen Auswirkungen auf das kooperative Lernen und Organisieren der Veranstaltung. Solche technischen und organisatorischen Aspekte können, ebenso wie inhaltliche Fragen, auch in einem Hilfebereich oder in FAQs im Wiki dargestellt werden; außerdem können erfahrenere Wiki-Nutzer in einem Kurs andere Teilnehmende bei Fragen oder Problemen unterstützen (MOSKALIUK/KIMMERLE 2008, 5f).

Auf der praktischen Ebene erleichtert die Vorstrukturierung eines Wikis den Lernenden den Zugang. Zugleich sollten sie aber auch ermutigt werden, suboptimale Strukturen zu verbessern. Allgemein wird davon ausgegangen, dass leere Seiten zur Partizipation motivieren (MOSKALIUK 2008b, 89). Im Gegensatz zu dieser Annahme haben Experimentalstudien inzwischen aber auch gezeigt, dass leere Seiten Hemmungen hervorrufen können und dass Versuchspersonen am meisten in Wikis schrieben, wenn sie Textbeiträge vorfanden, an denen sie sich orientieren konnten und die zugleich nicht zu stark vom eigenen Wissensstand abwichen. Eine völlige Übereinstimmung mit dem eigenen Wissen führte dazu, dass die Beiträge als ‚fertig' eingestuft wurden und keine weitere Bearbeitung erfolgte (CRESS/KIMMERLE 2008).

Wie sich gezeigt hat, beruht die Motivation zur selbst gesteuerten Beteiligung an öffentlichen Wikis vor allem auf psychosozialen Aspekten wie Freiwilligkeit und Selbstbestimmung, persönlichem Interesse und Relevanz. Diese Faktoren sind damit also nicht nur auf der individuellen Ebene von Bedeutung, sondern tragen maßgeblich zur inhaltlichen Qualität und zur dynamischen Weiterentwicklung der gemeinsamen Wissenskonstruktion bei. Die zentrale Herausforderung beim Einsatz von Wikis in formellen Lernkontexten ist es, die Lernenden trotz der anderen Rahmenbedingungen, z. B. fester Vorgaben über die zu erbringenden Leistungen, zur Mitarbeit zu motivieren. Ein Ansatzpunkt dafür ist die Berücksichtigung einer positiven Kosten-Nutzen-Relation. Denn die Mitarbeit an einem Wiki ist „mit individuellen ‚Kosten' verbunden. Es kostet Zeit und Mühe, Wissen zu verschriftlichen und verständlich und nachvollziehbar aufzubereiten" (MOSKALIUK/KIMMERLE 2008, 13). Dabei wirken sich zu starke extrinsische Anreize, etwa die Vorgabe einer bestimmten Anzahl von Beiträgen, negativ auf die langfristige Motivation zur Beteiligung aus (EBD., 14). Vielmehr sind Wikis – auch fremd gesteuerte – gut geeignet, die intrinsische Motivation zu stärken, da sie gute Voraussetzungen bieten, an den Grundbedürfnissen anzusetzen, auf denen diese beruht: den Bedürfnissen nach Selbstbestimmung, Kompetenz und sozialer Einge-bundenheit (EBD., 10). Damit sich also die Beteiligung an einem Wiki ‚lohnt‘, kann selbstbestimmtes Handeln und Autonomie z. B. dadurch ermöglicht werden, dass jeder Einzelne ein Arbeitsthema wählen kann, das für ihn von besonderem Interesse oder von Praxisrelevanz ist oder dass die Lernenden an den Nutzungsvereinbarungen, Qualitätssicherungsmaßnahmen und der Konzeption des Wikis beteiligt werden. Leh-rende sollten deshalb auf zu restriktive Vorgaben in Bezug auf Bearbeitungsrechte, Art und Häufigkeit der Beteiligung usw. verzichten – oder ggf. sogar die Arbeit im Wiki und andere Formen des Leistungsnachweises zur Wahl stellen (KIMMERLE 2008; MERKENICH 2007; MOSKALIUK/KIMMERLE 2008, 9f). Als kompetent können sich Teilnehmende erleben, wenn sie z. B. an Bereichen eines Wikis mitarbeiten, in denen sie sich gut auskennen, sowohl inhaltlich als auch durch redaktionelle Arbeiten oder technischen Support. Das Gefühl, einen konstruktiven Beitrag zu einem Gesamtpro-jekt zu leisten, kann zugleich das Gefühl der Zugehörigkeit zu einer Wiki-Community bzw. zu einer Lerngruppe stärken, ebenso wie die Rückmeldungen der anderen auf die Expertise eines Teilnehmers, die auch deren Bedeutung für die Gruppe sichtbar macht (EBD.). Fühlen sich die einzelnen Mitglieder durch das gemeinsame Lernziel und die gemeinsame Aufgabe verbunden, trägt dies zu einer freiwilligen und dauer-haften Beteiligung bei. Damit ein solcher ‚sozialer Gewinn‘ entstehen kann, müssen Möglichkeiten zum Aufbau von Beziehungen und zur Selbstdarstellung geschaffen werden (KIMMERLE 2008), aber auch der Wettbewerb und der Vergleich mit anderen kann motivierend wirken (PANKE/THILLOSEN 2008; WIESNER 2008).

Für den erfolgreichen Einsatz von Wikis in Lernzusammenhängen ist es also sinnvoll, den Lernenden im Rahmen der bestehenden Einschränkungen so viel Raum zur Mit-bestimmung und zum selbstbestimmten Lernen zu geben wie möglich. Intrinsische Motivation, persönliches Interesse und eine positive Kosten-Nutzen-Relation fördern die konstruktive Beteiligung an einem Wiki (MOSKALIUK/KIMMERLE 2008, 16).

5.4.2 Weblog

Was ist ein Weblog?

Weblog – kurz: Blog – ist eine häufig aktualisierte Webseite, die aus fortlaufenden, in der Regel relativ kurzen Beiträgen besteht. Dabei steht die neueste Nachricht immer oben, d. h., die Abfolge ist umgekehrt chronologisch. Blogs werden meist von einzel-nen Personen, den ‚Bloggern‘, betrieben, seltener auch von kleinen Personen- bzw. Interessengruppen. Technisch handelt es sich um einfache Content Management Sys-teme (CMS), die die Möglichkeit bieten, unkompliziert Informationen im Internet zu veröffentlichen. In die Textnachrichten können Links, Bilder, Videos, Audios usw. eingebunden und die einzelnen Beiträge mit selbst gewählten Schlagworten beschrie-ben werden (zum Social Tagging vgl. Kap. 5.4.6). Jeder einzelne Beitrag eines Blogs – also nicht nur der Blog als ganzer – ist mit einer eigenen Internetadresse (URL) auf-rufbar, dem ‚Permalink‘, einem permanent verfügbaren Link. Blogs sind per RSS abonnierbar (Kap. 5.4.6), d. h. Nutzer können sich automatisch über neue Beiträge benachrichtigen lassen; innerhalb eines Blogs erleichtern Such- und Kalenderfunktionen das Auffinden von Beiträgen.

Charakteristische Merkmale

Ein zentrales Merkmal von Blogs, das sie auch zu einem typischen ‚sozialen' Medium macht und wesentlich zu ihrer Popularität beiträgt, ist deren Vernetzung. Sie kann durch unterschiedliche Funktionen unterstützt werden, die als charakteristisch für Blogs gelten (auch wenn einige davon inzwischen teilweise deaktiviert oder moderiert werden, also durch den jeweiligen Autor des Blogs freigeschaltet werden, vor allem um Spam zu verhindern): (1) persönliche Kommentare, die unmittelbar unter dem jeweiligen Beitrag angezeigt werden, (2) Verlinkung auf externe Webseiten oder auf einen Beitrag in einem anderen Blog (durch diese automatische ‚Trackback-Funktion' verweisen die Blogs gegenseitig aufeinander) sowie (3) die ‚Blogroll', mit der der Autor eines Blogs auf andere, von ihm geschätzte Blogs hinweisen kann. Die Gesamtheit aller Blogs wird ‚Blogosphäre' genannt. Angaben über die Zahl existierender Blogs sind schwierig, zumal viele neu eingerichtete Blogs schon nach kurzer Zeit nicht mehr aktiv betrieben werden; „Blogger kommen und gehen" (PANKE/OESTERMEIER 2006, 2), jedoch wächst die Zahl der Blogs insgesamt kontinuierlich, für das Jahr 2009 verzeichnete die Blog-Suchmaschine Technorati über 133 Millionen Blogs weltweit (TECHNORATI 2009). Zugleich haben sich die Verwendungsformen ausdifferenziert: „Neben Online-Tagebüchern gibt es Blogs als Medien der (internen und externen) Organisationskommunikation, als (quasi-)journalistische Publikationen, als Medien der Expertenkommunikation *und* des persönlichen Wissensmanagements" (REINMANN/BIANCO 2008, 6). Am häufigsten sind die Verwendung von Blogs als persönliches Journal und als Medium zum Austausch für Informationen und Fachwissen (SCHMIDT/MAYER 2007; TECHNORATI 2009).

Weblogs unterscheiden sich durch eine „typische[n] Mischung aus Individualität und Kooperation" (PANKE/OESTERMEIER 2006, 1) fundamental von Wikis: Auf der einen Seite ist Vernetzung zentral für Weblogs, auf der anderen Seite kann jeder Beitrag einem einzelnen Autor (oder Kommentator) zugeordnet werden, während Texte in einem Wiki Gemeinschaftswerke sind, die von mehreren Autoren erstellt werden, deren jeweilige Anteile nicht (bzw. nur in der Versionskontrolle) erkennbar sind. Auch die ‚Inhaltspermanenz' unterscheidet Blog-Nachrichten von sich immer wieder verändernden und dynamisch weiterentwickelnden Texten in Wikis: Blog-Beiträge sind in der Regel in sich geschlossen und sollten nicht nachträglich verändert werden. Falls dies doch einmal als notwendig erscheint, sollten „Abänderungen nicht heimlich korrigiert werden, sondern merkbar und sofort ersichtlich" (FELKEL 2004, 8).

Besonderheiten von ‚Wissens-Blogs'

‚Wissens-Blogs' oder ‚W-Blogs' bzw. ‚Knowledge Blogs' können für ihre Autoren unterschiedliche Funktionen haben: die Speicherung und Annotation von Informationen, die Interpretation und Reflexion von Erlebnissen und Erfahrungen sowie, durch das Vernetzungspotenzial von Blogs, die Kommunikation (Röll 2006). Dabei haben empirische Studien gezeigt, dass das freiwillige Führen eines Wissens-Blogs verschiedene psychologische Grundbedürfnisse erfüllt und dadurch motiviert und befördert wird:

1. Das *Bedürfnis nach Kompetenzerfahrung* wird durch die Darstellung des eigenen Wissens erfüllt. Dabei macht die chronologische Darstellung auch das Anwachsen und die Veränderungen sichtbar, zumal der einzelne Blogger als Person und Urheber deutlich erkennbar ist und nicht „wie in Communities oder Foren ‚in einer Menge verschwinde[t]'" (Reinmann/Bianco 2008, 9).

2. So können Wissens-Blogs zugleich auch das *Bedürfnis nach sozialer Anerkennung* befriedigen, insbesondere da die verschiedenen Möglichkeiten der Vernetzung, etwa die Aufnahme in eine Blogroll, als Ehre erlebt werden. Für viele Blogger ergeben sich außerdem neue virtuelle und oft auch reale Kontakte. Andererseits führt das Ausbleiben von Rückmeldungen auch häufig dazu, das Bloggen wieder aufzugeben (Schmidt/Wilbers 2006). Kritisiert wird, dass Blogs im Bildungsbereich eine „eher monologische Form des Ausdrucks" seien (Schulmeister/Leikauf/Bliemeister 2010, 19); es gebe nur sehr wenige Kommentare und keinen kritischen Diskurs, sondern eher „Zitationskartelle" (ebd.). Im Gegensatz dazu verstehen die Bloggenden selbst ihre Blogs „‚nur' als ein Teil eines umfassenden Informationsnetzwerks", zu dem immer auch weitere Formen des Austauschs gehörten, z. B. in sozialen Netzwerken, per Twitter, Mail, Telefon oder bei persönlichen Treffen (Panke/Gaiser/Maass 2012, 13).

3. Das *Bedürfnis nach Autonomieerleben* bedeutet nicht die völlige Unabhängigkeit von externen Faktoren, sondern die Möglichkeit, freiwillig zu handeln bzw. „mit den Normen/Vorgaben des sozialen Umfelds" übereinzustimmen (Reinmann/Bianco 2008, 10), also z. B. über die inhaltliche und formale Gestaltung des eigenen Blogs eigenständig und personenzentriert zu entscheiden.

Einsatz von Blogs in Lehr-/Lernkontexten

Zunehmend werden Blogs inzwischen auch in formellen Lernsituationen eingesetzt und sind teilweise bereits in verschiedene Lernmanagementsysteme integriert. Da sie jedoch – wie Wikis und andere Web 2.0 Werkzeuge – durch diese Einbindung in formale Bildungskontexte gerade den Reiz verlieren können, der sie im informellen Raum so erfolgreich macht (Panke/Gaiser/Draheim 2007; Stocker 2007), muss auch hier besonders auf die Gestaltung des Lernszenarios geachtet werden. In der Übersicht (Abb. 5.2) wird in Bezug auf den Einsatz von Blogs systematisch unterschieden zwischen der Nutzung durch Lehrende und Lernende und zwischen dem lesenden Mitverfolgen und dem Verfassen von (möglicherweise verschiedenen öffentlichen und veranstaltungsinternen) Blogs für unterschiedliche Zielgruppen und Kontexte.

Prinzipiell können Weblogsysteme in Lehrveranstaltungen unterschiedliche Funktionen einnehmen und z. B. auch als (chronologisch geordnete) Diskussionsplattform für Fragen oder als Veranstaltungshomepage genutzt werden, um aktuelle Nachrichten und Materialien abzulegen, z. B. Skripte und Folien, oder Arbeitsergebnisse von

Lernenden einzustellen, etwa Präsentationen und Zusammenfassungen (PANKE/GAI-SER/DRAHEIM 2007, 90). Noch verbreiteter sind die Möglichkeiten, Blogs zur Beantwortung von regelmäßigen Arbeitsaufgaben zu nutzen und vor allem als Lerntagebuch, das „primär der eigenen, chronologischen Aufzeichnung" dient (HORNUNG-PRÄHAUSER U.A. 2007, 27) und teilweise auch als spezielle Form des E-Portfolios interpretiert wird (Kap. 7.6).

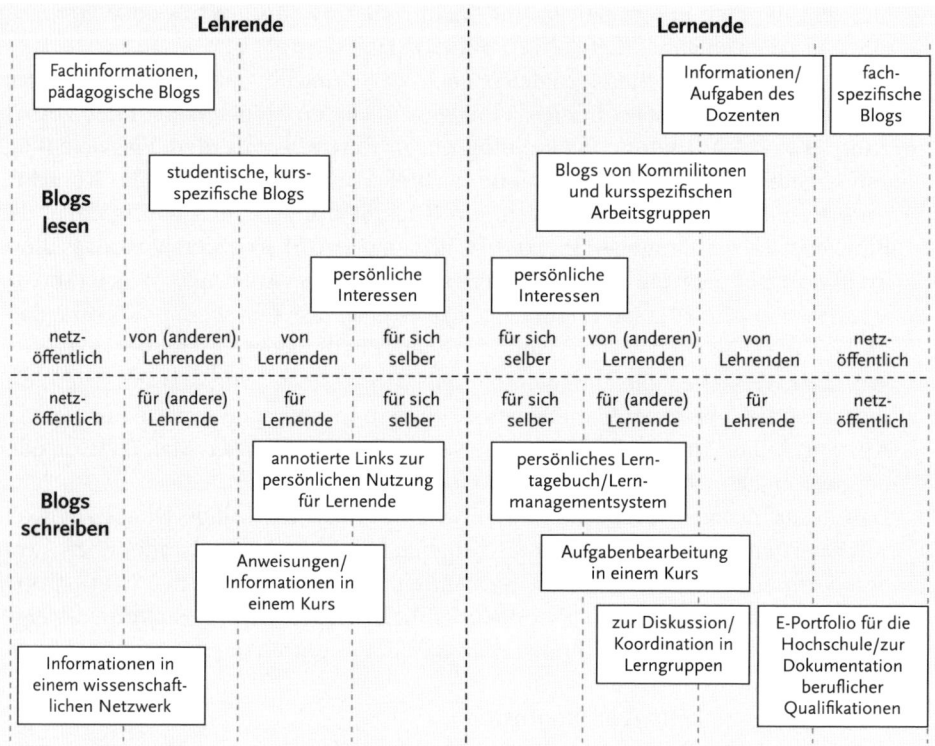

Abb. 5.2: Einsatzmöglichkeiten von Weblogs in Lernkontexten in Anlehnung an LESLIE (2003)

Insgesamt hat sich jedoch der Einsatz von Blogs im Rahmen formaler Bildungsangebote bisher als problematischer erwiesen als z. B. das rein themenorientierte Schreiben in Wikis. So hat sich gezeigt, dass Lernende oft permanent motiviert werden müssen, „sich über das Medium [Weblog] und nicht über E-Mail auszutauschen" (DRAHEIM/BEUSCHEL 2005, 33). Nicht nur ist das Schreiben in Blogs oft noch ungewohnt, eine mögliche Ursache der Nutzungsprobleme kann auch sein, dass dabei neben Inhaltlichem zugleich auch Persönliches öffentlich sichtbar wird. Denn es hat sich gezeigt, dass Blogs in der Regel nur dann erfolgreich sind, wenn bei den Autoren „ein ausreichendes Gefühl der Autonomie" vorhanden ist, das entweder durch intrinsische Motivation entsteht oder durch eine (ggf. mit der Zeit zunehmende) Übereinstimmung eigener Handlungsinteressen mit externen, z. B. in Lernsituationen vorgegebenen Zielen (REINMANN/BIANCO 2008). Beim Bloggen könnte ein Gefühl des Autonomieverlusts eintreten, „wenn man es an sich nicht richtig findet, die eigene Person [...] öffentlich zu zeigen, wenn man besorgt ist, dass ihre Privatsphäre über ein Blog gestört wird" (EBD., 13, unter Berufung auf XIE/SHARMA 2005).

Dies bedeutet jedoch nicht, dass Blogger ausschließlich intrinsisch motiviert sein müssen. Gerade im Kontext der Wissensarbeit kommt der Anstoß zum Bloggen für viele Autoren zunächst von außen, wird aber dennoch – vor allem bei Erfolgserlebnissen – zunehmend mit dem eigenen Wertesystem verbunden und als selbstbestimmt empfunden. Ein solches – zumindest graduelles – Autonomieerleben ist für die Akzeptanz und den Erfolg von Blogs von entscheidender Bedeutung. Insofern spricht nichts dagegen, beim Einsatz von Blogs in formalen Bildungskontexten auch externe Regulationsmechanismen einzusetzen, z. B. konkrete Aufgabenstellungen oder Angaben dazu, wie oft gebloggt werden sollte. Dabei hat sich als ungünstig erwiesen, wenn Weblogs „als Kontroll- und Monitoring-Instrument missverstanden werden": Insbesondere „hierarchiearme Umgebungen [bilden] einen fruchtbaren Boden für den Einsatz von Weblogs" (PANKE/GAISER/DRAHEIM 2007, 93). Es ist deshalb wichtig, die Lernenden dabei zu unterstützen, sich zunehmend mit den Kursvorgaben zu identifizieren und die externen Vorgaben zu internalisieren (REINMANN/BIANCO 2008, 12).

Die Bedeutung von Autonomie und Selbstbestimmung für die Akzeptanz von Blogs scheint sich auch durch den Erfolg zu bestätigen, den verschiedene Bildungsinstitutionen mit dem Angebot haben, ihren Mitgliedern Blogs (‚Blogfarmen') einzurichten, die dann je nach individuellem Interesse für sehr unterschiedliche Zwecke genutzt (bzw. auch nicht genutzt) werden können, vom Online-Tagebuch oder Reiseblog über Lehr- bis zu (Kongress)Organisationsblogs (GRESSHÖNER/SCHMIDT/THELEN 2008). Gerade die Möglichkeit, Blogs selbst zu verantworten und inhaltlich frei zu gestalten, führt zu einer Aktivierung der Beteiligten – insbesondere der Lernenden – und zu einer gewissen Eigendynamik (PANKE/GAISER/MAASS 2012, 15 f.). Für Bildungsinstitutionen bieten ‚Blogfarmen' mit einer einheitlichen Infrastruktur Vorteile wie Standards bei der Inhaltserstellung, ein Corporate Design sowie interne Analyseoptionen. Als wichtig für den Erfolg einer ‚Blogfarm' haben sich klare Nutzungsbedingungen, Öffentlichkeitsarbeit und Schulungen zu Einsatzszenarien erwiesen, ebenso eine klare Abgrenzung von anderen Angeboten der Institution, z. B. den Lernmanagementsystemen (EBD.).

5.4.3 Microblogging und Twitter

Microblogging
Microblogging-Dienste ermöglichen ihren Nutzern die Veröffentlichung von kurzen – d. h. meist weniger als 200 Zeichen umfassenden – Textnachrichten in Echtzeit, die wie in einem Blog rückwärts chronologisch dargestellt werden. Die Beiträge können öffentlich sichtbar oder nur einzelnen Empfängern zugänglich gemacht werden und über verschiedene Kanäle – z. B. Handy oder Desktop – erstellt und abgerufen werden.

Twitter

Die in den vergangenen Jahren rasant gestiegene Popularität des Microblogging geht vor allem auf den großen Erfolg des Anbieters Twitter zurück, der 2006 gegründet wurde und im Oktober 2009 weltweit über 66 Millionen Nutzerkonten verzeichnete (BEUS 2009). Twitter ist bereits in viele soziale Netzwerke (wie Facebook) integriert und kann in Communities, Netzwerke und persönliche Homepages eingebunden werden. Inzwischen haben sich die in der Twitter-Community üblichen Begriffe auch in die Umgangssprache eingebürgert: Das Schreiben auf Twitter wird als ‚twittern' (engl.: ‚to tweet' = zwitschern), die Autoren als ‚Twitterer' und die einzelnen Beiträge als ‚Tweets' bezeichnet. Eingeschriebene Mitglieder können eigene Nachrichten versenden und die Nachrichten anderer Mitglieder lesen bzw. deren ‚Follower' werden, indem sie deren Beiträge abonnieren. Empfangene Nachrichten können kommentiert und an die eigenen Follower ‚retweetet', also (unverändert) weitergeleitet werden. Twitter-Nachrichten können mit einem ‚Hashtag' versehen werden, einem Schlagwort (engl.: ‚Tag') mit vorangestelltem Rautenzeichen, das als Teil eines Tweets eingefügt und mit einem Leerzeichen beendet wird. Auf diese Weise werden die Nachrichten verschiedener Twitterer einem bestimmten Thema oder Ereignis zugeordnet, etwa einer Konferenz (#Learntec). Inzwischen gibt es bei Live-Ereignissen, an denen viele ‚Twitterer' teilnehmen, oft auch ‚Twitter-Walls', (Video-)Wände, auf denen alle Beiträge mit dem Hashtag des Ereignisses angezeigt werden. Twitter kombiniert die Eigenschaften von sozialen Netzwerken und Blogs; jedoch sind die Beiträge im Vergleich zu Weblogs, die auf dauerhafte Präsenz im Internet angelegt sind, nicht nur kurz, sondern auch kurzlebig und häufig bereits nach wenigen Tagen nicht mehr über Suchmaschinen auffindbar (NENTWICH U. A. 2009, 3).

Twitter-ähnliche Funktionen werden inzwischen in verschiedenen sozialen Netzwerken und auf Plattformen angeboten, und es gibt es weitere – wenn auch weniger erfolgreiche – Anbieter (z. B. http://friendfeed.com/ oder http://www.plurk.com/). Welche Möglichkeiten bietet der Einsatz einer so erfolgreichen Web 2.0 Applikation wie Microblogging im Bereich des Lehrens und Lernens? Es ist offensichtlich, dass die Kürze der Nachrichten – bei Twitter sind es nur 140 Zeichen – keine vertiefte inhaltliche Auseinandersetzung ermöglicht; im größten Teil aller Tweets berichten die Nutzer in der Ich-Perspektive über persönliche Alltagsbegebenheiten. Jedoch hat Twitter interessanterweise 2009 seine klassische Ausgangsfrage an die Nutzer von ‚Was machst du gerade?' (‚What are you doing?') in ‚Was passiert gerade?' (‚What's happening?') umgeändert, also den Blick von der rein persönlichen Sicht auf das Umfeld gelenkt.

Twitter-Einsatz in Lernkontexten

Microblogging kann also zur Distribution von Informationen genutzt werden, etwa zu bestimmten Themen oder Veranstaltungen, für Literaturtipps oder Links (wegen der Zeichenbegrenzung werden sie oft umgewandelt in ‚short-URLs' oder ‚tiny-URLs'. Für die Umwandlung langer in kurze URLs gibt es inzwischen spezielle Internetdienste, z. B. http://www.shorturl.com/). Solche Hinweise können auch in die Homepages von

Lehrveranstaltungen oder Bildungsanbietern integriert werden, und umgekehrt können alle auf einer Webseite erscheinenden Artikel, bzw. deren Überschriften und URLs, automatisch über einen Feed auf ‚Twitter' veröffentlicht werden (NENTWICH U.A. 2009, 20).

Im Rahmen von (geschlossenen) Präsenz- oder Online-Veranstaltungen kann Twitter als Medium für Kommentare und zum Gedankenaustausch genutzt werden, in Lehrveranstaltungen auch (wie ein Abstimmungssystem) zum Beantworten von Fragen der Lehrenden und zum Stellen von Fragen durch die Lernenden – bei beidem werden durch die Anonymität Hürden abgebaut – oder zur Lehrevaluation (BURGER/STIEGER 2010). Insbesondere auf Tagungen beginnt sich das Nebeneinander von Referaten und Twitterkommunikation inzwischen zu einer eigenen Form von Konferenzkommunikation zu entwickeln (EBNER/REINHARD 2009; REINHARD U.A. 2009).

Besondere Chancen über die Veranstaltungskommunikation und die Distribution von Informationen hinaus scheint das Medium jedoch unabhängig von speziellen formellen Lernkontexten zur Erweiterung des eigenen Netzwerkes zu bieten, z. B. zur Vernetzung über einen bestimmten Kurs und über die eigene Institution hinaus, zur Kontaktvermittlung zwischen Wissenschaftlern und Praktikern usw. So können z. B. Wissenschaftler nicht nur auf neue Publikationen und Vorträge hinweisen, sondern auch Recherchefragen stellen (NENTWICH U.A. 2009, 14) oder neue interessante oder provokative Gedanken und Ideen twittern und dabei auch auf umfassendere Darstellungen in anderen Medien – Texten, Blogs, Wikis usw. – verweisen. Microblogging dient dabei der ‚Vermittlung' zwischen Personen, Gedanken und anderen Kommunikationsmedien, in denen dann ggf. die eigentliche inhaltliche Diskussion geführt werden kann (SPANNAGEL 2010). Eingeübt werden müssen – vor allem zu Beginn – die Einschätzung von Qualität und Verlässlichkeit der empfangenen Informationen sowie der Umgang mit der zu jeder Zeit und in unterschiedlichen Kontexten wachsenden Informationsfülle.

5.4.4 Podcast

Was ist ein Podcast?
Der Begriff Podcast setzt sich zusammen aus den Wörtern ‚iPod' (der bekannte Medienplayer der Firma Apple) und ‚broadcast' (Rundfunk; als Ursprung für den Wortbestandteil ‚Pod' wird neuerdings auch die produktunabhängige Abkürzung POD für ‚Playabel on Demand' genannt; WIKIPEDIA DT. 2010b). Podcasting bezeichnet zunächst die Möglichkeit, auditives oder audiovisuelles Material über das Internet auszuliefern. Ein Podcast ist also eine im Internet veröffentlichte und jederzeit abrufbare Radio- (oder Fernseh-)Sendung, die häufig in Weblogs oder in spezielle Audioblogs eingebunden wird und sich am Computer, aber auch an mobilen Endgeräten wie Handys oder MP3-Playern abspielen lässt. Ein einzelner Beitrag wird als Podcast-Episode bezeichnet. Podcasting kann als Teilbereich von Audio bzw. Video on Demand betrachtet werden, steht jedoch im Gegensatz zu diesen meist kostenpflichtigen Diens-

ten in der Regel kostenlos zur Verfügung (SCHMIDT/KETTERL/MORISSE 2007; STÖBER/GÖCKS 2009; WIKIPEDIA DT. 2010b).

Die Abonnierbarkeit von ‚Podcast-Episoden' per RSS (Kap. 5.4.6) wird von manchen Autoren als konstitutiv für einen ‚echten' Podcast bezeichnet (WIKIPEDIA DT. 2010b), andere nennen aber auch ohne Feed zum Download angebotene Beiträge Podcast (ALBY 2007, 73; NIEMANN 2007, 14). Feeds sind zum einen interessant, wenn nicht nur ein einzelner Beitrag zu einem Thema angeboten wird, sondern eine Serie zusammengehörender Episoden, die dann jeweils automatisch aus dem Internet geladen werden. Zum anderen ermöglichen sie die Auflistung der Beiträge in Podcast-Verzeichnissen und -Portalen und tragen damit erheblich zu deren Auffindbarkeit bei (ALBY 2007, 73). Dies ist umso wichtiger, als die Bedeutung von Podcasts und die Anzahl an Podcast-Portalen auch im Bildungsbereich in den letzten Jahren erheblich zugenommen haben.

Podcasting ist mittlerweile ein Massenphänomen geworden, das aufgrund der unkomplizierten Erstellung von reinen Audio-Podcasts (E-TEACHING.ORG 2010a) zunächst gerade im privaten Bereich besonders weit verbreitet war. Inzwischen werden Podcasts jedoch zunehmend auch in weiteren Bereichen eingesetzt, z. B. in der Politik, im Journalismus oder Rundfunk, in der Unternehmenskommunikation oder im Marketing (u. a. auch im Hochschulmarketing, STÖBER/GÖCKS 2009, 130f) sowie in informellen und formellen Bildungskontexten. Mit dieser Erweiterung des Einsatzbereiches wächst nun auch der Anspruch an eine sprachlich bzw. grundsätzlich professionelle Gestaltung (HÄNTSCHEL-ERHART 2008, 51ff).

Podcast-Formate: Audio-Podcast, Vodcast, Screencast, Enhanced Podcast

Der Begriff Podcast wird häufig mit einem reinen Audioformat in Verbindung gebracht, das wohl auch am häufigsten zur Anwendung kommt. Audio-Podcasts bestehen ausschließlich aus auditiven, in der Regel im MP3-Format zur Verfügung gestellten Inhalten. Video-Podcasts (E-TEACHING.ORG 2010 g), oft Vodcasts genannt, enthalten anstelle der Audiodatei eine Videodatei oder geben stattdessen eine Streaming-Quelle an, um ggf. langwieriges Herunterladen zu vermeiden. Audiodateien oder Videodateien können außerdem mit Folienpräsentationen oder Bildschirmaufzeichnungen zu ‚Slidecasts' oder ‚Screencasts' kombiniert werden, durch die ein gesprochener Text parallel visualisiert wird. Auch Textinformationen können (meist in Form von PDF-Dokumenten) als Podcast bzw. ‚Doccast' zur Verfügung gestellt werden. Alle bisher genannten Podcast-Formen können außerdem mit Zusatzinformationen versehen werden; solche ‚angereicherten' Podcasts (‚Enhanced Podcasts') können z. B. Steuerelemente wie Sprungmarken zu bestimmten Sequenzen, Bildern, weiterführenden Links, aber auch Feedbackmöglichkeiten im Netz usw. enthalten (SCHMIDT/KETTERL/MORRISSE 2007, 3f).

Produktion von Podcasts

Sowohl auf Produzenten- als auf Rezipientenseite kann zur Nutzung einfacher Podcasts auf gängige, kostenlos im Internet verfügbare Software zurückgegriffen werden.

Diese unkomplizierte und kostengünstige Produktion und Nutzbarkeit ist sicher ein Grund für die schnelle Verbreitung von Audio-Podcasts. Sie umfasst im Wesentlichen vier Schritte: (1) Aufnahme der einzelnen Podcast-Episode, (2) standardisierte Beschreibung als RSS-Feed und Ablage auf einem Webserver, (3) Information des Anwenders über neue Episoden und Übertragung der Daten durch eine Podcast-Client-Software sowie (4) Abspeicherung auf dem (mobilen) Endgerät des Nutzers (SCHMIDT/KETTERL/MORISSE 2007, 3; technische Hinweise zur Produktion von Podcasts siehe E-TEACHING.ORG 2010d).

Steht der Begriff Podcast allerdings nicht für ein reines Audio-Format, sondern – wie oben beschrieben – für die Distributionstechnologie, so können die konkreten Darstellungsformate ggf. erheblich komplexer sein. Entsprechend können sich Podcast-Episoden in Bezug auf die notwendige Technik und Aspekte wie Format, Dateigröße, Komprimierung und Kompatibilität mit den Endgeräten der Nutzer sehr stark voneinander unterscheiden. Dabei rangiert die einfache Audio-Aufnahme „hinsichtlich der Produktionstechnik auf Einsteiger-Niveau" (STÖBER/GÖCKS 2009, 123) und kann entweder mit einem Headset direkt am Rechner oder mit einem klassischen Aufnahmegerät aufgenommen werden. Viele Rekorder speichern inzwischen die aufgezeichneten Dateien bereits in dem üblicherweise verwendeten MP3-Format ab, sodass sie nach der Übertragung auf einen Computer sofort nachbearbeitet werden können. Auch für die Bearbeitung und den Schnitt von Audiodateien am Computer steht inzwischen eine Vielzahl kostenloser oder sehr günstiger Software-Produkte zur Verfügung (EBD.).

Dagegen sind Videoaufzeichnungen von Bildungsveranstaltungen und die Synchronisation mit Präsentationsfolien technisch, zeitlich und personell erheblich aufwendiger. Bereits in den 1990er Jahren wurden erste Systeme zum ‚Authoring on the Fly' entwickelt, zur schnellen und einfachen Aufzeichnung und Übertragung einer Präsenzveranstaltung in ein Multimedia-Dokument (z. B. BACHER/MÜLLER/OTTMANN 1997). Seitdem entstand eine Vielzahl von Aufzeichnungssystemen, die „einen weitgehend automatisierten Aufzeichnungs- und Auslieferungsprozess auf qualitativ hohem Niveau" gewährleisten (STÖBER/GÖCKS 2009, 126; verschiedene Werkzeuge zur Veranstaltungsaufzeichnung werden vorgestellt unter E-TEACHING.ORG 2010f). Sollen solche Werkzeuge in Bildungseinrichtungen eingesetzt werden, so setzt dies jedoch „eine nicht unerhebliche Investition in Technikausstattung" voraus (STÖBER/GÖCKS 2009, 126), die nicht nur die Aufnahmetechnik, sondern auch die Bereitstellung von entsprechenden Servern umfasst. Obwohl die gleichzeitige Aufzeichnung einer Veranstaltung und ihre Übertragung in ein Multimedia-Dokument (relativ) schnell und unkompliziert ist, benötigen Lehrende in der Regel Unterstützung, um die auf technischer und organisatorischer Ebene notwendige Qualität der Podcasts zu gewährleisten: die Qualität der Aufzeichnung und ggf. die Bearbeitung der bereitgestellten Datei sowie die Bereitstellung an sich, die Auffindbarkeit und die Aktualität des Distributionskanals (E-TEACHING.ORG 2010c). Darüber hinaus sind jedoch die inhaltliche Qualität sowie die Entwicklung geeigneter didaktischer Szenarien unabdingbar für den effektiven Einsatz von Podcasts in der Lehre.

Podcast-Einsatz in Bildungsveranstaltungen

Die meisten Web 2.0 Werkzeuge werden in Lehr-/Lernkontexten vor allem dazu genutzt, die Lernenden in die Produktion von Inhalten einzubeziehen. Dies ist zwar auch bei Podcasts möglich (siehe unten), allerdings ist die Erstellung von Podcasts inhaltlich und technisch doch erheblich komplizierter als etwa das Schreiben in Wikis und Weblogs. Aus diesem Grund werden Podcasts zurzeit vor allem von Lehrenden genutzt.

Eine zentrale Nutzungsform: Veranstaltungsaufzeichnungen

Für Lehrende bietet die Aufzeichnung eines Audio- oder Video-Podcasts während einer Präsenzveranstaltung eine unaufwendige Möglichkeit der Produktion von Inhalten – gerade im Vergleich zu der komplexen Produktion eines WBT (Kap. 5.2); daher wird auch von ‚Authoring on the fly' oder ‚Rapid E-Learning' gesprochen. Gerade an Hochschulen werden nach anfänglicher Skepsis Vorlesungsaufzeichnungen immer häufiger genutzt. Eingesetzt werden sie zur Ergänzung von Präsenzveranstaltungen, im Rahmen von Blended-Learning-Szenarien oder zur Vermittlung von Inhalten in rein virtuellen Lehrveranstaltungen. Dazu bieten viele Hochschulen, aber auch externe Dienstleister inzwischen technische und organisatorische Unterstützung an, zu denen teilweise auch hochschulinterne Podcast-Portale gehören, die die aufgezeichneten Veranstaltungen öffentlich oder für eine geschlossene Gruppe zur Verfügung stellen. Veranstaltungspodcasts können aber auch auf öffentlichen (wissenschaftlichen) Podcast-Portalen wie iTunesU, in sozialen Netzwerken oder frei im Internet veröffentlicht werden.

Mit der These, dass „eLearning [...] zum Synonym für eLectures" wird, stellt sich zugleich jedoch auch die Frage: „Durchkreuzen wir mit eLectures unsere didaktischen Ziele?" (WITT U. A. 2010, 12). Schon bei synchronen Veranstaltungsübertragungen wird die – ohnehin vorhandene – Dozentenzentrierung von Vorlesungen verstärkt (Kap. 4.2.3). Werden E-Lectures nur noch als aufgezeichnete ‚Konserve' (STÖBER/ GÖCKS 2009) zur Verfügung gestellt, so vergrößert sich die Gefahr, dass Lernende zu reinen Rezipienten fest fixierter Inhalte werden. Insofern ist es aus didaktischer Perspektive besonders interessant, dass Podcast-Episoden zunehmend auch eingesetzt werden, um traditionelle Veranstaltungskonzepte umzustrukturieren. So wird z. B. die Vermittlung bzw. Aneignung der Lerninhalte mithilfe von Podcasts aus Präsenzveranstaltungen ausgelagert, die dann seltener stattfinden und für Nachfragen und Diskussionen genutzt werden (MORISSE 2008; KRÜGER 2010). Dabei muss auch berücksichtigt werden, für welche Inhalte sich Podcasts eignen. So sind Audio-Podcasts wohl für „naturwissenschaftliche Fächer wie beispielsweise Grundlagen der Mathematik mit mehr oder weniger komplizierten Formeln" (SCHMIDT/KETTERL/MORISSE 2007, 6) weniger geeignet als für Sozialwissenschaften und Fremdsprachen bzw. Fächer, „die ein natürliches Interesse für mediale, musikalische, sprachliche oder ästhetische Inszenierungen mitbringen" (EBD., 5). Auch werden Podcasts als multimediale Präsentationen gerade „in Studiengängen mit hohem Lektürepensum als willkommene Ergänzung oder Abwechslung wahrgenommen" (STÖBER/GÖCKS 2009, 126; zu den

Unterschieden beim Einsatz von Audio- und Video-Podcasts siehe E-TEACHING.ORG 2010a, 2010g).

Geht man davon aus, dass Podcasts auch auf mobilen Endgeräten wie Handys oder MP3-Playern im Zug, auf dem Weg zur Arbeit usw. rezipiert werden, stellt sich zusätzlich die Frage, wie konzentriert dort gelernt werden kann und wie komplex die Darstellung der Inhalte dafür sein darf (EBD.). Allerdings haben Untersuchungen gezeigt, dass nur etwa ein Viertel der Lernenden diese Möglichkeit überhaupt nutzt (SCHMIDT/ KETTERL/MORISSE 2007, 5; WUNSCHEL 2007, 5).

Alternative Formen des Podcast-Einsatzes im Bildungsbereich

Natürlich können Bildungs-Podcasts nicht nur während Präsenzveranstaltungen mitgeschnitten, sondern auch unabhängig produziert werden. Dies ist jedoch erheblich zeitintensiver, denn dann müssen auch „ein Konzept entwickelt, die Texte formuliert und gesprochen werden", ggf. sind auch nachträgliche Bearbeitungen, Schneiden und die Einspielung von Musik oder anderen Geräuschen notwendig (SCHMIDT/KETTERL/ MORISSE 2007, 4f; Kap. 5.1.1). Podcast-Episoden können auch ein Drehbuch und entsprechende Regieanweisungen erfordern. Allerdings können mit solchen, oft kürzeren Podcast-Episoden dann nicht nur Präsenzveranstaltungen ersetzt, sondern auch alternative Szenarien gestaltet werden, z. B. die Zusammenfassung von Inhalten in Form einer ‚Summary' (ggf. auch durch die Lernenden), die Aufbereitung von zusätzlichem, weiterführendem Material, Interviews mit externen Experten oder die auditive Distribution von Fragen und Antworten aus einer Sprechstunde. Für bestimmte Lerninhalte eignet sich die audiovisuelle Darstellung besonders gut, z. B. um dreidimensionale, raum-zeitliche Zusammenhänge oder Bewegungsabläufe zu visualisieren oder um komplexe Prozesse dauerhaft und wiederholbar zur Verfügung zu stellen, z. B. Laborexperimente, deren Durchführung oft kostenintensiv oder riskant ist (STÖBER/ GÖCKS 2009, 128ff). Auch die Möglichkeiten des ortsunabhängigen Einsatzes können gezielt für neue Szenarien genutzt werden, z. B. bei (geografischen, biologischen oder archäologischen) Exkursionen oder zur Einübung von Bewegungsabläufen in den Sportwissenschaften (EBD., 129f).

Podcast-Produktion durch Lernende

Für Lernende kann es neben der Rezeption von Podcasts, die durch Lehrende oder Bildungsanbieter erstellt wurden, auch interessant sein, in Einzelarbeit oder in Projektgruppen selbst Podcasts zu produzieren. Dabei werden durch die Auseinandersetzung mit dem jeweiligen Inhalt fachliche Kompetenzen erworben, darüber hinaus jedoch dabei auch Kommunikations- und Teamfähigkeit sowie Medienkompetenz; außerdem kann die gemeinsame Produktion, ggf. auch Rezeption und Rezension von Podcasts den Aufbau von Communities of Practice und den sozialen Zusammenhalt unterstützen. Die Möglichkeit, die produzierten Inhalte einer breiteren Öffentlichkeit zugänglich zu machen, kann zusätzlich motivierende Effekte haben (SCHMIDT/KETTERL/MORISSE 2007, 5; STÖBER/GÖCKS 2009, 128f; WINDISCH 2007, 26).

Technische Unterstützung und Betreuung beim Lernen mit Podcasts

Obwohl die Zahl der Personen zunimmt, die mobile Endgeräte besitzen und über einen (aufgrund der Dateigröße von Podcasts notwendigen) DSL-Anschluss verfügen, kann nicht unbedingt davon ausgegangen werden, dass alle Lernenden über die erforderliche technische Ausstattung und die notwendigen Kompetenzen im Umgang damit verfügen. Aus diesem Grund müssen beim Einsatz von Podcasts Einführungen und Unterstützungen angeboten werden, denn für „die Akzeptanz ist es sehr wichtig, dass beim ersten Einsatz die Technik problemlos funktioniert" (Schmidt/Ketterl/Morisse 2007, 7). Außerdem muss den Lernenden die Funktion der Podcasts im Gesamtszenario deutlich kommuniziert werden: Dienen sie zur Vorbereitung auf eine Präsenzveranstaltung? Sind die Inhalte prüfungsrelevant oder ein ergänzendes, weiterführendes Angebot für Lernende? (Stöber/Göcks 2009, 127) Wichtig ist auch eine gute Betreuung und Moderation des Lernprozesses, denn die vermeintlich einfache Rezeption von Podcasts und die Notwendigkeit, sich regelmäßig damit zu beschäftigen, stellt viele Lernende vor Probleme. Aus diesem Grund ist es wichtig, „frühzeitig und regelmäßig den Lernstand abzufragen und Feedback zu geben", da sonst das Problem entstehen kann, dass eine Großzahl von Lernenden „zwar begeistert anfängt, aber bereits nach wenigen Wochen die Lust verliert und zum Schluss aufgibt" (Schmidt/Ketterl/Morisse 2007, 7).

5.4.5 Social Bookmarking und Social Tagging

Was sind Social Bookmarks?

Social Bookmarks – die deutsche Übersetzung ‚soziale Lesezeichen' wird sehr selten verwendet – sind Lesezeichen im Internet, die von den Nutzenden nicht auf dem persönlichen Rechner, sondern online bei einem Social-Bookmarking-Dienst abgelegt werden. Solche Dienste können zum Sammeln von Links und Nachrichtenmeldungen, aber auch zum Ablegen und Sammeln von Fotos, Videos, Podcasts usw. konzipiert sein. Der Vorteil liegt nicht nur darin, von jedem Internet-Zugang aus auf die Lesezeichen zugreifen und sie verwalten zu können, sondern vor allem in der kollektiven, ‚sozialen' Sammlung und Bearbeitung in der Gemeinschaft aller Nutzer des jeweiligen Dienstes. Nicht registrierte Besucher können in der Regel nach den Lesezeichen suchen, die bei einem Bookmarking-Dienst abgelegt sind. Angemeldeten Nutzern steht darüber hinaus je nach Anbieter eine Fülle weiterer Funktionen zur Verfügung, die wahlweise in Anspruch genommen werden können, aber nicht müssen. Dazu gehören z. B. das Hinzufügen, Löschen, Bewerten und Verschlagworten (siehe unten: Social Tagging) von Lesezeichen und das Einordnen in Kategorien. Selbst angelegte Lesezeichen können privat genutzt, einzelnen anderen Personen, Gruppen oder der Allgemeinheit zugänglich gemacht werden; freigegebene Lesezeichen anderer Nutzer können eingesehen und in die eigene Sammlung übernommen werden. Viele Dienste bieten die Möglichkeit, sich dem sozialen Netzwerk mit einem Profil vorzustellen, sowie weitere Gruppen- und Netzwerkfunktionen zwischen einzelnen

Nutzern. Nutzer können den unterschiedlichen inhaltlichen und personenbezogenen Linklisten beitreten und sich per RSS (Kap. 5.4.6) über Aktualisierungen informieren lassen. Außerdem können teilweise Lesezeichen importiert und exportiert werden oder es gibt Toolbars sowie Hilfe- und Suchfunktionen für verschiedene Browser. Viele Bookmarking-Dienste werden international angeboten bzw. genutzt, zumal ein besonderer Vorteil aus der hohen Anzahl der registrierten Nutzer resultiert, also der Größe des Netzwerks; jedoch gibt es auch einige deutschsprachige bzw. sogar national ausgerichtete Anbieter (für einen Überblick über die populärsten Social Bookmarking-Dienste siehe http://www.ebizmba.com/articles/social30.html; vgl. zu diesem Abschnitt auch E-TEACHING.ORG 2008c; WIKIPEDIA DT. 2010c).

Vorteile von Social Bookmarking

Ein wesentlicher Vorteil von Social Bookmarking-Diensten liegt darin, dass die Relevanz der Suchergebnisse angezeigt wird. Da ausschließlich Ressourcen durchsucht werden, die von den Mitgliedern eingestellt werden, weil sie von ihnen als nützlich beurteilt wurden, ist die Anzahl der Ergebnisse geringer und selektierter als in Suchmaschinen, die jede beliebige Webseite in die Auswahl einbeziehen und maschinell auslesen. Die Relevanz der Ergebnisse kann darüber hinaus von der Community des jeweiligen Bookmarking-Dienstes anhand der eigenen Bewertungskriterien beurteilt werden. Häufig werden sie auch in Form von Tag-Clouds visualisiert, also ‚Wortwolken‘, in denen die Popularität der Ergebnisse innerhalb einer Community durch die Schriftgröße verdeutlicht wird. Oft werden auch die zuletzt gespeicherten und die beliebtesten Links einer Community auf der Startseite angezeigt.

In einigen Bookmarking-Diensten können Nutzer eigene Buchkataloge anlegen und dabei Informationen aus Bibliotheken oder anderen Datenbanken einbinden und sie mit Bewertungen und Schlagworten versehen. Umgekehrt nutzen auch einige Bibliotheken, vor allem an Hochschulen, Austauschmöglichkeiten mit Bookmarking-Diensten, indem sie z. B. ihre digitalen Hochschulschriften automatisch in Bookmarking-Plattformen einpflegen oder die Übertragung von Merklisten in Bookmarking-Dienste sowie die Anzeige und Ergänzung von Schlagworten zulassen (E-TEACHING.ORG 2008c).

Was ist Social Tagging?

Der Begriff Social Tagging bezeichnet die Vergabe von Schlagworten (engl.: ‚Tags‘) für bestimmte Bestandteile des Internets bzw. von Webseiten durch die Nutzer. Mit der steigenden Bedeutung digitaler Ressourcenspeicher entstand auch das Bedürfnis, diese großen, oft unstrukturierten Informationsspeicher leichter durchsuchen zu können, und zwar nicht nur Bookmarking-Dienste, sondern auch Bilder- und Videoportale, E-Commerce-Plattformen oder im Internet verfügbare wissenschaftliche Artikel, im Grunde also alle im Internet zugänglichen multimedialen bzw. digitalen Daten. Die Integration von Social Tagging-Systemen in die jeweiligen Plattformen ermöglicht den Nutzern, ihre dort abgelegten Medieninhalte zu verwalten, indem sie diese individuellen Kategorien zuordnen, ohne auf ein genormtes Vokabular oder vorgegebene Strukturen zurückgreifen zu müssen: „Tags ermöglichen eine individuelle Strukturierung und Organisation der eigenen Ressourcen und vereinfachen dadurch das Wiederauffinden von einzelnen, spezifischen Informationen, die zu einem bestimmten Zeitpunkt im Internet abgelegt wurden." (HELD/CRESS 2008, 37) Diese freie Auszeichnung von Inhalten durch alle Nutzenden steht im Gegensatz zu traditionellen Ordnungssystemen wie Bibliotheken oder auch dem Semantic Web, in denen die Strukturierung und Verschlagwortung der Informationen durch Experten vorgenommen wird, d.h. von den Nutzern nicht beeinflusst werden kann, und die Schlagworte üblicherweise in hierarchischen Systemen (Taxonomien bzw. Ontologien) geordnet sind (GAISER/HAMPEL/PANKE 2008b, 11; HAMPEL 2007).

Nutzer von Social Tagging-Systemen können ihre abgespeicherten Schlagworte nicht nur individuell nutzen, sondern auch für die Allgemeinheit zugänglich machen und entweder für alle anderen Nutzer, bestimmte Nutzer- bzw. Themengruppen oder einzelne Personen freigeben. Auf diese Weise entwickeln sich zugleich mit der individuellen Wissensstrukturierung auch soziale (Wissens)Netzwerke. Die durch die kooperative Auszeichnung in einer solchen (Laien)Gemeinschaft entstehenden Schlagwortsammlungen werden ,Folksonomy' genannt; dieser auf THOMAS VANDER WAL zurückgeführte Begriff (SMITH 2004) verbindet die Worte ,Folk' und ,Taxonomie'. Auch Folksonomies werden grafisch häufig als Tag-Clouds dargestellt.

Social Tagging erzeugt Synergieeffekte auf unterschiedlichen Ebenen: Zunächst verteilt sich der Aufwand der Indexierung häufig auf große Gruppen, und Suchergebnisse werden oft besser, da die Tags direkt von den Personen vergeben werden, die mit den jeweiligen Informationen arbeiten. Zugleich entstehen durch das Teilen der Schlagworte neue Suchmöglichkeiten, da Dokumente mit gleichen Schlagworten entdeckt und andere Nutzer mit ähnlichen Interessen identifiziert werden können oder Zusammenhänge sichtbar werden, die einem einzelnen Nutzer vielleicht nicht aufgefallen wären (WIKIPEDIA DT. 2010d). Auch hier wird der ,Serendipity-Effekt' verstärkt, d.h., es wird gelernt, in dem in den Schlagworten anderer en passant relevante Informationen gefunden werden, nach denen eigentlich gar nicht gesucht wurde (PANKE 2007). Eine systematische ,soziale Navigation' kann auch im Bereich von Bildung und Lernen genutzt werden, um gezielt Themen- und Personennetzwerke aufzubauen, in denen eigene Interessenschwerpunkte behandelt werden; außerdem können neue Informationen in solchen Communities schnell per RSS (Kap. 5.4.6) miteinander geteilt werden. Allerdings kann das Fehlen einer zentralen Instanz – eigentlich der besondere Vorteil der individuellen Vergabe von Schlagworten – auch zu Problemen führen, etwa bei uneinheitlicher Rechtschreibung oder Begrifflichkeiten, der Nutzung von Singular und Plural, der Sprachversion oder auch der Verschiebung von Begriffen (SCHIEFNER 2008, 80f). Aus diesem Grund werden inzwischen auch halb automatisierte Vorgaben gemacht, d.h., eine bestimmte Anzahl an Schlagworten vorgegeben, die individuell ergänzt werden können, oder es werden automatisierte Vorgaben, z.B. bibliothekarische Formen der Sacherschließung, mit der Möglichkeit der freien Verschlagwortung kombiniert (HÄNGER 2008).

Social Bookmarking und Social Tagging in Lernzusammenhängen

Social Bookmarking und Social Tagging können, wie alle Web 2.0 Anwendungen, von allen Interessierten, Lernenden und Lehrenden, individuell und selbst gesteuert genutzt werden, um Informationsquellen – Webseiten, Literatur, Lernressourcen usw. – zu sammeln und zu indexieren und um eigene Wissensnetze aufzubauen.

Auch in Bezug auf den Einsatz in formellen Lernkontexten wird das Potenzial hoch eingeschätzt, praktische Erfahrungen damit liegen allerdings noch kaum vor bzw. sind aufseiten der Lernenden in der Regel noch geringer als bei den Lehrenden (HARRER/LOHMANN 2008; SCHIEFNER 2008). Inzwischen sind Social Bookmarking- und Social Tagging-Systeme bereits in verschiedene Lernmanagementsysteme integriert und stellen damit die technischen Voraussetzungen zur Verfügung, gemeinsam Bildungsressourcen zu sammeln und zu verschlagworten, teilweise auch auf unterschiedlichen Ebenen – etwa in einem einzelnen Kurs, innerhalb einer Bildungsinstitution oder sogar vernetzt über alle Institutionen, die dasselbe Lernmanagementsystem benutzen. Allerdings kann es auch sinnvoll sein, externe Anwendungen, z. B. Bookmarking-Dienste, in Bildungsveranstaltungen einzusetzen, da in geschlossenen Kursen eine „'kritische Masse' an Tags und Beteiligten, ab der das Tagging einen deutlich erkennbaren Mehrwert erzielt" (HARRER/LOHMANN 2008, 103), häufig nicht erreicht wird und zudem die Gefahr einer „Verengung der Perspektive, des wissenschaftlichen Ausschnitts [besteht, ...] falls der Blick nur auf das eigene Netzwerk beschränkt bleibt" (SCHIEFNER 2008, 81).

Aus kognitionspsychologischer Perspektive unterstützen Social Bookmarking und Social Tagging auf unterschiedliche Weise den Lernprozess. Zum einen entstehen individuell lernförderliche Effekte durch die kognitive (Lern)Aufgabe, Quellen und Lerninhalte zu indexieren und zu klassifizieren (EBD., 75f), zudem aktiviert die Art der Repräsentation Speicher- und Abrufprozesse im Langzeitgedächtnis. Zum anderen wirkt sich auch die kollektive Sammlung von Ressourcen und Tags auf individuelle Wissensprozesse aus, nicht nur durch den quantitativen Zuwachs an Informationen und den Serendipity-Effekt, sondern auch, weil damit eine Aktivierung bestimmter Wissensbereiche ausgelöst werden kann, die zu einer verbesserten Informationsverarbeitung führen kann (HELD/CRESS 2008, 45f).

Allerdings hat sich auch gezeigt, dass Lernende bisher selbst mit einer individuellen Indexierung von Lernmaterialien nur wenig Erfahrung haben. Um die lernförderlichen Potenziale von Social Tagging im Rahmen von Bildungsveranstaltungen zu unterstützen, ist es deshalb notwendig, nicht nur die technische Handhabung der Systeme zu erklären, sondern auch das Konzept der Verschlagwortung und Systematisierung von Lerninhalten zu erläutern sowie mögliche Vorgehensweisen und Probleme bei einer gemeinsamen Indexierung zu diskutieren (HARRER/LOHMANN 2008, 103f).

Abschließend soll noch die Möglichkeit erwähnt werden, bestimmte multimediale Lernressourcen nicht nur ,als Ganzes' zu verschlagworten: So erleichtert z. B. die (kollaborative) Annotation einzelner Sequenzen von Videodateien oder anderer zeitabhängiger Multimediadaten die Auffindbarkeit relevanter Lerninhalte (SACK/WAITELO-NIS 2008).

5.4.6 Einfache Verbreitung von Inhalten durch RSS

Was ist RSS?

Viele der oben beschriebenen Web 2.0 Werkzeuge bieten Nutzern die Möglichkeit, sich per RSS über aktuelle Neuigkeiten zu informieren. RSS steht in der aktuellen Version 2.0 für ‚Really Simple Syndication' (‚wirklich einfacher Austausch'), in vorhergehenden Versionen auch für ‚Rich Site Summary' oder ‚RDF Site Summary' und bezeichnet „eine seit dem Anfang des Jahres 2000 kontinuierlich weiterentwickelte Familie von Formaten" (WIKIPEDIA DT. 2010e), mit deren Hilfe Änderungen auf Webseiten in einem standardisierten Format, d. h. in XML, angezeigt werden können. Zuvor konnten Nutzer Änderungen auf Webseiten nur dadurch mitverfolgen, dass sie diese Seiten regelmäßig besuchten. Nun stellen viele Webseiten-Anbieter – zumindest für Inhalte, die besonders häufig aktualisiert werden – RSS-Channels zur Verfügung, die von den Nutzern abonniert werden können und sie dann – vergleichbar mit einem Newsticker – über Änderungen informieren. Dafür stellt der Anbieter einen RSS-Feed (engl.: ‚to feed', im Sinne von ‚einspeisen') zur Verfügung. In dieser XML-Datei wird per Link auf den neuen Beitrag bzw. die aktualisierte Originalseite verwiesen, außerdem wird der Beitrag kurz strukturiert beschrieben, in der Regel anhand der Elemente Titel, Datum, Autor, Kurzbeschreibung, Sprache und (optional) Bild. Da diese Beschreibung kein Layout oder weitere Zusatzinformationen enthält, sind die übertragenen Datenmengen gering, lange Ladezeiten können also vermieden werden. Aufseiten der Nutzer werden die Informationen in einem Feed-Reader (synonym auch RSS-Reader oder RSS-Aggregator) dargestellt, der regelmäßig nach Neuerungen in einem Feed sucht und sich jeweils nur dann meldet, wenn neue Informationen vorhanden sind. Je nach Konfiguration können die Nutzer den Aktualisierungszeitraum selber wählen und einstellen, wie viele und welche Nachrichtenquellen auf einmal abgefragt werden sollen (E-TEACHING.ORG 2007d). Außerdem können Feeds mithilfe eines RSS-Parsers automatisch in Webseiten eingebunden werden. Mittels dieser ‚Content-Syndication' (dem automatischen Austausch von Inhalten) lassen sich Texte oder andere Dateien einer Webseite auf einer anderen anzeigen und werden entsprechend kontinuierlich aktualisiert (WIKIPEDIA DT. 2010e).

RSS-Feeds anbieten

Interessant ist RSS also auf der einen Seite für alle Anbieter von Webseiten, auf den häufig neue Beiträge eingestellt werden und deren besonderer Reiz auch für die Nutzenden in der Dynamik und Aktualität liegt. So setzte sich RSS zuerst vor allem durch Weblogs durch, aber auch Podcasts oder Linklisten von Social Bookmarking-Diensten können mit Hilfe von RSS-Feeds mitverfolgt werden. Anbieter können dabei einen einzigen Feed zur Verfügung stellen oder mehrere Channels (Kanäle) für unterschiedliche Angebote (z. B. Blog und Podcast) einrichten. Dabei ist es nicht empfehlenswert, einen RSS-Feed von Hand zu erstellen, da solche XML-Dateien (anders als HTML) erfahrungsgemäß sehr fehleranfällig sind. Stattdessen kann auf ein Content Management System oder auf (Internet-)Dienste zur Bereitstellung von RSS-Feeds zurückgegriffen werden, z. B. http://feedburner.com (E-TEACHING.ORG 2007b).

RSS-Feeds abonnieren

Auf der Seite der (Einzel)Nutzer sind RSS-Feeds vor allem hilfreich, um ohne großen Aufwand Änderungen auf persönlich relevanten Webseiten mitzuverfolgen und dabei ggf. auch den Überblick über eine große Zahl von Quellen zu behalten, auf denen seltener Veränderungen vorgenommen werden (WIKIPEDIA DT. 2010e). Im Unterschied zu E-Mails geht dabei die Initiative vom Empfänger aus, der selbst über das Abonnement (und ggf. die Abbestellung) von Feeds entscheidet. Technisch ist die Nutzung unkompliziert, da Feed-Reader inzwischen in alle modernen Browser integriert sind, sodass Feeds ohne großen Aufwand am eigenen Rechner angezeigt werden können. Darüber hinaus gibt es jedoch auch viele Online-Anbieter, die es ermöglichen, abonnierte Feeds ortsunabhängig von jedem Standort aus aufzurufen. Eine Zusammenstellung von Feed-Readern bietet z. B. http://www.rss-verzeichnis.de/.

RSS zum Lernen und in der Lehre nutzen

Zunächst können alle Interessierten – Lernende und Lehrende – RSS selbst gesteuert als Medium zur Information über aktuelle Neuigkeiten auf (fachlich) relevanten Internetseiten nutzen, z. B. „zur Recherche [...], um sich regelmäßig über ein Thema auf dem Laufenden zu halten" (E-TEACHING.ORG 2007a).

Bildungseinrichtungen können RSS-Channels zur Verfügung stellen, um es Lernenden und Lehrenden zu erleichtern, für sie relevante Quellen auf Neuigkeiten zu überprüfen und so zu verhindern, dass wichtige Informationen übersehen werden (EBD.). Darüber hinaus können auch in geschlossenen Bildungsveranstaltungen Feeds genutzt werden. So können z. B. per RSS ein (vom Lehrenden, aber auch von Kursteilnehmern geführter) Veranstaltungs-Weblog oder kursbegleitende Weblogs der Teilnehmenden mitverfolgt werden. Auch kann der Bezug von Informationen per RSS in bestimmte Aufgabenstellungen einbezogen werden, etwa wenn die Teilnehmer einer Veranstaltung gemeinsam kursrelevante Internetquellen oder Literaturhinweise sammeln und bewerten (,Social Bookmarking', Kap. 5.4.5). Trotz der unkomplizierten Technik ist es sinnvoll, bei einer solchen formellen Nutzung im Rahmen einer Lehrveranstaltung die Funktionsweise von RSS zu erläutern; außerdem sollten Formen der gemeinsamen Verwendung diskutiert und abgesprochen werden. Darüber hinaus müssen – vor allem zu Beginn – die Einschätzung von Qualität und Verlässlichkeit von abonnierten Feeds sowie der Umgang mit der zunehmenden Informationsfülle besprochen und gelernt werden.

5.5 Freie Bildungsressourcen

Open Source, Open Access, Open Content und Massive Open Online Courses

Der Erfolg der Open Source Initiative zur Förderung der Entwicklung von Open Source Software (OSS) führte seit Ende der 1990er Jahre zur Bildung weiterer ‚Open-Bewegungen', die auch für den Bereich E-Learning relevant sind. Dazu gehören u. a. die Open Access Bewegung, die für den „unbeschränkten und kostenlosen Zugang zu wissenschaftlicher Information im Internet" steht (http://www.open-access.net/) und die Open Content Bewegung, deren Ziel die Übertragung der Prinzipien von OSS auch auf andere Werkgattungen ist (Oberhuemer/Pfeffer 2008, 17). Eine weitere, bisher kaum für möglich gehaltene Bewegung ist entstanden, die Online-Kurse weltweit organisiert und anbietet; sie läuft unter dem Namen Massive Open Online Courses (MOOC).

Open Educational Resources (OER)

Open Content, der vor allem für Bildungskontexte entwickelt und in Bildungskontexten eingesetzt wird, wird als Open Educational Resources (OER) bezeichnet. Der Begriff wurde erstmals 2002 von der UNESCO im Zusammenhang mit der Verbesserung des Zugangs zu Bildung für Entwicklungsländer verwendet. Zwar gibt es unter den inzwischen vorliegenden unterschiedlichen Definitionen von OER (Geser 2007; OECD 2007) keinen allgemeinen Konsens, jedoch wird der Begriff in der Regel auf drei unterschiedliche Bereiche bezogen:

- (E-Learning-)Werkzeuge und Software „für die Entwicklung, die Nutzung, den ReUse und die technische Verbreitung des Lerncontent" (Goertz/Johanning 2007, 254), also Entwicklungswerkzeuge und Social Software sowie Content Management Systeme und Learning Management Systeme (Kap. 3.1, 3.4.1);
- Lernmaterialien in unterschiedlicher Granularität, d. h. vollständige Studiengänge und komplette Kurse ebenso wie einzelne Module oder Lernobjekte (z. B. Textdateien, Hypertexte, Bilder, Audio, Video, Simulationen) und Repositorien u. a. m.;
- Instrumente zur Unterstützung der Implementierung, etwa Lizenzmodelle, Qualitäts- und Designprinzipien, Standards (Kap. 8, 10, 11.2).

Unterschiedliche Modelle gibt es in der Interpretation und praktischen Umsetzung der Frage, wie weitreichend die Begriffe ‚open' bzw. ‚freie Zugänglichkeit' verstanden werden, z. B. in Bezug auf technische Beschränkungen (dies betrifft im Zusammenhang mit E-Learning-Software etwa den Quellcode, Editoren oder Nutzerschnittstellen), kostenmäßige Beschränkungen (dies betrifft die Forderung der Nutzung von OER ausschließlich für nichtkommerzielle Zwecke bis zu unterschiedlich gestaffelten Zahlungsmodellen) und rechtliche Beschränkungen (dies betrifft z. B. Copyright oder Lizenzmodelle) (Kap. 11.2; Oberhuemer/Pfeffer 2008, 18f; Zauchner/Baumgartner 2007, 245).

Aus der Perspektive von Lernenden, Lehrenden und Nutzern bieten OER unterschiedliche Vorteile: (1) Empirisch kann belegt werden, dass OER zunehmend eigeninitiativ von Lernenden gesucht und auch außerhalb von formellen Bildungsveranstaltungen als Selbstlernmaterialien genutzt werden (CARSON 2006). (2) Für Lehrende bieten OER einen umfangreichen Pool an Ressourcen, die „im Unterricht als Lehrmittel Anwendung finden" können (HOFHUES/REINMANN/WAGENSOMMER 2008, 33). (3) Schließlich können sich Bildungsinstitutionen der OER-Bewegung anschließen und sich mit dem Angebot eigener Materialien ein „neues Marktsegment der betrieblichen und beruflichen Weiterbildung erschließen" (GOERTZ/JOHANNING 2007, 253). Dies erfordert allerdings auf der Ebene der Institution die Einbindung in ein Geschäftsmodell, Einigung bezüglich der technischen Voraussetzungen, Nutzungsrechte, Qualitätssicherung sowie nicht zuletzt der didaktischen Integration (ZAUCHNER/BAUMGARTNER 2007).

Didaktische Integration von OER

In den verschiedenen Abschnitten dieses Kapitels wurde immer wieder betont, dass der Einsatz von E-Learning-Inhalten auf das konkrete Lernszenario abgestimmt werden muss. Auch in Bezug auf OER wird nun zunehmend gefordert, dass sie – über das „humanistische Ideal der ‚Bildung für alle'" hinaus – einen pädagogischen Wert bzw. ein didaktisches Modell als Ausgangspunkt haben. Dabei wird eine „hohe didaktische Innovationskraft vor allem in Zusammenhang mit einer kollaborativen Entwicklung und Nutzung bzw. Wiederverwendung" gesehen, also der Möglichkeit, „Bildungsressourcen für eigene Lehr- und Lernzwecke zu adaptieren, weiter zu entwickeln und wieder zur Verfügung zu stellen (EBD., 245). Dies erfordert jedoch auf rechtlicher Seite, dass OER nicht nur zur bloßen Nutzung zur Verfügung stehen, sondern an Lehrkontexte und -methoden angepasst werden können, sowie Überlegungen zum Umgang mit veränderten Inhalten, etwa in Zusammenhang mit Qualitätssicherung, Copyright und Lizenzen.

Ein Problem stellt derzeit vielfach noch die Auszeichnung von OER mit Standards und Metadaten dar (GOERTZ/JOHANNING 2007, 261). Dies betrifft nicht nur technische Standards oder grundsätzliche Qualitätsmerkmale, sondern auch didaktische Merkmale, ohne die für den eigenen Kontext relevante Lernressourcen nur schwer aufgefunden werden können und deren Qualität und Möglichkeiten für eine Verwendung in anderen Kontexten kaum eingeschätzt werden können. So nennen z. B. ZAUCHNER/BAUMGARTNER (2007, 249) als „Basisvoraussetzung" für die didaktische Qualität von Lernressourcen u. a. die „Transparenz der Lehrziele, Lernwirksamkeitskontrollen, Anpassung der Lehrmethoden an die Lernziele, das Nennen von Einstiegsvoraussetzungen von Angeboten" sowie die Implementierung von Unterstützungsmodellen.

Datenbanken und Portale

Mittlerweile gibt es zahlreiche MOOCs auf Datenbanken bzw. Repositorien, die OER im Internet bereitstellen. Viele Hochschulen und andere Bildungseinrichtungen stellen eigene Lehrveranstaltungen und weitere Materialien in eigenen Portalen oder in Kooperation mit anderen Anbietern bereits jenseits ihrer institutionellen Lernmanagementsysteme der Öffentlichkeit zur Verfügung. Die Online-Kurse werden meist kostenlos von Lehrenden oder Fachexperten angeboten und sind für alle Interessierten unabhängig von ihrer Vorbildung offen. In 2011 gab es allein auf der Online-Plattform Coursera, die von der Stanford University (USA) und einigen weiteren Universitäten betrieben wird, 680.000 Einschreibungen in 43 Online-Veranstaltungen (WEILER 2012). In den USA haben bereits viele Tausend Online-Lernende nach der Bearbeitung der von ihnen selbst ausgewählten Online-Kursangebote sogar Prüfungen über ihr gelerntes Wissen abgelegt. Möglich ist es auch, statt eigene Plattformen aufzubauen, sich bereits existierenden OER-Plattformen anzuschließen oder Inhalte in thematische Fachportale oder spezielle Text-, Bild- oder Videoportale einzustellen. Dabei sind die jeweiligen Bedingungen unterschiedlich, z. B. in Bezug auf Registrierung, Kosten, Möglichkeiten der Nutzung bzw. Veränderbarkeit von Inhalten oder Suchkriterien. Eine Zusammenstellung wichtiger OER-Plattformen sowie für Lehr- und Lernzwecke geeignete Bild-, Audio- und Videoportale finden sich unter http://www.e-teaching.org/ materialien/mediendatenbanken/.

Die OER-Bewegung hat in den vergangenen Jahren große Fortschritte erzielt. Allerdings stellen die Heterogenität und die Auffindbarkeit der Ressourcen immer noch ein Problem dar. Die Bereitstellung erfolgt zurzeit über verschiedenste Portale, Datenbanken und Homepages, deren Qualität sowie die Verwendbarkeit der gelieferten Ergebnisse für Nutzer jedoch häufig schwer einzuschätzen ist. Eine gezieltere Suche erlauben thematisch spezialisierte Datenbanken, die zudem teilweise auch bereits gefilterte Ergebnisse liefern und bestimmten qualitativen und wissenschaftlichen Mindeststandards entsprechen. Jedoch kann sich bereits die Suche nach geeigneten Datenbanken als durchaus schwierig erweisen. (Da die Bedeutung solcher Quellen ständig zunimmt, zeigt sich auch hier die zunehmende Bedeutung des Erwerbs von Informationskompetenzen, etwa der Entwicklung von Strategien zur Recherche und zur Bewertung gefundener Informationen, die über die klassische Bibliotheksrecherche hinausgehen; Kap. 6). Aufseiten der Anbieter erfordert dies eine „bessere Erschließbarkeit der Angebote durch größere Transparenz der Webportale und einen stärkeren Einsatz von Metadaten" sowie eine „klarere Definition der zentralen Merkmale von OER-Angeboten (Finanzierungsmodell, Adressatenkreis, Darstellungsformen, Autoren, Zugänge, Fachinhalte)" (GOERTZ/JOHANNING 2007, 262). Wichtig ist darüber hinaus auch die (gerade im deutschsprachigen Bildungsraum oft noch mangelnde) Bereitschaft, eigene Lernressourcen zu veröffentlichen und fremde Materialien in der eigenen Lehre einzusetzen oder sogar weiterzuentwickeln, d. h., die Entwicklung einer „offenen Bildungskultur" (SPOHRER/JENERT 2008, 40).

5.6 Fazit

Fülle und Heterogenität von digitalen Bildungsressourcen
In den vergangenen Jahren hat sich die Produktion von E-Learning-Inhalten erheblich vereinfacht. Über die komplexe eigene Entwicklung von umfangreichen Lernmaterialien hinaus haben E-Learning-Anbieter, aber auch Lehrende und Lernende die Möglichkeit, auf eine Fülle von im Internet bzw. auch in speziellen Repositorien für Open Educational Resources (OER) frei zugängliche Bildungsressourcen zuzugreifen. Diese Materialien reichen vom einfachen Textdokument oder Audio-Podcast bis zur komplexen Simulation und können sich neben den Formaten auch im Umfang und zahlreichen anderen Faktoren – z. B. der Adressatengruppe oder den Lernzielen – erheblich voneinander unterscheiden. Autoren, Urheber und Produzenten können fachliche und didaktische Experten sein, aber auch Lernende oder interessierte Laien. Die Nutzungsmöglichkeiten reichen vom selbst organisierten, informellen Lernen bis zum Einsatz in formalen Ausbildungs- oder Studiengängen.

Schlüssiges Gesamtkonzept – Lernende aktivieren und unterstützen
E-Learning-Inhalte können also sehr unterschiedlich aufbereitet sein und sehr unterschiedliche Funktionen in einem Lernszenario haben: vom Erwerb grundlegender, inhaltlicher Kompetenzen, z. B. durch umfangreiche Lernmaterialien wie Web Based Trainings über die Erprobung von Handlungsoptionen in Simulationen und Rollenspielen bis zur Aktivierung der Lernenden durch die Produktion einfacher eigener Inhalte, z. B. mit Web 2.0 Werkzeugen.

In jedem Fall aber gilt: Beim Einsatz der unterschiedlichen Formen von E-Learning-Inhalten im Rahmen von Bildungsveranstaltungen ist ein didaktisch schlüssiges Gesamtkonzept und eine zielgruppenorientierte Produktion bzw. Auswahl und Kombination der eingesetzten medialen Elemente von entscheidender Bedeutung (Kap. 4). Bildungsressourcen sollten die Lernenden weder über- noch unterfordern und ihnen Inhalte nicht nur präsentieren, sondern sie zur aktiven Bearbeitung motivieren und anregen – und dazu genügend Freiraum und Möglichkeiten zur Nutzersteuerung und auch zur eigenen Gestaltung lassen. Aufgabe der Betreuer ist es, individuelle und gemeinsame Lernprozesse und vor allem die Ausbildung geeigneter Lernstrategien im Umgang mit den verschiedenen digitalen Lernmedien zu unterstützen.

6 Kompetenzen für Lehren und Lernen

Lehren und Lernen als Kommunikationsprozess

Das Lehren und Lernen im virtuellen Lernraum erfordert nicht nur eine auf Computer und Internet basierte medien- und kommunikationstechnische Infrastruktur sowie die Produktion und Verfügbarmachung mediendidaktisch konzipierter digitaler Bildungsmedien (Kap. 3, 4, 5), sondern vor allem auch die Entwicklung der entsprechenden Kompetenzen für das Lehren und Lernen. Denn das Lehren und Lernen mit Bildungsmedien im virtuellen Lernraum (STRITTMATTER/NIEGEMANN 2000) erfordert einen radikalen Wandel der traditionellen Lehrhandlungen und der durch diese geformten und auf sie bezogenen traditionellen Lernhandlungen. Die digitalen Bildungsmedien objektivieren die Lehrhandlungen im Medium; sie werden dadurch zu den Akteuren der Wissensvermittlung zwischen Lehrenden und Lernenden und heben damit die traditionelle zeitliche und örtliche Unmittelbarkeit der persönlichen Lehr- und Lernhandlungen auf. Dadurch wird das pädagogische Verhältnis zwischen Lehrenden und Lernenden zu einem medial vermittelten Verhältnis, das Eigenständigkeit und zugleich Folgsamkeit der Lernenden verlangt. Die zeitliche und örtliche Trennung der Lehrenden und Lernenden erfordert wiederum die Schaffung von Mediatoren – in der Position und Funktion von Teletutoren – zur personalen Überbrückung dieser medienbasierten Trennung. Denn Lernen nur mit digitalen Medien im virtuellen Lernraum ohne Bezug zu realen Situationen und ohne Integration in realitätsbezogene kommunikative Lernprozesse kann den Kompetenzerwerb für den realen Lebensraum behindern, worauf SPITZER (2012) aufmerksam macht.

Aufbau des Kapitels

Die tutorielle Betreuung wird zu einem wichtigen Erfolgsfaktor im medienvermittelten Lehren und Lernen (Kap. 6.1) und die Form der medienvermittelten Kommunikation (Kap. 6.2) gewinnt darin eine zentrale Funktion. Sie erfordert die Entwicklung von Medienkompetenz (Kap. 6.3). Durch die Nutzung von Web 2.0 Anwendungen in virtuellen Lernräumen entstehen neue Möglichkeiten direkter persönlicher asynchroner und synchroner Kommunikation, Kooperation und Partizipation zwischen Lehrenden und Lernenden, der Lernenden untereinander wie auch mit weiteren Experten. Die Möglichkeiten und Grenzen der zeit- und ortsgebundenen persönlichen Kommunikation in den traditionellen pädagogischen Arrangements des Lehrens und Lernens werden in den virtuellen sozialen Netzwerken weit überschritten (Kap. 6.4). Das hat erhebliche Folgen für die Aufgaben und Kompetenzen der Lehrenden (Kap. 6.5) und vor allem für die Teletutoren (Kap. 6.6) wie auch für die Lernenden (Kap. 6.7). Lehren und Lernen wird in medienvermittelten pädagogischen Verhältnissen zu einem kooperativen Prozess (Kap. 6.8). Dadurch werden neue Potenziale in der Überwindung von Kompetenzdiskrepanzen, also im Lernen und Lehren freigesetzt, unterstützt durch die Herausbildung der Medienkompetenzen und die Vermittlung und Betreuung durch Teletutoren (Kap. 6.9).

6.1 Tutorielle Betreuung als Erfolgsfaktor

Mit digitalen Bildungsmedien autodidaktisch Lernen

Die Bedeutung tutorieller Betreuung in virtuellen Bildungsangeboten wurde lange unterschätzt. Lernen mit digitalen Bildungsmedien galt zunächst als eine individuelle, autodidaktische Form des Kompetenzerwerbs. Das Interesse der Anbieter und der mediendidaktischen Forschung konzentrierte sich auf die multimediale und interaktive Aufbereitung der Materialien und die didaktische Gestaltung der angebotenen Lernwege. Dabei wurde angenommen, dass die Lernenden durch die Gestaltung des Lernmaterials, die Interaktion mit dem Medium, die eingebauten Rückmeldungen und Hilfen hinreichend unterstützt würden. Insbesondere mit der Entwicklung von ‚Intelligenten Tutoriellen Systemen‘ (ITS) zur Lernunterstützung wurden hohe Erwartungen verbunden, die jedoch nicht annähernd erfüllt werden konnten (HASEBROOK 1995, 188–193; SCHULMEISTER 2007). „Der Versuch, einen Lehrer zu simulieren, ist nicht nur sehr aufwendig und unvollständig zu realisieren. Es ist auch fragwürdig [...] Potentiale des Computereinsatzes liegen eher in der Möglichkeit, reichhaltige Umgebungen zu schaffen, die Exploration und individuelle Konstruktion im Lernprozess betonen [...] ohne ein – ohnehin nicht vorhandenes – ‚Verständnis‘ des Lernenden vorzutäuschen.“ (BLUMSTENGEL 1998) Mit der Entwicklung und Verbreitung der neuen Kommunikationswerkzeuge im Web 2.0 sowie der sozialen Netzwerke (z. B. Facebook) und deren Implementierung im virtuellen Lernraum sind inzwischen neue Möglichkeiten persönlicher asynchroner und synchroner Lernunterstützung entstanden (STÖBER/GÖCKS 2009). Sie erweitern zweifellos die Möglichkeiten und Formen der medienvermittelten Kommunikation und Betreuung, können aber die Präsenzveranstaltungen nicht vollständig ersetzen.

Reintegration persönlicher Betreuung durch Blended Learning

Aufgrund der Praxiserfahrungen und der aufgetretenen Akzeptanzprobleme, die aufgezeigt haben, dass ein erfolgreiches Lernen mit interaktiven Medien die unmittelbare persönliche Kommunikation zwischen Lehrenden und Lernenden nicht vollständig ersetzen kann, wurden Konzepte des Blended Learning, des Wechsels zwischen Phasen medienbasierter Lernprozesse und des Lehrens und Lernens in Präsenzveranstaltungen oder in synchronen Online-Seminaren entwickelt (MÜNDEMANN 2003). Aber auch im Blended Learning zeigt sich, dass diese Phaseneinteilung keine hinreichende Lösung für die erforderliche Reintegration der persönlichen Kommunikation im Lehren und Lernen darstellt. Vielmehr ist für ein erfolgreiches Lernen auch in medienbasierten Lernphasen eine jederzeit herstellbare asynchrone oder synchrone persönliche Kommunikation mit den Lehrenden oder ihren Tutoren notwendig (ALAMI 2006; BEHRENDT/ULMER/MÜLLER-TAMKE 2004).

Persönliche Betreuung im virtuellen Lernraum

Die Ermöglichung persönlicher Kommunikation im virtuellen Lernraum ist nicht nur für die Lernmotivation und die Akzeptanz des E-Learning-Angebots vorteilhaft, sondern vor allem aus inhaltlichen und methodischen Gründen auch notwendig. Denn aufgrund der immer individuell unterschiedlichen Kenntnisse, Fähigkeiten und Interessen werden in jedem Lernprozess auch immer individuell unterschiedliche Herangehensweisen, Nachfragen und weitergehende Fragen hervorgebracht, auf die in keinem Medium im Voraus allgemeine Antworten programmiert werden können. Daher müssen im virtuellen Lernraum die Instrumente für eine persönliche Kommunikation gegeben sein, damit inhaltliche Hilfen und methodische Hinweise gegeben und auf spezielle Bedürfnisse von einzelnen Lernenden oder Lerngruppen eingegangen werden kann. Dabei kann die fachliche und die pädagogische Begleitung der Lernenden zwar personell getrennt werden, z. B. in Fachtutoren und Gruppentutoren (KERRES/NÜBEL/GRABE 2005), aber die fachlichen und pädagogischen Kompetenzen der Begleitung können nicht vollständig auf zwei Personen aufgeteilt werden, weil pädagogische Fragen immer auch fachliche Fragen sind wie umgekehrt. Eine von den Lernenden jederzeit ansprechbare fachliche und pädagogische Unterstützung stärkt zugleich die Entwicklung ihrer Kompetenzen zum autodidaktischen Lernen (ARNOLD/KILIAN/THILLOSEN 2002a, 2002b; THILLOSEN/ARNOLD 2001).

Unterschiedliche Betreuungsformen als Erfolgsbedingung

Die tutorielle Betreuung trägt maßgeblich zum Erfolg des Lernens im virtuellen Lernraum bei (GEYKEN/MANDL/REITER 1998). Natürlich können eng umrissene Lernaufgaben mit kurzer Bearbeitungsdauer auch unbetreut von den Lernenden erfolgreich bearbeitet werden. Bei komplexeren und umfangreicheren virtuellen Bildungsangeboten ist jedoch die jederzeitige Ansprechbarkeit einer persönlichen Betreuung von unverzichtbarer Bedeutung. Darüber hinausgehend ist auch der Diskurs mit Lehrenden, anderen Lernenden und Fachexperten zu ermöglichen. Denn erst im reflexiven Diskurs über die Ziele, Inhalte, Kontexte und die Lernprozesse selbst mit den anderen Beteiligten erwerben die Lernenden die sachlichen, sozialen und persönlichen Handlungskompetenzen, die sie zum Transfer und zur Re-Konstruktion des erworbenen Wissens und damit zur erfolgreichen Teilhabe in den jeweiligen Tätigkeitsfeldern befähigen.

Vereinbarung der Online-Betreuung

In virtuellen Lernkontexten müssen Vereinbarungen darüber getroffen werden, welche Personen die Lernenden betreuen und welche Tätigkeiten und Verantwortlichkeiten damit verbunden sind. In Hochschulen arbeiten häufig wissenschaftliche Mitarbeiter als Tutoren in den Online-Phasen und Professoren als Lehrende in den

Präsenzphasen, was eine gute Abstimmung zwischen beiden notwendig macht. Dabei geht es sowohl um Hilfestellungen und Lernerfolgskontrollen bei der Bearbeitung der Lerninhalte und Lernaufgaben, als auch darum, Lernende dabei zu unterstützen, individuelle Lernprobleme zu überwinden und die Lernmotivation aufrecht zu erhalten.

Rollenbezeichnungen und Aufgabendefinitionen für die Online-Betreuung

Bisher gibt es weder einheitliche Aufgabendefinitionen noch einheitliche Bezeichnungen für die Online-Betreuung. Eine Vielzahl von Bezeichnungen und Zuordnungen von Tätigkeiten werden diskutiert und verwendet (BUSCH/MAYER 2002, 60; KATZLINGER 2009; RAUTENSTRAUCH 2001): Kursplaner, Kursentwickler, Kursbetreuer, E-Manager, E-Trainer, Tele-Tutor, Online-Tutor, E-Moderator, Tele-Coach, Online-Coach, E-Facilitator, Online-Unterstützer für die Entwicklung und Bereitstellung der Medien, Einrichtung und Administration der Kurse, Vermittlung der Lerninhalte, Planung und Moderation der Lernprozesse, Betreuung der Lernenden und die technische Unterstützung. Auch die Rahmenbedingungen der virtuellen Lernsituationen, Lernszenarien und Betreuungsaufgaben sowie die entsprechenden Weiterbildungsangebote für Kursbetreuer (GRAF 2003, 13; KIEDROWSKI 2001b, 2) variieren auch heute noch beträchtlich. Es gibt noch keine festen Rollen- und Tätigkeitserwartungen in virtuellen Bildungsangeboten, wie sie mit den Bezeichnungen Lehrer, Dozent, Trainer oder Professor in traditionellen Präsenzveranstaltungen verbunden sind.

Teletutor als einheitliche Bezeichnung

Anbieter von virtuellen Bildungsangeboten sollten daher einheitliche Begriffsbestimmungen und ein deutlich konturiertes Anforderungsprofil für die Kursbetreuer entwickeln, damit diese sich entsprechend auf ihre Aufgaben vorbereiten können (KIEDROWSKI 2001b; KIEDROWSKI/SCHAUMANN 2000). Aus didaktischer Perspektive ist es dabei sinnvoll, bereits bei der Konzeption der Kurse und Medien die Rolle der Betreuer bei der Gestaltung der Lernszenarien, der Planung der Lernprozesse, den Aufgabenstellungen usw., einzubeziehen. Wir verwenden im Folgenden den Begriff Teletutor. Diese Bezeichnung der persönlichen Betreuung in Online-Bildungsangeboten ist in der (deutschen) Fachliteratur am gebräuchlichsten (HOHENSTEIN/WILBERS 2001, ISW o.J.; KATZLINGER 2009; KIEDROWSKI 2001b; RAUTENSTRAUCH 2001; THILLOSEN/HANSEN 2009). Der Begriff Teletutor baut auf dem klassischen Vorstellungsbild eines Betreuers von Studierenden in Hochschulen auf, die als Tutoren bezeichnet werden.

Verschiebung des Aufgabenschwerpunktes zur Lernbegleitung

Die Betreuung von Online-Bildungsangeboten ist jedoch ein neues Aufgabenfeld, das sich erheblich von der Tutorentätigkeit in klassischen Präsenz-Bildungsangeboten unterscheidet. Mit der wachsenden Bedeutung des selbst gesteuerten Lernens im virtuellen Lernraum ist eine Verschiebung des Aufgabenschwerpunktes von Teletutoren verbunden (HAUSMANN 1999; MÜNDEMANN 2002). Einer explorativen Studie des Bundesinstituts für Berufsbildung (BIBB) zufolge ist dieser Wechsel differenziert zu sehen. Denn vor allem „kompakte PC-Anwender-Schulungen, die synchron im VK [Virtuellen Klassenraum] durchgeführt werden […] basieren auf der zentralen Rolle des

Trainers als Wissensvermittler" (GUSSENSTÄTTER 2003, 15). Jedoch hat sich auch gezeigt, dass bei „längeren Kursen mit starken Selbstlernanteilen" dieser Rollenwechsel deutlicher erkennbar wird (EBD.). In solchen Kontexten – also auch bei der Betreuung komplexer Bildungsangebote – liegt die Aufgabe von Teletutoren nicht mehr vorrangig darin, Wissen zu vermitteln, sondern die Lernenden während der Wissenserarbeitung durch Aktivierung, Motivierung, Moderation und Beratung zu unterstützen und zu fördern. Der Teletutor ist nicht mehr der ‚Weise auf der Bühne', sondern wird zum ‚Begleiter an der Seite' der Lernenden (HARKE 2001, 2003; HINZE/ BLAKOWSKI 2002; ULMER/BAHL 2004).

Lehren und Lernen wird zum kooperativen Prozess

Das bedeutet jedoch nicht, dass für Teletutoren fachliche Kompetenz keine Rolle mehr spielt. Zwar ist ihre Aufgabe nicht mehr in erster Linie die Wissensvermittlung, da dies vor allem durch die selbst gesteuerte Bearbeitung der digitalen Bildungsmedien geschieht. Gerade die darin erfolgte „telemediale Objektivierung" von Inhalten und Handlungen (ZIMMER 2001, 131ff) macht es notwendig, dass Tutoren nicht nur zum Lernen motivieren, sondern den Lernprozess auch fachlich kompetent begleiten und zur reflektierten Auseinandersetzung und zur Kommunikation, Kooperation und Partizipation anregen. Da im virtuellen Lernraum alle Präsentationen und Handlungen der Lehrenden, Lernenden, Teletutoren und anderen Experten medienvermittelt sind, werden ihre jeweiligen Kompetenzen des Lehrens und Lernens, der Begleitung und Beratung, der Kommunikation, Kooperation und Partizipation grundlegend umgewälzt. Diesen neuen medialen Kompetenzanforderungen müssen alle Beteiligten durch entsprechende Qualifizierungen gerecht werden, wenn der Erfolg virtueller Bildungsangebote hergestellt, gesichert und verbessert werden soll (E-TEACHING.ORG 2010i). Die Veränderungen in den Lehr- und Lernkompetenzen in den virtuellen Lernräumen verändern das pädagogische Verhältnis zwischen Lehrenden und Lernenden, machen das Lehren und Lernen zu einem kooperativen und partizipativen Prozess.

6.2 Medienvermittelte Kommunikation

Kommunikation als lineare Beziehung: Kommunikator – Medium – Rezipient

Kommunikation ist immer durch Medien als Trägern symbolischer Darstellung der Botschaft vermittelt. Kommunikation wird oft nach SHANNON/WEAVER (1949, 5) in einer vereinfachenden Weise als eine lineare Beziehung von Kommunikator – Medium – Rezipient dargestellt. Der Kommunikator artikuliert bewusst oder auch unbewusst von seinem Standpunkt aus einen Sachverhalt mit von ihm zugewiesenen Bedeutungen, aufgrund seiner Sichtweisen und Intentionen, mit Aufforderungen, Fragen oder Antworten als eine Botschaft in medialen Formen für einen realen oder vorgestellten Rezipienten. Der Rezipient nimmt die medial vermittelte Botschaft wahr, interpretiert sie, zieht aus seiner Sicht und von seinem Standpunkt aus seine Schlüsse und reagiert – oder auch nicht – aus eigenen Interessen und Intentionen auf die erhaltene Botschaft. Der Rezipient kann eine einzelne Person sein, eine bestimmte Gruppe von Personen oder eine unspezifizierte Masse von Personen. Der Inhalt der Botschaft wird vom Kommunikator entsprechend den gewählten Modalitäten (bezogen auf unsere Sinnesorgane Sehen, Hören, Riechen, Schmecken, Fühlen) und den entsprechenden Symbolsystemen (Text, Bild, Film, Grafik, Icon, Sprache, Stoff, Gegenstand, Prozess etc.) codiert, in linearen oder vernetzten Anordnungen strukturiert und mit oder ohne mögliche Interaktivität (ihrer Änderung, Ergänzung, Kommentierung) dem Rezipienten medial übermittelt. Die kommunikativen Kompetenzen von Kommunikator und Rezipient müssen sich zwar entsprechen, damit ein Verstehen zustande kommen kann, aber sie müssen nicht gleich sein. Denn die Kompetenz zur Rezeption einer Botschaft befähigt noch nicht zur gleichwertigen Präsentation einer medialen Botschaft. Zudem wird eine Botschaft nie genauso wahrgenommen und interpretiert, wie dies der Kommunikator beabsichtigt und in den kommunizierten medialen Formen ausgedrückt hat. Wahrnehmung und Interpretation einer Botschaft ist immer eine Eigenleistung des Rezipienten. Eine Antwort oder Reaktion auf eine Botschaft wirkt als eine Rückmeldung, aus der wiederum gelernt und mit der nächsten Botschaft reagiert wird – wobei auch ein Kommunikationsabbruch eine Botschaft ist. Da die kommunikativen Kompetenzen von Kommunikator und Rezipient nicht gleich sein müssen, ermöglicht diese Ungleichheit eine asymmetrische Spaltung der Kommunikation und hierarchische Zuweisung von Kommunikationspositionen und -funktionen, wie sie z. B. aus der traditionellen Lehrer-Schüler-Kommunikation bekannt sind. Die historisch in den unterschiedlichen Lebensbereichen jeweils herausgebildeten kommunikativen Verhältnisse sind bestimmt durch die herrschenden Machtstrukturen, Dispositionen und Ideologien in den sozialen und gesellschaftlichen Verhältnissen und die in diesen Verhältnissen herausgebildeten kommunikativen Praxisstrukturen und Kommunikationskulturen. Wobei die Subjekte die ihnen darin zugewiesenen kommunikativen Positionen, Funktionen und Kompetenzen einnehmen oder sich der aktiven Mediennutzung und -gestaltung selbst ermächtigend diese als Kommunikator auch überschreiten können.

Kommunikation bezieht sich immer auf ein „Drittes"

Eine Kommunikationsbeziehung Kommunikator – Medium – Rezipient kommt also nur zustande, wenn der Kommunikator dem Rezipienten eine Botschaft mitteilt. Kommunikation bezieht sich somit immer auf ein ‚Drittes', auf Objekte im Prozess der gesellschaftlichen und individuellen Lebensgewinnung, wobei Objekt der Kommunikation auch die Kommunikation selbst sein kann. Kommunikation ist somit keine lineare Beziehung zwischen Kommunikator und Rezipient, sondern immer eine auf ein „Drittes" bezogene und gesellschaftlich hervorgebrachte und geformte Kommunikation von Subjekten, die durch vier Bezüge bzw. Dimensionen bestimmt wird. Der Kommunikator, z. B. ein Lehrer, präsentiert in Bezugnahme auf den angesprochenen Rezipienten, z. B. den Lerner, in multisymbolischen Formen im Medium codiert sein Wissen und medial gespeicherte Informationen über das Objekt sowie seine Wahrnehmung und Interpretation des Objekts, z. B. den Lerngegenstand, als eine Botschaft an den Rezipienten. Der Rezipient wiederum nimmt die Botschaft im Blick auf den Kommunikator wahr, dekonstruiert, reflektiert, rekonstruiert und interpretiert durch Kontextualisierung die ihm über das Medium in multisymbolischen Formen präsentierten Informationen über das Objekt auf der Grundlage seiner Kompetenzen wie auch seiner eigenen Sicht auf die ihm verfügbaren Informationen und seiner eigenen Wahrnehmung des Objekts (Abb. 6.1). Die vom Rezipienten immer – in defensiver Befolgung oder expansiver Überschreitung der mit der Botschaft kommunizierten Intentionen – selbst gesteuerte Dekonstruktion, Reflexion, Rekonstruktion, Kontextualisierung und Interpretation der multisymbolisch vermittelten Botschaft führt je nach seinem Verständnis und seinen Kompetenzen zur bewussten oder unbewussten subjektiven Konstruktion von Bedeutungen beim Rezipienten. Diese können von ihm je nach Intentionen und Kompetenzen in neues Wissen und neue Handlungen umgesetzt und durch seine Kontextualisierungen und Handlungen subjektiv bestätigt, vertieft, verändert, ergänzt oder verworfen werden. Der Rezipient kann somit aus der Botschaft des Kommunikators etwas für sein weiteres Denken und Handeln lernen. Er kann dabei auch sein eigenes gegenwärtiges oder vergangenes Denken und Handeln für sich zu einer Botschaft machen, aus der er durch Selbstreflexion für die Entwicklung seines weiteren Denkens und Handelns lernt. Umgekehrt nimmt der Kommunikator wiederum die vom Rezipienten kommunizierten Reaktionen, Fragen, Antworten, Hinweise, Ergänzungen, Ablehnungen etc. wahr, interpretiert sie auf der Grundlage seiner Kompetenzen und Intentionen, reflektiert und lernt daraus – bewusst oder unbewusst – für seine subjektive Konstruktion der Bedeutungen der Inhalte, Formen und Kontexte seiner nächsten Botschaft wie auch für sein weiteres eigenes Denken und Handeln. Auch der Kommunikator lernt somit immer aus seiner Kommunikation, wie der Lehrer immer – bewusst oder unbewusst – auch vom Schüler lernt.

Kommunikation führt zur subjektiven Konstruktion von Bedeutungen

Kommunikation hat mithin immer eine zirkuläre Dynamik. Die rezipientenbezogene intentionale Botschaft in medialer Präsentation führt zur subjektiven Konstruktion von Bedeutungen beim Rezipienten, dessen medial kommunizierte Antwortbotschaft wiederum beim Kommunikator zur subjektiven (Re-)Konstruktion von Bedeutungen führt. Damit wird eine Komplettierungsdynamik in der Kommunikation ausgelöst, die für das wechselseitige Verstehen von Kommunikator und Rezipient von grundlegender Bedeutung ist. Dies impliziert eine wechselseitige Definition der Position und Funktion der Kommunikationspartner und der Kommunikationsbeziehung. Neben der Beherrschung der kommunikativen Ausdrucksformen sind Selbstreflexion, Glaubwürdigkeit, Empathie und Wertschätzung zentrale Faktoren erfolgreicher Kommunikation. Diese Komplettierungsdynamik der Kommunikation ist insbesondere zwischen Lehrenden und Lernenden für erfolgreiche Lehr- und Lernprozesse wichtig. Geht sie schief, kann daraus immer noch gelernt werden, wie die nächste Kommunikation erfolgreicher gestaltet werden könnte.

Lösung von Kommunikationskonflikten

Bei Kommunikationskonflikten, insbesondere in medienvermittelten Lehr- und Lernprozessen, ist zur Konfliktlösung eine konstruktive und deeskalierende Kommunikation sinnvoll. Eine konstruktive Konfliktlösung erfordert eine gemeinsame Klärung der wechselseitigen Positionen, Funktionen und Intentionen der Kommunikationspartner sowie der Inhalte, Formen und Interessen ihrer Kommunikationsbeziehung. Die durch die starke kognitive Automatisierung des kommunikativen Handelns oft entstehenden Unklarheiten, Missverständnisse und Fehlinterpretationen sind für eine erfolgreiche Kommunikation immer sofort konstruktiv aufzulösen, damit es nicht zu einer möglicherweise fortlaufenden Konfliktverschärfung kommt. Sollte es zu einer Konfliktverschärfung gekommen sein, kann der Konflikt durch die Klärung der gemeinsamen Ziele und Handlungsorientierungen sowie durch den Aufbau empathischer Beziehungen und gemeinsamer Werte der Kommunikation deeskaliert werden.

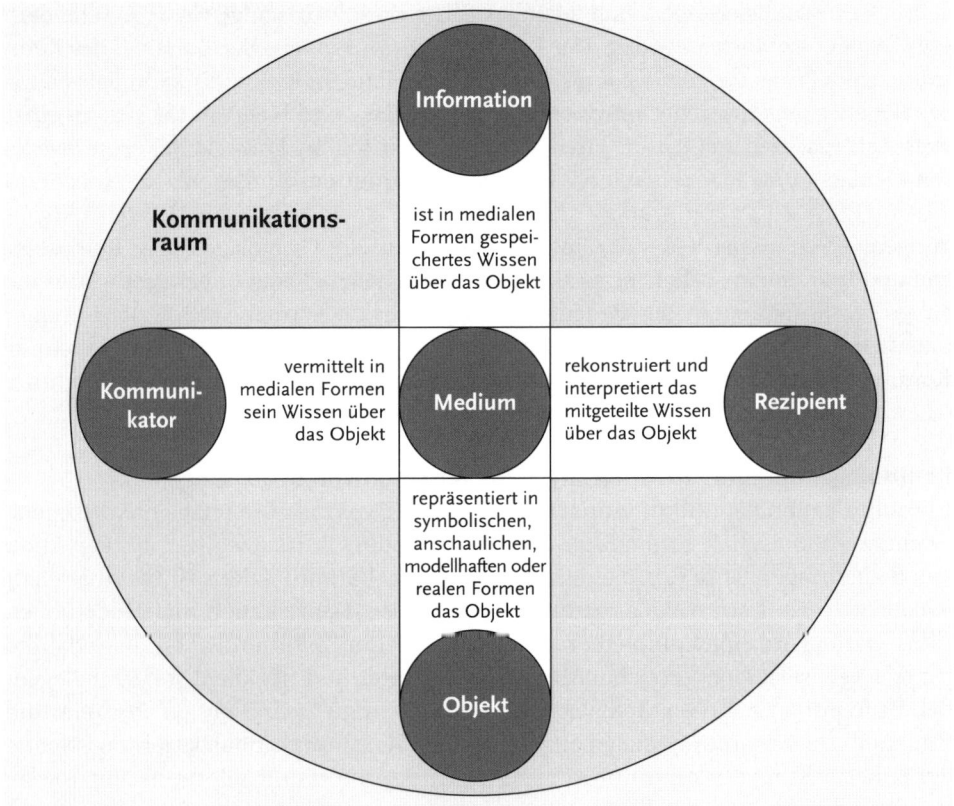

Abb. 6.1: Modell der Kommunikation (in Anlehnung an Zimmer 2000a, 94)

6.3 Medienkompetenz

Medienkompetenz ist die Basis kommunikativer Kompetenz

Die für jede Kommunikation erforderliche Medienkompetenz (Baacke 1973, 1996; Schorb 2005) in Bezug auf ein gemeinsames ,Drittes' beschränkt sich nicht mehr nur auf Sprachausdruck und Sprachverstehen des Denkens und Handelns mit Objekten. Mit der Digitalisierung aller historisch herausgebildeten Symbolsysteme (Sprache, Text, Grafik, Bild etc.) zur Präsentation von Botschaften über Objekte und Prozesse wird es möglich, dass alle Informationen multisymbolisch über Internet und Computer kommuniziert werden können. Die Entwicklung umfassender Medienkompetenz wird damit zur Grundlage und Voraussetzung der Entwicklung der kommunikativen Kompetenz der Subjekte und damit ausschlaggebend für die Entwicklung der zwischenmenschlichen und gesellschaftlichen Kommunikation (Mayrberger 2008). Die multisymbolische Präsentation von Botschaften stellt einerseits erheblich höhere Anforderungen an das ,Schreiben', also den multisymbolischen Ausdruck von Botschaften wie auch an das ,Lesen' der multisymbolisch dargestellten Botschaften. Damit können aber zugleich Botschaften viel aspektreicher, anschaulicher, kontextreicher und vernetzter dargestellt werden. Die subjektive Wahrnehmung und Interpretation der präsentierten Botschaften wird dadurch erheblich vereinfacht und genauer, wodurch die subjektiven Lernprozesse im Denken und Handeln beim Rezipienten erheblich effizienter werden können. Zugleich können dadurch aber auch beim Rezipienten – bei fehlender analytischer, reflexiver und ethischer Kritik – die subjektive Wahrnehmung und Interpretation sowie die Lernprozesse viel effektiver durch die Intention der übermittelten Bedeutungen inhaltlich bestimmt und geformt werden.

Kulturelle Praktiken der Kommunikation

Der Erwerb der erforderlichen Medienkompetenz kann also nicht allein auf die Kenntnis und technische Kompetenz zur sachgerechten interaktiven Handhabung von Hard- und Software und die pragmatische Kompetenz zum multisymbolischen ,Schreiben' und die semantische Kompetenz zum ,Lesen' medialer Botschaften beschränkt werden. Auch ein Bewusstsein über die medienpolitischen und medienökonomischen Interessen von Medienproduzenten sowie die Kompetenz zur Entwicklung von Strategien zur Recherche und zur Auswahl aus der Informationsfülle nach funktionalen, normativen oder emotionalen Kriterien genügt nicht. Vielmehr gehört zur Medienkompetenz die Fähigkeit, die kulturellen Praktiken der medial vermittelten Kommunikation, der literalen, auditiven und bildlichen Darstellung und Strukturierung von Inhalten, Intentionen, Bedeutungen und Zielen in ihren Kontexten reflektieren und beurteilen zu können (vgl. Bauer 2006). Es gehört ebenso die Fähigkeit dazu, die interessen- und machtbestimmten kommunikativen Positionen und Funktionen, Verhältnisse und Beziehungen, Muster und Kulturen zu erkennen (vgl. Fischbach 2005; Moser 2000), sich darin verhalten und diese nutzen und kreativ mitgestalten zu können. Auch in einem virtuellen Bildungsraum ohne vorhergehendes persönliches Kennenlernen ist dies nicht ganz einfach. Denn das persönliche Kennenlernen an einem Ort kann auch durch eine synchrone medienvermittelte schriftliche, auditive und bildliche Kommunikation nicht vollständig ersetzt werden. Medienkompetenz impliziert somit sowohl auf der Seite des Kommunikators wie des Rezipienten eine kritische Analyse und Reflexion durch Rekonstruktion und Kontextualisierung der medial präsentierten Botschaft. Darüber hinaus erfordert sie aufseiten des Kommunikators die Fähigkeit zu einer ansprechenden medialen Gestaltung seiner kommunizierten Botschaft. Diese erforderliche Medienkompetenz ist zugleich eine didaktische und ästhetische Kompetenz auf der Seite des Kommunikators und eine autodidaktische und ästhetische Kompetenz auf der Seite des Rezipienten. Sie können durch die Nutzung, Reflexion und Produktion der medialen Botschaften erworben und vertieft werden.

Veränderung der Kommunikation durch Web 2.0

Seit einigen Jahren finden mit der Entwicklung und Verbreitung von Social Software im Web 2.0 grundlegende Veränderungen im Umgang mit dem Internet statt. Die einfache Aneignung und Nutzung von Social Software ohne spezielle technische Kompetenzen ermöglicht es, dass aus Konsumenten und Nutzern der Botschaften bzw. Informationen im Internet zugleich deren Produzenten und Anbieter werden können. Im Web 2.0 können sich alle an der Produktion von Inhalten beteiligen. Die Teilnehmenden können sich präsentieren, eingestellte Inhalte markieren, bewerten, kommentieren, erweitern, verknüpfen, eigene Inhalte einstellen sowie die für ihre Interessen relevanten Inhalte herausfiltern (Kap. 3, 5). So gehört z. B. zu den diskursiv entwickelten Inhalten im Internet-Lexikon Wikipedia eine Versionshistorie und ein Diskussionsbereich, und alle können an der Erstellung der Inhalte mitarbeiten. Diese allseitige und gleichgewichtige Partizipation aller im Web 2.0 ist nicht ohne Probleme. Denn Wahrheitsgehalt und Qualität der eingestellten Botschaften sowie die Wahrung von Lizenzen und Urheberrechten wird oft nicht zuvor geprüft. Mit Rating, Bookmarking und Tagging (GAISER/HAMPEL/PANKE 2008a, 2008b; PANKE/GAISER 2008) wird Einfluss auf die Anordnung und Auffindbarkeit von Inhalten genommen, ohne dass diese beim Aufsuchen von Informationen nachvollzogen werden können. Beim Tagging findet eine Verschlagwortung nach subjektiven Kriterien statt, wobei auch Rechtschreibfehler verbreitet sind. Subjektive Kriterien und Rechtschreibfehler erschweren das Aufsuchen von Inhalten oder machen es gar unmöglich. Auch ist die Suche nach bildungsrelevanten Inhalten außerhalb organisierter virtueller Lernräume noch ein ungelöstes Problem.

Medienkompetenz im Web 2.0

Durch die Nutzung von Social Software wird eine außerordentlich rasch und chaotisch wachsende Publikation von Informationen und Kommentaren im Internet ausgelöst, wie z. B. die oft vielen hundert oder gar mehrere tausend Antworten auf einen Suchbegriff in Google zeigen. Das Internet hat sich inzwischen zu einem komplexen System medialer Botschaften entwickelt, an dem alle Internet-Nutzer teilhaben können und auch immer mehr teilhaben. Diese wachsende Flut an Botschaften im Internet stellt zwei zentrale Herausforderungen an die Entwicklung der Medienkompetenzen, und zwar sowohl der Medienkonsumenten als auch der Medienproduzenten. Jeder

Medienkonsument im Internet muss kompetent sein, flexible zielorientierte Strategien zur effizienten Suche und Nutzung der für die Beantwortung seiner Fragen bzw. die Bearbeitung seiner Problemstellungen brauchbaren Informationen zu entwickeln. Denn einerseits kann gegenüber der in früheren Jahren üblichen Suche in Bibliotheken viel Zeit gespart werden, aber andererseits kann auch sehr viel Zeit vergeudet werden, wenn die außerordentlich große Vielfalt der erhaltenen Informationen nicht rasch zielorientiert bewertet und gefiltert wird. Dies erfordert eine neue reflexive Lesefähigkeit, nämlich die Kompetenz, aus der Informationsflut das Relevante und Hilfreiche vom Unnützen und Ablenkenden und die Anekdoten und Meinungen vom Tatsächlichen und Bedeutsamen zu trennen. Die Entwicklung des Semantic Web kann hier in Zukunft eine Erleichterung bringen (PELLEGRINI/BLUMAUER 2006). Da das Internet die freie grenzenlose Zusammenarbeit aller so leicht macht, wie nie zuvor, muss, damit jeder Medienkonsument zugleich auch Medienproduzent sein kann, jeder Internet-Nutzer kompetent sein, flexible zielorientierte Strategien zur tatsachenbasierten logischen Argumentation sowie zur medialen Gestaltung und Verbreitung seiner Botschaften bzw. Informationsangebote zu entwickeln (THILLOSEN 2008). Jeder muss mithin kompetent sein, seinen Intentionen und Zielen entsprechend strategisch zu entscheiden, welche Botschaften mit welchen Inhalten wie, wo und mit welchen Verknüpfungen im Internet eingestellt werden sollen, damit sie die gewünschte Aufmerksamkeit bei den angepeilten Zielgruppen erreichen, aber auch unter eigener Kontrolle bleiben. Diese beiden Dimensionen der Medienkompetenz, des ,Lesens' und ,Schreibens' im Internet, bedürfen insbesondere bei der didaktischen Gestaltung des pädagogischen Verhältnisses von Lehren und Lernen mit Bildungsmedien besonderer Aufmerksamkeit und Entwicklung (Kap. 4).

6.4 Virtuelle soziale Netzwerke

Nutzung sozialer Netzwerke

Mit den Anwendungen des Web 2.0, wie z. B. Wikis und Weblogs, die „es allen Nutzenden [ermöglichen], ohne spezielle technische Kenntnisse unkompliziert Inhalte ins Internet einzustellen" (GAISER 2008), wird das Internet vom ,Lese-Netz' zum ,Lese-und-Schreib-Netz' (DOWNES 2005). Mit diesen Software-Instrumenten sind viele große und kleinere, bekannte und weniger bekannte Plattformen für virtuelle soziale Netzwerke eingerichtet worden, wie z. B. facebook, studiVZ, LinkedIn, XING, NING, mixxt, in denen Interessierte, Lehrende, Lernende, Wissenschaftler, Geschäftsleute usw. sowohl informell öffentlich als auch in geschlossenen Interessengruppen fachlich kommunizieren können (E-TEACHING.ORG 2010e). Diese informelle und fachliche Kommunikation erleichtert die private und berufliche Kontaktaufnahme, das Stellen von Fragen, den Austausch von Informationen, die Reflexion und Diskussion von Stellungnahmen. Die Plattformen ermöglichen virtuelle Treffen, um sich z. B. über die sozialen wie über die fachlichen Seiten des Lernens, Studierens, theoretischen und praxisbezogenen wissenschaftlichen Arbeitens und Lehrens austauschen zu können, und zwar unabhängig von den virtuellen Lernmanagementsystemen der jeweiligen Bildungseinrichtung. Die Motive zur Nutzung sozialer Netzwerke sind vielfältig und reichen von der lockeren alltäglichen Unterhaltung über die Suche personenbezogener Informationen, der Selbstdarstellung des Profils der eigenen Person bis zur fachlichen Kommunikation über gemeinsam interessierende Fragen und Probleme (siehe u. a. ZINKE/FOGOLIN 2004). Die Nutzung dieser Instrumente in persönlichen Lernumgebungen (Kap. 3.4.2) verändert die pädagogischen Verhältnisse, Prozesse und Kulturen des Lehrens und Lernens grundlegend (Kap. 5.4). Die Lernenden werden zu selbst gesteuert und kooperativ aktiven Produzenten ihres Lernens (vgl. BETTINGER 2012).

Vorteile für das Lernen

Die Vorteile der virtuellen sozialen Netzwerke im Lernen und Studieren liegen im Auffinden von Kontakten mit Interessierten und Experten für Fachfragen, Berufsfindung und Karriere ohne dafür einen großen Aufwand betreiben zu müssen. Die einfache Einrichtung einer persönlichen Profilseiten kann dabei die eigene Homepage ersetzen. Über räumliche, zeitliche und institutionelle Grenzen hinweg können selbst organisierte Lern-, Studien- und Arbeitsgruppen zum wechselseitigen Austausch von Informationen, zur gemeinsamen Erarbeitung und Diskussion von Arbeitsergebnissen und zur beratenden Unterstützung eingerichtet werden. Durch die Teilnahme an fachlich orientierten wissenschaftlichen Netzwerken kann damit den eigenen Lernbedürfnissen entsprechend noch viel mehr und breiter gelernt werden als von einer Bildungseinrichtung allein jemals zur Verfügung gestellt und angeboten werden kann.

Herausforderungen für das Lernen

Aber die Nachteile der virtuellen sozialen Netzwerke sind auch nicht zu übersehen: Denn es entsteht schnell ein Gruppendruck, nicht nur alle Beiträge zu lesen, sondern sich auch selbst durch Schreiben im Netzwerk aktiv zu beteiligen. Dadurch entsteht rasch eine große Flut an Mitteilungen, die wiederum einen entsprechend großen Zeitaufwand für das Lesen wie für das Schreiben erfordern. Dieser Druck und Drang, ständig und überall virtuell präsent sein zu müssen, kann für die individuellen wie kooperativen Lernprozesse kontraproduktiv werden, wenn die Beteiligung in den sozialen Netzwerken nicht nach Interesse, Ziel, Fragestellung, Bedeutung und Zeit selbst bzw. in gemeinsamer Vereinbarung gesteuert wird. Die Entwicklung autodidaktischer Fähigkeiten zum Selbstmanagement der eigenen und kooperativen Lern- und Handlungsprozesse wird somit zu einer der zentralen Herausforderungen in der Kompetenzentwicklung der Lernenden. Da die in die sozialen Netzwerke eingestellten Daten unkontrolliert gesammelt, ausgewertet und kommerziell genutzt werden können, muss darüber hinaus auch gelernt werden, nur die Daten in die sozialen Netzwerke einzustellen, die öffentlich verfügbar sein sollen und können und keine persönlichen oder öffentlichen Rechte verletzen. Außerdem muss vereinbart werden, wie die Qualität der eingestellten Informationen gesichert werden soll. Über die Vereinbarung von Kommunikations- und Qualitätsregeln hinaus ist es daher sehr empfehlenswert, auch eine Moderation der virtuellen Netzwerkgruppen zu organisieren, um den möglichen

Kontrollverlust, z. B. das Einstellen von kompromittierenden und Rechte verletzenden Inhalten und Bildern, zu verhindern.

Integration sozialer Netzwerke in formelle Bildungskontexte

Die Einrichtung bzw. die Unterstützung der Einrichtung virtueller Netzwerkgruppen von Lernenden bzw. Studierenden ist zur Unterstützung der Lernmotivation und der Lernprozesse sehr sinnvoll (GAISER 2008). Sie dienen der Unterstützung der Herausbildung von Kompetenzen zur kooperativen Selbstorganisation des Lernens. Die Bildung sozialer Netzwerke von Lernenden sollte durch die Lehrenden zwar angestoßen, aber diese nicht durch sie moderiert werden. Auch die Frage, ob die Lehrenden Zugang zu diesen Gruppen haben sollten, sollte von den Lernenden allein in geheimer Abstimmung entschieden werden. Umgekehrt ist dies zu entscheiden und zu organisieren bei den die formellen Lehrveranstaltungen begleitenden virtuellen Lerngruppen, in denen die präsentierten Lehrinhalte und vorgestellten Lernprodukte zwischen den Lernenden und Lehrenden weitergehend und vertiefend diskutiert werden. Um dafür den Erfolg zu sichern, ist eine Integration der begleitenden virtuellen Kommunikation in eine entsprechende didaktische Konzeption erforderlich. Solche begleitenden Lerngruppen fördern die Subjektorientierung des Lernens und die Herausbildung autodidaktischer Lernkompetenzen. Sie erfordern aber auch die Entwicklung der Medienkompetenzen der Lernenden wie der Lehrenden und der Fähigkeiten beider zu einem inhaltlich orientierten Zeitmanagement des Mehraufwands der Netzwerkkommunikation (MERKT 2009). Zweifellos besteht die Gefahr, dass die Web 2.0 Netzwerke bei Implementierung in formale Bildungskontexte ihren großen Reiz verlieren, der sie im informellen virtuellen Raum so populär und erfolgreich gemacht hat. Dennoch sollten sie auch in formelle Bildungsprozesse didaktisch begründet implementiert werden, weil sie zu einer positiven Weiterentwicklung der Lehr- und Lernkultur zur Förderung der Entwicklung ganzheitlicher Handlungskompetenzen der Lernenden gut genutzt werden können.

6.5 Lehrende: Aufgaben und Kompetenzen

Neue Aufgabenteilung

Indem das pädagogische Verhältnis in virtuellen Lehr- und Lernarrangements zwischen Lehrenden und Lernenden nicht mehr in Präsenzveranstaltungen, sondern über digitale Medien und in asynchron und synchron medienvermittelter Kommunikation hergestellt wird, wird eine neue Aufgabenteilung aufseiten der Lehrenden erforderlich, die das Lehren und Lernen grundlegend umwälzt. Zunächst einmal sind Administratoren für den virtuellen Lernraum notwendig, damit die programmierten digitalen Bildungsmedien darin genutzt, Lernprodukte eingestellt und Kommunikationsinstrumente verwendet werden können. Für die Erstellung der digitalen Bildungsmedien sind eine Reihe von Aufgaben zu erfüllen: Für die Programmierung müssen das Drehbuch und die medial aufbereiteten Inhalte vorliegen. Für das Schreiben des

Drehbuches müssen die entsprechend der Lernziele und Lernwege strukturierten, ausgewählten oder geschriebenen Inhalte und zu bearbeitenden Lernaufgaben vorliegen, wofür wiederum das Material zuvor von den Dozenten ausgewählt werden muss. Diese Aufgaben sind bei großen Projekten oft auf Programmierer, Mediendesigner, Medienautoren und die wie bisher für ein Bildungsangebot verantwortlichen Dozenten aufgeteilt. Die so in einem kooperativen Prozess geschaffenen digitalen Bildungsmedien sind dann die Grundlage für die Arbeit der Tutoren bei der Unterstützung und Moderation der kooperativ selbst organisierten Lernprozesse der Lernenden. Die diesen neuen Aufgabenteilungen aufseiten der Lehrenden entsprechende Entwicklung der dafür jeweils erforderlichen Kompetenzen ist somit auf fünf in ihren Positionen, Funktionen und Tätigkeiten im Lehrprozess unterschiedliche Aufgabenbereiche und oft auch Personen verteilt. Moderne Autorensysteme erlauben es, einige Aufgabenbereiche zu integrieren, wie z. B. Medienautor, Mediendesign und Programmierung. Wie auch immer die Aufgabenbereiche auf Personen aufgeteilt werden, so ändert dies aber nichts an den insgesamt notwendigen Kompetenzen für die Erfüllung aller notwendigen Aufgaben im E-Teaching und E-Learning (Asselborn/Hoffschroer 2000; Horvath 2009).

Dozenten

Die Dozenten, in deren Verantwortung der Gesamtprozess des Lehrens und Lernens, der Ziele, Inhalte, Methoden und Ergebnisse bleibt, benötigen für eine begründete und effiziente Gestaltung und Durchführung virtueller Bildungsangebote neben ihren fachinhaltlichen und fachdidaktischen Kompetenzen auch übergreifende didaktische Orientierungskompetenzen. Diese setzen ein Grundverständnis medienvermittelten Lehrens und Lernens sowie aktivierender didaktischer Designs digitaler Bildungsmedien und deren pädagogischer Integration in E-Learning-Angebote, der Kommunikation und Kooperation im virtuellen Lernraum und im Internet sowie entsprechender sozialpsychologischer Grundkenntnisse als Wissensbasis für die Motivierung der Lernenden, die Etablierung und Einhaltung von Kommunikationsregeln sowie die Regelung und Vermeidung von Konflikten im Prozess des Lehrens und Lernens (Kerres 2007, 248f).

Administration

Die Administration von virtuellen Lernräumen erfordert im Kernbereich informationstechnische und organisatorische Kompetenzen zur Einrichtung, zum Betrieb, zur Aktualisierung der Hard- und Software sowie zur Behebung von Störungen, um einen fortlaufenden Betrieb zu sichern. Dazu gehört die Benutzerverwaltung, die Vergabe von Berechtigungen für Öffnen, Einstellen und Editieren von Dateien, die Verwaltung der Kursangebote und Foren, der Einschreibungen und Resultate, der Up- und Download-Bereiche, der synchronen und asynchronen Kommunikationsfunktionen, der technischen Hilfen und Unterstützungen sowie die Generierung von Statistiken und nicht zuletzt die laufende Aktualisierung der Daten- und Netzsicherheit. Damit diese technisch organisatorische Arbeit von den Administratoren kompetent geleistet werden kann, ist auch ein grundlegendes Verständnis von Lehr- und Lernprozessen sowie der erforderlichen Medien- und Kommunikationskompetenzen der im administrierten virtuellen Lernraum agierenden Personengruppen erforderlich. In den modernen persönlich einrichtbaren Lernumgebungen werden einige administrative Aufgaben von den Lernenden selbst übernommen.

Schreiben und Erklären zur Unterstützung selbstständigen Lernens

Die Autoren von digitalen Bildungsmedien (GÜCKER 2007) benötigen neben ihren Kompetenzen in ihrem jeweiligen Fachgebiet allgemeine didaktische und mediendidaktische Kompetenzen zum Schreiben und Erklären. Die Herausbildung ihrer didaktischen Kompetenzen ist nur erfolgreich auf der Basis grundlegender lerntheoretischer Kenntnisse. Da sie ihre Lehrhandlungen nicht mehr oder nicht mehr immer in unmittelbarem Kontakt mit den Lernenden und deren unmittelbaren Rückmeldungen vollziehen, müssen sie fähig sein, den möglichen Erfolg ihrer medienvermittelten und in den Bildungsmedien zu objektivierenden didaktischen Handlungen abschätzen zu können. Entscheidend ist dabei zu wissen, dass auch die durch die mediale Vermittlung angeregten Handlungen der Lernenden grundlegend umgewälzt werden. Denn zum selbstständigen Lernen mit interaktiven Bildungsmedien müssen die Lernenden fähig sein bzw. befähigt werden, autodidaktisch zu lernen. Autodidaktisches Lernen ist durch die mediendidaktische Konzeptualisierung eines problembasierten produktiven Lernens zu fördern, in dem z. B. die Lernenden didaktisch angeleitet werden, aus einem dargestellten Praxis- oder Wissensfeld selbst organisiert individuell oder kooperativ mit anderen Lernenden ihre Lernaufgaben auszugliedern und mit den zur Verfügung gestellten oder zu beschaffenden Lernmaterialien produktiv zu bearbeiten und das erarbeitete Ergebnis den Lehrenden und der Lerngruppe zur Diskussion und Bewertung zu präsentieren. Die gemeinsame Diskussion und Bewertung der erarbeiteten Ergebnisse sichert die Qualität der Lernprozesse wie auch der Lehrprozesse und führt zu den nächsten selbstbestimmten autodidaktischen Lernschritten. Die durch die Bildungsmedien anzuregenden individuellen und kooperativ selbst organisierten Lernprozesse müssen also von den Medienautoren insgesamt didaktisch konzeptualisiert werden, z. B. durch die Integration von Lernprogrammen, Diskussionsforen, tutorieller Betreuung und von Präsenzphasen vor allem zu Beginn und am Ende, aber auch bei besonderen Problemlagen im Verlauf einer virtuellen Lehrveranstaltung. Präsenzphasen sind insbesondere bei heterogenen oder noch unklaren Problemsichten notwendig, weil die computervermittelte Abstimmung komplexer Fragen und die Diskussion von erarbeiteten Ergebnissen relativ lange Zeit in Anspruch nimmt. Das leitende didaktische Prinzip der Kombination von Präsenz-, Online- und Offline-Phasen ist dabei immer, dass jeder Wissensaufbau und Kompetenzerwerb für die Entwicklung von Mündigkeit und Selbstbestimmung im Denken und Handeln in einer demokratischen Gesellschaft eine offene Lehr- und Lernkultur erfordert, die selbst verantwortliche und autonome Lernaktivitäten ermöglicht, die heute gerade auch über virtuelle Lernräume und mit Social Software eröffnet und gefördert werden können.

Ermöglichung individueller Lernwege

Die mediendidaktische Konzeption eines Bildungsangebots kann erstens nur realisiert werden durch die prozessorientierte mediale Anordnung der zu vermittelnden und zu erwerbenden Lerninhalte sowie der von den Lernenden zu präsentierenden Lernprodukte, z. B. in Form von Texten, Grafiken, Tabellen, Bildern, Videos, Glossaren, Literaturhinweisen, Suchfunktionen. Bei der Zusammenstellung der Lerninhalte ist auch zu recherchieren, ob geeignete Ressourcen bereits Online verfügbar und verwendbar sind. Da die inhaltlichen Elemente, die in die Bildungsmedien eingebaut werden sollen, oft auch aus anderen Quellen stammen, ist vorab das Zitations- und Nutzungsrecht zu klären. Die Anordnung der medial zu präsentierenden Inhalte erfordert zweitens eine flexible, vernetzte didaktische Strukturierung, die den Lernenden individuelle Lernwege, Lernaufgaben und Lernprodukte entsprechend ihren bereits erworbenen Kompetenzen ermöglicht. Dabei sind auch die kommunikativen Präsenzphasen, z. B. zur diskursiven Ausgliederung von Lernaufgaben, zur Abstimmung ihrer kooperativen Bearbeitung und zur gemeinsamen Diskussion ihrer selbst erstellten Lern- und Arbeitsergebnisse, sowie die Lernprozessbegleitung didaktisch einzuplanen. Dies setzt voraus, dass die Lernprozesse, Lernaufgaben und Lernprodukte didaktisch so gestaltet sind, dass sie die Kommunikation der Lernenden erfordern und fördern. Die inhaltliche und didaktische Konzeption von Bildungsmedien ist die zentrale Aufgabe von Medienautoren (GÜCKER 2007).

Mediendesign

Nach der Erarbeitung der inhaltlichen und didaktischen Konzeption ist das Drehbuch für das zu produzierende multimediale und interaktive Bildungsangebot zu schreiben, zunächst in einer Grobkonzeption, um die zu prüfen, ob die inhaltlichen und didaktischen Vorgaben erfüllt werden können. Das Drehbuch wird meist von einem Mediendesigner geschrieben; diese Aufgabe kann in einfacheren Fällen auch vom Medienautor übernommen werden. Nach der Prüfung der Grobkonzeption werden in einer Feinkonzeption des Drehbuchs alle Details der medialen und funktionalen Gestaltung der interaktiven Bildschirmseiten, der Arbeitsbereiche, Prozesse, Verknüpfungen, Kommunikationen, Suchfunktionen, Übungen, Schreibfunktionen usw. in einem nutzerfreundlichen und lernförderlichen Design festgelegt. Die vom Medienautor entworfenen Texte, Bilder, Grafiken, Aufgaben etc. werden dafür vom Mediendesigner für die im Drehbuch vorgesehenen Positionen und Funktionen medial aufbereitet. Um dies leisten zu können, muss der Mediendesigner eine Vorstellung davon haben, wie die jeweilige fachlich geprägte Lehr- und Lernkultur und deren beabsichtigte Entwicklung im jeweiligen Fachgebiet in entsprechend konzipierten Lernszenarien und Lernsequenzen am Besten zu realisieren ist. Mediendesign setzt mithin die Kenntnis lerntheoretischer Grundlagen ebenso voraus wie die Kenntnis der jeweiligen Fachdidaktik und ihrer möglichen methodischen Realisierungen. Es erfordert eine Vision über das Medienprodukt und die Abschätzung ihrer medialen und finanziellen Realisierbarkeit. Und es erfordert die Fähigkeit zur Kommunikation und Kooperation mit den die Inhalte gebenden Lehrenden und den Programmierern auf der einen Seite und den Lernenden und ihren Tutoren auf der anderen Seite. Denn die Mediendesigner sind die Konstrukteure der medialen Vermittlung zwischen zwischen Lehrenden und Lernenden. Sie müssen über das Denken und Handeln auf beiden Seiten und deren kommunikativen Bezug aufeinander Bescheid wissen, um akzeptierte Bildungsmedien produzieren zu können.

Medienprogrammierung

Die Programmierer leisten die informations- und kommunikationstechnische Umsetzung der geschriebenen Drehbücher und der gelieferten medialen Präsentationselemente in die Programmierung der Bildungsmedien. Sie programmieren Animationen, Simulationen, Tests, Übungsaufgaben usw. und binden diese dem Drehbuch entsprechend in die Bildungsmedien ein. Mit der technischen Umsetzung gestalten sie die Funktionalität und Ästhetik der interaktiven Benutzeroberflächen der programmierten Bildungsmedien, stellen sie in einen virtuellen Lernraum, programmieren die vorgesehenen Verknüpfungen und prüfen abschließend deren Funktionsfähigkeit im Lernraum. Sollten die eingestellten Medien den funktionalen und ästhetischen Anforderungen der Mediendesigner, Tutoren und Lernenden nicht voll entsprechen, nehmen sie die Rückmeldungen entgegen, prüfen sie auf Notwendigkeit und Machbarkeit und setzen sie in Funktionsverbesserungen und ästhetische Korrekturen um. Mit den Instrumenten im Web 2.0 ist dies heute oft viel einfacher zu leisten und manches kann auch von den Lehrenden und Lernenden selbst eingestellt werden.

6.6 Teletutoren: Aufgaben und Kompetenzen

Aufgaben von Teletutoren

Teletutoren sind die Mediatoren bzw. organisationalen Vermittler zwischen den Medienautoren bzw. Lehrenden, dem Bildungsträger, der virtuellen Lernumgebung und den Lernenden. Ihnen kommt „in virtuellen Lernprozessen [...] eine entscheidende Bedeutung für gelingendes Lernen zu" (ZINTH/SCHÜTZ 2010). Dafür haben sie ein umfassendes Spektrum von Aufgaben zu meistern (ARNOLD, P. 2003a, b; ARNOLD, P./ KILIAN, L./THILLOSEN, A. 2002a, b, c; BETT/GAISER 2004; KATZLINGER 2009; KERRES/ NÜBEL/GRABE 2005; LINDER 2004; RAUTENSTRAUCH 2001):

- Sie haben die Lernenden in die Benutzung des virtuellen Bildungsraums und der Lerneinheiten einzuweisen, die Einstellung der Medien, Informationen und Arbeitsergebnisse zu sichern und während der gesamten Zeit für die fachliche und kommunikative Betreuung der Lernenden zur Verfügung zu stehen.
- Sie haben Hilfestellungen bei der Klärung von Verständnisproblemen und inhaltlichen Fragen zu geben, die Lernenden auf anzuwendende Arbeitstechniken und Lernmethoden, Lernaufgaben und weiterführende Literatur hinzuweisen und sie auch bei medien- und kommunikationstechnischen Problemen mit Hinweisen zu unterstützen.
- Sie haben die fachliche Kommunikation und Kooperation der Lernenden im virtuellen Bildungsraum mit Fragen, Problemen oder provozierenden Hypothesen

anzuregen, Bezüge der Lerninhalte und Lernaufgaben in ihrer Bedeutung aufzuzeigen, mit Vorstellungsrunden deren gemeinsame Bearbeitung zu starten,
gemeinsam Lernaufgaben auszugliedern und deren kooperative Bearbeitung
ergebnisorientiert zu moderieren, dazu die geeigneten Kommunikationskanäle
(Mail, Foren, Chat, Videokonferenz etc.) je nach Situation und Anforderung auszuwählen, zur aktiven Teilnahme und Übernahme von Verantwortung zu motivieren, Rückmeldungen zum Lernverhalten zu geben und ggf. entsprechende
Beratungen anzubieten sowie Konflikte in der Gruppe der Lernenden zu lösen
bzw. deren Entstehung frühzeitig zu erkennen und zu vermeiden helfen.

- Sie haben die Zwischenergebnisse der individuellen und kooperativen Lernprozesse zu kommentieren, Lösungen von Übungsaufgaben und Testergebnisse zu
  bewerten, weitere fachliche und methodische Hinweise zu geben, die abschließende Diskussion der Arbeits- und Lernergebnisse zu moderieren, die Prozesse
  und erreichten Ergebnisse insgesamt zu evaluieren, Ursachen möglicher Probleme zu ermitteln und Vorschläge für die Optimierung von Bildungsmedien und
  Prozessen zu machen.

- Sie haben zu entscheiden, welche inhaltlichen und methodischen Fragen, Probleme und Hinweise während der individuellen und kooperativen Bearbeitung
  der Lerneinheiten und Lernaufgaben an die Medienautoren bzw. Lehrenden oder
  an andere Fachexperten zur Klärung weitergegeben werden, bevor eine gemeinsame Diskussionsrunde, z. B. in einer Präsenzphase, mit den Lehrenden oder
  Experten stattfindet.

Kompetenzen von Teletutoren

Die Teletutoren müssen also, damit sie ihre vielfältigen Aufgaben in kooperativer
Zusammenarbeit mit allen anderen verantwortlichen Mitarbeitern und Zuständigen
in der Verwaltung der medialen Bildungsangebote und mit den Lernenden kompetent
erfüllen können, sowohl grundlegende fachliche, didaktische sowie lehr- und lernme-
thodische Kompetenzen im jeweiligen Fachgebiet haben als auch die medientechnischen, organisatorischen, sozialen und kommunikativen Kompetenzen zur Planung,
Durchführung und Nachbereitung ihrer tutoriellen Betreuung sowie zur Motivierung
und Aktivierung der selbst organisiert Lernenden und kooperativ arbeitenden Lerngruppen sowie zur gemeinsamen Evaluation und zukünftigen Verbesserung der Prozesse im virtuellen Bildungsraum besitzen (siehe u. a. Markowski/Nunnenmacher
2003). Dies setzt notwendig auch die Kenntnis der Bildungsgänge und der aufeinander
bezogenen Lerneinheiten bzw. Bildungsmedien voraus. Teletutoren müssen also
kompetent sein, kooperativ selbst organisiert arbeitende Lerngruppen als ‚Communities of Practice' im virtuellen Bildungsraum ziel- und aufgabenorientiert zu unterstützen (Arnold, P. 2005a).

6.6.1 Gestaltung von Lernsituationen

Lernszenarien

Teletutoren müssen die digitalen Bildungsangebote und die Vor- und Nachteile der darin vorgesehenen asynchronen und synchronen Lernszenarien sowie den Arbeits- und Zeitaufwand zu ihrer Planung, Durchführung und Nachbereitung kennen. Werden Präsenzphasen einbezogen, so ist bei der Planung zu berücksichtigen, zu welcher Zeit im Lernprozess diese stattfinden und welche Funktion sie haben sollen. Dabei ist zu beachten, dass der damit verbundenen Einschränkung der zeitlichen und räumlichen Flexibilität ein Mehrwert gegenübersteht, also in den Präsenzphasen die Lerninhalte der Bildungsmedien nicht einfach wiederholt werden (ARNOLD, P. 2003a, 31), sondern darauf aufbauend gebliebene Probleme und weitergehende Fragen und Inhalte kritisch reflektierend diskutiert werden.

Bereitstellung von Lerninhalten

Ein wichtiges Gestaltungsmerkmal von Lernszenarien ist „die Strukturierung von Abläufen in wohldefinierte Phasen" (ALLERT 2001, 6). Dies geschieht oft durch die getaktete Bereitstellung von Kursen bzw. von Lernmaterialien innerhalb eines Kurses (ARNOLD, P. 2003a, 29; JECHLE 2001a, 9ff, 2001b; KERRES/JECHLE 2000, 268ff):

- *Feste Taktung:* Freischaltung neuer Lernmaterialien in regelmäßigen Abständen,
- *Ping-Pong:* Zugriff auf neue Inhalte und Materialien nach dem Lösen einer Aufgabe (individuell oder gruppenbezogen),
- *Kontrakt-Lernen:* individuelle oder gruppenbezogene Vereinbarung auf Distribution/Freischaltung,
- *Offener Zugriff:* freier Zugriff der Einzelnen auf die Lernmaterialien ohne Taktung, eigene Bestimmung der Lerngeschwindigkeit; Gruppenarbeiten schwierig.

Offene, ungetaktete Formen bieten den Vorteil der völligen Flexibilität für die Lernenden, können aber auch zu Problemen mit ihrem Zeitmanagement und ihrer Motivation führen. Für die Tutoren wird dadurch die Betreuung schwieriger, da die einzelnen Lernenden zur selben Zeit mit völlig unterschiedlichen Lerninhalten und Lernaufgaben im gleichen Kurs beschäftigt sein können. Gruppenarbeiten sind so kaum möglich. KERRES/JECHLE (2000, 269) halten der in der Fernstudienforschung häufig zu findenden kritischen Haltung gegenüber einer Taktung des Lernmaterials entgegen, dass die klare Struktur einer Taktung auch als eine Dienstleistung des Bildungsanbieters zur Unterstützung erfolgreicher Lernprozesse angesehen werden kann. Im Regelfall wünschen sich die Lernenden auch diese Unterstützung. Die Teletutoren können durch die Taktung besser einschätzen, in welcher Lernphase sich die Lernenden gerade befinden und sie dementsprechend zielorientiert unterstützen. Für die Lernenden kann es hilfreich sein, wenn die Lehrenden in den jeweiligen Lernabschnitten auch in einen gemeinsamen Dialog mit ihnen eintreten.

Phasen eines Online-Kurses

Sechs aufeinander aufbauende Phasen eines Online-Kurses müssen von Teletutoren geplant, unterstützt und moderiert werden:

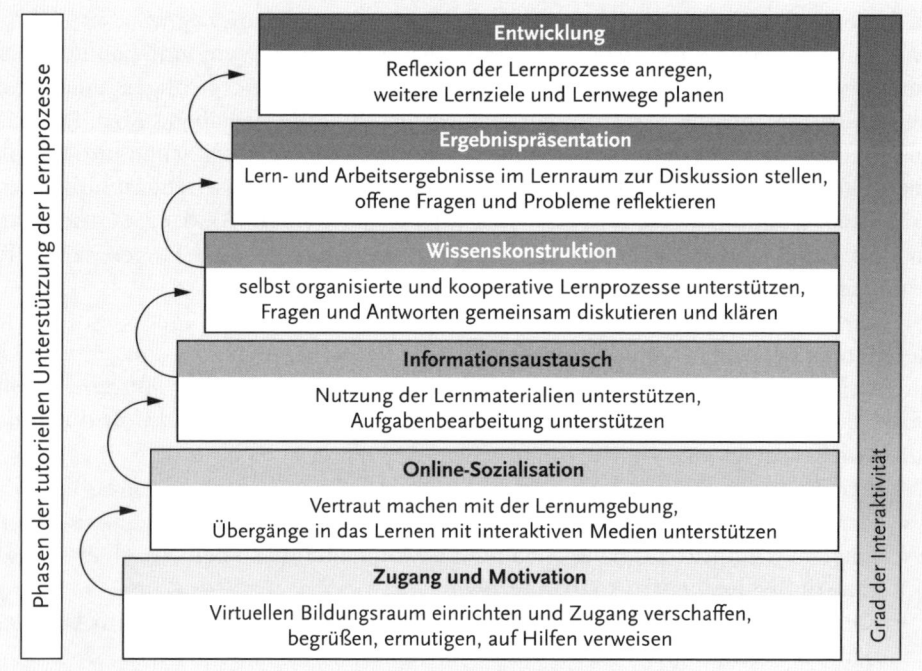

Abb. 6.2: 6-Phasen-Modell eines Online-Kurses (in Anlehnung an SALMON 2000, 26, 2002; KATZLINGER 2009, 247)

Die ersten Phasen, „Zugang und Motivation" sowie „Online-Sozialisation", unterstützen die Lernenden, sich mit dem virtuellen Bildungsraum, den Kursmaterialien und den gestellten Anforderungen vertraut zu machen, die medialen Instrumente bedienen zu lernen, Vorgehensroutinen zu entwickeln und anderes mehr. Sind Lernende damit bereits vertraut, so können diese Phasen eventuell entfallen, entsprechend kurz gehalten oder individuell unterstützt werden. Die folgenden Phasen sind die eigentlichen Lernphasen. Hier können die Teletutoren durch entsprechende Aufgabenstellungen, Hilfestellungen bei der Aufgabenbearbeitung, den Einsatz geeigneter Kommunikationswerkzeuge, die Herausforderung zur Präsentation und Diskussion eigener Ergebnisse, die Anregung zur Selbstreflexion und die Entwicklung weiterer Lernziele und Lernwege, die Aktivitäten der Lernenden unterstützen. Grundsätzlich sollten in diesen Phasen die Lernenden so viel wie nötig und so wenig wie möglich unterstützt werden, damit sie eigenständig und autodidaktisch lernen können. Auf jeden Fall sollte in der abschließenden Phase eine Reflexion der eigenen und gemeinsamen Lernprozesse und Lernergebnisse erfolgen, damit die Lernenden ihre erworbenen Kompetenzen einschätzen und ihre weiteren Lernprozesses verbessern können.

Einsatz von Lernaufgaben

In der Gestaltung virtueller Lernsituationen spielen Lernaufgaben eine wichtige Rolle. Für Teletutoren ist zu klären, welche Freiheiten den Lernenden bei der Bestimmung, Gestaltung, Bearbeitung und Bewertung von Lernaufgaben eingeräumt werden. Da Lernaufgaben idealerweise im Dialog zwischen den Lernenden und den Lehrenden aus den gemeinsam festgestellten und analysierten Handlungs- und Lerndiskrepanzen in Bezug auf die zu bearbeitenden wissenschaftlichen und praktischen Aufgaben zum Erwerb der dafür erforderlichen Handlungskompetenzen ausgegliedert werden, liegt in der Unterstützung der Bearbeitung der Lernaufgaben eine wichtige Funktion der Tutoren. Sollten die Lernaufgaben bereits im Bildungsmedium bzw. durch die verantwortlichen Lehrenden festgelegt sein, können Tutoren die Lernaufgaben den Interessen der Lernenden entsprechend spezifizieren oder auch zusätzliche Übungsaufgaben bereithalten. Dazu müssen die Tutoren sowohl Handlungs- und Lerndiskrepanzen erkennen können als auch weitere Funktionen, Unterscheidungsmerkmale und Gestaltungskriterien von Aufgaben kennen. Bei Lernaufgaben in virtuellen Kontexten ist darauf zu achten, dass der Mehrwert der virtuellen Umgebung genutzt wird, etwa die Möglichkeiten der schnellen Rückmeldung, das Bereitstellen von Musterlösungen, die kooperative Bearbeitung der Aufgaben in Lerngruppen und die zur Verfügungstellung neuer Aufgabenlösungen als Lernressource für weitere Lernende. Bei der vorgegebenen oder gemeinsamen Bestimmung der Aufgabenstellung muss bedacht werden, welche Informationen und welche prozess- oder ergebnisorientierten Hilfestellungen zu deren Bearbeitung notwendig sind, da anders als in Präsenzlernsituationen Rückfragen nicht schnell mündlich beantwortet werden können und dadurch viel leichter Missverständnisse entstehen, deren nachträgliche schriftliche Klärung zusätzliche Zeit kostet und oft umständlich ist. Auch die Transparenz der Bewertungsschemata – insbesondere bei Gruppenaufgaben – und die Kongruenz zu den Prüfungsformen im Bildungsgang sind mit zu bedenken.

Aktionsformen tutorieller Unterstützung

Für die Durchführung von virtuellen Bildungsangeboten sind für die Teletutoren jeweils geeignete Aktionsformen sowie Formen des Einsatzes der Kommunikationsinstrumente zur Unterstützung der Lernprozesse zu entwickeln. BUSCH/MAYER (2002, 73–104) präsentieren eine Vielfalt von Vorschlägen zur Unterstützung von einzelnen Lernenden (z. B. Standortprüfung, Praxisbegleitung, Einzelauftrag), Kleingruppen (Teamauftrag, Teamdiskussion, Fallstudie usw.) und größeren Lerngruppen (Wissensdepot, Meinungsforum usw.). Für die vorgestellten Methoden haben sie jeweils ein Profil in fünf Dimensionen entwickelt (ZIMTT-Modell; Abb. 6.3):

- den *Zeitbedarf* (bei Entwicklung, Durchführung und Nachbereitung),
- die *Interaktivität* (zwischen Teilnehmern und Teletutor, Teilnehmern untereinander usw.),
- den *methodischen* Anspruch (eine E-Mail-Umfrage ist methodisch ‚einfacher' als ein Brainstorming),

- die *Tutorenrolle* (zwischen direktivem „Instruktor" und begleitendem „Coach")
  und
- die *Technik* (einfach bis kompliziert).

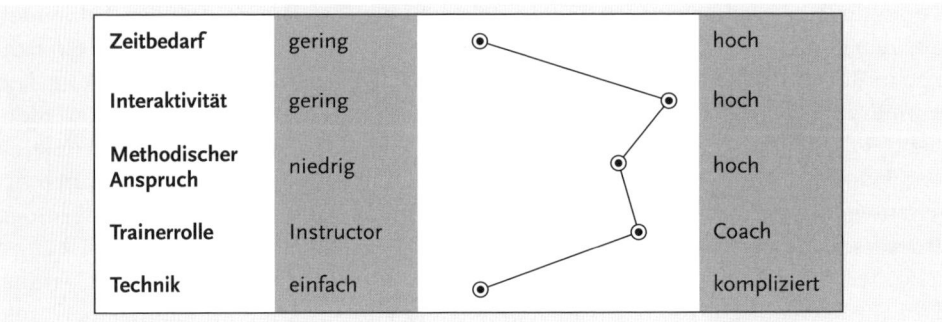

Zeitbedarf	gering			hoch
Interaktivität	gering			hoch
Methodischer Anspruch	niedrig			hoch
Trainerrolle	Instructor			Coach
Technik	einfach			kompliziert

Abb. 6.3: ZIMTT-Modell am Beispiel einer Aufwandsplanung für ein Online-Brainstorming (in Anlehnung an BUSCH/MAYER 2002, 76)

Als grundsätzlich zu berücksichtigende Gestaltungsprinzipien nennen sie weiterhin: Fragen stellen (zur Anregung von Aktivität, Herstellen des Praxisbezugs und Vertiefung des Gelernten), Rückmeldung anregen und Verantwortung abgeben (Raum für Aktivitäten bieten, Strukturierungsversuche unterstützen usw.).

6.6.2 Unterstützung selbst gesteuerten Lernens

Notwendige Fähigkeiten zum selbst gesteuerten Lernen

Selbst gesteuertes Lernen ist ein komplexer Handlungsprozess, bei dem die Lernenden selbst entsprechend ihrer Interessen ihre Lernprozesse steuern, überwachen und bewerten und der deshalb eine erhöhte Eigeninitiative und -aktivität erfordert (HEIDENREICH 2009, 136ff, 230ff; KONRAD/TRAUB 1999, 13; RAUTENSTRAUCH 2001, 23f). Dazu sind Selbstlernkompetenzen notwendig (ARNOLD/GÓMEZ TUTOR/KAMMERER 2004), die nicht bei allen Lernenden gleichermaßen ausgebildet sind, beispielsweise eigene Lernziele setzen, Lerninhalte auswählen und Lernmethoden anwenden können, Lernprozesse planen, organisieren, kontrollieren und reflektieren, Lernergebnisse präsentieren und kritisch diskutieren, Hilfen in Anspruch nehmen und anbieten, alle Phasen der Lernprozesse einschätzen und die diesen entsprechenden kognitiven Strategien aktivieren. Die wesentlichen Aspekte selbst gesteuerten Lernens sind Motivation, Lernstrategien und Metakognition (RAUTENSTRAUCH 2001, 27). Lernen im virtuellen Bildungsraum ist oft sowohl selbst als auch fremd gesteuert (da Lernmaterialien, Aufgabenstellungen, zeitliche Rahmenbedingungen etc. vorgegeben sind); jedoch erhöhen sich mit der zunehmenden Nutzung der Instrumente des Web 2.0 die selbst gesteuerten Anteile deutlich. Schwierigkeiten im selbst gesteuerten Lernen, die sich auch in Präsenzstudiengängen abzeichnen (GRIESBACH U.A. 1998), jedoch in virtuellen Lernsituationen verstärken, sind z. B. Motivationsprobleme, Zeitmanagement, die Auswahl passender Lernwege und -strategien, der kritische Umgang mit und das kognitive Einordnen von Informationen und Lerninhalten.

Unterstützung selbst gesteuerten Lernens durch Teletutoren

Maßnahmen zur Unterstützung des selbst gesteuerten Lernens können ‚indirekt' durch die entsprechende Gestaltung der Lernumgebung, der Lernmaterialien, der Aufgaben usw., erfolgen oder ‚direkt' durch Teletutoren. Strategien und Techniken, um den genannten Schwierigkeiten zu begegnen, die Motivation von Lernenden zu erhalten und sie in ‚kritischen Situationen' zu ermutigen, können auf der kognitiven, metakognitiven oder motivationalen Ebene liegen (RAUTENSTRAUCH 2001, 30ff; SIMPSON 2000). Dazu gehören beispielsweise, Informationen zu Lernhilfen, zu Lernstrategien und zur Selbstmotivation zu geben und zur Reflexion der eigenen Lernhandlungen anzuregen. Hilfreich sind auch Anregungen zum informellen Austausch unter den Lernenden sowie kontinuierliche Rückmeldungen an die Lernenden.

Eine besondere Chance in virtuellen Lernsituationen liegt darin, mit den Lernenden individuelle Lernstrategien und Arbeitspläne zu erarbeiten und sie bezüglich möglicher Schritte zur optimalen Wissensaneignung individuell zu beraten. Damit werden Qualitäten erreicht, die bisher nur durch Coaching erreicht werden konnten. Dabei ist es wichtig, die Lernenden zur Auseinandersetzung mit den Lernzielen, Lerninhalten und Lernmethoden anzuregen, ihre Aufmerksamkeit auf wesentliche und weiterführende Fragen zu richten und eine ermutigende und freundschaftliche Lernatmosphäre zu schaffen (HOLMBERG/SCHUEMER 1997, 515) Diese Unterstützung durch Teletutoren erfordert die Bereitstellung von entsprechend qualifiziertem Personal und Zeit.

6.6.3 Moderation kooperativen Lernens

Gruppenaufgaben

Besonders wichtig für das kooperative Lernen im virtuellen Bildungsraum ist die gemeinsame Aufgabenstellung, nicht nur aus didaktischen Gründen, sondern auch weil Gruppen, die sich über eine gemeinsame Aufgabe definieren, in der Regel einen besseren Zusammenhalt aufweisen, sich einander stärker verpflichtet fühlen und damit besser zusammenarbeiten. Bedingungen für eine gemeinsame Aufgabenorientierung sind (BLAKOWSKI/HINZE 2001, 4f):

- die Aufgabeninterdependenz (Zusammenarbeit ist nicht nur möglich, sondern erforderlich),
- durch die Aufgabenstellung erforderte Interaktionsmöglichkeiten,
- Überschaubarkeit und
- die Erstellung eines prüffähigen Ergebnisses.

Dabei muss die Kooperation bei der Aufgabenbearbeitung einen inhaltlichen Mehrwert versprechen. Aufgaben, die Lernende mit demselben Ergebnis auch alleine lösen können, bieten keinen Anreiz zur Zusammenarbeit. Eine Aufteilung erforderlicher Informationen auf die Gruppenmitglieder wird als Zwang zur Gruppenarbeit empfunden und abgelehnt. Dagegen bieten Plan- und Rollenspiele (Kap. 5.1.3; Capaul 2002) die Möglichkeit, komplexe Zusammenhänge aus unterschiedlichen Perspektiven zu betrachten (Arnold/Thillosen 2002). Für die Findung, Formulierung, Bearbeitung und Einordnung der kooperativ zu bearbeitender Gruppenaufgaben übernimmt der Teletutor die Rolle eines Moderators des Gruppenprozesses.

Moderation virtueller Gruppenarbeit

Zu Beginn einer zu moderierenden virtuellen Gruppenarbeit, die in die Bearbeitung der Bildungsmedien eingeplant sein kann, aber auch durch den Teletutor oder die Lernenden angeregt werden kann, sind zunächst die Ziele und zu erreichenden Ergebnisse zu klären. Der Teletutor sollte insgesamt die Lern- und Arbeitsprozesse der Lerngruppen positiv beeinflussen, aber dabei inhaltlich neutral bleiben, auf die Einhaltung der vereinbarten Regeln und der Zeitplanung achten, während die Lerngruppe für die Prozesse und Ergebnisse verantwortlich bleibt. Die Moderation erfolgt in mehreren Phasen (in Anlehnung an Balk 2009):

- In der ersten Phase ist die Aufmerksamkeit auf die wesentlichen Fragen, Probleme, Perspektiven zu richten und dabei sind Orientierungen zu bieten, Zusammenhänge aufzuzeigen und die wesentlichen Kerne herauszuheben.
- In der nächsten Phase ist der Moderationsplan bzw. kooperative Arbeitsplan zu vereinbaren, in dem die Ziele, die zu bearbeitenden Themen, die Präsentationen und Diskussionen der erarbeiteten Ergebnisse und die gemeinsame Reflexion aller Arbeitsschritte und der Moderation festgehalten werden.
- Daran anschließend sind zunächst die medien- und kommunikationstechnischen Zugänge im virtuellen Bildungsraum zu prüfen bzw. herzustellen und die Übernahme der Moderation durch eine kurze Zusammenfassung des vereinbarten Arbeitsplanes sichtbar zu machen. Durch die Bereitstellung von Dokumenten kann der Kommunikationsaufwand begrenzt werden.
- Die Moderation der Durchführung der kooperativen Lern- und Arbeitsprozesse erfordert die Steuerung der Aufmerksamkeit, die Einbeziehung aller in die Kommunikation und Zusammenarbeit, das Aufzeigen von Zusammenhängen, die Konzentration auf das Wesentliche, das Zuspitzen und Zusammenfassen von Problemen und offenen Fragen.
- Sodann ist die Präsentation und Diskussion der gemeinsamen Lern- und Arbeitsergebnisse und deren Einordnung in den jeweiligen Bildungsgang und Beitrag zur Kompetenzentwicklung der Lernenden zu moderieren.
- In der abschließenden Phase ist der Moderationsprozess selbst mit allen Beteiligten, den Lernenden, dem Teletutor, dem Lehrenden und eventuell auch Fachexperten inhaltlich und methodisch zu reflektieren.

Probleme virtueller Gruppenarbeit

Die Möglichkeit der Gruppenarbeit gilt als besonderer Vorteil virtueller Bildungsräume im Vergleich zum klassischen papiergebundenen Fernlernen. Jedoch haben viele Lernende auch Vorbehalte gegen Gruppenarbeiten: Sie wollen zeigen, dass sie es ‚alleine können'. Hinzu kommt, dass Gruppenarbeiten oft zeitaufwendig sind, zumal sich in virtuellen Kontexten der Koordinationsaufwand noch erhöht und die medienvermittelten Arbeits- und Kommunikationsformen erst eingeübt werden müssen und dazu tutorieller Hilfestellungen bedürfen. Diese Probleme virtueller Gruppenarbeit werden vor allem von berufsbegleitend Lernenden kritisch betrachtet. Besondere Probleme der virtuellen Gruppenarbeit ergeben sich vor allem durch den Mangel an direkter sozialer Präsenz. Häufig genannt werden (BALK 2009, 488f; BLAKOWSKI/ HINZE 2000, 2001; HESSE/GARSOFFKY/HRON 2002):

- geringe Gruppenkohäsion (Verantwortungsdiffusion, Anstrengungsreduktion, Teilnehmer einer virtuellen Lerngruppe fühlen sich weniger verbunden als Teilnehmer einer Präsenz-Lerngruppe; es bestehen weniger Hemmungen, von Gruppenergebnissen zu profitieren, ohne sich in der Gruppenarbeit zu engagieren),
- fehlende Gruppenkoordination (sowohl der Arbeitsaufteilung als auch zeitlicher Absprachen, Missachtung alternativer Wege und Lösung),
- fehlende Kommunikationszyklen und -regeln, die sich in Präsenz-Lerngruppen meist von selbst ergeben (Kritiklosigkeit durch Gruppendenken, Folgen und Risiken nicht reflektieren),
- fehlende Abstimmung über den gemeinsamen Wissenshintergrund (Zurückhaltung von Informationen, Vernachlässigung von Spezialwissen von Teilnehmern).

Gruppengröße und Dauer der Zusammenarbeit

Lerngruppen können unterschiedlich groß sein, vom Lerntandem über die Kleingruppe bis zum Plenum; die Dauer der Zusammenarbeit kann von einer kurzen Gruppenphase bis zur kursübergreifenden Zusammenarbeit reichen. Ob Lerntandems funktionieren, hängt oft von persönlichen Faktoren der beteiligten Personen ab. Sie können gerade bei längeren virtuellen Lernprozessen sehr unterstützend sein. Mit Kleingruppen zwischen zwei und sieben Lernenden werden meist gute Lernergebnisse BLAKOWSKI/HINZE 2001, 9). Die Dauer kooperativen Lernens kann unterschiedlich lang sein, je nach Lernaufgaben ist es gut möglich, Lerngruppen für einen gesamten Kurs zu bilden. Große Gruppen wirken sich positiv auf Kreativitätsprozesse aus, beispielsweise bringen Mitglieder großer Gruppen mehr Ideen pro Person in Gruppenarbeiten ein als Mitglieder kleiner Gruppen. Andererseits steigen in großen Gruppen die Prozessverluste, da die Teilnehmer sich weniger verantwortlich fühlen (erzielt (EBD.). In großen Gruppen ist es daher besser, kurze Formen der Zusammenarbeit zum Sammeln von Ideen zu wählen, etwa Brainstorming zu Beginn eines kooperativen Lernprozesses oder Meinungsforum im Lernprozess (BUSCH/MAYER 2002, 90ff).

6.6.4 Qualifizierung zum Teletutor

Handlungskompetenzen von Teletutoren

Teletutoren sind – wie oben dargestellt – nach ihrer Position und Funktion in den informations- und kommunikationstechnisch basierten medienvermittelten Lehr- und Lernprozessen die persönlichen Mediatoren bzw. Vermittler zwischen den Lehrenden, deren Lehrhandlungen in den interaktiven Bildungsmedien objektiviert sind, und den Lernenden, die durch ihre individuellen und kooperativen Lernhandlungen mit den interaktiven Bildungsmedien ihre Handlungskompetenzen erwerben. Die daraus erwachsenden und oben beschriebenen vielfältigen und umfangreichen Aufgaben in den sechs Phasen der tutoriellen Betreuung der Lernprozesse (siehe oben Abb. 6.2) erfordern eine entsprechende Qualifizierung der Teletutoren (ARNOLD/KILIAN/THILLOSEN 2002C; ARNOLD/THILLOSEN 2003; MERKT 2009). Die Inhalte und Formen der gestellten Anforderungen an die zu entwickelnden Handlungskompetenzen der Teletutoren können zum einen den vorstehenden Aufgabenbeschreibungen entnommen werden. Diese sind entsprechend den jeweiligen Anforderungen der virtuellen Bildungsangebote und der Profile der Bildungsinstitutionen zu konkretisieren. Zum anderen müssen die konkreten Ausformungen ihrer Handlungskompetenzen eine Grundlage an Basiskompetenzen haben (MÜLLER, R. 2006):

Basiskompetenzen von Teletutoren
- Zunächst müssen Teletutoren ebenso wie die Lehrenden und die Lernenden die heute erforderlichen Kommunikations- und Medienkompetenzen (Kap. 6.2, 6.3) unter Nutzung aller Instrumente in virtuellen Bildungsräumen erwerben. Dazu gehört auch die Einstellung und Verknüpfung von Lernmaterialien und Lernergebnissen, die Einrichtung von Mitteilungs- und Diskussionsforen sowie die Verwaltung von Ablagen und Archiven.
- Sodann müssen Teletutoren über die Grundlagen und Besonderheiten des interaktiven und netzgestützten Lehrens und Lernens mit digitalen Bildungsmedien in virtuellen Bildungsräumen Bescheid wissen und die Möglichkeiten und Grenzen des medienvermittelten individuellen, kooperativen und partizipativen Lernens, der Lernerfolgskontrollen und der Präsentation, Diskussion und Bewertung von Lernergebnissen kennen. Dazu gehören auch Kenntnisse über typische virtuelle Lehr- und Lernszenarien sowie über Lerntypen und Faktoren erfolgreicher Lernprozesse.
- Teletutoren müssen in der Lage sein, die Lernenden in den virtuellen Bildungsraum und die Bearbeitung der interaktiven Bildungsmedien einzuführen, einen Überblick über die Fachinhalte und deren Bearbeitung zu geben und die persönliche Vorstellung der Lernenden sowie der Lehrenden und der ansprechbaren Experten zu organisieren. Sie müssen in der Lage sein, das selbst organisierte Lernen und das kooperative Lernen in Gruppen jederzeit zu moderieren, Regeln, Zuständigkeiten und Pflichten für die Kommunikation und Kooperation der Lernenden untereinander und mit Lehrenden und Experten zu vereinbaren, die Planung, Bearbeitung, Präsentation, Diskussion und Bewertung von Lernprojekten zu moderieren sowie auf Reflexion basierende Rückmeldungen an die Lernenden zu geben sowie über ihre tutorielle Unterstützung von diesen auch einzufordern.
- Damit die Teletutoren die Seite der Lernenden kennen lernen, sollten sie selbst ihre Basiskompetenzen als Lernende in tutoriellen Lernarrangements im virtuellen Bildungsraum erwerben. Auch ein Erfahrungsaustausch mit anderen Teletutoren im Bildungsraum wie in Präsenzveranstaltungen sowie mit den Lehrenden und den in die Bildungsangebote einbezogenen Experten ist sowohl für den

Erwerb der Basiskompetenzen wie für die weitere Vervollständigung und Anpassung ihrer tutoriellen Handlungskompetenzen sinnvoll.

6.7 Lernende: Aufgaben und Kompetenzen

Rezeption und Konstruktion

Anders als in traditionellen Präsenzlehrveranstaltungen, in denen das Lernen meist kleinschrittig durch die Lehre bestimmt wird, benötigen die Lernenden im E-Learning ein hohes Maß an Selbstlernkompetenz. Zum Lernen mit Bildungsmedien im virtuellen Bildungsraum sind von den Lernenden zwingend autodidaktische Lernkompetenzen zu erwerben und dieser Erwerb muss im Bildungsraum und durch die Bildungsmedien strukturell unterstützt werden. Zu Beginn müssen die Lernenden zumindest eine erste grobe Vorstellung davon haben oder eine solche muss durch das Medium angeregt werden, was sie warum und mit welchem Ziel wie erlernen wollen. Denn eine solche Vorstellung ist die Voraussetzung dafür, mit dem ersten Schritt in die Rezeption des Bildungsmediums den eigenen Lernprozess aktiv zu beginnen. Oft empfiehlt es sich, die Herausbildung einer ersten Vorstellung über die Ziele, Inhalte und Wege der eigenen Lernaktivitäten in Präsenzveranstaltungen mit Lehrenden diskursiv zu unterstützen und durch die Vermittlung von Diskrepanzerfahrungen zu motivieren. Die Lernenden können dann die in den Bildungsmedien präsentierten und von ihnen zu rezipierenden bzw. rezipierten Inhalte als für ihre Lernziele sowie Bildungs-, Arbeits- und Lebenszusammenhänge bedeutungsvoll einschätzen. Sie können weitere Informationen ihrem individuellen Lernbedarf entsprechend aufsuchen und rezipieren. Die Suche und Rezeption der für die eigenen Lerninteressen relevanten Bildungsinhalte in vielfältig vernetzten Strukturen, wie z. B. in Hypertexten, setzen bereits konkretisierte Lernziele und differenzierte Lerninteressen an einem Thema sowie die Fähigkeit zur Orientierung in den angebotenen Inhaltsstrukturen voraus. Und mit der Rezeption und ihrer kritischen Reflexion präzisieren oder erweitern oder verschieben die Lernenden ihre Lerninteressen, Lernziele, Lerninhalte und angestrebten Lernergebnisse. Dies befähigt sie zugleich, mit der im Internet wie in Bibliotheken vorhandenen Informationsflut zielorientiert auswählend und bewertend umgehen zu können, bei gleichzeitiger reflexiver Offenheit gegenüber weiteren sowie neuen Informationen und Anregungen. Auf der Grundlage dieser vielfältigen Rezeptionsprozesse konstruieren die Lernenden in einem ersten Schritt ihr individuelles Wissen und Denken und ihre individuellen Lern- und Handlungskompetenzen.

Kommunikation und Kooperation

Ohne diskursive Kommunikation mit den Lehrenden, Tutoren, Mitlernenden, Experten wie auch mit vielen anderen Menschen und der damit verbundenen Teilhabe an den Lebensprozessen in der Gesellschaft können die Lernenden ihr Wissen und Denken und ihre Kompetenzen nicht angemessen und vollständig für ein kompetentes Handeln in der Gesellschaft entwickeln. Die Kommunikation hat für Lernprozesse eine fundamentale Bedeutung. Während in traditionellen Präsenzlehrveranstaltungen schon die bloße persönliche Anwesenheit der Lehrenden und Lernenden zur direkten Kommunikation führt, ist dies beim Lernen mit Bildungsmedien aufgrund der örtlichen und zeitlichen Distanz nicht der Fall. Mit Bildungsmedien Lernende konzentrieren sich eher auf ihre individuellen Lernprozesse durch Rezeption und Reflexion der präsentierten Lerninhalte und Bearbeitung der gestellten Lernaufgaben. Dabei entstehende Fragen, Probleme und Einschätzungen können und werden sie zunächst durch die Nutzung weiterer Informationsquellen, meist im Internet, individuell zu lösen versuchen. Führt dies zu keiner zufrieden stellenden Beantwortung, kann dies zu einem Anlass zur Kommunikation mit anderen werden. Da es keine Anregung zur Kommunikation durch Präsenz gibt, muss zur Nutzung der Kommunikationsanwendungen im Web 2.0, wie z. B. bei Diskussionsforen, ein ausgeprägter Wille zur regelmäßigen Rezeption der eingestellten Beiträge sowie zur Präsentation eigener Beiträge vorhanden sein. Da dies sehr arbeitsintensiv sein kann, urteilt jeder Teilnehmer nach dem subjektiven Kriterium, was das Lesen und Schreiben von Beiträgen ihm persönlich bringt.

Kommunikation im Web 2.0

Daher muss trotz der einfachen Verfügbarkeit verschiedener Kommunikationsanwendungen im Web 2.0, die heute noch überwiegend zur privaten Kommunikation genutzt werden, die computerbasierte Kommunikation in Lehr- und Lernprozessen besonders angeregt und organisiert werden. Dazu ist es am Besten, durch Tutoren moderierte Lerngruppen einzurichten. Durch die zunächst individuell zu rezipierenden und zu bearbeitenden Bildungsmedien wird ein subjektives Interesse an einem Thema generiert, das im gemeinsamen Austausch von Erkenntnissen, Kommentaren, Erfahrungen und Fragen zur Klärung, Vertiefung, Erweiterung oder auch Verschiebung der subjektiven Lerninteressen, Lernziele, Lerninhalte, Lernprozesse und Lernergebnisse führen kann. Die didaktische Einbettung der Lerngruppen ist von entscheidender Bedeutung für ihr Fortbestehen. Auch ihre Organisation und Moderation durch Tutoren – oder auch durch die Lernenden selbst – und nicht durch die Lehrenden bzw. Medienautoren ist für die Gewährleistungen einer offenen Kommunikation der Lernenden entscheidend (PANKE 2007, 12f).

Mit der Verfügbarkeit der verschiedenen Kommunikationsmöglichkeiten im Web 2.0 wird öfter und intensiver kommuniziert als in den engen örtlichen und zeitlichen Grenzen von Präsenzveranstaltungen. Die meist schriftliche Kommunikation im virtuellen Bildungsraum erfordert einen erheblichen Zeitaufwand. Es ist daher notwendig zu lernen, die Vielfältigkeit auf das Wesentliche zu reduzieren, kurz und präzise zu fragen und zu antworten und Mitteilungen zu schreiben. Zugleich ist zu lernen und jeweils zu entscheiden, was wie öffentlich mitgeteilt werden kann und soll und was nicht. Der schriftliche Kommunikationsstil sollte ein empathischer sein, der persönlich ansprechend und nicht verletzend ist. Denn die schriftliche Kommunikation kann, anders als in der Regel in der Präsenzkommunikation, jederzeit sofort ohne irgendeine weitere Reaktion abgebrochen werden.

Bearbeitung und Präsentation

Die individuelle und kooperative Bearbeitung und Lösung von aus den jeweiligen fachlichen Praxis- und Theoriefeldern ausgegliederten komplexeren Lernaufgaben – nicht von Tests und Übungsaufgaben zur Prüfung gelernter Fakten und Verfahren – mündet meist zunächst in eine Reihe von Notizen und Ergebnisskizzen. Sie sind schriftliche Ausdrücke bzw. Markierungen der erworbenen Kompetenzen in Bezug auf die zu bearbeitende Aufgabe und als solche die Grundlage für die Erarbeitung der medialen Präsentation der Ergebnisse der Aufgabenbearbeitung. Für die mediale Präsentation ihrer Ergebnisse müssen die Lernenden in virtuellen Bildungsräumen neue multisymbolische Schreibkompetenzen entwickeln. Sie müssen die Fähigkeiten entwickeln, ihre erarbeiteten Ergebnisse strukturiert sowie ziel- und inhaltsangemessen und motivierend zur Rezeption für die jeweilige Zielgruppe von Lesern darzustellen. Dies erfordert sowohl fachliches und leserbezogenes Kontextwissen und entsprechend strukturierte Schreibkompetenzen als auch die Fähigkeit, die präsentierten Inhalte bezogen auf die Lesekompetenzen der Zielgruppe in multisymbolischen Formen zu präsentieren (Kap. 5). Also die textlichen Aussagen in ihrer Gliederung, Gestaltung und Formulierung z. B. durch Grafiken, Tabellen, Bilder, Videosequenzen oder andere symbolische Ausdrucksformen von Informationen entsprechend zu verdeutlichen. Im Unterschied zu den traditionellen linearen schriftlichen Ergebnispräsentationen in Texten mit eingebauten Grafiken, Bildern usw. ermöglichen heute die digitalen Medien in virtuellen Bildungsräumen wie im Internet, die erarbeiteten Ergebnisse in vernetzten Strukturen zu schreiben und multisymbolisch zu präsentieren. Das Schreiben in Hypertextstrukturen ermöglicht dem jeweiligen Leser eine individuell selbst gesteuerte und seinen subjektiven Interessen und Bedarfen entsprechende Rezeption der präsentierten Informationen. Die Schreibenden bzw. die Lernenden müssen dafür nicht nur ihre Kompetenz zum Schreiben ihrer Texte in multisymbolischen Formen entwickeln, sondern auch ihre Kompetenz zum kohärenten Schreiben in vernetzten Textstrukturen, die mit den jeweils entsprechenden Navigationselementen, Verweisen, Indexen, Markierungen und Suchfunktionen auszustatten sind. Beim Schreiben in linearen wie in Hypertextstrukturen müssen die multisymbolischen Texte bezogen auf ihr Ziel sowie ihre Rezeption immer rational, präzise, ansprechend und motivierend für die Adressaten verfasst werden. Eine rationale und effektive mediale Kommunikation und Kooperation erfordert zudem die Kompetenz, sowohl den Schreibaufwand als auch den Rezeptionsaufwand zuvor abschätzen und optimieren zu können.

Diskussion und Folgen

Die Diskussion präsentierter Lern- und Arbeitsergebnisse im virtuellen Bildungsraum ist in der Regel durch den Tutor oder auch einen Moderator aus der Gruppe der Lernenden einzuleiten und zu moderieren. Die Rezeption der präsentierten Ergebnisse und darüber hinaus die Beteiligung an der Diskussion ist wesentlich davon abhängig, ob die Ergebnisse den anderen Lernenden für ihre eigenen Lernprozesse bedeutungsvoll erscheinen und ihnen einen subjektiven Zugewinn an Kompetenzen in Aussicht stellen. Dabei kann sich auch ein gemeinsames Interesse herausbilden, den Präsentatoren der Ergebnisse ihre Kommentare, Wertungen, Kritiken und Anregungen mitzuteilen, um aus deren Antworten wiederum einen Gewinn für die Vertiefung, Erweiterung oder Korrektur des eigenen Wissens, Denkens und Handelns zu ziehen. Diese kritisch reflexive Diskussion präsentierter Ergebnisse, wenn sie empathisch und positiv von allen Beteiligten geführt wird, hat in der Regel einen gemeinsamen Zugewinn an Kompetenzen zur Folge. Dieser Zugewinn kann auch in eine entsprechende Überarbeitung und Verbesserung der Ergebnispräsentation umgesetzt werden, entweder durch die Präsentatoren selbst oder direkt durch die Kritiker, wie dies im Web 2.0 möglich ist, in dem Inhalte gemeinsam erstellt werden. Es entwickelt sich dadurch ein Schreiben in Gruppen, das von allen Beteiligten besondere Kompetenzen für ein aufgeteiltes, aber inhaltlich abgestimmtes multisymbolisches Schreiben sowie positives Kritisieren, Ergänzen, Präzisieren und Kürzen einer gemeinsam geschriebenen Präsentation erfordert.

Zugleich können sich in der positiv kritisch reflexiven Diskussion der präsentierten Ergebnisse weitere Diskrepanzen im Wissen, Denken und Handeln der Lernenden wie auch der Tutoren und Lehrenden zeigen. In einem Folgeschritt sind die offenbar gewordenen, angedeuteten oder scheinbaren Diskrepanzen gemeinsam aufzugreifen, zu analysieren und zu formulieren, um die nächsten individuellen und gemeinsamen Lehr- und Lernschritte bzw. aus den Praxis- und Theoriefeldern auszugliedernden Lernaufgaben in ihren Zielen, Inhalten und methodischen Vorgehensweisen bestimmen und beginnen zu können.

6.8 Lehren und Lernen im kooperativen Prozess

Veränderung der Lernprozesse

Die Allgegenwart medienvermittelter multisymbolischer Informationen und Kommunikationen über Computer und Internet revolutioniert nicht nur die Lehr- und Lernformen in Bildungsprozessen durch die Herausbildung der neuen Formen des E-Teaching und E-Learning. Sie revolutioniert ebenso die Didaktik und darin vor allem die Inhalte der Bildungsprozesse und damit die Anforderungen an die subjektiven Kompetenzen des Lehrens und Lernens in virtuellen Lernräumen. Selbst organisiertes Lernen in kooperativen und partizipativen Prozessen mit Lehrenden und anderen Experten in Communities of Practice ist eine sich zunehmend zeigende Tendenz und Perspektive des E-Teaching und E-Learning. Sie ergibt sich aus der gesellschaftlich verankerten und entwickelten Nutzung der neuen Möglichkeiten der digitalen Informations- und Kommunikationstechnologien. E-Learning ist damit nicht mehr, wie zunächst beim programmierten Lernen und dann beim Computer- und Web-Based-Training in den vergangenen Jahrzehnten, eine Fortführung kybernetischer Lehr- und Lernmaschinen zur Input-Output-Optimierung der Verteilung allgemein verfügbaren Wissens in individuellen Lernprozessen, das zulasten der Reflexion und Realisierung eigener Lerninteressen und Bedeutungsbezüge geht. Faktenlernen und Faktenwissen verliert in den informationstechnisch und systemisch rationalisierten Prozessen in Wirtschaft und Verwaltung wie in der privaten und gesellschaftlichen Lebenswelt an Bedeutung. Vielmehr kommt es in der ‚Wissensgesellschaft' auf Aneignung, Verstehen, Reflexion, Beurteilung und Kreativität an zum Aufbau subjektiver Bedeutungsstrukturen als kognitive Grundlage für die Entwicklung zielorientierter und aufgabenangemessener Handlungskompetenzen.

Kooperation und Partizipation im Lernen

Die mit dem Web 2.0 entwickelten vernetzten virtuellen Bildungs- und Arbeitsumgebungen am Computer schaffen neue Perspektiven für die Kooperation und Partizipation der Lernenden und Lehrenden (BREUER 2001; ERPENBECK/SAUTER 2007; HINZE 2004a, 2004b; SCHNEIDER 2005; SEUFERT 2005). Noch sind kooperative Lernformen im E-Learning nicht sehr verbreitet und müssen oft noch gegen die traditionellen individualisierenden Lehr- und Lernformen durchgesetzt werden. Partizipative Lehr- und Lernformen haben zwar in der handwerklichen und industriellen dualen beruflichen Ausbildung eine lange Tradition, in schulischen Bildungsprozessen sind sie jedoch bisher nur höchst selten anzutreffen. Auch in virtuellen Bildungsräumen ist die Partizipation von Lehrenden und Lernenden noch eine große Seltenheit. In der Regel geht es noch immer, selbst dann, wenn bevorzugt Methoden selbst organisierten und kooperativen Lernens angewendet werden, nach dem Motto ‚Was gelehrt wird ist zu lernen'. Der Lehrende bestimmt das Lernen vom Start über den Prozess bis zum Ergebnis. Dabei wird übersehen und völlig unterschätzt, dass die Lernenden gerade auch durch die Nutzung von Computer und Internet zunehmend fähig sind, selbstbestimmt und selbstständig neue Lerninhalte auf neuen Wegen und mit neuen Resultaten zu erarbeiten und diese auch anderen Lernenden wie auch den Lehrenden mitzuteilen und zu präsentieren, sodass auch die Lehrenden davon lernen können.

Wachsende Selbstbestimmung im Lernen

Um die Partizipationsfähigkeit der Lehrenden und Lernenden zu entwickeln, ist den Lernenden im pädagogischen Verhältnis mit den Lehrenden und den didaktischen Handlungsmodellen eine wachsende Selbstbestimmung im Lernen zu ermöglichen (ARNOLD, P. 2005a), z. B. über die Konfrontation mit anderen Sichtweisen, das Aufzeigen anderer Lernwege, Hilfen beim Selbstlernen, die diskursive Ausgliederung von Lernaufgaben, die Herstellung von Praxisbezügen, die Reflexion von Bedeutungsstrukturen, die Einbringung eigener Lerninteressen, die Metadiskussion der Aktivitäten und lehrenden Unterstützungen des selbstbestimmten Lernens. Die Lernenden können dabei durch die Rezeption und Rekonstruktion fremden Wissens in Auseinandersetzung mit ihrem bisher erarbeiteten Wissen aktiv eine neue Phase oder Stufe in ihrem Denken und Handeln nach zunehmend eigenen Zielen konstruieren. Im diskursiven Prozess mit den Lehrenden erarbeiten so die Lernenden ihren eigenen Lernprozess und führen ihn zu einem gewünschten Resultat. Die Lehrenden bereiten im Diskurs mit den Lernenden den Boden für die individuell oder kooperativ selbstbestimmte Ausgliederung authentischer Lernaufgaben aus relevanten Praxis- oder Theoriefeldern. Sie geben den Anlass für produktives Lernen, für die Beschaffung,

Auswahl, Bearbeitung und Reflexion der Lerninhalte und für die von den Lernenden selbst konstruierte Präsentation ihrer erarbeiteten Ergebnisse der gelösten Lernaufgaben. Und sie erwarten abschließend von den Lernenden die reflexive Eingliederung ihrer erarbeiteten Ergebnisse in die entsprechenden Praxis- und Theoriefelder, aus denen sie ihre Lernaufgaben aufgrund ihrer erkannten Wissens- und Handlungsdiskrepanzen zuvor ausgegliedert hatten.

Gemeinsame Produktion neuer Lerninhalte

Die präsentierten Ergebnisse der individuell oder kooperativ gelösten Lernaufgaben können wiederum von den anderen Lernenden und Lehrenden im Kontext der entsprechenden Praxis- und Theoriefelder kommentiert, ergänzt und bearbeitet werden. Sie werden zum Anlass und Gegenstand gemeinsamer kritischer und selbstkritischer Reflexion und Diskussion der Lernenden und Lehrenden – und beide, Lernende und Lehrende, können daraus lernen. Nach entsprechender Überarbeitung werden die präsentierten Ergebnisse damit zu neuen Wissens- bzw. Informationseinheiten, die wiederum im virtuellen Bildungsraum für weitere Lehr- und Lernprozesse zur Verfügung stehen bzw. gestellt werden können (HAUG 2009). Dies kann zunächst innerhalb des jeweiligen Fachgebietes einer Bildungseinrichtung geschehen. Es ist aber auch denkbar und inhaltlich sowie ökonomisch vorteilhaft, die präsentierten Ergebnisse auch den entsprechenden Fachgebieten in anderen Bildungseinrichtungen zur Rezeption und auch weiterer Bearbeitung zur Verfügung zu stellen. Allerdings ist dabei zu beachten, dass dafür möglicherweise bestehende Konkurrenzverhältnisse zunächst konstruktiv zu überwinden sind. Diese übergreifende Kooperation kann aber zu einem inhaltlichen und methodischen Mehrwert und Qualitätsgewinn führen, der dann für alle Beteiligten von Vorteil ist. Der organisatorische Gewinn kann die Entwicklung neuer Formen der Kooperation der Lehrenden sein, nämlich der Teilung gemeinsam entwickelter und aufeinander bezogener und sich wechselseitig ergänzender Lerninhalte, die dann im virtuellen Bildungsraum allen Lehrenden und Lernenden zur Verfügung gestellt werden können.

Schaffung einer gemeinsamen Wissensbasis

Durch die Kooperation und Partizipation der Lehrenden und Lernenden kann eine gemeinsame, kollektiv reflektierte Wissensbasis geschaffen werden, die mehr ist als jeder einzelne Lehrende oder Lernende für sich schaffen kann, und die jedem Lehrenden und Lernenden zugleich mehr Möglichkeiten und Chancen im Lehren und Lernen eröffnet. Damit wird zugleich ein Perspektivwechsel in den pädagogischen Verhältnissen von vertikal zu horizontal strukturierten Bildungsprozessen eingeleitet. E-Teaching und E-Learning kann im virtuellen Bildungsraum zu einem Prozess gemeinsam entwickelter und aufeinander bezogener und sich wechselseitig ergänzender Bildungseinheiten werden, die allen Beteiligten gemeinsam zu einer ganzheitlichen aufgabenadäquaten Entwicklung ihrer Handlungskompetenzen zur Verfügung stehen. Damit werden ganz neue Perspektiven für das organisierte Lehren und Lernen in pädagogischen Verhältnissen eröffnet, die sich noch im Prozess ihrer Herausbildung und Konkretisierung befinden.

6.9 Fazit

Das Lehren und Lernen im virtuellen Lernraum ist mit drei Herausforderungen konfrontiert:

(1) Überwindung von Kompetenzdiskrepanzen

Jedes Lernen, ob defensiv fremden Aufforderungen folgend oder expansiv selbstbestimmt Neues ergreifend, ist immer eine individuelle Anstrengung aktiver Überwindung von Diskrepanzen in den eigenen Handlungskompetenzen sowohl durch die Nutzung von Bildungsmedien und weiteren Informationsressourcen als auch durch persönliche Kommunikation, Kooperation und Partizipation. Auch im virtuellen Lernraum ist daher, wie die bisherigen Nutzungen und Akzeptanzprobleme bereitgestellter digitaler Bildungsmedien gezeigt haben, die Verfügbarkeit einer persönlichen Unterstützung, z. B. durch Tutoren, Lehrende und Experten, ein unverzichtbarer Erfolgsfaktor (ALAMI 2006).

(2) Erwerb von E-Teaching- und E-Learning-Kompetenzen

Mit der Entwicklung, Vernetzung und Nutzung der neuen digitalen Medien haben sich unsere Kommunikation, Kooperation und Partizipation in fast allen gesellschaftlichen Lebensbereichen wie zunehmend auch im Lehren und Lernen in ihren Formen, Prozessen, Reichweiten und Inhalten qualitativ verändert und erweitert. Um die im virtuellen Lernraum erforderlichen Kompetenzen im Lehren und Lernen und ihre Konsequenzen für das pädagogische Verhältnis näher bestimmen zu können, sind zunächst die wesentlichen Dimensionen einer mit digitalen Medien vermittelten Kommunikation zu klären. Die dafür erforderlichen Medienkompetenzen müssen den Lehrenden und Lernenden bereits zu Beginn in Einführungen vermittelt werden (MERKT 2009). Daran anschließend muss die vertiefende und vervollständigende Herausbildung der Medienkompetenzen von Medienexperten, z. B. in einem Kompetenzzentrum, durch begleitende Beratung und Schulung unterstützt werden.

(3) Teletutoren als Vermittler und Betreuer der Lernprozesse

Aus der Notwendigkeit der Vermittlung und Unterstützung der individuellen, kooperativen und partizipativen Lernprozesse sowie aus der Bearbeitung der digitalen Bildungsmedien, der Nutzung weiterer Informationsressourcen und der medienvermittelten Kommunikation, Kooperation und Partizipation der Lernenden mit vielen anderen Ansprechpartnern ergeben sich neue Funktionen und Aufgaben für die Betreuer bzw. Tutoren der Lernenden im virtuellen Lernraum. Sie werden zu persönlichen, organisierenden und fachlichen Mediatoren bzw. Vermittlern zwischen den meist persönlich getrennt bleibenden Lehrenden und Lernenden sowie zu didaktischen Vermittlern und Moderatoren der Lernprozesse (ARNOLD, P. 2003a, 17; ARNOLD/ KILIAN/THILLOSEN 2002c).

7 Lernerfolg und Kompetenzerwerb prüfen

Bedeutung der Prüfung von Lernerfolg

Ein zentrales Element beim Lernen und Lehren ist die Überprüfung des tatsächlich erreichten Lernerfolgs und der erworbenen Kompetenzen. Diese Überprüfung bezieht sich nicht ausschließlich auf eine abschließende Bewertung am Ende eines Lernprozesses durch Dritte, mit dem Ziel, Leistungen unterschiedlicher Lernender zu vergleichen (Selektion). Sie umfasst ebenfalls Rückmeldungen für Lernende zu ihren Lernprozessen, ihren Lernprodukten und ihrem erworbenen Kompetenzstand mit dem Ziel, ihr weiteres Lernen zu fördern (Förderung). Häufig wird aber bei der Lehrplanung sowie bei der Unterstützung der Lernprozesse diesem wesentlichen Handlungsschritt der Rückmeldung und des Prüfens von Lernerfolg bzw. des Kompetenzerwerbs zur Förderung der Lernprozesse nicht hinreichend Aufmerksamkeit gewidmet. Gerade in formalen Lernarrangements sollte im Sinne einer ganzheitlichen didaktischen Gestaltung der Lehr- und Lernprozesse der Prüfung des Lernerfolgs im Sinne eines Kompetenzerwerbs besondere Bedeutung beigemessen werden, da Prüfungsformen entscheidend auf Lehr- und Lernarrangements zurückwirken. Die „große Gestaltungsmacht des Assessments" (REINMANN 2007a, 19) sollte konstruktiv genutzt werden.

Kompetenzen statt Wissen prüfen

Die Kompetenzorientierung im Bildungsbereich erfordert zudem eine Anpassung traditioneller Prüfungsformen: Gefragt sind Prüfungen, die auf Kompetenzen ausgerichtet sind und sich nicht auf die Überprüfung von Wissen beschränken (NEUWEG 2001). Im Sinne eines „constructive alignments" (BIGGS 1996), einer Harmonisierung von erwarteten Lernergebnissen, Lehrmethoden und Prüfungsformen entsteht die Herausforderung, kompetenzorientierte Prüfungsformen zu entwickeln, da „neue Lehr-/Lernmethoden, mit denen Problemlösen, Metakognition oder soziale Fähigkeiten gefördert werden sollen, nicht mit Prüfungsverfahren harmonieren, die bloßes Faktenwissen abfragen" (REINMANN/SIPPEL 2011, 194). Im Folgenden sollen daher neue Möglichkeiten der kompetenzorientierten Überprüfung des Lernerfolgs mit digitalen Bildungsmedien vorgestellt und auf ihre Eignung für Bildungsprozesse mit E-Learning überprüft werden.

Vielfalt computerunterstützten Prüfens

Mit dem Einsatz von digitalen Medien für Lehren und Lernen haben sich auch viel-fältige Formen des computerunterstützten Testens und Prüfens entwickelt. Derartige ‚elektronische Prüfungen‘ vermeiden auf jeden Fall den ‚Medienbruch‘ zwischen E-Learning-Arrangements und schriftlichen Prüfungen wie ihn z. B. Klausuren an Hochschulen in Online-Studiengängen darstellen (BRAHM/SEUFERT 2007, 14). Zusätzlich werden mit elektronischen Prüfungen die unterschiedlichsten Erwartungen verbunden: zum einen eine Entlastung der Lehrenden, weil ggf. Massenprüfungen mit automatisierter Auswertung möglich werden, zum anderen aber auch die Hoffnung, dass durch Simulationen und Einbindung von multimedialem Fallmaterial eher ein handlungs- und kompetenzorientiertes Prüfen als mit traditionellen Prüfungsformen möglich wird (BENNETT 1998; VOGT/SCHNEIDER 2009), also die *Qualität* der Prüfung steigt.

Alternative Prüfungsansätze

Aber auch ganz andere Ansätze, Lernerfolg zu überprüfen, scheinen mit digitalen Medien möglich zu werden: In E-Portfolios – individuellen ‚digitalen Sammelmappen‘ mit Lernprodukten und Reflexionen – wird eine Verbindung zwischen Lernen, Lehren und Prüfen bzw. Kompetenzfeststellung gesehen. Sie scheinen eine „Brückenfunktion" (HÄCKER 2005) für diese drei wichtigen Bereiche einzunehmen und auch zu ermöglichen, informell erworbene Kompetenzen zu dokumentieren. Weiterhin kommen verschiedene Formen der Selbstbewertung und der wechselseitigen, kollegialen Bewertung innerhalb einer Lerngruppe, u. a. durch die neuen Instrumente im Web 2.0, verstärkt in den Blick.

Aufbau des Kapitels

Zunächst ist es notwendig, die grundlegenden Anforderungen an kompetenzorientiertes Prüfen zu klären (Kap. 7.1) und einen Überblick über die vielfältigen Formen computerunterstützten Prüfens zu gewinnen (Kap. 7.2). In einem Exkurs werden anschließend die speziellen Prüfungsherausforderungen thematisiert, die von den Hochschulen nach der Bologna-Reform zu bewältigen sind und die die Weiterentwicklung des computerunterstützten Prüfens stark beflügelt haben (Kap. 7.3). Im Bereich der beruflichen Bildung werden schon länger handlungsorientierte Prüfungen erprobt, die durch den Einsatz digitaler Medien noch realitätsnäher Anforderungen aus der beruflichen Praxis simulieren können (Kap. 7.4). Die Möglichkeiten und Chancen, aber auch die Voraussetzungen und Risiken elektronischer Tests, Klausuren und Massenprüfungen sind heute ebenfalls ein zentrales Thema geworden (Kap. 7.5). Zu fragen ist aber auch, ob und in wie weit E-Portfolios eine mögliche alternative Form der Leistungsdarstellung und -bewertung sein können (Kap. 7.6). Gleichermaßen lohnt ein Blick auf andere alternative Formen des Prüfens von Lernerfolg bzw. des Generierens von lernförderlichen Rückmeldungen, die an Nutzungsweisen des Web 2.0 anschließen (Kap. 7.7). Abschließend werden die zentralen Ergebnisse und Empfehlungen in einem Fazit zusammengefasst (Kap. 7.8).

7.1 Grundbestimmungen kompetenzorientierten Prüfens

Prüfung mit realen Aufgaben

Dem traditionellen Prüfungsparadigma gemäß werden Niveau, Umfang und Differenziertheit des erworbenen deklarativen Wissens in einem Fachgebiet als Lernerfolg mit standardisierten Verfahren und Instrumenten gemessen. Das Wissen, das die Lernenden erworben haben sollen, ist durch die lehrend und medial vermittelten Lerninhalte vorgegeben. In handlungsorientierten Lernarrangements, in denen die Lernenden mit Unterstützung von Tutoren, Lehrenden und Experten selbst organisiert, kooperativ und produktiv lernen und ihre Ergebnisse präsentieren und zur Diskussion stellen, ist diese traditionelle Wissensprüfung nicht geeignet, die von den Lernenden tatsächlich erworbenen Kompetenzen festzustellen. Denn entscheidend für einen Lernerfolg ist, die Kompetenzen zur Bewältigung komplexer Aufgaben und Situationen im individuellen, beruflichen und gesellschaftlichen Leben erworben zu haben und aus den Erfahrungen wiederum reflektiert lernen zu können. Dafür können die Erfolgskriterien zwar verallgemeinert beschrieben werden, aber sie sind auch vom handelnden Subjekt mitbestimmt. Objektivierte Maßstäbe, z. B. Testfragen mit Antworten zur Auswahl in ‚Multiple Choice Prüfungen', zur Diagnose der individuell entwickelten Vielfalt subjektiver Kompetenzen und damit zur Prognose zukünftiger Bewährung im Praxisfeld sind daher zur Prüfung von Lernerfolg ungeeignet (REINMANN/SIPPEL 2011, 194). Denn die Lernenden lernen, wie z. B. im forschenden Lernen, mit den Bildungsmedien in sozialen Bezügen methodisch weitgehend selbstständig, arbeiten inhaltlich an relevanten Problemstellungen, sind durch ihr Lerninteresse zur Erreichung weitergehender Lernziele motiviert, stellen eigene Lernergebnisse zur Diskussion und integrieren sich damit selbst aktiv in eine soziale Gemeinschaft (HUBER 2007). Sie gelangen so zu einer zunehmend offeneren Gestaltung ihrer Lernarrangements und Modifikation bzw. Selbstdefinition ihrer Lernziele. Im kommunikativen, kooperativen und partizipativen Prozess ihres Lernens bilden sie ihr individuelles und soziales Potenzial an Kompetenzen heraus, das erst in der Bewältigung eines Ernstfalls bezogen auf die konkreten Anforderungen, Bedingungen und angestrebten Ergebnisse vom Subjekt rekonstruktiv produziert und im Prozess sowie am Ergebnis sichtbar wird. Zudem wächst mit jeder individuellen und gemeinsamen Aufgabenbearbeitung im Praxisfeld das Kompetenzpotenzial des Subjekts. Eine Prüfung des Lernerfolgs bzw. der erworbenen Kompetenzen muss diese entwickelten individuellen und sozialen Potenziale erfassen und kann daher nur in realen Situationen mit realen Aufgaben erfolgen (ZIMMER/DIPPL 2003, 5–9).

Prüfung der Subjektivität

Traditionelle Prüfungen haben zugleich, darauf macht FOUCAULT (1979, 236ff) aufmerksam, eine Disziplinarfunktion: Durch Prüfungen werden die Subjekte nach festgelegten Maßstäben ‚normiert' für ihre Einordnung in die jeweiligen gesellschaftlichen Funktionsfelder. Die Disziplinarmacht kommt dabei in der funktional geregelten und normierten Selbstbewegung der Lernenden zum Ausdruck. Durch Prüfungen wird die Entfaltung der Subjektivität im Rahmen der pädagogischen Verhältnisse und

Vorgaben kontrolliert und dokumentiert. Die Prüfung kombiniert „eine bestimmte Form der Machtausübung mit einem bestimmten Typ der Wissensformierung" (EBD., 241), damit Art, Umfang, Reichweite und Verwendungsweise der Kompetenzen in machtpolitisch funktioneller Weise von den Lernenden in formellen und informellen Bildungsprozessen erworben werden. Diese Wirkungsmacht traditioneller Prüfungen steht den heutigen Anforderungen an die individuelle Entwicklung flexibler, sozialer, innovativer und ganzheitlicher Kompetenzen entgegen.

Neue Prüfungsverfahren notwendig

Neue Prüfungsverfahren müssen sowohl den hohen Anforderungen an die Entwicklung verallgemeinerter Kompetenzen Rechnung tragen als auch die individuell herausgebildeten subjektiven Kompetenzen beurteilbar machen, z. B. durch handlungsorientierte Prüfungen (EBBINGHAUS 2004; SCHMIDT 2000; Kap. 7.4). Neue Prüfungsverfahren müssen daher gerade im E-Learning ihre Disziplinarfunktion ablegen. Sie müssen die subjektive Offenheit sowie die gesellschaftlichen Kontexte in den Zielen, Inhalten und Wegen des Kompetenzerwerbs thematisieren, die der Lernende in Kooperation mit anderen Lernenden, den Tutoren, Lehrenden und anderen Experten in wachsendem Maße durch expansives Lernen (HOLZKAMP 1993, 190ff) ergreift und gestaltet. Gerade dadurch erzielt er seinen subjektiven Lernerfolg und baut ihn weiter aus. Für die Gestaltung neuer Prüfungsverfahren (ZIMMER 2008) ist daher zunächst zu klären: Was ist Lernerfolg im Sinne von Kompetenzerwerb? Wer produziert Lernerfolg? Wer prüft Lernerfolg? Wie ist Lernerfolg messbar? Wie kann Lernerfolg verbessert werden?

Was ist Lernerfolg?

Ausgangspunkt für die Bestimmung von Lernerfolg ist der Lernprozess. Ein Lernprozess dient der Überwindung von Diskrepanzen im Denken und Handeln und mithin in den Kompetenzen von Subjekten bei der Bewältigung und Gestaltung ihrer individuellen und gesellschaftlichen Lebensgewinnung (HOLZKAMP 1993, 211ff). Diskrepanzen in ihren Kompetenzen können Subjekte zum einen in ihrem aktuellen Handeln erfahren, reflektieren und durch handlungsbegleitende Lernprozesse auszugleichen versuchen. Zum anderen können sie zwischen angestrebten und ihren gegenwärtigen Kompetenzen Diskrepanzen erkennen, die sie durch pädagogisch organisierte Lernprozesse überwinden können. Der erreichte Zuwachs subjektiver Kompetenzen stellt einen Lernerfolg dar. Ob sie erfolgreich erworben wurden, zeigt sich allerdings erst in konkreten Anwendungssituationen und ist noch nicht am Ende eines Lernprozesses vollständig erkennbar. Erfolgreich erworbenes deklaratives Wissen allein ist noch kein Garant für einen erfolgreichen Transfer des Gelernten in eine Anwendungssituation (TERGAN 2000a, 144). Eine erfolgreiche Lösung repräsentativer Aufgaben aus einem Anwendungsfeld zum Abschluss eines formellen oder informellen Lernprozesses kann exemplarisch erkennbar werden lassen, ob die angestrebten Kompetenzen erworben wurden, aber bewiesen wird dies erst in der Anwendungspraxis selbst.

Wer produziert Lernerfolg?

Lernen ist mithin ein auf die Selbstbefähigung des lernenden Subjekts bezogener subjektiver Prozess von Lernhandlungen in pädagogischen Verhältnissen. Lernen vollzieht das Subjekt durch seine geistigen, materiellen und sozialen Handlungen mit ideellen oder materiellen Gegenständen in sozialen Kontexten und gesellschaftlichen Zusammenhängen mit dem Ziel eines Gewinns subjektiver Kompetenz. Jedes subjektive Lernen findet immer auch in Kommunikation und Kooperation sowie im Einvernehmen und in Auseinandersetzung mit anderen Subjekten statt. Auch unabhängiges individuelles Lernen bedarf immer der Rückbindung an die gesellschaftlichen Zusammenhänge und geht aus diesen Zusammenhängen durch Abgrenzung und Weiterentwicklung hervor. Da sich die Kontexte des Lernens nie vollständig kontrollieren lassen, gehen aus Lernprozessen immer auch nicht intendierte subjektive Lernerfolge hervor. Jedes Subjekt entscheidet prinzipiell selbst über sein Lernen. Auch wenn es sich Zwängen beugt, also defensiv lernt, hat es sich entschieden, denn es hätte sich – möglicherweise unter Inkaufnahme negativer Folgen – auch anders entscheiden können (HOLZKAMP 1983, 236; ZIMMER/PSARALIDIS 2000, 270). Entscheidend für den Lernerfolg des Subjekts ist, dass es alle Chancen von Lernarrangements zu expansivem Lernen nutzt (HOLZKAMP 1993, 190ff; FAULSTICH/LUDWIG 2004), was auch die Reflexion, Gestaltung und Ergänzung der Lernarrangements sowie die gemeinsame Diskussion eigener Lernergebnisse einschließt.

Wer prüft Lernerfolg?

Da in E-Learning-Arrangements nach den Prinzipien der Selbststeuerung und kooperativen Selbstorganisation gelernt wird, sind die Lehrenden nicht an jedem Lernschritt beteiligt, oft sehen sie nur Zwischenergebnisse. Sie können daher nicht über jeden Lernschritt eine Beurteilung abgeben. Die Mitlernenden und die Lernenden selbst und gegebenenfalls externe Gutachter müssen an der Prüfung beteiligt werden. Ein Beurteilungsdiskurs, z. B. auf der Basis eines mit Begründungen und Kommentaren versehenen E-Portfolios (Kap. 7.6), ist notwendig, um zu einer intersubjektiv übereinstimmenden Beurteilung zu kommen und damit abweichende Beurteilungen überprüfbar und nachvollziehbar werden. Entscheidend ist dabei, dass alle Beurteilungen qualitativ begründet werden, bevor sie in Zensuren oder Punkten quantifiziert werden. Eine den Anforderungen in realen Anwendungssituationen entsprechende Prüfung und Beurteilung von Lernerfolg kann daher immer nur Ergebnis eines kommunikativen Prozesses zwischen allen Beteiligten sein (ZIMMER/DIPPL 2003).

Wann kann Lernerfolg geprüft werden?

Primär können nur die in einer realen Anwendungssituation Beteiligten zusammen mit dem Absolventen eines Lernprozesses dessen Kompetenzen messen und bewerten. Denn die Beteiligten in E-Learning-Arrangements sind in der Regel andere als in den Praxisfeldern, es sei denn, Lernen und Anwenden sind, z. B. am Arbeitsplatz, integriert.

Sekundär können Lernerfolge auch im Anschluss an Lernprozesse gemessen und bewertet werden. Diese Prüfung gibt aber nur Auskunft über die Bewältigung der

Prüfungsaufgaben, nicht über die Fähigkeiten zum Transfer der erworbenen Kompetenzen in Praxisfelder. Der Vorhersagewert dieser Prüfungsergebnisse hängt davon ab, ob die Prüfungsaufgaben einen hohen Grad an Übereinstimmung mit den Aufgabenanforderungen in der Praxis haben. Daher sollten hier nicht nur die Lehrenden und Lernenden die erreichten Lernergebnisse prüfen, sondern auch hinzugezogene Gutachter aus den Praxisfeldern.

Tertiär können auch lernprozessbegleitende Beurteilungen der Lernerfolge durch die Lehrenden und Lernenden, gegebenenfalls unter Hinzuziehung externer Gutachter aus den Praxisfeldern, durchgeführt werden. Begleitende Beurteilungen beziehen sich auf erreichte Zwischenergebnisse und die Handlungsprozesse der Lernenden in den E-Learning-Arrangements. Zentral für begleitende Prüfungen ist der gemeinsame Diskurs über die Ziele, Inhalte, Methoden und Bedingungen, um die Lernprozesse und Lernergebnisse zu verbessern.

Wie ist Lernerfolg messbar?

Bei der Messung von Lernerfolg kann zwischen einer pragmatischen Messung und einer wissenschaftlichen Messung unterschieden werden (Zimmer 2008).

Pragmatische Messung von Lernerfolg

Bei der *pragmatischen Messung des Lernerfolgs* werden die Dimensionen des Ergebnisses der subjektiven Handlungen in realen oder simulierten Anwendungssituationen in Bezug auf das angestrebte Handlungsziel im Praxisfeld anhand von qualitativen und quantitativen Kriterien gemessen. Welche Dimensionen zu messen sind, ergibt sich aus den im Anwendungsfeld zu erbringenden Leistungen. Eine quantitative Messung genügt nicht, es muss immer qualitativ nachgefragt werden, aus welchen Gründen die erbrachte Leistung von der geplanten Leistung abweicht. Eine Messung kann auf eine bessere Grundlage gestellt werden, wenn der Prozess des Kompetenzerwerbs in die Beurteilung des Lernerfolgs einbezogen wird. Dazu ist während des Lernprozesses eine begleitende Leistungsmessung vorzunehmen (Zimmer/Dippl 2003, 13f; Masson 2003). Damit wird nicht nur die Sicherheit der abschließenden Messung erhöht, sondern den Lernenden wird schon im Lernprozess eine Rückmeldung gegeben und weitere Lernziele und Lernschritte zur Verbesserung des Lernerfolgs können vereinbart werden.

Wissenschaftliche Messung von Lernerfolg

Die *wissenschaftliche Messung des Lernerfolgs* hat die Untersuchung der Gründe für Erfolg oder Misserfolg eines Lernprozesses zum Ziel, um daraus Gestaltungshinweise für die Lehr- und Lernprozesse zu gewinnen. Da Lernen eine subjektive Leistung ist, können keine kausalen Beziehungen zwischen E-Learning-Arrangements und Lernerfolgen angenommen werden. Dennoch soll gemessen werden, ob ein subjektiver Gewinn an Kompetenzen ganz oder in wesentlichen Teilen durch welche Faktoren des Lernarrangements hervorgebracht wurde. Hierzu bietet sich die Methode der logischen Rekonstruktion der Lernhandlungen an (Arnold, P. 2003b; Gaiser 2002; Grotlüschen 2003; Zimmer 2000d; Zimmer/Psaralidis 2000). Logische Rekonstruktion bedeutet, unter Anwendung der Methoden und Instrumente der qualitativen Sozialforschung den Zusammenhang der erworbenen Kompetenzen mit den Lehr- und Lernhandlungen in seiner Entwicklungslogik zu rekonstruieren. Also begründet zu klären, welche Anforderungen, Chancen, Bedingungen, Unterstützungen und Begrenzungen in welchen Gestaltungsformen, Situationen und Kontexten wie zum Erwerb der subjektiven Kompetenzen geführt haben. Dabei können fundamentale und relative Lernschritte unterschieden werden (MILLER 1986, 7ff). Fundamentale Lernschritte bewirken Umstrukturierungen und grundlegende Anhebungen in den Kompetenzen, während relative Lernschritte erworbene Kompetenzen durch Anwendung, Übung und Reflexion festigen.

Wie kann Lernerfolg verbessert werden?

Eine Verbesserung von Lernerfolg erfordert, dass die gemessenen Differenzen zwischen den erworbenen Kompetenzen und den in realen Anwendungssituationen gezeigten Kompetenzen ins Verhältnis zu den vorausgegangenen Lernprozessen gesetzt werden. Aus dem Bezug der Kompetenzdifferenzen auf das E-Learning-Arrangement und die Handlungen der Lernenden und Lehrenden können Schlussfolgerungen für die Verbesserung von Lernerfolg gezogen werden. Entscheidend ist dabei, in welchen Kompetenzdimensionen welche Differenzen aufgetreten sind, weil davon abhängt, ob und wie die didaktische Gestaltung, die Lernkontexte und Anwendungsbezüge, die Vorbereitung der Lernenden, die Kooperation der Lernenden, die Unterstützung durch Tutoren, Lehrende und Experten verändert werden müssen.

Der daraus folgende Gestaltungsbedarf von E-Learning-Arrangements kann eine Veränderung des Mediendesigns sowie der Lehr- und der Lernmethoden erfordern, z. B. statt der reinen Bearbeitung linearer Lerneinheiten deren Kombination mit Simulationen. Er kann in der Erweiterung der im Lernraum zur Verfügung gestellten Informationen oder in der Verbesserung des Transfers des Gelernten in reale Anwendungssituationen bestehen, z. B. durch die Bearbeitung repräsentativer Aufgaben aus der Praxis in Simulationen. Gestaltungsbedarf kann auch in einer besseren Beratung und Unterstützung der Lernenden oder in der Einrichtung von Lerngemeinschaften im virtuellen Lernraum bestehen. Er kann auch eine Verbesserung der Lernumgebung erfordern, damit die Lernenden sowohl ihre persönliche Lernumgebung einrichten können als auch alle Funktionen für ihr kooperativ selbst organisiertes Lernen verfügbar haben und ihre Lernergebnisse präsentieren und mit anderen diskutieren können. Eine Verbesserung des Lernerfolgs kann weiterhin durch eine Evaluation und Korrektur der den Lernprozess begleitenden Prüfverfahren erreicht werden.

7.2 Computerunterstütztes Prüfen und Testen

Oberbegriff E-Assessment

Welchen Beitrag können digitale Medien in dieser Situation zur Frage des kompetenzorientierten Prüfens leisten? Mittlerweile existieren Prüf- und Testverfahren mit Computerunterstützung in mannigfachen Formen und Ausprägungen. Wie häufig in einem relativ jungen Fachgebiet hat sich auch in diesem Bereich noch keine einheitliche Begriffsverwendung herausgebildet. Häufig wird der aus dem Englischen stammende Begriff des E-Assessment (‚to assess' = ‚einschätzen') als Oberbegriff für die zahlreichen verschiedenen Formen verwendet. E-Assessment ist das „Spektrum der auf den neuen (elektronischen) Informations- und Kommunikationstechnologien basierenden Verfahren der lehrzielbezogenen Bestimmung, Beurteilung, Bewertung, Dokumentation und Rückmeldung der jeweiligen Lernvoraussetzungen, des aktuellen Lernstandes oder der erreichten Lernergebnisse/-leistungen vor, während [...] oder nach Abschluss [...] einer spezifischen Lehr-Lernperiode" (BLOH 2006, 6, zit. n. BRAHM/SEUFERT 2007, 5; JISC 2007). Gelegentlich wird der Begriff ‚E-Assessment' auch enger, insbesondere im Zusammenhang mit automatisch auswertbaren Massenprüfungen verwendet (‚Large Scale Assessment'). Im Folgenden wird E-Assessment hingegen im weiten Verständnis als Synonym für computerunterstütztes Prüfen und Testen zur Überprüfung des Lernerfolgs und zur Feststellung erworbener Kompetenzen benutzt.

Unterschiedliche Zeitpunkte im E-Assessment

Bei der Überprüfung des Lernerfolgs geht es nicht nur um die abschließende Überprüfung von Lernerfolg im Sinne des Kompetenzerwerbs am Ende eines Lernprozesses (‚summatives Assessment'), sondern der Test eines aktuellen Lernstands während des Lernprozesses zur Förderung des weiteren Lernens (‚formatives Assessment') gehört genauso dazu wie die Überprüfung von Lernvoraussetzungen bzw. eines Kenntnisstandes zu Beginn (‚diagnostisches Assessment') (CRISP 2009, 4). Zum ‚diagnostischen Assessment' im weiteren Sinne können auch ‚Online Self Assessments' in Form von webbasierten Kompetenz- und Eignungstests gezählt werden, die immer häufiger als Studieneingangstest oder zur Laufbahnberatung eingesetzt werden (für ein Beispiel im Bereich der Lehrerbildung vgl. NIESKENS/MÜLLER 2009). Generell kann computerunterstütztes Prüfen und Testen allen drei Zeitpunkten eines Lernprozesses erfolgen (zu Beginn, zur Laufzeit und am Ende). Bei E-Portfolios (Kap. 7.6) begleitet das Assessment ggf. den gesamten Lernprozess über einen längeren Zeitraum.

Entwicklungsphasen computerunterstützer Prüfungen

Häufig werden mit computerunterstützen Prüfungen Testfragen mit Antworten zur Auswahl (‚Multiple Choice Questions') assoziiert (RUEDEL 2010, 19), die überwiegend der Überprüfung von Faktenwissen dienen. Das Spektrum des computerunterstützen Prüfens und Testens ist aber wesentlich umfassender. Bereits BENNETT (1998) beschrieb in einem Szenario zukünftiger Entwicklung des E-Assessments visionär drei

Entwicklungsphasen von computerunterstützten Prüfungen. Der dritten Entwicklungsphase sprach er dabei das Potenzial zu, die übliche Vorstellung von Prüfung und Prüfungsdidaktik grundlegend zu revolutionieren.

Phase 1: Traditionelle Prüfungen in Papierform werden ohne größere Veränderung für die Bearbeitung am Computer umgesetzt, mit dem Ziel der Effizienzsteigerung durch leichtere organisatorische Verwaltung. In dieser Phase wird die benötigte technologische Infrastruktur aufgebaut.

Phase 2: Für die einzelnen Prüfungsfragen werden neue Formate entwickelt, z. B. werden Fragen mit authentischem Material oder Video- und Audiodateien zur Kontextualisierung der Fragen verwendet und offene Antwortformate unterstützt. Ziel ist eine weitere Effizienzsteigerung durch halb automatisierte oder vollautomatisierte Auswertungen. In dieser Phase findet bereits eine erste qualitative Verbesserung der Prüfungen durch die elektronische Umsetzung statt.

Phase 3: Es wird möglich, Kompetenzen zu testen, z. B. durch komplexe Simulationen mit authentischen Arbeitsbedingungen. Weiterhin werden elektronische Prüfungen auch formativ eingesetzt, zur Abbildung von Lernfortschritten und als Lern- und Fokussierungshilfe. In dieser Phase verändert sich das Prüfungswesen grundlegend.

Formen computerunterstützter Prüfungen

Es wird also jeweils genau zu betrachten sein, welcher Entwicklungsphase computerunterstützter Prüfungen eine konkrete elektronische Prüfung zuzuordnen ist. Welche konkreten Formen elektronischer Prüfungen gibt es? Ein Blick auf die Prüfungen bzw. Leistungsnachweise an Hochschulen, die jetzt mit Computerunterstützung durchgeführt werden können, zeigt beispielhaft die große Vielfalt, aber auch die Erweiterung um teilweise oder gänzlich neue Möglichkeiten der Prüfung (Tab. 7.1).

Während zahlreiche bewährte Prüfungsformate (z. B. schriftliche Prüfungen, mündliche Prüfungen, Seminararbeiten) durch Computerunterstützung in ihrer Charakteristik bei der Übertragung in ein elektronisches Format weitgehend erhalten bleiben, finden andere Prüfungsformen (Referate, Gruppenprüfungen, mündliche Mitarbeit) im E-Assessment nur eine ungefähre Entsprechung. Darüber hinaus entstehen im elektronischen Format auch weitere neue Varianten (z. B. ‚Digital Storytelling‘, ‚Wiki‘, ‚Webquest‘).

Bei den elektronischen Prüfungsformen, die den traditionellen Formen stark gleichen, wird durch die Computerunterstützung oft ein organisatorischer Mehrwert erzielt (z. B. bessere Lesbarkeit durch Computerschrift, mündliche Prüfungen in Form von Videoprüfungen auch über die Ferne durchführbar, Laborübungen werden durch Simulationen unaufwendiger durchführbar). Gleichzeitig hat das elektronische Format aber oft andere, spezifische Nachteile und Risiken (z. B. technische Pannen, zu klärende rechtliche Fragen).

Eine Position zwischen traditionellen und elektronischen Prüfungsformen nimmt die Optische Kennzeichnungserkennung (‚Optical Mark Recognition‘ = OMR) ein: Hier werden die gekennzeichneten Antwortbögen zu Fragen mit Antworten zur Auswahl (‚Multiple Choice Questions') eingescannt und automatisiert ausgewertet.

Tab. 7.1: Computerunterstützte Prüfungsformen an Hochschulen (in Anlehnung an RUEDEL 2010, 18ff, modifiziert und erweitert)

Traditioneller Leistungsnachweis	E-Assessment-Form	Grad der Entsprechung
Schriftliche Prüfung	Elektronische Klausur	hoch
Mündliche Prüfung	Adaptives Testen[1] Videoprüfung	hoch hoch
Referat	Präsentation	hoch
Seminararbeit	Elektronisch abgegebene Arbeit (‚electronic submission')	hoch
Mündliche Beteiligung	Online-Diskussionsforum Online-Voting-System	mittel mittel
Lerntagebuch	Studienjournal per Weblog	hoch
Gruppenprüfung	Gemeinsamer Wiki-Aufbau Webquests	niedrig niedrig
Portfolio	E-Portfolio	hoch
Poster-Präsentation	Digital Storytelling	mittel
Wissenschaftspraktische Tätigkeit	Simulation	hoch
Wechselseitige studentische Bewertung	Peer Assessment z. B. durch Kommentarfunktion	hoch

[1] Die Zuordnung „Adaptives Testen" und „Mündliche Prüfung" ist dadurch begründet, dass adaptive Testformen es ermöglichen, den Schwierigkeitsgrad der Fragen der Güte der erhaltenen Antworten anzupassen. Analog werden bei mündlichen Prüfungen die Prüfungsfragen an der gezeigten Leistung der zu Prüfenden ausgerichtet.

Eine ähnliche Vielfalt von computerunterstützten Prüfungsformen wird auch in anderen Bildungsbereichen, so z. B. im Bereich der beruflichen Bildung eingesetzt. Eine überzeugende Systematik der Prüfungsformen wurde bislang noch nicht herausgebildet (RUEDEL 2010, 17).

Typen computerunterstützer Prüfungen
Im Folgenden werden vier wichtige Typen von computerunterstützten Prüfungen mit ihren Vor- und Nachteilen vorgestellt und eingeschätzt, welchen Beitrag sie für kompetenzorientiertes Überprüfen von Lernerfolg leisten können:
- Prüfungen, die sich an konkreten beruflichen Aufgaben und Handlungen orientieren, wie z. B. die Bearbeitung von elektronischen Fallstudien, Webquests oder Simulationen (Kap. 7.4),
- elektronische Klausuren und Tests mit der Möglichkeit der automatischen Auswertung und damit auch der Erleichterung von Massenprüfungen (Kap. 7.5),
- E-Portfolios mit der Akzentverschiebung von der Leistungsfeststellung zur Leistungsdarstellung (Kap. 7.6),

- Selbstbewertungen und wechselseitige Bewertungen mit Web 2.0 Instrumenten, in denen die (Mit-)Lernenden zentrale Akteure für Rückmeldung und Bewertung sind (Kap. 7.7).

7.3 Exkurs: Herausforderungen des Prüfens an Hochschulen nach der Bologna-Reform

Hochschulen stehen nach der Bologna-Reform bei der Überprüfung des Lernerfolgs vor einer doppelten Herausforderung:

Kompetenzorientierung in Studiengängen

Zum einen ist mit dieser Studienreform ein grundlegender Wechsel von der Input- zur Outcome-Orientierung verbunden. Schwerpunkt curricularer Planung sind nicht mehr die zu vermittelnden Inhalte, sondern die Kompetenzen, die die Studierenden am Ende einer Lehrveranstaltung oder eines Studiengangs erworben haben sollen (BRAUN/HANNOVER 2008; KRUSE 2009, 45). Gleichzeitig überwiegen traditionelle universitäre Prüfungsformen wie Klausuren (die per Hand geschrieben werden), mündliche Prüfungen und Hausarbeiten. Bei diesen Prüfungsformen stellt sich die Frage, ob sie den Anforderungen an kompetenzorientiertes Prüfen (Kap. 7.1) gerecht werden können oder nicht eher der Reproduktion angeeigneten Wissens dienen und damit der Kompetenzorientierung widersprechen. REINMANN (2007a, 13) spricht in diesem Zusammenhang plakativ von einer „Kompetenzlüge": Hochschulen versprechen in Bologna-Studiengängen sich an beruflich verwertbaren Kompetenzen als ‚Outcome' zu orientieren und diese auch zu prüfen, tatsächlich überwiegen aber reine Wissensprüfungen, die von den Studierenden nicht Problemlösefähigkeit abverlangen, sondern die Reproduktion von Faktenwissen. Und einen weiteren Aspekt hat die „Kompetenzlüge": Es wird von Lernerorientierung und individueller Förderung gesprochen, tatsächlich dienen die Prüfungen an Hochschulen aber vielmehr der Selektion (z. B. für zulassungsbeschränkte Master-Studiengänge). Hinzu kommt, dass bei der grundlegenden Outcome-Orientierung der Weg zum ‚Outcome' nicht Gegenstand der Prüfung sein darf. Im Mittelpunkt der Prüfung sollen die zu erwerbenden Kompetenzen stehen, die die Studierenden durchaus auf unterschiedlichen Wegen, ggf. auch informell erworben haben können. Bei den klassischen Prüfungsformen an Hochschulen, dem „universitären Dreikampf: Klausuren, Referaten und Hausarbeiten" (EBD., 13), verschlechtern sich die Chancen auf ein gutes Prüfungsresultat häufig, wenn Studierende einen anderen, individuellen Weg des Kompetenzerwerbs einschlagen. Ein weiterer Widerspruch zwischen den Ansprüchen der Bologna-Reform und der Prüfungsrealität an Hochschulen besteht darin, dass die Zusammenarbeit in der Gruppe als Schlüsselkompetenz erworben werden soll, korrespondierende Prüfungsformen aber meist nicht eingesetzt werden, sondern weiterhin individuelle Prüfungen mit Einzelleistungen überwiegen, ohne Möglichkeiten für die Studierenden, ihre erworbenen Kompetenzen zur Zusammenarbeit auch dokumentieren zu können (EBD., 15).

Gestiegene Prüfungslast

Zum anderen hat die Prüfungslast an den Hochschulen durch die Bologna-Reform enorm zugenommen (Reinmann/Sippel 2011, 195; Ruedel 2010, 11; für eine exemplarische Berechnung siehe Wolf 2007, 28). Mit der Einführung studienbegleitender Prüfungen bzw. der Abschaffung von Abschlussprüfungen ist der Grundsatz verbunden, dass jedes Modul mit einem Leistungsnachweis abgeschlossen werden muss. Die Zahl der durchzuführenden Prüfungen ist daher beträchtlich gestiegen. Gleichzeitig können die Prüfungen durch den vorverlagerten Zeitpunkt auch einen formativen Charakter innerhalb des Studiums einnehmen. Dies setzt aber zeitnahe und lernförderliche Rückmeldungen an die Studierenden voraus, die in der Regel die Lehrenden und die Prüfungsorganisation kapazitätsmäßig überfordern.

Erwartungen an computerunterstützte Prüfungsformen

In dieser Situation wird die Einführung von E-Learning-Arrangements häufig auch mit der Hoffnung auf innovative Prüfungsformen, insbesondere auf eine Automatisierung von Prüfungen, Prüfungsauswertungen und Prüfungsrückmeldungen durch computerunterstützte Prüfungsformen verbunden. Hoffnung auf Entlastung durch computerunterstützte Prüfungsformen wird so häufig zu einer wichtigen Triebkraft für die Implementierung von E-Learning an Hochschulen (Arnold/Mayrberger/ Merkt 2006, 35).

Aber auch hinsichtlich einer besseren Passung von Bologna-Zielen und Prüfungsformen sind die Erwartungen hoch: Lassen sich z. B. durch handlungsorientierte Prüfungen in Simulationen und mit authentischem multimedialem Fallmaterial eher Kompetenzen überprüfen? Können E-Portfolios als Sammlungen von Arbeitsproben und Reflexionen der Studierenden eine Möglichkeit darstellen, dass Studierende ihre vielleicht auch informell erworbenen Kompetenzen dokumentieren? Können über eine studienbegleitende Anlage einer solchen Sammlung eher lernförderliche Rückmeldungen, auch durch Mitlernende, realisiert werden als durch traditionelle Prüfungen? Diese vielfach diskutierten Fragen belegen, dass mit dem Einsatz von computerunterstützten Prüfungsformen oft auch Hoffnungen auf Innovationen in der Prüfungsgestaltung verbunden werden – ähnlich, wie die Einführung von E-Learning insgesamt eine Renaissance der Hochschuldidaktik bewirkt.

7.4 Handlungsorientierte Prüfungen mit digitalen Medien

7.4.1 Grundprinzipien handlungsorientierter Prüfungen

Handlungsorientierung in der beruflichen Bildung

In der beruflichen Bildung gilt Handlungsorientierung schon lange als tragendes didaktisches Prinzip (ELSTER/DIPPL/ZIMMER 2003). Handlungsorientierung ist eng verknüpft mit dem „Lernfeldansatz" an Berufsschulen, der „die Erfahrungszusammenhänge beruflicher Verwendungssituationen zum vorrangigen didaktischen Bezugspunkt erhebt" (MÜLLER, H.-J. 2006, 7). Die weitgehende Aufgabe einer Orientierung des Unterrichts an einzelnen Fächern im Lernfeldansatz entspricht dem Wandel in der modernen Arbeitswelt, in der nicht mehr Funktionen oder Berufsrollen, sondern Prozesse die zentralen Bezugspunkte der Arbeitsorganisation darstellen (EBD., 21). Komplexe handlungsorientierte Lehr-/Lern-Arrangements stellen die Ausbildung der beruflichen Handlungskompetenz der einzelnen Lernenden in den Mittelpunkt. Im Sinne einer Passung von Lehr-/Lern-Arrangements und Prüfungen ist die Entwicklung handlungsorientierter Prüfungsformen daher seit längerer Zeit ein wichtiges Thema in der beruflichen Bildung (BIBB 1997; BLUM U.A. 1995; DIHK o.J.; MÜLLER, H.-J. 2006; ROTTMANN/STRATMANN/KERRES 2006; SCHMIDT, J.-U. 2000; ZIMMER/DIPPL 2003). In zahlreichen Modellversuchen wurden exemplarisch Prüfungsformen konzipiert und in der Praxis getestet, mit denen berufliche Handlungskompetenzen gemessen werden (z. B. Kundenberatungsgespräch durchführen als Prüfungsteil in der Ausbildung von Versicherungskaufleuten, BIBB 1997).

Herausforderungen

Die grundsätzlichen Herausforderungen, die mit der Entwicklung handlungsorientierter Prüfungsformen zur Kompetenzfeststellung verbunden sind, wurden bereits bei den Grundbestimmungen kompetenzorientierten Prüfens (Kap. 7.1) erörtert. Mit der zunehmenden Kompetenzorientierung in allen Bildungsbereichen, gewinnt die Bewältigung dieser Herausforderungen eine große Bedeutung. Nicht nur in der beruflichen Bildung, sondern in allen Bildungssektoren, in denen Bildungsprozesse mit dem Ziel der Kompetenzentwicklung mit digitalen Medien unterstützt werden, gilt es innovative Prüfungsformen zu finden, die dem Prinzip der Handlungsorientierung bzw. einer aufgabenorientierten Didaktik (Kap. 4.3) auch beim Prüfen Rechnung tragen – und es gilt das Potenzial von digitalen Medien auch hierfür zu nutzen.

Begrifflichkeit

Was sind handlungsorientierte Prüfungen? Wie lassen sie sich beschreiben? Welche Kriterien gibt es für ihre Entwicklung? Die Anforderungen an handlungsorientierte Prüfungen sind zunächst leicht formuliert: Handlungsorientierte Prüfungen sollen „valide Rückschlüsse auf berufliche Handlungskompetenz" zulassen (MÜLLER, H.-J. 2006, 136) und damit ein mögliches hohes Maß an „Vorhersagen des späteren Berufserfolgs" ermöglichen (SCHMIDT, J.-U. 2000, 172). Bei der genaueren Beschreibung und Kriteriensammlung zur Entwicklung handlungsorientierter Prüfungen wird es ungleich komplexer. Häufig wird der Begriff ‚handlungsorientierte Prüfung' schon benutzt, wenn Aufgaben eine berufliche oder betriebliche Situationsbeschreibung enthalten oder typische Unterlagen aus einem Arbeitsprozess als zu bearbeitendes Material in den Prüfungsaufgaben vorkommen. Dies reicht jedoch für ‚Handlungsorientierung' nicht aus. Prüfungen mit Bezug zu einer beruflichen oder betrieblichen Praxis sind zunächst einmal nur praxis- oder realitätsnah (EBD., 174).

Kennzeichen handlungsorientierter Prüfungen

Handlungsorientierte Prüfungen lassen sich daran erkennen, dass sie mit Bezug zu realen Aufgaben der Berufspraxis entwickelt werden und von den Lernenden fordern,
- „fachübergreifende Kompetenzen anzuwenden,
- Zusammenhänge zu erkennen und zu verstehen und
- eine situationsgerechte und effiziente Lösung für eine typische Aufgabenstellung eigenständig zu erarbeiten und anzuwenden." (MÜLLER, H.-J. 2006, 137)

Gestaltungsprinzipien

Als Gestaltungsprinzipien für handlungsorientierte Prüfungen ergeben sich daraus vier zentrale Orientierungen (EBD. 137):
1. Orientierung am geforderten beruflichen Können, nicht an speziellem Fachwissen,
2. Orientierung an der Anwendbarkeit in der Praxis, im Gegensatz zu theoretischen Konstrukten,
3. Orientierung an der Handlungssystematik im beruflichen Feld statt einer fachwissenschaftlichen Struktur,
4. Orientierung an Interdisziplinarität statt an einzelnen Fächern.

Handlungsorientierung nicht mit äußerer Form verknüpft

Wichtig zu beachten ist, dass allein die äußere Form einer Prüfung noch nichts über den Grad der Handlungsorientierung aussagt: Auch schriftliche Prüfungen können – entgegen einem weit verbreiteten Vorurteil – handlungsorientiert gestaltet werden. Mündliche Prüfungen oder selbst praktische Prüfungen wie z. B. die Herstellung eines Werkstücks sind ebenso wenig unmittelbar handlungsorientiert, wenn sie nicht wie z. B. bei einem simulierten Kundenberatungsgespräch bzw. der Herstellung eines berufsrelevanten Werkstücks die oben genannten Orientierungen erfüllen (SCHMIDT, J.-U. 2000, 174).

Kriterien für handlungsorientierte Prüfungen

Eine umfassende Kriteriensammlung für die Gestaltung von handlungsorientierten Prüfungen im Bereich der beruflichen Bildung haben ZIMMER/DIPPL (2003, 17–19) entwickelt. Mit dieser Sammlung gehen die Autoren über einen reinen Anforderungskatalog in Bezug auf die Prüfungsaufgaben hinaus und beziehen auch Eigenschaften des gesamten Prüfungsprozesses mit ein (Tab. 7.2). Dieser Anforderungskatalog lässt sich unmittelbar auch auf andere Bildungsbereiche, in denen kompetenzorientiert geprüft werden soll, übertragen.

Tab. 7.2: Kriterien für handlungsorientierte Prüfungen (nach Zimmer/Dippl 2003, geringfügig modifiziert)

Kriterium	Erläuterung
Praxisorientierung	Prüfungsaufgaben sind realen Aufgaben in der Berufswelt vergleichbar
Repräsentativität	Prüfungsaufgaben erfordern Handlungen, die für den beruflichen Alltag typisch sind
Vollständigkeit	Prüfungsaufgaben erfordern alle relevanten Phasen einer Handlung
Integration	Prüfungsaufgaben sind komplexe Aufgabenstellungen, die die Handlungen auf verschiedenen Ebenen und die Mobilisierung unterschiedlicher Wissensgebiete und -arten notwendig machen
Selbstständigkeit	Prüfungsaufgaben erlauben die selbstständige Bearbeitung, inklusive des Festlegens von Teilzielen und Erfolgskriterien
Kooperation	Prüfungsaufgaben erfordern eine Kooperation mit anderen, erlauben aber eine Kennzeichnung des Beitrags eines Einzelnen
Beteiligung	Lernende sind an der Bewertung, insbesondere an der Entwicklung der Beurteilungskriterien, beteiligt
Reflexion	Das Prüfungsergebnis wird nicht nur vom Endprodukt abhängig gemacht, sondern ebenso von der Selbstbewertung und der Reflexion des Erstellungsprozesses durch die Lernenden
Transparenz	Im Prüfungsprozess sind Bewertungskriterien und die Art und Weise der Beteiligung der zu Prüfenden an deren Festlegung für alle einsehbar
Objektivität	Prüfungen erfüllen traditionelle Gütekriterien wie Gültigkeit, Vergleichbarkeit und Zuverlässigkeit
Umsetzbarkeit	Benötigte zeitliche, personelle und finanzielle Ressourcen im Prüfungsprozess sind angemessen und vorhanden

Entwicklung handlungsorientierter Prüfungen

Wie werden nun Prüfungen entwickelt, die diese Kriterien erfüllen? Prinzipiell lassen sich zwei Ansatzpunkte wählen (Schmidt, J.-U. 2000):

Modell einer vollständigen Handlung

Ein Vorgehen nimmt das Prinzip der Vollständigkeit zum Ausgangspunkt und orientiert sich am ‚Modell einer vollständigen Handlung' mit den „Phasen Informieren, Planen, Entscheiden, Ausführen, Kontrollieren und Auswerten" (Zimmer/Dippl 2003, 6). Die Prüfungsaufgabe muss so gestaltet werden – sei es durch eine komplexe Aufgabenstellung oder durch mehrere Teilaufgaben –, dass die zu Prüfenden zur Bewältigung der Aufgabe alle Phasen der jeweiligen beruflichen Handlung durchlaufen. In der Regel wird für die Prüfungsaufgabe eine spezifische Handlungssituation beschrieben, ggf. authentisches Fallmaterial zur Bearbeitung als weitere Kontextualisierung hinzugegeben, und mit Teilaufgaben die Ausführung der verschiedenen Phasen einer beruflichen Handlung geprüft. Eine typische Aufgabe wäre bspw. in der Ausbildung von Versicherungskaufleuten eine Aufgabe zur Antragsbearbeitung bei einer Sachversicherung (BIBB 1997). Eine Beratungssituation zu einem Versicherungsabschluss wird in der Aufgabenstellung beschrieben. Sowohl zum Kunden als auch zu den aktuellen Versicherungskonditionen werden Angaben gemacht und in Teilaufgaben die typischen Schritte eines Beratungsgesprächs gefordert (Erläuterung der Versicherung, Nennung der Vorteile, Berechnung des Beitrags, anzubietende Erweiterungen des Versicherungsschutzes, anzubietende andere Versicherungen mit jeweiligen Begründungen).

Kompetenzanalytischer Ansatz

Eine zweite Herangehensweise ist der ‚kompetenzanalytische Ansatz'. Hier wird zur Entwicklung von Prüfungsaufgaben zunächst die berufliche Handlungskompetenz in Komponenten zerlegt wie Fach-, Methoden oder Sozialkompetenz. Im Anschluss werden Teilaufgaben konstruiert, die genau diese Kompetenzen zur Bearbeitung erfordern.

Entwicklung handlungsorientierter Aufgaben

Häufig werden beide Vorgehensweisen – Modell der vollständigen Handlung und kompetenzanalytischer Ansatz – auch kombiniert. Von handlungsorientierten Prüfungen sollte in jedem Fall nur gesprochen werden, wenn die Prüfungsaufgaben mindestens auf der Grundlage eines der genannten Ansätze entwickelt werden (SCHMIDT, J.-U. 2000, 174). Detaillierte Konzeptualisierungen zur Entwicklung handlungsorientierter Prüfungen im berufsbildenden Bereich, einschließlich einiger Beispiele finden sich bei ELSTER/DIPPL/ZIMMER (2003) sowie MÜLLER, H.-J. (2006). Konkrete Unterstützung für die Entwicklung handlungsorientierter Prüfungen bietet der „Werkzeugkasten zur Handlungsorientierung von Prüfungsaufgaben", der als umfangreiches Webangebot 2008 vom BIBB (Bundesinstitut für Berufsbildung) bereitgestellt wurde (http://www.bibb.de/werkzeugkasten/index.php 15.02.2011; BRÖTZ/BEHLING 2009). Dieser ‚Werkzeugkasten' bietet sowohl Unterstützung bei der Bewertung des Grades der Handlungsorientierung von schon vorhandenen Prüfungsaufgaben als auch bei der Neuentwicklung handlungsorientierter Prüfungsaufgaben.

Potenziale digitaler Medien

Das Potenzial digitaler Medien in diesem Zusammenhang wurde im berufsbildenden Bereich schon früh erkannt. Den aktuellen Stand der Forschung und Entwicklung in diesem Bereich dokumentiert die Internetseite „Innovativ Prüfen" (http://www.pruefer.ihk.de 15.02.2011) der DIHK-Gesellschaft für berufliche Bildung (Deutscher Industrie- und Handelskammertag) und der Zentralstelle für Weiterbildung im Handwerk, indem Ergebnisse des vom BMBF (Bundesministerium für Bildung und Forschung) geförderten Projekts „Innovative Prüfungsverfahren in der Aus- und Weiterbildung unter Nutzung moderner Kommunikationstechniken" aus den Jahren 2004 bis 2010 aufbereitet werden. In E-Learning-Arrangements wird durch den Einsatz von digitalen Medien in Prüfungen der sonst häufig vorhandene ‚Medienbruch' vermieden, der entsteht, wenn nach einer E-Learning-Einheit der Lernerfolg mit traditionellen, ortsgebundenen schriftlichen oder mündlichen Prüfungen festgestellt werden soll.

Stärkere Praxisnähe

Worin liegt darüber hinaus das Potenzial digitaler Medien für handlungsorientierte Prüfungen? Die oben in Tab. 7.2 aufgeführte Kriterienliste von ZIMMER/DIPPL (2003) lässt den großen Vorteil in Bezug auf die Praxisorientierung erkennen: In fast allen Berufsbereichen werden heute Arbeitsprozesse computergestützt durchgeführt, der Prüfungsvorgang gewinnt daher durch PC-gestütztes Arbeiten in der Prüfung unmittelbar an Praxisnähe. Weiterhin können Prüfungsaufgaben durch multimediale Aufbereitung besser situiert werden: Eine komplexe Ausgangslage, in der der zu Prüfende Handlungsschritte ergreifen muss, kann durch Grafiken, Audio- oder Video-Elemente wesentlich realitätsnäher dargestellt werden (z. B. in der hautmedizinischen Ausbildung kann umfangreiches Fotomaterial zur Diagnosestellung bereit gestellt werden, in der Ausbildung von Bürokaufleuten können vorausgehende Kundengespräche durch Audio- oder Videosequenzen dargestellt werden). Generell kann Fallmaterial zur Bearbeitung (z. B. Statistiken, Ergebnisse von Internetrecherchen) computerunterstützt authentischer dargestellt und wesentlich einfacher zur Verfügung gestellt werden. Der häufig zu prüfende Aspekt beruflicher Handlungskompetenz, die Fähigkeit aus einem Informationsüberangebot, die relevanten Daten heraus zu filtern und sinnvoll zur Erarbeitung von eigenen Lösungen zu verwenden, kann so ebenfalls Bestandteil einer computerunterstützten Prüfung werden.

Weiterhin verstärkt wird die Praxisnähe, wenn die beruflichen Handlungen ihrerseits bereits die Anwendung von Softwarewerkzeugen verlangen, z. B. in der Finanzbuchhaltung oder bei statistischen Auswertungen. Prüfungsaufgabe kann dann z. B. die direkte Buchung von Geschäftsvorgängen unmittelbar mit einer Buchhaltungssoftware sein bzw. die Erstellung statistischer Berichte auf der Grundlage von Auswertungen direkt mit einem Statistikprogramm. Auch Prüfungsaufgaben, die mit Hilfe von Simulationen zu lösen sind, können die Praxisorientierung verstärken.

Prüfungen, bei denen die Lernenden unmittelbar mit Software arbeiten, erhöhen zudem die Selbstständigkeit. Die zu Prüfenden müssen bei der Bearbeitung sich eigenständige Teilziele setzen und selber beurteilen, wann sie einen Teil erfolgreich ausgeführt haben.

Erhöhte Objektivität

Eine computerunterstützte Prüfungsdurchführung kann darüber hinaus die Objektivität erhöhen: Es können zu einzelnen Prüfungsitems test-statistische Auswertungen vorgenommen werden, eine Verzerrung durch schlecht lesbares handschriftliches Material entfällt, Teilaufgaben können leichter im direkten Vergleich bewertet werden und die Standardisierung von Abschlussprüfungen wird erleichtert (Kap. 7.5.2).

Transparenzsteigerung

Computergestützte Prüfungen können auch die Transparenz erhöhen, da sie in der Regel arbeitsteilig mit einem größeren planerischen Vorlauf erstellt werden, bei dem auch die Art und Weise der späteren Bewertung festgelegt wird. Weiterhin können Ergebnisse schneller bekannt gegeben werden und sie sind leichter vergleichbar.

Effizienzgewinne?

In Bezug auf die Umsetzbarkeit ergibt sich ein uneinheitliches Bild: Einerseits können computergestützte Prüfungen den Durchführungs- und Organisationsaufwand reduzieren helfen. Beispielsweise sind Aktualisierungen schneller vorzunehmen und Wiederholungsprüfungen leichter konsistent zu erstellen. Andererseits kann insbesondere der Aufwand zur Situierung einer komplexen Prüfungsaufgabe mit multimedial aufbereitetem Material sehr hoch sein, ebenso wie die konkrete Durchführung computergestützter Prüfungen insbesondere mit großen Teilnehmerzahlen (z. B. geeignete PC-Räume; Kap. 7.5.3).

Handlungsorientierte Prüfungen in der Praxis
Die genannten Potenziale der Computerunterstützung für handlungsorientierte Prüfungen werden aber nicht ohne geschickte didaktische Einbindung und Gestaltung der Prüfungen im Einzelnen realisiert. Eine Befragung (ROTTMANN/STRATMANN/KERRES 2006), die im Kontext der Projekte zu innovativen Prüfungsformen im berufsbildenden Bereich in enger Kooperation mit den Kammern durchgeführt wurde (http://www.pruefer.ihk.de 15.02.2011), belegt die Potenziale, weist aber auch auf die großen Herausforderungen bei der Umsetzung hin: Befragt wurden Prüferinnen und Prüfer, Ausbildungs- und Personalverantwortliche in den Betrieben sowie die zu Prüfenden in der beruflichen Aus- und Weiterbildung selbst. Insbesondere aufseiten der Ausbildungs- und Personalverantwortlichen gab es neben hohen Erwartungen an digitale Medien in Prüfungen und großen Potenzialen, die ihnen zugeschrieben wurden, auch einige Skepsis. Speziell wurden auch Befürchtungen deutlich, die Praxisnähe könne reduziert werden (EBD., 21). Bei der Befragung wurde eine Ursache hierfür in den geringeren Erfahrungen der Gruppe mit computerunterstützen Prüfungen vermutet. Gleichzeitig wurde dieses Ergebnis als Hinweis auf die große Herausforderung interpretiert, die die Gestaltung handlungsorientierter Prüfungen immer noch darstellt – und auf die Gefahr computerunterstützte Prüfungsaufgaben unbotmäßig zu vereinfachen bzw. auf die Abfrage von Faktenwissen zu beschränken, um sie effizienter auswerten zu können.

Komplexer Gestaltungsprozess
Häufig wird die Frage der Handlungsorientierung computergestützter Prüfungen auf die Debatte um Fragen mit Antworten zur Auswahl (‚Multiple Choice Questions') versus offenen Fragen reduziert. Sowohl die empirischen Untersuchungen als auch die theoretischen Überlegungen zu Gütekriterien und zu Entwicklungsansätzen für handlungsorientierte Prüfungen zeigen deutlich, dass dies eine nicht gerechtfertigte Verkürzung darstellt. Denn handlungsorientierte Prüfungen zu konzipieren, ist anspruchsvoll und komplex; digitale Medien können einen wichtigen Beitrag zur Bewältigung dieser Herausforderung leisten, die zugehörigen komplexen Prozesse aber nicht vereinfachen.

7.4.2 Umsetzungsbeispiele

Einen guten Ansatzpunkt für handlungsorientiertes Prüfen von Lernerfolg und Kompetenzerwerb mit digitalen Medien bieten E-Portfolios (Kap. 7.6), aber es existieren auch andere Ansätze, die im Folgenden anhand von typischen Beispielen beschrieben werden.

Simulation

Auch in der Medizinerausbildung ist die Bedeutung handlungsorientierter Prüfungen schon frühzeitig erkannt worden. Insbesondere klinisch-praktische Fertigkeiten erfordern ein entsprechendes Prüfungsformat. Häufig wurde dabei mit Simulationspatienten und Modellen gearbeitet (Scheffer/Fröhmel/Georg 2008). Simulationen mit digitalen Medien erlauben nun auch eine fallbasierte, handlungsorientierte Prüfung mit virtuellen Patienten. Zwei unterschiedliche Simulationen, die derzeit in der ärztlichen Aus- und Weiterbildung eingesetzt werden und ein handlungsorientiertes Prüfen erlauben, sind der Inmedea-Simulator (ehemals Prometheus, http://www.inmedea-simulator.net/) und Campus-Pädiatrie (http://www.medicase.de/).

Der Inmedea-Simulator ist eine interaktive virtuelle Klinikumgebung, in der fallbasiert Diagnosestellung und Behandlung geprüft (und gelernt) werden kann. Die Prüfung besteht in der Bearbeitung virtueller Patientenfälle, die auf authentischen Fällen beruhen – entsprechend den Handlungsschritten im klinischen Alltag (Vorstellung des Patienten in einer Ambulanz, Anamnese und Veranlassung von Folgeuntersuchungen). Der komplette Diagnose- und Behandlungsweg kann dann für die Prüfung ausgewertet werden – von der fachlichen Angemessenheit und der empfohlenen Reihenfolge der angeforderten Zusatzuntersuchungen bis hin zur Kosteneffizienz. Zur Prüfungsvorbereitung können Lernende ihre Diagnostik und Behandlungsschritte mit eingearbeiteten Musterlösungen vergleichen.

Campus-Pädiatrie ist ebenfalls ein E-Learning-Programm für die Ausbildung in der Kinderheilkunde, das seit 2006 regulär für Abschlussprüfungen eingesetzt wird. Auch hier werden die zu Prüfenden mit multimedial aufbereiteten authentischen Fälle aus der Kinderheilkunde konfrontiert: In der Prüfung müssen sie den kompletten Handlungszyklus von Anamnese, Anordnung und Durchführung von Untersuchungen, Diagnosestellung und Therapieentscheidungen in einer Kinderklinik ausführen. Der Einsatz von virtuellen Patientenfällen in der Prüfung erfolgt bewusst vor dem Hintergrund der Abstimmung von Lehrzielen, Lehrmethoden und Prüfungsformen im Sinne des ‚constructive alignment' (Huwendiek u.a. 2009; zu ‚constructive alignment' siehe Einführung in Kap. 7).

Eigene Softwareanwendung

Kernprozess in der statistischen Arbeit ist die Analyse und Interpretation von Daten und die Erstellung von Berichten zu problembezogenen Fragestellungen – häufig als Entscheidungshilfe. Die Nutzung von Statistiksoftware ist für diese Aufgaben unverzichtbar. Dies ist der Grundgedanke im Lern- und Prüfungsinstrument „Statistiklabor" (http://www.statistiklabor.de/). Mit Hilfe dieser Statistiksoftware können statistische Probleme unterschiedlicher Komplexität unmittelbar und selbstständig bearbeitet werden, also entsprechende Berechnungen durchgeführt und Ergebnisse visuell präsentiert sowie in einem Bericht zusammengefasst werden. Das „Statistiklabor" wird in der Statistikausbildung sowohl für die Lehre als auch für Prüfungen an verschiedenen Universitäten eingesetzt (ARNOLD, P. 2001, 104ff; GHOSH/RENDTEL 2007).

Kooperative Internetrecherchen – Webquests

Ähnlich wie die zuvor genannten Beispiele für handlungsorientierte Prüfungen mit digitalen Medien ist auch das dritte Beispiel nicht ausschließlich ein Prüfungsinstrument, sondern vielmehr ein Lehr-/Lerninstrument, das auch zu Prüfungszwecken eingesetzt werden kann. Webquests können als problemorientierte, angeleitete und kooperative Internetrecherchen bezeichnet werden. Die Methode wurde als leicht zu realisierende Form von E-Learning für handlungsorientierten Unterricht vor mehr als 15 Jahren entwickelt und ist besonders stark im schulischen Bereich verbreitet, wird aber auch in anderen Bereichen eingesetzt (http://webquest.org/index.php; MOSER 2005; HERZLINGER 2009).

In der Regel wird eine komplexe, problembasierte Ausgangssituation geschildert, in der konkrete, offene Aufgabenstellungen mit Hilfe von authentischem Material im Internet bearbeitet werden sollen. Typisch ist die Bearbeitung in Arbeitsgruppen mit gleichen oder unterschiedlichen Arbeitsaufträgen. Die Webquest-Teilnehmer bzw. Arbeitsgruppen sollen dann die Ergebnisse der Internetrecherche bezogen auf die komplexe Problemstellung auswerten und ihre Ergebnisse anschaulich präsentieren. Es werden üblicherweise Prozesshilfen in Form von Hinweisen auf zu nutzende Ressourcen oder sinnvolle Vorgehensweisen gegeben. Ebenso werden Bewertungskriterien für die abschließende Präsentation vorab transparent festgelegt. Praxisnähe wird durch die Verwendung von authentischem Fallmaterial sowie durch die realitätsnahe, offene Fragestellung, unter der die Informationen recherchiert, be- und ausgewertet werden, hergestellt. Die Kooperations- und Koordinationsprozesse, die Webquests den Lernenden abverlangen, erhöhen ebenfalls die Handlungsorientierung dieser Methode bzw. Prüfungsform. Angemessene Bewertungsmaßstäbe zu entwickeln, insbesondere bei unterschiedlichen Aufgabenstellungen für einzelne Arbeitsgruppen, und die Bewertung durchzuführen, kann im Einzelnen aber sehr aufwendig sein.

7.5 Elektronische Klausuren und Tests

7.5.1 Einsatzformen

Ziel ist Arbeitsersparnis

Elektronische Klausuren setzen in erster Linie auf Arbeitsersparnis durch automatische Auswertung und werden vor allem bei großen zu prüfenden Gruppen eingesetzt, erst in zweiter Linie werden mit ihnen handlungsorientierte Prüfungen oder prüfungsdidaktische Innovationen angestrebt. Für solche Prüfungen existiert eine Vielzahl von Begriffen: elektronische Prüfung, E-Klausur, computergestützte Prüfung,

Online-Prüfung, E-Testing, E-Examination etc. (Ruedel 2010, 13; Ruedel/Mandel 2010). So vielfältig wie die Begriffe sind auch die konkreten Einsatzformen. Der speziell für derartige elektronische (Massen-)Prüfungen eingerichtete E-Assessment-Dienst der Universität Bremen unterscheidet bspw. vier Formen, die überwiegend in einem eigens dafür eingerichteten PC-Raum (‚Testcenter') durchgeführt werden:

Einsatzformen elektronischer Prüfungen

1. Die *E-Klausur* ist das Kernstück des E-Assessment-Dienstes und das Pendant zur schriftlichen Klausur in Papierform. Mithilfe einer spezifischen Testsoftware werden unterschiedliche Fragetypen umgesetzt, ggf. Multimedia-Elemente integriert oder komplexe Anhänge zur Verfügung gestellt. Die Studierenden beantworten die Fragen unmittelbar am PC. Die Auswertung erfolgt vollautomatisch, teilautomatisiert oder manuell über webbasierte Nachbewertungsprozesse. Wurden ausschließlich geschlossene Fragen verwendet, kann unmittelbar am Ende der E-Klausur bereits eine Rückmeldung an die Lernenden erfolgen.

2. Die *Probeklausur* erfolgt in der Regel in der Mitte des Semesters zur Vorbereitung auf eine E-Klausur und als Unterstützung der Selbsteinschätzung. Studierende werden mit den Gegebenheiten der E-Klausur und mit der Art der Prüfung vertraut gemacht. In der Regel geben Lehrende dafür eine Auswahl an Fragen aus einem Fragenkatalog für die Klausur zu Übungszwecken frei.

3. Eine *Übung* dient der Selbstbewertung innerhalb des Lernprozesses. Die Bearbeitung erfolgt in der Regel webbasiert über eine Schnittstelle zum jeweils eingesetzten Learning Management System. Es können Lösungshinweise und Literaturreferenzen mit den einzelnen Aufgaben verbunden werden, sodass die Übung den Lernprozess über die Selbsteinschätzung hinaus unterstützt.

4. *Softwareanwendungen* dienen der Überprüfung von Kompetenzen im Umgang mit spezifischer Fachsoftware. Die Lernenden arbeiten unter authentischen Bedingungen und die Ergebnisse können Lehrenden zur Bewertung im softwareeigenen Format zur Verfügung gestellt werden. Auf diese Weise sind kompetenzorientierte Prüfungen im Bereich der Softwarevermittlung möglich.

7.5.2 Potenziale und Erwartungen

Die mit Online-Prüfungen verknüpften Erwartungen sind je nach Akteursgruppe unterschiedlich (Brahm/Seufert 2007, 14ff; Vogt/Schneider 2009, 3ff; Wolf 2007, 29f). In der Regel werden die folgenden Potenziale gesehen:

Erwartungen der Lernenden
Lernende erwarten schnellere Rückmeldungen über ihre Prüfungsergebnisse als bei traditionellen Prüfungen sowie eine transparentere und fehlerfreiere Prüfungsbewertung durch eine automatisierte oder halb automatisierte Auswertung. Sie versprechen sich ggf. eine effizientere Prüfungsvorbereitung durch Übungsprüfungen auf der Grundlage eines Fragenkataloges sowie Entlastung durch den Wegfall der handschriftlichen Verfassung längerer Texte. Ein weiterer potenzieller Vorteil für die Lernenden

besteht darin, dass die Beantwortung der Fragen mehrfach ,spurenlos' überarbeitet werden kann, ohne wie im handschriftlichen Text unübersichtliche und schwer lesbare Textpassagen zu erzeugen.

Erwartungen der Lehrenden

Lehrende erwarten in erster Linie Entlastung durch die automatisierte oder halb automatisierte Auswertung sowie durch den Wegfall der handgeschriebenen, oftmals schwer zu lesenden Texte als Prüfungsleistungen. Nicht automatisch auszuwertende Freitextfragen können zumindest ohne Aufwand direkt vergleichbar nacheinander korrigiert werden (bei Papierklausuren ist es aufwendiger, eine Frage bei allen Klausuren hintereinander zu korrigieren; es überwiegt häufig die Korrektur der kompletten Klausuren nacheinander). Weiterhin erhoffen sich Lehrende leichter zu modifizierende Online-Prüfungen (z. B. Erzeugung verschiedener Versionen durch Randomisierung der Fragenauswahl oder der Reihenfolge der Auswahlantworten, um ein Abschreiben zu verhindern) und Unterstützung, die Konsistenz der Prüfungsanforderungen bei Wiederholungsprüfungen zu gewährleisten sowie generell bei der Verwaltung von Prüfungsfragen und -versionen. Als Potenzial wird darüber hinaus die Möglichkeit gesehen, Aufgaben nicht nur in Textform stellen zu können, sondern auch Bilder in hoher Qualität oder andere Multimedia-Elemente mit einbeziehen zu können (z. B. Filmsequenzen, Interviewausschnitte). Die Einbindung authentischer Materialien sowie die Bereitstellung komplexer Anhänge zur Fallbearbeitung werden so ebenfalls erleichtert. Zusätzlich können leicht statistische Auswertungen zu den Prüfungen erstellt werden, z. B. um die Schwierigkeit der einzelnen Testitems zu berechnen.

Beide – Lernende wie Lehrende – sehen in elektronischen Prüfungen auch eine Möglichkeit, den ,Medienbruch' zwischen innovativen Lehr- und Lernformen mit E-Learning und handschriftlichen Prüfungen auf Papier zu vermeiden.

Erwartungen der Institution

In der Organisation der Prüfungen wird eine vereinfachte Handhabung und insgesamt ein effizienteres Management von der Prüfungsanmeldung, über die Durchführung bis zur Korrektur, Notendokumentation und -einsichtnahme erwartet, verbunden mit einer langfristigen Kostensenkung. An Hochschulen wird diese Erwartung durch die enorm gestiegene Prüfungslast in den Bologna-Studiengängen noch verstärkt (Kap. 7.2).

Vorteile eines E-Assessment-Dienstes

Das ,Testcenter' des Zentrums für Multimedia in der Lehre (ZMML) der Universität Bremen fasst die Vorteile seines angebotenen E-Assessment-Dienstes folgendermaßen zusammen (http://www.eassessment.uni-bremen.de/vorteile.php 04.06.2010):

- „Verbesserung der Feedbackqualität für die Studierenden, etwa durch sofortige Ergebnisrückmeldung bei automatisierter Auswertung, Ergebnisstatistiken und Schwachstellenanalysen,
- Erhöhung der Durchführungs-, Auswertungs- und Interpretationsobjektivität,

- Technische Unterstützung bei der webbasierten Nachbewertung von (klar lesbaren) Freitextfragen im Team,
- Fortschreitende Qualitätssicherung und -verbesserung der Fragenkataloge und Prüfungen durch Auswertung von Studierendenfeedbacks, Ergebnisstatistik und Item-Analyse,
- Erweiterung der prüfungsdidaktischen Möglichkeiten durch IT, insbesondere durch die Einbindung von Multimedia-Elementen wie Video, Audio und Simulationen sowie Verwendung komplexer, digitaler Anlagen (z. B. Fallstudien, Tabellensammlungen, Skripte etc.),
- Berufsnahe und handlungsorientierte Ausbildung und Prüfung durch Integration fachspezifischer Software oder Durchführung von Datenbank und Internetrecherchen in Prüfungen,
- Deutliche Zeitersparnis für Dozenten durch die automatische Korrektur geschlossener Fragen, effektivere Nachbewertung offener Fragen sowie Unterstützung bei der Organisation, Durchführung und Auswertung ihrer Prüfungen durch das ZMML."

7.5.3 Bedenken und Herausforderungen

Den positiven Erwartungen hinsichtlich der Potenziale von elektronischen Prüfungen stehen aber auch eine Reihe von Bedenken und Herausforderungen sowie ungelöster Fragen gegenüber (BRAHM/SEUFERT 2007, 14ff; VOGT/SCHNEIDER 2009, 4ff; WOLF 2007, 29ff):

Befürchtungen zu elektronischen Prüfungen
Lernende, die weniger erfahren in der Computernutzung sind und auch kein Zehn-Finger-Schreibsystem beherrschen, könnten benachteiligt sein. Weiterhin sind ergonomische Nachteile hinsichtlich Lärms, Raumklima und hoher Augenbelastung durch die Arbeit am PC in Computerlaboren während der elektronischen Prüfung zu bedenken.

Aus Sicht der Lehrenden sind der hohe Erstaufwand bei der Erstellung von elektronischen Prüfungen, die komplexeren Arbeitsvorgänge und notwendigen Absprachen samt zeitlichem Vorlauf mögliche Nachteile. Weiterhin stellt sich die Frage, ob das Prüfungsdesign durch die vorhandenen technischen Möglichkeiten negativ beeinflusst wird. Zudem werden durch die Digitalisierung der Prüfung Manipulationsmöglichkeiten durch die Studierenden vor, während und nach der Prüfung befürchtet.

Sowohl bei Lehrenden wie auch bei Lernenden gibt es je nach fachlicher Ausrichtung weitere Bedenken: In Fächern mit hohem Anteil an reinen Wissensprüfungen, zum Teil mit Multiple Choice Fragen auf Papier, ist die Akzeptanz von elektronischen Prüfungen in der Regel höher als in geisteswissenschaftlichen Fächern, in denen Prüfungsleistungen eher längere, sorgsam aufgebaute Texte sind. Forschungen zu teilautomatisierten Auswertungen z. B. von Essays befinden sich noch in der Anfangsphase (DIKLI 2006).

Aus Sicht der Organisation führen ebenfalls der hohe Einführungsaufwand sowie eine ggf. nicht ausreichende Stabilität und Zuverlässigkeit der eingesetzten technischen Systeme zu Bedenken. Befürchtungen bestehen auch hinsichtlich der vielfach noch ungeklärten Rechtslage: Wie kann die vorgeschriebene Archivierung gewährleistet werden? Was ist die rechtliche Situation bei Computerpannen? Wie ist der Datenschutz einzuhalten? Es existieren zwar auch schon erste Lösungsansätze zu diesen Fragen, aber sie müssen in der Regel aufwendig für den eigenen Kontext übertragen und weiter entwickelt werden.

Effizienzgewinn durch elektronische Prüfungen?

Simulationsrechnungen zum Aufwand bei elektronischen Prüfungen (WOLF 2007) haben gezeigt, dass die erwartete Effizienzsteigerung nur bei großen Teilnehmerzahlen (mehr als 200 Teilnehmende), einer größeren Anzahl von Fragen sowie einer Auswertungsdauer von mindestens 30 Sekunden pro Aufgabe realisiert werden kann. Es wurde deutlich, dass der potenzielle Effizienzgewinn durch automatisierte Auswertungen oft durch zu kleine PC-Räume (z. B. 20 PCs) und der daraus resultierenden Notwendigkeit, die gleiche Prüfung mehrfach durchführen zu müssen, verhindert wird.

Akzeptanz elektronischer Prüfungen

Erste Evaluationsergebnisse für die Universität Bremen zeigten, dass die Akzeptanz bei den Studierenden hinsichtlich der Bedienbarkeit der Prüfungssoftware und der Benutzerführung am PC hoch war, bezogen auf Lärm und Luftbelastung in nicht speziell für elektronische Prüfungen ausgestatteten Räumen aber gering (WOLF 2007). Die Universität hat daraufhin einen speziellen E-Assessment-Dienst an der Hochschule eingerichtet, mit großen, speziell für elektronische Prüfungen ausgestatteten Prüfungsräumen mit 120 PC-Arbeitsplätzen.

7.5.4 Handlungsfelder und Beteiligte

Komplexe Organisationsstruktur

Elektronische Prüfungen sind zudem mit einer wesentlich komplexeren Organisationsstruktur verbunden. Eine Vielzahl von Beteiligten müssen in einem stark arbeitsteilig organisierten Prozess kooperieren (WOLF 2007, 32ff), der zumindest in Hochschulen ein strukturelles Umdenken erfordert. Während bei traditionellen Prüfungsformen die Lehrenden in der Regel auch die Prüfungen konzipieren und die Prüfungsergebnisse auch auswerten, sind bei elektronischen Prüfungen oft noch Editoren und E-Assessment-Beauftragte tätig. Die Editoren sind für die technische Realisierung der von den Lehrenden konzipierten Prüfungen zuständig und die E-Assessment-Beauftragten koordinieren die Schnittstelle von Prüfungsverwaltung, betreuender IT-Abteilung, Aufsichtspersonal, Editoren und Lehrenden als Prüfungsautoren.

Testzentrum oder mobile Durchführung

Für die Durchführung bietet sich – zumindest bei großen Prüfungszahlen – die Einrichtung eines Prüfungs- und Testzentrums mit geeigneten PC-Laboren an. Alternativ dazu kann die Infrastruktur für die Prüfungsdurchführung auch ausgelagert werden, indem z. B. ein externer Dienstleister Tablet-PCs in ausreichender Anzahl für die Prüfung bereitstellt.

Die Handlungsfelder und Arbeitsschritte bei der Durchführung von elektronischen Prüfungen, die das 'Testcenter' der Universität Bremen beschreibt, können als repräsentativ auch für andere Bereiche angesehen werden (Tab. 7.3).

Tab. 7.3: Ablauf elektronischer Prüfungen (in Anlehnung an 'Testcenter' der Universität Bremen http://www.eassessment.uni-bremen.de/ablauf.php 02.02.2011)

Phase	Handlungsschritte
Entscheidungsphase	• Informationssammlung • Beratungsgespräch
Vorbereitung	• Einführung in Software zur Prüfungserstellung • Erstellung des Katalogs an Prüfungsfragen • Qualitätssicherung • Funktionstests • Anmeldungen organisieren • Aufsichten organisieren • Raumplanung • Sicherheitskonzept entwickeln
Durchführung	Prüfung • in geplanten Räumen, • mit geplanten Aufsichten • und geplanter Technik durchführen
Nachbereitung	• ggf. (halb)automatische Auswertung • ggf. manuelle Nachbewertung • Archivierung • Analyse der Prüfungsteile • Nachbereitung der Prüfung, ggf. Änderung für nächsten Durchlauf • Klausureinsicht durchführen

Arbeitspakete bei elektronischen Prüfungen

Aus den beschriebenen Arbeitsschritten sind Arbeitspakete zu bilden, die mit Hilfe von Projektmanagementstrukturen effizient koordiniert werden müssen. Für die Vorbereitung einer elektronischen Prüfung können bis zu 120 Tage Vorlauf erforderlich sein (WOLF 2007, 33).

7.5.5 Kompetenzorientiertes Prüfen durch elektronische Prüfungen?

Gesamteinschätzung

Noch scheinen bei elektronischen Prüfungen klassische Formen der Wissensüberprüfung mit 'Multiple Choice' (Fragen mit Antworten zur Auswahl), 'Drag and Drop' (Beantwortung von Fragen durch Ziehen und Ablegen) oder Lückentextaufgaben zu überwiegen. Fallbasierte Prüfungen anhand von komplexen Simulationen – wie z. B. diagnostische Schritte bei einer speziellen Symptomatik in der Medizinerausbildung – sind noch in der Minderzahl. Wird der gegenwärtige Stand der elektronischen Prüfungen in das oben (Kap. 7.2) dargestellte Modell der drei Entwicklungsphasen von E-Assessment nach BENNETT (1998) eingeordnet, so wird deutlich, dass die überwiegende Zahl elektronischer Prüfungen erst die zweite Phase erreicht hat. Komplexe Simulationen, mit denen Kompetenzen unter lebensnahen Bedingungen geprüft werden können, sind in der Erstellung sehr aufwendig. Die angestrebte Entlastung der Lehrenden und Kostenvorteile werden nur realisiert, wenn es eine hohe Anzahl von Prüfungen, hinreichend große PC-Räume und vollautomatisierte oder zumindest teilautomatisierte Auswertungen gibt. Diese sind aber eher bei weniger komplexen Wissenstests gegeben.

Zusammenfassend kann festgehalten werden, dass die Gefahr eines Qualitätsverlusts von Prüfungen besteht, wenn elektronische Prüfungen ausschließlich auf Multiple Choice Fragen oder andere leicht auswertbare Fragenformate reduziert werden, die nur die reine Wissensreproduktion fokussieren. Potenziale für kompetenzorientiertes Prüfen sind in den sich entwickelnden Formen des E-Assessments aber durchaus angelegt. Der dafür erforderliche Investitionsaufwand ist allerdings hoch, ebenso wie der Koordinationsaufwand zwischen den verschiedenen Beteiligten, der zudem eine Veränderung der Kooperationskultur, zumindest im Hochschulkontext, erfordert. Erschwerend kommt hinzu, dass zahlreiche rechtliche Fragen noch ungeklärt sind. Die langfristige Archivierung muss gewährleistet sein und adäquate Regelungen in den Prüfungsordnungen sind zu treffen, um die Rechte bei Computerpannen und Datenverlust zu regeln.

7.6 E-Portfolios

Reformpädagogische Wurzeln

Portfolioarbeit wurzelt in reformpädagogischen Ansätzen und verspricht, die häufig entkoppelten Bereiche von Lehren und Lernen einerseits und Prüfen anderseits wieder zu verbinden, indem die traditionelle Leistungsfeststellung um die der Leistungsdarstellung erweitert wird. Bekannt ist das Konzept zunächst aus dem künstlerischen Bereich, in dem Kunstschaffende ihre Produkte, aber auch ihre künstlerische Entwicklung zur Kompetenzdarstellung in einer ‚Sammelmappe' dokumentieren. Was sind Portfolios und was sind die Besonderheiten von computerunterstützten E-Portfolios?

7.6.1 Definition und Formenvielfalt

Portfolios sind ausgewählte Sammlungen von Lernergebnissen (in Form von Texten, Bildern und anderen Dokumenten) sowie reflexiven Notizen zu den Lernergebnissen und zum Verlauf, den Zielen und der Selbstbewertung des Lernprozesses, bezogen auf und angelegt durch den Lernenden („Schaufenster des Lernens", BAUER/BAUM-GARTNER 2012). Wird diese Sammlung computerunterstützt vorgehalten und verwaltet, wie es Lehr- und Lernarrangements mit E-Learning nahe legen, wird von elektronischen Portfolios oder kurz E-Portfolios gesprochen. Portfolios dienen sowohl der Kompetenzdarstellung als auch der reflexiven Lernprozesssteuerung (HÄCKER 2005, 1).

Klärung des Begriffs ,Portfolio'

Zwei viel verwendete Definitionen von (E-)Portfolios zeigen die weiteren Charakteristika eines (E-)Portfolios auf, deuten aber auch bereits die große Formenvielfalt an:

„Ein Portfolio ist eine zielgerichtete Sammlung von Arbeiten, welche die individuellen Bemühungen, Fortschritte und Leistungen der/des Lernenden auf einem oder mehreren Gebieten zeigt. Die Sammlung muss die Beteiligung der/des Lernenden an der Auswahl der Inhalte, der Kriterien für die Auswahl, der Festlegung der Beurteilungskriterien sowie Hinweise auf die Selbstreflexion der/des Lernenden einschließen." (PAULSON, F.L./PAULSON, P.R./MEYER 1991, 60).

In dieser Definition wird neben den reflexiven Elementen das Prinzip der Partizipation der Lernenden stark hervorgehoben – bei der Auswahl der Lernergebnisse, aber ebenso auch bei der Festlegung der Auswahlkriterien und der Beurteilungskriterien.

Die Definition eines E-Portfolios von SCHAFFERT U.A. (2007, 77) hebt besonders die Produkt- und die Prozessorientierung hervor: „E-Portfolio ist eine digitale Sammlung von ,mit Geschick gemachten Arbeiten' (Artefakte) einer Person, die dadurch das Produkt (Lernergebnisse) und den Prozess (Lernpfad/Wachstum) ihrer Kompetenzentwicklung in einer bestimmten Zeitspanne und für bestimmte Zwecke dokumentieren und veranschaulichen möchte. Die betreffende Person hat die Auswahl der Artefakte selbstständig getroffen und diese in Bezug auf das Lernziel selbst organisiert."

Es geht in einem Portfolio also nie nur um die Lernergebnisse als Form der Leistungsdarstellung, sondern immer auch um den Weg zu den Lernergebnissen, den je individuellen, ggf. aber auch in kooperativen Kontexten eingebetteten Lernprozess.

Elemente eines Portfolios

Klassische Elemente in einem Portfolio sind (BARRETT 2003; LEVIN 2002):
- Lernergebnisse (z. B. Seminararbeit, Rezension, Fallbeispiel, Diskussionsbeitrag),
- Beschreibung/Kommentierung eines Dokuments (z. B. Abstract, Stellenwert, Kontextinformation),
- Reflexion der eigenen Kompetenzentwicklung (z. B. Erkenntnisse, offene Fragen, Rückblick auf die gewählte Lernstrategie, Zuordnung des eigenen Lernzuwachses zu den gesetzten Lernzielen) und
- Rückmeldungen von Mitstudierenden oder Lehrenden.

Vorteile eines E-Portfolios

Ein E-Portfolio hat gegenüber dem klassischen papierbasierten Portfolio folgende Vorteile (SCHAFFERT U. A. 2007, 78):

1. *Bessere Transportabilität und Zugänglichkeit*: Durch die digitalisierte Sammlung kann auf das E-Portfolio von beliebigen Orten aus zugegriffen werden und mittels eines differenzierten Zugriffsberechtigungssystems können Inhalte selektiv für bestimmte Nutzergruppen zugänglich gemacht werden.
2. *Erleichterte Dokumentation und Administration*: Es entsteht automatisch eine Dokumentation im Zeitverlauf, alle Dateien können mit einer Kurzbeschreibung versehen und verschlagwortet werden. Aus dem gleichen Dokumentenbestand heraus können für unterschiedliche Zwecke verschiedene Sichten arrangiert werden.
3. *Integration von multimedialen Elementen*: Es können nicht nur Texte, Bilder oder Tabellen etc. gespeichert werden, sondern auch Filme oder Interviews in Form von Video- oder Audiodateien.
4. *Verknüpfung mit Lernprozessquellen*: Durch das Hypertextformat kann auf Quellen, die für den einzelnen Lernprozess relevant waren, leicht verwiesen werden (Lernergebnisse anderer Lernender, Lehrmaterialien etc.).
5. *Erleichterte Kommunikation und Rückmeldung*: Alle Beiträge können prinzipiell kommentiert werden. Auf diese Weise können Rückmeldungen anderer Lernenden, aber auch von Lehrenden systematisch als weitere Lernressource erschlossen, gesammelt und dokumentiert werden.

Inhalte eines E-Portfolios

Mögliche Inhalte eines E-Portfolios sind daher Dateien beliebigen Formats, inkl. Multimediadateien, und Kommentierungen bzw. Rückmeldungen, Verknüpfungen auf besuchte Lehrveranstaltungen, erstellte Wikis, Podcasts etc. sowie Referenzen wie Zeugnisse, Auszeichnungen oder Bescheinigungen (BRAHM/SEUFERT 2007, 7).

Formenvielfalt von Portfolios

Je nachdem zu welchem Zweck das E-Portfolio primär eingesetzt wird (Unterstützung der eigenen Kompetenzentwicklung oder zur Kompetenzbeurteilung) und ob der Schwerpunkt stärker auf den Lernprodukten oder auf den Lernprozessen liegt und welches der Einsatzkontext ist, entsteht eine große Bandbreite an unterschiedlichen Typen und Formen von E-Portfolios (BAUMGARTNER/HIMPSL/ZAUCHNER 2009). Wichtige Grundformen, die in den meisten Systematiken vorkommen, sind die folgenden vier (E-)Portfolio-Arten (BRAHM/SEUFERT 2007, 13f):

1. *Arbeitsportfolio*: abgeschlossene und gegenwärtig bearbeitete Aufgabenlösungen samt reflexiven Anteilen. Teile des Arbeitsportfolios können zur Bewertung ausgekoppelt werden, das Arbeitsportfolio kann aber auch als Grundlage der Beratung durch die Lehrenden dienen.
2. *Entwicklungsportfolio*: systematische Sammlung und Reflexion unterschiedlicher Stationen im Lern- und Entwicklungsprozess über einen längeren Zeitraum. Ler-

nende wählen in der Regel Dokumente aus, die für die jeweiligen Entwicklungs-stationen besonders typisch sind.

3. *Beurteilungsportfolio*: primär angelegt, um die eigenen Kompetenzen darzustellen und der (Selbst- oder Fremd-)Bewertung zugänglich zu machen.
4. *Bewerbungsportfolio*: Dokumente und Reflexionen, die die eigene Kompetenzent-wicklung und das derzeitige Können darstellen, um insbesondere im beruflichen Bereich einen zukünftigen Arbeitgeber über das eigene Kompetenzprofil zu infor-mieren. Darin können auch Zeugnisse und Referenzen Dritter integriert sein.

Weiterhin ist es mit Portfolios auch möglich, Ergebnisse nicht formaler Lernprozesse und informell erworbener Kompetenzen darzustellen. Portfolios werden daher auch im Kontext der Zertifizierung nicht formal erworbener Kompetenzen eingesetzt (EBD., 12).

Technische Infrastruktur

In Hinblick auf die technische Infrastruktur werden E-Portfolios häufig durch Zusätze zu Learning Management Systemen (LMS) oder Web 2.0 Instrumenten (z. B. Weblogs und Wikis) realisiert. Ein viel genutztes Beispiel für eine Portfolio-Komponente als Ergänzung zu einem LMS ist die Software Mahara (http://mahara.org/ 02.02.2011); sie kann aber auch eigenständig mit anderen LMS kombiniert werden. Insgesamt werden die technologischen Unterstützungen von E-Portfolios wegen der starken Lernerzentrierung in der Regel den persönlichen Lernumgebungen (Kap. 3.4.2) zuge-ordnet. Für einen möglichst vielfältigen Einsatz ist es dabei wichtig, dass die techno-logische Infrastruktur eine differenzierte Zugriffs und Rechteverwaltung ermöglicht (Evaluationen von verschiedenen E-Portfolio-Software-Systemen siehe u. a. HIMPSL/ BAUMGARTNER 2009).

7.6.2 Arbeitsschritte bei der Erstellung

Beim Einsatz von E-Portfolios geht es unabhängig vom konkreten Zweck des Portfolios stets darum, digitale Artefakte als Belege für Lernergebnisse und Kompetenzzuwachs zu sammeln, zu strukturieren sowie zu reflektieren und damit Lernprozesse und Lernprodukte zu verbinden.

Erstellen eines E-Portfolios

Folgende Handlungsschritte sind bei der Erstellung eines E-Portfolios zu unterschei-den (SCHAFFERT U. A. 2007, 79):

1. *Zielsetzung festlegen und Rahmenbedingungen klären*: Einsatzkontext und Haupt-funktion des Portfolios müssen geklärt werden; daraus resultieren auch Festle-gungen zu Zeitdauer und Zugriffsrechten.
2. *Werkstücke (Artefakte) sammeln und kriterienorientiert auswählen*: Es müssen Arte-fakte erstellt und beschrieben werden, ggf. Auswahlkriterien festgelegt sowie eine

systematische Auswahl getroffen werden, die idealerweise bezogen auf die zu erwerbenden Kompetenzen organisiert wird.

3. *Den eigenen Lernprozess steuern und reflektieren*: Gemäß den eigenen Lernzielen und dem Gesamtzweck des Portfolios müssen Lernergebnisse, aber auch Stationen des Lernprozesses reflektiert, (selbst) bewertet und für die weitere Entwicklung des Lernprozesses genutzt werden. Vorlagen als Reflexionshilfen können hier unterstützend sein. Rückmeldungen der Lehrenden sind besonders hilfreich.

4. *Ansichten zusammenstellen und verteilen*: Je nach Einsatzkontext und Zweck des Portfolios können Teile des Portfolios in ‚Ansichten' zusammengestellt und anderen Gruppen zugänglich gemacht werden (z. B. Lerngruppe, Lehrenden, Personalmanagement).

5. *Portfolio bewerten*: Je nach Einsatzkontext und Zweck des Portfolios können das gesamte Portfolio oder Teile davon einer Selbstbewertung unterzogen werden (im Sinne einer formativen Evaluation) oder auch einer Fremdbewertung durch Mitlernende, Lehrende oder Prüfer.

Handlungsschritte der Lernenden

Aus der Perspektive der Lernenden sind im engeren Sinne die folgenden Schritte zur Erstellung eines E-Portfolios zu unterscheiden (E-TEACHING.ORG 2011):

1. *Auswählen*: Lernende wählen je nach Zweck und Einsatzszenario des Portfolios Proben ihrer Arbeit, sog. Artefakte, aus. Die eingestellten Artefakte lassen sich in einem E-Portfolio in der Regel flexibel organisieren, z. B. in verschiedenen Ansichten zusammenstellen und für unterschiedliche Gruppen zugänglich machen.

2. *Beschreiben und Analysieren*: Alle Artefakte sollten mit einer kurzen Beschreibung, z. B. einer Zusammenfassung, versehen werden. Weiterhin können die Artefakte hinsichtlich ihres Stellenwerts im Lernprozess, der ausgewählten Medien oder hinsichtlich der Erfolgsfaktoren oder Barrieren bei der Erstellung analysiert werden.

3. *Reflektieren*: Die Lernenden reflektieren ihren eigenen Weg zu den Lernergebnissen, kommentieren und analysieren ihre Erfahrungen im Prozess der Kompetenzaneignung.

4. *Vergleichen und Rückmelden*: Die Lernenden können ihre Ergebnisse und ihre Lernprozesse mit denen der Mitlernenden oder auch mit von außen vorgegebenen Standards vergleichen, eigene Beurteilungskriterien entwickeln und Rückmeldungen aus der Lerngruppe oder von Lehrenden einholen und ihre Arbeiten daraufhin ggf. überarbeiten.

7.6.3 Mögliche Einsatzszenarien

Ein E-Portfolio kann ein einzelnes Seminar abbilden, aber auch verschiedene Seminare miteinander verbinden oder einen kompletten Ausbildungsgang oder Studiengang begleiten – als freiwilliges Zusatzangebot der eigenen Kompetenzentwicklung und -dokumentation oder als verpflichtender, integraler Bestandteil eines Bildungsprogramms (für den Einsatz von E-Portfolios als integraler Bestandteil einer Studiengangskonzeption vgl. Bäcker/Cendon/Mörth 2011; für den Einsatz in der Aus- und Weiterbildung von Lehrerinnen und Lehrern vgl. Himpsl-Gutermann/Bauer 2011). Zur Förderung lebenslangen Lernens ist auch ein institutionenunabhängiges E-Portfolio möglich, das der Einzelne über die verschiedenen Stationen seiner Bildungsbiografie führt und damit seine Kompetenzen systematisch reflexiv erweitert.

Verschiedene Einsatzszenarien

In der beruflichen Bildung wird gegenwärtig erfolgreich erprobt, die traditionelle Form des Berichtshefts zur Verbindung unterschiedlicher Lernorte durch E-Portfolios zu ersetzen (vgl. Albrecht/Börner/Köhler 2012; Elsholz/Knutzen 2010). Angestrebt wird damit eine stärkere Förderung der Reflexionsfähigkeit der Auszubildenden sowie eine größere Selbststeuerung im Ausbildungsprozess. Weiterhin wird auch die Nutzung des E-Portfolios zur Bewerbung sowie zur weiteren beruflichen Weiterbildung angedacht. Spezifische Rahmenbedingungen in der beruflichen Ausbildung begrenzen allerdings den Einsatz und die einfache Übertragung vorhandener Konzepte aus anderen Bildungskontexten.

Im Bereich der Hochschulen werden E-Portfolios bereits in vielfachen Formen eingesetzt. Bezogen auf den (österreichischen) Hochschulkontext unterscheidet eine Studie im Auftrag des österreichischen Bundesministeriums für Wissenschaft und Forschung (Baumgartner/Himpsl/Zauchner 2009, 14ff) folgende Einsatzszenarien (für eine Aufbereitung nach dem Ansatz der didaktischen Entwurfsmuster und mit detailliert analysierten Beispielen vgl. Bauer/Baumgartner 2012):

Einsatzszenario A: freiwilliges Entwicklungsportfolio
- Begleitinstrument für die Planung des Studiums und der eigenen beruflichen Entwicklung,
- ggf. als Bewerbungsportfolio einzusetzen,
- Zielsetzung: Reflexion der eigenen Studienwahl, der eigenen Kompetenzen und Interessen.

Einsatzszenario B: Arbeitsportfolio als Lehr- und Lerninstrument in einzelnen Lehrveranstaltungen, ggf. mit Anrechenbarkeit als Studienleistung über ECTS-Punkte (ECTS = European Credit Transfer System):
- Begleitend zu einer Lehrveranstaltung über ein Semester zu führen,
- Lernergebnisse sammeln und Leistungen, Zwischenschritte und Stolpersteine auf dem Weg dorthin reflektieren.

Einsatzszenario C: Präsentations- und Beurteilungsportfolio (insbesondere als Bestandteil von Studiengängen, die eine Nähe zu Technologien aufweisen):
- E-Portfolio als „Schaltzentrale des gesamten Studiums" (EBD., 16),
- fest verankert im gesamten Studiengang,
- Instrument des Wissensmanagements für die Studierenden,
- Kommunikationsplattform für die studentische Lerngemeinschaft,
- Leistungsnachweis als Ergänzung oder Ersatz für Prüfungen.

Einsatzszenario D kombiniert den E-Portfolio-Einsatz aus den Modellen A bis C und verbindet ihn mit der Hochschulstrategie zur curricularen Integration von E-Portfolios in das Studium:

- E-Portfolios sind in systematische Gesamtstrategie für die gesamte Hochschule eingebunden,
- verbindet die einzelnen Elemente der Arbeits-, Entwicklungs- und Bewerbungsportfolios,
- kombiniert Bottom-Up- und Top-Down-Prozesse an der Hochschule.

Bei diesen Einsatzszenarien wird kritisch angemerkt, dass reine Beurteilungsportfolios noch keine Berücksichtigung fanden, da die Rahmenbedingungen an österreichischen Hochschulen aus Sicht der Autoren dafür noch nicht gegeben sind; Insbesondere scheint die Kompetenz- und Output-Orientierung noch nicht hinreichend umgesetzt (EBD., 18). Deutlich wird in jedem Fall, dass es eine große Bandbreite an E-Portfolios gibt und die kontextuellen Rahmenbedingungen für ihre Verwendung entscheidend sind.

7.6.4 Kompetenzorientiertes Prüfen mit E-Portfolios?

Die Beschreibung der Formenvielfalt und der Einsatzszenarien hat sichtbar gemacht, dass E-Portfolios prinzipiell eine Möglichkeit darstellen, die Prozesse des Lehrens und Lernens mit denen der Bewertung und Beurteilung zu verbinden und die Leistungsfeststellung damit handlungsorientierter zu gestalten. Aber diese Verbindung enthält auch mögliche ,Fallstricke', die zu vermeiden sind, um das Potenzial von E-Portfolios als alternativer Prüfungsform abschließend einschätzen zu können.

Brückenfunktion von E-Portfolios

Worin liegt das ,Alternative' beim Einsatz von E-Portfolios als Prüfungsform? An traditionellen Prüfungsformen wird generell kritisiert, dass sie den Beurteilungsprozess von den Lehr- und Lernprozessen abkoppeln und z. B. in punktuell zu erstellenden handschriftlichen Klausuren keine realitätsnahe Abbildung von Kompetenzen möglich sei (u. a., weil die Arbeitsweise der Erstellung eines Textes ohne Überarbeitungsmöglichkeiten mit PC-Unterstützung allein schon nicht realitätsnah ist) und diese somit nicht überprüft würden. Wird das E-Portfolio mit seinen vielfältigen Artefakten als Ergebnissen des Lernprozesses samt ihrer reflexiven Analyse und Selbstbewertung sowie Verknüpfung mit Lehrmaterialien zur Prüfung eingesetzt, rücken Lehr-, Lern- und Prüfprozess näher zusammen. Die vieldiskutierte ,Brückenfunktion' zwischen Lehren, Lernen und Prüfen wird dadurch realisiert.

Realitätsnähe von E-Portfolios

Weiterhin wird an kompetenzorientierte Prüfungen im Sinne des „authentic assessment" die Anforderung gestellt, „anspruchsvoll, lebensnah, herausfordernd und ergebnisoffen" zu sein (HÄCKER 2005, 3; Kap. 7.1). E-Portfolios können diese Anforderungen prinzipiell erfüllen. Für die Erzeugung der Artefakte steht den Lernenden in der Regel eine realistische Arbeitsumgebung zur Verfügung – Textverarbeitungspro-gramme mit Rechtschreibhilfe, die Möglichkeit, Texte mehrfach zu überarbeiten und nicht ‚in einem Zug' wie bei Klausuren zu erstellen. Das große Gewicht der Reflexion des eigenen Lernprozesses in E-Portfolios und der zunehmenden Selbststeuerung des Lernprozesses entspricht in hohem Maße zeitgemäßen Qualifikationszielen wie der Ausbildung von metakognitiven Strategien und flexiblen Lernkompetenzen.

Deformierungen der E-Portfolio-Idee

Allerdings realisieren E-Portfolios nicht automatisch alle diese positiven Eigenschaf-ten. Mit E-Portfolios sind ebenso Risiken verbunden, die ihre Brückenfunktion gefähr-den können. Werden E-Portfolios nicht gut vorbereitet mit orientierenden Hinweisen eingeführt, kann es auch zu Deformierungen der E-Portfolio-Idee kommen (REIN-MANN/SIPPEL 2011, 195ff): Es werden z. B. wahllos und unreflektiert viel zu viele Arte-fakte gesammelt (‚over-acting') oder die Reflexionen werden aufgrund der Bewer-tungssituation über ein sinnvolles Maß hinaus intensiviert und ausschließlich auf die eigene Person bezogen (‚over-reflecting'). Bei der Reflexion ist besonders wichtig, dass diese nicht nur den individuellen förderlichen oder hinderlichen Verlauf der Lern- und Arbeitsprozesse zum Gegenstand hat, sondern darüber hinaus auch die konkreten Bedingungen des Lehr- und Lernkontextes und der Institution mit in den Blick kom-men, Reflexion also nicht individualistisch verkürzt wird.

Werden E-Portfolios auch zur Bewertung eingesetzt, besteht die Gefahr, dass Lernende eigene Kriterien in den Hintergrund stellen und ihre Auswahl von Artefakten ebenso wie die Reflexion den vermeintlichen externen Bewertungsstandards anpassen. Auch kann die Reflexion an der Oberfläche stehen bleiben und eher der Selbstdarstellung im Sinne der Selbstvermarktung dienen. In Hinblick auf ausgewählte Artefakte und Reflexionsbeiträge besteht eine weitere mögliche Deformierung darin, dass Fehler oder Umwege ausgeblendet werden und nicht als Quelle für weitere Lernimpulse die-nen, z. B. aus Fehlern zu lernen.

Die möglichen Deformierungen der reflexiven Anteile analysiert HÄCKER (2005, 7) für den schulischen Kontext treffend: „Wird das Portfolio von SchülerInnen als ein Mittel der Steigerung der Kontrolle und der Ausweitung schulischer Bewertungstotalität (Foucault) wahrgenommen, entsteht eine eigene Art von Prosa, die man in Abwand-lung eines Begriffs von Holzkamp als ‚defensives Reflektieren' [...] bezeichnen könn-te." Die Reflexion dient dann nur noch der Abwehr potenzieller negativer Konsequen-zen und verliert ihren lernförderlichen Charakter.

Fazit

Zusammenfassend kann festgehalten werden, dass E-Portfolios in ihrer Multifunktio-nalität prinzipiell geeignet sind, die Bereiche von Lehren, Lernen und Prüfen zur Bestimmung kompetenzorientierten Lernerfolgs zu verbinden, aber nicht automatisch als lernförderliches Prüfinstrument wirken. Es ist daher zu klären, welchen Nutzen die Lernenden aus E-Portfolios für ihre Bildungsprozesse und darüber hinaus ziehen kön-nen und wie die E-Portfolios dementsprechend zu gestalten sind (vgl. HIMPSL-GUTER-

MANN 2012). Unter ungünstigen Bedingungen können E-Portfolios den ‚lernbehindernden Charakter' von Prüfungen auch verstärken und sogar zur subtilen Ausweitung einer institutionellen Bewertungstotalität führen (zur „Ambivalenz von E-Portfolios in Bildungsprozessen" vgl. allgemein MEYER/MAYRBERGER/MÜNTE-GOUSSAR/SCHWALBE 2011 und zur Gefahr, mit E-Portfolios eine neoliberale „Selbst-Ökonomisierung" zu unterstützen, vgl. speziell MÜNTE-GOUSSAR 2011).

Um die positiven Potenziale als kompetenzorientierte Prüfungsform zu realisieren, ist es wichtig, dass E-Portfolios konzeptuell in der didaktischen Planung verankert sind und die Reflexionen immer auch die gesamten Lernbedingungen und den institutionellen Kontext als Ganzes mit thematisieren. Unter diesen Bedingungen können E-Portfolios eine sinnvolle Weiterentwicklung der Prüfungskultur in Richtung Kompetenzorientierung sein und wichtige Koordinationsleistungen, z. B. beim forschenden Lernen an Hochschulen, einnehmen (REINMANN/SIPPEL 2011, 198).

E-Portfolios können aber bildungspolitische Widersprüche nicht auflösen. Die Spannungsfelder zwischen stärkerer Individualisierung im Bildungssystem und gleichzeitiger Standardisierung, zwischen umfassender Kontrolle durch die Institution einerseits und dem Wunsch nach Entlastung der Lehrenden andererseits sowie dem Anspruch einer immer diverser werdenden Lernergruppe gerecht zu werden und der Selektionsfunktion von Prüfungen bleiben bestehen (HÄCKER 2005; REINMANN/SIPPEL 2011).

7.7 Innovative Prüfungsformen mit Web 2.0

Neue Impulse durch Web 2.0?

Web 2.0 Instrumente werden in unterschiedlichen Szenarien im Bildungssektor eingesetzt, auch wenn sie noch nicht zu den Alltagswerkzeugen im E-Learning gehören (GAISER/THILLOSEN 2009; Kap. 5). Können sie auch der kompetenzorientierten Prüfung von Lernerfolg neue Impulse geben? Die Instrumente wie Wikis, Weblogs oder Podcasts besitzen kein Innovationspotenzial für Prüfungsformate, aber die mit ihnen unmittelbar verbundenen neuen Nutzungsarten des Internets haben die Diskussion um Selbstbewertung (‚Self Assessment') und kollegialer Bewertung (‚Peer Assessment') neu belebt. Beide Formen der Bewertung sind nicht neu und selbstverständlich auch nicht an digitale Medien gebunden, gewinnen aber durch die ‚Web 2.0 Kultur' verstärkt an Bedeutung und erhalten erneut Aufmerksamkeit. Im Kontext der Web 2.0 Instrumente haben sich Formen der Selbstbewertung (z. B. durch Selbstreflexionen in Weblogs) und vor allem der kollegialen Bewertung (z. B. die Bewertung „Fanden Sie diesen Beitrag hilfreich?" durch andere Nutzer eines Informationsangebots) etabliert, allerdings eher im Bereich von virtuellen Gemeinschaften oder E-Business-Kontexten, weniger im formalisierten Bildungssektor.

Mehr Vielfalt in Prüfungsformaten

Wird von dem hier dargelegten erweiterten Verständnis von Prüfung des Lernerfolgs ausgegangen, das nicht nur bilanzierende Fremdbewertung meint, sondern auch formatives Feedback zur Unterstützung von Lernprozessen umfasst, kann den Web 2.0 Instrumenten ein großes Potenzial für die Entwicklung innovativer Assessmentformen und insbesondere für mehr Vielfalt bei Prüfungsformaten zugesprochen werden (BOGNER 2010; REINMANN 2007a, 16ff). Auch wird es leichter möglich, Gruppenarbeit differenziert zu bewerten. Ist das Gruppenergebnis bspw. in einem Wiki dokumentiert, lassen sich die Beiträge der einzelnen Gruppenmitglieder leichter unterscheiden (Geschichtsfunktion bzw. Versionsverwaltung in Wikis). Ein didaktisch durchdachtes Bewertungskonzept wird durch diese neuen technologischen Möglichkeiten selbstverständlich nicht ersetzt.

Selbstbewertung und kollegiale Bewertung

Wie REINMANN (2007a, 16ff) im Detail ausführt, können Formen der Selbstbewertung und der kollegialen Bewertung, die mit Web 2.0 Instrumente realisiert werden, ggf. wichtige Grundbedürfnisse von Lernenden erfüllen, wie die Bedürfnisse nach Autonomie, Kompetenz und sozialem Eingebundensein (DECI/RYAN 1993). Solche Prüfungselemente können also wichtige motivationale Vorteile bieten und die große „Gestaltungsmacht des Assessments" (REINMANN 2007a, 19) könnte mit ihnen zur Unterstützung von Lernprozessen genutzt werden. Bislang wird mit diesen Formen aber nur vereinzelt experimentiert, größere systematische Forschungsarbeiten fehlen. Handlungsroutinen haben sich noch nicht im größeren Maßstab herausgebildet. Oft bleibt es bei der Darlegung des prinzipiellen Potenzials (BOGNER 2010). REINMANN (2007a, 18) sieht als ein wichtiges Hindernis „vor allem die Angst [...] – Angst letztlich vor einer ungewohnten Situation, deren Kontrolle man aus den eigenen Händen gibt und in die der Studierenden legt. Eigentlich aber wäre doch genau das für die Studierenden ein Akt der Bildung schlechthin – nämlich selbst Verantwortung zu übernehmen, für das eigene Tun, teilweise auch für das der anderen, für eigene und gemeinsame Ziele".

Für die Einbeziehung von Selbstbewertungen und kollegialer Bewertung in Formate zur Überprüfung des Lernerfolgs sprechen noch einige weitere Argumente (im Folgenden zusammengefasst nach BOGNER 2010, 39, und RACE 2001, 8ff):
- Lernende schätzen ihre eigenen Leistungen und die ihrer Mitlernenden als Referenzwert ohnehin ein. Werden Selbstbewertung und kollegiale Bewertung in Leistungsnachweise integriert, können sie diese Einschätzung reflektiert und systematisch vornehmen.
- Selbstbewertung und der Vergleich der eigenen Aufgabenlösung mit anderen Lösungen kann den eigenen Lernprozess intensivieren und vertiefen.
- Selbst- und Fremdeinschätzung ist nahezu in allen Berufsfeldern eine wichtige Kompetenz.
- Lernende gewinnen Autonomie und Verantwortung für ihre Lernprozesse.

- Selbst- und kollegiale Bewertung erhöht die Menge des insgesamt gegebenen Feedbacks.
- Jede Bewertungsform benachteiligt bestimmte Lernende. Mit einer Diversifizierung der Prüfungsformate durch die Einbeziehung von Selbst- und Fremdbewertung wird eine systematische Benachteiligung bestimmter Lernpräferenzen reduziert.
- Lehrende können entlastet werden und sich gezielter der Auswertung des Gesamtprozesses und der Überwindung von Lernbarrieren widmen.

Moderation der Bewertungen

Sowohl Selbstbewertungen als auch kollegiale Bewertungen sind für die Mehrzahl der Lernenden in formalen Bildungssettings zunächst sehr ungewohnt. Sollen diese Formen in das eigene Lehr-/Lern-Arrangement eingebaut werden, sollten diese Prüfungselemente gut eingeführt und die Gründe für den Einsatz dem Kontext entsprechend erläutert werden. Bei der Verwendung stellen sich grundsätzlich zwei weitere Fragen: Inwiefern ist es sinnvoll, diese Bewertungen als Lehrender zu moderieren? Inwieweit sollten die Lernenden selbst an der Entwicklung der Beurteilungskriterien beteiligt sein?

Zur Frage der Moderation wird generell empfohlen, die eigene Moderation oder Kommentierung zunächst auf ein Minimum zu reduzieren, um die ernsthafte Beteiligung der Lernenden nicht zu gefährden (Bogner 2010; Race 2001). Zur Beteiligung bei der Festlegung der Beurteilungskriterien ergibt sich aus den Qualitätskriterien für handlungsorientierte Prüfungen (Tab. 7.2) bereits, dass eine Partizipation der Lernenden hier äußerst sinnvoll ist. Der Prozess der Selbstbewertung bzw. der kollegialen Bewertung wird umso stärker zur ‚eigenen Sache‘, wenn auch Einfluss auf die Kriteriensammlung genommen werden kann. Je nach Rahmenbedingungen und Lernendengruppe können unterschiedliche Beteiligungsformen gewählt werden. Eine vorgegebene Anzahl an Kriterien kann modifiziert oder erweitert werden oder vollkommen selbstständig entwickelt werden. Bei allen Prozessen sollte beachtet werden, dass diese Beteiligungsformen in formalen Lehr-/Lernarrangements in der Regel sehr ungewohnt sind und die Herausforderung an die Lehrenden darin besteht, das Vorgehen zu begründen und anschlussfähig für die Lernendengruppe zu gestalten.

7.7.1 Selbstbewertungen

Wege in die Selbstständigkeit

Die Fähigkeit, die eigene Arbeit selbstkritisch zu bewerten und daraus Konsequenzen für zukünftiges Handeln zu ziehen, ist in eine Komponente beruflicher Handlungskompetenz. Zudem eignen sich manche erarbeiteten Ergebnisse aus einem Lernprozess im Grunde viel besser für Selbst- als für Fremdbewertung, wie z.B. Dokumentationen und Reflexionen des eigenen Lernprozesses in Lerntagebüchern, Darlegungen zum eigenen Lerngewinn (Race 2001). In Modellprojekten der Berufsbildung wurde vielfach mit Selbstbewertungen (häufig Selbstevaluation genannt) gearbeitet und konkrete Vorgehensweisen getestet. Sie wurden eingesetzt, um „Wege aus der Unselbstständigkeit zu erkennen und neue Wege in die Selbstständigkeit zu wagen" (HEROLD 2003, 96).

Didaktisch-methodische Einbindung

Als technische Plattform für die Umsetzung solcher Bewertungen bieten sich insbesondere Weblogs an (Kap. 5.4.2), da sie eine chronologische Kommentierung und Dokumentation einzelner Arbeitsphasen erlauben. Durch die Kommentierungsfunktionen lassen sie sich auch leicht mit kollegialen Bewertungsformen verbinden. Aber nicht die Auswahl des digitalen Werkzeugs ist entscheidend, sondern die didaktisch-methodische Einbindung in den gesamten Lehr-/Lernprozess. Schon allein die Aufforderung, den eigenen Lern- oder Arbeitsprozess zu reflektieren, kann auf ganz unterschiedliche Aspekte abzielen und entsprechend unterschiedlich von den Lernenden gestaltet werden.

Eine Reflexion als analytisches Nachdenken über das eigene Handeln kann sich als ‚retrospektive Reflexion' auf Erfahrungen, Handlungsschritte, Denk- und Vorgehensweisen beziehen, die in der Vergangenheit liegen. Als ‚prospektive Reflexion' kann sie sich aber auch auf die gleichen Elemente zukünftiger Handlungen beziehen. Zusätzlich lässt sich zwischen ‚Selbstreflexion', bei dem die eigene Person und ihr Handeln im Mittelpunkt steht und ‚struktureller Reflexion' unterscheiden, bei der verstärkt die Rahmenbedingungen, Regeln und Strukturen des eigenen Handelns im Mittelpunkt der analytischen Betrachtung stehen (GILLEN 2007). Hilfreich scheint es in jedem Fall zu sein, wenn konkrete Hilfen zum Einstieg anhand von Fragen zur Selbstbewertung gegeben werden. Grundfragen, die für jeden Kontext anzupassen sind, sind z. B.: Was ist in dieser Aufgabenlösung besonders gut gelungen, was besonders wenig? Was wurde als besonders schwer bei der Aufgabenlösung empfunden, was war der größte Lerngewinn bei der Bearbeitung der Aufgabenstellung? (RACE 2001)

7.7.2 Möglichkeiten kollegialer Bewertungen

Entwicklung im Anfangsstadium

Kollegiale Bewertung (‚Peer Assessment') durch Gleichrangige ist durch die Web 2.0 Instrumente in zahlreichen Bereichen außerhalb formaler Lehr-/Lernarrangements bereits weit verbreitet. Das Erfolgsmodell der Online-Enzyklopädie Wikipedia basiert vollständig auf dieser Assessmentform. Auch im Bereich wissenschaftlicher Publikationen sind Formen kollegialer Bewertung (‚Peer Review') etabliert. Wie lassen sich solche Formen auch in formalisierten Lernprozessen nutzen? Im angloamerikanischen Bereich werden Formen der kollegialen Bewertung schon verstärkt eingesetzt, im deutschsprachigen Bereich eher zögerlich.

Ein Beispiel zu kollegialer Bewertung im Bachelor-Studium ist bei BOGNER (2010) ausgeführt und gleichzeitig empirisch untersucht. Hier hat es sich als besonders hilfreich erwiesen, eine klare Struktur für die studentischen Rückmeldungen vorzugeben. Insgesamt zeigte die empirische Untersuchung allerdings noch eine geringe Robustheit und Zuverlässigkeit der studentischen Bewertungen (insbesondere eine Vermeidung negativer Urteile), aber auch eine Vertiefung der Lernprozesse durch diese Bewertungsform.

Vorteile und Probleme kollegialer Bewertung

Ein klarer Vorteil der Einführung kollegialer Bewertung ist, dass die Menge von gegebenen Rückmeldungen insgesamt steigt. Oft fallen bisher gerade lernförderliche Rückmeldungen zur Unterstützung von Lernprozessen (,formatives Assessment') aus Zeitmangel weg. Durch kollegiale Bewertungen kann der einzelne Lernende insgesamt mehr Rückmeldungen zu seiner Arbeit erhalten. Technologisch sind kollegiale Bewertungen unterschiedlich zu realisieren. Am leichtesten können sie als Forenbeiträge oder mit Hilfe von Kommentierungsfunktionen in Weblogs oder E-Portfolios umgesetzt werden (BOGNER 2010; REINMANN 2007a). Befürchtet werden bei kollegialer Bewertung allerdings Verzerrungen aufgrund von Freundschaften oder Antipathien. Diese Gefahr kann dadurch reduziert werden, dass Bewertungspaare zufällig gebildet werden und insbesondere jeder Lernende von mindestens zwei Mitlernenden eine kollegiale Rückmeldung erhält. Klaffen hier Bewertungen sehr stark auseinander, kann dies ein Indiz für Verzerrungen oder eine Interventionsnotwendigkeit sein.

Eine andere Form der kollegialen Rückmeldung lässt sich gestalten, wenn Arbeitsergebnisse wie in einer Messe bzw. Online-Messe präsentiert werden und die Teilnehmenden sich aussuchen können, welche anderen ,Messestände' sie besuchen, um hier eine differenzierte Rückmeldung abzugeben. Die Aufmerksamkeit, die die eigene Ausarbeitung erfährt, ist bei dieser Gestaltung bereits eine erste Rückmeldung.

Gestaltung kollegialer Bewertungen

Deutlich sollte geworden sein, dass die neuen Web 2.0 Instrumente nicht an sich innovative Prüfungsformen ermöglichen, sondern nur andere Formen der Bewertung wie Selbstbewertung und kollegiale Bewertung organisatorisch-technisch gut unterstützen können. Hilfreich kann dabei sein, dass derartige Prozesse ggf. aus anderen Bereichen, in denen die Web 2.0 Kultur schon mehr verbreitet ist, bekannt sind. Hinsichtlich didaktisch passender, handlungsorientierter Prüfungsformate besteht noch ein großer Experimentier- und Forschungsbedarf. Web 2.0 Instrumente liefern hier keine leichten Lösungen, sondern können diese Prozesse nur anstoßen.

7.8 Fazit

Die Überprüfung des Lernerfolgs zur Leistungsbewertung (summativ), aber auch zur Weiterentwicklung von Lernkompetenzen (formativ) gewinnt im E-Learning neue Möglichkeiten, erfordert aber auch neue handlungsorientierte Prüfungsformen, mit denen Kompetenzen festgestellt werden können. Elektronische Klausuren, handlungsorientierte Prüfungen mit Simulationen, E-Portfolios und Web 2.0 gestützte Formen der Selbstbewertung und der kollegialen Bewertung können das Spektrum der Lernerfolgsprüfungen erweitern; die konkrete Gestaltung und Abstimmung von Prüfungen mit Lehr- bzw. Lernzielen sowie Lehr- und Lernmethoden bleibt aber eine Herausforderung. Ebenso bleibt das Spannungsfeld zwischen Lernerfolgsüberprüfung zur Selektion oder Lernerfolgsüberprüfung zu Förderung weiterhin bestehen.

Elektronische Prüfungen

Elektronische Prüfungen in handlungsorientierter komplexer Form wie bspw. in Simulationen oder bei Softwareanwendungen können dem Ziel, kompetenzorientiert zu prüfen, nahe kommen. Andererseits können elektronische Klausuren ebenfalls zu einem Qualitätsverlust führen, wenn sie, z. B. aufgrund der gestiegenen Prüfungslast an Hochschulen, nur aus automatisch gut auswertbaren Antwort-Auswahl-Fragen bestehen. Effizienzsteigerungen sind zudem nur bei großen Zahlen von Prüfungen zu erreichen.

E-Portfolios

E-Portfolios haben das Potenzial, Lehren, Lernen und Prüfen in einer Einheit zu denken und konstruktiv umzusetzen. Abhängig vom konkreten Einsatzkonzept und den institutionellen Rahmenbedingungen kann mit E-Portfolios dieses Ziel aber auch verfehlt und ,defensives Lernen' (Kap. 2.6.1) auch ,defensives Reflektieren' erzeugen sowie Lernende eine neue Bewertungstotalität erleben lassen.

Ungeklärte Fragen

Zahlreiche rechtliche Fragen sind beim E-Assessment noch nicht hinreichend geklärt. Wenig systematisch erforscht ist auch die Perspektive der Studierenden zu E-Portfolios und elektronischen Prüfungen (BRAHM/SEUFERT 2007, 16). Gestaltungsbedarf gibt es weiter bei der Frage, wie systematisch und lernförderlich mit Selbstbewertung und Bewertungen der Lernenden untereinander umgegangen werden kann. Speziell für E-Portfolios ist zu klären, wie im Sinne der Förderung lebenslangen Lernens, eine Verfügbarkeit über die E-Portfolios auch nach Beendigung eines Bildungsabschnitts sichergestellt werden kann. Generell muss berücksichtigt werden, dass auch mit verfeinerten Methoden des E-Assessments der grundsätzliche Widerspruch zwischen Prüfungen mit didaktischer, also lernförderlicher Funktion und Prüfungen als Selektionsmechanismus nicht aufgehoben werden kann. Bildungspolitische Probleme lassen sich eben nicht mit didaktischen Mitteln lösen (REINMANN/SIPPEL 2011, 197).

8 Qualitätsmanagement

Qualität entscheidet

In den vorhergehenden Kapiteln wurden die Handlungsfelder für die Gestaltung virtueller Bildungsangebote analysiert und Empfehlungen für die Umsetzung gegeben. Damit wurden bereits eine Reihe von Faktoren erläutert, die notwendig sind, um Qualität im E-Learning zu erzeugen – und Qualität wird letztlich darüber entscheiden, ob virtuelle Bildungsangebote langfristig erfolgreich sind (Kap. 2; EHLERS 2002; LEHMANN/BLOH 2010; UHL 2003).

Aufbau des Kapitels

Im Folgenden wird dargelegt, warum ein systematischer Blick auf die Entwicklung von Qualität notwendig ist: Wozu dient ein Qualitätsmanagement beim E-Learning? Was ist mit Qualität im E-Learning überhaupt gemeint? Welche Ansätze und Instrumente des Qualitätsmanagements gibt es und welche Besonderheiten sind bei ihrer Anwendung im E-Learning zu beachten?

Zur Beantwortung der Fragen werden zunächst die zentralen Begriffe im Zusammenhang mit Qualität (Kap. 8.1) und die Bedeutung des Qualitätsmanagements geklärt (Kap. 8.2). Es folgt die Beschreibung der Entwicklungsschritte eines Qualitätsmanagementsystems (Kap. 8.3). Anschließend wird ein Überblick über prozessorientierte Qualitätsmanagementsysteme gegeben, an denen sich E-Learning-Anbieter beim Aufbau eines eigenen Systems orientieren können, u. a. wird die erste internationale Norm zur Qualitätsentwicklung im E-Learning (ISO 19796) sowie die erste internationale Norm für Lerndienstleistungen in der Aus- und Weiterbildung (ISO 29990) dargestellt (Kap. 8.4). Ausgewählte Sammlungen von Qualitätskriterien verdeutlichen anzulegende Maßstäbe, wobei die Qualitätssicherung auf Produktebene im Vordergrund steht (Kap. 8.5). Die Qualitätsplattform Lernen, ein modular aufgebautes Beschreibungs- und Zertifizierungssystem für die Aus- und Weiterbildung mit E-Learning, zeigt, wie verschiedene prozessorientierte Systeme und Kriteriensammlungen integriert werden können (Kap. 8.6). Ein Fazit mit Empfehlungen für die Anwendung der verschiedenen Ansätze in der eigenen Praxis schließen das Kapitel ab (Kap. 8.7).

8.1 Zentrale Begriffe des Qualitätsmanagements

8.1.1 Qualität virtueller Bildungsangebote

Qualität – ein vielschichtiges Konzept

Mit den Gestaltungsoptionen bei virtuellen Bildungsangeboten – Auswahl und Nutzung eines Lernraums, Entwicklung von Studien- und Kursmodulen, Konzept der tutoriellen Betreuung etc. – wurden bereits implizit Hinweise gegeben, wie Qualität entwickelt werden kann, wenn Qualität zunächst alltagssprachlich als Güte/hochwertige Beschaffenheit verstanden wird. Bei einem genaueren Blick auf den Begriff Qualität wird die Situation wesentlich komplexer. Qualität ist ein vielschichtiges Konzept. Der Begriff wird mit ganz unterschiedlichen Bedeutungen belegt. So kann Qualität in der Bildung sowohl die Einhaltung bzw. das Übertreffen von Standards meinen, aber auch den Zustand der Fehlerlosigkeit beschreiben. Qualität als Zweckmäßigkeit bezieht sich auf den Grad der Nützlichkeit und Qualität als angemessener Gegenwert auf die Kosten-Nutzen-Relation (BLOH 2010, 10ff; EHLERS 2002; MIKUSZEIT/SZUDRA 2009b, c).

Darüber hinaus haben die Akteure unterschiedliche Perspektiven auf Qualität: Teletutoren, die ein E-Learning-Angebot betreuen, werden die Qualität des Angebots an anderen Punkten festmachen als die Studierenden, die damit lernen, oder das jeweilige Bundesland, das seinem Bildungsauftrag mit der Förderung eines Studienangebots nachkommt (BLOH 2010, 12ff; MIKUSZEIT/SZUDRA 2009a).

Verschiedene Qualitätsebenen

Hinzu kommen unterschiedliche Qualitätsebenen beim E-Learning wie in Lehr- und Lernprozessen allgemein. Qualität kann sich auf Input-, Durchführungs- und Output-Aspekte beziehen (ARNOLD, R. 1997; BALLI/KREKEL/SAUTER 2002b; BLOH 2010, 18ff; HOHENSTEIN/WILBERS 2001; MEIFORT/SAUTER 1991):

- *Input-Aspekte* betreffen die eingesetzten Ressourcen, die Organisation, die Rahmenbedingungen etc., als strukturelle Voraussetzungen eines Bildungsprozesses (häufig auch als Strukturqualität oder Potenzialqualität bezeichnet).
- *Durchführungs-Aspekte* beziehen sich auf didaktische Konzepte, die Lernberatung, die Studienabläufe, das Lernklima sowie auf die Steuerung des Erstellungsprozesses der Bildungsmaßnahmen (oft auch als Prozessqualität bezeichnet).
- *Output-Aspekte* thematisieren Ergebnisse der Bildungsprozesse wie den Kompetenzzuwachs bei den Lernenden, Abschlussquoten, Prüfungsverfahren und -erfolge, Vermittlung in Arbeit, Zufriedenheit und Persönlichkeitsentwicklung (auch Ergebnisqualität genannt).

Qualität muss kontextualisiert werden

Was Qualität im E-Learning ist, lässt sich nicht eindeutig und für alle Anwendungskontexte einheitlich bestimmen. Vielmehr muss das jeweilige Qualitätsverständnis in Bezug zu den aufgezeigten Dimensionen (Bedeutungen, Akteursperspektiven und

Qualitätsebenen) von den Beteiligten jeweils festgelegt werden. Für die Weiterbildung formuliert KÜCHLER (2000, 277): „Was als Qualität verstanden wird, ergibt sich immer erst im Verhältnis von Erwartungen verschiedener Akteure bzw. *stakeholder* und den konkreten Leistungen der Weiterbildungseinrichtungen. Über Qualität der Weiterbildung lässt sich also nicht abstrakt, sondern nur in einem definierten Kontext verhandeln." (Siehe auch SAUTER 2000.) Dies gilt ohne Einschränkungen auch für Lehr- und Lernprozesse mit digitalen Medien (BLOH 2010, 13ff).

Qualitätsdefinition des Deutschen Instituts für Normung
Das Deutsche Institut für Normung (DIN) definiert in seinen Normen zum Qualitätsmanagement, die branchen- und produktneutral sind, Qualität als "Grad, in dem ein Satz inhärenter Merkmale Anforderungen erfüllt" (DIN EN ISO 9000:2005, 18). Mit dem Verweis auf zu erfüllende Anforderungen wird ebenso deutlich, dass Qualität keine absolute Größe ist, die durch eine Norm bestimmt werden kann, sondern dass das jeweilige Qualitätsverständnis (und damit die speziellen Anforderungen) in einem spezifischen Kontext nur von den Beteiligten erarbeitet werden kann (RAMLOW/REISSE/ZIMMER 1995; Kap. 8.3.2).

Ko-Produzenten-Verhältnis statt Anbieter-Kunde-Verhältnis
Im Unterschied zur industriellen Produktion gibt es im Bildungsbereich kein einfaches Anbieter-Kunde-Verhältnis. Vielmehr handelt es sich um ein Ko-Produzenten-Verhältnis (EHLERS 2002; SCHLUTZ 2000): Qualität wird „erst im Prozess des Lernens von den Lernenden selbst hergestellt" (ZIMMER/PSARALIDIS 2000, 265). Bildung ist keine Ware und keine gewöhnliche Dienstleistung, sondern muss von den Lernenden durch aktive Auseinandersetzung erworben werden: „Eine Eigenart von Bildung insgesamt, die sie von anderen Dienstleistungen unterscheidet, ist, dass der Abnehmer der Leistung die Leistung selbst mitproduziert. Bildungsarbeit ist die Leistung derjenigen, die sich bilden, sie ist ein Prozess, der wesentlich subjektive Faktoren integriert, wie Interesse, Emotionalität und Engagement." (KÜCHLER 2000, 280) Diese Tatsache begrenzt die einfache Übertragung von Qualitätsmanagementverfahren aus der industriellen Produktion in den Bildungsbereich.

8.1.2 Qualität managen, sichern und entwickeln

Grundgedanke Qualitätsmanagement
Ansatzpunkt jedes Qualitätsmanagements ist die systematische Reflexion des Qualitätserzeugungsprozesses. Für E-Learning heißt das zunächst, das jeweilige Qualitätsverständnis inhaltlich festzulegen und statt einer punktuellen Qualitätsüberprüfung am Ende des Erstellungsprozesses den gesamten Prozess von der Planung und Konzeption bis zur konkreten Durchführung und Weiterentwicklung des virtuellen Bildungsangebots mit dem Fokus ‚Wie entsteht in dieser Phase Qualität?' zu begleiten.

Qualitätsmanagement

Allgemein werden unter Qualitätsmanagement alle Maßnahmen zur Entwicklung und Verbesserung der Qualität von Produkten und Herstellungsprozessen verstanden. Das jeweilige Qualitätsmanagementsystem bzw. -konzept beschreibt die Gesamtheit dieser Verfahren und ihr Zusammenwirken. Die Bezeichnung Qualitätsmanagement wurde etabliert, um alle zugehörigen Tätigkeiten als umfassende Aufgabe des Managements zu kennzeichnen.

Qualitätsmanagement hat immer einen prozess- und einen produktorientierten Anteil. Es geht zum einen darum, die Arbeitsabläufe bei der Entwicklung eines Bildungsangebots kontinuierlich zu verbessern (Prozessorientierung). Zum anderen erfolgt dies in der Annahme, dass damit das Bildungsangebot die zuvor vereinbarten Qualitätseigenschaften erhält (Produktorientierung). „Es geht somit um das Verhältnis zwischen Tätigkeiten, Prozessen und Strukturen einerseits und etwas Geschaffenem, einem Ergebnis andererseits. Die Tätigkeiten usw., mit denen etwas geschaffen und bereitgestellt wird [...], sollen so gestaltet werden, dass sie dem entsprechen, was gewünscht oder als Anforderung formuliert ist [...]. Die Qualität der Tätigkeiten, Prozesse und Strukturen zu sichern, weil dadurch die Qualität des Ergebnisses gesichert wird, das ist die überschaubare Grundidee, sozusagen der ‚Kern' von Qualitätsentwicklung und Qualitätsmanagement." (KNOLL 2002, 74f)

Qualitätssicherung

Der Begriff Qualitätssicherung wird oft synonym mit Qualitätsmanagement gebraucht. Genauer betrachtet ist Qualitätssicherung aber ein Teil des Qualitätsmanagements. Das DIN definiert Qualitätssicherung als den „Teil des Qualitätsmanagements, der auf die Schaffung von Vertrauen gerichtet ist, dass Qualitätsanforderungen erfüllt sind" (DIN EN ISO 9000:2005). Als Qualitätssicherung im engeren Sinne werden also Maßnahmen bezeichnet, mit denen sichergestellt werden soll, dass die Produkte bzw. Dienstleistungen bestimmte Eigenschaften aufweisen sowie das Bemühen, den Entstehungsprozess von Qualität für alle Beteiligten transparent zu machen.

Zum Teil wird mit Qualitätssicherung in der Gegenüberstellung zu Qualitätsmanagement auch die unterschiedliche Schwerpunktsetzung bei der Entwicklung von Qualität betont: Qualitätssicherung bezeichnet dann stärker produktbezogene Ansätze, die Mindeststandards für Bildungsangebote definieren und damit das Vertrauen der Teilnehmenden gewinnen helfen sollen. Mit Qualitätsmanagement werden dann stärker prozessbezogene Konzepte bezeichnet, die den Prozess der Leistungsherstellung optimieren.

Qualitätsentwicklung

In der Praxis wird Qualitätsmanagement meist als prozessorientierte Qualitätsentwicklung aufgefasst (KÜCHLER 2000). Auch wenn dieser Begriff nicht so verbreitet ist wie die beiden anderen, bezeichnet er am deutlichsten den Tatbestand, dass Qualität im E-Learning, wie in Bildungsprozessen generell, von allen Beteiligten gemeinsam in einem kontinuierlichen Prozess der Aushandlung entwickelt wird. Der Begriff Qualitätsentwicklung verdeutlicht, dass Qualität weder technokratisch ‚gemanagt' noch in einem fiktiven Endzustand ‚gesichert' werden kann. Hochschulen und Bildungszentren können die Bedingungen und Voraussetzungen für Bildungsprozesse definieren und sicherstellen, nicht jedoch die Qualität der Bildungsprozesse selbst – diese stellen erst die Lernenden her. Für die Beschreibung von zentralen Handlungsschritten, um Qualität im E-Learning in diesem Sinne zu erreichen, wird daher im Folgenden der Begriff Qualitätsentwicklung verwendet (Kap. 8.3). Zur Beschreibung und Diskussion bestehender Verfahrensansätze wird dagegen weiterhin der Begriff Qualitätsmanagement verwendet.

8.2 Bedeutung von Qualitätsmanagement

Gründe für Qualitätsmanagement

Warum sollte beim E-Learning nicht nur auf die in den bisherigen Kapiteln beschriebenen Gestaltungsoptionen geachtet, sondern auch ein eigenes Qualitätsmanagementsystem entwickelt werden? Die Argumente, die dafür sprechen, sich systematisch mit dem eigenen Qualitätsbegriff auseinander zu setzen und ein fundiertes System zur Entwicklung von Qualität zu erarbeiten, liegen auf zwei verschiedenen Ebenen: Zum einen ist Qualitätsmanagement in zahlreichen Bildungskontexten bereits eine Notwendigkeit, so z. B. im Bereich der beruflichen Weiterbildung, in dem seit 2005 entsprechend der Anerkennungs- und Zulassungsverordnung Weiterbildung der Nachweis eines Qualitätsmanagements erforderlich ist, um mit der Bundesagentur für Arbeit zusammenarbeiten zu können, oder im Bereich der akademischen Bildung, in dem Qualitätsentwicklung und Qualitätssicherung Standardthemen der Akkreditierung von Studiengängen sind (Henninger 2008; vgl. auch Friedrich 2002 sowie Reil/Winter 2002). Zum anderen wirkt ein systematischer Qualitätsentwicklungsprozess auf der Grundlage von Evaluationen (Kap. 9) auch immer nach innen und kann wertvolle Kommunikationsprozesse sowie eine Organisationsentwicklung in Gang bringen.

8.2.1 Chancen des Qualitätsmanagements

Qualitätsmanagement – ein Modethema?

Worin liegen die Chancen des Qualitätsmanagements für eine Organisation? Im Bereich der Warenproduktion, aus dem die Konzepte zum Qualitätsmanagement ursprünglich stammen, wird Qualitätsmanagement als Lösung für unterschiedlichste Probleme propagiert: Es diene u. a. der innerbetrieblichen Optimierung, der Kundenbetreuung, dem Verbraucherschutz, biete Wettbewerbsvorteile und erzeuge Markttransparenz. Auch im Bildungssektor sind vielfältige Antriebsmomente zu erkennen: die Internationalisierung der Hochschulen, eine zunehmende Privatisierung im Bildungssektor, der Verteilungskampf um Marktanteile und Fördermittel bei wachsender

Mittelknappheit sowie die gesellschaftliche Debatte um Selbstverständnis und Aufgaben von Bildung (KRECKEL 2002; MEISEL 2000; SCHLUTZ 2000). Unabhängig davon, welcher Standpunkt zu diesen Entwicklungen bezogen wird, bietet Qualitätsmanagement in jedem Fall Chancen für die Organisationsentwicklung.

Anstoß zur Organisationsentwicklung

Neben der wachsenden, eher von außen gegebenen Notwendigkeit, Qualitätsmanagement zu betreiben, führt eine Qualitätsdiskussion implizit zu einer Verständigung über Mindeststandards des professionellen Handelns, die der Weiterentwicklung der Organisation wertvolle Impulse geben kann: Sich mit der eigenen Qualitätspolitik auseinander zu setzen, z. B. das jeweilige Verständnis von Kundenorientierung mit Mitarbeitern zu erörtern, dabei ggf. Partner und ‚Zulieferer‘ (Lehrbeauftragte, Teletutoren, Multimedia-Entwickler u. a.) in den Prozess einzubeziehen und die organisatorischen Rahmenbedingungen zu prüfen, fördert einen systematischen Blick auf die Organisationsqualität als Ganzes und steigert die interne Transparenz sowie in der Summe die Lernfähigkeit einer Organisation (DOERR/ORRU 2000; ZINK/BEHRENS 2000). Der so angestoßene interne Dialog hilft Verbesserungspotenziale in der Organisation, in den Prozessen sowie in den Bildungsangeboten selbst zu identifizieren (BREHM 2000; WUNDER 2000a). Das eigentlich Neue „besteht darin, dass Qualitätsentwicklung, Qualitätssicherung und Qualitätsmanagement die vielfältigen Bestrebungen im Alltag, die Arbeit ‚gut‘ zu machen, aufeinander beziehen, sie wechselseitig verknüpfen, auf Dauer sichern und in ihrer Wirksamkeit regelmäßig überprüfen. Sie stellen somit eine *Gesamtperspektive* und einen umfassenden *Handlungsrahmen* für die Weiterentwicklung der Bildungsarbeit bereit." (KNOLL 2002, 73f, Hervorh. im Original)

Im Einzelnen lassen sich Vorteile auf verschiedenen Ebenen identifizieren (STRACKE 2009a, 5):

1. *Wettbewerbsfähigkeit:* Durch Qualitätsstandards ist eine Vergleichbarkeit der E-Learning-Angebote möglich.
2. *Ökonomie:* Qualitätsmanagement definiert klar Prozesse und minimiert damit Fehler während der Analyse, des Designs, der Produktion und des Einsatzes von E-Learning.
3. *Motivation:* Durch Transparenz und Einbeziehung aller Akteure, somit auch der Lerner, kann eine Motivationssteigerung bzgl. des Einsatzes und der Abnahme von E-Learning-Angeboten erfolgen.
4. *Image:* Durch den Einsatz international anerkannter Systeme kann das Image für E-Learning-Produkte und -Anbieter aufgewertet werden.
5. *Planbare Zuverlässigkeit:* Qualitätsmanagement ermöglicht ein Risiko-Management, denn die getestete und evaluierte Qualität des Lerndesigns und –prozesses ermöglicht ihre Wiederverwendung.
6. *Kundenorientierung:* E-Learning-Anbieter können durch Einbeziehung der Nutzer (Lernende) deren Bedarfe besser verstehen (lernen) und durch den Einsatz von Standards somit kundenorientiert handeln.

7. *Kontinuierliche Verbesserung:* Durch Evaluation und konsequente Optimierung auf Basis der gewonnenen Erfahrungen kann der Bildungsanbieter seine Bildungsangebote und die Bildungsprozesse kontinuierlich verbessern.

8.2.2 Grenzen des Qualitätsmanagements

Gefahr technokratischen Controllings

Werden bestehende Ansätze aus dem Bereich der Warenproduktion kleinschrittig übertragen, ohne die Besonderheit pädagogischen Handelns von Lernenden und Lehrenden hinreichend zu berücksichtigen, kehren sich die aufgeführten Vorteile allerdings in Nachteile um. Der „Mythos von der didaktischen Machbarkeit von Qualität" (ARNOLD, R. 1997, 57) wird gefördert. Statt Qualitätsentwicklung droht dann ein technokratisches Controlling. Ein zu starker Fokus auf Organisation und Formalisierung von Prozessen steht weiterhin in der Gefahr, die Arbeit selbst, das Lehren und Lernen, zu verhindern. Inhaltsleere Bürokratisierung von Abläufen muss explizit vermieden werden, wenn Qualitätsmanagementsysteme eingeführt werden (HARNEY 2000).

Verengung des Blicks auf Einzelorganisationen

Ein weiterer potenzieller Nachteil des Aufbaus eines Qualitätsmanagementsystems besteht in der Beschränkung auf die einzelne Hochschule oder Bildungseinrichtung „unter Vernachlässigung der notwendigen Bezugnahme auf professionellen Diskurs und Vernetzung" (KÜCHLER 2000, 277). Die Konzentration auf die Qualitätsentwicklung in der eigenen Organisation kann den Blick auf das ganze System, beispielsweise die Versorgung einer Region mit Bildungsangeboten, verstellen (MEISEL 2000, 14).

Wird diesen Gefahren ein durchdachtes System entgegen gesetzt und pädagogisches Handeln als niemals „wirkungssicheres, sondern [immer] riskantes Geschehen" (OELKERS 1991, 14) betrachtet, kann die Einrichtung eines systematischen Qualitätsmanagements sehr ertragreich sein. Qualitätsmanagement zielt dann darauf, die Schaffung von notwendigen Bedingungen für erfolgreiches Lernen überprüfbar zu gestalten. Die Bedingungen selbst sind abhängig von Situation und Kontext (Lernziele, Lerninhalte, Motivation etc.) und es gilt, sie jeweils neu zu bestimmen und zu prüfen.

8.3 Handlungsfelder der Qualitätsentwicklung

Beim Aufbau eines Qualitätsmanagements stellen sich die Fragen, wie konkret vorgegangen werden sollte und wessen Aufgabe Qualitätsmanagement vorrangig ist. Zentrale Handlungsfelder bei einer systematischen lernerorientierten Qualitätsentwicklung sind:

- Sich über den Qualitätsbegriff im eigenen Kontext zu verständigen, der die Lernenden in den Mittelpunkt stellt,
- ein Qualitätsmanagementsystem als Gesamtheit der Prozesse, Verfahren und Orientierungen zu entwickeln (Kap. 8.4),
- kontextspezifische Qualitätskriterien für das Bildungsangebot festzulegen (Kap. 8.5),
- die Qualitätsentwicklung innerhalb der Organisation als zyklischen und iterativen Prozess mit unterschiedlichen Phasen zu planen und durchzuführen,
- Maßnahmen zu konzipieren und durchzuführen, die die Lernkompetenzen der Lernenden stärken.

Diese Handlungsfelder, die keine Rangfolge darstellen, bezeichnen Tätigkeitsfelder, die eng miteinander verbunden und gleich wichtig sind, um virtuelle Bildungsangebote zu entwickeln, mit denen Teilnehmende einen Zuwachs an Handlungskompetenz herstellen können.

Wessen Aufgabe ist Qualitätsmanagement?

Die Frage, wessen Aufgabe das Qualitätsmanagement in einer Organisation bei der Entwicklung und Durchführung virtueller Bildungsangebote ist, ist theoretisch leicht zu beantworten, aber die Antwort in der Praxis oft schwer durchzusetzen. Aufgrund der grundlegenden Bedeutung und der prinzipiellen Unabgeschlossenheit der Qualitätsentwicklung ist diese vorrangig eine strategische Aufgabe des Managements. Da es aber gleichzeitig darum geht, zu einem einheitlichen Verständnis von Qualität und den notwendigen Schritten zur Erreichung bestimmter Qualitätsziele zu kommen, müssen alle der Entwicklung eines E-Learning-Angebots Beteiligten auch in die Qualitätsdiskussion einbezogen werden. Die Entwickler der Bildungsmodule müssen daher ebenso beteiligt sein wie die Multimedia-Produzenten, die Teletutoren ebenso wie die didaktisch Beratenden und insbesondere auch die Lernenden selbst. Erst eine solche Integration der verschiedenen Perspektiven aller Beteiligten gewährleistet eine umfassende Qualitätsentwicklung.

Qualitätsbeauftragte

Aufgabe des Managements ist es wiederum, bei einem großen Mitarbeiterstab für die entsprechenden Verständigungs- und Diskussionsprozesse Prozess- und Strukturierungsvorschläge zu entwickeln, um die Vorgänge auch bei starker Arbeitsteilung und hohen Mitarbeiterzahlen effektiv zu gestalten. In der Praxis bewährt hat sich die Einsetzung eines Qualitätsbeauftragten oder eines Qualitätsteams, dem die operative Umsetzung und Gesamtkoordination der Aktivitäten obliegen (Nötzold 2002, 71ff).

8.3.1 Verständigung über den Qualitätsbegriff

Lernende im Mittelpunkt

Ein Qualitätsbegriff im E-Learning muss sich an dem entscheidenden Unterschied zwischen der Qualitätsentwicklung im Bildungssektor und der Qualitätsentwicklung in anderen Wirtschaftszweigen orientieren: Bildung ist keine Ware, die in einer vom Anbieter erzeugten und bestimmten Qualität dem Kunden verkauft werden kann, sondern die Lernenden stellen die Qualität einer Bildungsmaßnahme endgültig erst im Lernprozess her. Qualität entsteht also erst bei den Lernenden. Die Definitionsmacht für Qualität im Bildungssektor liegt daher zu großen Teilen bei den Lernenden (EHLERS 2002; ZIMMER/PSARALIDIS 2000). Die Festlegung des eigenen Verständnisses von Qualität im E-Learning muss diese Differenz berücksichtigen.

Vier Besonderheiten im E-Learning

Hohe Individualisierung und Differenzierung beim Lehren und Lernen mit virtuellen Bildungsmodulen verstärken diese Besonderheiten noch zusätzlich. Vier Faktoren sind hier nach EHLERS (2002, 6f) entscheidend:

1. Die *Zugänge zum Bildungsangebot*, die Lernorte und -zeiten sowie die Lernformen (Einzellernen, Gruppenarbeit, tutoriell unterstütztes Lernen, kommunikativer Austausch mit anderen Lernenden etc.) sind in hohem Maße individualisiert.
2. Die *Ausgangssituationen der Lernenden* sind potenziell sehr heterogen (Bildungsstand, Vorwissen, Berufserfahrung etc.).
3. Ebenso potenziell heterogen sind die *Lernziele*, die die Lernenden mit dem virtuellen Bildungsangebot verfolgen und die entsprechende Motivation, die sie mit dem Lernen verbinden.
4. Durch die *Wahlfreiheit des Angebots* können Lernende innerhalb eines virtuellen Bildungsangebots in der Regel Lernwege, thematische Vertiefungen sowie die Reihenfolge der zu behandelnden Themen individuell bestimmen.

Vier Konsequenzen

Diese Besonderheiten im E-Learning machen ersichtlich, warum für die Qualitätsentwicklung ein Qualitätsbegriff notwendig ist, der die Lernenden selbst als zentrale Grundkategorie beinhaltet. Ein solcher Qualitätsbegriff hat vier zentrale Konsequenzen (EBD., 9f):

1. Statt einer *Technologieorientierung* gilt das Prinzip einer konsequenten Anwenderorientierung; d.h., nicht das technologisch Mögliche entscheidet über konkrete Lernarrangements, sondern die optimale Unterstützung der Lernenden und ihrer möglichen Lernsituationen.
2. Statt einer *Angebotsorientierung* gilt eine Lernerorientierung; das heißt, Bildungsangebote sind nicht an dem auszurichten, was vonseiten des Lehrpersonals angeboten werden kann, sondern welche Handlungskompetenzen Lernende aktuell und zukünftig für eine vollständige Handlungsfähigkeit in ihren jeweiligen Disziplinen und Praxisfeldern brauchen.

3. Der *Mythos der Möglichkeit*, Qualität einseitig durch ein Bildungsangebot erzeugen und Qualität beim Lernen sichern zu können, wird konsequent aufgegeben. Stattdessen erfolgen alle Maßnahmen des Qualitätsmanagements unter der Prämisse, dass das virtuelle Bildungsangebot kontinuierlich im Sinne einer Qualitätsentwicklung optimal verbessert, also immer stärker an die Lernarten, -formen und Kompetenzengpässe bei den Lernenden unter Berücksichtigung des jeweiligen Kontextes und der Möglichkeiten der Lehrenden und Tutoren angepasst wird. In diesem Prozess ist es sinnvoll, Qualitätsstandards im Sinne von Mindeststandards festzulegen. Diese stellen aber nur die Qualität des jeweiligen Rahmens sicher, in dem Lernende lernen – sie können nicht die Qualität des Lernprozesses bzw. den Lernerfolg selbst bestimmen.

4. Verbunden mit einer derartigen Verankerung der *Lernenden als Grundkategorie* beim Qualitätsmanagement ist der Ansatz, Forschung zur Qualität aus Sicht der Lernenden zu betreiben. Eine Studie (EHLERS 2004), die aus dieser Perspektive angelegt wurde, verweist darauf, dass technologische Faktoren, wie z. B. der Einsatz neuester Technologien, in der Regel als subjektiv wenig bedeutsam eingeschätzt werden, hingegen eigene Lernkompetenzen ebenso wie Informationstransparenz zentrale Kriterien für die subjektive Beurteilung von Qualität aus Sicht der Lernenden sind.

8.3.2 Entwicklung eines Qualitätsmanagementsystems

Vorhandene Modelle nutzen oder Hauskonzept entwickeln

Mit dieser Grundorientierung gilt es nun, ein passendes Qualitätsmanagementsystem zu entwickeln, also die konkreten Verfahrensweisen, Handlungsschritte und Verantwortlichkeiten festzulegen. Für E-Learning-Angebote muss dabei nicht alles komplett neu entwickelt werden, sondern es existieren mittlerweile eine Reihe von Qualitätsmanagementmodellen, Spezifikationen und Leitfäden, die für die eigenen Bedarfe angepasst werden können. Diese Modelle und Instrumente werden anschließend im Kap. 8.4 im Einzelnen vorgestellt.

Vorhandene Modelle im Überblick

Im Bildungssektor allgemein werden bislang im Wesentlichen zwei Modelle zum Qualitätsmanagement adaptiert, die ursprünglich aus dem Bereich der Warenproduktion bzw. dem Dienstleistungsbereich stammen: das Modell der International Standards Organisation (ISO, gegründet 1946 mit Sitz in Genf; heute: International Organisation for Standardization)[3] und das Modell der European Foundation for Quality Management (EFQM). Für beide branchenneutralen Modelle liegen Interpretationen für den Bildungssektor vor (DGQ 2001).

Darüber hinaus gibt es das speziell für den Bildungssektor entwickelte „Lernerorientierte Qualitätsmodell für Weiterbildungsorganisationen" (LQW) (EHSES/HEINEN-TENRICH/ZECH 2001), das mittlerweile auch noch an andere Bildungsorganisationen, wie z. B. Kindertagesstätten oder Schulen, angepasst wurde (http://www.artset-lqw.de

01.10.2010). Dies Qualitätsmodell findet starke Beachtung im öffentlichen, weniger kommerziell ausgerichteten Bildungssektor (z. B. in Volkshochschulen).

Mit dem „QM-Stufen-Modell nach PAS 1037" (PAS = Publicly Available Specification) gibt es ein Qualitätsmanagementmodell für eher kommerziell ausgerichtete Bildungsanbieter: Es benennt im Titel die Zielgruppe der „wirtschaftsorientierte(n) Aus- und Weiterbildung" und ist nah am Modell der Normenreihe DIN EN ISO 9000ff. entwickelt worden. Dieses Modell ist (2010) in einer neuen, internationalen Norm für „Lerndienstleistungen für die Aus- und Weiterbildung" (ISO 29990) aufgegangen.

Speziell für die Aus- und Weiterbildung mit E-Learning liegt seit 2005 die erste internationale Norm, die ISO 19796–1, vor, die ein spezifisches Referenzprozessmodell für E-Learning enthält. Weiterhin gibt es einzelne hilfreiche Instrumente und Leitfäden, die die eigenen Qualitätsmanagementbemühungen unterstützen können: Seit 2006 liegt mit der PAS 1068 eine Spezifikation zur Erhöhung der Transparenz im E-Learning vor, die darlegt, wie ein E-Learning-Angebot beschrieben werden sollte. Seit 2009 gibt es mit der PAS 1069 darüber hinausgehend eine Implementierungshilfe zur Umsetzung der Norm ISO 19796–1.

Alternativ zur Nutzung oder Adaption dieser bestehenden Modelle, Instrumente und Leitfäden besteht natürlich auch immer die Möglichkeit, ein eigenes, organisationsspezifisches Konzept (Hauskonzept) zu entwickeln (Kap. 8.4).

Beteiligung an Wettbewerben und Preise als Qualitätsentwicklung

Einen anderen Zugang zur Qualitätsentwicklung stellt die Beteiligung an Wettbewerben dar. Beispiele hierfür sind die seit 1995 vergebenen und seit einigen Jahren europäisch ausgeschriebenen Comenius-EduMedia-Auszeichnungen der Gesellschaft für Pädagogik und Information (GPI) für digitale Bildungsmedien, der seit 2000 vergebene und trinational ausgeschriebene mediendidaktische Preis „medida-prix" der Gesellschaft für Medien in der Wissenschaft (GMW) oder der European Award for Technology Supported Learning „eureleA", ein europäisch ausgeschriebener Preis für E-Learning. Neben solchen offenen Wettbewerben gibt es häufig auch innerhalb einer Institution im Rahmen von Förderprogrammen Qualitätspreise, so z. B. an Hochschulen. Über die Beteiligung an Wettbewerben wird gleichermaßen eine Wirkung nach innen wie nach außen erzielt: Innerhalb eines Unternehmens oder einer Bildungseinrichtung werden die Qualitätskriterien des jeweiligen Wettbewerbs mit der Qualität der eigenen Produkte bzw. Prozesse abgeglichen; nach außen wirkt ein Preis oder eine gute Teilnahme (z. B. als Finalist in einem Wettbewerb) als ein öffentlich sichtbares Gütekriterium. Der Aufbau eines Qualitätsmanagements und die Beteili-

---

3 Im Englischen wird zwischen Standard und Norm nicht unterschieden. Für Normierung wird auch der Begriff Standardisierung (Standardization) verwendet, wie im Namen der internationalen Normierungsorganisation „International Organisation for Standardization (ISO)" ersichtlich wird. Im Deutschen werden beide Begriffe häufig auch synonym gebraucht, das Deutsche Institut für Normung (DIN) grenzt seine Normierungsarbeit aber klar von anderen Standardisierungsbemühungen ab. Gemäß dem DIN kann in Deutschland nur als Norm bezeichnet werden, was vom DIN in einem klar reglementierten Konsensverfahren unter breiter Beteiligung erarbeitet wurde. Standards hingegen können auch von anderen Akteuren in anderen, nicht notwendig transparenten, Verfahren erarbeitet werden.

gung an Wettbewerben können sich auch ergänzen. Im Qualitätsmodell der EFQM ist eine Wettbewerbsbeteiligung sogar eng mit dem vorgeschlagenen Qualitätsmanagementsystem verknüpft (Kap. 8.4.2).

8.3.3 Festlegung von Qualitätsstandards

Eigene Standards festlegen
Entgegen einer häufigen Fehlinterpretation (Wunder 2000b) enthalten die Modelle zum Qualitätsmanagement kaum Qualitätsstandards für die Bildungsangebote auf Produktebene, die bei der Einführung eines Qualitätsmanagements für E-Learning als Orientierung dienen könnten. Die Modelle fordern nur, dass ein Qualitätsverständnis und kontextspezifische Qualitätskriterien (verstanden als Mindeststandards) festgelegt werden. Da es sich bei E-Learning immer noch um pädagogisches Neuland handelt, wurden bislang noch keine allgemeinen Qualitätsstandards etabliert. Bei der Festlegung eigener Qualitätsstandards gilt es daher, die Besonderheiten des E-Learning und die grundlegende Lernerorientierung (Kap. 8.3.1) maßgebend zu berücksichtigen.

Standards auf allen Qualitätsebenen festlegen
Die Lernerorientierung bedeutet zunächst einmal, dass Qualitätsstandards auf allen Qualitätsebenen aufgestellt werden, also bezogen auf die Input-, Prozess- und Outputfaktoren des Lernprozesses. Planungsprozesse und didaktische Konzepte gilt es daher ebenso einzubeziehen wie Elemente der Durchführung, z. B. die tutorielle Betreuung oder die Ergebnisse, wie Lernerfolgs- bzw. Abbrecherquoten. Etablierte Ansatzpunkte für Qualitätsstandards aus der Weiterbildung, wie z. B. die Teilnehmer-Dozenten-Relation, das Prinzip der Teilnehmerorientierung, die Vertragsgestaltung oder das System der Beratungs- und Informationsleistungen, können dabei auf die virtuelle Bildungssituation übertragen werden. Aus dem EFQM-Modell sind zunächst nur die am Rande wichtig erscheinenden Aspekte für den virtuellen Bereich zu übernehmen: Wissensstützende Strukturen, wie z. B. die Verfügbarkeit und der Service von Bibliotheken, und Prozesse in der Verwaltung, wie z. B. die Verfahren der Prüfungsanmeldung, laufen oft Gefahr, vernachlässigt zu werden (Reil 2002). Setzt eine Hochschule das EFQM-Modell ein, erhält sie eher die für die Qualität notwendige Aufmerksamkeit (Johns 2001). In Kap. 8.5 werden Qualitätsstandards anhand einzelner Sammlungen von Qualitätskriterien konkretisiert.

8.3.4 Qualitätsentwicklung als zyklischer Prozess

Unabhängig von der Auswahl eines bestimmten Modells des Qualitätsmanagements und der Festlegung von Qualitätsstandards auf Produktebene in Form von Qualitätskriterien ist der Prozess der Qualitätsentwicklung als zyklischer, iterativer Prozess mit zahlreichen Rückkopplungen zu gestalten.

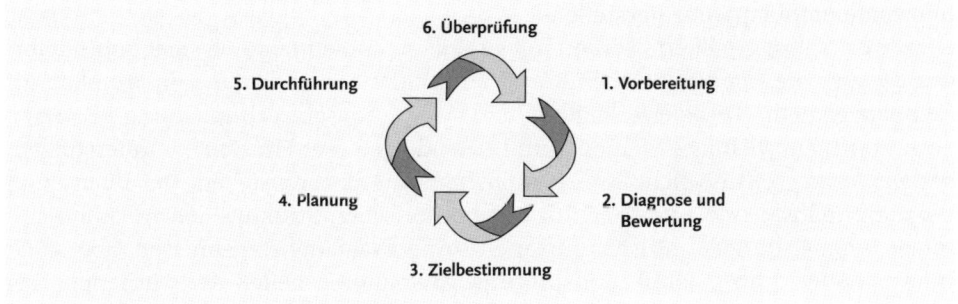

Abb. 8.1: Qualitätszyklus (in Anlehnung an Nötzold 2002, 140)

Einzelschritte nach dem EFQM-Modell

Die Einzelschritte innerhalb dieses zyklischen Prozesses beim Vorgehen nach dem EFQM-Modell sind dann beispielsweise (Nötzold 2002, 141):

1. „Entscheidung für das Modell, Informationen geben, Akzeptanz [...] herstellen, Ressourcen planen;
2. Qualifizierung für das gewählte Verfahren: das Instrumentarium aneignen, ggf. den/die Qualitätsbeauftragte/n schulen;
3. Erstellen eines Selbstreportes, in dem alle Aktivitäten und Abläufe (Prozesse) beschrieben und dokumentiert werden;
4. Selbstbewertung der Aktivitäten, Abläufe und Ergebnisse mit den Kriterien des Modells;
5. Konsensfindung über die daraus erkennbaren Stärken und Schwächen;
6. Priorisierung der daraus abgeleiteten Verbesserungsbereiche;
7. Planung von Verbesserungsprojekten, Durchführung und Evaluation;
8. Entscheidung über Einführung von Verbesserungen;
9. erneute Selbstbewertung."

8.3.5 Stärkung der Lernkompetenzen

Lernkompetenzen fördern

Da Bildung, wie ausgeführt, ein einzigartiges ‚Produkt' ist, das nur von den Lernenden selbst hergestellt werden kann, gehört zur Qualitätsentwicklung in virtuellen Bildungsgängen auch die Förderung der Lernkompetenzen der Lernenden (Ehlers 2002). Die Bildungseinrichtung stellt mit ihrem virtuellen Bildungsangebot nur die Mittel bereit, mithilfe derer Lernende ihre Bildung erlangen können. Um die dazu notwendigen Lernkompetenzen der Lernenden zu fördern, gibt es verschiedene Möglichkeiten: Einführungsmodule zum virtuellen Lernen erleichtern den Anfang, Reflexionsforen zur Lerntätigkeit regen Lernende kontinuierlich zum Nachdenken über ihre eigenen Lernweisen, -hilfen und -probleme an und ermöglichen darüber hinaus einen kollegialen Austausch unter den Lernenden. Portfolio-Arbeit (Kap. 7) kann darüber hinaus zum Aufbau metakognitiver Lernkompetenzen beitragen (Baumgartner 2005).

Informationstransparenz herstellen

Gerade das selbst gesteuerte Lernen mit virtuellen Studienmodulen stellt hohe Anforderungen an die autodidaktischen Kompetenzen der Lernenden, u. a. in Hinblick auf Zeitmanagement, Lernzielverfolgung und Motivationsaufrechterhaltung (ZIMMER 2001, 134ff). Ein wichtiges Element, um Lernende in dieser Hinsicht zu unterstützen, besteht darin, größtmögliche Informationstransparenz herzustellen. Detaillierte und leicht auffindbare Informationen zur organisatorischen Struktur, den Abläufen einzelner Veranstaltungen, Musterzeitplänen sowie Evaluationsergebnissen, aber auch Informationen zum Qualifikationsprofil der Teletutoren helfen den Lernenden bei ihren Lerntätigkeiten (EHLERS 2002).

Medienkompetenz fördern

Virtuelle Kursangebote erfordern zusätzlich umfassende Medienkompetenz: „Die Fähigkeit, Wissen über Medien zu erlangen, dieses nutzen zu können, Gestaltungskompetenzen anwenden zu können und auch kritische Reflexion zu den medial vermittelten Kommunikationsprozessen und Informationen vornehmen zu können, sind zentrale Kompetenzen, um mediengestützt zu lernen." (EBD., 17). Qualitätsentwicklung bei virtuellen Bildungsangeboten heißt daher immer auch, das Angebot auf Unterstützungsformen zum Erwerb von Medienkompetenz zu überprüfen und weiterzuentwickeln (Kap. 6).

8.4 Qualitätsmanagementsysteme im Überblick

Im Folgenden werden verschiedene Möglichkeiten zum Aufbau eines eigenen Qualitätsmanagements skizziert. Die vorliegenden Qualitätsmanagementsysteme unterscheiden sich jeweils in vielen Dimensionen. Eine mögliche Sortierung ist die nach dem Grad der Spezifität: Während ein Hauskonzept speziell für eine Organisation entwickelt wird, sind das System der ISO 9000ff. wie die anderen Systeme organisations- und auch branchenunabhängige Systeme. Die folgende Darstellung (Abb. 8.2) erhebt keinen Anspruch auf Vollständigkeit. Es werden die Systeme vorgestellt, die derzeit im Bildungsbereich am meisten diskutiert werden. Auch werden die einzelnen Systeme nur in ihren Grundzügen skizziert und nicht detailliert dargestellt (für eine Vertiefung vgl. BRUHN 2008 und für E-Learning ARNOLD, P. 2006 und KNISPEL 2008).

8.4.1 Qualitätsmanagement nach ISO 9000ff

Die International Organisation for Standardization (ISO) hat in ihrer Normenreihe 9000ff ein allgemeines Modell für das Qualitätsmanagement entwickelt und Standards für die Prozesse der Qualitätsentwicklung festgelegt. Das Deutsche Institut für Normung (DIN) sowie das Europäische Komitee für Normung (Comité Européen de Normalisation, CEN) haben dieses Modell übernommen, sodass die Normen-

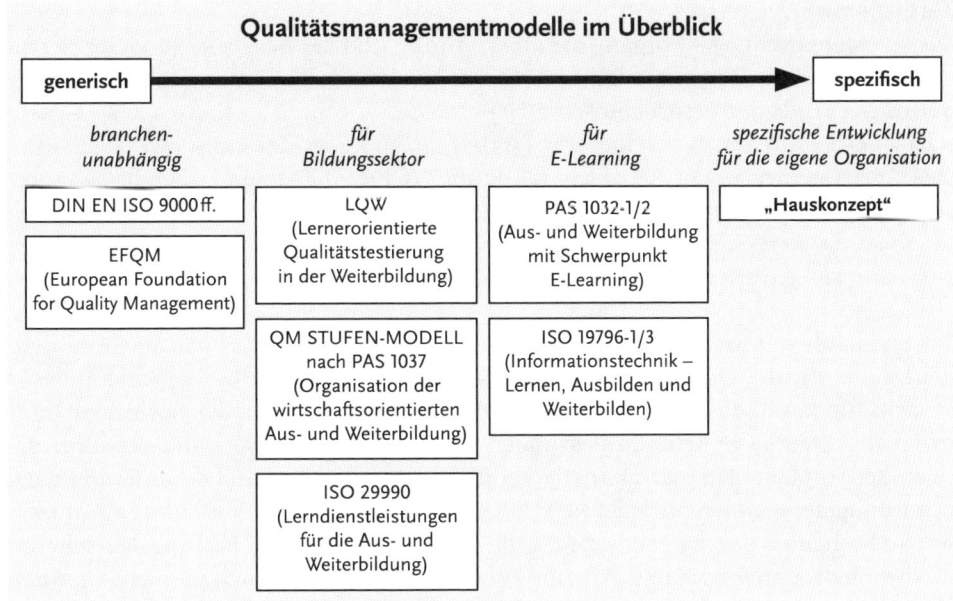

Qualitätsmanagementmodelle im Überblick

generisch			spezifisch
branchen-unabhängig	für Bildungssektor	für E-Learning	spezifische Entwicklung für die eigene Organisation
DIN EN ISO 9000ff.	LQW (Lernerorientierte Qualitätstestierung in der Weiterbildung)	PAS 1032-1/2 (Aus- und Weiterbildung mit Schwerpunkt E-Learning)	„Hauskonzept"
EFQM (European Foundation for Quality Management)	QM STUFEN-MODELL nach PAS 1037 (Organisation der wirtschaftsorientierten Aus- und Weiterbildung)	ISO 19796-1/3 (Informationstechnik – Lernen, Ausbilden und Weiterbilden)	
	ISO 29990 (Lerndienstleistungen für die Aus- und Weiterbildung)		

Abb. 8.2: Überblick über Qualitätsmanagementsysteme

reihe daher in Deutschland vollständig als DIN EN ISO 9000ff (kurz: ISO 9000ff) bezeichnet wird und international (ISO), europäisch (EN) und in Deutschland (DIN) gilt.

Die Normenreihe ISO 9000ff wurde 1987 entwickelt und seitdem mehrfach überarbeitet. Sie enthält die für das Qualitätsmanagement von Bildungsprozessen relevanten Normen ISO 9000, 9001 und 9004. Sie beschreiben die Grundzüge eines Qualitätsmanagementsystems und katalogisieren Forderungen zum Aufbau eines eigenen Systems. Die einzelnen Normen haben dabei die folgenden Funktionen (die angefügte Jahreszahl gibt das jeweils letzte Überarbeitungsjahr der Norm an):

Normenreihe
- DIN EN ISO 9000:2005 „Qualitätsmanagementsysteme – Grundlagen und Begriffe" beschreibt die elementaren Grundlagen für Qualitätsmanagementsysteme und definiert Begriffe. Sie dient zum Verständnis und stellt keine Forderungen an das Qualitätsmanagementsystem.
- DIN EN ISO 9001:2008 „Qualitätsmanagementsysteme – Anforderungen" formuliert die Anforderungen an ein Qualitätsmanagementsystem und wird als Zertifizierungsgrundlage eingesetzt.
- DIN EN ISO 9004:2009 „Leiten und Lenken für den nachhaltigen Erfolg einer Organisation – Ein Qualitätsmanagementansatz" beinhaltet einen Leitfaden, der Hinweise für den Aufbau und die Stärkung der Effizienz eines Qualitätsmanagementsystems gibt.

Zertifizierung

Der – kostenpflichtige – Vorgang der Überprüfung und der Bescheinigung der Normerfüllung wird als Zertifizierung bezeichnet. Mit der Zertifizierungsgesellschaft der Spitzenverbände der Deutschen Wirtschaft und des Wuppertaler Kreises e. V. „Gesellschaft der Deutschen Wirtschaft zur Förderung und Zertifizierung von Qualitätssicherungssystemen in der Beruflichen Bildung" (CERTQUA) gibt es bereits seit 1994 eine Zertifizierungsgesellschaft, die auf den Bildungssektor spezialisiert ist. Organisationen, die sich einer solchen Überprüfung erfolgreich unterzogen haben, können sich dann als „zertifiziert nach DIN EN ISO 9001:2008" ausweisen.

Die Standards werden dabei abstrakt für die Prozesse des Qualitätsmanagements definiert, nicht für die Güte der Bildungsmaßnahme selbst. Die Übertragbarkeit dieses Modells für den Bildungsbereich wurde für die ersten Fassungen der Norm sehr kontrovers diskutiert. Die neueren Fassungen der Norm betonen verstärkt den Prozesscharakter von Qualitätsmanagement, beinhalten z. B. zusätzlich die Forderung nach Ermittlung der Kundenzufriedenheit und von kontinuierlichen Veränderungsprozessen und scheinen damit geeigneter für die Übertragung auf den Bildungsbereich und für den Einsatz im E-Learning. Allerdings muss Zertifizierung auch immer als gewichtiger Kostenfaktor in der Ressourcenplanung beim Aufbau eines Qualitätsmanagements berücksichtigt werden.

Das Prozessmodell der Normenreihe DIN EN ISO 9000ff geht ab der Überarbeitung im Jahr 2000 von einem Prozess der kontinuierlichen Verbesserung des Qualitätsmanagementsystems aus, wobei in der Verantwortung der Leitung die ersten zentralen Schritte liegen. Im Folgenden müssen dann entsprechende Ressourcen bereitgestellt und die Prozesse zur Dienstleistungserbringung festgelegt und auf Optimierungspotenzial überprüft werden. Auf einem höheren Niveau setzt sich so der Kreislauf von Planung, Durchführung, Überprüfung und Verbesserung zur Erfüllung der Forderungen aller interessierten Parteien fort.

Schritte zur Umsetzung

Zur Umsetzung des Modells schlägt HARDENBERG (2001, 7–10) folgende Schritte vor (diese Abfolge ist auch für die aktuellen Fassungen der Norm sinnvoll):

Tab. 8.1: Schritte zur Einführung von Qualitätsmanagement

1. Schritt:	Verantwortlichkeiten festlegen: Verantwortliche(r) der obersten Leitung, Projektteam zur Einführung
2. Schritt:	Qualitätspolitik und -ziele der Organisation festlegen
3. Schritt:	Mitarbeiterinnen und Mitarbeiter informieren
4. Schritt:	ggf. externe Beratung hinzuziehen
5. Schritt:	wesentliche Prozesse in der Organisation festlegen und eine individuelle Dokumentationsstruktur erarbeiten
6. Schritt:	das System in einem Pilotbereich testen

7. Schritt:	in einem Handbuch zum Qualitätsmanagement alle relevanten Prozesse beschreiben, dabei Kundenorientierung und Prozessoptimierung in den Vordergrund stellen und alle betroffenen Mitarbeiterinnen und Mitarbeiter beteiligen
8. Schritt:	interne Audits durchführen
9. Schritt:	erste Bewertungen des Managementsystems durchführen
10. Schritt·	sich ggf. in einem externen Audit zertifizieren lassen

Mit der Version aus dem Jahr 2000 bzw. mit den Modifizierungen in den Jahren 2005 bis 2009 nähert sich das ISO-Modell immer stärker dem EFQM-Modell an.

8.4.2 Qualitätsmodell der European Foundation for Quality Management

Das in Europa weit verbreitete „EFQM-Modell for Excellence" der europäischen Stiftung European Foundation for Quality Management basiert auf den drei Grundgedanken des umfassenden Qualitätsmanagements nach dem Total Quality Management (TQM):

- Alle Ebenen einer Organisation sollen kontinuierlich die Qualität von Prozessen und Ergebnissen erhöhen, Kosten senken und Kundenbedürfnisse befriedigen,
- Qualität kann durch zielgerichtetes Handeln gesteuert werden,
- jede Organisation braucht definierte Prozesse, um die Verbesserung der Qualität ihrer Leistungen zu steuern.

Grundzüge des EFQM-Modells

Qualität ist gemäß des TQM-Ansatzes nicht ein Unternehmensziel neben anderen, sondern eine allen Unternehmenszielen übergeordnete Zielbestimmung aller Aktivitäten. Im EFQM-Modell soll die enge Verknüpfung von Qualitätsmanagement und industrieller Produktion durch das Konzept des ‚erfolgreichen Unternehmens' (‚Business Excellence') aufgehoben werden. Es werden neun gewichtete Faktoren aufgeführt, die ein erfolgreiches Unternehmen ausmachen. Die Faktoren wiederum sind in die zwei Gruppen „Befähiger" (Führung, Mitarbeiter, Politik und Strategie, Partnerschaften und Ressourcen, Prozesse-Produkte-Services) und „Ergebnisse" (mitarbeiterbezogene Ergebnisse, kundenbezogene Ergebnisse, gesellschaftsbezogene Ergebnisse und die Ergebnisse der Schlüsselleistungen) aufgeteilt (Bruhn 2008, 406–412). Die Ergebnisse resultieren aus den Befähigern, diese werden kontinuierlich durch die Rückmeldung aus den Ergebnissen verbessert, im Modell als „Innovation und Lernen" bezeichnet (EFQM 2003). Das EFQM-Modell wurde im Jahr 2010 in einer neuen Fassung herausgegeben, wobei die Grundgedanken und Grundprinzipien unverändert blieben. Überarbeitet wurden einige Bezeichnungen im Detail; so ist der Rückkopplungsbogen der Ergebnisse zu den Befähigern jetzt als „Lernen, Kreativität und Innovation" bezeichnet, um den Stellenwert von Kreativität als wichtigem Erfolgsfaktor eines Unternehmens zu betonen (EFQM 2010). Außerdem wurden die Gewichtungen der einzelnen Kriterien geringfügig verändert.

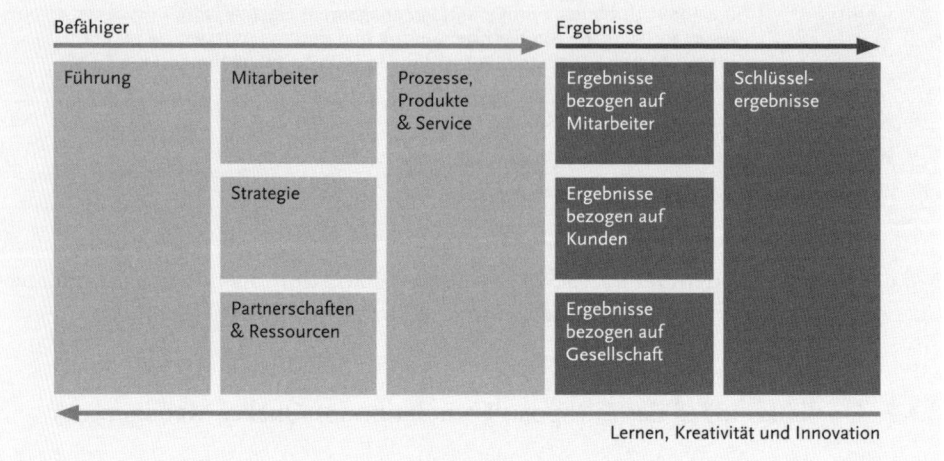

Befähiger			Ergebnisse	
Führung	Mitarbeiter	Prozesse, Produkte & Service	Ergebnisse bezogen auf Mitarbeiter	Schlüssel-ergebnisse
	Strategie		Ergebnisse bezogen auf Kunden	
	Partnerschaften & Ressourcen		Ergebnisse bezogen auf Gesellschaft	

Lernen, Kreativität und Innovation

Abb. 8.3: EFQM-Modell (in Anlehnung an EFQM 2010, eigene Übersetzung)

Deutlich erkennbar ist, dass das Modell branchenneutral formuliert ist. Erfolgreich angewendet werden kann es erst, „wenn die Zusammenhänge zwischen den Kriterien vollkommen verstanden werden. Diese Zusammenhänge werden in den EFQM-Dokumenten so beschrieben: Kundenzufriedenheit, Mitarbeiterzufriedenheit und gesellschaftliche Verantwortung/Image werden durch eine Führung erzielt, welche die Politik und Strategie, eine geeignete Mitarbeiterorientierung sowie das Management der Ressourcen und Prozesse vorantreibt, was letztendlich zu exzellenten Geschäftsergebnissen führt." (GONON 1999, 27f)

Erfolg hängt davon ab, ob die Erwartungen aller Beteiligten befriedigt werden. Die explizite Erweiterung auf alle Beteiligten, also die Tatsache, dass neben den eigentlichen Kunden auch die Mitarbeiter, die Lieferanten und die Gesellschaft einbezogen werden, kennzeichnen das Modell. Das EFQM-Modell gilt insgesamt als ein sehr umfassendes Modell. Der Aufbau eines Systems entsprechend der ISO 9000ff. wird oft als erster Schritt auf dem Weg zu einem EFQM-Modell gesehen (DOERR/ORRU 2000; siehe STOCKMANN 2006, 39ff, für einen Vergleich beider Modelle).

EFQM-Modell in der Praxis

Das EFQM-Modell bietet zwar eine gute Orientierung für die zu verwirklichenden Verbesserungen, aber wenig Hilfe für die Einführung eines Qualitätsmanagementsystems (NÖTZOLD 2002, 114). Allerdings findet es aufgrund seiner expliziten Impulse für die Organisationsentwicklung und seiner Eignung für bzw. Ausrichtung auf die Selbstbewertung gerade bei virtuellen Organisationen Anwendung, z. B. in Hochschulverbünden, die virtuelle Studienmodule entwickeln (vgl. Kooperationsverbund „Hochschulen für Gesundheit" in JOHNS 2001).

„EFQM Excellence Award"

Anstelle einer Zertifizierung vergibt die European Foundation for Quality Management seit 1990 den European Quality Award (EQA) – seit 2006 in EFQM Excellence

Award (EEA) umbenannt –, für den sich Organisationen bewerben können, die ein Qualitätsmanagementsystem entsprechend den Vorgaben des EFQM-Modells entwickelt und eingeführt haben. Die EFQM setzt damit Wettbewerbe als Impuls für die Qualitätsentwicklung ein.

8.4.3 Lernerorientiertes Qualitätsmodell für Weiterbildungsangebote

Ein Modell, das speziell für den Weiterbildungsbereich entwickelt wurde und die Lernenden in den Mittelpunkt der Qualitätsentwicklung stellt, ist die Lernerorientierte Qualitätstestierung in der Weiterbildung (LQW) (EHSES/HEINEN-TENRICH/ZECH 2001). Dies Modell bietet sich daher besonders für eine Adaption im E-Learning an. Es geht davon aus, dass im Mittelpunkt von Qualitätsentwicklung in der Bildung gelingendes, erfolgreiches Lernen stehen muss. Als Leitbild entwerfen EHSES/HEINEN-TENRICH/ZECH daher ein Qualitätskonzept, in dessen Zentrum die Qualität des Lernens steht und zu dem erst dann Lehre, Infrastruktur und andere Aspekte hinzukommen. Eine weitere Prämisse dieses Modells ist, dass der Schwerpunkt nicht bei einer statischen Qualitätssicherung liegen darf, sondern ein dynamischer, kontinuierlicher Verbesserungsprozess geschaffen werden muss, der die Entwicklungspotenziale der jeweiligen Bildungseinrichtung angemessen berücksichtigt und fördert.

Abb. 8.4: Erfolgreiches Lernen als Zentrum der Qualitätsentwicklung (in Anlehnung an EHSES/HEINEN-TENRICH/ZECH 2001, 14)

Das Modell definiert die folgenden elf Qualitätsbereiche und legt für diese Mindestanforderungen fest (siehe Modellbeschreibung unter http://www.artset-lqw.de 01.10.2010): (1) Leitbild, (2) Bedarfserschließung, (3) Schlüsselprozesse, (4) Lehr-Lern-Prozesse, (5) Evaluation der Bildungsprozesse, (6) Infrastruktur, (7) Führung, (8) Personal, (9) Controlling, (10) Kundenkommunikation und (11) strategische Entwicklungsziele. Darüber hinaus kann jede Organisation weitere optionale Qualitätsbereiche bestimmen, bei virtuellen Bildungsangeboten beispielsweise den Grad der örtlichen und zeitlichen Flexibilisierung.

Testat des Lernerorientierten Qualitätsmodells

Weiterbildungseinrichtungen können sich auch die Einführung eines lernerorientierten Qualitätsmanagementsystems bescheinigen lassen. Statt Zertifizierung wird hier von einem Testat gesprochen. Um das Testat zu erhalten, müssen die definierten Anforderungen in den verpflichtenden Qualitätsbereichen in einem Selbstreport nachgewiesen und durch einen Besuch externer Gutachter bestätigt werden. Der dritte und letzte Schritt der Testierung ist ein Abschlussworkshop, in dem die Gutachter ihre Einschätzungen rückkoppeln, strategische Ziele vereinbart werden und die Einrichtung ihre Erfahrungen in der Arbeit mit dem Qualitätsmodell einbringt, die für die Weiterentwicklung des Qualitätsmodells genutzt werden können.

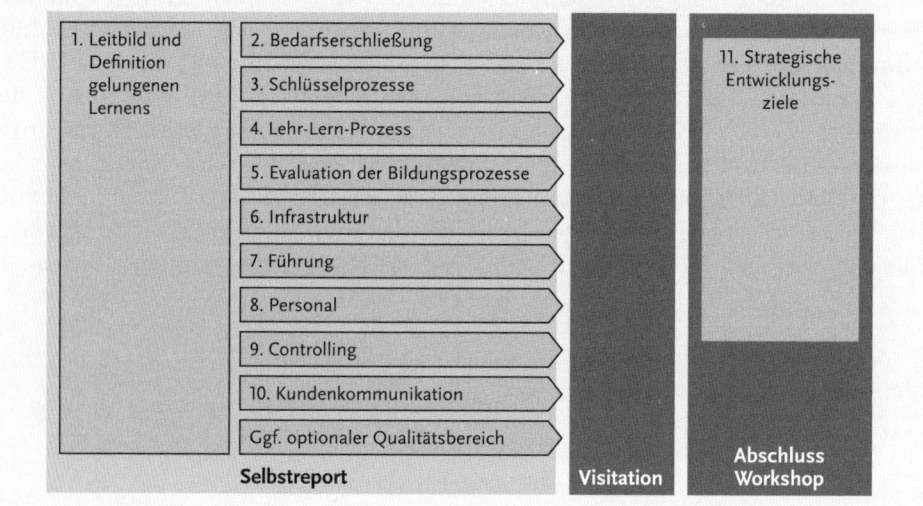

Abb. 8.5: Testierung nach dem Lernerorientierten Qualitätsmodell für Weiterbildungsorganisationen (LQW) (http://www.artset-lqw.de 01.10.2010)

8.4.4 Qualitätsmanagement nach DIN PAS 1032–1/2

Ein erstes Qualitätsmanagementmodell speziell für E-Learning wurde im Jahr 2004 durch das Deutsche Institut für Normung (DIN) mit der PAS 1032–1/2 veröffentlicht. PAS steht für Publicly Available Specification und bezeichnet einen öffentlich verfügbaren Diskussionsentwurf einer Spezifikation, der im Rahmen der entwicklungsbegleitenden Normung des DIN entsteht und einen ersten Schritt in der Entwicklung einer neuen Norm darstellt. Die PAS 1032–1/2 enthält zwei Teile:

* PAS 1032–1 „Aus- und Weiterbildung unter besonderer Berücksichtigung von e-Learning – Referenzmodell für Qualitätsmanagement und Qualitätssicherung" und

- PAS 1032–2 „Aus- und Weiterbildung unter besonderer Berücksichtigung von e-Learning – Didaktisches Objektmodell – Modellierung und Beschreibung didaktischer Szenarien".

Die PAS 1032–1/2 stellt allerdings kein komplettes Qualitätsmanagementmodell dar wie die zuvor beschriebenen Modelle, sondern enthält ein speziell auf den Lebenszyklus eines E-Learning-Angebotes zugeschnittenes Referenzprozessmodell mit einem zugehörigen Beschreibungsschema.

PAS 1032–1

Das Prozessmodell identifiziert und beschreibt zentrale Prozesse von der Planung, Entwicklung, Durchführung bis zur Evaluation von Bildungsprozessen. Es unterscheidet sieben Hauptprozesse, die wiederum in Teilprozesse aufgegliedert sind (siehe folgende Abb. 8.6).

Mit den Prozessen gibt das Modell Vorgaben für eine eigene Prozessmodellierung. Diese Prozesse sind zwar allgemein für die Aus- und Weiterbildung zu verwenden, aber deutlich an die Lehr- und Lernhandlungen mit digitalen Bildungsmedien angepasst. Für den Einsatz ist das Modell an den eigenen Kontext anzupassen. Das Referenzmodell erleichtert aber mit seinen Empfehlungen und Beschreibungsformaten diese Arbeit erheblich. In einem weiteren Teil stellt die PAS 1032–1 (DIN 2004a) zusätzlich Kriterien zur Prüfung der Qualität von E-Learning-Angeboten zur Verfügung (Kap. 8.5.2).

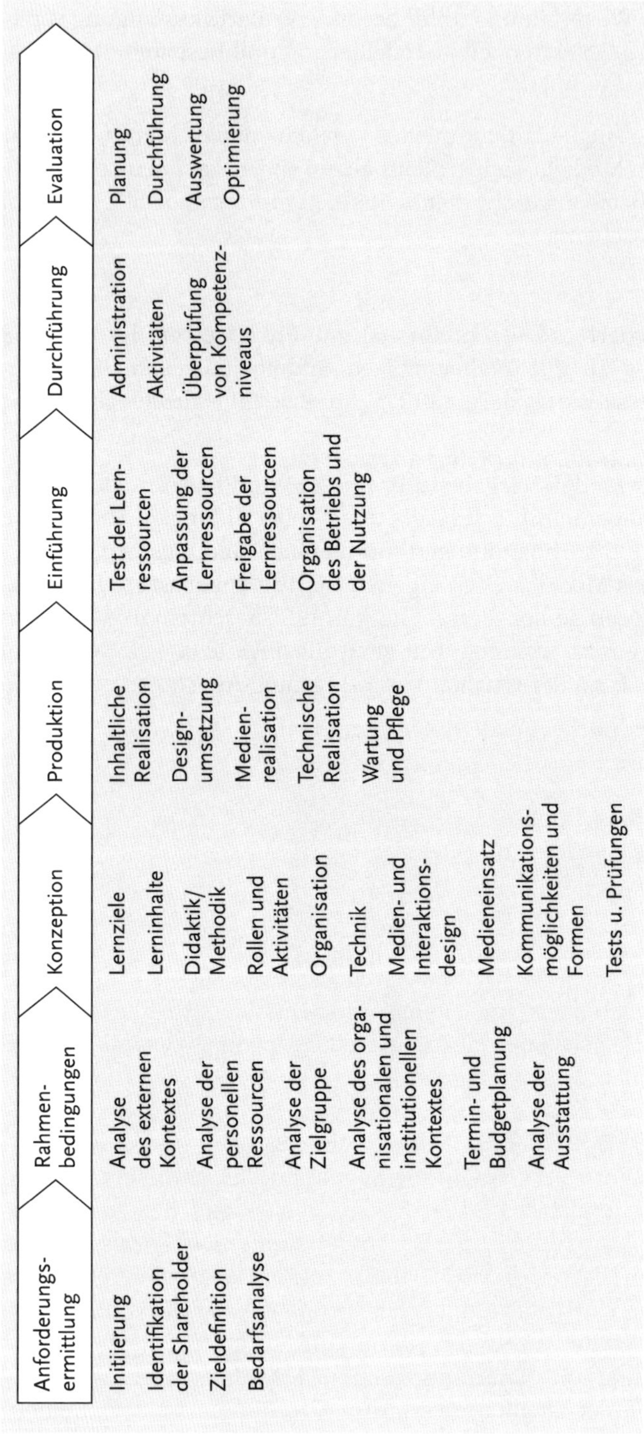

Anforderungs-ermittlung	Rahmen-bedingungen	Konzeption	Produktion	Einführung	Durchführung	Evaluation
Initiierung	Analyse des externen Kontextes	Lernziele	Inhaltliche Realisation	Test der Lern-ressourcen	Administration	Planung
Identifikation der Shareholder	Analyse der personellen Ressourcen	Lerninhalte	Design-umsetzung	Anpassung der Lernressourcen	Aktivitäten	Durchführung
Zieldefinition	Analyse der Zielgruppe	Didaktik/Methodik	Medien-realisation	Freigabe der Lernressourcen	Überprüfung von Kompetenz-niveaus	Auswertung
Bedarfsanalyse	Analyse des orga-nisationalen und institutionellen Kontextes	Rollen und Aktivitäten	Technische Realisation	Organisation des Betriebs und der Nutzung		Optimierung
	Termin- und Budgetplanung	Organisation	Wartung und Pflege			
	Analyse der Ausstattung	Technik				
		Medien- und Interaktions-design				
		Medieneinsatz				
		Kommunikations-möglichkeiten und Formen				
		Tests u. Prüfungen				

Abb. 8.6: Prozessmodell der PAS 1032–1 (in Anlehnung an DIN 2004a)

PAS 1032–2

Die PAS 1032–2 (DIN 2004b) enthält ein Beschreibungsmodell für didaktische Konzepte, Szenarien und Methoden unter besonderer Berücksichtigung des E-Learning. Mit diesem Modell werden die Standardisierungsbemühungen im E-Learning ebenfalls einen wichtigen Schritt weiter gebracht (ARNOLD/KILIAN/THILLOSEN 2003, 217ff; Kap. 10).

Als Diskussionsentwurf wurde und wird die PAS 1032–1/2 durch vielfältige Rückmeldungen aus der Praxis unter möglichst breiter Beteiligung aller Akteure im E-Learning weiter entwickelt und ggf. in einer neuen und weiter entwickelten Norm aufgehen. Mit der Veröffentlichung der Norm ISO/IEC 19796–1 im Jahr 2005 ist das zumindest in großen Teilen und überraschend schnell geschehen (Kap. 8.4.5).

8.4.5 Qualitätsmanagement nach ISO/IEC 19796–1/3

Erste internationale Norm

Der erste Teil der ersten internationalen Norm für Qualitätsmanagement im E-Learning wurde 2005 als ISO/IEC 19796–1:2005 „Informationstechnik – Lernen, Ausbilden und Weiterbilden – Qualitätsmanagement, -sicherung und -metriken – Teil 1: Allgemeiner Ansatz" veröffentlicht (deutsche Fassung DIN EN ISO/IEC 19796–1:2009, IEC = International Electrotechnical Commission). Diese Norm ist als eine aus insgesamt vier Teilen bestehende internationale Norm für Qualitätsmanagement im Bildungsbereich, unter besonderer Berücksichtigung von E-Learning, konzipiert, von der bisher erst der erste und dritte Teil veröffentlicht ist (Oktober 2010). Das in dem ersten Teil enthaltene Prozessmodell ist mit dem der PAS 1032–1 aus dem Jahr 2004 identisch. Im dritten Teil, der ISO/IEC 19796–3:2009 „Informationstechnik – Lernen, Ausbildung und Weiterbildung – Qualitätsmanagement, -sicherung und –metriken, Teil 3: Referenz-Methoden und -Metriken" aus dem Jahr 2009, werden die Methoden und Messverfahren für das Qualitätsmanagement bestimmt.

Als zweiter Teil ist ein vollständiges Qualitätsmanagementsystem für die Aus- und Weiterbildung, einschließlich Zertifizierungsmöglichkeit geplant, als vierter Teil eine Sammlung von internationalen Beispielen guter Praxis.

Bedeutung der Norm ISO/IEC 19796–1/3

Die zentrale Bedeutung der Norm ISO/IEC 19796 liegt darin, dass damit erstmals ein internationaler Standard im Bereich des E-Learning angeboten wird, der ein ausgearbeitetes Prozessmodell sowohl aus der Perspektive von Bildungsanbietern als auch aus der Perspektive von Nutzern/Lernenden zur Verfügung stellt. Dabei werden Prozesse von der Konzeption über die Durchführung bis zur Evaluation abgedeckt. Die Norm wird häufig als ‚die neue Norm für Aus- und Weiterbildung' diskutiert, die die äußerst vielfältigen, heterogenen und oft länderspezifischen Konzepte, Spezifikationen, Begriffe und Definitionen in der Qualitätsentwicklung im Bildungssektor in einem Modell harmonisiert. Sie gilt als prinzipiell anwendbar für alle Arten von Bildungsangeboten in den unterschiedlichsten Bildungsbereichen: von der Schule über die Berufsausbildung, das Studium bis hin zum lebenslangen Lernen. Die Anwendung und Bedeutung über den E-Learning-Bereich hinaus wird allerdings auch kritisch gesehen. Gravierender Nachteil der ISO/IEC 19796 gegenüber z. B. der ISO 9000ff ist, dass die bildungsspezifische Norm außerhalb des E-Learning-Bereichs noch wenig bekannt und etabliert ist (JUMPERTZ 2007). Unter Marketing-Aspekten ist daher noch der wesentlich höhere Bekanntheits- und Verbreitungsgrad der Normenreihe ISO 9000ff ein entscheidender Vorteil.

8.4.6 Qualitätsmanagement-Stufenmodell der DIN PAS 1037

Qualitätsmanagement für wirtschaftsorientierte Bildungsunternehmen

Für wirtschaftsorientierte Bildungsunternehmen zugeschnittene Qualitätsmanagementmodelle, die auch als Zertifizierungsgrundlage dienen, stellt die DIN PAS 1037:2004 „Anforderungen an Qualitätsmanagementsysteme von Organisationen der wirtschaftsorientierten Aus- und Weiterbildung: QM STUFEN-MODELL" dar. Sie ist ähnlich wie die PAS 1032–1/2 mit einem Fokus auf E-Learning entwickelt worden, aber im Gegensatz zu dieser stärker betriebswirtschaftlich ausgerichtet und thematisiert weniger die konkrete Ausgestaltung eines E-Learning-Angebots. Sie wurde speziell für Anbieter in der beruflichen Aus- und Weiterbildung erarbeitet. Speziell ist sie vor dem Hintergrund der ab 2004 geltenden Anerkennungs- und Zulassungsverordnung Weiterbildung entstanden, nach der Anbieter beruflicher Weiterbildung ein Qualitätsmanagementsystem nachweisen müssen. Als Zertifizierungsgrundlage konkurriert sie damit mit der ISO 9001.

Kernprozesse und Niveaustufen

Das Qualitätsmanagement nach PAS 1037 ist ähnlich der ISO 9001 konsequent prozessorientiert aufgebaut – zentral sind die beiden Prinzipien „Kundenorientierung" und „Kundenkommunikation". Als Prozessarten für Bildungsunternehmen werden in dem Modell Führungs-, Leitungs- und Unterstützungsprozesse unterschieden. Die Qualitätsanforderungen werden auf vier Kernprozesse aufgeteilt:

1. „Bildungsorganisationen führen und entwickeln,
2. Mitarbeiter/innen, Lehrende, Lerninfrastruktur bereitstellen und entwickeln,
3. Bildungsangebote konzipieren, durchführen und evaluieren sowie
4. Bildungsprozesse messen, analysieren und verbessern." (BRÜCKNER/GIRKE 2005, 7)

Die über 70 Qualitätsanforderungen können in drei Niveaustufen realisiert werden:

1. *Basis*: grundsätzliche Qualitätsfähigkeit und dokumentierte Prozessorganisation liegt vor,
2. *Standard*: ein kunden- und prozessorientiertes Managementsystem ist aufgebaut und umgesetzt,
3. *Exzellenz*: Exzellenz-Prinzipien, nach europäischen Vergleichskriterien, sind eingeführt und umgesetzt.

Vorteile und Nachteile

Der Vergleich des QM-Stufenmodells nach PAS 1037 mit dem Modell der Norm ISO 9001 macht deutlich, dass das QM-Stufenmodell eine Zertifizierung nach Norm (Stufe ‚Standard') mit einer Bewertung nach EFQM-Modell (Stufe ‚Excellence') kombiniert. Ab der Stufe ‚Standard' geht das QM-Stufenmodell aber deutlich über den Forderungskatalog der ISO 9001 hinaus. Die Zertifizierung erfolgt in beiden Fällen für drei Jahre. Von Vorteil beim QM-Stufenmodell ist, dass es in Form und Sprache auf Bildungsanbieter zugeschnitten ist. Nachteile gegenüber der ISO 9001 bestehen darin, dass das QM-Stufenmodell nur eine nationale Spezifikation des DIN und keine international anerkannte Norm ist, einen wesentlich geringeren Bekanntheitsgrad hat und durch die Beschränkung auf Weiterbildungsunternehmen auch kein Erfahrungsaustausch über die Branche hinaus möglich ist.

8.4.7 Qualitätsmanagement nach der neuen DIN ISO 29990

Qualitätsmanagement für wirtschaftsorientierte Bildungsunternehmen

Das QM-Stufenmodell nach PAS 1037 wurde von deutschen Normierungsakteuren erfolgreich in die internationale Normierungsarbeit eingebracht. Im September 2010 wurde die ISO 29990:2010 „Learning services for non-formal education and training – Basic requirements for service providers" (zunächst nur auf Englisch und Französisch) als jüngste internationale Norm für Lerndienstleistungen in der Aus- und Weiterbildung veröffentlicht. In sie sind wesentliche Elemente des QM-Stufenmodells eingeflossen. Die deutsche, vom DIN verabschiedete und veröffentlichte Fassung ist inzwischen als DIN ISO 29990:2010 „Lerndienstleistungen für die Aus- und Weiterbildung: Grundlegende Anforderungen an Dienstleister" erschienen. Mit der Verbreitung dieser neuen Norm wird davon ausgegangen, dass das QM-Stufenmodell in den Hintergrund treten wird.

Bedeutung der DIN ISO 29990

Was ist das Besondere dieser neuen Norm für das Qualitätsmanagement in der Aus- und Weiterbildung? Zum einen ist es eine internationale Norm, im Gegensatz zu den vielen verschiedenen auf nationaler Ebene entwickelten Systemen. Zum anderen stellt sie konsequent die „Lerndienstleistung", verstanden als „Prozess oder Folge von Aktivitäten, die Lernen ermöglicht", in den Mittelpunkt. Der Fokus ist damit eindeutig auf die Lernenden gerichtet. Ziel der Norm ist „die Schaffung eines generischen Qualitätsmodells für die berufliche Praxis und Leistungserstellung sowie einer gemeinsamen Referenz für Lerndienstleistende [...] und ihre Kunden zur Planung, Entwicklung und Durchführung von Aus- und Weiterbildung" (DIN ISO 29990:2010, V). Der Schwerpunkt liegt somit klar in den Bereichen der Aus- und Weiterbildung. Prinzipiell scheint es aber auch möglich, die Norm in andere Bildungsbereiche zu übernehmen. Weiterhin ist diese Norm als ISO 29990 als „Schirmnorm" für bildungsbranchenspezifische Adaptionen, z. B. Sprachtrainingsanbieter konzipiert.

Anwendungsbereich der DIN ISO 29990

An der Bezeichnung „Lerndienstleistungen" und dem großen Einfluss, den das QM-Stufenmodell auf die ISO 29990 genommen hat, ist aber auch zu erkennen, dass der Anwendungsbereich eher im kommerziellen Bildungsbereich bzw. in Unternehmen liegen wird. Als Beispiele für den Anwendungsbereich werden u. a. die „Berufsausbildung, das lebenslange Lernen und innerbetriebliche Trainings, entweder außerhalb oder im Unternehmen" genannt (EBD., 1).

Tab. 8.2: Gliederung der ISO 29990:2010

1. Anwendungsbereich	Lerndienstleistungen und Lerndienstleistende in der Aus- und Weiterbildung Beispiele
2. Begriffe	Definition von 18 verschiedenen Begriffen im Kontext von Lerndienstleistungen z. B. Lernen, Kompetenz, Lerntransfer
3. Lerndienstleistung	Bestimmen des Lernbedarfs Gestaltung der Lernangebote Erbringen von Lerndienstleistungen Überwachen der Umsetzung von Lerndienstleistungen Evaluation durch Lerndienstleistende
4. Management des Lerndienstleisters	Allgemeine Managementanforderungen Strategie und Unternehmensmanagement Managementbewertung Vorbeugende Maßnahmen und Korrekturmaßnahmen Finanzmanagement und Risikomanagement Personalmanagement Kommunikationsmanagement (intern/extern) Ressourcenmanagement Interne Audits Feedback von interessierten Parteien
5. Anhänge	u. a. Anhang E Cross-Referenz zwischen ISO 29990:2010 und ISO 9001:2008

Die ISO 29990 ist zur ISO 9001 kompatibel und es sind auch explizite Bezüge zur ISO 9001 ausgewiesen (Anhang E „Cross-Referenz zwischen ISO 29990:2010 und ISO 9001:2008"). Große, international operierende Organisationen, die ggf. schon über eine Zertifizierung nach ISO 9001 verfügen, können daher mit vertretbarem Zusatzaufwand ihren Bildungsbereich auch mit einem auf Lerndienstleistungen im kommerziellen Bildungsbereich zugeschnittenen System zertifizieren lassen.

8.4.8 Weitere Spezifikationen nach PAS 1068 und PAS 1069

Über die beschriebenen Qualitätsmanagementmodelle hinaus gibt es weitere Spezifikationen des DIN, die keine eigenen Modelle beinhalten, sondern in anderer Form Qualitätsentwicklung im E-Learning unterstützen und vereinheitlichen können. Dies sind zum einen die PAS 1068:2006 zur Erhöhung der Transparenz im E-Learning, zum anderen die PAS 1069 als Leitfaden zur Umsetzung der PAS 1032–1, mit zahlreichen Praxisbeispielen, einschließlich der Umsetzung in kompletten Studiengängen.

Transparenz im E-Learning

Die PAS 1068:2006 „Aus- und Weiterbildung unter besonderer Berücksichtigung von e-Learning – Leitfaden zur Beschreibung von Bildungsangeboten" ist im Wesentlichen ein Leitfaden zur systematischen Beschreibung von Bildungsangeboten. Nach der PAS 1068 sollen Bildungsangebote unter den Rubriken (1) Allgemeine Informationen, (2) Administration und Kosten, (3) Organisatorisches, (4) Funktionalität, (5) Barrierefreiheit, (6) Didaktik, (7) Technik und (8) Datenspeicherung beschrieben werden. Der Leitfaden basiert auf dem Referenzprozessmodell der ISO/IEC 19796–1 bzw. der PAS 1032–1. Mit einer solchen systematischen Beschreibung sollen Angebote vergleichbarer und für Nutzer bzw. Lernende im Sinne eines ‚Beipackzettels' transparenter werden.

Umsetzungsanleitung für die PAS 1032–1

Die PAS 1069:2009 „Aus- und Weiterbildung unter besonderer Berücksichtigung von e-Learning – Leitfaden zum Referenzprozessmodell für Qualitätsmanagement und Qualitätssicherung – Planung, Entwicklung, Durchführung und Evaluation von Bildungsprozessen und Bildungsangeboten" ist eine umfassende Handreichung zur Umsetzung der PAS 1032–1 mit zahlreichen Praxisbeispielen.

8.4.9 Hauskonzept für Qualitätsmanagement

Bedeutung eines Hauskonzepts

Ohne Orientierung an einem bereits existierenden Modell zum Qualitätsmanagement lassen sich in einem Hauskonzept zum Qualitätsmanagement Prozesse und Verfahren festlegen, die die jeweiligen organisationsspezifischen Bedingungen, Voraussetzungen und Ziele in besonderem Maße berücksichtigen können (BALLI/KREKEL/SAUTER 2002a; KÜCHLER 2000; NÖTZOLD 2002; WUNDER 2000a; ZINK/BEHRENS 2000). Hauskonzepte können prozessbezogene wie auch produktbezogene Komponenten enthalten. Ähnlich wie bei der Anwendung etablierter Modelle stehen Weiterbildungsorganisationen auch bei diesem Weg vor der Aufgabe, ein angemessenes Prozessmodell zu entwickeln und Qualitätskriterien für die eigenen E-Learning-Angebote festzulegen. Hauskonzepte finden sich häufig in kleineren Organisationen oder auch in Hochschulen, wo ihre Stärke – die Anpassung an die eigenen spezifischen Strukturen – gut zur Geltung kommt.

Die komplette eigene Entwicklung hat einerseits den Vorteil, dass das Konzept eine hohe Passung für die eigene Organisation aufweist und organisch ‚mitwachsen' kann. Unter Umständen sind auch die Chancen einer gelingenden partizipativen Entwicklung mit allen Beteiligten höher. Daraus resultiert eher ein Qualitätsmanagementsystem, das ‚lebt'. Hauskonzepte erfordern aber andererseits eine sehr hohe Gestaltungskompetenz in Hinblick auf Qualität (EHLERS U.A. 2005).

Beispiel Hauskonzepte an Hochschulen

Zum Beispiel das Hauskonzept der Johann-Wolfgang-Goethe-Universität in Frankfurt am Main (BREMER 2006) sieht Qualitätsmanagement auf unterschiedlichen Ebenen vor: Zum einen verknüpft es die Qualität von E-Learning mit der Qualität der Lehre der Universität allgemein. Zum anderen sichert es Qualität durch unterschiedliche Beratungs- und Qualifizierungsmaßnahmen des Kompetenzzentrums für Neue Medien in der Lehre. Das Konzept versucht, einen Top-Down-Ansatz – E-Learning-Strategie seitens der Hochschulleitung – mit den Bottom-Up-Initiativen – E-Learning-Ansätze und -Projekte an den einzelnen Fachbereichen – zu vernetzen. Zur Stärkung der Transparenz wurde ein eigenes Auszeichnungskonzept entwickelt – ein E-Learning-Label auf drei verschiedenen Stufen (E-Learning Enrichment, E-Learning Label Basic und E-Learning Label Intensive) (http://www.studiumdigitale.uni-frankfurt.de/ella/index.html 01.10.2010). Gleichzeitig wurde ein internes Förderprogramm aufgebaut, das Qualitätsbemühungen durch eine Preisvergabe, den „E-Learning Award", unterstützen soll.

Auf Produktebene setzt auch das Hauskonzept der Technischen Universität Darmstadt mit dem E-Learning-Label an, das gemeinsam mit Preisen wie dem „E-Teaching Award" im Mittelpunkt der auf die Hochschule angepassten Qualitätsbemühungen steht (SONNBERGER 2008).

8.5 Qualitätsstandards für E-Learning

Qualitätskriterien auf Produktebene

Qualitätsmanagementmodelle setzen bei der Qualitätsentwicklung im Wesentlichen an den Prozessen an. Qualitätsstandards auf Produktebene, d. h. Qualitätskriterien im Sinne von einzuhaltenden Mindeststandards für eine Qualitätssicherung, sind in den Modellen in der Regel nicht enthalten und müssen jeweils kontextspezifisch festgelegt werden. Mittlerweile existieren Sammlungen von Qualitätskriterien, die bei der kontextspezifischen Festlegung der eigenen Qualitätsstandards Orientierung bieten können: In Kap. 8.5.1 werden zwölf Kriterien im Sinne einer lernerorientierten Qualitätsentwicklung beschrieben, die zunächst im Kontext der beruflichen Bildung entwickelt wurden, in Kap. 8.5.2 wird die Kriteriensammlung aus der PAS 1032–1 vorgestellt, die eine der umfassendsten Kriteriensammlungen auf Produktebene ist.

Weitere Orientierung, insbesondere für nach Fernunterrichtsschutzgesetz zulassungspflichtige Bildungsangebote, kann auch der Leitfaden des Bundesinstituts für Berufsbildung (BIBB) und der Zentralstelle für Fernunterricht (ZFU) für die Begutachtung von Fernlehrgängen (BIBB/ZFU 2004) bieten, der auf produktorientierten Qualitätskriterien basiert. Eine weitere umfassende und gut aufbereitete Sammlung von Qualitätskriterien wurde im Auftrag des Österreichischen Bundesministeriums für Bildung, Wissenschaft und Kultur erstellt (KRISTÖFL/SANDTNER/JANDL 2006). Diese Kriteriensammlung unterscheidet Standards für die didaktische Vorgehensweise, für die multimediale Aufbereitung der Inhalte sowie – als eine der wenigen Sammlungen bisher – für Qualifizierungsmaßnahmen für E-Learning-Anbieter. Letztere werden wiederum unterteilt in Kriterien, die sich auf die Lernenden, die Betreuenden, die Multimedia-Produzierenden sowie auf die Administrierenden von Lernmanagementsystemen beziehen.

8.5.1 Kriterien für eine lernerorientierte Qualitätsentwicklung

Damit die Qualität der Lernprozesse im E-Learning gesichert wird, sind die folgenden Qualitätskriterien für die jeweiligen Bildungsangebote zu konkretisieren und zu erfüllen (ZIMMER 2009b, 8–14, 2009c, 14–20):

(1) Lernziel

Die Lernziele müssen auf den Erwerb qualifizierter Handlungskompetenzen ausgerichtet werden und den jeweiligen Bildungsgängen entsprechen. Dabei ist von den Lernvoraussetzungen auszugehen und auf die zukünftig zu erwartende Anforderungen Bezug zu nehmen. Die Lernziele sind in lernlogisch aufeinander aufbauende und didaktisch zweckmäßige Teilziele aufzugliedern, die von den Lernenden gewählt werden können, entsprechend ihren Voraussetzungen und Interessen. Sie müssen individuelle, aber auch kooperative und partizipative Lernprozesse anregen.

(2) Lerninhalt

Die angebotenen Lerninhalte müssen die Erreichung der Lernziele ermöglichen, sie müssen fachlich und sachlogisch korrekt präsentiert werden, dem Curriculum, dem Stand der Wissenschaft und den Anforderungen der Praxis entsprechen. Sie müssen in Umfang, Niveau und Darstellung den Voraussetzungen und Potenzialen der Zielgruppe entsprechen und auf interdisziplinäre Kontexte verweisen. Sie sind aufgabenorientiert zu konzipieren und sollen Beispiele, Aufgaben, Hilfen, Glossare zur Unterstützung der Lernprozesse enthalten.

(3) Lernmethode

Die den Lernenden angebotenen Lernformen, Lernschritte und Lernaufgaben, Hilfen und Rückmeldungen, Schnittstellen zur Kommunikation, Kooperation und Partizipation, Probehandlungen mit Simulationen und Spielen, Aufgaben und Ergebnisdarstellungen sowie die mögliche Kombination mit Präsenzveranstaltungen müssen den Lernzielen und Lerninhalten entsprechen. Sie ermöglichen ein reflektiertes aufgabenorientiertes Lernen und den Erwerb ganzheitlicher Handlungskompetenzen. Begleitende Lernkontrollen müssen immer mit Begründungen und Empfehlungen für nächste Lernschritte erfolgen.

(4) Handlungssteuerung

Die interaktive Steuerung der Lernhandlungen mit den medialen Lerninhalten muss übersichtlich und selbsterklärend sein: Welche Wege gibt es? Wie komme ich dort hin? Wo war ich? Wie komme ich hier raus? Umfang und Schwierigkeitsgrad der Lerninhalte sowie Zeitbedarf und Hilfen müssen an die individuellen Lernbedarfe flexibel anpassbar sein. Zudem müssen didaktisch begründete Möglichkeiten für selbst gesteuerte Lernwege angeboten werden, die ein verständliches und abwechslungsreiches Lernen erlauben. Auf die Steuerungsschritte müssen nach bisherigem Lernverlauf Rückmeldungen mit Kritik und Empfehlungen für die möglichen nächsten Lernschritte gegeben werden.

(5) Lernumgebung

Die virtuelle Lernumgebung muss so gestaltet sein, dass die Lernhandlungen sowie die Kommunikation, Kooperation und Partizipation mit Lehrenden, Experten und anderen Lernenden einfach vollzogen werden können. Dafür müssen Funktionsbereiche zu Angebot und Auskunft, Planung und Verwaltung, Mediathek und Ergebnisse, Schnittstellen zu Anwendungssoftware, Kommunikation und Kooperation sowie Prüfung und Evaluation zur Verfügung stehen, damit die Lernenden alle Möglichkeiten zum individuellen, kooperativen und partizipativen Lernen haben. Sie müssen auch ihre Lern- und Arbeitsergebnisse wie auch ihre Lernerfahrungen im Lernraum allen Beteiligten zur Diskussion stellen können.

(6) Kommunikation

Die Bildungsmedien müssen in den Zielen, Inhalten und Methoden so strukturiert werden, dass sie auch die Kommunikation der Lernenden untereinander wie mit Lehrenden und Experten erfordern und damit die Entwicklung ihrer Kommunikationskompetenzen fördern. Die Kommunikation der Lernenden untereinander sollte durch einen Lernenden moderiert werden, mit beratender Unterstützung eines Lehrenden. Die Kommunikation ist sowohl in informellen als auch in formellen Formen einzuplanen.

(7) Kooperation

Die Bildungsmedien müssen so gestaltet sein, dass sie die Kooperation der Lernenden erfordern und unterstützen oder zumindest die individuell Lernenden auf spätere Kooperationen im Praxisfeld vorbereiten. Kooperativ selbst organisiertes Lernen kann optimal gefördert werden, wenn zur Erarbeitung komplexer Lerninhalte und Lernaufgaben die Bildung von Projektgruppen vorgesehen ist. Die Lernergebnisse sollen in den Gruppen vorgestellt, erklärt, überarbeitet und zu einem Gesamtergebnis zusammengefügt werden.

(8) Partizipation

Für den Erwerb vollständiger Handlungskompetenzen ist es von Vorteil, wenn die Bildungsmedien die Übernahme von Aufgaben aus den jeweiligen Gegenstandsbereichen durch die Lernenden, z. B. in Projektgruppen, vorsehen und unterstützen. Der Bezug des medial unterstützten Lernens wird dadurch konkret hergestellt und den Lernenden wird eine erste Wahrnehmung der Anforderungen aus den Praxisbereichen ermöglicht, ein Zugang zu den Erfahrungen der Experten eröffnet und damit ein reflektiertes praxisbezogenes Erlernen der wissenschaftlichen Grundlagen der erforderlichen Handlungskompetenzen unterstützt.

(9) Lernergebnis

Die Bildungsmedien müssen begleitend und/oder abschließend auch Prüfungsaufgaben stellen, die das Profil und Niveau der erworbenen Handlungskompetenzen auf einer ersten Stufe vor dem Transfer in Arbeitsfelder erkennbar machen. Dafür müssen die Aufgaben so gestellt werden, dass sie ein selbstständiges, kritisches, multiperspektivisches, flexibles und kreatives Denken und Handeln erfordern und dies auch in seinen sozialen, ethischen und kulturellen Kontexten sowie in seiner Bedeutung sichtbar machen. Sie müssen die Reflexion der bisherigen Lernprozesse und der weiteren Lernbedarfe unterstützen. Umgekehrt müssen die Medien die Bewertung ihrer Gestaltung und Nutzung sowie der begleitenden Unterstützung durch die Lernenden ermöglichen. Aus beiden Beurteilungen können dann Konsequenzen für die Verbesserung der Qualität der Lernarrangements gezogen werden.

(10) Design

Die für die mediale Präsentation der Lerninhalte gewählten symbolischen Formen, wie Texte, Grafiken, Abbildungen, Sprache, Bilder, Videos, Simulationen, Planspiele etc., müssen zweckmäßig, inhaltsadäquat, adressatengerecht und motivierend gestaltet sein. Der Bildschirm muss übersichtlich strukturiert, die Präsentationen zutreffend und verständlich und durch einen inhaltlichen Zusammenhang abgeschlossen sein und ein zielgruppenadäquates Niveau haben. Die Barrierefreiheit muss realisiert sein.

(11) Begleitinformation

Den Bildungsmedien müssen Beschreibungen ihrer Voraussetzungen, Verwendungsziele und Verwendungsweisen beigefügt sein: über die technischen und organisatorischen Voraussetzungen der Mediennutzung, die Ziele, Inhalte, Strukturen, Methoden, Voraussetzungen und Anforderungen, die erreichbaren Ergebnisse in der Kompetenzentwicklung, den erforderlichen Zeitaufwand sowie die Verwendungsweisen durch Lehrende und Lernende und die möglichen oder notwendigen Zusatzmaterialien.

(12) Lernverlaufsprotokoll

Lernverlauf und Lernergebnisse müssen protokolliert und die Protokolle sowohl durch Kommentare der Lernenden als auch der begleitenden Lehrenden ergänzt werden können. Die kommentierten Protokolle bilden eine wichtige Grundlage sowohl für die individuelle Reflexion der eigenen Lernprozesse und Lernergebnisse durch die Lernenden als auch für das Gespräch mit anderen Lernenden und den Lehrenden über den Verlauf, die erreichten Ergebnisse und die weiteren Lernziele, Lerninhalte und Lernschritte sowie die Formen der Zusammenarbeit und zu erreichenden nächsten Lernergebnisse.

8.5.2 Qualitätskriterien in der PAS 1032–1

Bereiche der Kriteriensammlung

Auch die PAS 1032–1 (Kap. 8.4.5) stellt eine Sammlung von Kriterien zur Prüfung der Qualität von E-Learning-Angeboten auf Produktebene zur Verfügung. Dieser Kriterienkatalog umfasst ca. 700 Kriterien und ist damit eine der umfangreichsten Kriteriensammlungen zum E-Learning überhaupt. Je nach Beschaffenheit des eigenen E-Learning-Angebots kann daraus eine Teilmenge an Kriterien ausgewählt werden. Der Katalog setzt auf den Kriterien der Norm zur Software-Ergonomie ISO 9241 auf und umfasst sieben Bereiche. (1) Rahmenbedingungen, (2) Technische Aspekte, (3) Datenspeicherung und -verarbeitung, (4) Funktionalitäten, (5) (Lern-)Theoretische Aspekte, (6) Kodierung der Information, (7) Formate und Gestaltung. Er enthält weiterhin auch Kriterien, die sich aus Regelungen und Gesetzen ergeben, die auf E-Learning-Angebote zutreffen können: (1) die Datenschutzgesetze (9 Kriterien), (2) das Grundschutzhandbuch des Bundesamtes für Sicherheit in der Informationstechnik (24 Kriterien), (3) das Fernunterrichtsschutzgesetz (3 Kriterien), (4) die Barrierefreie-Informationstechnik-Verordnung (18 Kriterien), (5) der Learning Object Metadata-Standard (24 Kriterien).

8.6 Integrativer Ansatz: Qualitätsplattform Lernen

Integration von Produkt- und Prozessqualität

Die bislang vorgestellten Qualitätsansätze stellen entweder das systematische Qualitätsmanagement der Prozesse in den Vordergrund oder setzen an der Produktebene mit Qualitätskriterien an. Ein Ansatz, der beide Vorgehensweisen integriert und zahlreiche der vorgestellten Orientierungshilfen für die Qualitätsentwicklung explizit mit berücksichtigt, ist die „Qualitätsplattform Lernen", die seit 2006 im Internet frei verfügbar ist (http://www.d-elan.de/delzert/ 26.06.2012).

In der Qualitätsplattform Lernen sind u. a. die folgenden Normen und Kriteriensammlungen integriert:

- die internationale ISO-Qualitätsnorm für die Aus- und Weiterbildung ISO/IEC 19796–1,
- die deutschen Spezifikationen DIN PAS 1032–1/2 und die DIN PAS 1068 zur Angebotsbeschreibung,
- der Leitfaden für die Begutachtung von Fernlehrgängen von BIBB und ZFU,
- Qualitäts- und Gütesiegel wie das eher prozessorientierte Gütesiegel „Qualitätssiegel E-Learning" (das sich an EFQM und LQW orientiert) sowie das eher produktorientierte Gütesiegel der Technischen Universität Darmstadt.

Zertifizierungsangebot

Die Qualitätsplattform Lernen bietet auch Zertifizierungen auf drei aufeinander aufbauenden Ebenen an:

- Teil A: Qualität von Bildungsangeboten,
- Teil B: Qualität von Organisationen – Basic,
- Teil C: Qualität von Organisationen – Exzellenz.

Eine Zertifizierung entsprechend der Qualitätsplattform Lernen kann auch als eigenständige Zertifizierung genutzt werden oder auch als Einstieg in den Aufbau eines umfassenden Qualitätsmanagementsystems, das dann gemäß ISO 9001 zertifiziert werden kann bzw. in Zukunft ggf. auch nach der ISO 29990. Gegenüber diesen beiden generischen Qualitätsnormen besteht der Vorteil der Qualitätsplattform Lernen darin, dass Prozesse und Kriterien bereits spezifisch auf E-Learning-Kontexte bezogen sind. Die Tabelle 8.3 gibt einen Überblick über den Aufbau der Qualitätsplattform Lernen. Mit diesem umfassenden und integrativen Ansatz können prinzipiell alle E-Learning-Anbieter arbeiten – Weiterbildungsanbieter und staatliche Hochschulen ebenso wie wirtschaftsorientierte Fernlehreinrichtungen.

Tab. 8.3: Qualitätsplattform Lernen (in Anlehnung an http://www.d-elan.de/delzert/ 26.06.2012)

Teil A: Qualität von Bildungsangeboten	Teil B: Qualität von Organisationen – Basic	Teil C: Qualität von Organisationen – Exzellenz
Produktqualität	**Organisation (Bildungsanbieter)**	**Gesamtes Qualitätsmanagement**
• Informationen zum Bildungsangebot • Zielgruppen und Lernziele • Aufbau des Bildungsangebots • Inhalt • Didaktik • Medien (digitale und Printmedien) Kommunikation/ Zusammenarbeit • Rollen/Aktivitäten • Aufgaben/ Lernerfolgskontrollen/ Prüfungen • Technik • Evaluation	• Prozesse • Lernerorientierung • Ergebnisse	• Politik und Strategie • Management • Ressourcen • Mitarbeitermanagement • Innovation • Außenwirkung

8.7 Fazit

Lernerorientierung auf Prozess- und Produktebene verwirklichen

Orientierungshilfen für die prozess- und die produktorientierte Qualitätsentwicklung existieren mannigfaltig. Aber die Herausforderung, ein passendes Konzept für den eigenen Kontext zu entwickeln und zu operationalisieren, bleibt bestehen. Zentral ist, die Lernerorientierung in die Anforderungskataloge auf Prozess- und Produktebene für das eigene Bildungsangebot als leitendes Prinzip zu integrieren. Ein Qualitätsmanagement in einer Organisation aufzubauen bedeutet gleichzeitig einen Diskurs über Qualität, Kooperation und Kommunikation aufzunehmen und somit eine interne Organisationsentwicklung anzustoßen (Henninger 2008).

Auswahl des geeigneten Systems und der passenden Kriterien

Bei der Vielfalt der vorhandenen, mehr oder weniger allgemein gehaltenen und anpassbaren Konzepte sowie Sammlungen von Qualitätskriterien fällt die Auswahl nicht leicht. Klare Zuordnungen, welches System und welches Instrument für welche Organisation in welchem Kontext am besten geeignet ist, gibt es nicht. Sie kann es kaum geben, da die Passung für die Zielgruppen, die eigene Organisation und die zur Verfügung stehenden Ressourcen am wichtigsten ist. Nur wenn das ausgewählte System zur Zielgruppe, Organisation und den Mitarbeitenden passt, kann ein ,lebendiges' und entwicklungsfähiges System gestaltet werden. Von dieser Grundlage ausgehend können folgende ,Daumenregeln' als erste Annäherung für die Auswahl gegeben werden:

- Ein Hauskonzept empfiehlt sich für kleine Organisationen mit geringen Ressourcen für ein systematisches Qualitätsmanagement oder für Organisationen mit sehr spezifischen Handlungsabläufen (z. B. Hochschulen mit akademischer Selbstverwaltung). Ein Hauskonzept passt auch für Organisationen, die keine wirtschaftlichen Beziehungen mit vielen (internationalen) Kooperationspartnern haben.
- Eine Zertifizierung gemäß ISO 9001 oder in Zukunft nach der ISO 29990 ist im umgekehrten Fall zu empfehlen, wenn am Bildungsmarkt agiert wird und viele, u. U. auch internationale Kooperationspartner existieren. Ein Qualitätsmanagement für E-Learning mit diesen Normen aufzubauen, bedeutet aber immer einen hohen Aufwand. Die ISO 29990 ist zwar bereits für Aus- und Weiterbildung formuliert, aber dennoch allgemein gehalten. Der Aufbau eines solchen Systems und die zugehörige Zertifizierung benötigen eine gute Ressourcenausstattung (Zeit, Finanzen).
- Qualitätsmanagementmodelle wie EFQM oder LQW sind ebenfalls aufwendig zu etablieren, haben aber einen hohen Bekanntheitsgrad im öffentlichen Bereich. LQW ist dabei schon auf den Bildungsbereich bezogen und wurde im Bereich der Erwachsenenbildung entwickelt. Für viele einzelne Bildungssektoren liegen aber spezifische Interpretationen vor (Kindergärten, Schulen etc.).
- Auf Produktebene können auf der Grundlage der vorhandenen Sammlungen von Qualitätskriterien relativ unaufwendig eigene spezifische Kriterien zusammen-

gestellt werden. Die Anfangsarbeit ist hier bereits geleistet. Viele Sammlungen können unmittelbar als Vorlage für die eigenen Ausarbeitungen dienen. Das Gleiche gilt für die anderen Werkzeuge wie die Transparenzkriterien zur Beschreibung eines E-Learning-Angebots.

Nach der unter Berücksichtigung der Interessen, Fähigkeiten und Ressourcen aller Beteiligten (der Lernenden, Lehrenden, Entwickler, Administratoren u. a.) erfolgten Wahl und Entwicklung des passenden Qualitätsmodells ist es zur Erreichung seiner erfolgreichen Einführung sehr wichtig, das Modell in der eigenen Organisation zu verankern und insbesondere die Mitarbeitenden für das Qualitätsmanagement zu gewinnen. Die Einführung eines Qualitätsmanagementsystems ist zwar immer eine Führungsentscheidung, aber ohne eine breite Beteiligung und Mitbestimmung durch die Mitarbeitenden kann kein nachhaltig erfolgreiches Qualitätssystem aufgebaut werden. Die interne Kommunikation, hinreichende Ressourcen und ggf. auch Qualifizierungsmaßnahmen für Mitarbeitende sind in der Anfangsphase von ganz besonderer Bedeutung. Bei der Einführung eines Qualitätssystems muss aber auch mit Widerständen gerechnet werden. Häufig treffen Qualitätsinitiativen auf einen ohnehin verdichteten Arbeitsalltag. Mitarbeitende befürchten Mehrarbeit, deren Ertrag zudem nicht schnell sichtbar wird. Oftmals ist es dann geschickter, zunächst einen weniger aufwendigen Ansatz zu verwenden, der dann zu einem späteren Zeitpunkt unter verbesserten Rahmenbedingungen und mehr Ressourcen weiter ausgebaut werden kann.

Qualitätsentwicklung als zyklischen Prozess gestalten

Unabhängig von der Auswahl eines bestimmten Modells des Qualitätsmanagements ist der Prozess der Qualitätsentwicklung insgesamt als zyklischer, iterativer Prozess mit zahlreichen Rückkopplungen zu gestalten. Die Modelle zum Qualitätsmanagement beinhalten alle bereits diesen zyklischen Charakter (mit Unterschieden in operativen Details). Bei Hauskonzepten ist daher besonders darauf zu achten, dass Qualitätsentwicklung als iterativer Prozess mit Rückkopplungsschleifen konzipiert wird. Häufig ist es sinnvoll, den Aufbau eines Systems in Stufen zu vollziehen. Viele Qualitätsmanagementsysteme und einige Zertifizierungssysteme legen eine solche Stufung bereits nahe.

Grenzen des Qualitätsmanagements beachten

Dabei muss darauf geachtet werden, dass auch die Grenzen des Qualitätsmanagements im Bildungsbereich thematisiert werden. Denn Qualität wird letztlich immer von den Lernenden mitproduziert und entzieht sich daher einer vollständig standardisierten Qualitätskontrolle. Lehren kann nur Voraussetzungen für Lernen schaffen, es aber nicht erzeugen oder garantieren. Qualitätsmanagement kann daher – unabhängig vom Grad der Formalisierung seiner Methoden und Prozesse – keine hinreichenden Bedingungen für erfolgreiches Lernen zur Verfügung stellen. Werden diese Grenzen nicht offen angesprochen, erhöht sich meist der Widerstand gegen die Einführung eines Qualitätsmanagements. Qualitätsmanagement kann aber dazu beitragen, dass ‚gute' (im Sinne von ‚notwendige') Rahmenbedingungen für erfolgreiches Lehren und Lernen geschaffen, gesichert und entwickelt werden.

Leitlinien für ein Qualitätsmanagement

Vor dem Hintergrund der Kontextgebundenheit allen Lernens und Lehrens und der besonderen Bedeutung, die der Kontextualisierung beim E-Learning zukommt (ARNOLD/SMITH 2003), können als Fazit und Empfehlung nur einige Leitlinien skizziert werden, die beim Aufbau eines eigenen Qualitätsmanagementsystems Orientierung geben können:

1. Qualitätsmanagement stellt unter Berücksichtigung der oben diskutierten Begrenzungen der Übertragung aus dem Bereich der Warenproduktion ein sinnvolles und notwendiges Verfahren zur Qualitätssicherung und -entwicklung für virtuelle Bildungsangebote dar.

2. Ob beim Aufbau eines Qualitätsmanagementsystems vorhandene Modelle wie die ISO 9000ff. oder das EFQM-Modell für den eigenen Kontext adaptiert oder von Grund auf ein eigenes System oder erste Elemente dafür entwickelt werden, ist weniger wichtig, als den Aufbau selbst als Gelegenheit zu begreifen, das eigene Selbstverständnis als Bildungsanbieter zu klären, sich über professionelle Mindeststandards zu verständigen und einen organisationsinternen Dialog zur kontinuierlichen Verbesserung der virtuellen Bildungsangebote und ihrer Erstellungsprozesse anzustoßen.

3. Der Aufbau eines Qualitätsmanagementsystems sollte im Bewusstsein der grundlegenden Andersartigkeit von Bildungsangeboten als ,Produkt' erfolgen. Vorgehensweisen und Prozesse müssen auf ihre Berücksichtigung der prinzipiellen Ko-Produktion der Lernenden hin überprüft werden.

4. Das Prinzip der ,Kundenorientierung' muss dieser ,Andersartigkeit' angepasst werden und insbesondere als ,Kunden' alle interessierten Parteien (Lernende, Teletutoren, Lehrende, Entwickler, Kooperationspartner, Arbeitgeber, Gesellschaft etc.) integrieren.

5. Inhaltsbezogene Qualitätssicherung und prozessbezogenes Qualitätsmanagement sollten innerhalb eines umfassenden Qualitätsmanagementkonzepts integriert sein. Das Verhältnis von prozessbezogenen Optimierungen und der Ausarbeitung inhaltlicher Qualitätsstandards muss kontinuierlich auf eine sinnvolle Balance hin überprüft werden. Der Aufwand für Prozessoptimierung muss in angemessenem Verhältnis zum Nutzen stehen. Eine sich verselbstständigende Bürokratisierung von Vorgängen ist zu vermeiden.

6. Wissensstützende Strukturen, z. B. Verfügbarkeit von Bibliotheken, und Prozesse in der Verwaltung, z. B. Prüfungsanmeldung, und in anderen Service-Bereichen sollten innerhalb des Qualitätsmanagementkonzepts ausdrücklich thematisiert werden.

7. Systematische und regelmäßige Evaluierung sollte als zentrales Instrument im Qualitätsmanagementsystem verankert werden (Kap. 9).

9 Evaluation

Entwicklung hochwertiger Bildung

Evaluationen von Bildungsprozessen haben eine *Erkenntnis- und Entwicklungsfunktion* sowie eine *Kontroll- und Legitimationsfunktion*. Mit Evaluationen kann wissenschaftlich erkannt werden, z. B. ob die virtuellen Bildungsangebote den angestrebten Zielen und gestellten Anforderungen entsprechen, die Zielgruppe erreicht und ihre Lernprozesse effizient unterstützt wurden, wo Defizite bestanden, Verbesserungen und Entwicklungen notwendig sind. Damit kann ein Dialog zwischen allen Beteiligten, den Lernenden, Lehrenden und Medienautoren angeregt werden. Mit Evaluationen kann aber auch kontrolliert werden, ob alle Beteiligten ihre Leistungen erbracht haben, ihre Zusammenarbeit funktioniert hat und die angestrebten Lernerfolge effizient erreicht wurden, und sie können dazu dienen, die Bildungsangebote und deren Nutzungsweise, z. B. gegenüber Auftraggebern, zu legitimieren. Durch Evaluationen können entgegen ihren positiven Absichten immer auch negative Folgen ausgelöst werden, z. B. indem nur für den Test gelehrt und gelernt wird, Probleme ausgeblendet, Defizite umgangen und nur die positiven Teile herausgehoben und genutzt werden oder die Evaluationen fehlerhaft konzipiert sind, einen hohen Aufwand verursachen, aber keinen Vorteil bringen. Entscheidend zur Erreichung einer die realen Gegebenheiten, Prozesse und Erfolge wahrheitsgemäß erfassenden und beurteilenden Evaluation sind nicht nur geeignete Formen und Konzepte sowie Methoden und Gütekriterien der Evaluation, „sondern auch klare *Zielvorstellungen* und *inhaltliche Konkretisierungen* für hochwertige Bildung. [...] Auch der alleinige Nachweis, dass gewisse Standards bei der Erbringung eines Bildungsangebots eingehalten werden, rechtfertigt noch nicht den Schluss auf die Qualität des Ergebnisses." (DITTON 2002, 787)

Aufbau des Kapitels

Jede Evaluation setzt Ziele und Annahmen (Kap. 9.1) und die Bestimmung der Ebenen und Phasen der Prozesse voraus, die evaluiert werden sollen (Kap. 9.2), damit die passenden Formen der Evaluation gewählt (Kap. 9.3), die Methoden für die Erfassung und Bewertung der Prozesse und Ergebnisse bestimmt (Kap. 9.4) und die zu vollziehenden Schritte der Evaluation insgesamt konzeptualisiert werden können (Kap. 9.5). Um den Tatsachen entsprechende Ergebnisse der Evaluation zu erhalten, sind Gütekriterien einzuhalten (Kap. 9.6) und mögliche ‚Fallstricke' und Fehlerquellen zu vermeiden (Kap. 9.7). Mit Evaluationen können mögliche Diskrepanzen in den Prozessen und Ergebnissen reflektiert und Verbesserungen erkannt und vereinbart werden. Evalua-

tionen sind somit auch ein Instrument im Qualitätsmanagement von Bildungsangeboten (Kap. 9.8), von ihrer Planung bis zur Prüfung ihrer Ergebnisse, und sie umfassen auch den institutionellen Gesamtprozess sowie die (Meta-)Evaluation der
konzipierten und durchgeführten Evaluation selbst (ARNOLD, P. 2005b; BLOH 2010;
STOCKMANN 2007; TERGAN 2000b; WINTER 2002; ZIMMER 2010b).

9.1 Klärung der Ziele einer Evaluation

Ziele

Ausgehend von den Zielen und Inhalten einer hochwertigen, den gestellten Anforderungen gerecht werdenden Bildung mit digitalen Bildungsmedien und personeller
Unterstützung durch Tutoren, Lehrende und Experten im virtuellen Bildungsraum
sind die Ziele, Gegenstände, Formen, Methoden und Gütekriterien einer Evaluation
zu klären. Diese Klärung ist theoretisch und praktisch zu fundieren und sollte gemeinsam mit allen Beteiligten und Betroffenen erfolgen, weil die Akzeptanz einer Evaluation eine grundlegende Voraussetzung für ihren Erfolg ist. Als Ziele einer Evaluation
können generell unterschieden werden: Verbesserung der institutionellen Organisation sowie der praktischen Durchführung von Maßnahmen, Bewertung eines erreichten Standes sowie Herstellung eines permanenten Qualitätsmanagements, Analyse
von Anforderungen sowie von intendierten und nicht intendierten Wirkungen, wissenschaftliche Rekonstruktion und Bewertung der Prozesse zur Erkenntnisgewin-
nung und weiteren Entwicklung der Bildungsangebote (KÖLLER 2007, 215).

Dimensionen

Die vielfältigen Dimensionen der Lehr- und Lernhandlungen im virtuellen Bildungsraum mit digitalen Bildungsmedien und persönlichen Unterstützungen sind die zentralen Gegenstände der Evaluation. Entscheidend dabei ist, dass diese Dimensionen
keine fixierten Größen sind, sondern in den Bildungsprozessen konkretisiert und in
diesen auch in Form, Niveau, Inhalt und Ziel weiter entwickelt werden. So können
folgende Dimensionen der Lehr- und Lernprozesse, die hier nur beispielhaft und kurz
aufgeführt werden können, als Gegenstände von Evaluationen unterschieden werden
(in Erweiterung der Liste von GLOWALLA U. A. 2009, 313f):
- *Akzeptanz:* des virtuellen Lernraums, der Bildungsangebote, der Zusammenarbeit etc.,
- *Lernziele:* führen zum Erwerb der angestrebten Handlungskompetenzen,
- *Lerninhalte:* entsprechen den fachlichen Anforderungen und den Lernvoraussetzungen,
- *Mediendidaktik:* die didaktische Gestaltung der Medien fördert effiziente Lernprozesse,
- *Lernprodukte:* können in den virtuellen Lernraum zur Diskussion eingestellt werden,

- *Kommentierung:* die eingestellten Lernprodukte werden kommentiert,
- *Gebrauchstauglichkeit:* Bildungsmedien und Lernraum sind bedienerfreundlich gestaltet,
- *Medienkompetenz:* die Bildungsmedien und der Lernraum werden kompetent genutzt,
- *Lernkompetenz:* selbstgesteuerte und kooperative Lernkompetenzen werden entwickelt,
- *Lernleistung:* Differenz zwischen Beginn und Resultat der Lernprozesse ist überwunden,
- *Lernzeit:* Zeitaufwand zwischen Beginn und Resultat ist der Lernleistung angemessen,
- *Lernhandlung:* Umgangsweisen der Lernenden mit Bildungsmedien und Lernraum,
- *Lernwirksamkeit:* Transfer der erlernten Kompetenzen in den Aufgabenbereich,
- *Betreuung:* persönliche Unterstützung der Lernenden in ihren Lernprozessen,
- *Kommunikation:* soziale Kontakte mit Lernenden, Tutoren, Lehrenden und Experten,
- *Kooperation:* gemeinsames Lernen zur Erarbeitung von Lernergebnissen,
- *Partizipation:* Lernen in Zusammenarbeit mit Lehrenden und Experten,
- *Internetnutzung:* Nutzung weiterer Informationsquellen für die Lernprozesse,
- *Geschlechtsunterschiede:* in Lernprozessen, Kommunikation, Kooperation, Partizipation,
- *Kosten-Nutzen-Verhältnis:* beispielsweise im Vergleich mit anderen Bildungsangeboten.

Diese beispielhafte Liste an Dimensionen bzw. Gegenständen von Evaluationen kann fortgesetzt und modifiziert werden. Sie soll aufzeigen, dass vor jeder Konzeptualisierung einer Evaluation von virtuellen Bildungsangeboten und der durch sie angeregten und gelenkten Lehr- und Lernprozesse die zu evaluierenden Dimensionen zu klären, zu bestimmen, zu differenzieren und zu konkretisieren sind. Die Konkretisierung der Ziele und Dimensionen bestimmt die Phasen, Formen, Ebenen, Methoden und Gütekriterien der Evaluation.

Orientierung

Das Ziel digitaler Bildungsangebote ist die Ermöglichung und effiziente Förderung von Bildungsprozessen der individuell oder gemeinsam Lernenden. Da Bildung nur aktiv von den Lernenden erworben werden kann, wird die Qualität der digitalen Bildungsangebote *„erst im Prozess des Lernens von den Lernenden selbst hergestellt [...], gegebenenfalls mit Unterstützung von Lehrenden, [daher] kann es keinen kausalen Zusammenhang zwischen objektiven Merkmalen und subjektiven Lernerfolgen geben."* (Zimmer/ Psaralidis 2000, 265, Hervorh. im Original) Für Evaluationen folgen daraus zwei grundsätzliche konzeptionelle Anforderungen: Erstens sind Evaluationen nicht technologieorientiert, sondern anwender- bzw. lernerorientiert zu konzipieren, denn das lernende Subjekt steht im Zentrum der technologiegestützten Bildungsangebote

(Arnold, P. 2005b, 25). Und zweitens können Evaluationen, gerade weil Lernen immer ein subjektiv bestimmter Prozess ist, nicht nach dem Modell der Wirkungsforschung, sondern müssen nach dem Modell der Handlungsforschung konzipiert werden (Schneider 1980; Zimmer/Psaralidis 2000, 264). Lernerorientierung und Handlungsforschung sind die Leitlinien für die Konzipierung der Ebenen, Formen, Planung, Methoden, Kriterien und Auswertung der Evaluation digitaler Bildungsangebote im Blick auf die Ermöglichung der angestrebten Lernerfolge.

Fragen

Ausgehend von den geklärten Zielen und Dimensionen sind die zentralen Fragen oder die Hypothesen zu formulieren und theoretisch und praktisch zu begründen, die die Prozesse, Voraussetzungen, Bedingungen, Kontexte und Wirkungen zwischen Maßnahmen und Zielen spezifizieren. Beispielsweise: Welche Inhalte, Prozesse und Unterstützungen im virtuellen Lernraum führen unter welchen Voraussetzungen und Bedingungen und durch welche Handlungsweisen zu welchen Effekten? Wie müssen die digitalen Bildungsmedien didaktisch gestaltet sein? Gibt es Faktoren, die das individuelle und gemeinsame Lernen und seine Unterstützung durch Tutoren, Lehrende und Experten beeinträchtigen? Wirken andere verfügbare Angebote und Informationen im Lernprozess kumulativ, kompensatorisch oder unabhängig? (Köller 2007, 215f) Solche und viele andere Fragen oder Hypothesen sind in der Vorphase einer geplanten Evaluation begründet zu klären, weil davon alle weiteren Schritte einer Evaluation abhängen.

Ergebnisse

Mit der Konzeptualisierung einer Evaluation ist auch zu klären, wer Zugang zu den Ergebnissen haben soll, wer zur Interpretation der Ergebnisse herangezogen werden soll, welche Konsequenzen und Empfehlungen daraus von wem gezogen werden sollen, wer an der Diskussion der Ergebnisse, Konsequenzen und Empfehlungen beteiligt werden soll und welche Maßnahmen der Veränderung von wem ergriffen und von wem und wie kontrolliert werden sollen (ebd., 216f).

9.2 Ebenen und Phasen der Evaluation

Lehren und Lernen sind Prozesse, die auf verschiedenen Ebenen und in mehreren Phasen ablaufen (Abb. 9.1). Die Ebenen und Phasen unterscheiden sich sowohl in ihren jeweiligen Zielen, Inhalten, Dimensionen, Funktionen und Positionen in technologiegestützten Bildungsprozessen als auch in den jeweils beteiligten und betroffenen Personen, z. B. den Lernenden, Lehrenden, Tutoren, Medienautoren, einbezogenen Fachexperten, deutlich.

(1) Kursevaluation

Evaluationen zur Bewertung bzw. zur Sicherung, Verbesserung und Entwicklung der jeweiligen Kurse bzw. digitalen Bildungsangebote und der in ihnen zu erbringenden

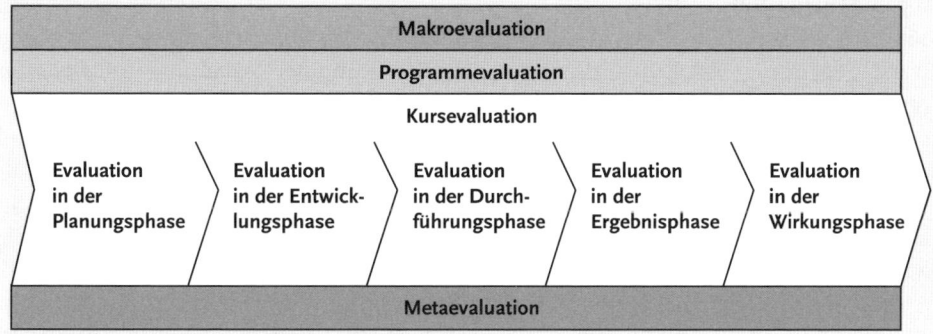

Abb. 9.1: Ebenen und Phasen der Evaluation (in Anlehnung an BLOH 2010, 81ff, und EHLERS 2002, 14)

Leistungen bzw. vollzogenen Prozesse und erreichten Ergebnisse müssen sich daher auf die jeweiligen Phasen konzentrieren, die in jeweils unterschiedlichen Zeitabschnitten ablaufen. Wobei allerdings zu beachten ist, dass die zu evaluierenden Leistungen, Prozesse und Ergebnisse in den jeweils folgenden Phasen nicht unabhängig von den Leistungen, Prozessen und Ergebnissen in allen vorhergehenden Phasen sind, was auch eine Analyse der jeweiligen Kontextbedingungen einschließt. Dies ist bei der Beurteilung der Phasen und der Ableitung von Entscheidungshilfen, Verbesserungen und weiteren Entwicklungen der Kursangebote zu berücksichtigen.

(2) Programmevaluation

Auf der Grundlage der Evaluationsergebnisse in den einzelnen Phasen kann sodann auf der Programmebene die Evaluation eines Bildungsangebots insgesamt von der Planung bis zu den Ergebnissen und Wirkungen erfolgen. Die Programmevaluation umfasst alle zu einem Bildungsprogramm gehörenden Kurse, von der Planung über die kursbezogenen Lernprozesse und tutoriellen Unterstützungen, die verwendeten Ressourcen und Nutzungen des Lernraums sowie die Organisation der Zeit- und Zielplanung der einzelnen Lernschritte bis zu den insgesamt erreichten Lernerfolgen. Die Programmevaluation ist die zentrale Grundlage für das Qualitätsmanagement des Bildungsangebots einer Bildungsinstitution (BLOH 2010, 91ff).

(3) Makroevaluation

Der Gegenstand der Makroevaluation ist die Bildungsinstitution selbst bzw. eine bedeutende Organisationseinheit derselben. Dabei geht es nicht nur um eine zusammenfassende Auswertung vorhergehender Kurs- und Programmevaluationen hinsichtlich der Effektivität, Akzeptanz, Effizienz, Beständigkeit, Relevanz, Optimalität und Legitimität sowie interner Konsequenzen, sondern vor allem auch um die Evaluation des Bildungsangebots in Bezug auf die in den Fachgebieten geforderten Kompetenzen, die Zielgruppen der Lernenden und die konkurrierenden Bildungsanbieter sowie um die Evaluation der Infrastruktur und Organisation der Dienstleistungsprozesse und der Verfügbarkeit und Nutzung der technologischen Infrastruktur (EBD., 97ff).

(4) Metaevaluation

Kurs-, Programm- und Makroevaluationen sind für das Qualitätsmanagement sowie für die Gewinnung von Erkenntnissen zur Verbesserung der Gestaltung und weiteren Entwicklung bestehender als auch neuer virtueller Bildungsangebote notwendig, können aber auch je nach Zielen, Intensität und Umfang ziemlich aufwendig sein. Ziel einer Metaevaluation ist es daher, die zukünftigen Evaluationen effizienter zu gestalten, z. B. durch den Aufbau eines schlanken, aber für die Sicherung und Weiterentwicklung der Qualität hinreichenden Evaluationssystems. Für die Metaevaluation, also für die Evaluation des bisher verwendeten und die Planung des zukünftigen Evaluationssystems müssen ebenfalls Kriterien für die Beurteilung vereinbart werden: „Nützlichkeitsstandards, welche die Ausrichtung an den Evaluationszwecken und den Informationsbedarfen der Evaluationsnutzer sicherstellen sollen, Durchführbarkeitsstandards, welche eine realistische, überlegte und kostenbewusste Planung und Ausführung gewährleisten sollen, Korrektheitsstandards, welche einen respektvollen und fairen Umgang mit den betroffenen Personengruppen garantieren sollen, Genauigkeitsstandards, welche das Hervorbringen angemessener (gültiger und verlässlicher) Informationen und Ergebnisse zum jeweiligen Evaluationsgegenstand unterstützen sollen." (EBD., 103) Die Metaevaluation dient aber nicht nur der Effizienzsteigerung der Kurs-, Programm- und Makroevaluationen, sondern auch der Weiterentwicklung ihrer Qualität und Transparenz für ein partizipatives Handeln aller beteiligten und betroffenen Personengruppen.

Evaluationsgegenstände

In der folgenden Tab. 9.1 sind eine Reihe relevanter Dimensionen in den Ebenen und Phasen des Lehrens und Lernens in Online-Bildungsprozessen als Evaluationsgegenstände beispielhaft aufgeführt:

Tab. 9.1: Ebenen, Phasen und Gegenstände der Evaluation (in Anlehnung an BLOH 2010, DITTON 2002, EHLERS 2002, STOCKMANN 2006, TERGAN 2000a und ZIMMER/PSARALIDIS 2000, modifiziert und mit eigenen Ergänzungen)

Ebene/Phase	Evaluationsgegenstand (Beispiele)
Kursevaluation / Planungsphase	• Bestimmung der Bildungsziele und Bildungsinhalte auf der Grundlage von Aufgaben, Anforderungen, Tätigkeiten, Interessen • Voraussetzungen, Bedarfe, Erwartungen und Interessen der Lernenden • Soziales und kulturelles Umfeld der Lernenden • Gender-Aspekte • Medienkompetenz der Lernenden, Teletutoren, Lehrenden, Experten • Konzeption der Bildungsmedien, Bildungsressourcen und des Lernraumes • Personelle, technische und finanzielle Ressourcen • Organisation und Management aller Prozesse
Entwicklungsphase	• Didaktisches Design der digitalen Bildungsmedien • Ergonomie/Gebrauchstauglichkeit der Medien • Planung der virtuellen Lernszenarien • Planung der virtuellen Kommunikation und Kooperation • Planung der Präsenzveranstaltungen • Organisation und Management der Entwicklungsarbeit

Ebene/Phase	Evaluationsgegenstand (Beispiele)
Durchführungsphase	• Angemessenheit der Ziele, Inhalte, Szenarien und Prozesse • Ergonomie/Gebrauchstauglichkeit der Medien • Tutorielle Betreuung (aus Sicht der Studierenden, Teletutoren, Lehrenden und Experten) • Akzeptanz des virtuellen Bildungsangebots • Verlauf der Lernfortschritte/Kompetenzentwicklung • Gender-Aspekte
Ergebnisphase	• Erreichung der Bildungsziele/erreichte Kompetenzentwicklung • Einschätzung von Ergebnis und Verlauf durch alle Beteiligten • Veränderung der Zusammenarbeit der Beteiligten • Kosten-Nutzen-Relation • Bildungspolitische Effekte
Wirkungsphase	• Transfer erworbener Kompetenzen in relevante Aufgabenbereiche • Grundlage für Reflexion von Erfahrungen und weiteres Lernen • Grundlage für die Lösung unerwarteter atypischer Probleme • Stärkung der wirtschaftlichen sowie gesellschaftlichen Teilhabe • Veränderung der Aufgaben, Anforderungen, Tätigkeiten, Interessen
Programmevaluation	• Beschreibung und Begründung des Bildungsprogramms • Leistungspotenzial des Bildungsprogramms (Personal, Organisation, Technologie, Ressourcen etc.) • Verlauf des Bildungsprogramms (Bedingungen, Voraussetzungen, Kontexte, Schwierigkeiten, Defizite, Erfolge) • Ergebnisse des Bildungsprogramms (Akzeptanz, Lernerfolge, Effizienz, Konsequenzen)
Makroevaluation	• Auswertung der Kurs- und Programmevaluation in Bezug auf, Erfolge, Verbesserungen und Entwicklungen der Leistungen der Bildungsinstitution • Stimmigkeit der Bildungsangebote in Bezug auf Anforderungen und Zielgruppen • Möglichkeiten, Notwendigkeiten und Grenzen der Kombination von Online- und Präsenzphasen • Verbesserung und Ausbau der Online-Dienstleistungen
Metaevaluation	• Verständlichkeit und Akzeptanz der Kurs-, Programm- und Makroevaluationen • Erfordernis, Vollständigkeit, Angemessenheit der Formen, Methoden und Auswertungen der Evaluationen • Art, Form und Umfang der Dokumentation der Informationen, Evaluationsergebnisse • Diskussion und Auswertung der Ergebnisse und Umsetzung der Konsequenzen durch Beteiligte und Betroffene

Es gibt kein universelles Evaluationskonzept

Die Entscheidung, in welcher Phase eine Evaluation erfolgen soll, ist die Voraussetzung für die Planung, Durchführung und Auswertung einer Evaluation. Denn die Ziele, Dimensionen, Kontexte, Methoden, Kriterien und Wertmaßstäbe einer jeden Evaluation differieren. Es kann daher kein allgemein gültiges Evaluationskonzept geben, sondern es muss in jedem konkreten Fall ein eigenes, maßgeschneidertes Konzept möglichst partizipativ mit allen Beteiligten und Betroffenen entworfen werden. „Jede Erwartung, es könne einen allgemeinen Rahmen, eine Art Rezeptbuch für gute Evaluationen geben, ist eine Illusion." (KROMREY 2000, 22, 2001)

9.3 Formen der Evaluation

Bei Evaluationen können verschiedene Formen unterschieden werden, die sich nach Funktionen, Zielen, Gegenständen, Methoden, Ergebnissen, Orten, Zeiten und durchführenden Personen unterscheiden (BLOH 2010, 76f; DITTON 2002, 781; STARK 2009, 426f):

- *prospektive Evaluation:* vorausschauende Analyse und Bewertung eines Bildungsangebots vor seiner Realisierung,
- *formative Evaluation:* prozessbegleitende Evaluation zur Unterstützung der Entscheidungsfindung während der Planung, Entwicklung und Durchführung,
- *summative Evaluation:* abschließende Beurteilung erreichter Ergebnisse nach Abschluss eines Online-Kurses oder eines kompletten Bildungsangebots,
- *Inputevaluation:* Analyse und Bewertung der Voraussetzungen, Bedingungen und Ressourcen für einen geplanten Prozess,
- *Prozessevaluation:* Analyse und Bewertung der Dimensionen der durchgeführten Prozesse,
- *Outputevaluation:* Analyse und Bewertung der Ergebnisse und Wirkungen der Prozesse,
- *Mikro- versus Makroevaluation:* Evaluation einzelner Dimensionen von Bildungsprozessen versus vergleichender Beurteilung von Prozesszusammenhängen,
- *qualitative versus quantitative Evaluation:* logische Rekonstruktion der empirischen Prozesse, ihrer Faktoren, Ergebnisse und Wirkungen zur Erkenntnis und weiteren Entwicklung versus Messung nach Kriterienkatalogen mit vorgegebenen Wertmaßstäben zur Kontrolle und Legitimation,
- *interne versus externe Evaluation:* Evaluation durch die beteiligten und betroffenen Personen selbst versus Evaluation durch fremde Experten, die nicht in irgendeiner Weise auch Beteiligte oder Betroffene sind.

Kombination der Formen

Diese verschiedenen Formen beschreiben unterschiedliche Evaluationsansätze, die nicht nur getrennt anzuwenden sind, sondern durchaus auch kombiniert werden können, entsprechend den jeweiligen Intentionen und Gegebenheiten auf den verschiedenen Ebenen und in den verschiedenen Phasen der Prozesse. Die zu kombinierenden Formen der Evaluation können sich auf die virtuellen Bildungsangebote bzw. Lehr- und Lernprozesse insgesamt beziehen oder auch in einzelnen Fallstudien angewendet werden, z. B. zur Klärung von aufgetretenen Problemfällen oder zur Verbesserung und weiteren Entwicklung von Online-Bildungsangeboten. Immer sind die Vor- und Nachteile der zu wählenden Evaluationsformen für die jeweiligen Evaluationsgegenstände abzuwägen. So hat beispielsweise die Form der Selbstevaluation (HENSE/MANDL 2010) gegenüber einer Evaluation durch fremde, außen stehende Experten den Vorteil, dass sie wegen der Nähe zum Evaluationsgegenstand, der frühzeitigen Durchführung und schneller Ergebnisse einen Beitrag zur Professionalisierung der Praxis in Online-Bildungsangeboten leisten kann, aber auch den Nachteil mangelnder Distanziertheit zur eigenen Praxis und meist fehlender methodischer Evaluationskompetenz. Entscheidend für die Wahl der Selbstevaluation ist also, ob es den Beteiligten gelingt bzw. gelingen kann, einen distanzierten kritisch reflektierenden Standpunkt zur eigenen Praxis einzunehmen.

9.4 Methoden der Evaluation

Breite Auswahl von Methoden verfügbar

Die Methoden sowie die Instrumente zur Datenerhebung und die Verfahren zur Auswertung und Erschließung von Konsequenzen und Empfehlungen können nicht für alle Evaluationen einheitlich vorgegeben werden. Da es sich um die Evaluation von Verhältnissen und Prozessen handelt, die durch die Handlungen der Lernenden, Tutoren, Lehrenden, Medienautoren, Experten und Organisatoren immer aktuell hergestellt werden, muss eine den jeweiligen aktuellen Zielen und Gegebenheiten entsprechende Auswahl, Anpassung und Entwicklung der Methoden, Instrumente und Verfahren der Evaluation getroffen werden. Dafür steht das gesamte quantitative und qualitative Methodenrepertoire der empirischen Sozialforschung mit den zugehörigen Datenerhebungs- und Auswertungsverfahren zur Verfügung (für Einführung und Überblick siehe u. a. Arnold, P. 2005b; Bohnsack 2006; Bortz/Döring 2002; Friebertshäuser/Langer/Prengel 2009; Kromrey 2002; Lamnek 2005; Mayring 2002). Allerdings wird im Bereich des Qualitätsmanagements oft aufgrund von beschränkten zeitlichen, finanziellen und personellen Ressourcen nicht mit umfangreicher sozialwissenschaftlicher Methodik gearbeitet, sondern mit einem reduzierten Methodeneinsatz. Für Evaluationen im Bereich des E-Learning wurden in der Vergangenheit auch eine Reihe spezieller Methoden, angelehnt an die Methoden zur Evaluation von Software, entwickelt (Schenkel/Tergan/Lottmann 2000). Aber auch hier gibt es keine universell passenden Methoden – vielmehr muss die Auswahl der Methoden jeweils kontextspezifisch getroffen werden und sie müssen ggf. entsprechend angepasst und weiterentwickelt werden. Bei allen Methoden bleibt es dabei unverzichtbar, dass die Gütekriterien (Kap. 9.6) und Verfahrensweisen strikt eingehalten werden, um für die Gestaltung der Prozesse relevante und brauchbare (Teil-)Ergebnisse zu erhalten.

Grundsätzlich kann zwischen Evaluationen mit *Kriterienkatalogen* und *empirischen Verfahren* unterschieden werden (Arnold, P. 2005b, 29ff, 45ff).

Evaluation mit Kriterienkatalogen

In Evaluationen mit Kriterienkatalogen wird von Experten oft in Anlehnung an Evaluationen von Software auf vorab definierte Kriterien- und Checklisten zurückgegriffen. In den vergangenen Jahren sind einige Kriterienkataloge für die Prüfung der Qualität von Bildungsangeboten entwickelt worden (Kap. 8). Anhand der Beurteilung von Einzelmerkmalen eines Online-Bildungsangebots durch Experten soll zu Qualitätsaussagen gekommen werden. Die Vorteile dieser Vorgehensweise liegen auf der

Hand: Im Vergleich zu empirischen Evaluationsverfahren, die die tatsächlichen Nutzungsprozesse der Lernenden in den Mittelpunkt stellen, sind Evaluationen mit Kriterienkatalogen Zeit und Kosten sparend, sind leicht zu organisieren, erscheinen leicht handhabbar und „vermitteln die Vorstellung eines vollständigen, objektiven und validen Bewertungsinstrumentariums" (TERGAN 2000c, 330). Im Einzelnen lassen sich mit SCHENKEL (2000) folgende Methoden der Produktevaluation durch Experten (Tab. 9.2) unterscheiden:

Tab. 9.2: Methoden der Produktevaluation durch Experten nach SCHENKEL (2000, 65)

Methode	Beschreibung
Screening	Eine Auswahl von Bildschirmseiten wird nach vorgegebenen Kriterien beurteilt.
Cognitive Walkthrough	Typische Aufgaben werden gelöst, um Probleme zu antizipieren.
Heuristische Evaluation	Einzelne Dialogelemente werden nach Brauchbarkeitskriterien getestet.
Cooperative Walkthrough	Ein Team (Entwickler, Designer etc.) testet die Software gemeinsam.
Eigenschaftsinspektion	Die relevanten und benötigten Eigenschaften einer Software werden beurteilt.

Grenzen von Kriterienkatalogen

Produktevaluationen nach Kriterienkatalogen vernachlässigen jedoch die konkreten Anwendungskontexte sowie die wechselnden Lernsituationen mit ihren jeweiligen Besonderheiten und insbesondere die darin vollzogenen Lernprozesse der Lernenden selbst, wodurch Verzerrungen in den Beurteilungen entstehen können. Kriterienkataloge haben meist nur eine geringe praktische Signifikanz. Denn beim Lernen in virtuellen Bildungsräumen, insbesondere mit den Instrumenten des Web 2.0, können die Lernumgebungen und die Lernwege, selbst im gleichen Bildungsangebot, individuell sehr unterschiedlich gestaltet werden (EHLERS 2009). Die Lernenden haben eine große Autonomie in ihren selbst gesteuerten, kooperativen und partizipativen Lernprozessen mit den digitalen Bildungsmedien sowie in der Kommunikation und Kooperation mit anderen Lernenden, den Tutoren, Lehrenden und anderen Experten und erreichen damit auch sehr unterschiedliche individuelle und gemeinsame Lernergebnisse bei gleicher Medienqualität. Zudem mangelt es standardisierten Kriterienkatalogen oft an hinreichender Vollständigkeit und Detailliertheit für die zu bewertenden Gegenstände, Prozesse und Ergebnisse. Auch aufgrund fehlender oder strittiger Bewertungsverfahren, differieren die Bewertungen nach Kriterienkatalogen oft erheblich, sodass die jeweiligen persönlichen Erfahrungen, Vorstellungen und Ansprüche der Experten die Bewertungen nach Kriterien mehr oder weniger stark beeinflussen (zu einer ausführlichen kritischen Einschätzung siehe ARNOLD, P. 2005b, 34ff; FRICKE 2000, TERGAN 2000c). Produktevaluationen anhand von Kriterienkatalogen können daher nur einen begrenzten Teil einer für Lernprozesse und Lernergebnisse relevanten Evaluation abdecken, da sie allein der Komplexität und Dynamik des Lernens in virtuellen Bildungsgängen nicht gerecht werden können.

Evaluation mit empirischen Verfahren

Erfolgversprechender sind daher empirische Verfahren, insbesondere Methoden, die die Handlungen der Lernenden wie aller anderen Beteiligten im jeweiligen Kontext in den Mittelpunkt des Evaluationskonzepts stellen. In einem komplexen sozialen Handlungsfeld, das durch ständige Veränderungen aufgrund von technologischen und organisatorischen Entwicklungen charakterisiert ist, versprechen vor allem qualitative Untersuchungsmethoden weiterführende Erkenntnisse für eine rationale und partizipative Gestaltung der Strukturen und Prozesse. Offene Konzepte und rekonstruktive Methoden und Instrumente, die alltags-, kontext- und teilnehmerorientiert sind, sind hier überlegen (ARNOLD, P. 2005b, 55ff; GLOWALLA U. A. 2009; GROTLÜSCHEN 2003; KINDT 1999; KROMREY 2000; LAMNEK 2005; MAYRING/HURST 2004; ORTNER/RELLECKE/WIETHOFF 2009a, b; SCHENKEL/TERGAN/LOTTMANN 2000; WOTTAWA 2001; ZIMMER 2000d; ZIMMER/PSARALIDIS 2000). Allerdings muss auch die Akzeptanz dieser offenen und rekonstruktiven Vorgehensweisen bei allen Beteiligten an einer Evaluation erreicht werden, denn z. B. in Wissenschafts- und Praxisfeldern, in denen Verfahren des exakten Messens und Vergleichens bestimmend sind, können qualitativ orientierte Verfahren zunächst auf erhebliche Akzeptanzprobleme stoßen.

Methoden der empirischen Sozialforschung, die für die Evaluation von Bildungsangeboten in diesem Sinne eingesetzt und auch miteinander kombiniert werden können, sind:

(1) Hypothesen

Zunächst sind auf der Grundlage von Theorien und praktischen Erfahrungen in der tatsächlich existierenden sozialen Realität der Bildungsprozesse die Fragen und Hypothesen zu formulieren, die den Ausgangspunkt für die Konzeptualisierung und Auswertung der Evaluation bilden. Entscheidend ist dabei, dass die formulierten Fragen und Hypothesen nicht als über die gesamte Dauer einer Evaluation feststehende Aussagen genommen werden, die durch die Auswertung der mit festgelegten Methoden und Instrumenten erzielten Ergebnisse verifiziert oder falsifiziert werden. Vielmehr müssen die (vorläufig) formulierten Fragen und Hypothesen als Artikulation eines offenen Vorverständnisses betrachtet werden, sodass eine fortwährende Präzisierung, Modifizierung und Revision der Fragen und Hypothesen entsprechend den Erkenntnisfortschritten möglich ist.

(2) Befragung

Bei Befragungen werden ausgewählte Beteiligte oder alle Beteiligten (Lehrende, Lernende, Tutoren etc.) entweder *mündlich* in Form von offenen, halb strukturierten oder strukturierten Interviews oder *schriftlich* in Form von Fragebögen mit offenen oder geschlossenen Fragen (bei letzteren sind die Antwortmöglichkeiten vorab festgelegt) in den jeweiligen Phasen zu den jeweiligen Gegenständen der Evaluation befragt. Der Vorteil mündlicher Befragungen ist, dass jeweils nachgefragt werden kann. Bei schriftlichen Befragungen ist es sehr empfehlenswert, wenn die Befragten auch aufgefordert werden, ihre Antwort jeweils kurz zu begründen. Der Nachteil bei Online-Befragungen ist, wie sich gezeigt hat, dass die Rücklaufquote deutlich geringer ist.

(3) Beobachtung

Die Handlungen ausgewählter oder aller Beteiligten in den jeweiligen Evaluationsphasen werden beobachtet – entweder strukturiert mit vorab festgelegten Beobachtungskategorien oder unstrukturiert mit offen und weit gefassten Kategorien. Die Beobachtung kann in Selbstbeobachtung oder in Fremdbeobachtung durch externe Evaluatoren erfolgen, wobei jeweils begleitend die Beobachtungen strukturiert nach Kategorien oder unstrukturiert protokolliert werden.

(4) Protokolle

Die Protokollierung von Handlungen ist eine besondere Form der Beobachtung z. B. der Lernenden im Umgang mit dem virtuellen Lernraum oder bei der selbst gesteuerten oder kooperativen Bearbeitung der Bildungsmedien. Die automatisch anfallenden computererzeugten Nutzerdaten (Anmeldezeiten und Dauer der Nutzung, Verweildauer auf bestimmten Seiten, durchgeführte Interaktionen, verwendete Instrumente, benutzte Pfade, Kommunikationen, Nutzung von Tests, Einstellung von Lernprodukten etc.) werden aufgezeichnet und systematisch ausgewertet.

(5) Lautes Denken

Die Befragten werden gebeten, ihre jeweiligen Denkprozesse, z. B. über die angestrebten Ziele, die Handlungsschritte, die Lösung von Problemen etc., parallel zum Handeln laut zu verbalisieren. Diese das jeweilige Handeln begleitenden mündlichen Äußerungen werden für die spätere Auswertung aufgezeichnet.

(6) Test

Tests und Testaufgaben sind Verfahren, um Leistungsmerkmale zu messen. Sie können informell, das heißt, nicht standardisiert und nicht auf ihre Gütekriterien überprüft (z. B. Messung spontan ausgewählter Handlungsabschnitte), standardisiert (z. B. Messung der Lösung vorgegebener Aufgaben oder der Beantwortung vorgegebener Fragen) oder situativ sein (z. B. Messung der Aufgabenbearbeitung in einer Simulation).

(7) Experiment

Die Prozesse und Ergebnisse der Handlungen der Befragten werden in den jeweiligen Phasen und auf den verschiedenen Ebenen als experimentelle Untersuchung unter Laborbedingungen, in quasi vorgegebenen oder nicht vorgegebenen Anordnungen ihren Handlungen analysiert (WOTTAWA/THIERAU 1990).

(8) Partizipation

Damit die Evaluatoren die Methoden und Instrumente den jeweiligen Zielen, Aufgaben, Anforderungen, Tätigkeiten und Kompetenzen der handelnden Personen im Untersuchungsfeld angemessen konzipieren und die erhobenen Daten besser verstehen und auswerten können, sollten sie, dem methodischen Vorgehen der Handlungsforschung entsprechend, selbst in der jeweiligen Phase aktiv mitarbeiten oder die Handlungen im Feld aktiv begleiten (SCHNEIDER 1980). Zumindest sollten sie vor der

Untersuchung im Feld selber die wesentlichen Teile eines virtuellen Bildungsangebots durchgearbeitet bzw. intensiv besichtigt haben. Der Vorteil aktiver Beteiligung und Nutzung ist, dass sie dadurch eigenen Erfahrungen gewinnen, die es ihnen erleichtert, die erhobenen Daten besser beurteilen und zuordnen zu können. Dass die Beteiligung und Nutzung auf einer anderen Kompetenzbasis und in einer anderen Perspektive erfolgt, kann sich aber auch als ein möglicher Nachteil erweisen, wenn diese Differenzen und die notwendige reflexive Distanz nicht beachtet werden.

(9) Gruppen

Fokusgruppen sind in die Tiefe gehende moderierte Gruppendiskussionen, bei denen ausgewählte Schwerpunkte (z. B. Probleme, Ziele, Wirkungen) in einer Gruppe von Lernenden, Tutoren, Lehrenden, Experten getrennt oder auch gemeinsam thematisiert, reflektiert und ergebnisorientiert diskutiert werden (HEGNER 2003; HONOLD 2000).

(10) Rekonstruktion

Die Handlungen der Lernenden, Tutoren, Lehrenden bzw. der Beteiligten und Betroffenen in den jeweiligen Phasen und auf den verschiedenen Ebenen der Evaluation werden aufgrund der mit verschiedenen Methoden erhobenen Daten (Befragung, Beobachtung, Tests etc.) in ihrer Logik rekonstruiert, um damit die Faktoren, Behinderungen und Bewegungsformen der Handlungsprozesse erschließen, den Beteiligten die Zusammenhänge verdeutlichen und durch entsprechende Maßnahmen eine positive Entwicklung fördern zu können (ARNOLD, P. 2003b, GROTLÜSCHEN 2003; ZIMMER 2000d; ZIMMER/PSARALIDIS 2000).

(11) Auswertung

Die Auswertung der nach verschiedenen Methoden mit den jeweiligen Instrumenten erhobenen Daten ist in Evaluationen immer eine besondere Herausforderung. Denn die ausgewerteten Daten sind nicht nur zu präsentieren, sondern in Beziehung zu den Realitäten in der Entwicklung, Organisation und Nutzung der Bildungsangebote zu setzen, um die Voraussetzungen, Bedingungen und Ursachen für die erhaltenen Ergebnisse aufdecken zu können. Erst auf dieser Grundlage können Konsequenzen und Empfehlungen für die Erhaltung und den Ausbau der Stärken, die Verbesserung defizitärer Teile, die Veränderung und Erweiterung der Bildungsangebote sowie für die zukünftige Entwicklung neuer Bildungsangebote abgeleitet werden.

Online-Datenerhebung

Einige der aufgeführten Methoden können ganz oder in Teilen auch in Online-Datenerhebungen in entsprechend angepasster Form angewendet werden (ARNOLD, P. 2005b, 46ff; BATINIC U. A. 1999; HOFMANN 1998). Vorteile von Online-Datenerhebungen sind die größere zeitliche und örtliche Flexibilität und der oft geringere Aufwand für die Befragten sowie für die Auswertung der erhobenen Daten. Nachteile bestehen in der Schwierigkeit, die Authentizität, Datensicherheit und Datenanonymität der Antworten z. B. der befragten Lernenden zu gewährleisten. Denn nur der

Online-Anschluss wird erreicht und die Antwortenden beantworten möglicherweise Fragen unzureichend, lassen Fragen offen und Nachfragen sind nicht möglich, es sei denn, die Anonymität der Befragten wird ausdrücklich aufgehoben, was aber wiederum die Qualität der Antworten beeinflusst. Um Datenanonymität zu gewährleisten, darf die Beantwortung keine zur antwortenden Person führenden Spuren hinterlassen, wie dies beispielsweise bei einem vorherigen Einloggen in einen Lernraum mit persönlicher Kennung der Fall ist. Andererseits werden Online-Befragungen auch oft als unpersönlich und weniger verbindlich empfunden und die erfragten und gegebenen Antworten eignen sich aufgrund des meist knapper gehaltenen Kommunikationsstils weniger für eine qualitative Auswertung. Online-Befragungen bleiben daher auch unbeantwortet und die Rücklaufquoten sind oft geringer, wie sich gezeigt hat (MAYRING/HURST 2004). Aber dies kann sich mit der Verbreitung und intensiveren Nutzung des Internets ändern. Auch die Anwendungen der Sozialen Netzwerke im Web 2.0 können für Online-Datenerhebungen genutzt werden. Allerdings müssen dafür die Methoden der Datenerhebung noch entwickelt und erprobt werden.

9.5 Konzeptentwicklung der Evaluation

Zur Entwicklung eines Konzepts der Evaluation ist (in Anlehnung an STANGEL-MESEKE/WOTTAWA 1993, 213f, mit Bezug auf THIERAU 1991) in mehreren Schritten vorzugehen:

(1) Schwerpunktsetzung

Zunächst ist der Schwerpunkt, den eine Evaluation aufgrund angestrebter Ziele oder zu lösender Probleme haben soll, sowie die Zielgruppe zu thematisieren und dies allen Beteiligten und Betroffenen zur Diskussion zu stellen. Dabei sind die Interessenorientierungen, die sich zwischen den Lernenden, Lehrenden, Tutoren, Medienautoren, Medienproduzenten, Administratoren und dem Management des Bildungsanbieters deutlich unterscheiden können, zu klären. Dieser generelle Klärungsprozess ist die Voraussetzung für die im vierten Schritt konkret zu formulierenden Fragen und zu bestimmenden Bewertungsmaßstäbe, die anschließende Wahl der Evaluationsmethoden, die Auswertung der erhobenen Daten und die Diskussion und Umsetzung der daraus abgeleiteten Empfehlungen – und damit auch für die Akzeptanz der Evaluation (BAUMGARTNER 1999b, 82ff).

(2) Planung

Ist eine grundlegende Klärung und weitgehende Übereinstimmung bezüglich der beabsichtigten Evaluation erreicht, sind die nächsten Schritte von der Situationsanalyse bis zur Erarbeitung und Umsetzung der gezogenen Konsequenzen und Empfehlungen zu planen. Dazu sind alle erforderlichen Ressourcen, also der personelle, zeitliche und finanzielle Aufwand, sowie das Management des Evaluationsprozesses bereitzustellen und zu organisieren. Dabei kommt es darauf an, dass Aufwand und erwarteter Ertrag der Evaluation in einem akzeptierten Verhältnis bleiben, der originäre Lehr- und Lernbetrieb seinen Vorrang behält und der Aufwand der befragten Personen möglichst gering bleibt (KROMREY 2000).

(3) Situationsanalyse

Ausgehend von den angestrebten Zielen der Bildungsangebote, den berichteten und zu lösenden Problemen ist zunächst eine Situationsanalyse der zu evaluierenden Bildungsangebote durchzuführen, um alle relevanten Diskrepanzen, Fragen, Dimensionen, Aspekte, Voraussetzungen, Rahmenbedingungen, Faktoren, Potenziale, Perspektiven für die Konkretisierung der Evaluation zu gewinnen.

(4) Zielbestimmung

Aus den Ergebnissen der Situationsanalyse, gemessen an den Zielen und möglichen Perspektiven der Bildungsangebote, sind die Evaluationsziele in einer Zielhierarchie anzuordnen, die zu beantwortenden Fragen abzuleiten, die dafür zu wählenden Methoden der Datenerhebung zu bestimmen sowie die Gewichtung und Operationalisierung der Datenauswertung bzw. der Bewertungsmaßstäbe konsensfähig vorzuschlagen. Dies ist mit den Beteiligten und Betroffenen zu besprechen, um Akzeptanz und Anregungen für Korrekturen und Ergänzungen zu erhalten.

(5) Datenerhebung

Für die Durchführung sind die Fragen ggf. weiter zu differenzieren, die Methoden und Instrumente der Datenerhebung sowie die Bewertungsmaßstäbe konkret auszuarbeiten und die Datenerhebung im Feld durchzuführen. Dabei sind zu erwartende und unerwartete Reaktionen der Befragten zuvor abzuschätzen, damit darauf angemessen reagiert werden kann, die Akzeptanz nicht zerstört, sondern gefördert wird und die normalen Abläufe im Feld der Befragten nicht erheblich beeinträchtigt werden.

(6) Auswertung

Die Auswertung der erhobenen qualitativen und quantitativen Daten und ihre kontextuelle Interpretation ist von den Evaluatoren zu leisten, wobei es notwendig werden kann, bei Unklarheiten ausgewählte kompetente Beteiligte und Betroffene im Evaluationsfeld zur Klärung hinzuzuziehen. Die Auswertung ist sodann transparent, nachvollziehbar und leicht verständlich in einer Dokumentation darzustellen.

(7) Dokumentation

Alle Beteiligten und Betroffenen, insbesondere die Zielgruppe der Evaluation, sind über die wesentlichen positiven Aspekte und möglichen Probleme bei der Durchführung der Evaluation sowie über die zentralen Ergebnisse der Auswertung und Interpretation der erhobenen Daten und ihren Bezügen auf die realen Prozesse in den evaluierten virtuellen Bildungsangeboten mit der Dokumentation der Durchführung und der Ergebnisse der Evaluation angemessen zu informieren.

(8) Konsequenzen

Aus der Konzeption, der Durchführung und den Ergebnissen der Evaluation sind zunächst von den Evaluatoren – und ggf. weiterer Experten – Vorschläge und Entscheidungshilfen für die Verbesserung der Bildungsangebote abzuleiten. Diese Vorschläge sind von allen Beteiligten und Betroffenen zu diskutieren mit dem Ergebnis, die Maßnahmen und Schritte zur Verbesserung und weiteren Entwicklung der Bildungsangebote und ihrer Nutzung zu vereinbaren. Auch die Evaluation selbst ist in ihrer Konzeption und Durchführung sowie ihren möglichen Defiziten zu diskutieren und ggf. sind Verbesserungen zu vereinbaren.

9.6 Gütekriterien der Evaluation

Evaluationen müssen nach den Standards der Deutschen Gesellschaft für Evaluation (DeGEval 2002) *nützlich, durchführbar, fair* und *genau* sein. Die zu erhebenden Daten müssen *objektiv* und *verlässlich* (HELMKE 2003, 87f) sowie *veränderbar* und *verfügbar* sein:

(1) Nützlichkeit

Nützlichkeit bedeutet dabei, dass die Evaluation sich an den möglichst übereinstimmend geklärten Evaluationszwecken sowie am Informationsbedarf der Lehrenden, Medienentwickler und Tutoren sowie den Gruppen und Zielen der Lernenden ausrichtet. Sie impliziert, dass alle Beteiligten und Betroffenen zum Evaluationszweck Stellung nehmen und ihre Erwartungen äußern können. Dafür müssen die Planung der Evaluation, die Evaluationsmethoden und Instrumente zur Erhebung der Daten, die Auswertung und Interpretation der Daten sowie die einfließenden Werte und Kriterien allen transparent kommuniziert werden. Dies setzt voraus, dass die Evaluation rechtzeitig, glaubwürdig und kompetent durchgeführt wird, die Berichterstattung vollständig, leicht verständlich und nachvollziehbar erfolgt und alle Beteiligten und Betroffenen ermuntert werden, aus den Evaluationsergebnissen zu lernen, um Verbesserungsprozesse einzuleiten und ihre individuellen und aufeinander bezogenen Handlungen entsprechend zu verbessern.

(2) Durchführbarkeit

Durchführbarkeit beinhaltet, die Zumutbarkeit der eingesetzten Methoden für die Beteiligten und Betroffenen sowie generell das Verhältnis von Aufwand und Nutzen einzuschätzen und diplomatisch vorzugehen, um größtmögliche Akzeptanz für die Evaluation herzustellen. Die mit jeder Evaluation immer verbundenen persönlichen Belastungen müssen für alle nachvollziehbar in einem angemessenen Verhältnis zum erwarteten und akzeptierten Nutzen stehen.

(3) Fairness

Fairness meint, die individuellen Rechte der einbezogenen Personen zu achten und zu schützen (insbesondere die personenbezogenen Daten) sowie nicht nur Verbesserungsbedarfe zu identifizieren, sondern auch vorhandene Stärken. Schriftlich festgehalten werden sollten die vereinbarten Verpflichtungen aller an der Evaluation Beteiligten, damit ihre Erfüllung kontrolliert oder korrigiert oder auch neue Vereinbarungen ausgehandelt werden können. Außerdem beinhaltet Fairness eine unparteiische Durchführung und Berichterstattung und eine möglichst weitgehende Offenlegung aller Ergebnisse gegenüber den Beteiligten und Betroffenen, damit sie ihre Stärken ausbauen und ihre Schwachpunkte abbauen können.

(4) Genauigkeit

Genauigkeit erfordert klare, genaue und hinreichend differenzierte Beschreibungen der Gegenstände, Prozesse, Kontexte, Merkmale, Zwecke und Vorgehensweisen, Voraussetzungen und Bedingungen. Dies schließt die Angabe der Datenquellen, die zuverlässige und gültige Datenerhebung, die systematische Fehlerprüfung, die Analyse aller relevanten Daten sowie die begründete Auswertung und der daraus gezogenen Schlussfolgerungen mit ein. Genauigkeit der Beschreibungen impliziert auch begründete Formulierungen von Wertmaßstäben. Beide, Beschreibungen und Wertmaßstäbe, sind die Voraussetzung für die Wahl der geeigneten Evaluationsmethoden und Instrumente der Datenerhebung und für die Qualität der Ergebnisse.

(5) Objektivität

Objektivität wird erreicht, wenn die verschiedenen Befragten zu gleichen Antworten bzw. die Evaluatoren zu gleichen Ergebnissen gelangen. Dies ist bei quantitativen Methoden bezogen auf die formulierten Hypothesen und gestellten Fragen seltener ein Problem, während es bei qualitativen Methoden, in denen die Subjektivität der Befragten und der Evaluatoren erheblich stärker zum Ausdruck kommt, daher notwendig wird, durch Konfrontation, Rekonstruktion und Kontextualisierung die Antworten ihrer Subjektivität zu entkleiden, sie zu objektivieren. Um dies zu erleichtern, ist es ggf. sinnvoll, qualitative und quantitative Evaluationsmethoden und Erhebungsinstrumente zu kombinieren.

(6) Verlässlichkeit

Verlässlichkeit gibt an, in wie weit die Daten richtig erhoben wurden und bemisst sich daran, in welchem Grade eine Wiederholung der Datenerhebung das gleiche Ergebnis erbringt. Allerdings ändern sich in Lehr- und Lernprozessen die zu erhebenden Daten immer mehr oder weniger, weil die beteiligten Personen wechseln oder sich in den Entwicklungs-, Lehr- und Lernprozessen verändern und daher die Voraussetzungen, Bedingungen und Materialien sowie die Szenarien und Prozesse immer eine subjektiv geprägt Bedeutung haben. Es kommt daher entscheidend darauf an, das Allgemeine bzw. Verallgemeinerbare in den Prozessen und Ergebnissen herauszuheben.

(7) Veränderbarkeit

Veränderbarkeit impliziert, dass die aus den Evaluationsergebnissen gezogenen Schlussfolgerungen für die Veränderung der Prozesse bzw. für die Gestaltung der Verbesserungsprozesse leicht verständlich und klar begründet sind. Die Voraussetzung dafür ist, dass die Evaluationen so konzipiert werden, dass sie nicht nur ein erreichtes Ergebnis abschließend feststellen, sondern die Funktionen, Bedeutungen und Wirkungen der Voraussetzungen, Bedingungen und Faktoren für die Erreichung des Ergebnisses aufzeigen und die Perspektiven für dessen Verbesserung erschließbar machen.

(8) Verfügbarkeit

Verfügbarkeit impliziert, dass der Evaluationsprozess insgesamt, von der Planung bis zu den Schlussfolgerungen, nachvollziehbar und transparent gestaltet sowie hinreichend genau dokumentiert wird, einschließlich aller genutzten Informationsquellen, damit seine Verlässlichkeit und Nützlichkeit auch nach Abschluss aller Arbeiten nachvollzogen und eingeschätzt werden kann. Dies ist für die Steuerung und Überprüfung der eingeleiteten Verbesserungsprozesse eine entscheidende Grundlage.

9.7 ,Fallstricke' bei der Evaluation

Bildungsprozesse sind durch ein Ko-Produzenten-Verhältnis charakterisiert (Kap. 2), das sowohl bei Evaluationen wie auch im Qualitätsmanagement immer die aktive Mitwirkung der Beteiligten und Betroffenen erfordert. Daher können bei der Evaluation von Bildungsangeboten auch zahlreiche ,Fallstricke' und Fehlerquellen auftauchen, die zu vermeiden sind, um wahrheitsgemäße Ergebnisse zu erhalten und daraus verlässliche Schlussfolgerungen ziehen zu können (BAUMGARTNER 1999a; KROMREY 2000).

Kurzschluss von Lehren gleich Lernen

Viele Evaluationen von Online-Bildungsangeboten verfahren fälschlicherweise oft noch nach der Grundannahme, dass die Evaluation die Qualität des Bildungsangebots bzw. der eingesetzten digitalen Bildungsmedien ermitteln kann und diese gemessene Qualität auch unmittelbar den Lernerfolg der Lernenden, mit zugestandenen kleinen individuellen Begabungsunterschieden, bestimmt. Diese irrtümliche Annahme beruht auf der „Leugnung der Vermittlung von Lernaktivitäten durch subjektive Lerngründe" und der „Vorstellung, Lehren erzeuge bei optimaler Unterrichtung [...] notwendig die vorgesehenen Lernprozesse", die HOLZKAMP (1993, 391, 408) als „Lehrlernkurzschluss" charakterisiert. Lernen ist dagegen, wie oben ausgeführt, immer eine Co-Produktion von Lernenden und Lehrenden.

Lernerfolg bestimmt die Qualität

ZIMMER/PSARALIDIS (2000) setzen diesem noch immer verbreiteten Evaluationsansatz, z. B. in der Messung von Lernerfolgen nach extern definierten Bildungsstandards, provokativ den Grundsatz entgegen: „Der Lernerfolg bestimmt die Qualität einer Lernsoftware!" Sie kritisieren damit die Evaluationsverfahren, die mit Kriterienkatalogen die Qualität der Online-Bildungsangebote, der digitalen Bildungsmedien, der tutoriellen Unterstützung und der Lehrtätigkeit bestimmen wollen (MEIER 2000), ohne die tatsächlichen Handlungsprozesse der Lernenden, ihre Kommunikationen, Kooperationen und Partizipationen in den Blick zu nehmen, durch die sie ihre Zugewinne an Handlungskompetenzen aktiv und immer subjektiv begründet erwerben. Insofern sind die Lernenden immer aktiv Beteiligte an der Herstellung der Qualität ihrer Bildungsprozesse und damit auch an der Herstellung der für sie bedeutsamen Qualität der Online-Bildungsangebote. Das bedeutet nicht, dass die Gestaltung der Bildungsangebote für die Lernprozesse völlig unbedeutend ist. Die didaktische Gestaltung der Online-Bildungsangebote muss bestimmte Mindestanforderungen erfüllen (Kap. 4).

Kompetenzgewinn als Wertmaßstab

Genau um diese Zugewinne an Handlungskompetenzen, die immer eine subjektive Leistung der Lernenden unter Nutzung digitaler Bildungsmedien mit Unterstützung von Lehrenden sind, geht es aber bei jedem Online-Bildungsangebot. Der zentrale Maßstab für die Qualität der Bildungsangebote ist also genau hier anzulegen (EHLERS 2002). Die Qualität von Online-Bildungsangeboten anhand des so verstandenen Lernerfolgs zu evaluieren, erfordert daher die logische Rekonstruktion aller Voraussetzungen, Bedingungen, Kontexte, Materialien, Unterstützungen und Prozesse in den subjektiven Lernhandlungen, die zu den Zugewinnen an Handlungskompetenzen geführt haben.

Fehlende oder falsche Wertmaßstäbe

Weitere ,Fallstricke' und Fehlerquellen, von BAUMGARTNER (1999a) auch als „Todsünden der Evaluation interaktiver Lehr- und Lernmedien" bezeichnet, bestehen darin, bei Evaluationen zahlreiche Daten zu erheben, aber keine oder fehlerhafte Wertmaßstäbe zu formulieren, sie nicht auszuweisen und zu begründen, numerische Werte falsch zuzuweisen oder zu interpretieren – z. B. einen Kompetenzzuwachs mit einem Abfragetest messen zu wollen – oder auf jegliche bewertende Schlussfolgerung zu verzichten oder Evaluationen virtueller Bildungsangebote auf reine Akzeptanz- oder Vergleichsstudien zu reduzieren oder die zu bewertenden Untersuchungsfelder zu breit anzulegen, sodass die Kontexte und Dynamiken in den Feldern unbeachtet bleiben.

Umfassende Bewertung unverzichtbar

Auch wenn die Verfahren und Instrumente der Evaluation „methodisch einwandfrei konstruiert worden sind, messen sie immer nur das, was bereits als Ausgangspunkt ihrer Konstruktion unhinterfragt angenommen wurde (methodischer Zirkelschluss)" (BAUMGARTNER 1999a, 205). Es sind daher Verfahren und Instrumente der Evaluation zu entwickeln, die sowohl theoretisch und durch Erfahrung begründet sind, aber auch für unerwartete neue Erkenntnisse offen sind. So wichtig z. B. Zufriedenheitsaussagen von Lernenden, Tutoren und Lehrenden auch als erste Rückmeldungen sind, können sie dennoch nie das alleinige Fundament einer validen Evaluation bilden. Um valide Aussagen zu erhalten, ist es in jedem Fall notwendig, ein in mehreren Phasen und Dimensionen und mit differenzierten Methoden und Instrumenten vorgehendes Evaluationskonzept zu entwickeln, das die jeweiligen Voraussetzungen, Bedingungen, Prozesse und Ergebnisse in die Evaluation mit einbezieht und die Zusammenhänge rekonstruiert, aus denen dann die Schlussfolgerungen zu ziehen sind.

9.8 Fazit

Evaluationen sind für die Entwicklung und das Management der Qualität von Online-Bildungsangeboten von großem Nutzen. Um Evaluationen erfolgreich durchführen zu können, ist es zunächst erforderlich, sich über die Problemlage, erfahrenen Defizite und angestrebten Ergebnisse in der Online-Bildungspraxis und davon ausgehend über die Ziele, Dimensionen, theoretischen Grundlagen und offenen Fragen der geplanten Evaluation zu verständigen. Danach entscheidet sich, auf welchen Ebenen und in welchen Phasen der Bildungsangebote die Evaluation durchzuführen ist und welche Formen der Evaluation zu wählen sind. Sodann ist die Evaluation in den zu setzenden Schwerpunkten, den zu wählenden Methoden und zu entwickelnden Instrumenten zu konzipieren. Dabei ist von grundlegender Bedeutung für die Qualität der zu erwartenden Ergebnisse und der zu ziehenden Schlussfolgerungen, ob die Evaluation anhand von Kriterienkatalogen oder mit empirischen Verfahren durchgeführt werden soll. Welche Verfahren, Methoden und Instrumente auch immer gewählt, entwickelt und eingesetzt werden, müssen die generellen Gütekriterien von Evaluationen eingehalten werden. Bei der Konzeptualisierung der Evaluation sind die möglichen ‚Fallstricke', z. B. verkürzte oder falsche theoretische Annahmen, und die möglichen Fehlerquellen, z. B. in der Bestimmung der Wertmaßstäbe, zu erkennen und auszuschließen.

10 Standardisierung

Notwendigkeit von Standards

Für den Informationsaustausch und die Kommunikation über das Word Wide Web sind standardisierte Datenformate und -protokolle notwendig (z. B. html5, pop3, TCP/IPv6). Dies betrifft natürlich auch das E-Learning, denn es basiert technologisch auf der Produktion und Nutzung digitaler Medien. Aber nicht nur die medientechnischen Entwicklungen erfordern Standards, auch aus Gründen der Ökonomisierung sowie Qualitätssicherung werden Standards entwickelt und eingeführt. So beziffert das Deutsche Institut für Normung den volkswirtschaftlichen Nutzen durch Standards auf ca. 16 Mrd. Euro jährlich allein in Deutschland (DIN 2010). So wird „das Wirtschaftswachstum [...] durch Normen stärker beeinflusst als durch Patente oder Lizenzen" (EBD.).

E-Learning und Standardisierung

Auch für Bildungsangebote über das Internet wird Standardisierung immer wichtiger. Lernende tauschen untereinander Ergebnisse aus, greifen online auf Lernmaterialien zu, kommunizieren im Chat miteinander oder nutzen unterschiedliche virtuelle Betreuungsangebote. Bildungsanbieter entwickeln Lernmedien, die sie den Lernenden über das Internet anbieten, eventuell auch anderen Bildungseinrichtungen zur Verfügung stellen oder kaufen diese von anderen Anbietern ein. Um dies zu ermöglichen, sind Standards notwendig (LIBER 2002), die von entsprechenden Initiativen entwickelt werden. Standardisierungsinitiativen im E-Learning beschäftigen sich nicht nur mit der Frage, welchen Standards die technischen Anforderungen im E-Learning genügen müssen. Vielmehr weiten sich die Standardisierungsbemühungen auf den Bereich der didaktischen Gestaltung von virtuellen Lernszenarien aus. Dabei geht es sowohl um Standardisierungen in der Aufbereitung der Lerninhalte als auch in der Gestaltung der Lernprozesse und der Interaktionen innerhalb der Lehr-Lern-Szenarien. Auch die Lernhandlungen, Lernvoraussetzungen, Lernpräferenzen und Lernziele selbst sollen durch die Standards erfasst werden. Ziel ist es, diese Informationen in standardisierter Form nach Möglichkeit unabhängig von Bildungsangeboten und -anbietern zu sammeln, um einerseits die Profilinformationen für die Auswahl geeigneter Lerninhalte zu nutzen und andererseits die Lernleistungen ähnlich einem Portfolio zu hinterlegen.

Chaotisches Bild der Standardisierung

Der große Bereich der Wirkungsmöglichkeiten und die hohe Bedeutung von Standards im E-Learning hat in den vergangenen Jahren zu vielen Anstrengungen geführt, geeignete Modelle zu entwickeln. Beim Blick in die „Standardisierungslandschaft, ergibt sich ein chaotisches Bild. Der Grund für dieses Durcheinander liegt in der Vielfalt der Standardisierungsthemen und der Vielzahl der aktiven Organisationen und ihrer Beziehungen untereinander. Es entsteht der Eindruck, die Standards wären einzelne Puzzleteile, die sich nicht unmittelbar zu einem einheitlichen Bild zusammenfügen lassen. Aus dieser Situation resultiert ein Dilemma für EntwicklerInnen und AnwenderInnen von E-Learning, die zwar die Notwendigkeit und den Nutzen von Standards mittlerweile erkannt haben, aber durch die unübersichtliche Situation verwirrt sind." (BAUMGARTNER 2007, 5)

10.1 Standards im E-Learning

10.1.1 Gegenstandsbereiche der Standardisierung

Definitionen vom Kontext abhängig

Der Begriff ‚Standard' wird in vielfältigen Bereichen verwendet, von der konkreten Benennung festgelegter Eigenschaften eines Gegenstandes oder Prozesses über die Beschreibung einer Menge von Eigenschaften bis zu sozialen Normen und moralischen Werten (JAKOBS 2000). Um den Gegenstandsbereich eines ‚Standards' fassen zu können, ist es notwendig, seinen Kontext mitzubetrachten. Die breite Verwendung des Begriffs und seine Kontextabhängigkeit erlauben keine allgemein gültige Definition.

Definition ‚Standard'

JAKOBS (2000, 11f) versteht nach einer Analyse verschiedener Definitionsvorschläge unter einem Standard eine als allgemein gültig definierte Spezifikation von Prozessen, Regeln und Voraussetzungen, die von einer legitimierten oder anerkannten Autorität durch einen Prozess der Konsensbildung erstellt wurde, in welchem die Grundlagen eines gemeinsamen Verständnisses über die Beschaffenheit eines gegebenen Systems oder Dienstes ausgehandelt werden. Standards stellen das Resultat eines Standardisierungsprozesses dar. Zwar ist der von JAKOBS vorgestellte Definitionsansatz weit gefasst, dennoch ist er für das folgende Kapitel Gewinn bringend, da er auf zwei Besonderheiten eingeht, die bei Standards im E-Learning von Bedeutung sind: die Sammlung von Eigenschaften zum einen und der Prozess der Standardisierung zum anderen. Dabei ist zu beachten, dass formale Standards nur in Konsensprozessen von offiziellen Standardisierungsorganisationen entwickelt werden können und öffentlich verfügbar sein müssen (STRACKE 2007, 9).

Technische Standards

Standards werden häufig zunächst in Verbindung mit technischen Anwendungsfeldern gebracht. In diesem Bereich stellen sie ein beschreibendes Regelwerk über Anforderungen, Beschaffenheit von notwendigen Bedingungen, Klassifikation von Komponenten, Spezifikationen von Materialien, Durchführungen oder Leistungen, Darstellung von Erstellungsprozessen oder Maße für Quantitäten und Qualitäten von Materialien, Produkten oder Verwendungen dar (JAKOBS 2000, 10). Standards beziehen sich also nicht nur auf Produkte, sondern auch Prozesse können standardisiert werden.

Prozessstandards für den Bildungsbereich

Die Unterscheidung von Produkt- und Prozessstandards spielt gerade im Kontext pädagogischen Handelns eine wichtige Rolle. Die Planung und Durchführung von Lehre dient der Unterstützung von Lernprozessen. Dabei werden u. a. die Rahmenbedingungen, die Intentionen oder die angestrebten Lernziele bestimmt. Das aus dem intendierten Lernprozess entstehende ‚Produkt' kann nicht von vorherein bestimmt werden, da der Lernerfolg maßgeblich von den Lernenden abhängig ist (ZIMMER/ PSARALIDIS 2000). Damit ist nicht gesagt, dass die Planung von Lehrveranstaltungen zwecklos ist. Im Gegenteil, die didaktisch-methodisch sinnvolle Aufbereitung von Lerninhalten ist von ganz wesentlicher Bedeutung für die Anregung und Unterstützung der Lernprozesse, nur stellt sie keine Garantie für erfolgreiches Lernen dar.

Während bei der Diskussion um die ‚Bildungsstandards' vorwiegend „Kompetenzen [beschrieben werden], über die Schülerinnen und Schüler [...] verfügen sollen" (KMK 2009, 2), beschäftigen sich verschiedene im Bereich der Standardisierung von E-Learning gegründete Initiativen vor allem mit der Frage, wie didaktisch-methodische Prozesse abgebildet werden können. Das bedeutet, dass es neben inhaltlichen oder technischen Beschreibungen auch um die Abbildung von Methoden, der Rollenverteilung, der Bearbeitungszeit oder des für die Bearbeitung des Lernmaterials benötigten Vorwissens geht, um nur einige Aspekte zu benennen, die auf die Gestaltung der Lehr-Lern-Prozesse abzielen.

Abgrenzung von Standard und Norm

Der Begriff ‚Standard' wird im Deutschen häufig synonym mit dem Begriff ‚Norm' verwendet (DUDEN 1990, 739), jedoch grenzt das Deutsche Institut für Normung (DIN) ihre Normungsarbeit vom Standardisierungsprozess ab. Für die Normungsarbeit des DIN gelten entsprechend der DIN 820 die Grundsätze der Freiheit, Öffentlichkeit und Beteiligung aller interessierten Kreise. Eine Norm wird in einem Konsensverfahren der Beteiligten entwickelt (DIN 2001, 85ff). Sie darf nicht dem Vorteil eines Einzelnen dienen, sondern muss für die Allgemeinheit von Nutzen sein (EBD.). Erstellte Normen werden vom DIN mit der Möglichkeit des Einspruchs auf nationaler Ebene veröffentlicht. Die von den Normungsgremien im DIN erstellten Normen müssen widerspruchsfrei zu bereits bestehenden Normen sein sowie in regelmäßigen Abständen auf ihre Aktualität hin überprüft und ggf. angepasst werden. Zwar können diese

Anforderungen auch durch den Standardisierungsprozess erfüllt werden, jedoch sind sie hier nicht zwangsläufig notwendig. Bei der Entwicklung eines ‚Standards' bedarf es, im Gegensatz zur ‚Norm', keiner staatlich anerkannten Institution. Auch das Konsensverfahren bei der Beteiligung aller Interessengruppen und die Widerspruchsfreiheit zu anderen Standards sind nicht verpflichtend (Kap. 8; NIEDZIELLA 2000). – Im englischsprachigen Raum hat die Unterscheidung von ‚Standard' und ‚Norm' keine Entsprechung. Dort wird der Begriff ‚Standard' verwendet. Das international tätige Normungsgremium nennt sich dementsprechend auch ‚International Organization for Standardization (ISO)'.

Entwicklung von Standards und Spezifikationen

Die Entwicklungsbemühungen um Standards im E-Learning, insbesondere in der didaktisch-methodischen Gestaltung, sind noch relativ neu. Zwar gab es bereits 1988 erste Bemühungen durch das ‚Aviation Industry CBT Committee (AICC)', die meisten der Gremien nahmen aber erst Mitte der 1990er Jahre ihre Tätigkeit auf. 2005 gelang es erstmals, einen international verbindlichen Standard, den DIN EN ISO/IEC 19769–1:2005 (Kap. 8) zu entwickeln. Bis dahin stellten die einzelnen Initiativen hauptsächlich ‚Spezifikationen' bereit. Eine ‚Spezifikation' beinhaltet allgemein eine Auflistung und Beschreibung von Elementen, die ggf. in Beziehung zueinander gesetzt werden. Eine definitorische Abgrenzung des ‚Standards' von der ‚Spezifikation' gibt es nicht. Allerdings können im Prozess der Erstellung und Anwendung Unterscheidungskriterien gewonnen werden. So gehen Spezifikationen meist einem Standard voraus, häufig dienen sie als dessen Grundlage. Eine Spezifikation beschreibt wesentliche Elemente eines Produktes oder Prozesses, jedoch ist ihre Gültigkeit noch nicht allgemein anerkannt. Weiterhin werden Spezifikationen in der Regel von nicht-offiziellen Standardisierungsorganisationen entwickelt.

Spezifikationen können unterschieden werden in (STRACKE 2007, 9):
- *community-Spezifikationen:* entwickelt von Expertengemeinschaften zu einem speziellen Thema, meist öffentlich zugänglich,
- *Industrie-Spezifikationen:* branchenspezifische Entwicklungen durch z. B. Konsortien aus der Wirtschaft, oft nur für die Mitglieder des Konsortiums zugänglich,
- *Organisations-Spezifikationen:* innerhalb einer Organisation entwickelt und nur für diese zugänglich.

10.1.2 Bedeutung der Standardisierung

Neuorientierung bei der Gestaltung von virtuellen Lernangeboten

Die Entwicklung leistungsfähiger und preiswerter Informations- und Kommunikationstechnologien führte Ende der 1990er Jahre zu einer hohen Verbreitung von E-Learning-Angeboten. Der erwünschte Erfolg blieb jedoch häufig aus. Es zeigte sich, dass die bloße Produktion und Bereitstellung von E-Learning-Materialien nicht schon dazu führt, dass damit gut gelernt wird bzw. die Angebote von den Lernenden angenommen werden. Um Erfolg zu erreichen, mussten sich viele E-Learning-Anbieter nach dem vorhergehenden ‚Wildwuchs' neu- und umorientieren.

Die neuen Faktoren

Notwendig sind dabei unter anderem eine starke Orientierung an den Bedürfnissen der Lernenden, die ökonomische Entwicklung von E-Learning-Angeboten, eine breitere Streuung der erstellten Lerninhalte sowie die Gewinnung neuer Interessenten.

Heterogene Entwicklungen

Bei den Bildungsanbietern konnten im vergangenen Jahrzehnt sehr heterogene Entwicklungen im Bereich des E-Learning beobachtet werden. Eine nahezu unüberschaubare Menge an Einzelinitiativen wurde gestartet, um Lernangebote virtuell aufzubereiten. So wurden in Deutschland in den Jahren 2000–2004 „die Forschungs- und Entwicklungsarbeiten in 100 hochschul- und länderübergreifenden Verbünden mit 540 Partnern gefördert" (DLR 2010). Abhängig von der finanziellen und personellen Ausstattung sowie der Motivation der Einrichtungen reichten die Ansätze von der Erstellung seminar- oder vorlesungsergänzender Unterlagen bis zu Versuchen, ganze Studien- und Lehrgänge virtuell abzubilden, wie dies etwa das Beispiel der Virtuellen Fachhochschule (http://www.oncampus.de/) zeigt. Jedoch wurde schnell deutlich, dass es schwierig war, einen Überblick über die vorhandenen E-Learning-Angebote zu bekommen. In Folge wurden u. a. Online-Informationssysteme, z. B. Kursdatenbanken mit entsprechenden Recherchemöglichkeiten entwickelt, die jedoch schnell veraltet und/oder unvollständig waren, da es für die Betreiber kaum möglich war, alle Entwicklungen und Initiativen zu erfassen. Darüber hinaus ist es für die Anbieter der Datenbanken schwierig, die jeweiligen E-Learning-Angebote so zu beschreiben, dass die Informationen für Nutzer hilfreich sind, da die verfügbaren Informationen variieren und z. T. anbieterspezifisch sind, was die Überschaubarkeit nochmals erschwert.

Trotz dieser Hürden liegt der Vorteil der Erfassung, Strukturierung und Recherchierbarkeit von E-Learning-Angeboten auf der Hand: Die entwickelten virtuellen Lernmodule bzw. Lernmaterialien finden eine größere Verbreitung, Lehrende können auf ein breiteres Repertoire an Lehrinhalten zurückgreifen, selbst erstellte Inhalte breiter streuen und Lernende finden eine gesammelte und strukturierte Übersicht virtueller Bildungsangebote, welche sie nutzen können. Zugleich sind damit jedoch offensichtlich auch Probleme verbunden. So bedarf es eines Kriterienrasters, um die jeweils relevanten Informationen über das Lehr-/Lernangebot zu erfassen. Dies können z. B. Thema, Methodik, Dauer, Teilnahmevoraussetzungen, technische Mindestanforderungen, Kosten, tutorielle Betreuung oder zu erreichende Abschlüsse bzw. zu absolvierende Prüfungsleistungen sein.

‚Probleme 2.0' mit der Nutzung von Web 2.0

Die genannten Schwierigkeiten können sich zukünftig noch verschärfen, denn dem E-Learning kommt eine zunehmende Bedeutung zu. Gründe hierfür sind neue Lehr-Lern-Konzepte wie das Lernen am Arbeitsplatz sowie die Notwendigkeiten lebenslangen Lernens durch eine permanente Weiterbildung. E-Learning kann diesen wachsenden Ansprüchen gerecht werden, da die Kosten für die Produktion sinken und immer mehr Personen die entsprechende IT-Ausstattung besitzen, um solche Lernangebote abzurufen. Die Akzeptanz bzgl. des E-Learning nimmt auch bei den Bildungsanbietern und Lehrenden zu[4]. Dieser Bedeutungszuwachs kann dazu führen, dass viele kleine Insellösungen entwickelt und eingesetzt werden, die jedoch das Potenzial nicht nutzen, nämlich den Einsatz in der Breite ohne ständige Neuentwicklung gleicher Lerneinheiten an verschiedenen Standorten.

Der Bestand an E-Learning-Angeboten wird jedoch durch die Entwicklungen im Web 2.0 noch unübersichtlicher. Denn nun können neben den Lehrenden auch die Lernenden zu Produzenten von Lernmaterialien werden. Selbsterstellte Lehr-/Lernvideos auf entsprechenden Plattformen, Arbeitsergebnisse in Wikis, Audionotizen als Podcasts, Gedankensplitter in Blogs oder sozialen Netzwerken notiert, können für andere lehrreich sein. Darüber hinaus könnten mit diesen Artefakten nicht nur formell, sondern auch informell erworbene Kompetenzen – zumindest theoretisch – zertifiziert werden, wenn hierfür die entsprechenden Werkzeuge und Schnittstellen zur Verfügung stehen würden.

Dass dies Realität ist bzw. werden kann, wird durch die Diskussion um die Entwicklung der Persönlichen Lernumgebungen (‚Personal Learning Environments' = PLE; Kap. 3.4.2) deutlich. Auf den PLE sollen Lernende die Möglichkeit haben, neben den formalen Bildungsangeboten der jeweiligen Anbieter (Hochschule, Unternehmen usw.) auch eigene Werkzeuge, Ressourcen und Ergebnisse abzulegen und zu verwalten. Wie kommen die außerhalb eines geschlossenen Lernraums erarbeiteten Ergebnisse in diesen wieder hinein? Wie können die (erfolgreichen) Lösungen in das Portfolio des Lerners aufgenommen werden? Zwar gibt es bereits technische Möglichkeiten wie z. B. ‚rss-feeds', ‚(social) tags' oder ‚(social) bookmarks' (Kap. 5.4), die aufgrund technischer Standards interoperable Kommunikation und Informationsaustausch zwischen einzelnen Plattformen grundsätzlich ermöglichen. Jedoch können diese Informationen bislang noch nicht für Lern- und Lehrzwecke problemlos verarbeitet und verwaltet werden, da einerseits viele Lernplattformen immer noch sehr restriktiv mit der Einbindung externer Werkzeuge umgehen, andererseits aber auch aufgrund fehlender Standards für Lehr- und Lernprozesse zur Beschreibung solcher Artefakte. Eine Lösung könnte das von SCORM ins Leben gerufene Projekt ‚Tin Can' zur Entwicklung der spezifizierten Schnittstelle ‚Tin Can Api' (TCApi) zur Kommunikation zwischen verschiedenen Lernsystemen sein (mehr unter http://scorm.com/de/tincan/). Die Spezifikation soll u.a. eine einfache Anwendung sowie eine benutzerdefinierte und anwenderorientierte Datenverarbeitung und insbesondere auch Lerninhalte, Lernschritte und Lernergebnisse in und außerhalb einer Lernplattform über ‚Learning Record Stores' (LRS) auszutauschen ermöglichen. Inwieweit diese Ver-

---

4   So ergab eine Untersuchung des Multimediakontors Hamburg und der Hochschul-Informations-System GmbH 2006, dass an 97 % der befragten Universitäten digitale lehrveranstaltungsbegleitende Materialien eingesetzt werden, 80 % interaktive Lernangebote, 56 % Televorlesungen und 54 % virtuelle Seminare und Tutorien mit Telekooperation anbieten (KLEIMANN/SCHMID 2007, 186). Dabei setzen 56 % der Hochschulen zentrale Lernplattformen ein und 52 % bieten Beratungs- und Trainingsangebote zur Technik und Mediendidaktik an (194).

sprechen real eingelöst werden, bleibt abzuwarten, da bislang (Juni 2012) nur erste Prototypen mit dieser Spezifikation zu finden sind und noch keine Berichte aus der Praxis vorliegen (siehe http://beta.projecttincan.com/ClientPrototypes/).

Reichweite der Standards

Damit Lernangebote strukturiert und standardisiert beschrieben werden können und die Beschreibungen fremd entwickelter Lernangebote eindeutig interpretierbar sind, müssen im Vorfeld grundlegende Fragen geklärt werden, die sich auch in verschiedenen Standards wiederfinden. In erster Linie sind Lehrende vor allem an pädagogischen und Lernende an lernrelevanten Informationen interessiert. Dazu zählen u. a. der Inhalt, der Umfang, die intendierten Lernziele oder Kosten, Betreuung und Zertifizierung virtueller Bildungsangebote. Aber auch technische Informationen, wie Datenformate (z. B. html, doc, rtf, flash, java, pdf, jpg) oder die zur Darstellung und Bearbeitung des Lernmaterials benötigte zusätzliche Hardware und Software, wie z. B. Webcam, Drucker, Multimediaplayer, sind wesentlich.

Bei virtuellen Lernangeboten werden die räumlichen Grenzen aufgehoben. So ist es nicht nur denkbar, sondern bereits Realität, dass Lerner Lerninhalte aus dem Angebot verschiedener Bildungsträger auswählen und sich daraus einen individuellen Kurs oder Bildungsgang zusammenstellen. Standards können hier unterstützend wirken, da sie es ermöglichen, dass die Lernangebote technisch, inhaltlich, organisatorisch zu einander passend und den Lernzielen entsprechend von den Lernenden ausgewählt werden können. Idealerweise fließen die Lernleistungen, attestiert von den unterschiedlichen Anbietern, in ein standardisiertes Dokument, welches wiederum von anderen Anbietern ausgelesen und anerkannt wird.

Interoperabilität, Kompatibilität und Wiederverwertbarkeit von E-Learning-Materialien

Aus ökonomischen Interessen scheint es für Bildungsanbieter und Entwickler multimedialer Lernmaterialien sinnvoll, entwickelte Kurse oder E-Learning-Materialien breit anzubieten und auf fremd erstellte Inhalte zurückzugreifen. Somit amortisieren sich eigene Entwicklungskosten schneller bzw. diese können durch Nutzung fremd erstellter Inhalte gespart werden. Damit dies problemlos möglich ist, müssen die Materialien interoperabel, kompatibel und wiederverwertbar sein. *Interoperabilität* meint dabei „die Fähigkeit der Anwendungen zur verteilten Zusammenarbeit" (HOLZINGER 2001, 1), damit Materialien verschiedener Anbieter und Entwickler problemlos zusammengeführt und von Lernenden gemeinsam bearbeitet werden können. *Kompatibilität* dagegen zielt auf die Vereinbarkeit oder Verträglichkeit verschiedener (vorgegebener) Systeme ab. Unter *Wiederverwertbarkeit* wird der Einsatz erstellter Lernmaterialien in verschiedenen Lehr- und Lernkontexten über eine einmalige Benutzung hinaus verstanden.

Mit Standards können zentrale Elemente festgeschrieben werden, die virtuelle Bildungsangebote und multimediale Lernmaterialien enthalten müssen und die bereits bei der Konzeption von Kursen berücksichtigt werden sollten. Dies betrifft nicht nur die technischen, sondern vor allem auch die pädagogischen Aspekte. Die Beschreibungen ermöglichen es den Anwendern, die digitalen Lernmaterialien anhand der eigenen Lehr- oder Lernpräferenzen besser aufzufinden und zu nutzen. Technisch können die Materialien besser in Lernplattformen bzw. PLE eingefügt werden, da die technischen Schnittstellen und Anforderungen bekannt und definiert worden sind.

Auf pädagogischer Seite kann schnell der Verdacht aufkommen, dass solche Standards reglementierend wirken, indem sie u. a. Methoden, Medien, Aufgabentypen, Interaktionsformen im Vorfeld festlegen. Dies ist aber nicht der Fall. Vielmehr bieten sie den Rahmen, der eine für die jeweiligen technischen, organisatorischen oder pädagogischen Bedürfnisse geeignete (und vollständige) Beschreibung einerseits und das Auslesen der Informationen andererseits zulässt: „Prozessorientierte Qualitätsstandards in der Aus- und Weiterbildung können unserer Meinung nach immer nur der Gruppe der deskriptiven Standards angehören, da die Qualität in Bildungsprozessen [...] nicht allgemeingültig normiert und vorgeschrieben werden kann, sondern durch eine bestmögliche Anpassung an die jeweils vorliegende Anwendungssituation angestrebt und entwickelt werden muss." (STRACKE 2009b, 19f)

Bedeutung von Standards für E-Learning-Anbieter

Standards im E-Learning spielen also für eine Vielzahl von Beteiligten eine wichtige Rolle: Für Bildungsträger bzw. Projektleitungen bewirken Standards längerfristig eine finanzielle Entlastung, da Lernmaterialien recherchierbar und wiederverwendbar werden (BRUGGER 2001). Darüber hinaus können Angebote anderer Anbieter besser im eigenen Projekt genutzt bzw. selbst erstelltes Material über die Grenzen des eigenen Arbeitsfeldes hinaus angeboten und vermarktet werden. Multimediaproduzenten müssen bei ihrer Arbeit die in einem Projekt genutzten Standards berücksichtigen und in das Lernmaterial implementieren. Tutoren und Lernende müssen zunächst über die eingesetzten Standards und deren Funktionen informiert werden, um dann z. B. gezielt nach virtuellen Bildungsangeboten suchen und mit diesen arbeiten zu können. Und Verwaltungen ermöglichen geeignete Standards, Lernerinformationen und -leistungen, aber auch Lernmaterialien oder Zugangsvoraussetzungen leichter zu bearbeiten.

Mit der Einführung von Standards kann auch die Qualitätsentwicklung und -sicherung bei der Konzeption, Durchführung und Evaluation von E-Learning-Angeboten unterstützt werden. Durch geeignete Beschreibungsmodelle lassen sich bei der Planung und dem Einsatz virtueller Bildungsangebote die wesentlichen Faktoren berücksichtigen.

Zusammengefasst ergeben sich nach STRACKE (2006, 12) folgende Vorteile bei der Einführung und Nutzung von Standards:
1. *Wettbewerbsfähigkeit:* Durch Qualitätsstandards ist eine Vergleichbarkeit der E-Learning-Angebote möglich.

2. *Ökonomie:* Qualitätsstandards definieren klar Prozesse und minimieren damit Fehler während der Analyse, dem Design, der Produktion und des Einsatzes von E-Learning.

3. *Motivation:* Durch Transparenz und Einbeziehung aller Akteure, auch der Lerner, kann eine Motivationssteigerung bzgl. des Einsatzes und der ‚Abnahme' von E-Learning-Angeboten erfolgen.

4. *Image:* Durch den Einsatz international anerkannter Standards kann das Image für Produkte und Anbieter im E-Learning aufgewertet werden.

5. *Planbare Zuverlässigkeit:* Qualitätsstandards ermöglichen ein Risiko-Management, d. h., die getestete und evaluierte Qualität des Lerndesigns und -prozesses ermöglicht die Wiederverwendung.

6. *Kundenorientierung:* E-Learning-Anbieter können durch Einbeziehung der Nutzer (Lernende) deren Bedarfe besser verstehen (lernen) und durch den Einsatz von Standards somit ‚kundenorientiert' handeln.

7. *Kontinuierliche Verbesserung:* Durch Evaluation und konsequente Optimierung auf Basis der gewonnenen Erfahrungen können die Bildungsangebote und Bildungsprozesse kontinuierlich verbessert werden.

Schwierigkeiten der Abbildung pädagogischer Handlungsfelder in Standards

Die Beschreibung didaktisch-methodischer Handlungsfelder im E-Learning durch einen Standard ist eine schwierige Aufgabe. Pädagogisches Handeln, welches immer durch die Subjektivität der Lernenden und Lehrenden bestimmt ist, sich im Handlungsprozess trotz Planung verändert und im Ergebnis nicht sicher bestimmt werden kann, scheint nur schwer bzw. unzureichend durch eine standardisierte Beschreibung abgebildet werden zu können. Unterschiedliche kulturelle Hintergründe und Lerntheorien erschweren die entsprechende Festlegung pädagogischer Handlungsfelder. Auch die Benennung und Fixierung von Elementen didaktisch-methodischen Handelns auf Basis allgemeiner und fachdidaktischer Konzepte in einem Standard kann schwierig sein.

Dies spiegelt sich auch in den Ansätzen der Standardisierungsbemühungen wider. Um diesem Problem zu begegnen, wurden offene Beschreibungsmodelle entwickelt, die dem Entwickler der Lernangebote nach Möglichkeit alle notwendigen Freiheiten bei der Beschreibung der Inhalte, Prozesse, Rollen, Methoden usw. gibt. Damit Standards so offen gestaltet werden können, benötigen die Entwickler entsprechende Fachkompetenzen. Hierzu gehört Wissen über

1. die notwendig zu beschreibenden Items,
2. die zum Einsatz kommenden Prozesse, Methoden, anvisierte Lernziele usw.,
3. einen (vereinheitlichten, aber nicht beschränkenden) Wortschatz zum Beschreiben der genannten Punkte und
4. die verallgemeinerbaren Aspekte jedes Lehr-Lern-Prozesses unter Berücksichtigung der jeweiligen spezifischen Besonderheiten (z. B. Größe der Lerngruppe, fachspezifische Besonderheiten, Bildungsziele).

Einführung von Standards

Aber nicht nur die Gestaltung eines Standards zur Beschreibung von (virtuellen) Lehr-Lern-Szenarien ist äußerst komplex und schwierig. Auch für diejenigen, die die Standards für die Beschreibung der eigenen Lehr-Lern-Szenarien nutzen wollen, um in den Genuss der damit verbundenen Vorteile zu kommen, stellt deren Implementation eine Herausforderung dar. So kann es z. B. den E-Learning-Designern schwer fallen, die jeweiligen Methoden, Sozialformen, anvisierten Ziele oder ein konkretes Thema zu benennen, da sie sich zwar mit Mediengestaltung auskennen, aber nicht über die entsprechenden pädagogischen Kompetenzen verfügen. So ist es notwendig, die eigene Fachsprache klar für andere definieren und anwenden zu können. Die dazu genutzten Beschreibungen sollten dann wiederum für alle virtuellen Lernangebote konsistent eingesetzt werden, damit die Angebote entsprechend recherchiert und genutzt werden können. Dies lässt sich noch relativ leicht für Einzelproduktionen realisieren. In größeren Projektgruppen jedoch bedarf ein solcher Prozess im Vorfeld der Einführung von Standards eine umfassende Abstimmungsarbeit. Dies läuft den erwähnten Vorteilen nicht zuwider. Im Gegenteil, durch den Austausch der Projektgruppe über die Beschreibung eines E-Learning-Angebots kann ein umfassendes Verständnis der notwendigen Elemente geschaffen werden, was auch die Qualität der zu entwickelnden Angebote erhöht.

Anwendung von Standards

Auch beim Einsatz von standardisierten E-Learning-Angeboten können Schwierigkeiten auftreten. Da die Standards fest und für die Anwender nicht sichtbar in den Lernmaterialien verankert sind, ist es nicht problemfrei möglich, entsprechende Hinweise und Änderungswünsche, die sich aus dem praktischen Einsatz des Materials ergeben, entsprechend zu vermerken. Durchführungskommentare für Lerneinheiten werden so häufig aufgrund fehlender Auszeichnungsmöglichkeiten im Beschreibungsmodell außerhalb desselben festgehalten. Auch zeigte sich in der Praxis, dass es teilweise schwierig ist, Varianten für unterschiedliche didaktische Vorgehensweisen in einem Modell abzubilden. Darüber hinaus ist es für die Entwickler eines E-Learning-Angebots schwer abzuschätzen, wie die Interpretation und Ausgabe einer Lerneinheit im jeweiligen Learning Management System (LMS) tatsächlich aussieht (Oberhuemer/Heyer 2007, 37ff).

Noch vorhandene Defizite

Standardisierung im E-Learning ist für viele Akteure befremdlich. Die Fachspezifik der Begrifflichkeiten, die abstrakt anmutenden Kategoriensysteme, mit Standards oft in Verbindung gebrachten technischen Begrifflichkeiten (z. B. XML), können durchaus auf Nutzer abschreckend wirken. Ein grundsätzliches Hindernis für die Nutzung und Etablierung von Standards im E-Learning ist jedoch das Fehlen anwenderfreundlicher Editoren. Diese gibt es nur in begrenzter Anzahl, sind jedoch „noch nicht ausreichend ausgefeilt und nicht genügend einfach in der Handhabung, um in der Praxis damit arbeiten zu können" (EBD., 43). So sind Anwender gezwungen, vorab Kenntnisse über Aufbau, Funktion und Wirkung von Standards zu erwerben und sich weiterhin mit der Funktionsweise entsprechender Editoren auseinanderzusetzen, um die digitalen Bildungsmedien entsprechend den Standards aufzubereiten. Vor dem Hintergrund dieser Defizite kann das Fazit gezogen werden: „Es bleibt dennoch die Frage, wie ein gänzlich neues didaktisches Modell ohne Wissen um die Spezifikation von ungeübten NutzerInnen auch mittels softwaretechnischer Unterstützung realisiert werden kann" (EBD.) und es kann festgestellt werden: „Obwohl Standards einen wesentlichen Beitrag dazu leisten können, die Potenziale, die E-Learning zugeschrieben werden, tatsächlich zu realisieren, haben sich Standards im E-Learning noch nicht auf breiter Linie durchgesetzt." (EHLERS 2007, 22)

10.1.3 Funktionen von Standards

Rationalisierung und Ökonomisierung

Durch die Orientierung an einem Standard erhalten einerseits die Entwickler ein Gerüst, an dem sie sich bei der Gestaltung von Lernmaterialien orientieren können. Auf der anderen Seite können die Nutzer – sowohl die Lehrenden und Tutoren als auch die Lernenden – dieses Lernmaterial besser auf seine Eignung prüfen und auswählen. Virtuelle Bildungsangebote werden vergleichbar und können einer größeren Anzahl von Interessenten zur Verfügung gestellt werden. Gleichzeitig können die einzelnen Lerneinheiten je nach Fragmentierung in Lernobjekte (‚Learning Objects'), kleinste, didaktisch noch sinnvolle Lerneinheiten, zerlegt werden. Diese Lernobjekte können anschließend für andere E-Learning-Angebote entsprechend neu miteinander verknüpft werden (‚Wiederverwendbarkeit'), was eine Neuentwicklung des entsprechenden Lerninhalts erspart.

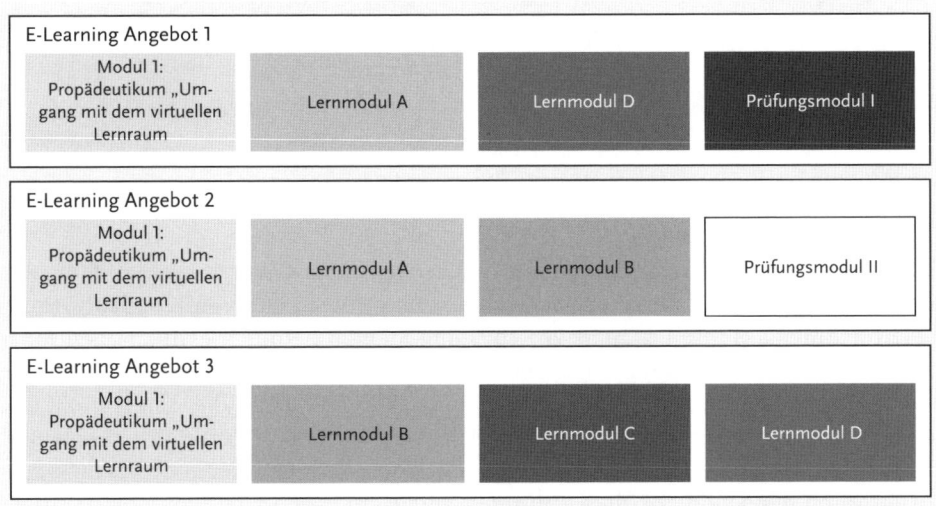

Abb. 10.1: Schematische Darstellung des Aufbaus von drei E-Learning-Angeboten unter Nutzung wiederverwendbarer Lernobjekte in Form von Lern- und Prüfungsmodulen

Die Abb. 10.1 verdeutlicht die Wiederverwendung von Lernmaterialien in verschiedenen E-Learning-Angeboten. Die Lernmodule selbst können Lernobjekte, oder aus mehreren kleineren Lernobjekten zusammengesetzt worden sein. So wird im dargestellten Schema das Propädeutikum „Umgang mit dem virtuellen Lernraum" in allen drei Angeboten eingesetzt, da dies grundsätzlich für Neueinsteiger im E-Learning von Interesse ist. Anschließend kommen unterschiedliche Lernmodule, die ebenfalls in verschiedenen Angeboten eingesetzt werden. Zwei Angebote weisen darüber hinaus noch ein Prüfungsmodul auf, auf das im Dritten verzichtet wird. Je nach Grad der Granularität der beschriebenen Lernobjekte können diese noch differenzierter eingesetzt werden. So ist es denkbar, dass im hier vorgestellten Schema gleiche Medienelemente (Film, Grafik, Aufgabenstellung usw.) sowohl für Lernmodul A als auch Lernmodul B genutzt werden (Abb. 10.2).

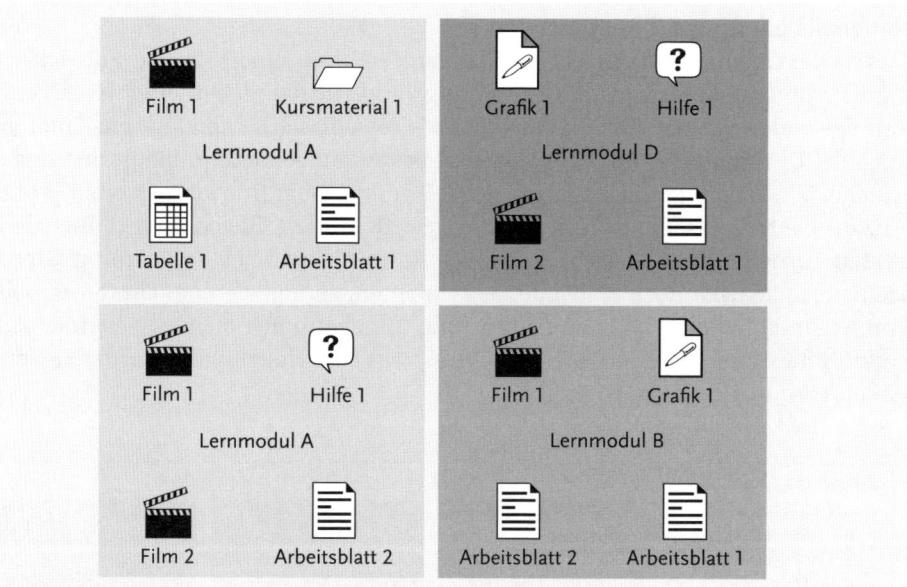

Abb. 10.2: Wiederverwendbare Lernobjekte innerhalb verschiedener Lernmodule

Erschließung neuer Märkte

Die Einführung und Nutzung von Standards ermöglicht es daher, neue Märkte für den Absatz digitaler Lernmaterialien zu erschließen. So werben einige Lernplattformanbietern damit, dass ihre Produkte verschiedene Standards und Spezifikationen für E-Learning unterstützen. Entspricht auch das eigene Lernmaterial einem der unterstützten Standards, kann davon ausgegangen werden, dass die Integration und Verwendung der zugekauften Lernmaterialien im virtuellen Lernraum problemlos oder mit leicht lösbaren Problemen möglich ist. Für die Entwickler bedeutet dies, dass sie aufgrund der Standards die Lerninhalte integriert aufbereiten können, damit sie den Ansprüchen der technischen Infrastruktur ebenso genügen wie dem geplanten virtuellen Lehr- bzw. Lernprozess.

Jedoch sind Standards nicht nur für die Entwickler und Anbieter von Lerninhalten von Interesse. Wenn Lehr-/Lernmaterialien gut recherchierbar und nutzbar gehalten werden, können auch weitere Bildungsanbieter davon profitieren. Denn diese setzen E-Learning-Angebote auch dazu ein, um die Attraktivität des eigenen Bildungsangebots zu steigern. Eine Untersuchung von Kleimann/Schmidt (2007) hat ergeben, dass 63 % der befragten Hochschulen E-Learning zur Reputationssteigerung, 60 % zur Studienerfolgssteigerung und 56 % zum Erschließen neuer Zielgruppen einsetzen (ebd., 193).

Funktionen von Standards für die Nutzer

Auch für die Nutzer – die Dozenten, Tutoren und Lernenden – bringen Standards wesentliche Vorteile, da sie sich darauf verlassen können, dass die festgelegten Mindestanforderungen erfüllt werden, z. B. in Bezug auf die methodische Aufbereitung, die Art und Dauer der Bearbeitung, die Betreuungsform und andere durch die in Standards beschriebenen Faktoren. Zugleich steigt die Transparenz der Angebote und bei Einbindung der verschiedenen Akteure in den Prozess der Einführung von Qualitätsstandards auch deren Akzeptanz bei den Nutzern.

Verweigerung von Standards

Es gibt aber auch Gründe, Standards bewusst nicht einzusetzen. Dies geschieht vor allem dort, wo Interessen oder Märkte vor ‚äußeren Zugriffen' geschützt werden sollen, wie dies z. T. bei Industriestandards der Fall ist. Auch da, wo die Umsetzung eines Standards zu großen Aufwand mit sich bringt, kann sich dagegen entschieden werden. Dies kann bei der ‚Open Content Bewegung' (Kap. 5.6) beobachtet werden, die auf den freien Zugriff und die freie Verwendung von Bildungsmaterialien abzielt. Sie basiert auf Engagement und Freiwilligkeit der Akteure. Schwer einzusetzende Beschreibungsformate und fehlende Editoren zur standardisierten Beschreibung der Lehr-Lernmaterialien behindern die Etablierung von Standards. Dann werden Standards entweder gar nicht genutzt oder nur unter Rückgriff auf organisationstypische Informationen eingesetzt. So beschränkten sich bspw. die Informationen zu den E-Lerning-Angeboten des Massachusetts Institut of Technology (MIT) in der Regel auf die Beschreibung der Inhalte der einzelnen Lernangebote; Vorkenntnisse, Zielgruppe, Betreuungsformen etc. werden nicht benannt.

Auch die Weiterentwicklung von Produkten oder Prozessen kann dazu führen, dass existierende Standards für die neu entwickelten Produkte oder Prozesse ungeeignet sind. Dies zeigen z. B. die Entwicklungen von Kopierschutzstandards in der Unterhaltungsbranche. Die Dynamiken in diesen Bereichen erfordern fortwährende Anpassungsprozesse der Standards.

Felder der Standardisierungsinitiativen im E-Learning

In den vergangenen Dekaden wurden eine Vielzahl von Initiativen ins Leben gerufen, die sich mit der Standardisierung im E-Learning beschäftigen. Ehlers/Pawlowski (2006, 4ff) zeigen das Feld auf, das die Standardisierungsinitiativen bearbeiten. Dazu zählen:

- Beschreibung der Lerninhalte (z. B. Learning Objekt Metadaten – LOM),
- Management von Lernobjekten (z. B. Sharable Content Object Reference Model – SCORM oder das IMS Content Packaging = Instructional Management System),
- Beschreibung didaktischer Szenarien (IMS Learning Design),
- Beschreibung von Lernern und Erfassung von Lernleistungen (z. B. Public Available Personal Information – PAPI),
- Kontextbeschreibung des Lernangebots,
- Beschreibungsformate für mobile Nutzung von Lernangeboten (Nutzeraufenthalt, Tageszeit, Endgerät oder Nähe zu anderen Nutzern).

Auf der anderen Seite wirken jedoch auch technologische Standards bspw. zur Beschreibung von Daten- oder Übertragungsformaten oder Rechtsstandards zur Beschreibung von Urheber- und Verwertungsrechten auf die Entwicklungen der Standardisierungsvorhaben und Spezifikationen ein. Damit wird das Feld für Entwickler, Anwender und Abnehmer von E-Learning-Angeboten ziemlich komplex, zumal eine Konsolidierung in nächster Zeit nicht zu erwarten ist.

Entwicklung eigener Spezifikationen

Sind existierende Standards für Produkte oder Prozesse ungeeignet, ist es möglich, eigene Spezifikationen zu entwickeln. Hierfür sollte ein Team aus allen Beteiligten in der Entwicklung, Anwendung und Nutzung von E-Learning zusammengestellt werden, um so die relevanten Bereiche und Ansprüche in den Spezifikationen abzubilden. Doch auch wenn die existierenden Standards für das eigene Anwendungsfeld nicht passend sind, können diese als Diskussionsgrundlage und zur Orientierung herangezogen werden, da diese meist in einem intensiven Auseinandersetzungsprozess verschiedenster Experten entstanden sind.

Entwicklungen in Deutschland

Standardisierungsansätze und Spezifikationen der letzten Jahre und Jahrzehnte kommen fast alle aus den USA. Bei der Betrachtung der Entwicklungen in den letzten Jahren zeigte sich, dass auch lernkulturelle Besonderheiten in den Ansätzen verankert sind. So hat sich etwa die in den USA vorherrschende Curriculumtheorie, welche die *Lerninhalte* in den Mittelpunkt stellt, auch in den Standardisierungsansätzen niedergeschlagen. *Was* vermittelt wird, wurde dem *Wie* der Vermittlung vorangestellt (ALLERT/QU/NEIDL 2002). Solche Spezifikationen könnten bei deutschen Bildungsanbietern nur bedingt angewendet werden. Die unreflektierte Übernahme der Standards würde zu einer Verschiebung der Lernkultur führen, die nicht bewusst vollzogen und didaktisch begründet ist, sondern durch die Nutzung inkompatible Beschreibungsformate ausgelöst wird. Um diesem Problem zu begegnen, wurden von Entwicklerseite die Spezifikationen relativ offen gehalten, was wiederum zu Problemen in der Ausgestaltung und (technischen) Lesbarkeit führte (ZECH 2007). So „wird deutlich, dass Standards nicht nur Einfluss auf technische Aspekte des E-Learning nehmen, wie bspw. die Interoperabilität zwischen Lerninhalten und Lernmanagementsystemen, sondern auch Handlungsmöglichkeiten der pädagogischen Praxis in Bildungsorganisationen beeinflussen." (EHLERS 2007, 27)

Daher werden im deutschsprachigen Raum seit 2001 eigene Entwicklungen vorangetrieben. Unter der Schirmherrschaft des DIN haben Experten aus Wissenschaft, Wirtschaft und pädagogischer Praxis ein „Referenzmodell für Qualitätsmanagement und Qualitätssicherung – Planung, Entwicklung, Durchführung und Evaluation von Bildungsprozessen und Bildungsangeboten" entwickelt, das in Form einer PAS (Publicly Available Specification) bereits veröffentlicht wurde (REGLIN U. A. 2004). Ein „Didaktisches Objekt Modell" für E-Learning (Abb. 10.3), bei dem – in Abgrenzung von bereits existierenden Standards und Spezifikationen – das methodische Vorgehen sowie die Lehr- und Lernhandlungen im Vordergrund stehen, wurde ebenfalls 2004 veröffentlicht (DIN 2004b). Beide Modelle sind für Interessierte kostenlos verfügbar. Die am DIN entwickelten Spezifikationen flossen in den 2005 veröffentlichten ersten Standard DIN EN ISO/IEC 19796–1:2005 ein (Kap. 10.3).

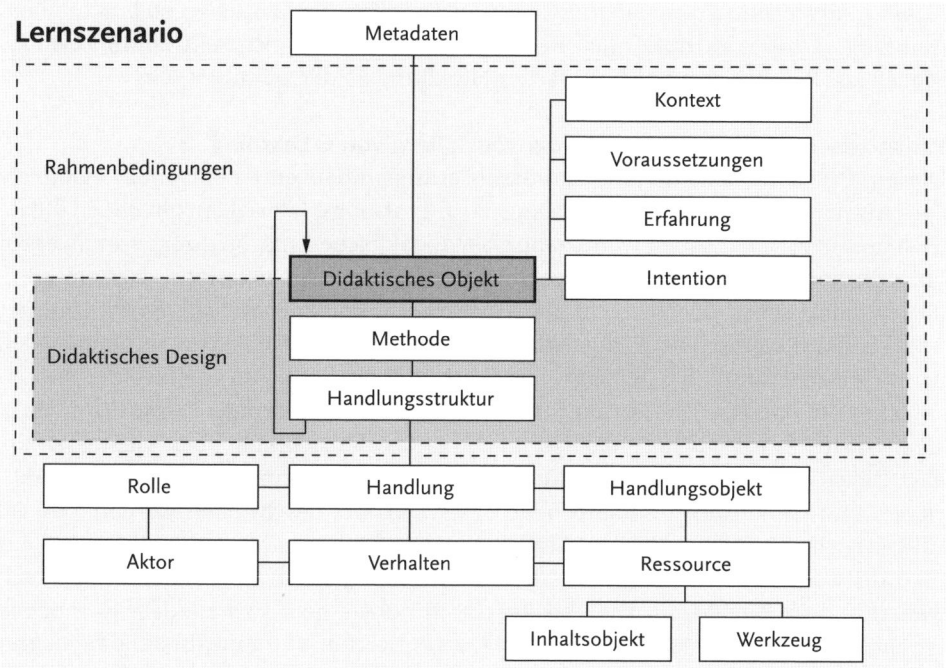

Abb. 10.3: Didaktisches Objekt Modell (DIN-DOM) der entwicklungsbegleitenden Normung des DIN (2004b)

10.1.4 Probleme der Standardisierung

Eine standardisierte Didaktik?

Die Bemühungen der einzelnen Standardisierungsinitiativen im E-Learning sind weder darauf ausgerichtet, eine vereinheitlichte, standardisierte Didaktik für E-Learning-Angebote zu entwickeln und anzubieten noch die Anzahl der Tests, die Bearbeitungszeit, die Methodenwahl, die Art der Aufgabenbearbeitung oder die Aktionen der am Prozess Beteiligten festzulegen. Eine solche ‚Netz-Didaktik' wird es nicht geben, auch wenn es im virtuellen Lehren und Lernen eine Vielzahl didaktischer Besonderheiten zu berücksichtigen gilt. Vielmehr müssen bereits bekannte didaktische Ansätze auf ihre Funktionalität für das Lernen mit digitalen Medien überprüft und ggf. auf diese abgestimmt bzw. um medienspezifische Elemente (wie Kommunikations- und Kollaborationsmöglichkeiten, Zugang zu Informationsquellen usw.) ergänzt oder neu konzipiert werden. Standardisierungsinitiativen haben aufseiten der pädagogischen Entscheidungsfelder das Ziel, einen Rahmen zu entwickeln, der es ermöglicht, alle notwendigen didaktischen Elemente und ihre Relationen zueinander zu beschreiben, die in einem Lernszenario eingesetzt werden. Sie sollen so ein universales Beschreibungsformat liefern, ohne ein didaktisches Modell zu favorisieren. Dieser Anspruch geht über den Bereich des E-Learning hinaus und soll auch ‚klassische' Lehr- oder Lernszenarien abdecken können. So wurden in den letzten Jahren sehr differenzierte Ansätze entwickelt, um vor allem E-Learning-Angebote standardisiert zu beschreiben. Allerdings scheint es trotz aller Bemühungen nicht möglich, ein allumfassendes Modell zur Beschreibung pädagogischer Handlungsfelder zu entwickeln.

Pädagogische Verantwortung bei den Gestaltern von E-Learning

Diesem Problem versuchen die Standardisierungsinitiativen zu entgehen, indem sie dem Anwender die Aufgabe übertragen, das E-Learning-Material entsprechend didaktisch auszuzeichnen. Auch wenn zahlreiche didaktische Entscheidungen in diversen Spezifikationen und Standards abgebildet werden, so zeigt sich doch, dass ein komplettes didaktisches Design nicht abbildbar und reproduzierbar ist: „Es wird immer Aspekte der didaktischen Wirklichkeit geben, die ein einzelnes System oder Modell nicht erfassen kann" (KLEBL 2003, 10). Bei kritischer Betrachtung eines der vielversprechenden Ansätze des letzten Jahrzehnts, dem IMS Learning Design (IMS LD), stellt GLAHN (2002, 10) fest, dass es „nicht ganz offensichtlich, aber wichtig ist [...], dass Didaktik kein integraler Bestandteil von IMS LD ist. Somit können Rollen, Aktivitäten und Handlungen entsprechend einer Didaktik beschrieben werden, obwohl IMS LD selbst kein didaktisches Modell vorsieht. Insbesondere unterstützt IMS LD nicht die Wahl einer geeigneten Didaktik. Damit obliegt die didaktische Reflexion auch weiterhin dem Pädagogen. Die ‚didaktische Blindheit' geht so weit, dass es möglich ist, auch schlechten Unterricht mit IMS LD zu entwerfen. Der Einsatz standardisierter Technik ist also kein Garant für qualitativ hochwertigen Unterricht." Damit wird deutlich, die die Gestaltenden und Durchführenden im E-Learning in der Verantwortung stehen, pädagogisch sinnvolle und didaktisch geschickte Angebote bereitzustellen. Standards und Spezifikationen können jedoch als Orientierung „für die Beschreibung didaktischer Konzepte [genutzt werden]. Besonders organisatorische Fragen könnten anhand des Konzepts bereits vor der Einführung beantwortet werden." (EBD.)

So werden im oben aufgeführten Didaktischen Objekt Modell (DIN-DOM) pädagogische Entscheidungsfelder wie Methode oder Intention des jeweiligen Lernszenarios geprüft. Auch die Voraussetzungen oder Erfahrungen sowie die Rollen, Handlungen und Handlungsobjekte zum erfolgreichen Lernen werden erfragt. Allerdings ist dieses

Modell so offen, dass es alle Angaben zulässt, was nochmals die Kritik an den Modellen verdeutlicht. Dennoch können die Entwickler dieses Modell nutzen, um jedes Lernszenario möglichst genau zu planen und zu entwickeln.

Gefahr fragmentierten Wissens durch Lernobjekte

Die Beschreibung von Lernobjekten soll es ermöglichen, diese für andere Lernangebote wiederverwendbar zu machen (Abb. 10.1, 10.2). Je fragmentierter diese Lernobjekte sind und je eindeutiger diese standardisiert beschrieben wurden, desto besser ist auch deren Wiederverwendbarkeit. Jedoch besteht die Gefahr, dass diese – aus einem Gesamtzusammenhang entnommen – auch als ‚Lernhäppchen' für E-Learning genutzt werden. Diese ‚Lernhäppchen' zeichnen sich dadurch aus, dass sie für jeweils eng umrissene Lernbedarfe die jeweiligen Informationen zur Verfügung stellen. Grundsätzlich muss dies nicht negativ bewertet werden. Sollen jedoch die Lernenden ein umfassendes, reflektiertes und zusammenhängendes Wissen erwerben können, besteht die Gefahr, dass diese ‚Lernhäppchen' aufgrund der Dekontextualisierung aus einem strukturierten inhaltlichen Zusammenhang an Informationen nicht dazu beitragen, das gewünschte Ziel zu erreichen.

Dem kann dadurch entgegengewirkt werden, dass die Lernobjekte von entsprechend komplexen Lernaufgaben begleitet oder in kooperativen und kollaborativen Arbeitsformen bearbeitet werden, durch welche eine multiperspektivische Betrachtung von Problem- und Lösungsfeldern für Lernende ermöglicht wird. Solche Lernformen können helfen, lebendiges Lernen sowie anwendbares und in Beziehung gesetztes Wissen zu fördern.

10.2 Metadaten

10.2.1 Funktionen von Metadaten

Der Begriff ‚Metadaten'

‚Metadaten' sind ‚Daten über Daten', also Beschreibungen, die verschiedene Elemente vereinen und strukturieren und dadurch deren Nutzbarkeit erhöhen. Das ist nicht neu und wird in vielen alltäglichen Situationen genutzt (z. B. Fahrpläne, Katalogsysteme in Bibliotheken, Telefonbüchern). Metadaten können beschrieben werden als die „Information und Dokumentation, welche Datensets für die Nutzer verstehbar und gemeinsam nutzbar machen" (MOSSGRABER 1997) und dienen als Such- und Strukturierungshilfen im Alltag, indem sie das schnelle Finden von gewünschten Informationen erleichtern. Vergleichbar ist dies z. B. mit Hinweisschildern wie ‚Backzutaten', ‚Fertiggerichte' und ‚Obst/Gemüse' in einem Supermarkt, welche die Orientierung und das Auffinden der gewünschten Produkte erleichtern soll.

Nutzen von Metadaten

Um Standards in die Entwicklung von multimedialen Lerninhalten einfließen zu lassen und so den Nutzern (Lernenden, Dozenten, Tutoren, Entwicklern) und insbesondere auch Maschinen das Auslesen der Informationen zu ermöglichen, ist es notwendig, die Lerninhalte auf eine geeignete Weise zu beschreiben. Dies geschieht über Metadaten.

Im E-Learning dienen Metadaten dazu, Lernobjekte zu beschreiben, wieder auffindbar, kompatibel, adaptierbar und interoperabel zu machen. Durch die Beschreibung von Lernmodulen und Lernmaterialien wird die „Datenfitness", die „langfristige Werterhaltung" (MARUGG 2002) des Materials ermöglicht. Während Standards unter anderem *Voraussetzungen* festlegen, die ein Produkt oder Prozess haben muss, um einer Qualität zu entsprechen, dienen Metadaten dazu, einzelne Elemente *inhaltlich* zu füllen. Dazu werden zur Beschreibung von E-Learning-Materialien verschiedene Auszeichnungssprachen genutzt, z. B. XML (Extensible Markup Language).

Wie werden Metadaten zur Beschreibung von E-Learning-Elementen verwendet? Als Beispiel hierfür soll ein Metadatensatz ‚Lebenszyklus' aus dem Didaktischen Objekt Modell des DIN (DIN-DOM) dienen, der die zeitliche Nutzung beschreibt. Die Metadaten gliedern sich in mehrere Kategorien und sind teilweise an LOM (Learning Object Metadata) angelehnt (Abb. 10.4).

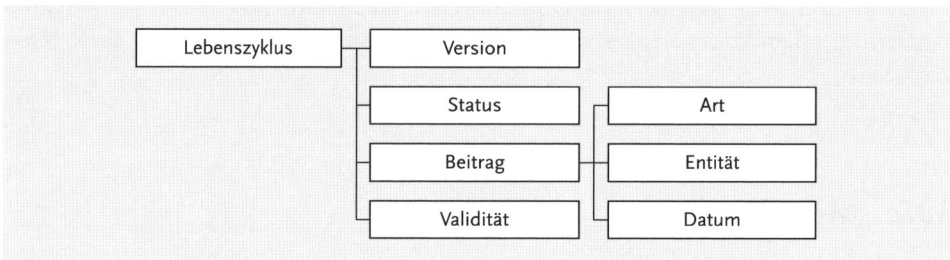

Abb. 10.4: Das Element ‚Lebenszyklus' im DIN-DOM (Didaktischen Objekt Modell) (DIN 2004b)

10.2.2 Learning Objekt Metadata (LOM)

Einer der bisher bedeutendsten Schritte im Zuge der Standardisierung von E-Learning war die Bestätigung der vom Learning Technology Standards Committee des Institute of Electrical and Electronic Engineers (LTSC of IEEE) entwickelten Learning Object Metadata (LOM) als Standard für die Beschreibung von Lernobjekten durch das American National Standards Institute (ANSI; siehe LTSC OF IEEE 1484.12.1–2002).

Neun Hauptelemente in LOM

Learning Object Metadata (LOM) bieten neun Elemente zur Beschreibung Lernobjekten an:

1. *General* (grundlegende Informationen über das Lernobjekt),
2. *Life Cycle* (Lebenszyklus wie beispielsweise die Geschichte und den aktuellen Zustand des Lernobjekts),
3. *Meta Metadata* (Informationen über die Metadaten-Instanz),
4. *Technical* (Hinweise über die technischen Voraussetzungen),
5. *Educational* (pädagogische Merkmale des Lernobjekts),
6. *Rights* (Nutzungslizenzen etc.),
7. *Relation* (Beziehung des Lernobjekts zu anderen Lernobjekten),
8. *Annotation* (Hinweise über den Nutzen des Lernobjektes) und
9. *Classification* (Einordnung des Lernobjekts in ein Klassifizierungssystem).

Elf Unterelemente des Elements Educational

Diese Elemente sind in weitere Unterelemente aufgeteilt. Für Pädagogen ist vor allem das Element *Educational* interessant, das in weitere elf Unterelemente aufgegliedert ist:

1. *Interactivity Type* beschreibt den Interaktivitätstyp des Lernobjekts (Elemente: active, expositive, mixed),
2. *Learning Ressource* beschreibt u. a. Art und Ort der Ressource (Elemente: graph, index, slide, table, narrative text, exam, experiment, problem statement, self assessment, lecture, figure, diagram, questionnaire, simulation),
3. *Interactivity Level* beschreibt den Grad der Interaktivität (Elemente: very Iow, Iow, medium, high, very high),
4. *Semantic Density* beschreibt die subjektive Einschätzung der Größe des Lernobjekts im Vergleich zu seiner Bearbeitungsdauer (Elemente: very Iow, Iow, medium, high, very high),
5. *Intended End User Role* beschreibt die bei der Planung eines Lernobjektes intendierte Endnutzerrolle (Elemente: teacher, author, learner, manager),
6. *Context* beschreibt den geplanten Ort für den Einsatz des Lernobjekts (Elemente: school, higher education, training, other),
7. *Typical Age Range* beschreibt die Altersgruppe der Lernenden (keine festgelegten Elemente),
8. *Difficulty* beschreibt den (subjektiv geschätzten) Schwierigkeitsgrad (Elemente: very easy, easy, medium, difficult, very difficult),
9. *Typical Learning Time* legt die voraussichtliche Bearbeitungszeit fest (keine festgelegten Elemente),
10. *Description* für die Beschreibung der Nutzung des Lernobjekts (keine festgelegten Elemente),
11. *Language* ist ein Eintrag für die Muttersprache der Nutzer.

Problematik der Beschreibung und fehlende Objektivität

Bei genauerem Hinsehen stellt sich allerdings die Frage, ob und inwieweit pädagogische bzw. didaktisch-methodisch relevante Informationen mit den Unterelementen des Elements *Educational* tatsächlich fassbar sind. Auch die Objektivität, die durch einen Standard gegeben sein sollte, scheint sich aufzulösen. Wie etwa lässt sich definieren, wann ein Lernobjekt einen „sehr geringen", „mittleren" oder „sehr hohen" Interaktivitätsgrad aufweist? Dies entscheidet der Beschreibende (z. B. der Entwickler) eines Lernangebots; die Beschreibung ist somit stark von seiner subjektiven Beurteilung abhängig. Neben den von LOM vorgeschlagenen Elementen bzw. Kategorien lassen sich Entwicklungen finden, die eine gezieltere Beschreibung von Lernobjekten zulassen. So schlägt SCHULMEISTER (2005b) vor, je nachdem, welche Handlungsoptionen die Nutzer haben, sechs unterschiedliche Interaktionsniveaus zu unterscheiden:

1. Objekte betrachten und rezipieren,
2. multiple Darstellungen betrachten und rezipieren,
3. die Repräsentationsformen variieren,
4. den Inhalt der Komponente modifizieren,
5. das Objekt bzw. den Inhalt der Präsentation konstruieren oder
6. den Gegenstand bzw. Inhalt der Repräsentation konstruieren und durch manipulierende Handlungen situationsabhängige Rückmeldung vom System erhalten.

Während für einzelne Elemente noch graduelle Unterkategorien und damit eine gewisse Orientierung bei der Beschreibung gegeben ist, fehlt dies bei anderen. So ist die Bearbeitungsdauer komplett vom Beschreibenden einzuschätzen. Dieser kann allerdings nur für eine imaginäre, homogene Zielgruppe, die es so in der Realität nicht geben kann, eine Bearbeitungszeit bestimmen. Es wird also ständig Differenzen bei der Bearbeitungszeit geben, was durchaus problematisch sein kann. Wird beispielsweise die Bearbeitungszeit zu knapp eingeschätzt, so können die Lernenden überfordert bzw. frustriert werden. Unscharfe Faktoren, wie unterschiedliche Motivationen, differenziertes Vorwissen, verschiedene Arbeitsweisen usw., können nicht abgebildet werden. Häufig dienen zur Beschreibung von einzelnen Elementen des Metadatensatzes Freitextfelder. Dadurch ist es zwar möglich, das Lernmaterial konkret auszuzeichnen, die Vergleichbarkeit nimmt aber ab. Der Einsatz von Metadaten kann also den Mythos einer Objektivität und Vergleichbarkeit der Lernobjekte wecken, der aufgrund der subjektiven Entscheidungen der Gestalter von Lernangeboten jedoch keineswegs haltbar ist.

Größe der Lernobjekte aufgrund wirtschaftlichen Kalküls

Aus pädagogischer Perspektive ist die Auflösung eines Kurses, einer Lerneinheit oder Studienmoduls in einzelne Lernobjekte mit Skepsis zu betrachten. Durch den Einsatz von Standards entsteht die Chance, die didaktische Aufbereitung multimedialer Lerninhalte qualitativ zu sichern. KRAUSE/KORTMANN (2002, 3) sehen jedoch „durch die Bemühungen der Standardisierung und den damit verbundenen Aufschwung der Lernobjekte wieder die Gefahr des Rückfalls in die Zeit, in der neue Medien nur zur Vermittlung von demjenigen Wissen eingesetzt wurden, das durch Kriterien wie Verstehen, Behalten und wortgetreuer Wiedergabe überprüft werden kann." Sie befürchten, die Größe der Lernobjekte werde sich nicht in der kleinsten noch sinnvollen Lerneinheit abbilden, sondern „auf einen Wert einpendeln, bei dem der wirtschaftliche Vorteil der Wiederverwendbarkeit noch nicht durch erhöhte Kosten durch Katalogisierung und Verwaltung aufgehoben wird" (EBD., 2).

Im Gegenzug dazu wird mit dem Aufkommen des Web 2.0 die Arbeit mit kleinen Lerneinheiten unter dem Stichwort ‚micro-learning' neu diskutiert (HUG/LINDNER 2006). Inwieweit diese kleinen Lerneinheiten wirklich sinnvoll genutzt werden können, ist sicherlich von vielen Faktoren wie Lernzeit und Lernziel, didaktische Einbettung in ein größeres Lehr-Lern-Szenario, verfügbare Ressourcen, Inhalte usw. abhängig.

10.2.3 Anforderungen an die Akteure

Anforderungen an Kurs- und Medienentwickler

Entwickler arbeiten insbesondere bei der Erstellung von E-Learning-Materialien mit Metadaten. Für sie ist es vor allem notwendig, zu erfahren, welche Metadatensätze genutzt werden und wie sie genutzt werden. Entschließt sich ein Entwicklungsteam zur Einführung von Standards, können die Entwickler eventuell auf einen mit dem Standard mitgelieferten Metadatensatz zurückgreifen. In diesem Fall müssen sie den vorgegebenen Metadatensatz ‚entschlüsseln', also seine inhaltliche Ausprägung und logische Struktur erfassen. Um die Anwendung eines Metadatensatzes zu unterstützen, liegen teilweise Best-Practice-Beispiele vor, jedoch enthalten diese oft keine genauen Handlungsanweisungen.

Im nächsten Schritt werden die Elemente des Metadatensatzes dem eigenen Lernmaterial zugeordnet. Es kann passieren, dass der vorgegebene Metadatensatz nicht ausreicht, um die eigenen E-Learning-Angebote zufrieden stellend auszuzeichnen. In solchen Fällen können vorhandene Datensätze um eigene Elementen erweitert oder gar eigene Metadatensätze entwickelt werden (WETTERLING/STEVENSON 2003).

Vor allem auf pädagogischer Seite besteht das Problem darin, dass aus der Vielzahl der pädagogischen Begriffe, deren Verwendung teilweise je nach der zugrunde liegenden Lerntheorie differiert und für die es keine normierten Beschreibungen gibt, die wesentlichen Elemente ausgewählt werden müssen. Weiterhin müssen die einzelnen Kategorien in eine Ordnung, ein Schema, gebracht und ggf. Relationen zwischen ihnen erarbeitet werden. Ausgehend davon, dass sich Entwickler im E-Learning vorwiegend mit technischen Fragen beschäftigen, kann es notwendig sein, dass pädagogische Unterstützung bei der Erstellung und Anwendung der Datensätze hinzugezogen wird, um adäquate Auszeichnungen von Lernmaterialien mit Metadaten zu ermöglichen.

Anforderungen an Lehrende und Tutoren

Auch die Lehrenden und Tutoren benötigen für ihre unterschiedlichen Tätigkeiten im E-Learning Kenntnisse über den verwendeten Metadatensatz, dessen Elemente und

Funktionen. Zum einen können sie weiterführende Lerninhalte konzipieren und mit den notwendigen Metadaten versehen, die dann von den Multimediaentwicklern bei der technischen Umsetzung integriert werden. Auch können sie mit Hilfe von Metadaten nach geeigneten Lernmaterialien zur Unterstützung von Lernenden bei der Erarbeitung von Inhalten suchen. Außerdem können Tutoren und Lehrende ihre Erfahrungen und Hinweise beim Einsatz der Materialien in die entsprechenden Felder eines Metadatensatzes eintragen und so zukünftigen Nutzern Hinweise für einen erfolgreichen Umgang liefern (z. B. eine realistische Einschätzung der Bearbeitungszeit des Lernmaterials auf Basis gesammelter Erfahrungen in einem Kurs).

Durch ihre Erfahrungen bei der praktischen Nutzung eines Metadatensatzes können sie darüber hinaus Rückmeldungen über dessen Funktionalität geben und so dazu beitragen, den Datensatz an die spezifischen Bedürfnisse bei der Gestaltung virtueller Lernangebote anzupassen.

Anforderungen an Lernende

Lernende sind in den Gestaltungsprozess von Metadatensätzen meist nicht integriert. Dennoch nutzen auch sie die Metadatensätze. Insbesondere der Vergleich von Lernangeboten sowie die Auswahl weiterer Lernmaterialien vereinfachen sich für Lernende, wenn Materialien mit Metadaten ausgezeichnet wurden und über eine entsprechende Schnittstelle im Lernraum recherchierbar sind. Hierfür ist es notwendig, dass sie – ebenso wie Tutoren und Lehrende – über die Art der eingesetzten Metadaten und deren Verwendung informiert werden. Bei der Verwendung von Fachtermini in den Datensätzen sollte den Lernenden eine Hilfe zur Verfügung gestellt werden, die die genutzten Begriffe erklärt. Elementare Kategorien, wie bspw. der Aufbau inhaltlicher Beschreibungen des Lernmaterials in einem virtuellen Lernangebot (Zuordnung von Lernmaterial mittels Kennziffer zu einem Lehrgang oder Studienangebot, Fachgebiet etc.), müssen den Lernenden erläutert werden und in einer Datenbank zum Abruf bereit stehen.

Anforderungen an Verwaltung und Administration

Für die Verwaltung spielen Metadaten auf vielfache Weise eine Rolle. So kann es bspw. hilfreich sein, den Lebenszyklus der angebotenen Inhalte auszuzeichnen, damit diese nach Ablauf ihrer Gültigkeit aus dem Kursangebot entfernt werden. Damit verbunden sind des Weiteren die Pflege von Datenbeständen und die Zuordnung von Lernmaterialien zu bestimmten Kursen, Lerngruppen etc. Da der Umgang mit Metadaten nicht zu den eigentlichen Aufgaben einer Verwaltung zählt, besteht hier eine besondere Informationspflicht. Die Verwaltung muss durch die Personen, die die Metadatensätze (weiter-)entwickeln, in die für sie relevanten Inhalte und deren Funktionen eingewiesen werden. Wichtig für die Verwaltung ist das Wissen über das Auslesen von Daten aus dem Material und ggf. aus den Lernerinformationen, um gezielt Informationen zu finden und diese in ein Verwaltungssystem übertragen zu können.

Für die technische Administration sind insbesondere Metadaten bedeutsam, die für die technische Auszeichnung der Lernmaterialien zuständig sind und beispielsweise das Datenformat, die Größe, technische Anforderungen, den Ort der Lagerung (in der Lerneinheit, als externe Ressource etc.), Installationshinweise oder auch Besonderheiten beim Einsatz in einem virtuellen Lernraum bezeichnen.

10.3 Der Standard DIN EN ISO/IEC 19796–1

Ein neuer Qualitätsstandard

Nach intensiver Arbeit vieler nationaler und internationaler Initiativen stand eine schwer überschaubare Anzahl an Spezifikationen zur Beschreibung von E-Learning-Angeboten zur Verfügung. Daher wurde 2004 die Qualitätsinitiative E-Learning in Deutschland (http://www.qed-info.de) mit dem Ziel gegründet, mit der Entwicklung eines internationalen Qualitätsstandards im E-Learning dessen Entwicklung und Verbreitung voranzubringen. Die Arbeitsgruppe „Quality Assurance and Descriptive Frameworks" (JTC1 SC36, Joint Technology Committee 1 Subcommittee 36) des internationalen Standardisierungskomitees ISO/IEC entwickelte 2005 auf der Basis vorangegangener Entwicklungen einen Qualitätsstandard zur Beschreibung von E-Learning-Szenarien – die DIN EN ISO/IEC 19796–1:2005. Dieser Standard ersetzt alle bisher entwickelten Spezifikationen und findet internationale Anerkennung.

Aufbau der ISO/IEC 19796–1

Das Referenzprozessmodell der ISO/IEC 19796–1 beinhaltet ein generisches *Prozessmodell* sowie ein generisches *Beschreibungsmodell* und erhebt den Anspruch, *jedes* E-Learning und Blended Learning Szenario beschreiben zu können. Das Modell enthält folgende Aspekte (STRACKE/HILDEBRANDT 2007, 416f):

1. *Integration:* jeder Anbieter, Produzent, Abnehmer und Nutzer im E-Learning kann das Modell nutzen,
2. *Vollständigkeit:* alle Prozesse des Lernangebotes, der Lernprodukte und Lernorganisation werden durch das Modell abgedeckt,
3. *Offenheit:* das Modell ist grundsätzlich offen für alle Prozesse und Methoden,
4. *Anpassbarkeit:* (Sub-)Prozesse, Anforderungen und Ergebnisse des Referenzprozessmodells sind individuell anpassbar und erweiterbar und fügen sich damit an jeden Lern- und Organisationskontext an.

Das Referenzprozessmodell enthält keine Regularien über die Abfolgen sowie über die Übertragungen oder Abhängigkeiten der Prozesse. Es gibt keine Anweisungen einer typischen Implementierung in Form einer Regulation oder Vorschrift.

Das generische Prozessmodell

Das generische Prozessmodell enthält sieben Kategorien, die wiederum insgesamt in 38 Prozesse aufgeteilt sind. Dazu zählen:

1. *Anforderungsanalyse* (Initiierung, Identifikation der Stakeholder, Zieldefinition und Bedarfsanalyse),

2. *Rahmenbedingungen* (Analyse des externen Kontextes, der personellen Ressourcen, der Zielgruppe, des institutionellen und organisationalen Kontextes, der Termin und Budgetplanung sowie der Ausstattung),
3. *Konzeption/Design* (Lernziele, inhaltliche Konzeption, didaktische Konzepte und Methoden, Rollen und Aktivitäten, organisatorische und technische Konzeption, Konzeption des Medien- und Interaktionsdesigns, des Medieneinsatzes, der Kommunikation, der Tests und Prüfungen sowie der Wartung und Pflege),
4. *Entwicklung/Produktion* (inhaltliche Umsetzung, Design, Medienrealisation, technische Realisation und Wartung und Pflege),
5. *Implementierung* (Test, Anpassung und Aktivierung der Lernressource, Organisation und Nutzung sowie die technische Infrastruktur),
6. *Lernprozess* (Administration, Aktivitäten und Überprüfung des Kompetenzniveaus),
7. *Evaluation/Optimierung* (Planung, Durchführung, Auswertung, Optimierung/Verbesserung).

Das generische Beschreibungsmodell

Damit das generische Prozessmodell zur standardisierten Beschreibung von Angeboten und Prozessen im E-Learning genutzt werden kann, liefert der Standard ein generisches Beschreibungsmodell mit, das auf der CEN/ISSS CWA 14644 (CEN/ISSS 2003) basiert (CEN = Comité Européen de Normalisation/Europäisches Komitee für Normung; ISSS = Information Society Standardization System). Hierfür wird in der ISO/IEC auf 13 Attribute für die Beschreibung der einzelnen Prozesse verwiesen (Tab. 10.1).

Tab. 10.1: Beschreibungsmodell für Qualitätsprozesse der ISO/IEC 19796–1 (DIN EN ISO/IEC 19796–1:2005, 10)

Element	Beschreibung	Beispiel
ID	Eindeutiger Identifikator	ID 123
Kategorie	Übergeordnete Prozesskategorie	Kursentwicklung
Prozessname	Kurzbezeichnung des Prozesses	Methodenauswahl
Beschreibung	Beschreibung des Prozesses	Innerhalb des Prozesses werden didaktische Methoden ausgewählt und bewertet
Beziehung	Beziehung zu anderen Prozessen	Vor Auswahl der Methoden ist Analyse des Lernziels notwendig
Teilprozesse/ Teilaspekte	Teilprozesse/Teilaspekte/Aufgaben	Methodenidentifikation und -priorisierung,
Ziel	Zielsetzung des Prozesses	Angemessene Auswahl eines/mehrerer Methoden
Methode	Methodik für diesen Prozess/ Verweis auf eingesetzte Richtlinien und Verfahrensanweisungen	Methodenauswahl auf Basis des anvisierten Lernziels Zielgruppe berücksichtigen Siehe auch interne Richtlinien zur Kursgestaltung

Element	Beschreibung	Beispiel
Ergebnis	Erwartetes Ergebnis des Prozesses	Methodenbeschreibung und Dokumentation
Aktoren	Verantwortliche, teilnehmende Aktoren	Dozent, Team für das didaktische Design des Angebots
Bewertung/ Kriterien	Bewertung und Metriken für diesen Prozess	Vgl. Kriterienkatalog 1.2.3 – 1.4.5
Standards	Verwendete Standards	IEEE 1484.12.1:2003 LOM
Erläuterung/ Beispiele	Weitere Informationen, Anwendungsbeispiele	

Insgesamt erscheint das generische Qualitätsmodell als sehr umfassend, weil mit ihm nicht nur einzelne Lernobjekte, sondern auch E-Learning-Kurse insgesamt beschrieben werden können, die aus Lernobjekten zu einem Gesamtangebot zusammengesetzt sind. Da der Standard keine Mindest- oder Maximalgröße für ein E-Learning-Angebot festlegt, können auch größere Lernangebote oder ganze Kurse mit dem Standard ausgezeichnet werden, was den Beschreibungsaufwand vereinfacht und an das eigene Vorhaben anpassbar macht. Es gibt auch keine Verpflichtung, jeweils alle Kategorien und Teilprozesse auszuzeichnen. Insgesamt bietet dieser Standard genügend Möglichkeiten, den Prozess der Entwicklung, Durchführung und Evaluation von E-Learning-Angeboten zu planen und zu strukturieren. Soll das E-Learning-Material in kleineren Einheiten ausgezeichnet werden, um z. B. Lernobjekte wiederverwertbar zu halten, kann dies zu Beginn einen erhöhten Arbeitsaufwand erfordern. Mit der Entwicklung eines für die Beschreibung der Lernangebote geeigneten Vokabulars wird der Zeitaufwand zu reduzieren sein.

Trotz der Offenheit und Anwenderfreundlichkeit können der hohe formale Abstraktionsprozess, eine teilweise technische Sprache, der nicht zu unterschätzende Aufwand bei der Einführung und Anwendung des Standards zu Beginn eines Projektes oder auch fehlende Editoren sowie die Ungewissheit, ob sich der Standard etablieren wird, Hemmnisse bei der Anwendung sein. Dass dieser Standard anwendbar ist und auch Anwendung findet, zeigen erste Praxisbeispiele (STRACKE 2006, 13).

10.4 Fazit

Zukunftsszenario: der automatisch generierte Kurs?
Hinter virtuellen Bildungsangeboten müssen immer Pädagogen stehen, die das didaktisch-methodische Vorgehen für effiziente Lehr- und Lernprozesse planen. Diese unausweichliche Notwendigkeit bestimmt auch die Reichweite und die Grenzen von Standardisierungsansätzen. Diese Notwendigkeit gewinnt auch bei der Überlegung besondere Relevanz, die ökonomischere Gestaltung von E-Learning-Angeboten nicht auf die Wiederverwendbarkeit, Kompatibilität und Interoperabilität von Lernmaterialien beschränken zu wollen, sondern das erheblich weitergehende Ziel einer automa-

tischen Generierung von Lerneinheiten entsprechend den Wünschen der Lernenden zu ermöglichen. Dazu wäre das Zusammenspiel verschiedener Komponenten notwendig, wie sie u. a. von IMS (Instructional Management System) entwickelt werden. So könnten Standards, die Informationen über die Lernenden strukturiert erfassen, dem Bildungsanbieter Auskunft über Alter, Wohnort, Vorwissen, bereits belegte E-Learning-Kurse, Lernstile und Lerngewohnheiten u. v. m. geben. Diese Informationen könnten dann von Generatoren zu Hilfe genommen werden, um einen für die jeweiligen Lernenden optimal gestalteten Kurs bereitzustellen. Ein solcher Kurs könnte wiederum aus einer Vielzahl einzelner Lernobjekte – kleinsten, didaktisch noch sinnvollen Lerneinheiten – zusammengestellt werden, die nicht unbedingt vom selben Anbieter kommen müssen. Dahinter steht die Vorstellung, dass das System sich anhand der Beschreibungen der einzelnen Lernobjekte die passenden heraussucht, sie zusammenfügt und den Lernenden präsentiert. Haben die Lernenden den Kurs erfolgreich bearbeitet, werden die entsprechenden Vermerke gespeichert.

Kritische Fragen

Diese stark verkürzte Darstellung macht deutlich, wie komplex – aber auch anfällig – ein solches System sein wird. Kann ein System situativ auf unterschiedliche Motivationen oder wechselnde Lernbedürfnisse eines Individuums reagieren? Können Lernobjekte so beschrieben werden, dass sie sich technisch, inhaltlich und vor allem didaktisch harmonisch zusammenführen lassen? Können auf diese Weise Kollaborations- und Kommunikationsstrukturen angeregt und begleitet werden, die offene Lernwege und Lernergebnisse ermöglichen? Wie kann Vorwissen erfasst werden, welches nicht durch E-Learning-Systeme initiiert worden ist, sondern beispielsweise durch informelles Lernen in Arbeitsprozessen oder im Alltag? Dies ist nur ein kleiner Ausschnitt von Fragen, die in Verbindung mit einer solchen Vision gestellt werden müssen. Mit dem Versuch, Lernangebote automatisch zu generieren, würde eine Vielzahl pädagogisch wertvoller, aber nicht standardisierbarer Formen der Gestaltung von Lernprozessen außer Acht gelassen. Zu befürchten sind dabei u. a. die Dekontextualisierung von Lernobjekten sowie das Aneinanderreihen von Lernobjekten zu neuen Kursen ohne pädagogisches Konzept und damit verbunden das vermutliche Ausbleiben des intendierten Lernerfolgs sowie eine Demotivation der Lernenden. In der Konsequenz wird dies wohl zum Ablehnen von E-Learning-Angeboten seitens der Lernenden und Lehrenden führen. Denn Lernen, das sich auf den Erwerb von Handlungskompetenzen für die Bearbeitung von sich immer wieder neu stellenden Aufgaben bezieht, ist ohne den Dialog mit den anderen Beteiligten nicht erfolgreich (Kap. 2).

Darüber hinaus ist die Frage zu stellen, welche Auswirkungen solche Entwicklungen auf die Bildung haben werden. Es zeigt sich bereits heute, dass mit dem Argument ‚knapper Kassen' für Bildungsausgaben die Gefahr besteht, Konzepte wie „just enough learning" (GOLEM 2001), die zu kurzfristigen Lernerfolgen führen, propagiert werden. Trends, wie die Bereitstellung von ‚Lernhäppchen', die auf jeweils ganz konkrete, sehr eng umrissene Bedürfnisse der Lernenden zugeschnitten sind, können zu einer Dekontextualisierung der Wissensinhalte führen. Hierfür wurde im E-Learning der

Begriff des „micro-learning" (REINMANN 2007b, 187) etabliert. Der fehlende Blick ‚über den Tellerrand' kann eine verkürzte Sicht und mangelnde Kenntnisse über Zusammenhänge, in denen Lerninhalte stehen, zur Folge haben. ‚Lernhäppchen', die bezugslos arrangiert und angeeignet werden, führen zu einer Anhäufung ‚trägen Wissens', das Gefahr läuft, nicht auf die Praxis transferierbar zu sein und der breit geforderten Kompetenzentwicklung für die hoch technisierten Arbeitsprozesse entgegen steht.

Vorteile

Auch wenn Standardisierungsbemühungen im E-Learning in erster Linie aus ökonomischen Interessen entstanden sind, gehen damit aber auch erhebliche ‚positive Nebeneffekte' einher, wie die Sicherung von Qualität bei der Erstellung von Lernmaterialien oder die Transparenz und damit Vergleichbarkeit von Angeboten für die Nutzer. Während sich die Standardisierungsaktivitäten lange Zeit vorwiegend auf technische Aspekte konzentrierten, weitete sich in den letzten Jahren das Verständnis für die Wirkungsbereiche von Standards auch auf pädagogische Fragestellungen und die didaktische und methodische Gestaltung von Lernmaterialien und Lernszenarien aus. Aufgrund des hohen Komplexitätsgrades, den eine Standardisierung im Allgemeinen, in pädagogischen Handlungsfeldern im Besonderen mit sich bringt, bleibt abzuwarten, ob sich diese in den dargestellten Formen durchsetzen werden. Derzeit ringen die Entwickler von Standards noch mit eher technischen Fragen, um die bereits entwickelten Modelle zu etablieren. So fehlen auch dem Standard ISO/IEC 19796–1 die entsprechenden einfach zu bedienenden Werkzeuge, um E-Learning-Angebote auszuzeichnen, damit diese von anderen Akteuren (z. B. Lehrenden, Lernenden) und technischen Systemen (z. B. Suchmaschinen, Learning Content Management Systemen) ausgelesen und interpretiert werden können. Von einem problemlosen Zusammenspiel der einzelnen Systeme kann derzeit noch keine Rede sein. Für den Einsatz von Standards in virtuellen Bildungsszenarien bedeutet dies, dass die einzusetzenden Standards intensiv geprüft werden müssen, und zwar in Bezug auf ihre Entstehungsgeschichte und die Motivation der Entwickler, ihren Verbreitungsgrad und die Nutzbarkeit für das eigene Vorhaben (bei der Gestaltung von Lernszenarien ebenso wie beim Einsatz eines Lernraumsystems usw.) bis hin zu möglichen Weiterentwicklungen und der Kompatibilität zu anderen Ansätzen. Dabei gilt es, einen Überblick über die derzeitigen Entwicklungen zu behalten, da in Zukunft sicher weitere Standards etabliert und bestehende im Sinne einer weiteren Verbesserung fortgeschrieben werden.

11 Rechtsgrundlagen

Aufbau des Kapitels

Im E-Teaching und E-Learning sind einige grundlegende Rechte und Pflichten zu beachten. So müssen auch bei Bildungsangeboten über das Internet die Anbieterkennzeichnungspflicht nach dem Telemediengesetz (TMG) und die Datenschutzrechte nach dem Bundesdatenschutzgesetz (BDSG) erfüllt werden (Kap. 11.1). Besonders wichtig für die Erstellung der digitalen Lehr- und Lernmaterialien und von Verweisen auf weitere Inhalte im Internet sowie für die pädagogischen Handlungen der Lehrenden und die Handlungen und Ergebnisse der Lernenden ist die Beachtung der Urheber- und Nutzungsrechte entsprechend dem Urheberrechtsgesetz (UrhG) (Kap. 11.2). Bei kostenpflichtigen und überwiegend über Fernlehre durchgeführten Bildungsangeboten, die nicht der Unterhaltung oder Freizeitgestaltung dienen, sind auch die Bestimmungen des Fernunterrichtsschutzgesetzes (FernUSG) zu beachten (Kap. 11.3).

Eine ganze Reihe weiterer Rechtsgrundlagen (Gesetze und Verordnungen) können für die Entwicklung, Gestaltung und Durchführung von E-Teaching und E-Learning in öffentlichen oder gewerblichen oder betrieblichen Bildungseinrichtungen relevant sein, auf die im Folgenden nicht eingegangen werden kann. Dies sind u. a. der Erwerb von Domains im Internet, Nutzungslizenzen, Patent- und Markenrechte, Persönlichkeitsrechte (z. B. Recht am eigenen Bild), Datenschutzrechte, Barrierefreie Informationstechnik-Verordnung, Rechte im Online-Marketing, Haftung von Online-Diensten, Kundenvertragsrechte, Rechte der Verwertungsgesellschaften (VG Wort, VG Bild-Kunst, GEMA), strafrechtliche Sanktionen und zivilrechtliche Ansprüche bei Rechtsverletzungen. Zudem ist zu beachten, dass in den anderen europäischen Staaten und darüberhinaus andere Rechte gelten können und zu beachten sind.

Rechtsvorbehalt

Die folgenden Hinweise auf die *Anbieterkennzeichnungspflicht* und *Datenschutzrechte*, die zu beachtenden *Urheberrechte und Nutzungsrechte* sowie auf das *Fernunterrichtsschutzgesetz* beanspruchen keine Vollständigkeit und decken auch nicht alle denkbaren Fallgestaltungen und Rechtsfragen ab. Sie können keinesfalls eine im jeweiligen Einzelfall einzuholende Rechtsberatung ersetzen. Auch für die Richtigkeit der folgenden Hinweise kann keine Gewähr übernommen werden. Ausführliche Darlegungen der Rechtsgrundlagen im Internet, auf die sich die folgenden

Ausführungen u.a. stützen, sind u. a. zu finden in HECKMANN (2011), HOEREN (2010, 2011, 2012), HOEREN/GIURGIU (2012), KREUTZER (2009), MANSSEN (2002), TAEGER (2004) und VEDDERN (2004). Die jeweils zu beachtenden rechtlichen Regelungen sind in ihren einzelnen Bestimmungen den entsprechenden Gesetzestexten und Kommentaren zu entnehmen. Offene und strittige Rechtsfragen und konkrete Vertragsgestaltungen sind im Einzelfall mit juristischer Kompetenz zu klären. Gerichte beurteilen, ob eine Rechtsverletzung vorliegt oder nicht. Ausdrücklich wird darauf hingewiesen, dass Rechtsverletzungen zu entsprechend hohen Schadensersatzforderungen führen können.

11.1 Anbieterkennzeichnungspflicht und Datenschutzrechte

Pflicht zur Anbieterkennzeichnung

Für alle Diensteanbieter, die Telemedien, wie z. B. Websites, Blogs, Chatrooms, Informationsdienste, Suchmaschinen, Online-Shops, über das Internet „geschäftsmäßig" zur Nutzung bereitstellen, besteht eine Anbieterkennzeichnungspflicht bzw. „Impressumspflicht". Diensteanbieter sind alle Ersteller bzw. Autoren von Telemedien, die selbst weitgehend frei über die Inhalte und die Bereitstellung von Inhalten bestimmen können, selbst wenn diese in andere Internetportale eingegliedert sind. Diese Anbieterkennzeichnungspflicht ist im Telemediengesetz (TMG) vor allem in § 5 (Allgemeine Informationspflichten) und § 6 (Besondere Informationspflichten bei kommerziellen Kommunikationen) geregelt. Diensteanbieter sind nach TMG § 2 natürliche Personen oder juristische Personen, wie z. B. Vereine, Kapitalgesellschaften oder diesen gleichgestellte Personengesellschaften, die Rechte erwerben und Verbindlichkeiten eingehen können. Der Begriff „geschäftsmäßig" ist viel weiter gefasst als der bekannte Begriff „gewerbsmäßig" und rechtlich noch nicht endgültig definiert. Rechtlich wird auch die Auffassung vertreten, dass auch die Telemedien, die ein Diensteanbieter ohne Gewinnerzielungsabsicht und ohne Entgelt bereitstellt, als „geschäftsmäßige" Angebote gelten, wenn diese von anderen in der Regel im Internet gegen Entgelt angeboten werden. Selbst Telemedienangebote, die nur privaten oder familiären Zwecken dienen und keine Marktrelevanz haben, können unter die Anbieterkennzeichnungspflicht fallen, wenn sie Werbebanner, z. B. zur Kostendeckung, einblenden. Blogs und Netzgemeinschaften sollten daher ggf. auch über ein Impressum verfügen.

Angaben über den Anbieter

Welche allgemeinen Grundangaben von jedem Diensteanbieter und welche zusätzlichen Pflichtangaben von bestimmten Gruppen von Diensteanbietern im „Impressum" zu machen sind, ist dem TMG § 5 (1) Nr. 1 bis 7 und TMG § 6 (1) und (2) zu entnehmen. Danach müssen bei natürlichen Personen Vor- und Familienname, vollständige Postanschrift und Kommunikationsverbindungen (Telefon, Fax, E-Mail), bei juristischen Personen und Personengesellschaften Firmenname und zumindest die Hauptniederlassung, Vertretungsberechtigte und Kommunikationsverbindungen angegeben werden. Angaben zum Gesellschaftskapital sind freiwillig. Gegebenenfalls sind auch zusätzliche Pflichtangaben für bestimmte Gruppen von Diensteanbietern notwendig, wie die zuständige Aufsichtsbehörde, die Registereintragung und Registernummer, die Kammer und gesetzliche Berufsbezeichnung und eventuell der Staat, in dem die Berufsbezeichnung verliehen worden ist, die Bezeichnung und der Zugang zu den berufsrechtlichen Regelungen, die Umsatzsteueridentifikationsnummer oder die Wirtschaftsidentifikationsnummer und ggf. auch die Angabe, dass sich der Diensteanbieter in der Abwicklung oder Liquidation befindet. Auch der Umgang mit personenbezogenen Daten sollte angegeben werden, falls solche auf der Homepage einzugeben sind. Sind die Angaben unvollständig oder fehlerhaft, kann dies Bußgeld oder eine kostenpflichtige Abmahnung durch Mitbewerber zur Folge haben.

Platzierung der Anbieterkennzeichnung

Das „Impressum" bzw. die Anbieterkennzeichnung muss optisch leicht und deutlich erkennbar und lesbar sowie rasch von jeder Seite der Homepage aus erreichbar und ständig verfügbar sein, also ohne große Zwischenschritte und mit den Standardeinstellungen der gängigen Browser auf dem Bildschirm erscheinen. Die Anbieterkennzeichnung dient dem Verbraucherschutz, aber auch der Herstellung von Vertrauen in den Anbieter.

Datenschutzrechte

Entsprechend dem Bundesdatenschutzgesetz (BDSG §§ 3a, 4, 4a, 6) dürfen personenbezogene Daten nur verarbeitet werden, wenn die betroffene Person der Verarbeitung ihrer Daten zugestimmt hat oder eine Rechtsvorschrift die in Inhalt und Form vorgegebene Verarbeitung personenbezogener Daten erlaubt. Auch nach Zustimmung der betroffenen Person müssen die datenschutzrechtlichen Prinzipien der Zweckbindung, Datensparsamkeit und Transparenz eingehalten werden. Wenn Nutzer eines Bildungsangebots – Lernende oder auch anderer Beteiligte – ihr Zugangskonto aufgeben bzw. löschen, widerrufen sie damit zugleich ihre früher gegebene Einwilligung in die Verarbeitung ihrer personenbezogenen Daten. Die Daten sind dann nach BDSG § 35 umgehend vom Bildungsanbieter, sofern sie nicht noch für Bescheinigungen, Abrechnungen usw. benötigt werden, umgehend zu löschen. Eine weitere Speicherung ist unzulässig, es sei denn, die Nutzer haben der weiteren Verwendung ihrer Daten ausdrücklich zugestimmt. Hier ist darauf hinzuweisen, dass gegenwärtig in der EU eine neue Datenschutzverordnung erarbeitet wird, die wahrscheinlich ab Mitte 2014 die derzeitigen Regelungen ersetzen wird. welche die Verfügungsrechte der Nutzer über ihre privaten Daten im Internet sowie über deren Sammlung z. B. in sozialen Netzwerken weiter stärken soll.

11.2 Urheberrechte und Nutzungsrechte

Rechte sind zu beachten

Die im Folgenden beschriebenen Urheberrechte und Nutzungsrechte gelten auch im Internet und sind von allen Beteiligten im E-Learning zu beachten, den Autoren, Entwicklern, Lehrenden und Lernenden. Insbesondere aufgrund der neuen Internetdienste des Web 2.0, der Integration von Foren, Blogs, Wikis, Software, Datenbanken, zum Herunterladen zur Verfügung gestellter Texte, Bilder, Fotos, Videos etc. auf Lernplattformen bzw. in virtuellen Lernräumen, müssen die Urheber- und Nutzungsrechte auch von den Studierenden und Lernenden strikt beachtet werden. Zumindest ein Mindestmaß an Rechtskenntnis ist dafür sowohl bei den Lehrenden wie auch bei den Lernenden erforderlich, vor allem wenn fremde Inhalte, Informationen oder Fotos bzw. Videos von Dritten eingestellt werden sollen (STADLER 2002). Denn gerade durch die neuen Möglichkeiten des Web 2.0, in dem die ‚Leser' auch ‚Schreiber' sein können, ist das Urheberrecht aufgrund der gegensätzlichen Interessen zwischen Nutzungsfreiheiten und Nutzungseinnahmen zu einem sehr umstrittenen Problem geworden. Es ist daher notwendig, vor der Erstellung von und der Arbeit mit E-Learning-Angeboten auch über alle relevanten Rechtsfragen alle Beteiligten aufzuklären und die entsprechenden Rechtsgrundlagen immer abrufbereit zu halten.

Rechte sind umstritten

Dabei ist zu beachten, dass die Urheber- und Nutzungsrechte in den vergangenen Jahren mit der Entwicklung und Nutzung der digitalen Medien immer wieder weiter entwickelt wurden. Demnächst steht der sogenannte ‚Dritte Korb' der Urheberrechtsreform an, in dem entschieden werden muss, ob urheberrechtlich geschützte Werke, insbesondere digitalisierte Werke, weiterhin im Intranet genehmigungsfrei in Lehre und Forschung (siehe unten) genutzt werden können oder ob neue Lizenzregelungen gefunden werden müssen. Insbesondere mit dem heftig umstrittenen internationalen Handelsabkommen ‚Anti-Counterfeiting Trade Agreement – ACTA', das von der Europäischen Kommission und zehn weiteren Staaten abgeschlossen, aber noch von keinem Staat ratifiziert wurde (Juli 2012), sollen die Produkt- und Markenpiraterie und Rechtsverletzungen des geistigen Eigentums bekämpft werden. Die EU-Kommission hat wegen der heftigen Streitigkeiten um die befürchteten Auswirkungen den EU-Gerichtshof um ein Gutachten gebeten. Fünf Ausschüsse des EU-Parlaments haben sich gegen ACTA ausgesprochen und das EU-Parlament hat am 04. Juli 2012 mehrheitlich gegen ACTA gestimmt. Nach Vorlage des gerichtlichen Gutachtens will die EU-Kommission das Verfahren erneut aufnehmen. Sehr umstritten war und ist in diesem Zusammenhang die Anpassung des Urheberrechts und der Nutzungsrechte an die sich entwickelnde Praxis im Internet, z. B. den privaten, nichtkommerziellen Austausch von Musik und Filmen, wie auch die Einführung der Kontrolle, Verwarnung und Ausschaltung von Rechtsverletzungen im Internet durch die privaten Internet-Dienstleister, z. B. durch Internetsperren, wodurch die Durchsetzung des Rechts in unzulässiger Weise privatisiert werden würde. Für ACTA wurde und wird ins Feld geführt, dass die Urheber komplett über ihre Werke verfügen können müssen, damit sie und die Verlage für ihre erbrachte Leistung auch eine Gegenleistung erhalten. Gegen ACTA wurde und wird argumentiert, dass ein Werk nie die Leistung einer Person ist, sondern immer im gesellschaftlichen Austausch entsteht (HÖFFNER 2012), dies schon immer unsere Wissenskultur ist und heute das Internet den kostenfreien Zugang für alle Menschen zum ‚gemeinsamen' Werk ermöglicht, weshalb das private, nichtkommerzielle Kopieren im Internet nicht wieder abgeschafft, sondern generell erlaubt werden sollte. Anpassungen der Rechte für die Urheber, Nutzer und Verlage sind sicher notwendig und demnächst zu erwarten. Sie sind gegenwärtig noch nicht konkret absehbar, werden aber sehr wahrscheinlich auch Auswirkungen auf die Gestaltung von E-Learning und E-Teaching haben und sollten daher von allen Entwicklern, Anbietern und Nutzern aufmerksam beobachtet und beachtet werden.

Urheberrechte

Das Urheberrechtsgesetz (UrhG) schützt persönliche geistige Schöpfungen bzw. Werke, wie z. B. wissenschaftliche Werke, multimediale Werke, Filme, Fotos, Musik, Lieder, Zeichnungen, Grafiken, Presseartikel, Computerprogramme, Datenbanken, Werke der bildenden Kunst und viele andere Werke auf 70 Jahre nach dem Tod der Autoren. Zu beachten sind auch Titelschutzrechte, Patent- und Markenrechte für den Schutz von Werktiteln, Firmennamen und Warenzeichen (Logos) sowie Leistungsschutzrechte für die Rechte und Vergütungsansprüche von ausübenden Künstlern, Veranstaltern, Tonträgerherstellern und Sendeunternehmen, beispielsweise für Fotos, Filme, Fernsehsendungen und Ausschnitte aus denselben. Das Recht auf Urheberschutz bezieht sich auf die konkreten Werke, nicht aber auf allgemeine Ideen, Erkenntnisse, Didaktiken, Methoden, Strukturen, Formen, sofern diese nicht in ihrer konkreten Gestaltung übernommen werden. Das Urheberrecht sichert dem Schöpfer seines Werk die ausschließlichen Verwertungsrechte bzw. Nutzungsrechte sowie das Recht der Nennung seines Namens, der Erstveröffentlichung und den Schutz gegen jegliche Beeinträchtigungen seines Werks. Urheber von Werken können immer nur einzelne oder mehrere Personen sein, niemals Organisationen. Urheberrechte können auch nicht übertragen werden, sondern bleiben immer und ausnahmslos an die Urheber gebunden, auch wenn das Werk im Rahmen von Arbeitsverträgen oder mit fremder oder auch staatlicher finanzieller Unterstützung geschaffen wurde. Daher wird das Urheberrecht gemeinhin auch als „Urheberpersönlichkeitsrecht" bezeichnet. Die rechtliche Grundlage dafür ist die im Grundgesetz (GG) in Artikel 5 verankerte Freiheit der Meinung, Medien, Kunst und Wissenschaft, die ein schrankenloses Individualgrundrecht ist und nicht für fremde Zwecke ohne Zustimmung des jeweiligen Urhebers in Dienst genommen werden kann. Allein der Urheber entscheidet, welche seiner Erkenntnisse und Ergebnisse er für wen, wo, wie und in welchen medialen Formen präsentieren bzw. kommunizieren will.

Nutzungsrechte

Anders ist es bei den Nutzungsrechten. Die Nutzungsrechte bzw. Verwertungsrechte werden, da die Urheber meist die Verwertung ihrer Werke nicht selbst vornehmen, durch Verträge oder Lizenzen z. B. Verlagen, Universitäten, Bildungseinrichtungen, Firmen durch die Urheber eingeräumt. Grundsätzlich verfügt zunächst der Urheber eines Werks über die Verwertung bzw. Nutzung seines Werks. Dies gilt uneingeschränkt und immer auch für Professoren, Dozenten und Lehrbeauftragte an Hochschulen entsprechend der grundgesetzlich garantierten Freiheit von Meinung, Medien, Kunst, Wissenschaft, Forschung und Lehre, ebenso auch für die Studierenden bzw. Lernenden als Autoren ihrer wissenschaftlichen Ausarbeitungen wie auch ihrer wissenschaftlichen Abschlussarbeiten, ihrer Diplom-, Magister-, Bachelor- und Masterarbeiten, Staatsexamensschriften, Dissertationen und Habilitationsschriften. Für alle anderen Hochschulangehörigen, die Weisungen unterstellt sind, gilt dies nicht – es sei denn, sie schaffen ihr Werk außerhalb und unabhängig von ihrem Arbeitsplatz und Arbeitsverhältnis. Wird die Schöpfung eines Werkes jedoch z. B. als eigenes Projekt finanziert, gehen damit in der Regel durch entsprechende vertragliche Vereinbarungen die Rechte der Nutzung der geschaffenen Werke an den Vertragsgeber über. Werden originelle Werke im Rahmen der vertraglich vereinbarten Pflichten als Arbeit- oder Auftragnehmer geschaffen, so stehen die Nutzungsrechte in der Regel – wenn nichts eindeutig vereinbart wurde – dem Arbeit- bzw. Auftraggeber zu. Bei der Erstellung von Software ist dieser Rechtsübergang gesetzlich geregelt. Bei der Übertragung von Nutzungsrechten ist zwischen einfachem und ausschließlichem Nutzungsrecht zu unterscheiden. Die Übertragung des einfachen Nutzungsrechts eines Werkes erlaubt dem Urheber und den von ihm ermächtigten Dritten auch die parallele Verwertung seines Werkes. Überträgt der Urheber aber das ausschließliche Nutzungsrecht, dann darf er oder Dritte ohne Genehmigung des Nutzers sein Werk nicht parallel verwerten. Dies gilt auch für Online-Publikationen. Die Übertragung der verschiedenen Nutzungsrechte ist daher differenziert zu vereinbaren.

Nutzungsfreiheiten

Das Urheberrecht erlischt in der Regel 70 Jahre nach dem Tod des letzten Urhebers. Damit wird ein Werk, z. B. eine wissenschaftliche Ausarbeitung, „gemeinfrei" und steht damit allen zur Nutzung zur Verfügung. Das gilt jedoch nicht für alle Werke. Beispielsweise für Werke, deren Urheberrecht zwar schon abgelaufen ist, die aber bearbeitet oder übersetzt wurden, entstehen damit neue Urheberrechte. Es können auch mehrere Schutzrechte bei einem Werk bestehen, wie z. B. bei Musikaufnahmen auf Tonträgern. Hier bestehen Schutzrechte des Komponisten, der Musiker, des Dirigenten, des Tonträgerherstellers, die erst 50 Jahre nach der Erstveröffentlichung des Tonträgers erlöschen. Für diese miteinander „verwandten Schutzrechte" gibt es eine Vielzahl von Sonderregelungen, auf die hier nur hingewiesen werden kann. Auch z. B. Fotos oder Videos, die bereits urheberrechtsfreie Werke, z. B. Gemälde, aufgenommen haben, sind deshalb nicht ebenfalls urheberrechtsfrei, sondern sind als Werkaufnahmen durch das Urheberrecht geschützt. Bilder bzw. Fotos von Personen unterliegen dem Recht am eigenen Bild. Sie dürfen nicht ohne Zustimmung der erkennbar abgebildeten Personen genutzt werden, es sei denn, es sind Personen der Zeitgeschichte oder sie sind Teil großer Personengruppen oder bspw. von Stadt- oder Landschaftsaufnahmen. Haben allerdings Personen der Zeitgeschichte ein berechtigtes Interesse an der Nichtverwendung ihres Bildes, dann müssen sie um ihre Zustimmung für eine Verwendung gefragt werden. Nicht durch das Urheberrecht geschützt sind alle amtlichen Werke, wie z. B. alle Gesetze, Gerichtsurteile, Ordnungen, Richtlinien. Sie sind im Interesse der Allgemeinheit von allen frei verwendbar. Dies gilt auch für die Verbreitung öffentlicher Reden, einzelner Zeitungsartikel sowie Fernseh- und Rundfunkkommentare, sofern sie aktuelle Tagesfragen betreffen. Auch Suchmaschinen im Internet dürfen verkleinerte Vorschaubilder von künstlerischen Werken zeigen, wobei über eine Verknüpfung die Seite mit dem Werk aufgerufen werden kann, vorausgesetzt allerdings, die Seite mit dem künstlerischen Werk wurde für Suchmaschinen freigegeben.

Nutzungsschranken

Die Anonymität und Rechenschaftsfreiheit insbesondere in den sozialen Netzwerken im Internet können zur Herabsetzung von Hemmschwellen führen, indem beispielsweise Verfassern falsche Zitate untergeschoben werden, Lebensläufe verfälscht werden, falsche Tatsachen behauptet werden, Schmähkritiken, Verleumdungen und Beleidigungen eingestellt werden, was oft anonym erfolgt. Auch im Internet können solche eingestellten Inhalte strafbar sein, u. a. nach §§185ff des Strafgesetzbuches. Entscheidend ist dabei, ob es sich um eine Tatsachenbehauptung oder die Kundgabe einer Meinung, eines Werturteils, handelt. Denn bei einer Tatsachenbehauptung „steht die objektive Beziehung zwischen der Äußerung und der Realität im Vordergrund, so dass sie einer Überprüfung auf ihren Wahrheitsgehalt zugänglich ist" (HECKMANN 2010, 590). Unwahre Tatsachenbehauptungen sind immer unzulässig und können zu strafrechtlichen Konsequenzen führen. Bei einer geäußerten Meinung oder eines Werturteils, deren Freiheit nach GG Art. 5 Abs. 1 geschützt ist, steht hingegen „die subjektive Beziehung des Einzelnen zum Inhalt seiner Aussage" im Vordergrund. Meinungen und Werturteile sind daher „unabhängig davon geschützt, ob die Äußerung ‚wertvoll' oder ‚wertlos', ‚richtig' oder ‚falsch', ‚emotional' oder ‚rational' begründet ist" (EBD.). Meinungen und Werturteile sind immer zulässig, bis zur Grenze der Schmähung, Verleumdung oder Beleidigung. Ob eine Ehrverletzung vorliegt, ist „durch Auslegung des objektiven Sinngehalts der Äußerung zu ermitteln, wobei dies unter Berücksichtigung der gesamten Begleitumstände zu erfolgen hat" (EBD.). Die Betreiber von Lern- und Kommunikationsplattformen im Internet bzw. die Moderatoren und Tutoren von Lehr- und Lerngemeinschaften, von Diskussionsforen und Lernergebnispräsentationen in virtuellen Lernräumen müssen also darauf achten, dass kein Missbrauch geschieht. Im Falle von Missbrauch müssen sie entsprechend ihren Haftungspflichten innerhalb einer gesetzten Frist der Löschung nachkommen.

Nutzungsfreiheiten für E-Learning

Allerdings gibt es auch gesetzlich bestimmte Nutzungsfreiheiten bzw. gesetzlich gegebene Nutzungslizenzen, die es erlauben, fremde Werke in begrenztem Umfang ohne Zustimmung des Urhebers für bestimmte Zwecke nutzen zu dürfen. Für Wissenschaft und Forschung, Lehre und Lernen und damit auch für die Entwicklung und Nutzung von E-Teaching- und E-Learning-Angeboten ist diese genehmigungsfreie

Nutzung von außerordentlich großer Bedeutung. Dabei ist allerdings strikt auf die im UrhG festgelegten Bestimmungen und gesetzten Grenzen dieser freien Nutzung zu achten (siehe unten). So ist es z. B. keineswegs erlaubt, eine selbst erstellte Seite im Internet mit einer gekauften digitalen Musikdatei zu untermahlen. Das Gleiche gilt für Bilder bzw. Fotos und Videos, auf denen auch andere Personen zu sehen sind. Ohne deren Zustimmung dürfen diese nicht verwendet werden, auch nicht in eigenen Blogs. Durch den Kauf eines Mediums, eines Bildes, einer Musikdatei etc., wird nicht zugleich das Recht zu dessen Nutzung im Internet erworben. Auch Texte, Videos etc. aus anderen sozialen Netzgemeinschaften dürfen nicht ungefragt kopiert und auf eigenen Seiten im Internet veröffentlicht werden. Auch wenn z. B. aus Werken falsch zitiert wird oder in anderer Weise die Grenzen der freien Nutzung überschritten werden, so wird damit eine Urheberrechtsverletzung begangen, die rechtliche Folgen haben kann.

Freie Nutzung von Zitaten

Aus urheberrechtlich geschützten Werken im eigenen Werk zu zitieren und dieses zu veröffentlichen ist, wie allgemein bekannt, ohne Zustimmung und Vergütung des Urhebers und Verwerters des zitierten Werks gesetzlich erlaubt (UrhG § 51). Diese Regelungen gelten nicht nur für Zitate aus schriftlichen Werken in eigenen schriftlichen Werken, sondern auch für Zitate aus anderen Werkarten in eigenen anderen, nicht schriftlichen Werkarten, wie z. B. in Bildern, Grafiken oder Filmausschnitten in E-Learning-Einheiten. Diese freie Nutzung von Zitaten aus fremden Werken ist allerdings nur gestattet, wenn das Zitat im eigenen Werk einen erkennbaren Zweck in einem inhaltlichen Zusammenhang erfüllt, der Umfang des Zitats dem Zweck entspricht, das Zitat nicht verändert wird und in jedem Fall der Verweis auf die Quelle des Zitats immer richtig und vollständig angegeben wird, also die Entnahme nicht verdeckt wird. Auch als Motto beim Start einer E-Learning-Einheit darf z. B. ein Zitat verwendet werden, wenn es den vorgenannten Kriterien entspricht. Nicht erlaubt ist jedoch, einfach eine Sammlung von kürzeren oder längeren Zitaten aus fremden Werken mit oder ohne kurze Zwischentexte ohne Zustimmung der Inhaber der Urheber- oder Verwertungsrechte zu einem eigenen Werk zusammenzustellen. Auch viele und umfangreiche Zitate aus nur einem fremden Werk kann, wenn dadurch der Inhalt des Werks im Wesentlichen wiedergegeben wird, zu nutzungsrechtlichen Problemen führen.

Kleinzitat und Großzitat

Zu beachten ist die Unterscheidung zwischen Kleinzitat und Großzitat, die sich auf das Verhältnis zum zitierten Gesamtwerk bezieht. Kleinzitate sind dementsprechend kürzere oder auch längere Ausschnitte aus einem größeren Zusammenhang eines umfangreichen Werks, die in ein eigenes selbstständiges und schutzfähiges Werk eingebaut werden. Sie bedürfen keiner Genehmigung. Sie dürfen auch aus noch nicht veröffentlichten Texten entnommen werden, wie z. B. aus Vorträgen. In wissenschaftlichen Werken sind auch Großzitate in Textform ohne Genehmigung zulässig, sofern das Werk bereits erschienen und der Öffentlichkeit zugänglich ist und das entnommene Großzitat für eine wissenschaftliche Auseinandersetzung mit dem Werk unumgänglich notwendig ist. Dient das Großzitat, was auch eine Abbildung sein kann, lediglich der Gestaltung des eigenen Werkes, z. B. als Motto oder bildliche Anregung, dann ist in jedem Fall die Genehmigung des Urhebers bzw. des Inhabers der Verwertungsrechte einzuholen. Zu beachten ist dabei, dass auch Abbildungen, die unter das Zitatrecht fallen, weil sie für die wissenschaftliche Auseinandersetzung notwendig sind, dennoch möglicherweise nicht frei verwendbar sind, weil eventuell noch weitere Rechte tangiert sein können, wie z. B. die des Fotografen. Bei Bildzitaten ist es daher ratsam, vorher die Rechte zu klären. Auch bei wissenschaftlich begründeten Änderungen in Großzitaten, z. B. in Abbildungen, ist auf jeden Fall der ursprüngliche Urheber zu benennen und die vorgenommene eigene Änderung erkennbar zu machen.

Freie Nutzung in Lehre und Forschung

Nach UrhG § 52a, der allerdings nach bisherigem Stand ab dem 01. Januar 2013 nicht mehr anzuwenden ist, ist es zulässig, kleine Teile urheberrechtlich geschützter Werke, Werke geringen Umfangs sowie einzelne Beiträge aus Zeitschriften oder Zeitungen ohne Erwerb der Nutzungsrechte zur Unterstützung der Lehre den teilnehmenden Lernenden (§ 52a Abs. 1 Nr. 1) und zur Unterstützung der Forschung einem abgegrenzten Personenkreis für deren eigene Arbeiten (§ 52a Abs. 1 Nr. 2) online zugänglich zu machen. Entscheidend ist dabei, dass diese den Zielen der Lehre und Forschung dienen. Seit 2003 gilt diese freie Nutzung für Lehre und Forschung nicht nur für analoge, sondern auch für digitale Kopien mit den auf den jeweiligen Personenkreis begrenzten Zugriffsrechten. Dies ist für E-Learning-Angebote von besonderer Bedeutung. Danach ist es allen *nicht-gewerblichen* Bildungseinrichtungen, wie z. B. Universitäten, erlaubt, *kleine Teile* geschützter Werke bzw. von Werken in geringem Umfang, bspw. Gedicht, Artikel, Foto, Abbildung, den jeweiligen Teilnehmern einer Lehrveranstaltung in einem virtuellen Lernraum zugänglich zu machen, also z. B. Texte einzuscannen und einzustellen. Als *Werke geringen Umfangs* gelten bspw. Texte bis etwa 25 Druckseiten oder Filme und Musikstücke von nicht mehr als etwa 5 Minuten. *Kleine Teile eines Werkes* bedeutet, dass nicht mehr als etwa 10 % des Umfangs für die Teilnehmer kopiert und abrufbar gestellt werden darf. Aufgrund der vertraglichen Vereinbarung zwischen den Ländern und den Rechteverwertern können für den Schulunterricht auch maximal 15 % noch als kleiner Teil eines Werks gelten; dies gilt aber nicht für Schulbücher und Schulfilme (siehe weiter unten). Nicht erlaubt ist es aber, ein solches E-Learning-Angebot auch allen anderen Teilnehmern und Angehörigen der Bildungseinrichtung uneingeschränkt zugänglich zu machen. Es muss daher technisch dafür gesorgt werden, dass Dritte keinen Zugriff auf die in einem Online-Kurs eingestellten urheberrechtlich geschützten Materialien erlangen können. Diese begrenzte öffentliche Zugänglichmachung urheberrechtlich geschützter Werke gilt auch für Zwecke der Forschung. Es ist danach erlaubt, *Teile* geschützter Werke bzw. Werke geringen Umfangs in geschlossenen Gruppen oder Netzwerken von Wissenschaftlern auszutauschen; auch die Vermittlung an und durch Studenten bzw. Lernende im Rahmen der Lehre ist damit möglich. Erlaubt ist es auch, Kopien geschützter Werke, sofern diese nicht kopiergeschützt sind, nicht nur für den privaten, sondern auch für den eigenen wissenschaftlichen Gebrauch, z. B. in einer Forschungsgruppe oder einer Bildungseinrichtung, herzustellen und auch zu archivieren. Diese begrenzte öffentliche Zugänglichmachung geschützter Werke gilt allerdings nicht für Texte aus Schulbüchern oder Schulfilmen in Schulen (siehe UrhG § 52a Abs. 2). Von maximal 12 % eines Schulbuchs oder Arbeitshefts, höchstens 20 Seiten, dürfen Kopien auf Papier verteilt werden; digitale Kopien dürfen seit Kurzem auch verteilt werden (Frankfurter Allgemeine Zeitung, 08.12.2012, 4) (siehe auch http://www.schulbuchkopie.de). Auch für kostenpflichtige E-Learning-Angebote sowie für gewerbliche Bildungseinrichtungen gilt dieses Privileg der öffentlichen Zugänglichmachung nicht. Auch ein Werk, das vom Urheber Online gestellt wurde und gegen Gebühr abrufbar ist, kann nicht frei in Lehre und Forschung genutzt werden. Ohne Vergütung können aber auch die begrenzt öffentlich zugänglich gemachten geschützten Werke nicht genutzt werden, da nach UrhG § 52a Abs. 4 eine Verwertungsgesellschaft den Anspruch auf eine angemessene Vergütung geltend machen kann. Diese Vergütungen sind in einem Gesamtvertrag zwischen den Kultusministern und den Verwertungsgesellschaften durch Pauschalzahlungen geregelt. Dagegen entfällt nach UrhG § 52 Abs. 1 die Vergütungspflicht „für Schulveranstaltungen, sofern sie nach ihrer sozialen oder erzieherischen Zweckbestimmung nur einem bestimmt abgegrenzten Kreis von Personen zugänglich sind." Sollte § 52a des UrhG nicht ab 01. Januar 2013 verlängert oder erneuert werden, könnte dies dazu führen, dass eine freie Nutzung in Lehre und Forschung in Zukunft so einfach wie bisher nicht mehr möglich ist.

Digitale Wiedergabe und Nutzung von Materialsammlungen

Nach UrhG § 52b ist es zulässig, „veröffentlichte Werke aus dem Bestand öffentlich zugänglicher Bibliotheken, Museen oder Archive, die keinen unmittelbar oder mittelbar wirtschaftlichen oder Erwerbszweck verfolgen, ausschließlich in den Räumen der jeweiligen Einrichtung an eigens dafür eingerichteten elektronischen Leseplätzen zur Forschung und für private Studien zugänglich zu machen, soweit dem keine vertraglichen Regelungen entgegenstehen." Allerdings darf ein Exemplar eines Werkes nicht gleichzeitig parallel an weiteren Leseplätzen zugänglich gemacht werden. Für das parallele Lesen eines Werkes an mehreren elektronischen Leseplätzen ist die entsprechende Anzahl an Werken zu beschaffen oder sind die entsprechenden Nutzungsrechte zu erwerben. Zudem kann eine Verwertungsgesellschaft für die öffentliche Zugänglichmachung eines Werkes eine angemessene Vergütung verlangen. Ein ganzes Werk, das in einer öffentlich zugänglichen Bibliothek in digitaler Form zur Verfügung steht, für das Lesen auf dem heimischen Computer zu kopieren, wie es im E-Learning sinnvoll wäre, ist danach zurzeit rechtlich nicht möglich. Ein Rechtsverfahren ist gegenwärtig (2012) vor dem Europäischen Gerichtshof (EuGH) in Luxemburg anhängig. Dagegen können im Internet verfügbare Materialsammlungen nach UrhG § 46 für Lehrzwecke unbegrenzt genutzt werden.

Setzen von Verknüpfungen

Generell erlaubt ist es, wie dies z. B. mit den Quellenangaben in Büchern und Aufsätzen schon immer geschieht, mit der schriftlichen Angabe einer URL – nicht mit einem gesetzten Hyperlink – auch auf die Homepage einer genutzten Quelle im Internet zu verweisen. Das Problem dabei ist, dass die Quellen im Internet oft nicht dauerhaft oder auf der immer gleichen Seite verfügbar sind. Rechtlich umstritten ist aus vor allem wettbewerbsrechtlichen Gründen, ob bereits das einfache Setzen einer Verknüpfung ohne Zustimmung des Inhabers der Rechte gestattet ist. Zum einen wird der Standpunkt vertreten, dass für die Inhalte der verlinkten Seite, wie z. B. bei Fußnoten in wissenschaftlichen Texten üblich, keine Verantwortung übernommen werden könne. Zum anderen wird der Standpunkt vertreten, dass bei Downloadlinks für die Inhalte der verlinkten Seite die volle Verantwortung zu übernehmen ist, weil man sich damit diese nur durch einen Klick in den eigenen Text einbindbaren Inhalte auch zu eigen gemacht habe, was bei rechtswidrigen Inhalten auch eine Haftung auslöst. Es ist also bei rechtlich zweifelhaften Inhalten notwendig, auf jeden Fall die eigene Position zu den verlinkten Inhalten klarzustellen. Die Inhalte einer Quelle im Internet, z. B. eine Internetseite, dürfen über die einfache schriftliche Angabe der URL der Homepage hinaus aufgrund des Kopierschutzes (UrhG § 95a) und des Veröffentlichungsrechts des Urhebers (UrhG § 19a) nicht direkt, z. B. durch einen Downloadlink, in die eigene Präsentation im Internet eingesetzt werden – was zum raschen und direkten Zugang zur Informationsfülle im Internet sicher oft erwünscht wäre. Eine frame-integrierte Verknüpfung, ein so genanntes Inline-Linking zu einzelnen Inhalten bzw. Internetseiten, die nicht mehr sichtbar macht, dass der auf der eigenen Seite präsentierte Inhalt von einer anderen Internetseite stammt, erfordert in jedem Fall die Zustimmung des Inhabers der Urheber- bzw. Nutzungsrechte. Rechtlich umstritten ist auch das Setzen von Deep Links, d. h. von direkten Verknüpfungen zu anderen ‚tiefen' Internetseiten ohne über die jeweilige Homepage zu gehen, weil dadurch z. B. finanzierte Werbung und andere Informationen, die über die Homepage den Abrufenden präsentiert werden sollen, diesen bei Deep Links nicht mehr sichtbar werden. Zur Vermeidung möglichen Ärgers mit dem Inhaber der Homepage empfiehlt es sich daher, auch beim Setzen von Deep Links dessen Zustimmung einzuholen. Generell ist zu empfehlen, auch nach eingeholter Zustimmung zum Setzen von Hyperlinks ausdrücklich und an gut sichtbarer Stelle darauf hinzuweisen, dass für die Inhalte und Gestaltung der als solche gekennzeichneten externen Verknüpfungen keinerlei Verantwortung übernommen werden kann, man sich diese auch nicht zu eigen mache und für Hinweise auf bedenkliche Inhalte und Gestaltungen dankbar sei.

Begrenzte Nutzungslizenzen

Sollen geschützte Werke über die in den oben beschriebenen Grenzen mögliche freie Nutzung hinausgehend genutzt werden, sind in jedem Fall die erforderlichen Lizenzen zu erwerben und durch entsprechende Lizenzverträge zu sichern. Die Lizenzverträge sind mit den jeweiligen Inhabern der Urheber- bzw. Nutzungsrechte abzuschließen. Werden in den Verträgen keine expliziten Regelungen oder Vereinbarungen getroffen, ist in strittigen Fällen immer der Nutzer der Lizenz, also z. B. der Anbieter einer E-Learning-Einheit für mögliche Rechtsverletzungen verantwortlich, der möglicherweise wiederum den Autor oder Entwickler der Einheit in Haftung nehmen kann. Es ist daher empfehlenswert, die Verantwortlichkeiten zwischen allen Beteiligten vertraglich klar zu regeln. Lizenzverträge bedürfen zwar nicht zwingend der Schriftform, sollten aber zur Vermeidung möglicher entstehender Unstimmigkeiten am Besten schriftlich abgeschlossen werden mit Angabe aller erlaubten Nutzungen. Denn im Streitfalle ist immer der Nutzer verpflichtet zu beweisen, dass er im Besitz der jeweiligen Nutzungsrechte ist. Die Verwendungszwecke der durch Lizenz erworbenen Werke sollten daher immer vor Vertragsabschluss geklärt werden, um später eventuell erforderliche Nachlizenzierungen zu vermeiden. Im Lizenzvertrag sollte möglichst detailliert vereinbart werden, für welchen Zweck und für welche Dauer das Nutzungsrecht eingeräumt wird, ob es ein ausschließliches oder nur ein einfaches Nutzungsrecht ist, ob das Nutzungsrecht auch an andere Bildungseinrichtungen übertragen werden darf, ob es räumlich bzw. territorial und zeitlich begrenzt ist, ob alle Nutzungsarten oder nur bestimmte erlaubt sind und ein Bearbeitungsrecht, z. B. zur Aktualisierung von Daten, eingeräumt wird.

Freie Nutzungslizenzen und Grenzen der freien Nutzung

Im Zuge der Entwicklung und Verbreitung der Informationstechnik in allen Lebensbereichen sowie in Wissenschaft und Bildung wurden zugleich neue Arten von Nutzungslizenzen entwickelt, die unter den Begriffen Open Source Software, Public Domain Software, Open Content, Open Access, Creative Commons, Open Educational Resources bekannt geworden sind, über die in einigen Fällen, wie z. B. bei Open Access, auch heute noch heftige Auseinandersetzungen über die rechtliche Ausgestaltung geführt werden. Allerdings – und dies wird bei diesen ‚freien Lizenzen' häufig völlig übersehen – sind die Werke zur freien Nutzung keineswegs frei von Urheberrechten und auch nicht frei von den vom Urheber für sein jeweiliges Werk freizugebenden Nutzungsrechten. Da das Urheberrecht in Deutschland als ein unabwendbar personenbezogenes Recht festgelegt ist, kann der Urheber weder auf seine Urheberrechte verzichten noch sie auf andere Personen übertragen. Der Urheber kann lediglich durch entsprechende Kennzeichnung ausdrücklich auf seine Nutzungsrechte verzichten, wodurch er die Nutzung seines Werks allen Interessierten uneingeschränkt gestattet. Auf jeden Fall muss aber der Urheber mit Namen genannt werden, es sei denn, er verzichtet ausdrücklich darauf. Die freien Nutzungsrechte werden ohne individuelle Vereinbarungen vom Nutzer erworben. Damit der potenzielle Nutzer erkennen kann, ob es sich um ein Werk zur freien Nutzung handelt, muss der Urheber sein Werk insgesamt oder Teile seines Werks mit einem entsprechenden Lizenzvermerk kennzeichnen. Dafür stehen (siehe http://creativecommons.org) unterschiedliche freie Lizenzverträge zur Auswahl, in denen geregelt ist, wie frei das Werk tatsächlich genutzt werden darf. Der Klick auf das einzufügende entsprechende Lizenzzeichen führt dann auf die Internetseite, auf der in einfachen Worten die erlaubten Nutzungen und einzuhaltenden Regeln erklärt sind. Die Nutzungsfreiheiten gehen in den freien Lizenzverträgen in der Regel erheblich weiter, als die im UrhG gewährten Freiheiten. Inhalte können nicht nur unbegrenzt genutzt und verbreitet werden, sondern – aber nicht bei allen freien Lizenzen – auch vom Nutzer eigenständig und frei bearbeitet werden, wie dies z. B. bei Open Source Software und der freien Enzyklopädie Wikipedia nicht nur erlaubt, sondern ausdrücklich erwünscht ist. Allerdings darf die Urheberschaft und der Lizenzhinweis nicht verändert werden und der Nutzer als Urheber von Bearbeitungen muss wiederum seine Urheberschaft mit seinem Namen kennzeichnen. Zu beachten ist auch, dass die in der jeweiligen freien Lizenz eingeräumten sehr weitgehenden Nutzungsrechte automatisch erlöschen, wenn gegen die damit zugleich übernommenen Pflichten verstoßen wird – also z. B. der Hinweis auf die Lizenz nicht übernommen oder der Name des Urhebers vergessen oder Inhalte mit Absicht oder aus Unachtsamkeit verändert werden. Dies gilt auch bei allen freien Lizenzen als Urheberrechtsverletzung mit möglichen rechtlichen Folgen. Denn gerade bei diesen freien bzw. offenen Nutzungslizenzen können erhebliche Probleme hinsichtlich der Textverantwortung auftreten (RIEBLE 2009), z. B. dass nicht mehr ersichtlich ist, ob und wer den Text verändert hat, ob die Zitate vom Autor selbst eingearbeitet wurden oder ob es sich um Plagiate handelt, die dem anderen Autor untergeschoben werden. Diese möglichen Probleme freier Nutzungslizenzen zu vermeiden und den damit leicht möglichen Missbrauch zu verhindern, ist eine noch zu lösende gemeinsame ethische und juristische Aufgabe.

Open Access

Open Access zielt auf den öffentlichen kostenfreien Zugang zu allen wissenschaftlichen Publikationen über das Internet, die aus öffentlich finanzierten wissenschaftlichen Arbeiten und damit für den Fortschritt in Wissenschaft und Gesellschaft entstanden sind, um die Wissenschaft in Forschung, Lehre und Praxis schneller voranzubringen und den Zugang zu gespeichertem Wissen zu erleichtern und zu verbreiten. Die Begründung für diese Forderung der BERLINER ERKLÄRUNG (2003) aller bedeutenden deutschen Forschungsgemeinschaften zur Einführung von Open Access ist, dass die wissenschaftlichen Arbeiten in den Hochschulen und Forschungszentren, die aus Steuergeldern bezahlt werden, dazu auch allen in offenen Datenbanken, z. B. auf Publikationsservern, allein oder neben oder nach der Publikation in Fachzeitschriften und Fachbüchern von Verlagen frei zugänglich zu machen sind. Nutzende sollen Volltexte uneingeschränkt lesen, kopieren, verteilen, ausdrucken und auf jede legale Weise frei nutzen können. Die Urheberrechte bleiben dabei vollständig erhalten, die Urheber müssen allerdings der freien Nutzung zustimmen und die Nutzer müssen selbstverständlich die Urheber zitieren. Heftig umstritten war und ist, ob in das UrhG eine *Verpflichtung* der Urheber zum Open Access aufgenommen werden kann und soll. In Deutschland steht der Aufnahme einer solchen Verpflichtung der Urheber die grundgesetzlich garantierte Wissenschaftsfreiheit (GG Art. 5 Abs. 3) entgegen, die dem Urheber auch das alleinige Recht gibt zu entscheiden, ob, wie und wo er das von ihm erarbeitete wissenschaftliche Ergebnis veröffentlichen will. Einige Verlage erlauben inzwischen die öffentliche elektronische Publikation gegen Zahlung einer Publikationsgebühr, andere erst ein Jahr nach Erscheinen des Werks in gedruckter Form, wieder andere verkaufen eine ganze elektronische Publikation oder einzelne Abschnitte daraus an die Nutzer. Da Verlage in der Regel mit den Urhebern exklusive Verwertungsverträge abschließen und mit der Änderung des UrhG in 2008 (§§ 31a, 137) den Verlagen auch rückwirkend die Rechte an bei Vertragsabschluss unbekannten Nutzungsarten (z. B. digitale Veröffentlichung) zufallen, müssen die Urheber eine frei nutzbare elektronische Version mit ihren Verlagen eigens vertraglich vereinbaren. Kontrovers diskutiert wird, ob – wie von den Wissenschaftsorganisationen gefordert – ein „Zweitveröffentlichungsrecht" in das UrhG aufgenommen werden soll, das es den Urhebern erlaubt, nach Ablauf einer bestimmten Frist ihre Werke erneut, z. B. im Internet im Open Access zu veröffentlichen (Gefeller 2010). Dazu hat jetzt, im Jahr 2011, im Bundestag die SPD-Fraktion den Entwurf eines Gesetzes zur Änderung des Urheberrechts eingebracht, in dem für wissenschaftliche Beiträge ein unabdingbares Zweitveröffentlichungsrecht gelten soll, was noch heftig umstritten ist (Jochum 2011). Abgesehen von den mit der Einführung von Open Access verbundenen veränderten Finanzierungsstrukturen von Publikationen, kann mit Open Access über das Internet sicher der Zugang zu und die Nutzung von wissenschaftlichen Publikationen deutlich erhöht werden. Für E-Teaching und E-Learning, für die Erstellung und Nutzung von Online-Bildungsangeboten ist der freie Zugang zu Inhalten über Open Access von besonderer Bedeutung, weil dadurch das weltweite Wissen den Lehrenden und Lernenden erheblich leichter zugänglich gemacht werden kann (weitere Informationen http://www.e-teaching.org).

Open Content

Open Content ist ein Lizenzmodell für die freie Gestaltung von Lizenzen durch die Urheber für die von ihnen geschaffenen Werke. Unter dem Begriff ‚Open Content', der noch nicht verbindlich definiert ist, werden sehr unterschiedliche Lizenzgestaltungen zusammengefasst. Für mit einer Open Content Lizenz versehene Werke ist die allgemeine oder zweckbestimmte Vervielfältigung, Verbreitung und Zugänglichmachung eines Werkes in der Regel ohne Gebühren und Zustimmung der Urheber erlaubt. Darüber hinaus können mit einer Open Content Lizenz den Nutzern auch Rechte zur Bearbeitung und Veränderung der Inhalte, mit oder ohne Einschränkungen, und die Vervielfältigung und Weitergabe der veränderten Inhalte, nur über das Internet oder auch über andere Vertriebswege, eingeräumt werden. Es ist also notwendig, dass die jeweiligen Verfasser des Werkes sowie der Änderungen und Ergänzungen ihr Werk mit einer entsprechenden Open Content Lizenz oder Creative Commons Lizenz kennzeichnet. Denn auch die Urheber von Veränderungen des ursprünglichen Werkes müssen ihre Veränderungen frei geben. In einer Open Content Lizenz sollte auch geregelt sein, ob die Nutzung allgemein oder nur für bestimmte Nutzerkreise oder nur für die nichtkommerzielle Nutzung in Schulen und Hochschulen freigegeben ist. Die möglichen Lizenzen sind noch sehr heterogen, da es noch keine allgemein verbindlichen rechtlichen Regelungen gibt. Auf jeden Fall sollten Urheber von Open Content zur Vermeidung von Rechtsstreitigkeiten ihre Werke spezifiziert lizensieren (weiterführende Informationen http://www.ifross.de, http://opencontent.org, http://creativecommons.org, Spindler 2006).

Open Educational Resources

Mit Open Educational Resources (OER), der Entwicklung, Produktion, Bereitstellung und Qualitätssicherung digitaler Lehr- und Lernmaterialien sowie ihrem Austausch und ihrer Wiederverwendung sollen Doppelentwicklungen vermieden, Kosten und Zeiten eingespart und die Lehrenden und Lernenden effizient in ihren pädagogischen Handlungen unterstützt werden. Außerdem bietet der öffentliche Zugang zu OER einen Weg zur Öffentlichkeitsarbeit sowie zur Unterstützung – gegen Bezahlung oder unentgeltlich – des lebenslangen Lernens externer Interessenten. Als OER werden auf der Grundlage von Open Access und Open Content digitalisierte Lehr- und Lernmaterialien im Internet zur Verfügung gestellt. Was alles als OER bezeichnet werden darf und darunter eingeordnet werden kann, ist noch nicht eindeutig geregelt. Bereits in anderen Kontexten und auf einer anderen technischen Basis bereitgestellte und genutzte Lehr- und Lernmaterialien können darunter eingeordnet werden. Auf jeden Fall sind aber bevor etwas eingestellt wird alle Lizenzrechte, die für die verschiedenen Materialien und ihre Verwendungsformen sehr unterschiedlich sein können, zu prüfen, zu beachten oder zu erwerben. Als OER können ganz unterschiedliche Materialien (Texte, Bilder, Grafiken, Videos, Simulationen etc.), Formen (Vorlesungen, Kurse, Lernmodule, Lernobjekte etc.) und Werkzeuge (Lernräume, Lernmanagementsysteme etc.) Verwendung finden. Auch die Bearbeitung der Materialien durch die Lehrenden und Lernenden entsprechend ihren kooperativen oder partizipativen Lehr- und Lernprozessen ist darin möglich bzw. sollte darin mit einfachen technischen Formaten und Autorenwerkzeugen ermöglicht werden. Damit eine einfache Nutzung der vielfältigen Ressourcen möglich ist, sollten die Lehr- und Lernmaterialien mit Metadaten ausgestattet sein, was allerdings einigen Aufwand erfordert. Für die aktive Nutzung von OER durch Lehrende und Lernende sind auf jeden Fall nicht nur überdurchschnittliche Medienkompetenzen notwendig, sondern vor allem auch Kompetenzen zur zielorientierten Suche und kritischen Auswahl und Beurteilung der gefundenen Lehr- und Lerninhalte. Dabei ist auch kritisch abzuschätzen, ob die eingeschätzten Potenziale der gewählten Materialien, Formen und Werkzeuge im Kontext der individuellen Lernprozesse in Kommunikation mit den Lehrenden und anderen Lernenden auch entfaltet werden können. Die Bereitstellung und Nutzung von Kommentierungsfunktionen kann die Entfaltung der Potenziale unterstützen. Aufgrund des immer erforderlichen Zeitaufwandes für eine aktive und produktive Nutzung der OER beteiligen sich meist nur wenige auch aktiv (weiterführende Informationen http://www.e-teaching.org).

11.3 Fernunterrichtsschutzgesetz

Geltungsbereich des FernUSG

In Deutschland wurde 1976 das Fernunterrichtsschutzgesetz (FernUSG) eingeführt, wonach – mit wenigen Ausnahmen – alle Fernlehrangebote wie auch alle wesentlichen Änderungen bereits zugelassener Fernlehrangebote der Zulassung bedürfen (FernUSG §1, siehe unten). Keiner Zulassung bedürfen nur Fernlehrangebote, die „ausschließlich der Freizeitgestaltung oder der Unterhaltung dienen", aber „der zuständigen Behörde anzuzeigen" (FernUSG §12 Abs.1) sind, die kostenfrei sind oder die integraler Bestandteil von Präsenzlehrveranstaltungen sind, bei denen Lehrende und Lernende nicht überwiegend räumlich getrennt kommunizieren. Das Gesetz dient nicht nur dem Verbraucherschutz der Teilnehmenden am Fernunterricht, sondern hilft auch den Anbietern von Fernunterricht bei der Sicherung der Qualität ihrer Angebote und damit ihres Erfolgs. Das FernUSG gilt unabhängig von den medialen Formen, in denen die Lerninhalte multimedial aufbereitet oder die Kommunikationsmöglichkeiten zur Betreuung der Lernenden oder Studierenden durch Lehrende oder Mentoren über das Internet genutzt werden sollen. Alle Fernlehrangebote, also auch alle E-Learning-Angebote, die auf privater Vertragsbasis gegen Entgelt angeboten werden, ob von privaten Akademien, Fernlehrinstituten oder staatlichen Hochschulen, fallen unter das FernUSG und benötigen die Zulassung der Staatlichen Zentralstelle für Fernunterricht (ZFU) in Köln. Wenn es sich bei den Fernlehrangeboten um berufsbildende Lehrgänge handelt, die auf eine bundesrechtlich geregelte Prüfung vorbereiten, ist die Begutachtung des Angebots eine Aufgabe des Bundesinstituts für Berufsbildung (BIBB) in Bonn, das die ZFU bei der Zulassung berät. Alle Anbieter von E-Learning auf der Grundlage privater Verträge und persönlicher Betreuung gegen Entgelt müssen somit prüfen, ob ihr geplantes Angebot unter die Bestimmungen des FernUSG fällt. In §1 wird der Anwendungsbereich des FernUSG definiert:

> *„(1) Fernunterricht im Sinne dieses Gesetzes ist die auf vertraglicher Grundlage erfolgende, entgeltliche Vermittlung von Kenntnissen und Fähigkeiten, bei der*
>
> *1. der Lehrende und der Lernende ausschließlich oder überwiegend räumlich getrennt sind und*
>
> *2. der Lehrende oder sein Beauftragter den Lernerfolg überwachen.*
>
> *(2) Dieses Gesetz findet auch auf unentgeltlichen Fernunterricht Anwendung, soweit dies ausdrücklich vorgesehen ist."*

Das FernUSG gilt also unabhängig davon, auf welchem inhaltlichen Niveau und in welchem Umfang die E-Learning-Angebote konzipiert werden, welchen Status der Bildungsträger hat und für welche Zielgruppen die Angebote gemacht werden. Das heißt, nicht nur private Bildungszentren mit entgeltlichen Angeboten, sondern auch staatliche wissenschaftliche Hochschulen, wenn sie mit E-Learning-Angeboten gegen Gebühren privatrechtlich auf dem Weiterbildungsmarkt unter den im FernUSG §1 genannten Bedingungen auftreten, benötigen für ihre Angebote die Qualitätsprüfung und Zertifizierung der ZFU (http://www.zfu.de).

Für die Begutachtung und Zulassung von Fernlehrgängen haben BIBB und ZFU gemeinsam einen „Leitfaden für die Begutachtung von Fernlehrgängen" mit den maßgeblichen Qualitätskriterien erarbeitet, der nicht nur Grundlage der Begutachtung und Zulassung ist, sondern auch den Anbietern Transparenz verschaffen soll (BRANDENBURG 2005). Mit dem Leitfaden soll fachlich geprüft werden, ob der geplante Fernlehrgang in der vorgelegten inhaltlichen und methodischen Gestaltung für die Erreichung der Lernziele geeignet ist. Der Leitfaden ist dabei offen für unterschiedliche

Zielsetzungen von Fernlehrgängen mit oder ohne Abschlussprüfung, für unterschiedliche didaktische Modelle und methodische Vorgehensweisen, z. B. der Handlungs- oder Aufgabenorientierung, und für unterschiedliche Lernarrangements, z. B. der Mischung von Präsenz- und Onlinephasen. Der Leitfaden umfasst zwei Teile: Mit dem ersten Teil wird die abgeschlossene Lehrgangsplanung und mit dem zweiten Teil deren konkrete Umsetzung im Lehrgang an einem Beispiel eines repräsentativen Lernabschnitts beschrieben. Die Anwendung dieses Leitfadens hat den Vorteil, dass nach FernUSG §12 Abs. 3 eine vorläufige Zulassung erteilt werden kann, wenn die Lehrgangsplanung und das repräsentative Lehrgangsbeispiel sowie der Veranstalter aufgrund seiner bisherigen Tätigkeit ersichtlich keine Versagensgründe erwarten lassen.

11.4 Fazit

Rechte sind zu beachten und weiter zu entwickeln

Die kurze Beschreibung wichtiger rechtlicher Grundlagen für Online-Bildungsangebote zeigt, dass Rechtslage für die Erstellung und Bearbeitung der Online-Bildungsmaterialien auf virtuellen Lernplattformen nicht einfach ist. Die Beschreibung lässt aber auch erkennen, dass die zu beachtenden Rechtsgrundlagen auch sehr deutlich zur Sicherung der Qualität der Online-Bildungsangebote beitragen. Zugleich zeigt sich aber auch, dass die Rechtsgrundlagen entsprechend den vielfältigen neuen Möglichkeiten im Internet, das in der Gesellschaft erarbeitete Wissen öffentlich allen Interessierten zugänglich zu machen, ergänzt, verändert und weiter entwickelt werden müssen. Open Content, Open Access, Open Educational Resources sind solche neuen Möglichkeiten öffentlicher Zugänglichkeit und Bearbeitung, die auch zum Vorteil der Erstellung und Bearbeitung von Online-Bildungsangeboten genutzt werden können.

12 Nachhaltigkeit

Strategische Optionen

In den vorhergehenden Kapiteln wurden die Voraussetzungen, Bedingungen und Gestaltungsoptionen für die Didaktik, Entwicklung, Durchführung und Bewertung bildungsrelevanter virtueller Lernangebote ausführlich dargestellt. Hier sollen nun die strategischen Optionen diskutiert werden, die zur Erreichung und Sicherstellung nachhaltiger Erfolge virtueller Bildungsangebote und ihrer breiten Einführung und Nutzung notwendig sind. Der Weg zum Erfolg virtueller Bildungsangebote liegt, wie oben ausführlich erklärt, in einer grundlegenden didaktischen Neugestaltung des multimedial und interaktiv vermittelten Lehrens und Lernens, die das Gegenteil einer programmierten Unterweisung bzw. ‚Industrialisierung' von Lehr-Lern-Prozessen ist. Denn erfolgreiche Bildungsprozesse sind immer subjektiv begründete Prozesse defensiven oder expansiven Lernens in pädagogischen Verhältnissen mit Lehrenden und im gesellschaftlichen Kontext mit anderen Menschen und auch nicht auf formell organisierte Prozesse begrenzt (HOLZKAMP 1993; ZIMMER 2004).

Aufbau des Kapitels

Unter dieser Orientierung werden im Folgenden die strategischen Ziele (Kap. 12.1) und Faktoren für eine erfolgreiche Implementierung virtueller Bildungsangebote (Kap. 12.2) sowie die erforderlichen Stufen einer Implementierung in Hochschulen und Bildungszentren (Kap. 12.3), die Möglichkeiten der Kooperation von Bildungseinrichtungen zum gemeinsamen Effizienzgewinn (Kap. 12.4) und der weiteren Teilnehmergewinnung im Bereich der Weiterbildung (Kap. 12.5) sowie für eine erfolgreiche Einführung von E-Learning in Unternehmen (Kap. 12.6) dargestellt. Die Ziele, Faktoren, Stufen, Kooperationen und Gewinnung weiterer Zielgruppen sind von den jeweiligen Promotoren und Trägern der Entwicklung und Implementierung virtueller Bildungsangebote den eigenen Zielen und Ressourcen ihrer Bildungseinrichtungen entsprechend zu konkretisieren.

12.1 Strategische Ziele für E-Learning

Kostenführerschaftsstrategie

Oft ist die mit der Einführung von E-Learning nach der erheblichen Erstinvestition erhoffte anschließende Kostenreduktion der entscheidende Grund für seine Einführung als vollständiger oder teilweiser Ersatz der Lehre in Präsenzveranstaltungen. Die Erwartung ist dabei, dass die mit hohen Kosten entwickelten multimedialen interaktiven Bildungsmedien von einer unbegrenzt wachsenden Zahl von Lernenden jederzeit orts- und zeitunabhängig in einem virtuellen Lernraum von den Lernenden selbst gesteuert und eigenverantwortlich genutzt werden können. Diese Kostenführerschaftsstrategie impliziert eine längerfristige revolutionäre Umwälzung des gesamten Bildungsbereichs. Abgesehen davon, ob die damit verbundene radikale Umgestaltung der bisherigen pädagogischen Fundamente den konstitutiven Faktoren erfolgreicher virtueller Bildungsprozesse entspricht (Kap. 2), ist zunächst zu prüfen, ob die erhofften Kostenvorteile gegenüber dem Lehren und Lernen in Präsenzveranstaltungen erreichbar erscheinen und durch welche Strategien eventuell Kostenvorteile erreicht werden können. Zu beachten sind dabei die kritischen Kostengrößen: Inhaltsentwicklung, didaktisch-methodische Konzeption, Mediendesign und Medienprogrammierung. Auch wenn die Kostenkalkulationen meist nicht zugänglich sind, soll zur Verdeutlichung der Problemlage eine grobe Einschätzung erfolgen.

Effizienzvergleich zwischen Präsenz- und Fernstudium

UHL (2003, 160f) hat einen globalen Effizienzvergleich zwischen zwei eingeführten Universitätstypen angestellt, nämlich den Präsenzuniversitäten und der Fernuniversität in Nordrhein-Westfalen. Ergebnis ist (nach Aggregation der von UHL 2003 berichteten Daten), dass die Kosten der Lehre pro Studierenden an den Präsenzuniversitäten etwa 420 % über den Kosten der Fernlehre an der Fernuniversität in Hagen liegen. Dabei ist allerdings zu berücksichtigen, dass an den Präsenzuniversitäten die Integration von Lehre und Forschung als ein wesentlicher Qualitätsfaktor in den Kosten enthalten ist. Die Anzahl der Studienabschlüsse an den Präsenzuniversitäten liegt um etwa 860 % über denen an der Fernuniversität. Somit erzielt auf den ersten Blick die Fernuniversität nur etwa 50 % der Effizienz der Präsenzuniversitäten.

Bei diesem anscheinend mageren Ergebnis der Fernuniversität muss allerdings in Rechnung gestellt werden, dass die beiden Universitätstypen aufgrund der sehr unterschiedlichen Merkmale der jeweiligen Adressatengruppen im Grunde nicht miteinander verglichen werden können. Denn an der Fernuniversität sind viele Gasthörer und Zweithörer eingeschrieben, die später an Präsenzuniversitäten ihre Abschlüsse machen und ein hoher Prozentsatz der Studierenden sind Berufstätige in wissenschaftlicher Weiterbildung. Zudem sind aufgrund der zeitlichen Belastungen der berufstätigen Studierenden lange Studienzeiten vorherrschend und viele brechen ihr Studium auch vorzeitig ab. Der globale Vergleich legt die Vermutung nahe, dass die Präsenzuniversitäten wohl für längere Zeit – wie auch die gegenwärtig zunehmende Verbreitung einer partiell begleitende Nutzung von E-Learning in Präsenzlehrveranstaltungen zeigt (Kap. 2.2, 2.3) – noch effizienter sein werden als virtuelle Universitäten (SCHULMEISTER 2001, 357ff). Auch eine aufgrund der software-technologischen Vereinfachung der Medienproduktion zunehmende Produktion von Medienelementen durch die Lehrenden und Lernenden selbst sowie eine verstärkte inhaltliche und methodische Standardisierung curricular geplanter Bildungsinhalte in Modulen wird daran wenig ändern.

Kostenstruktur virtueller Hochschulen

Während an Präsenzhochschulen die Kostenstrukturen wesentlich durch die Personalkosten bestimmt sind, sind die Kostenstrukturen an virtuellen Hochschulen vor allem durch die virtuellen Studienmodule sowie die Pflege und Wartung der Lernplattformen bestimmt. Beispielsweise an der „Virtuellen Fachhochschule für Technik, Informatik und Wirtschaft (VFH)" kostete die Produktion eines virtuellen Studienmoduls mit einem Umfang von vier Semesterwochenstunden ca. 200.000 EURO; für die Pflege und Wartung wurden jährlich etwa 50.000 EURO veranschlagt (UHL 2003, 169). Die Hochschulrektorenkonferenz (HRK 2003a) kam sogar zu deutlich höheren Kostenschätzungen: „Allein für die Inhaltsentwicklung eines multimedialen Web-Kurses werden gegenwärtig pro Semesterwochenstunde je nach Fach und Aufwand zusätzlich Beträge zwischen 30.000 EURO und 100.000 EURO aufgewandt. Hinzu kommen die Kosten für die Kursabwicklung, für die tutorielle Betreuung und die laufende Pflege des Kursmaterials. Dieser Aufwand ist höchstens für wenige, über längere Zeit stabile und für viele Nutzer einsetzbare Inhalte zu rechtfertigen."

Kostenvorteil erst bei sehr großer Teilnahme

Ergebnis ist, dass ein Kostenvorteil, z. B. bei der Virtuellen Fachhochschule (VFH), erst beginnt, wenn für ein Studienmodul mindestens 7.000 bis 8.000 Studierende eingeschrieben sind. Wobei darin die einmaligen Produktionskosten des Moduls noch gar nicht enthalten sind, sondern nur die jährlichen Pflegekosten (UHL 2003, 169). Auch ist dabei noch keine Differenzierung der Studieninhalte berücksichtigt, die bei dieser sehr großen Studierendenzahl notwendig wäre, um Anforderungen des Arbeitsmarktes und individuellen Studieninteressen Rechnung zu tragen. Eine Differenzierung der Studienmodule würde jedoch wiederum zu höheren Fixkosten führen.

Integration der Lehre mit Forschung und Praxis gefährdet

Zudem muss überlegt werden, durch welche Maßnahmen die Integration von Lehre und Forschung an Hochschulen und von Lehre und Praxis in Bildungszentren, die ein zentrales Qualitätsmerkmal der Lehrveranstaltungen sind und vor allem im direkten Diskurs und inhaltlichen Kontext der Präsenzveranstaltungen realisiert werden, beibehalten werden können. Es ist eine Integration, die in Präsenzveranstaltungen immer wieder neu und aktuell hergestellt wird. Im E-Learning wird dagegen die Integration von Forschung und Praxis mit der Produktion der digitalen Bildungsmedien in denselben fixiert. Die Einrichtung – beispielweise – von ferngesteuerten Experimenten in virtuellen Laboren ist in jedem Fall besser – und z. B. bei Experimenten mit Laserstrahlen oder Radioaktivität auch sicherer – als die Vermittlung der Inhalte, Methoden und Handhabung der Instrumente über Computer Based Training, aber das Lernen in virtuellen Laboren kann keineswegs den Kompetenzerwerb in wirklichen Laboren unter realen Bedingungen ersetzen. Zudem tritt der Lehrende im E-Learning dem Lernenden (fast) nur noch in Gestalt des Bildungsmediums gegenüber. Ihre bisherige Kommunikation mit den Lernenden wird nun (fast) ausschließlich von den Tutoren und zudem konzentriert auf die unmittelbare Unterstützung der Lernenden in der Bearbeitung der Bildungsmedien wahrgenommen. Bei vielen Hunderten oder gar

Tausenden von Lernenden ist zudem eine Kommunikation mit dem Lehrenden auch gar nicht mehr möglich. Mit der heute zunehmenden Nutzung von Web 2.0 Anwendungen in den virtuellen Lernräumen kann diese Begrenzung durch die offene Kommunikation über das Internet zwar gemildert, aber nicht aufgehoben werden.

Schwieriger Weiterbildungsmarkt

Die hohen Fixkosten auch durch eine zusätzliche Erschließung des Weiterbildungsmarktes zu einem guten Teil wieder herein zu bekommen, ist schwierig. Denn dort trifft ein E-Learning-Angebot mit allen Merkmalen hochschulischer Aufbereitung von Lerninhalten auf eine meist sehr differenzierte Nachfrage. Eher würde ein Angebot im weiterführenden Studium in Frage kommen, weil die Opportunitätskosten von berufstätigen Studierenden (Lohnausfall, Reisekosten, Mehrverpflegungsaufwand) wegfallen. Jedoch sind in diesem Sektor kaum sehr große Teilnahmezahlen zu erreichen.

Eine Differenzierungsstrategie ist Erfolg versprechender

Eine Kostenführerschaftsstrategie dürfte also auf längere Zeit kaum Erfolg versprechend sein. Somit bleibt zu prüfen, ob stattdessen eine Differenzierungsstrategie mehr Aussicht auf Erfolg haben könnte. Denn im Unterschied zur Kostenführerschaftsstrategie geht es ihr nicht in erster Priorität um die Erzielung von Kostenvorteilen, sondern um neue Produkteigenschaften mit neuen Nutzungspotenzialen und neuen Chancen für den Erwerb ganzheitlicher Handlungskompetenzen zur selbstbestimmten Teilhabe an der Entwicklung und Gestaltung der individuellen und gesellschaftlichen Lebensgewinnung, die von den Lernenden nachgefragt werden. Bei der möglichen Vielgestaltigkeit virtueller Bildungsangebote sind in Anlehnung und Erweiterung der Vorschläge von UHL (2003, 175–191) mehrere strategische Ziele für die Entwicklung, Gestaltung und Implementierung virtueller Bildungsangebote realisierbar:

- *Räumliche Reichweitenerhöhung* durch virtuelle Parallelangebote für Lernende, die nicht oder nur selten in die Hochschule oder die Bildungseinrichtung kommen können. Parallelangebote können zusätzlich auch zur individuellen Vor- und Nachbereitung und zur Begleitung von Präsenzveranstaltungen genutzt werden. Da für aufwendige Produktionen wahrscheinlich keine kostendeckenden Teilnahmezahlen erreicht werden, empfehlen sich einfache Produktions- und Pflegeverfahren, beispielsweise Vorlesungsmitschnitte.
- *Soziale Reichweitenerhöhung* durch Lerninhalte mit hohem Allgemeinheitsgrad, wie z. B. Erlernen einer Fremdsprache, Funktionsweisen des politischen oder wirtschaftlichen Systems, die für unterschiedliche Zielgruppen geeignet sind.
- *Kompensation von Knappheit* durch ein Angebot virtueller Lerneinheiten, z. B., wenn nicht genügend Praktikums- oder Laborplätze zur Verfügung stehen oder wenn es um eine handlungsorientierte Simulation von Prozessen oder Entscheidungen geht. Die Entwicklungs-, Produktions- und Pflegekosten sind je nach Inhalten sehr unterschiedlich zu veranschlagen. Allerdings können sie durch

Kooperationen geteilt werden, weil keine übergreifende Vereinheitlichung der Lehrveranstaltungen erforderlich ist.

- *Differenzierung von Bildungsangeboten* für den Erwerb differenzierter Kompetenzprofile entsprechend den individuellen Bedürfnissen und Fähigkeiten der Lernenden. Eine Differenzierung kann aus mehrdimensionalen Vertiefungen von Themen oder aus Einheiten zur individuellen Übung von Fähigkeiten, Fertigkeiten und Kenntnissen bestehen oder die kooperative Bearbeitung von exemplarischen Fällen mit tutorieller Betreuung trainieren.
- *Einrichtung virtueller Gemeinschaften* für einen aufgabenorientierten Dialog zur Steigerung des Erfolgs von Bildungsprozessen. So können z. B. zur Durchführung von kooperativen oder partizipativen Lernprojekten virtuelle Gemeinschaften eingerichtet werden, um den Praxisbezug und die Effizienz des Kompetenzerwerbs zu erhöhen.

Pädagogischer Mehrwert

Der mit E-Learning erreichbare *pädagogische Mehrwert* liegt in der möglichen Steigerung der Qualität der Lehre, der Differenzierung der Bildungsangebote, dem raschen Zugang zu weiteren Informationen, der tutoriellen Unterstützung, der Entwicklung autodidaktischer Lernkompetenzen, der Entwicklung kooperativ selbst organisierter Lernprozesse, der Stärkung der Kommunikation, Kooperation und Partizipation sowie der eigenständigen Produktion und Reflexion von Lern- und Arbeitsergebnissen. Und durch eine optimal entfaltete Differenzierungsstrategie kann zugleich die ökonomische Effizienz der vielfältigen virtuellen Bildungsangebote gesteigert werden.

12.2 Strategische Faktoren für eine erfolgreiche Implementierung

Um E-Learning als vollständiges Bildungsangebot oder integriert mit entsprechenden Präsenzlehrveranstaltungen in Hochschulen (Albrecht 2003; HRK 2003b; Kerres 2002; Schönwald/Euler/Seufert 2004; Schreiterer 2003; Zentel u. a. 2002) oder Bildungszentren und in vergleichbarer Weise auch in Unternehmen in der Aus- und Weiterbildung nachhaltig erfolgreich zu implementieren und zu fördern (BMBF 2005; Hemsing-Graf 2003; Hensge/Schlottau 2001; Kröpelin 2003), sind einige grundlegende strategische Faktoren zu beachten und den jeweiligen institutionellen Zielen und Bedingungen entsprechend konkret zu konzipieren und aufzubauen. Diese strategischen Faktoren, die im Folgenden näher erläutert werden, sind

1. die Entwicklung strategischer Kompetenzen,
2. die Gestaltung einer aufgabenorientierten Didaktik des medienvermittelten Lehrens und Lernens, denn alle E-Learning-Angebote müssen sich daran messen lassen, inwieweit sie die Bildungsziele besser erreichen als in den traditionellen Bildungsarrangements,

3. die medienbasierte Reorganisation der institutionell etablierten Lehr-Lern-Strukturen,
4. die Organisation virtueller Gemeinschaften der Lernenden,
5. die Produktion virtueller Bildungsangebote in Kompetenzzentren oder durch Auftragsvergabe, und damit all dies realisiert werden kann, ist
6. die Schaffung einer medialen pädagogischen Infrastruktur als zentrale technisch organisatorische Grundlage notwendig.

12.2.1 Entwicklung strategischer Kompetenzen

Fünf Dimensionen

Für eine erfolgreiche Implementierung von E-Learning in Hochschulen, Bildungszentren und Unternehmen ist eine zentrale Voraussetzung, dass nicht nur die Führungskräfte, sondern auch alle an der Implementierung aktiv Beteiligten über die entsprechenden strategischen Kompetenzen verfügen. Fünf Dimensionen der strategischen Kompetenzen sind dabei für die E-Learning-Promotoren von entscheidender Bedeutung (EULER 2005a, 177–183):

(1) Organisationskompatible Implementation

Die notwendigen Kompetenzen für die Entwicklung einer organisationskompatiblen Implementationsstrategie umfassen die Kenntnisse der didaktischen Potenziale und organisatorischen Bedingungen des E-Learning, die Analyse der Anforderungen der Zielgruppe sowie die Überzeugung derselben, die geplanten virtuellen Bildungsangebote zur Verbesserung der eigenen und gemeinsamen Lern- und Arbeitsprozesse zu nutzen. Dies schließt die Beteiligung der Zielgruppe an der Implementation und der Qualitätssicherung in der laufenden Nutzung notwendig ein. Darüber hinaus müssen die Promotoren kompetent sein, die Finanzierung der Implementation und des laufenden Betriebs zu sichern, die Kooperation der Medienproduzenten und Tutoren zu organisieren sowie ein Qualitätsmanagement einzurichten.

(2) Entwicklung der E-Learning-Kultur

Die zur Entwicklung der Lehr- und Lernkultur im virtuellen Lernraum innerhalb der Organisation notwendigen Kompetenzen umfassen die Analyse von Widerständen, die Förderung von Akzeptanz, die Gestaltung innerorganisatorischer lehr- und lernkultureller Veränderungsprozesse, die Begleitung der Implementation sowie die Moderation der Kommunikation und der Auswertung der gemachten Erfahrungen und deren Umsetzung in Verbesserungen der virtuellen Bildungsangebote.

(3) Gestaltung der E-Learning-Umgebung

Über die Gestaltung virtueller Lernumgebungen in den jeweiligen Organisationen sind entsprechende Kenntnisse erforderlich, damit die Gestaltungsprozesse kompetent angeleitet werden können. Dazu gehören grundlegende Kenntnisse über didaktische Orientierungen und deren Potenziale, z. B. über das kooperativ selbst organisierte Lernen, die Entwicklung digitaler Bildungsmedien, die Formen und Dynamiken multimedialer netzbasierter Kommunikation, die Kombination verschiedener Lernorte sowie über die didaktische Gestaltung der Integration von E-Learning in die Studien-, Lern- und Arbeitsprozesse, z. B. durch aufgabenorientierte produktive Lernkonzepte.

(4) Schaffung der Infrastruktur

Die zur Schaffung der organisatorischen und technischen Infrastruktur notwendigen Kompetenzen umfassen zum einen die Schaffung bedarfsgerechter administrativer Unterstützungsstrukturen und die Bestimmung der entsprechenden arbeitsteilig zu leistenden Aufgaben, wie z. B. Lernbedarfserhebungen, Medienentwicklungen, tutorielle Unterstützungen. Zum anderen umfassen sie Kenntnisse über die Einrichtung und Gestaltung technischer Infrastrukturen, z. B. über Learning Management-Systeme, Lernplattformen, Diskussionsforen, Einstellung von Bildungsmedien.

(5) Projektmanagement

Die zum Projektmanagement bzw. zum Management des laufenden E-Learning-Angebots erforderlichen Kompetenzen umfassen die Planung und Kontrolle der Ressourcen, die Gesamtplanung des Implementierungsprozesses (der Prioritäten, Meilensteine, Verantwortlichkeiten, Zeitpläne) sowie die Einrichtung der Organisation des laufenden Betriebs und des Qualitätsmanagements durch die entsprechenden Abteilungen bzw. Personen.

12.2.2 Gestaltung einer aufgabenorientierten Didaktik

Didaktik des Lehrens und Lernens im virtuellen Lernraum

Virtuelle Bildungsangebote bedürfen der Konzeptualisierung einer neuen Didaktik, weil das pädagogische Verhältnis zwischen Lehrenden und Lernenden durch die vielfältigen Nutzungsformen von Computer und Internet technisch vermittelt hergestellt wird. Die traditionelle Präsenzdidaktik ist dafür nicht mehr angemessen. Der virtuelle Lernraum ermöglicht den Lehrenden, ihre Inhalte medial zu präsentieren, und den Lernenden, ihre Ergebnisse zunehmend selbst organisiert und kooperativ zu erarbeiten, wobei die Lehrenden und diese Vertreten durch Tutoren den Lernprozess moderierend und beratend begleiten. Damit die auf der Basis der interaktiven multimedialen Vermittlung herausgebildeten neuen Arbeitsweisen, die örtlich getrennt und meist asynchron und mithin ohne direkten wechselseitigen Bezug selbstständig ablaufen, optimal entfaltet werden können, müssen komplexere Lernaufgaben formuliert oder vereinbart werden.

Aufgabenorientierte Didaktik fördert Lernen im virtuellen Lernraum

Diesen neuen didaktischen Anforderungen entspricht das Konzept der aufgabenorientierten Didaktik (Kap. 4; ZIMMER 2003). Dieses Konzept bietet zugleich die Chance, dass die Lehrenden mit aktiver Beteiligung der Lernenden aus den aktuellen Problemen und Aufgaben in exemplarischen Praxisfeldern die relevanten Lernaufgaben ausgliedern. Grundlegende Lerninhalte sind den ausgegliederten Lernaufgaben zweckbezogen zugeordnet. Diese Aufgabenorientierung bedeutet für das Lernen im virtuellen Lernraum einen Gewinn an Qualität, Effizienz und Praxisbezug, und damit die Chance zu einer breiten, flexiblen und kreativen Kompetenzentwicklung. Sie fördert zudem das kooperativ selbst organisierte Lernen, indem sie den Lernenden zunehmend komplexere Aufgaben zur Bearbeitung stellt. Der selbst organisierten Bearbeitung von Lernaufgaben müssen die Präsentation und gemeinsame Reflexion der Arbeitsergebnisse der Lernenden folgen. Dadurch werden die Lernenden und die Lehrenden befähigt, die erbrachten Leistungen sowie die möglichen Defizite beurteilen und die nächsten Lehrangebote und Lernschritte planen zu können. Dies fördert nicht nur die Herausbildung autodidaktischer Kompetenzen der Lernenden als wichtigem Erfolgsfaktor jedes Lernens, sondern fördert auch die Entwicklung von Handlungsorientierungen, Interessen und Herangehensweisen für die kompetente Teilhabe in der Gesellschaft.

Kommunikation und Kooperation
Die unterstützte Selbstorganisation der Bearbeitung komplexer Lernaufgaben ist am Besten in Kooperation und Kommunikation der Lernenden in kleinen Lerngruppen durchführbar. Darin ist von zentraler didaktischer Bedeutung für den individuellen und gemeinsamen Lernerfolg, dass die Lernenden nach jedem vereinbarten Arbeitsabschnitt ihre Ergebnisse den Lehrenden und den anderen Lernenden im virtuellen Lernraum für kritische Kommentare und weiterführende Hinweise präsentieren. Anders als in Präsenzveranstaltungen muss allerdings eine größere Verbindlichkeit der individuellen Beiträge eingehalten werden, weil zum einen die in Präsenzveranstaltungen direkte soziale Kontrolle aller Aktivitäten wegfällt und zum anderen die verringerten sozialen Schranken in der Internet-Kommunikation leicht dazu verführt, Unterstützungen von anderen einzufordern, für die bislang Bibliotheken aufgesucht wurden. Hinzu kommt, dass durch die Internet-Suchmaschinen sehr rasch für die Lernaufgaben passende Informationen zu finden sind, die dann in der Lerngruppe für weitergehende Aufgaben zur Diskussion gestellt werden können.

12.2.3 Reorganisation der pädagogischen Verhältnisse

Verhinderung der Anonymisierung von Lehrenden und Lernenden
Mit der aufgabenorientierten didaktischen Gestaltung der virtuellen Lernangebote soll auch eine infolge der multimedialen Objektivierung der Lehr- und Lernhandlungen (ZIMMER 2001, 131ff) zunehmende Anonymisierung der pädagogischen Verhältnisse und Beziehungen verhindert werden. Denn eine Anonymisierung der Lehrenden und Lernenden würde die erwünschten Bildungsprozesse sehr behindern, weil sie den notwendigen Diskurs als Grundlage jeglicher Bildung erheblich erschwert oder gar unmöglich macht. Die Aufgabenorientierung, die eine größere Selbstorganisation des Lernens in kooperativ arbeitenden Lerngruppen fördert, ermöglicht gerade eine inten-

sivere inhaltliche Zusammenarbeit, sodass keine Anonymität entstehen kann. Zudem werden durch die Lerngruppen wie durch die tutorielle Betreuung und die Beiträge, Informationen, Kommentare und Hinweise der Lehrenden in der laufenden Bearbeitung der Lernaufgaben, z. B. bei präsentierten Zwischenergebnissen, auch die sozialen Kompetenzen der Lernenden sehr gut gefördert, sicher besser als in großen Präsenzlehrveranstaltungen mit vielen Teilnehmern.

Aufbau aufgabenorientierter Lernangebote

Aufgabenorientierte Lernangebote sind die didaktischen Bausteine im virtuellen Lernraum. Weder im Studium noch in allgemeinen oder beruflichen Bildungsprozessen geht es um den Erwerb einer Enzyklopädie ‚trägen' Wissens in einer Fachdisziplin oder in einem Praxisfeld, sondern um den Erwerb reflektierter und wissenschaftlich fundierter Handlungskompetenzen. Dafür ist zweifellos breites, auch interdisziplinäres Grundwissen erforderlich, damit die wachsende Teilhabe in Wissenschaft und Praxis gelingen kann. Entscheidend ist jedoch das durch die Lehrenden angeleitete und unterstützte Hineinarbeiten der Lernenden in die aktuellen Problematiken in Wissenschaft und Praxis, um sich die erforderlichen Handlungskompetenzen zu ihrer Lösung selbst zu erarbeiten. Online-Aufgaben am Computer, die auch automatisch korrigiert werden, sind dabei nur geeignet, das für die Bearbeitung komplexer Aufgaben auch erforderliche Standardwissen zu erlernen. Die mit der Bearbeitung komplexer Aufgaben erzielten Lernerfolge sind allerdings keineswegs durch Online-Aufgaben, sondern nur durch die eigenständige erfolgreiche Bearbeitung vereinbarter Lern- bzw. Arbeitsaufgaben feststellbar und bewertbar.

Unterstützung selbst organisierten Lernens

Den Lehrenden fällt dabei die wichtige Aufgabe zu, nicht nur die Bildungsangebote inhaltlich und organisatorisch entsprechend dem Curriculum zu bestimmen und laufend zu aktualisieren, sondern mehr noch die Lernenden, vermittelt über die Tutoren, in ihren kooperativ selbst organisierten Lernprozessen inhaltlich zu unterstützen. Den Tutoren kommt hierbei eine wichtige inhaltliche Vermittlerfunktion zu. Sie geben sowohl den Lernenden inhaltliche Hilfestellungen bei der Bearbeitung der Lernaufgaben als auch den Lehrenden Rückmeldungen über die Schwierigkeiten und Erfolge der Lernenden. Dafür ist vor allem die Vereinbarung einer neuen Arbeitsteilung und eines neuen Zeitmanagements für Lehre, Lernen, Beratung, Kommunikation und Kooperation notwendig. Ziel der Reorganisation der Lehr-Lern-Struktur muss es sein, die Lernenden beim Aufbau eines eigenen Kompetenzprofils, also ihrer wachsenden Selbstpotenzierung und Selbstpositionierung in der Gesellschaft zu fördern. Der Erfolg der Reorganisation der Lehr- und Lernkultur wird somit entscheidend hervorgebracht durch die Entwicklung einer neuen, virtuellen Lehr- und Lernkultur (Kap. 2.6). Um den Erfolg auf Dauer den aktuellen Anforderungen entsprechend zu sichern, ist ein entsprechendes Qualitätsmanagement notwendig (Kap. 8).

12.2.4 Organisation virtueller Lerngemeinschaften

Spontanität informeller Lernprozesse

Lernen ist nicht nur ein formeller, didaktisch und methodisch gestalteter Prozess, sondern immer auch ein informeller Prozess, der vor, nach und neben den formellen Lernprozessen – oder auch unabhängig von diesen – zwischen den Lernenden stattfindet. Traditionell geschieht dies in Kopräsenz vor Beginn oder nach Beendigung von Lehrveranstaltungen oder auch zu anderen Zeiten an anderen Treffpunkten. Diese begleitenden informellen Prozesse haben für die subjektiven Bildungsprozesse eine große Bedeutung. Sie dienen der Kommunikation von Erfahrungen und Absichten, von Ratschlägen und Hinweisen, von Einschätzungen und Orientierungen, von Informationen und Hilfen der Lernenden untereinander. Die sich meist zufällig und spontan herausbildenden Organisationsformen informellen Lernens in Kopräsenz sind daher außerordentlich vielfältig und zu deren Gründung können natürlich auch keine allgemein gültigen Handlungsanweisungen aufgestellt werden. Sie können als Formen von ‚Communities of Practice‘ (LAVE/WENGER 1991) angesehen werden, in denen Lernen als situierte soziale Praxis stattfindet, ohne dass die Lernenden diese als eine von ihnen bewusst hergestellte kooperativ selbst organisierte Praxis begreifen müssen.

Diese informelle Kommunikation der Lernenden stellt neben den formellen Lernhandlungen in didaktisch-methodisch gestalteten Arrangements nicht nur eine wichtige weitere Lernressource dar, sondern hilft dem Einzelnen auch, die formellen Anforderungen besser und erfolgreicher meistern zu können. Sie hilft bei der Reflexion der Anforderungen und erwarteten Leistungen, um mehr Transparenz zu erlangen und eine bessere individuelle Orientierung für die eigenen Interessen und Schwerpunkte zu finden, um so allmählich persönliche Entwicklungspfade für die eigenen Kompetenzprofile entsprechend den angestrebten späteren Berufsperspektiven herauszubilden.

Neustrukturierung informeller Lernprozesse

Mit den virtuellen Bildungsangeboten und damit der Auflösung der Kopräsenz der Lernenden verschwinden auch die traditionellen Gelegenheiten zur spontanen Bildung von Lerngemeinschaften. Damit verschwindet zunächst auch ein wesentlicher Nachhaltigkeitsfaktor subjektiver Bildungsprozesse. Allerdings eröffnet das Internet zugleich auch neue Möglichkeiten für informelles Lernen und damit auch für die Herausbildung virtueller Lerngemeinschaften (ARNOLD, P. 2003a, 2003b, 2008). Formen virtueller Lerngemeinschaften haben sich insbesondere verstärkt durch die Entwicklung der ‚Social Software‘ (Web 2.0) bereits neu herausgebildet. Damit gibt es neue Möglichkeitsräume für die Kompetenzentwicklung in informellen kooperativen Lernprozessen in den virtuellen Lernräumen und im Internet (ERPENBECK/SAUTER 2007; KOCH 2011).

Die Mitgliedschaftsregelungen bilden sich darin ebenso wie die Ziele, Inhalte, Arbeitsmethoden und Kommunikationsformen meist in kooperativer Selbstbestimmung spontan heraus. Die Orts- und Zeitunabhängigkeit der Kommunikation und Kooperation macht zumindest eine Anregung und folgende Moderation notwendig, und mit wachsender Intensität des Austausches auch eine Aufteilung der wahrzunehmenden Aufgaben innerhalb einer virtuellen Lerngemeinschaft. Aufgaben können z. B. darin bestehen, Sammlungen von Lernmaterialien, von wichtigen Internet-Links, von Vorlesungsskripten, Referaten und Prüfungshinweisen aufzubauen, um damit Lernressourcen zur Verfügung zu stellen.

Lehrende sind Anreger, aber keine Mitglieder

Lehrende können die Bildung virtueller Lerngemeinschaften anregen, aber nicht selbst anleiten. Sie dürfen auch nicht selbst in den virtuellen Lerngemeinschaften mitwirken, weder aktiv noch passiv, weil dies auf jeden Fall den offenen Austausch der Lernenden untereinander beeinflussen und damit stören würde. Aber selbstverständlich sollten sie auf Wunsch der Lernenden für Nachfragen und Diskussionen zur Verfügung stehen – und nur in einem so legitimierten Zusammenhang können sie an Lerngemeinschaften vorübergehend teilnehmen. Allerdings müssen sie dafür Sorge tragen, dass auf der Lernplattform in den jeweiligen Abteilungen Räume eingerichtet werden, die ausschließlich den Lernenden zugänglich sind.

12.2.5 Produktion virtueller Bildungsangebote

Didaktische Aufgaben der Lehrenden

Die Konzeption und Herstellung digitaler Medien für virtuelle Bildungsangebote (Kap. 5) kann nur als ein arbeitsteiliger Prozess organisiert werden, in dem aufgrund des Primats der Lerninhalte vor ihren medialen und interaktiven Präsentationsformen die Lehrenden entscheidend sind. Sie müssen die Ziele, Inhalte und Methoden der Bildungsangebote entwickeln, die sie mit den Lernenden reflektieren und präzisieren, um für die Lernenden abgegrenzte Lernaufgaben aus dem reflektierten Problemfeld zur Bearbeitung auszugliedern. Diese Vorschläge können sie bereits in einfachen medialen Formen, z. B. in Form von Texten, Folien, Bildern, Videos, präsentiert und zur Diskussion stellen, wobei die Diskussion über die Vorschläge und die Ausgliederung von Lernaufgaben über die Kommunikationsfunktionen im Lernraum online oder in einer Präsenzveranstaltung geführt werden kann.

Zur Bearbeitung der im gemeinsamen Diskurs ausgegliederten Lernaufgaben sollten die Lernenden zum einen auf ausgewählte und bereitgestellte Medien und eventuell auch über Suchmaschinen auf weitere erschließbare Informationen zugreifen können. Zum anderen werden die Lehrenden auch Medien anpassen oder ergänzen wollen oder auch eigens für die Bearbeitung der Lernaufgaben verfasste Inhalte in interaktiver multimedialer Präsentationsform zur Verfügung stellen wollen. Bei der Anpassung, Ergänzung vorhandener oder der Erstellung eigener Bildungsmedien geht es meist nicht nur darum, eine wirksamere und effizientere Bearbeitung der Lernaufgaben zu ermöglichen, sondern vielmehr die je spezifische Akzentsetzung der ausgegliederten Lernaufgaben für die Lernenden bearbeitbar zu machen.

Mediale Aufgaben der Lehrenden

Bei der Anpassung und Ergänzung von Bildungsmedien wäre es vorteilhaft, wenn dies die Lehrenden selbstständig tun könnten. Dies erfordert jedoch, dass die Medien so programmiert werden, dass dies möglich ist. Die komplette Erstellung eigener Medien werden die Lehrenden in absehbarer Zeit nicht selbst machen können und wollen. Dies werden sie, vorausgesetzt sie haben die notwendigen Kompetenzen zur Medienproduktion, aufgrund des hohen Zeitaufwandes nur in Ausnahmefällen mit Hilfe von Autorensystemen tun können. Für die Medienproduktion benötigen sie daher die Unterstützung von Medienautoren, Mediendesignern und Medienprogrammierern. Damit sie die Inhalte für die Medienproduktion angemessen aufbereiten können, müssen sie einiges Wissen über deren Arbeit und ihre Anforderungen an sie als Inhaltslieferanten besitzen (GLOWALLA/GROB/THOME 2000, 72).

Organisation arbeitsteiliger Strukturen der Medienproduktion

Die Kompetenzen zur Mediennutzung und die Kenntnisse über die Medienproduktion erwerben die Lehrenden am besten in der Form kooperativer Zusammenarbeit in Produktionsteams. Diese Produktionsteams sollten vorzugsweise in Kompetenzzentren angesiedelt sein, die auch die erforderliche medientechnische Infrastruktur für die Produktion bereitstellen und pflegen. Dabei sollten zumindest die Arbeitsplätze der Mediendesigner und Medienprogrammierer im Kompetenzzentrum lokalisiert sein, damit zwischen ihnen eine Abstimmung über einzuhaltende Standards und ein laufender Erfahrungsaustausch stattfinden können. Dies ist notwendig, um softwareergonomische Standards für eine in den Funktionsstrukturen weitgehend einheitliche benutzerfreundliche Oberfläche einhalten zu können sowie eine möglichst allen Produktionsanforderungen gerecht werdende Entwicklungsumgebung zur Verfügung zu haben. Das Design der Medien kann aber durchaus in einem gewissen Rahmen variiert werden, um Unterscheidbarkeit und Wiedererkennbarkeit zu erleichtern. Die Medienautoren müssen dazu sowohl mit den Lehrenden wie mit den Mediendesignern und Medienprogrammierern intensiv kooperieren. Sie müssen sowohl Kenntnisse in der jeweiligen Fachdisziplin als auch im Design und der Programmierung der Medien haben. Ihren Arbeitsplatz können sie wahlweise im Kompetenzzentrum oder im jeweiligen Fachbereich einrichten.

Vor- und Nachteile externer Medienproduktion

Soll die Medienproduktion insgesamt an Externe vergeben werden, ist möglicherweise mit einigen Erschwernissen zu rechnen. So ist die in den meisten Produktionen erforderliche laufende Kooperation mit den Lehrenden durch die räumliche Entfernung erschwert. Zudem birgt die externe Produktion die Gefahr differenter Entwicklungen im Mediendesign der verschiedenen virtuellen Lernangebote selbst innerhalb eines Fachgebietes, zumal durch die notwendige Auftragsausschreibung wahrscheinlich unterschiedliche Firmen zum Zuge kommen. Andererseits können bei Externen möglicherweise professionellere Entwicklungsumgebungen und dementsprechend aktueller und umfassender qualifizierte Medienexperten zur Verfügung stehen. Daher wird jeweils im konkreten Fall zu entscheiden sein, ob eine Vergabe an Externe oder eine Produktion im eigenen Kompetenzentrum erfolgen soll.

12.2.6 Schaffung einer pädagogischen Infrastruktur

Aufgaben des Rechenzentrums

Technische Voraussetzung für virtuelle Bildungsangebote ist eine stabile und leistungsfähige informations- und kommunikationstechnische Infrastruktur, deren Aufbau und Betrieb am Besten durch ein Rechenzentrum gewährleistet werden kann. Hier muss für den Anschluss des hausinternen Computernetzes an das Internet sowie für den jederzeitigen Zugriff aller Lernenden und Lehrenden auch vom häuslichen Schreibtisch aus gesorgt werden. Insbesondere muss das Rechenzentrum die Sicherheit im Netz gewährleisten. Dabei geht es nicht nur um das Abweisen unerwünschter E-Mails, sondern vor allem auch um die Verhinderung unerlaubterer Zugriffe auf die Computer, z. B. um mittels eines Trojaners die Prüfungsfragen vor einer anstehenden Klausur zu erkunden. Auch die Auswahl und Pflege des virtuellen Lernraumes sollte in Zusammenarbeit mit den Lehrenden, Lernenden und Medienproduzenten erfolgen. Von zentraler Bedeutung sind dabei die Funktionalitäten des Lernraumes, die im zentralen Arbeitsbereich und in den Abteilungen Angebot & Auskunft, Planung & Verwaltung, Mediathek & Ergebnisse, Schnittstelle zu Anwendungssoftware, Kommunikation & Kooperation sowie Prüfung & Evaluation zur Verfügung stellen sollten (Kap. 3; ZIMMER 2000b, 2003, 12ff).

Aufgaben der Verwaltung, Fachbereiche und Lehrenden

Für das Einstellen und die Pflege der virtuellen Bildungsangebote müssen mindestens drei Bereiche zuständig sein: Erstens muss der Fachbereich für alle Informationen zu Angeboten und Lehrenden sowie zu den Curricula und Prüfungsordnungen sorgen, ebenso für die Lernberatung sowie für ein Forum für Fragen und Hinweise der Lernenden. Zweitens müssen jeder Lehrende seine bzw. jede Fächergruppe ihre Bildungsangebote in den Lernraum einstellen und pflegen, ihre Lernenden betreuen, Lernberatung leisten, Arbeitsergebnisse der Lernenden verteilen und kommentieren. Drittens ist die Verwaltung zuständig für die Organisation und Belegung der Bildungsangebote sowie für die erreichten Prüfungsleistungen. Die Lehrenden müssen sich dabei auf ihre inhaltlichen Kernaufgaben als Dozenten und Autoren konzentrieren, während wissenschaftliche Tutoren sich um die laufende Betreuung der Lernenden zu kümmern haben. Daneben kann die Pflege und Aktualisierung des Lernraumes auch von Hilfskräften aus der Gruppe der Lernenden übernommen werden.

Lehrende brauchen Medienkompetenzen und die Integration in E-Teams

Auch wenn die Lehrenden medientechnisch wenig oder gar nicht in die digitalen Bildungsmedien eingreifen, so müssen sie doch Medienkompetenzen haben, damit sie die medialen Realisierungsmöglichkeiten beurteilen und planen können. Ebenso sind mindestens Mediennutzungskompetenzen aufseiten der Lernenden notwendig und diesen zu vermitteln. Es ist sehr empfehlenswert, für ein gutes Funktionieren der computer- und internetbasierten pädagogischen Infrastruktur auf Fachbereichs- oder Institutsebene ein oder mehrere Arbeitsgruppen für Technik, Produktion, Pflege, Beratung, Schulung, Qualitätssicherung, Rechtsfragen etc., einzurichten. Zwei entscheidende Fragen sind zu beantworten: Wie ist die Infrastruktur zu gestalten, damit die angestrebten Bildungsprozesse in ihren zentralen Dimensionen besser gefördert werden können, als dies in Präsenzveranstaltungen in der Regel geschieht? Wie müssen die pädagogischen Handlungsstrukturen, also die Lehr- und Lernhandlungen, neu angeordnet werden – beispielsweise durch Schulung – damit die Potenziale virtueller Lernangebote optimal genutzt werden können?

12.3 Implementierung in Hochschulen und Bildungszentren

12.3.1 Grundlagen und Voraussetzungen

Gestaltung der Lehr-Lern-Kultur

„Ausgangspunkt und Gestaltungsfeld nachhaltiger E-Learning-Implementierungen" in Hochschulen und Bildungszentren ist die „Lehr-Lern-Kultur" (WIRTH 2005, 375ff). Lehr-Lern-Kulturen sind in gesellschaftlichen und kulturellen Kontexten und Machtverhältnissen herausgebildete Muster institutionalisierter Formen pädagogischer Handlungen (ZIMMER 1987, 378ff, 2001, 129). Sie werden geformt durch die gemeinsamen Interessen, Wertvorstellungen, Ziele und Handlungsanordnungen, die Lehrende und Lernende einer Hochschule oder eines Bildungszentrums zur Vermittlung und zum Erwerb von Kompetenzen, mithin zur Überwindung individueller oder auch kollektiver Kompetenzdiskrepanzen teilen. Ihre Lehr- und Lernhandlungen sind bestimmt durch vorgegebene, übernommene und modifizierte Positionen und Funktionen in den institutionalisierten pädagogischen Verhältnissen. Die Anordnung ihrer Handlungen formt ihr jeweiliges Rollenverständnis bezüglich Lehren und Lernen, führt sie zu Grundvorstellungen über gute Lehre und gutes Lernen und bringt ihre wechselseitigen Erwartungen an die täglichen Lehr- und Lernhandlungen hervor. An der Beziehung der Handlungen der Lehrenden und Lernenden zueinander kann die herausgebildete Lehr-Lern-Kultur erkannt werden. Und durch die Veränderung des pädagogischen Verhältnisses und der Beziehungen zueinander verändern sich wiederum die Lehr- und Lernhandlungen und damit auch die Lehr-Lern-Kultur, graduell oder grundlegend. Diese Veränderungen sind wesentlich bestimmt und hervorgebracht durch die wirtschaftlichen, technischen, sozialen, kulturellen und subjektiven Entwicklungen und Umbrüche in der Gesellschaft.

Lehrende als Dienstleister

Mit der Einführung und Nutzung des E-Learning auf der Basis und im Kontext mit dem Internet wird eine grundlegende Umwälzung der Lehr-Lern-Kultur angestoßen. Sie wird ausgelöst durch die neuen informations- und kommunikationstechnischen

Möglichkeiten des selbst gesteuerten, partizipativen und gemeinschaftlichen Lernens über die institutionellen Grenzen hinweg, die Entwicklung produktiver und diskursiver Formen des Lernens, indem individuell oder kooperativ erarbeitete Lern- und Arbeitsergebnisse allen zur Diskussion gestellt werden, um durch Kritik und Anregungen zu weiterführenden Lernfortschritten zu kommen. Diese neuen Möglichkeiten des Lernens haben für das Lehren grundlegende Veränderungen zur Folge. Nicht mehr die eindirektionale Vermittlung von Wissen und Kompetenzen vom Lehrenden zum Lernenden steht im Zentrum der Lehrhandlungen, sondern diese Vermittlung ist eingebettet in die inhaltliche und methodische Moderation, Beratung, Unterstützung und Reflexion der Lernprozesse der Lernenden. Die Lehrenden sind somit vielmehr als kompetente Dienstleister in formalen und nonformalen Lernprozessen gefragt. Die Aufgabenorientierung im Studium, im Lernen und Lehren wird somit zum zentralen Leitbild der Lehr-Lern-Kultur in virtuellen Bildungsangeboten.

Interessen der Lehrenden und Lernenden

Die Einstellungen, Voraussetzungen, Bedingungen und Ziele der Handlungen der Lehrenden und Lernenden und ihre vereinbarten Handlungsbezüge sowie die jeweiligen Fachdisziplinen und entwickelten Fachkulturen bilden die Grundlage, den Rahmen und den Ausgangspunkt sowohl für den Erfolg der Implementierung wie auch für die jeweils implementierten Formen von E-Learning in Hochschulen und Bildungszentren (EULER 2005b, 570ff; KLEIMANN/WANNEMACHER 2004; SEUFERT 2006). Denn ob die Lehrenden sich als Innovatoren verstehen und aktiv werden mit einem ausgeprägten Interesse an der Verbesserung der Lehre und des Lernens mit E-Learning oder ob sie eher keine Risiken eingehen möchten, weil sie die Konsequenzen der Einführung von E-Learning nicht abschätzen können und ihre bisher erfolgreiche Lehrpraxis nicht gefährden möchten, oder ob sie die möglichen Vorteile der Nutzung von E-Learning für ihre Karriereziele nicht erkennen können oder ob sie aufgrund persönlicher Einschätzungen die mit der Einführung von E-Learning verbundenen Veränderungen der Lehr-Lern-Kultur prinzipiell ablehnen, sind entscheidende persönliche Voraussetzungen für eine Implementierung. Auf diese individuellen Einstellungen und Handlungsgründe der Lehrenden ist in allen Stufen der Implementierung sowohl argumentativ als auch durch positive Beispiele und das Angebot von Unterstützungen einzugehen. Auch bei den Lernenden, die mittlerweile fast alle das Internet nutzen, kann die Einführung bzw. Nutzung von E-Learning dennoch auf mehr oder weniger ausgeprägte Skepsis stoßen. Lernende können sich durch die neuen Formen des selbst organisierten und kooperativen Lernens herausgefordert sehen. Diese neuen Formen selbstständigen Lernens können aber auch Unsicherheit gerade in Bezug auf die zu erbringenden Prüfungsleistungen auslösen. Für ihre Motivation zum E-Learning ist aber nicht nur entscheidend, die Ziele, Inhalte, Methoden und erwarteten Prüfungsleistungen vorab darzulegen, um Vorbehalte abzubauen und Sicherheit für die E-Learning-Prozesse zu geben. Wichtig sind darüber hinaus ihre E-Learning-Erfahrungen und E-Learning-Kompetenzen, deren Erwerb durch individuell abrufbare Hilfen zu unterstützen ist, sodann ihre zeitlichen Belastungen, nämlich ob diese ihnen die Ausschöpfung der Potenziale des E-Learning hinreichend zulassen, sowie ihre

Einschätzung der Bedeutung und Notwendigkeit der Kompetenzen zum selbst gesteuerten Lernen in Wirtschaft und Gesellschaft, die im und mit E-Learning ebenfalls zu vermitteln sind.

Promotoren der Implementierung

Prinzipiell sollte, so schlägt EULER (2005b, 574ff) vor, „die Steuerung der Implementierung von E-Learning-Innovationen [...] in einem Team aus Macht- und Fachpromotoren unter der Leitung von Fakultätsmitgliedern der höchsten Rangstufe erfolgen." Auf der ausführenden Ebene sind sodann Expertengemeinschaften unter Beteiligung der Lernenden einzurichten, die sich auf fachliche oder fachübergreifende Themen und Probleme konzentrieren und überzeugende und praktikable Vorbilder des E-Learning schaffen und kommunizieren. Die neuen Lehr- und Lernformen sind entsprechend den Anforderungen der jeweiligen Fachgebiete mit den in diesen Fachgebieten Lehrenden und Lernenden gemeinsam in offener und selbstbestimmter Kooperation zu entwickeln. Dabei ist eine angemessene Vorgehensweise und Aufgabenteilung zu vereinbaren, denn die mit der Entwicklung verbundenen Zusatzbelastungen müssen für alle Beteiligten erfüllbar sein. Das Lehrdeputat muss neu strukturiert werden, denn die erheblichen andersartigen zeitlichen Belastungen sind darin zu berücksichtigen, wie sie z. B. durch die mediengerechte Aufbreitung der Lerninhalte, die notwendige Kooperation bei der Medienproduktion und die asynchrone Kommunikation mit den Lernenden verursacht werden. Zudem muss neben den erforderlichen finanziellen Mitteln eine mediendidaktische und medientechnische Unterstützung zur Verfügung stehen, ohne die E-Learning weder Akzeptanz finden noch breit eingeführt werden kann.

In Pilotprojekten Erfahrungen sammeln

Empfehlenswert ist, zunächst mit vollständigen Pilotprojekten erste Erfahrungen zu sammeln. Dazu sollten die Pilotprojekte sich nicht nur auf mediale Ergänzungen von Präsenzveranstaltungen beschränken, weil dann keine substanziellen Erfahrungen gesammelt werden können. Vielmehr sollten ganze Abschnitte von Lehrveranstaltungen komplett in virtuelle Bildungsangebote transformiert werden, damit in allen substanziellen Aspekten Erfahrungen gesammelt und ausgewertet werden können. Auf der Grundlage einzelner, aber im ersten Durchgang bewährter virtueller Bildungsangebote können weitere Angebote bis hin zu kompletten Bildungsgängen abschnittweise entwickelt werden. Dabei sollte immer eine begleitende Evaluation (Kap. 9) durchgeführt werden, um die Hemmnisse, Erfolgsfaktoren und besseren Gestaltungsoptionen zu finden. Diese Evaluation sollte mit qualitativen Methoden in Kooperation mit den Lehrenden durchgeführt werden, weil dafür eine ständige Beobachtung und Datenerhebung notwendig ist.

12.3.2 Prozess der Implementierung

Der Prozess der Implementierung von E-Learning in Hochschulen und Bildungszentren sollte in sechs Projektstufen erfolgen:

Stufe 1: Aufbau eines Kompetenzzentrums

Voraussetzung für eine erfolgreiche breite Einführung von E-Learning in Hochschulen und Bildungszentren ist die Einrichtung eines E-Learning-Kompetenzzentrums z. B. durch Reorganisation, Erweiterung und Integration oft schon bestehender Service-Einrichtungen wie Zentrum für Hochschuldidaktik, Rechenzentrum und Medienzentrum, wobei die Produktion und Pflege von E-Learning-Modulen noch hinzukommen muss. Dazu gehört auch die Einführung, Pflege und Unterstützung der virtuellen Lernräume. Die Einbindung in ein strategisches Konzept der Bildungseinrichtung und die nachhaltige Entwicklung von E-Learning-Angeboten erfordert auch die Bereitstellung entsprechender Ressourcen. Ein solches integriertes E-Learning-Kompetenzzentrum hat die zentrale Aufgabe, die E-Learning-Projekte von der Planung über den laufenden Betrieb bis zur Qualitätsverbesserung fachlich beratend und ausführend zu unterstützen. Diese Unterstützung beginnt bei der Bedarfserhebung, Initialberatung und Machbarkeitsprüfung, umfasst sodann die Unterstützung der mediendidaktischen Konzeptualisierung der Lehr- und Lerninhalte sowie die Ablaufplanung und das Prozessmanagement, die Medienproduktion sowie den laufenden Betrieb der medialen Infrastruktur, die Bereitstellung von Informationen und die mentorielle Unterstützung der Kompetenzentwicklung der Lehrenden im Bereich E-Learning und Mediendidaktik sowie die Evaluation und Qualitätsverbesserung der virtuellen Bildungsangebote gemeinsam mit den Lehrenden und Lernenden. Dazu empfiehlt es sich, für die laufende Arbeit – und für die weitere Verbreitung von E-Learning in der Bildungseinrichtung – entsprechende Arbeitskreise einzurichten und für übergreifende konzeptionelle Themen auch kurze Arbeitstagungen zur diskursiven Klärung von Problematiken, Verbesserungen und weiteren Entwicklungen, eventuell auch mit eingeladenen externen Experten, zu veranstalten.

Stufe 2: Entwicklung der Kompetenzen

Die Kompetenzentwicklung der Lehrenden für die Konzeptualisierung und Durchführung virtueller Bildungsangebote in ihrem Fachgebiet in Kooperation mit den anderen Lehrenden und den Lernenden ist eine wesentliche Voraussetzung und Bedingung für eine nachhaltige Verankerung des E-Learning in Hochschulen und Bildungszentren. Bestehende Kompetenzdiskrepanzen lassen sich dafür nicht vorrangig durch Schulungsangebote ausgleichen, sondern besser durch die Bereitstellung von Informationen, Anleitungen und Hilfen im Prozess der Entwicklung, Realisierung und Bewertung von E-Learning-Angeboten in enger Kommunikation und Kooperation mit dem Kompetenzzentrum. Hilfreich ist hierfür die Einbindung der Entwicklung von E-Learning-Angeboten in die strategischen Ziele der Fakultät bzw. des Fachgebiets und der Hochschule bzw. des Bildungszentrums. Damit wird eine verantwortliche Übernahme der Innovation der Lehrtätigkeit mit E-Learning begründet. Das daraus hervorgehende Erfordernis der Kompetenzentwicklung erhält dadurch ein größeres Gewicht und Interesse, Motivation und Handlungsbereitschaft werden erhöht. Von entscheidender inhaltlicher Bedeutung für die Kompetenzentwicklung ist die unterstützende mediendidaktische Beratung und das Wissensmanagement zwischen den Lehrenden über Konzepte, Erfahrungen und Ergebnisse sowie die Unterstützung der

Lernenden in Recherche, Präsentation und Kommunikation von Arbeitsergebnissen. Diese vielseitige Unterstützung der Kompetenzentwicklung der Lehrenden und Lernenden ist eine der Hauptaufgaben des Kompetenzzentrums.

Stufe 3: Konzeptualisierung der Didaktik

Damit die Lernenden ihre kooperativ selbst organisierten Lernprozesse bzw. autodidaktischen Lernhandlungen engagiert und erfolgreich entwickeln und gestalten können, ist die didaktische Konzeption, die Produktion und Nutzung der medialen Bildungsressourcen sowie die Gestaltung der Lern- und Lehrprozesse in virtuellen Bildungsangeboten von entscheidender Bedeutung (Kap. 4, 5, 6). Die didaktische Gestaltung umfasst nicht allein die begründete Auswahl und Strukturierung der Lerninhalte und der jeweils entsprechenden Methoden und Sozialformen des Lehrens und Lernens, sondern vielmehr die gesamte mediale Strukturierung der Lehr- und Lernprozesse bis in alle Schritte und Details sowie der eingeplanten Verfügbarkeit persönlicher Unterstützungen durch Moderation, Beratung und Information durch Lehrende und andere Experten bis hin zur medialen Präsentation und Diskussion von Arbeitsergebnissen in Lerngruppen mit Lehrenden sowie die Kombination mit Präsenzlehrveranstaltungen und die vorgesehenen Rückmeldungen der Lehrenden. Zweifellos ist diese dritte Projektstufe, die didaktische Entwicklung, die umfangreichste, die sowohl intensiver Beratung durch das Kompetenzzentrum als auch personeller und finanzieller Unterstützung in der Medienproduktion bedarf.

Stufe 4: Aufbau der Infrastruktur

Die Bereitstellung und der Betrieb der technischen Infrastruktur ist eine Aufgabe des Kompetenzzentrums, die in Abstimmung mit den Lehrenden und Lernenden erfolgen sollte. Zu entscheiden ist dabei, welche Lernplattform aus den hochschulorientierten Lernplattformen oder welches Content Management System sich für die eigenen didaktischen Konzepte und Ansprüche am Besten eignet oder ob eine Eigenentwicklung erforderlich ist (Kap. 3). Die Entscheidung kann zunächst mit der Prüfung von Testversionen vorbereitet werden. Ein zentrales Auswahlkriterium ist dabei, wie die Funktionalitäten der Lernplattform mit Abteilungen für Angebot und Auskunft, Planung und Verwaltung, Mediathek und Arbeitsergebnisse, Kommunikation und Kooperation, Prüfung und Evaluation sowie für Schnittstellen zur Anwendungssoftware für die eigenen Ansprüche ausgestaltet sind. Ein weiteres zentrales Auswahlkriterium ist die Produktform der Lernplattform. Eine Open Source Lernplattform hat den Vorteil, dass sie billiger und an die eigenen Bedürfnisse anpassbar ist, aber dafür auch eigenen Einsatz erfordert. Eine Closed-Source-Lernplattform als kommerzielles Produkt hat den Vorteil, dass sie ausgereift ist und stabil läuft und zudem ein Update-Service vorhanden ist, aber dafür auch teurer und nicht beliebig an eigene Bedürfnisse anpassbar ist. Die ausgewählte Lernplattform muss es ermöglichen, dass die auf einem lokalen Computer in einem allgemein verbreiteten Format erstellten Inhalte in die Lernplattform einfach eingestellt und auch auf anderen Computern zur weiteren Bearbeitung heruntergeladen werden können.

Stufe 5: Einrichtung des Projektmanagements

Für die Entwicklung, den laufenden Betrieb und die Überprüfung des Erfolgs virtueller Bildungsangebote und ihrer Integration in Präsenzlehrveranstaltungen ist in den jeweiligen Facheinheiten ein Projektmanagement einzurichten, ohne das die notwendigen und umfangreichen Arbeiten nicht zu meistern sind. Das Projektmanagement hat die Aufgabe, die Ziele und Gestaltungsoptionen, die Voraussetzungen und Bedingungen, die Planungen und Umsetzungen, die Ressourcen und Meilensteine sowie die Kommunikationen und Kooperationen vorzubereiten, zu organisieren und zu führen, und zwar immer in Abstimmung mit den anderen Lehrenden und auch den Lernenden. Damit verbunden ist auch die Aufgabe einer den jeweiligen Bedarfsentwicklungen Rechnung tragenden Infrastrukturentwicklung, nämlich die Innovationen zu begleiten, das Interesse für die Innovationen zu fördern, zur Lösung von Widerständen und Akzeptanzproblemen beizutragen und das Wissensmanagement unter allen Beteiligten zu organisieren. Damit diese vom Projektmanagement zu leistenden Arbeiten auch erfolgreich geleistet werden können, ist zu prüfen, ob eine dem Projektumfang entsprechende Lehrentlastung zu geben ist.

Stufe 6: Konzeptualisierung des Qualitätsmanagements

Die Einrichtung eines Qualitätsmanagements im E-Learning ist, wie überhaupt in pädagogischen Verhältnissen, keine einfache Aufgabe. Denn Lehren und Lernen stehen in keinem eindirektionalen Wirkungszusammenhang, aus guter Lehre folgt keineswegs unmittelbar, immer und bei allen Lernenden gleichermaßen gutes Lernen, das nur im Leistungsniveau nach Begabung differenzierte Ergebnisse bringt. Diese sehr verbreitete Annahme unterschätzt völlig die Subjektivität der Lernenden. Vielmehr stellen letztlich die Lernenden durch ihre subjektiven Lernhandlungen erst den Erfolg und die Qualität der Lehre her. Lehren und Lernen stehen in einem wechselseitigen Verhältnis zueinander, das erst durch die wechselseitig aufeinander bezogenen Handlungen der Lehrenden und Lernenden hergestellt wird. Für das Qualitätsmanagement hat dies zur Konsequenz, dass zu Beginn eines Lehr- und Lernprozesses die zu erreichenden Ziele, die Materialien und Prozesse sowie Inhalte und Formen der Ergebnisse zwischen Lehrenden und Lernenden auf der Grundlage der virtuellen Bildungsangebote – ihrer eventuellen Einschränkung, Modifikation oder Erweiterung – vereinbart werden müssen. Prozessbegleitend haben nicht nur die Lehrenden den Lernfortschritt zu beobachten oder zu prüfen, sondern ebenso die Lernenden bewertende Rückmeldungen an die Lehrenden über ihre Lehrtätigkeit wie über die zur Verfügung gestellten Informationen und Materialien zu geben. Damit können die jeweils nächsten Schritte der Lehrhandlungen wie der Lernhandlungen vereinbart werden, um zu einem optimalen Lernerfolg zu kommen. Der erreichte Lernerfolg sollte dann abschließend in einer Weise qualitativ geprüft werden, die den ganzheitlichen, komplexen, flexiblen und innovativen Anforderungen des jeweiligen Fachgebiets angemessen sind (Kap. 7). Das Qualitätsmanagement soll sich somit auf die Medien, die Prozesse und die Ergebnisse im E-Learning und dessen Integration in Präsenzlehrveranstaltungen beziehen. Bei allen eingeholten Beurteilungen von den Lernenden und Lehrenden ist unverzichtbar, dass jede Beurteilung auch begründet wird, weil sonst das abgegebene Urteil nicht von den jeweils anderen Beteiligten eingeschätzt werden kann. Es empfiehlt sich daher, auch gemeinsame Beurteilungsgespräche zur Verbesserung kritisch bewerteter E-Teaching- bzw. E-Learning-Bestandteile zu führen.

Realisierung der Projektstufen

Zur Realisierung virtueller Bildungsangebote sollten zum einen die hier vorgeschlagenen sechs Projektstufen zur Einführung von E-Learning in Hochschulen und Bildungszentren zunächst in Pilotprojekten konkretisiert und erprobt werden, damit aufgrund der gemachten Erfahrungen die Konzeptualisierung und Durchführung der Projektstufen den jeweiligen institutionellen Notwendigkeiten und Ansprüchen entsprechend optimiert werden können. Zum anderen sollten auch die entwickelten E-Learning-Angebote und ihre eventuell vorgesehene Integration in Präsenzlehrveranstaltungen zunächst in Pilotprojekten – zumindest in einem Pilotprojekt – erprobt werden, um aus den Erfahrungen in der Entwicklung, Durchführung und Zielerreichung für die nächsten E-Learning-Projekte zu lernen. Sowohl die Erprobung und Konkretisierung der sieben Projektstufen als auch die Pilotprojekte sollten nicht nur mit partieller Unterstützung des Kompetenzzentrums, sondern in enger Abstimmung mit diesem durchgeführt werden.

12.4 Kooperation von Bildungseinrichtungen

Kooperation prüfen

Eine Kooperation mit jeweils anderen Hochschulen bzw. Bildungszentren ist aufgrund der erforderlichen finanziellen Mittel und der notwendigen personellen Kapazitäten vor allem für die Entwicklung von digitalen Bildungsmedien sehr empfehlenswert, obgleich sie wegen der tradierten unterschiedlichen institutionellen Kulturen oft keineswegs einfach und unproblematisch ist. Sie muss mit Unterstützung der beteiligten Leitungen der Hochschulen bzw. Bildungszentren vor allem von den jeweils zu beteiligenden Lehrenden und Kompetenzzentren gewollt und getragen werden. Um eine Institutionen übergreifende Kooperation zu erreichen, ist zunächst in jeder beteiligten Bildungseinrichtung eine Fachgebiets- und Gesamtstrategie zu konzipieren, um zunächst die eigenen Ziele, Ressourcen und Defizite zu klären. Auf dieser Grundlage können dann mögliche Kooperationspartner gesucht und gefunden und mit diesen Verhandlungen geführt und Vereinbarungen getroffen werden. Drei Kooperationsformen sind dabei denkbar:

(1) Kooperation in der Medienproduktion unter Konkurrenzbedingungen

Eine Kooperation wird nur dann erfolgreich sein, wenn unterschiedliche Verwendungsweisen, Anpassungen und Ergänzungen der gemeinsam produzierten digitalen Bildungsmedien entsprechend den spezifischen Bedürfnissen und Vorstellungen der jeweiligen Fachvertreter in den beteiligten Hochschulen bzw. Bildungszentren möglich sind. Die Kooperationspartner müssen ihre spezifischen Studien- und Bildungsprofile durch Modifikationen und Ergänzungen der gemeinsam produzierten Medien beibehalten und weiterentwickeln können. Dies ist oft eine zentrale Voraussetzung der Akzeptanz Institutionen übergreifender Medienentwicklungen.

Die aufgabenorientierte Gestaltung der virtuellen Bildungsangebote, für deren Bearbeitung eine Reihe wählbarer Medienbausteine bereitgestellt und neu erstellt werden, ermöglicht gerade die gewünschten spezifischen Profilbildungen. Darüber hinaus können insbesondere Basis-Module zum Erwerb von Grundwissen, die in aufgabenorientierte E-Learning-Module integriert werden – vergleichbar der Integration von Lehrbüchern in Präsenzveranstaltungen – zwecks Kostenreduktion und Qualitätssicherung sehr vorteilhaft durch Kooperationen entwickelt und hergestellt werden. Für ein effizientes Management der Zusammenarbeit zwischen den Kooperationspartnern sollten geeignete Formen der Arbeitsteilung und geeignete Instrumente der Planung und Koordination in den zu organisierenden Netzwerken entwickelt werden.

(2) Kooperation in der Anerkennung von Lernleistungen

Eine andere Kooperationsebene zur Etablierung virtueller Bildungsangebote ist die Schaffung der Möglichkeit einer beschränkten Einschreibung der Lernenden bei Kooperationspartnern mit wechselseitiger Anerkennung von Studien- bzw. Lernleistungen, wie z. B. bei den in der Virtuellen Hochschule Bayern kooperierenden Hochschulen. Diese Kooperationsebene hat den Vorteil, dass die Entwicklung und Betreuung einzelner E-Learning-Module und damit die Ressourcen und Kompetenzen an einer Partnerhochschule bzw. einem Bildungszentrum konzentriert und damit erheblich effizienter genutzt werden können.

(3) Gründung einer Studienagentur bzw. Bildungsagentur

Eine weitere Kooperationsebene ist die Gründung einer gemeinsamen Studienagentur der Hochschulen bzw. einer Bildungsagentur der Bildungszentren, die jeweils die Entwicklung, Akkreditierung und Nutzung virtueller Studien- bzw. Bildungsmodule koordiniert und ggf. auch personell unterstützt, wobei die Partnerhochschulen bzw. kooperierenden Bildungszentren die E-Learning-Module jeweils in ihre spezifischen Studien- bzw. Bildungsangebote einbauen. Durch eine bundesweite oder europaweite Mehrfachnutzung kann eher ein ausreichender Kostendeckungsbeitrag erzielt werden als dies regionale Verbünde zu erreichen vermögen. Allerdings darf bei der je nach Fachgebiet mehr oder weniger verbreiteten Benutzung des Englischen als internationaler Wissenschafts- und Geschäftssprache nicht übersehen werden, dass dadurch zum effizienteren Lehren und Lernen die Benutzung der Muttersprache in den Lehr- und Lernprozessen nicht völlig verdrängt wird. Denn im Zentrum jedes Lehr- und Lernprozesses steht die Auseinandersetzung mit umfangreichen Inhalten und komplexen Problemen, die nicht mit dem gleichzeitigen Erlernen bzw. der Benutzung einer fremden Sprache zusätzlich erschwert werden sollte. Gleichwohl können fremdsprachliche Abschnitte ergänzend in E-Learning-Module eingebaut werden, weil sie dann in einem muttersprachlichen Kontext stehen und dadurch leichter verstanden werden.

12.5 Online-Weiterbildungs-Agentur von Hochschulen

Hochschulen bieten traditionell Lehre für das Erststudium an, und dies seit einigen Jahren unter wachsenden Einsparungen. Aber nicht nur aus finanziellen Gründen, sondern auch zur Öffnung der Hochschulen für weitere Interessengruppen und Fachkräfte zur allgemeinen und fachlichen Weiterbildung, ist der Aufbau eines Studienangebotes in der wissenschaftlichen Weiterbildung mit virtuellen Bildungsangeboten sinnvoll (Nisius/Laudahn 2000; siehe auch Apel/Kraft 2003). Über die Sozialen Medien im Web 2.0 können die Angebote wissenschaftlicher Weiterbildung gut kommuniziert und beworben sowie Anregungen und Kritiken rasch aufgenommen und in Verbesserungen umgesetzt werden. Drei Strategien sind hierfür denkbar:

(1) Virtuelle Studienmodule aus dem Erststudium auch für die Weiterbildung

Jede Hochschule bietet die von ihr für das Erststudium entwickelten virtuellen Studienmodule auch in der Weiterbildung an. Da diese Studienmodule aufgrund der anderen Lernvoraussetzungen durch Berufs- und Lebenserfahrungen meistens nicht in allen Aspekten den Weiterbildungsinteressen entsprechen dürften, werden Anpassungen und Erweiterungen durch die Medienproduzenten der jeweiligen Hochschule erforderlich sein. Um für virtuelle Weiterbildungsangebote aus den Fakultäten den Weiterbildungsmarkt zu erschließen, wird es vorteilhaft sein, hierfür eine hochschuleigene Online-Weiterbildungs-Agentur einzurichten. Da auch die angepassten und erweiterten virtuellen Studienangebote in der wissenschaftlichen Weiterbildung nicht ohne mentorielle Betreuung und den Diskurs mit den Lehrenden angeboten werden sollten, müssen Anreizstrukturen für das Engagement der Lehrenden in der Weiterbildung geschaffen werden. Diese können in der Bereitstellung von Ressourcen für die Anpassungen und Erweiterungen sowie in der Einstellung eines Tutors, in der Anrechnung auf das Lehrdeputat oder einer zusätzlichen Honorierung bestehen.

Denkbar ist jedoch auch eine Teilnahme der Weiterbildungsteilnehmer an den virtuellen Studienangeboten in den Hochschulen, z. B. im Gasthörerstatus, mit Regelungen für die Zertifizierung ihres Teilnahmeerfolgs. Dies hätte den Vorteil, dass in die Studiengruppe aufgabenbezogen aktuelle Erfahrungen aus der Praxis eingebracht werden, die wichtige Anregungen für das weitere Studium und auch für die Lehre geben können. Diese Generationen übergreifenden virtuellen Studiengruppen könnten somit für die Entwicklung praxisorientierter wissenschaftlicher Kompetenzprofile sehr vorteilhaft sein.

(2) Hochschulübergreifende Koordination virtueller Weiterbildungsangebote

Hochschulen können eine Kooperation eingehen, um ihre jeweils entwickelten und für die Weiterbildung angepassten und erweiterten virtuellen Studienangebote zu kompletten Weiterbildungsangeboten mit zertifiziertem Abschluss zusammenzustellen. Aufgrund der unterschiedlichen Strukturen und Kulturen und der Konkurrenz der Hochschulen ist es unbedingt ratsam, die einzubringenden Leistungen sowie die Verteilung der Kosten und Erträge vertraglich eindeutig zu regeln.

Sollte dies nicht einvernehmlich und verlässlich zu erreichen sein, ist es besser, die Kooperation auf die Abstimmung der jeweiligen Angebotsschwerpunkte der Kooperationspartner zu beschränken. Für die Weiterbildungsnachfrager hätte dies den Vorteil, ein virtuelles Weiterbildungsangebot für ein breiteres Themenspektrum zu haben. Für die kooperierenden Hochschulen hätte dies den Vorteil einer allgemein steigenden Nachfrage nach virtuellen Studienangeboten. Die Konkurrenz um die Teilnahmezahlen würde sich auch qualitätssteigernd auswirken. Zu klären ist, wie und durch wen übergreifend Weiterbildungsabschlüsse zertifiziert werden können oder ob es bei einem Zertifikat für jede erfolgreiche Kursteilnahme durch die jeweils anbietende Hochschule bleibt, was eher einen vielleicht etwas chaotisch unentschlossen wirkenden Eindruck, z. B. in einer Bewerbung der Teilnehmer, vermitteln würde.

(3) Eigenständige Online-Weiterbildungs-Agentur

Mehrere Hochschulen können gemeinsam per Kooperationsvertrag eine institutionell getrennte und eigenständig arbeitende Online-Weiterbildungs-Agentur gründen. Das hätte zweifellos den Vorteil, dass die Agentur den Weiterbildungsmarkt erheblich engagierter und umfassender erschließen könnte, als dies die begrenzten Ressourcen einer Hochschule erlauben. Zudem hätten die Weiterbildungsteilnehmer nur einen Vertragspartner.

Des Weiteren können alle virtuellen Studienangebote auf einer einheitlichen Lernplattform angeboten werden, sodass die Teilnehmer nicht mit den unterschiedlichen von den Hochschulen jeweils bevorzugten Benutzeroberflächen konfrontiert sind. Dies zwingt allerdings die Kooperationspartner, gemeinsame Standards der Entwicklung, Anpassung, Erweiterung und Produktion der virtuellen Studienangebote strikt einzuhalten. Der Vorteil ist, neben dem Nutzen für die Weiterbildungsteilnehmer, dass die Agentur für die tutorielle Betreuung und den Fachdiskurs mit den Tutoren und Lehrenden Nebentätigkeitsverträge abschließen kann, sodass seitens der Hochschulen keine eigenen Anreizstrukturen für die Tätigkeiten in der wissenschaftlichen Weiterbildung geschaffen werden müssen.

12.6 Implementierung in Unternehmen

12.6.1 Grundlagen und Voraussetzungen

Lernen im Prozess der Arbeit

In der unternehmensbezogenen Ausbildung, Weiterbildung und Fortbildung kann in vielen Fällen die Implementierung und Nutzung von virtuellen Bildungsangeboten von erheblichem Vorteil sein (Koch 2011; Kuhlmann/Sauter 2008; Lehmann 2007; Lehmann/Mandl 2009; Ludwigs/Timmler/Tilke 2006; Zinke/Härtel 2004; http://www.qualifizierungdigital.de). Mit E-Learning können aufgabenbezogene und arbeitsprozessorientierte informelle Lernprozesse (Dohmen 2001; Müller 2012a, b, c) unmittelbar im Prozess der Arbeit angeregt und unterstützt werden. Die digitalisierten Lerninhalte können jederzeit am jeweiligen Arbeitsplatz abgerufen und als Hilfen bei konkreten Problemstellungen individuell oder gemeinsam genutzt werden. Dafür sind die Lerninhalte am Besten kompakt und modular aufzubauen und in einem virtuellen Lernraum orts- und zeitunabhängig zur Verfügung zu stellen, und zwar sowohl zum individuellen Lernen als auch zur Kommentierung und Ergänzung durch die Lernenden aus eigenen Erfahrungen zum Nutzen der anderen Mitarbeitenden. Über den Lernraum wird den Arbeitenden zugleich ein Informations- und Erfahrungsaustausch zum gemeinsamen Lernen ermöglicht. Lernen wird in den Arbeitsprozess integriert und dadurch die Entwicklung einer neuen arbeits- und geschäftsprozessbezogenen und kompetenzorientierten Lernkultur in Gang gesetzt zur Steigerung der Effizienz und Innovation der Prozesse. Die Arbeitenden bzw. Lernenden übernehmen damit eine aktive Rolle und müssen gemeinsam Kompetenzen für ein selbst gesteuertes und kooperatives Lernen im Prozess der Arbeit entwickeln. Auch wenn ihr Lernen in virtuellen Bildungsangeboten nicht mehr allein durch die lehrende Vermittlung ‚trägen Wissens' geprägt ist, benötigen sie dennoch je nach Voraussetzungen und Kompetenzen auch ein gewisses Maß an professioneller Unterstützung durch Moderatoren, Tutoren, Lehrende oder andere Experten für ihre Kompetenzentwicklungsprozesse. Daher ist es immer sinnvoll, wenn die Lernenden über den virtuellen Lernraum eine persönliche fachkompetente Moderation ansprechen können, die diese fachlichen Verbindungen nach Bedarf über den virtuellen Lernraum rasch vermitteln kann.

Soziale Kontextfaktoren von E-Learning

Für eine erfolgreiche Einführung und Nutzung virtueller Bildungsangebote am Arbeitsplatz und in Unternehmen sind einige soziale Kontextfaktoren zu berücksichtigen. Diese ergeben sich nicht nur aus den Unternehmenszielen, den je konkreten Prozessabläufen und Organisationsstrukturen, benötigten Lerninhalten und medientechnischen Ausstattungen sowie personellen Unterstützungen, sondern auch aus der im Unternehmen verbreiteten Arbeitskultur. Denn wo die Arbeitenden individuell oder in Gruppen im Unternehmen in Konkurrenz zueinander stehen, werden sie kaum bereit sein, ihr Wissen und ihre Erfahrungen allen zur Verfügung zu stellen, sondern werden es als ihren Konkurrenzvorteil für sich behalten. Und wenn die Bedeutung und der praktische Nutzen der zur Verfügung gestellten Lerninhalte für die jeweiligen Aufgaben, Arbeitsprozesse und Probleme nicht unmittelbar erkennbar ist, werden sie nicht akzeptiert und genutzt. Den Führungskräften kommt hier eine wichtige Bedeutung zu, nicht nur die Mitarbeitenden in ihren Lernbemühungen zu unterstützen, sondern sie sowohl laufend zu informieren als auch in die Konzeptualisierung sowie in die inhaltliche, strukturelle und organisatorische Gestaltung der virtuellen Bildungsangebote im Unternehmen und deren Integration am Arbeitsplatz einzubeziehen, um eventuelle Vorurteile abzubauen, die Vorteile aufzuzeigen, ihre positiven Erwartungen zu stärken, ihre Interessen zu berücksichtigen und somit ihre Akzeptanz zu gewinnen. Denn den Arbeitenden das Lernen mit digitalen Bildungsmedien am Arbeitsplatz oder auch Zuhause aufzuzwingen, das oder die bereits in der Startphase auf begründete Ablehnung stoßen, wird erfolglos bleiben.

12.6.2 Prozess der Implementierung

Implementierung von E-Learning

Oft sind die Gründe von Unternehmen für die Einführung von E-Learning für notwendige betriebliche Bildungsmaßnahmen die erhoffte Kostenersparnis und schnelle Aktualisierung der Lerninhalte. Dabei werden häufig die damit verbundenen Probleme nicht erkannt oder unterschätzt, wie z. B. die fehlenden oder nicht passenden gekauften Lernmodule, die oft nicht sofort gegebene Nutzerakzeptanz und Motivation zur gemeinsamen Nutzung und die unter Berücksichtigung aller Anforderungen und Bedingungen nach Abschluss der Einführung tatsächlich entstehenden Gesamtkosten. Es empfiehlt sich daher, die Implementation virtueller Bildungsangebote im Unternehmen und am Arbeitsplatz als ein Projekt in sieben Stufen von der Zielbestimmung bis zur Evaluation und Verbesserung zu planen und umzusetzen (in Erweiterung des 5-Stufen-Modells von Lehmann 2007). Die Projektorganisation sollte aus der Projektleitung, dem Führungsausschuss, der Kernarbeitsgruppe für die Hauptaufgaben und verschiedenen internen oder externen Auftragnehmern für Teilaufträge, z. B. für die Entwicklung der Lernmodule, bestehen. Die sieben Projektstufen wie die Projektstrukturen sind den jeweiligen unternehmensspezifischen Anforderungen und Bedingungen flexibel anzupassen.

Stufe 1: Bestimmung der Ziele

Bevor die eigenen Ziele und Nutzungsformen virtueller Bildungsangebote im Unternehmen und am Arbeitsplatz näher bestimmt werden können, sind zunächst die Angebote auf dem Markt zu sichten und nach bisherigem Kenntnisstand und vorläufigen Zielvorstellungen zu bewerten. Es sind dazu die Produkte, Informationen und Präsentationen von Herstellern, Vertriebswege, Leistungsangebote, Preise, Marktnachfragen und erhaltenen Qualitätszertifikate sowie Verbreitung und Nutzung in anderen Unternehmen zu erkunden und mit den Angeboten konkurrierender Anbieter sowie den allgemein zugänglichen Verbraucherinformationen zu vergleichen. Kosten und möglicher Nutzen können abgeschätzt werden, wobei zu beachten ist, dass die orts- und zeitunabhängige Verfügbarkeit der Lerninhalte in den virtuellen Lernräumen die Nutzung individueller und effizienter macht und dadurch auch einige Kosten reduziert. Insbesondere durch die Nutzung der Instrumente des Web 2.0, der 'Social Software', kann auch ein Wissensmanagement im Unternehmen zwischen den Arbeitenden etabliert werden, das helfen kann, so manche Kosten zu sparen. Auf dieser erarbeiteten ersten Informationsbasis können dann die Beschaffung und die möglichen und beabsichtigten Nutzungsformen im eigenen Unternehmen erkundet werden. Es kann konkret überlegt werden, ob und in welchen Formen sich E-Learning in die Arbeitsprozesse integrieren lässt und welche möglichen Vorteile und Gewinne sich damit erzielen lassen, aber auch welche Voraussetzungen und Bedingungen für die erfolgreiche Einführung und Nutzung erfüllt sein müssen, und welche möglichen Gefahren und Misserfolge durch welche Maßnahmen erfolgreich zu vermeiden sind. Es ist zu überlegen, wie die Mitarbeitenden an die neuen informellen Lernstrategien herangeführt werden können, welche zeitlichen und örtlichen Schranken und welche

Kompetenzdefizite und Kompetenzkonkurrenzen bestehen und ob und wie sie überwunden werden können, z. B. in dem die Mitarbeitenden bereits in die Zielbestimmung aktiv einbezogen werden, um Widerstände zu erkennen und zu überwinden und innovative Vorschläge hervorrufen und aufgreifen zu können. Denn das übergeordnete Ziel der betrieblichen Implementation von E-Learning ist die Schaffung prozessbezogener und prozessintegrierter zielgruppenadäquater informeller betrieblicher Bildungsangebote, die akzeptiert und genutzt werden und kostengünstig sind.

Stufe 2: Analyse des Bedarfs und seine Erfüllung

Nach der generellen und differenzierten Zielbestimmung sind der konkrete Lernbedarf sowie die Voraussetzungen und Bedingungen seiner Erfüllung der näheren Analyse zu unterziehen. Dafür sind die folgenden Fragen zu untersuchen und zu beantworten:

- Welchen gegenwärtigen und möglichen zukünftigen Lernbedarf gibt es in welchen Prozessen und an welchen Arbeitsplätzen?
- Für welche Zielgruppen müssen welche Lerninhalte für welche Lernziele bereitgestellt werden?
- Sind die Lerninhalte mit anderen Informationen, z. B. technischen Dokumentationen, zu verknüpfen?
- Wie kann ein unmittelbarer Transfer des Gelernten in die Praxis erreicht werden?
- Welche Lernorte können in welchen Zeiträumen von welchen Zielgruppen genutzt werden?
- Welche Lerngewohnheiten, Lernpotenziale und Lernwiderstände haben die Zielgruppen aus welchen Gründen und wie können die Widerstände überwunden und die Potenziale entfaltet werden?
- Wie sind die Lerninhalte den Anforderungen und Auswahlmöglichkeiten der Zielgruppen entsprechend inhaltlich modular und vernetzt aufzubereiten?
- In welchen didaktischen Formen sind die Lerninhalte zielgruppengerecht zur Bearbeitung aufzubereiten?
- Wie und mit welchen Instrumenten und in welchen asynchronen und synchronen Formen ist die Kommunikation und das Wissensmanagement zwischen den Arbeitenden bzw. Lernenden zu unterstützen?
- Welche persönliche Unterstützung durch Moderatoren, Tutoren, Lehrende und Experten ist in welchen Formen in den virtuellen Lernraum zu integrieren?
- Welche technischen und personellen Ressourcen sind für die Produktion der modularen Lerninhalte und für den laufenden Betrieb der E-Learning-Angebote erforderlich?
- Können durch Verbindungen zu anderen virtuellen Lernräumen und anderen Betrieben oder betriebsübergreifenden Bildungszentren, Verbänden und Kammern weitere Lerninhalte und fachliche Unterstützungen genutzt werden?

An der Analyse des betrieblichen Bedarfs an virtuellen Bildungsangeboten sind nicht nur die Führungskräfte und die Fachexperten zu beteiligen, sondern auch die Mitarbeiter selbst, die später die bereitgestellten E-Learning-Angebote nutzen sollen.

Stufe 3: Konzeptualisierung der E-Learning-Angebote

Auf der Grundlage der Zusammenstellung der Ergebnisse der Analyse und ihrer Auswertung ist die Konzeption der E-Learning-Angebote zu erarbeiten. Dies betrifft zunächst die Erarbeitung der curricularen und Hypertext-Strukturen der modularen Lerninhalte und Lernszenarien sowie deren Verknüpfung mit den Strukturen zur Kommunikation mit den Moderatoren, Tutoren, Lehrenden, Experten und anderen Lernenden und Arbeitenden im virtuellen Lernraum. In diese strukturelle Konzeptualisierung sind gegebenenfalls auch vor- und nachbereitende sowie begleitende Präsenzphasen für vertiefende Nachfragen und einen reflexiven Erfahrungsaustausch zur Sicherung und Verallgemeinerung des Gelernten für vergleichbare Anforderungen einzuplanen. Diese Integration von E-Learning-Phasen und Präsenzphasen in informellen und in die Arbeitsprozesse integrierten Lernprozessen dienen auch der Unterstützung eines Lernkulturwandels, der den flexiblen und ganzheitlichen prozessbezogenen Arbeitsanforderungen Rechnung trägt. Diesen Strukturen entsprechend ist eine Aufgabenverteilung, wer was wann zu leisten hat, vorzunehmen, damit der laufende Betrieb aktiv gesichert ist. Die Auswahl der medientechnischen Systeme, die Gestaltung und Vernetzung des virtuellen Lernraumes, die Einbettung weiterer Materialien in den Lernraum und der jeweilige persönliche Zugang zum Lernraum ist dann entsprechend den konzipierten curricularen und kommunikativen Strukturen sowie den Aufgabenverteilungen und erforderlichen Zugängen zu treffen. Konzeptionell einzubauen sind auch die laufende Information aller Beteiligten sowie die Möglichkeiten der Mitgestaltung der E-Learning-Angebote mit den Instrumenten und kommunikativen Methoden des Web 2.0. Dies macht die Konzeptualisierung eines neuen Kommunikationsmanagements, z. B. durch einen Moderator, notwendig. Darüber hinaus ist insgesamt die Planung der Produktion, der Umsetzung bzw. Einführung, der Evaluation und der Verbesserung der E-Learning-Angebote zu konzeptualisieren.

Stufe 4: Produktion der E-Learning-Angebote

Nach der Konzeptualisierung der geplanten E-Learning-Angebote stellt sich nun die Frage, ob die in modularen Lernszenarien zu vermittelnden Lerninhalte bereits medial aufbereitet eingekauft werden können oder Neuentwicklungen erforderlich sind. Sind Neuentwicklungen notwendig, stellt sich wiederum die Frage, ob auf bereits vorhandene interne Materialien und Inhalte zurückgegriffen werden kann oder diese erst zu beschaffen und für die jeweiligen Zielgruppen entsprechend medial aufzubereiten sind. Die daran anschließende Frage ist, ob die ausgewählten Lerninhalte intern didaktisch und medial aufbereitet und produziert werden können oder dies qualitativ besser und auch wirtschaftlicher durch externe Medienproduzenten geschehen sollte. Die Produktion betrifft aber nicht nur die Produktion der CBT-Module (‚Computer Based Training') oder WBT-Module (‚Web Based Training') und deren Einbindung in den virtuellen Lernraum in Verknüpfung mit den darin installierten Instrumenten der Kommunikation. Vielmehr gehört dazu auch die ‚Produktion' bzw. der Erwerb der medialen Kompetenzen aller Beteiligten für eine effiziente Kommunikation im virtuellen Lernraum durch die Bereitstellung entsprechender Inhalte, Hinweise und Regeln. Insbesondere die Lehrenden, Moderatoren und Tutoren müssen sich für die lernförderliche Unterstützung der informellen E-Learning-Prozesse im Prozess der Arbeit qualifizieren, was ebenfalls informell in den von ihnen zu unterstützenden informellen E-Learning-Prozessen durch entsprechende E-Learning-Materialien geschehen kann.

Stufe 5: Integration von E-Learning in die Prozesse

Die Integration der entwickelten E-Learning-Angebote in die Arbeits- und Geschäftsprozesse an den jeweiligen Arbeitsplätzen sollte zunächst an einigen Pilotarbeitsplätzen probeweise erfolgen, um Erfolge, Probleme und Schwachstellen lokalisieren zu können, die nicht antizipierbar und ohne praktische Erfahrungen in einem Piloteinsatz nicht erkennbar sind. Durch die Analyse der gemachten Erfahrungen können die Probleme und Schwachstellen erkannt und durch entsprechende Korrekturen und Ergänzungen ausgeräumt werden. Die möglichen Nachbesserungen aufgrund der Erfahrungen in Piloteinsätzen können sich auf alle vorhergehenden Stufen beziehen. Sie können eine fehlerhafte Zielbestimmung, eine unzureichende Bedarfsanalyse, eine defizitäre Konzeption und fehlerhafte Produktion ebenso betreffen wie eine ungenaue Ablaufplanung und missverständliche Projektkommunikation. Nach der Pilotphase und der möglicherweise danach erforderlichen Korrektur und Ergänzung der E-Learning-Angebote sind Anleitungen und Hilfen wie auch eine Ablaufplanung der Schritte zur möglichst reibungslosen Einführung an den Arbeitsplätzen notwendig. Ebenso sind Anleitungen und Hilfen zur Entwicklung der erforderlichen Kommunikationskompetenzen bereitzustellen. Empfehlenswert ist auch eine schrittweise Heranführung der Arbeitenden an die Nutzung der E-Learning-Angebote in ihrem jeweiligen Arbeitsumfeld oder im Prozess ihrer Arbeit. Am Besten geschieht dies durch Tutoren mit Unterstützung der Führungskräfte. Denn beide können als die Multiplikatoren der Einführung gesehen werden.

Stufe 6: Evaluation zur Qualitätsentwicklung

Zur Sicherung und Entwicklung der Qualität der virtuellen Bildungsangebote ist auch eine Evaluation notwendig (Kap. 9). Sie dient nicht nur dem Erfolgsnachweis gegenüber dem Management und den Mitarbeitern und damit der Rechtfertigung ihrer Einführung an den Arbeitsplätzen im Unternehmen, sondern vor allem zur Feststellung von Schwachstellen, Defiziten, erforderlichen Erweiterungen und möglichen Perspektiven. Die Evaluation muss sich zum einen auf das mediale System beziehen, seine Struktur, Funktionalität, Organisation und benutzerfreundliche Gestaltung. Zum anderen muss sie sich auf die Nutzung der bereitgestellten Medien beziehen, auf die Nutzerakzeptanz, die Zufriedenheit der Beteiligten, die vermittelten Inhalte, die persönlichen Unterstützungen, die erzielten Lernerfolge, die Verbesserung der Arbeitsqualität sowie der Motivation und Leistung der Mitarbeiter, die Entwicklung der Unternehmenskultur und auf die ökonomischen Resultate für das Unternehmen. Neben der summativen Evaluation, z. B. mittels Fragebogen und Ortsbesichtigung, ist auch eine formative Evaluation durch die Integration entsprechender Instrumente, z. B. eines kurzen Rückmeldebogens im virtuellen Lernraum, die eine laufende Verbesserung der E-Learning-Angebote ermöglicht. Dabei ist unbedingt darauf zu achten, dass bei allen Antworten auf gestellte Fragen immer in einer Zeile auch die Gründe für die gegebene Antwort anzugeben sind, damit aus den Antworten die richtigen Schlussfolgerungen im Interesse der Lernenden gezogen werden können.

Stufe 7: Verbesserung der E-Learning-Angebote

Für eine erfolgreiche Verbesserung der E-Learning-Angebote aufgrund defizitärer Evaluationsergebnisse ist die Partizipation aller Beteiligten nicht nur hilfreich, sondern notwendig. Denn die Partizipation hilft nicht nur, die Angebote und Lernprozesse zu verbessern, sondern auch die Lern- und Arbeitskultur, die Identität und das Engagement von Management und Mitarbeitern zu fördern. Verbesserungen können auf allen Stufen ansetzen: der Präzisierung der Ziele, der Erweiterung der Analyse, der Änderung der Konzeption, der Innovation der Produktion, der Einführung im Betrieb und am Arbeitsplatz, der Konzentration der Evaluation, der unmittelbaren Verbesserung. Die zu konzipierenden Verbesserungen sind dabei jeweils abzugleichen mit den übergeordneten Betriebszielen, den notwendigen Eingriffen in Prozesse, Strukturen und Bedingungen, den angestrebten und abschätzbaren qualitativen und quantitativen Gewinnen für Arbeit und Unternehmen sowie mit dem dafür erforderlichen Aufwand an Arbeitskraft, Zeit, Mitteln und Kosten.

12.7   Fazit

Ermöglichung eigenständigen Kompetenzerwerbs

Die jeweiligen Konkretisierungen der dargestellten und erklärten strategischen Ziele, Faktoren, Stufen und Kooperationen in der Entwicklung und Implementierung virtueller Bildungsangebote in Hochschulen, Bildungszentren und Unternehmen sind nicht nur eine Frage kompetenter Organisation und verfügbarer Ressourcen. Vielmehr müssen alle Konkretisierungen immer die Lernenden zu Beginn ihrer Lernprozesse im Blick haben, ihre Voraussetzungen, Kontexte, Fähigkeiten und Interessen, die sie immer auch in die Prozesse mit einbringen. Und alle Konkretisierungen müssen natürlich die Anforderungen, Ziele, Inhalte und Methoden der Entwicklung ihrer Selbstlernkompetenzen sowie ihrer allgemeinen und beruflichen Handlungskompetenzen für ihre individuelle und gesellschaftliche Lebensgewinnung im Blick haben. Denn mit den virtuellen Bildungsangeboten, also den in die kooperativen und partizipativen Lehr- und Lernprozesse integrierten digitalen Bildungsmedien, soll ihnen der eigenständige und reflektierte Erwerb ihrer Handlungskompetenzen effizient ermöglicht werden.

Abkürzungen und Begriffe

ABI	Aktionsbündnis für b@rrierefreie Informationstechnik
ACRL	Association of College & Research Libraries (Assoziation von Hochschul- und Forschungsbibliotheken)
ActiveX	Software-Funktion von Microsoft zum herunterladen und installieren von Komponenten im Internet Explorer
AICC	Aviation Industry CBT Committee (Flugindustrie CBT Komitee), → CBT
AJAX	Asynchronous Javascript And XML, → XML
Alt-Tag	Schlagwort (→ Tag), alternative Beschreibung eines angesteuerten Elements, z. B. der sprachlichen Beschreibung einer Grafik
ANSI	American National Standards Institute (Amerikanisches Institut für nationale Standards), normgebendes Institut zur Definition von → ISO-Standards in den USA
Applet	kleines Computerprogramm, das im Zusammenhang mit einer anderen Software (z. B. einem Browser) läuft
Application Sharing	gemeinsame Nutzung eines Anwendungsprogrammes während einer synchronen Computerkonferenz
AR	Augmented Reality: ,erweiterte Realität', Ergänzung und Erweiterung der realen Welt mit digitalen Informationen, z. B. über mobile Endgeräte wie bspw. Smartphones, Tablet-PC
Assessment	Einschätzung und Bewertung von (Lern)Leistungen
Attachment	Anhang einer Datei
Audiocast	eine im Internet jederzeit abrufbare Audioaufzeichnung, → Podcast

Audiochat	Online-Sprachkommunikation zwischen Personen in Echtzeit
Augmented Reality (AR)	‚erweiterte Realität', Ergänzung und Erweiterung der realen Welt mit digitalen Informationen, z. B. über mobile Endgeräte wie bspw. Smartphones, Tablet-PC
Authoring on the Fly	sinngemäß 'fliegende', d. h., schnelle und einfache Aufzeichnung und Übertragung einer Präsenzveranstaltung in ein Multimedia-Dokument
Avatar	virtuelle Figur, die von einer realen Person zur Interaktion mit anderen Avataren in einer virtuellen Realität gesteuert werden kann
BDSG	Bundesdatenschutzgesetz
BGG	Behindertengleichstellungsgesetz
BIBB	Bundesinstitut für Berufsbildung
BITV	Barrierefreie Informationstechnik-Verordnung
Blended Learning	Kombination von Lernen in Präsenzveranstaltungen mit E-Learning
BLK	Bund-Länder-Kommission für Bildungsplanung und Forschungsförderung
Blog	Webseite, die aus rückwärts chronologisch geordneten Beiträgen besteht, ähnlich einem Tagebuch oder Journal, die in der Regel öffentlich kommentiert werden können (auch → Weblog genannt)
Blogfarm	Sammlung von Blogs verschiedener Autoren bei einem Anbieter (z. B. einer Bildungseinrichtung), der die Infrastruktur (z. B. Server) mit installierter Blogsoftware anbietet
Blogosphäre	mit dem Begriff wird die Gesamtheit aller über → Blogroll verlinkten Blogs bezeichnet, aber auch die Gesamtheit aller Blogs → Blogfarm
Blogroll	öffentlich einsehbare Liste an Verknüpfungen eines Blogs auf andere Blogs
Blu-Ray Disc	optisches Speichermedium mit höherer Speicherkapazität als → DVD
BMBF	Bundesministerium für Bildung und Forschung

BMFSFJ	Bundesministerium für Familie, Senioren, Frauen und Jugend
BMJ	Bundesministerium der Justiz
BMWi	Bundesministerium für Wirtschaft
Bookmark	digitales Lesezeichen, das auf einem PC oder im Internet abgelegt, verwaltet und bewertet werden kann (→ Social Bookmark)
BSCW	Basic Support for Cooperative Work (Unterstützung im Internet für kooperative Arbeit)
CBT	Computer Based Training (computerunterstütztes Lernprogramm)
CD	Compact Disk, Abkürzung für → CD-ROM
CD-R	Compact Disc Recordable, Datenträger, der einmal beschrieben werden kann
CD-ROM	Compact Disc Read Only Memory, Datenträger zur kompakten Aufzeichnung digitaler Daten, mit geringerer Speicherkapazität als eine → DVD, die gespeicherten Daten sind nicht mehr veränderbar, sie können nur noch gelesen werden
CD-RW	Compact Disc Rewriteable, Datenträger, der mehrfach beschrieben werden kann
CEN	Comité Européen de Normalisation (Europäisches Komitee für Normung)
CERTQUA	Gesellschaft der Deutschen Wirtschaft zur Förderung und Zertifizierung von Qualitätssicherungssystemen in der Beruflichen Bildung
CETIS	Centre for Educational Technology Interoperability Standards (Zentrum für Standards der Zusammenarbeit bei Instruktionstechnologien)
Chat	schriftbasierte Online-Kommunikation zwischen Personen in Echtzeit
Client	Computer, der die Dienste eines anderen Computers oder eines → Servers in Anspruch nimmt

CMS	Content Management System (System zur Verwaltung von Inhalten), Software zur erleichterten Einrichtung und Pflege von Internetseiten
Communitiy of Practice	kooperativ selbst organisiert arbeitende Gruppe
Content Syndication	automatisierter Austausch bzw. Mehrfachverwendung der Inhalte von Webseiten bzw. medialer Inhalte
CP	Content Packaging (Inhaltskonfektionierung) des → IMS
Creative Commons	(schöpferische Gemeingüter) gemeinnützige Gesellschaft, die unterschiedliche freie Lizenzverträge für Urheber zur Auswahl veröffentlicht, in denen geregelt ist, wie frei das urheberrechtliche geschützte Werk von Dritten genutzt werden darf
CSCL	Computer Supported Cooperative Learning (computerunterstütztes kooperatives Lernen)
CSCW	Computer Supported Cooperative Work (computerunterstützte kooperative Arbeit)
CSS	Cascading Style Sheets, überlappende bzw. ‚sich weitervererbende' Formatvorlagen zur Darstellung strukturierter Dokumente, vor allem zusammen mit → HTML oder → XML
CWA	CEN Workshop Agreement (CEN Workshop Vereinbarung) → CEN
DeGEval	Deutsche Gesellschaft für Evaluation
DGI	Deutsche Gesellschaft für Informationswissenschaft und Informationspraxis
DGQ	Deutsche Gesellschaft für Qualität
Digital Storytelling	(digitales Erzählen) Lehr- und Prüfungsform, bei der Inhalte in Form einer Geschichte vorliegen und bearbeitet werden
DIHK	Deutscher Industrie- und Handelskammertag
DIN	Deutsches Institut für Normung e. V.
DIN-DOM	Didaktisches Objekt Modell des → DIN
DLR	Deutsches Zentrum für Luft- und Raumfahrt

Download	Herunterladen von Daten, die sich auf einem anderen Computer oder Server im Internet befinden
Drag & Drop	Technik zur Beantwortung von Testfragen am PC durch Ziehen und Ablegen angebotener und auszuwählender Antworten
DSL	Digital Subscriber Line (digitale Teilnehmerleitung eines breitbandigen Internetanschlusses), die Übertragung von Daten und Sprache erfolgt in verschiedenen Kanälen für Telefonie und Computer, wodurch höhere Übertragungsraten für Computer erreicht werden, → ISDN, → LAN, → WAN
DVD	Digital Versatile Disk, auch Digital Video Disc genannt (vielseitige digitale Video-Disc), Datenträger zur Aufzeichnung digitaler Daten, z. B. von Videos, mit erheblich höherer Speicherkapazität als eine → CD-ROM, die gespeicherten Daten sind nicht mehr veränderbar, sie können nur noch gelesen werden; es gibt aber auch wie bei der → CD unterschiedlich Arten wie DVD-R und DVD-RW
ECTS	European Credit Transfer System, System zur Anrechenbarkeit von Studienleistungen im europäischen Hochschulraum
ECVET	European Credit System for Vocational Education and Training, System zur Anrechenbarkeit beruflicher Qualifikationen innerhalb Europas
Educaching	zusammengesetzt aus ‚Edu', für engl. ‚Education' (dt. ‚Bildung') und ‚cache' (dt. ‚Versteck') für Übertragung von → Geocaching in den Bereich der Bildung
EFQM	European Foundation for Quality Management (Europäische Stiftung für Qualitätsmanagement)
E-Lecture	Videoaufzeichnung einer Lehrveranstaltung
EN	Europäische Norm
E-Portfolio	digitale Sammlung und Reflexion von Lernprodukten
Face-to-face	direkte Interaktion bzw. Kommunikation von Angesicht zu Angesicht

Fantasy	(Fantasie) im Mythologie- und Sagenbereich wurzelndes Genre in Literatur, Film usw. sowie zunehmend im Bereich von Live- und Online-Rollenspielen
FAQ	Frequently Asked Question, Zusammenstellung häufig gestellter Fragen und dazugehöriger Antworten
Feed	Dienst über das Internet, der Informationen zu Themen auflistet, verbreitet und in gewissen Zeitabschnitten aktualisiert
Feed-Reader	Anwendung, die regelmäßig neue Informationen in einem → Feed ausliest und meldet
FernUSG	Fernunterrichtsschutzgesetz
File Sharing	gemeinsame Nutzung einer Datei auf einem Server durch Programme, Prozesse oder Anwender
Flash	Format zur Erstellung animierter grafischer Darstellungen im Internet
Frame	Rahmen für die Präsentation von einzelnen Inhalten oder Szenen auf dem Bildschirm
FTP	File Transfer Protocol, Protokoll für die Übermittlung von Dateien im → Internet, das auf → TCP/IP aufbaut
Game Based Learning	auf Computerspielen basierendes Lernen
GEMA	Gesellschaft für musikalische Aufführungs- und mechanische Vervielfältigungsrechte
Gender Mainstreaming	Prinzip der Gleichstellung von Frauen als gesellschaftliche Norm in allen gesellschaftlichen Bereichen
Geocaching	zusammengesetzt aus griech. ‚geo‘ (dt. ‚Erde‘) und engl. ‚cache‘ (dt. ‚Versteck‘), ein Suchspiel, bei dem die geografischen Koordinaten von Verstecken (Geocaches) im → Internet veröffentlicht und von den Spielenden in der Regel mit Hilfe von → GPS gesucht werden
GG	Grundgesetz der Bundesrepublik Deutschland
GMW	Gesellschaft für Medien in der Wissenschaft
GPI	Gesellschaft für Pädagogik und Information

GPS	Global Positioning System, globales Satellitennavigationssystem zur Positionsbestimmung und Zeitmessung des eigenen Standorts auf der Erde
Groupware	Software zur Unterstützung der Kommunikation und Kooperation von Gruppen
GUI	Graphical User Interface (grafisch orientierte Benutzeroberfläche), mit der Maus bedienbare Schnittstelle einer Software, bei der Aktionen durch Anklicken oder Verschieben von Symbolen ausgelöst werden
Headset	Kombination aus Kopfhörer und Mikrofon
HIS	Hochschul-Informations-System GmbH, die Hochschulen und Hochschulpolitik durch Dienstleistungen unterstützt
HRK	Hochschulrektorenkonferenz
HTML	Hypertext Markup Language, textbasierte Sprache zur strukturierten Auszeichnung von Inhalten, aktuell in der Version HTML5
HTTP	HyperText Transfer Protocol, vom World Wide Web Consortium (→ W3C) entwickeltes Protokoll für die Übertragung von Daten, das auf dem Protokoll → TCP/IP aufbaut
HTTPS	HyperText Transfer Protocol Secure, sicheres → HTTP, das eine Datenverschlüsselung anwendet
Hyperlink	Verknüpfung zwischen Elementen in einem → Hypertext auf einer Internetseite oder zwischen verschiedenen Internetseiten
Hypermedia	Verbindung der Begriffe → Hypertext und → Multimedia, durch die eine nicht-lineare Verknüpfung und Präsentation unterschiedlicher Medien, wie z. B. Text, Grafik, Bilder, Video, begrifflich gefasst wird
Hypertext	nicht-lineare Verknüpfung und Präsentation eines Textes, dessen Elemente durch → Hyperlinks miteinander verknüpft sind
Hypervideo	nicht-lineare Verknüpfung und Präsentation von Videoelementen und weiteren Informationen

Icon	Symbol auf dem Bildschirm
ICQ	,I seek You' (,Ich suche dich'), kostenloses → Instant Messaging System
ID	Instructional Design (Instruktionsdesign)
IEC	International Electrotechnical Commission (Internationale Kommission für Elektrotechnik)
IEEE	Institute of Electrical and Electronic Engineers (Institut der Elektrik- und Elektronikingenieure)
IKT	Informations- und Kommunikationstechnik
IMS	Instructional Management System (heute nur noch als Abkürzung verwendet), ist der Name einer internationalen Vereinigung von Bildungseinrichtungen, Unternehmen und öffentlichen Einrichtungen mit dem Ziel, das Lehren und Lernen über das Internet zu fördern (IMS Global Learning Consortium)
IMS LD	IMS Learning Design, Gestaltung von Lernangeboten entsprechend → IMS
Instant Messaging	Sofortbenachrichtigung und Kommunikation über das Internet, ist eine Form von → Chat oder → ICQ
Internet	das größte digitale Netzwerk, in dem die Computer über das Protokoll → TCP/IP verbunden sind, → IP
IP	Internet Protocol, eine IP-Adresse ist die eindeutige Kennzeichnung eines PC, aktuell in der erweiterten Version 6 (IPv6), → TCP/IP
ISDN	Integrated Services Digital Network (universelles Dienste integrierendes digitales Fernmeldenetz), internationaler Standard für verschiedene Dienste der digitalen Telekommunikation, z. B. Telefon, Telefax, E-Mail, Internet
ISO	ursprünglich: International Standards Organization, gegründet 1946 in Genf, heute: International Organization for Standardization
ISSS	Information Society Standardization System (Standardisierungssystem für die Informationsgesellschaft)

ISW	Institut für Strukturpolitik und Wirtschaftsförderung Halle-Leipzig
IT	Informationstechnik
ITS	Intelligente Tutorielle Systeme
iTunes	Multimedia-Verwaltungsprogramm der Firma Apple, das auch eine umfangreiche Datenbank für Audio- und Video-Podcasts bietet
iTunesU	Teil von → iTunes, 'U' steht für 'University', erlaubt Hochschulen und anderen Bildungseinrichtungen die Publikation ihrer Multimedia-Anwendungen
Java-Applet	eine nicht allein lauffähige Anwendung, die es u. a. ermöglicht, → HTML-Seiten im Internet interaktiv zu gestalten
JISC	Joint Information Systems Committee (Gemeinsames Komitee für Informationssysteme), britische Forschungs- und Entwicklungsinstitution zu digitalen Medien im Hochschulbereich
JTC1 SC36	Joint Technology Committee 1 Subcommittee 36, Gremium zur Informationstechnologie für Lernen, Bildung und Training der → ISO/IEC
KMK	Ständige Konferenz der Kultusminister der Länder in der Bundesrepublik Deutschland
LAN	Local Area Network, lokales Netzwerk zur Verbindung von Computern mit einer geringen räumlichen Ausdehnung, z. B. in einem Gebäude
LBG	→ 'Location Based Game'
LCMS	Learning Content Management System, System zur Verwaltung von Lerninhalten, das die Vorteile von → LMS und → CMS verbindet
LD	Learning Design, Gestaltung des Lernens entsprechend → IMS
Learning Object	Lernobjekt, kleinste, didaktisch noch sinnvolle Lerneinheit
Link	elektronische Verknüpfung mit Dateien bzw. Internetseiten

LIP	Learner Information Package, Informationspaket für Lernende entsprechend Instructional Management System Project → IMS
LMS	Learning Management System, System zur Unterstützung virtueller Lehr- und Lernprozesse
Location Based Game	(LBG), ‚postitionsbezogenes (Computer-)Spiel‘, dessen Verlauf durch die Veränderung der geografischen Position des Spielers beeinflusst wird
LOM	Learning Object Metadata, Metadaten zur Beschreibung von Lernobjekten als kleinste noch sinnvolle Lerneinheiten
LQW	Lernerorientiertes Qualitätsmodell für Weiterbildungsorganisationen
LTSC	Learning Technology Standards Committee (leitender Ausschuss zur Vereinbarung von Standards für Lernsoftware)
Markup-Language	‘Auszeichnungssprache’, die zur Beschreibung von Daten oder Verfahren dient, aufgrund der Trennung von Inhalt und Layout zur Darstellung notwendig, → HTML, → XML
Metadaten	‚Daten über Daten’ sind Beschreibungen, die verschiedene Daten strukturiert vereinen und dadurch die Nutzbarkeit von Objekten erhöhen
Microblogging	Veröffentlichung von kurzen Textnachrichten von meist weniger als 200 Zeichen in Echtzeit über verschiedene Kanäle (Internet, Handy usw.)
Microcontent	sehr kurzer Lerninhalt, z. B. in Form von Text, Bild, Audio- und/oder Videosequenz
MMOG	‚Massively Multiplayer Online Game’, ein ‚Massen-Mehrspieler-Online-Gemeinschaftsspiel‘, das von sehr vielen (häufig mehreren tausenden) Spielern gespielt wird
Mindmaps	visuelle Darstellung eines Themengebietes (z. B. durch grafisch vernetzte Begriffe, Bilder, Grafiken)
MOO	Multi User Dungeons Object-Oriented, spezielle Form der Programmierung eines objektorientierten Spieles

	(z. B. einer Rolle in einem Labyrinth) für mehrere Benutzer → MUDs
MOOC	‚Massive Open Online Course', offener, rein webbasierter Weiterbildungskurs (kostenfrei, ohne Zulassungsbedingung und Teilnehmerbegrenzung) mit sehr hohen Teilnehmerzahlen
MP3-Player	Moving Picture Expert Group Audio Layer 3, Abspielgeräte auf der Ebene 3 des Audiostandards für bewegte Bilder
MSN	Microsoft Network System
MUD	Multi User Dungeons, serverbasierte Umgebung für ein Labyrinth- bzw. Rollenspiel für mehrere Benutzer im Internet
Multimedia	Integration mehrerer Medien (z. B. Text, Bild, Audio, Video, Grafik) zur Präsentation von Informationen
Multiple Choice Question	Frage mit mehreren Antworten zur Auswahl, von denen meist eine Antwort die richtige ist, aber auch mehrere Antworten richtig sein können
Multitasking	gleichzeitige Ausführung mehrere Programme
Newsgroup	asynchrones Kommunikationsmedium zum öffentlichen Austausch von Informationen zu bestimmten Themen
OECD	Organization for Economic Co-operation and Development (Organisation für wirtschaftliche Zusammenarbeit und Entwicklung)
OER	→ Open Educational Resources, im Internet frei zugängliche Bildungsressourcen
OMR	Optical Mark Recognition (Optische Markierungserkennung)
Open Access	Initiative, die sich für den freien Zugang zu wissenschaftlichen Publikationen im Internet einsetzt
Open Content	freier Inhalt, bei dem der Urheber den Zugang zu seinem geschaffenen Werk allen Internetnutzern erlaubt

Open Educational Resources (OER)	freie Bildungsressourcen, im Internet frei zugängliche Lernmaterialien und Instrumente zur Unterstützung von Lernprozessen
Open Source/Open Source Software	Software gilt im Sinne der → OSI als Open Source (offene Quelle), wenn den Nutzern der Quellcode frei zugänglich ist und dessen Weiterentwicklung und Weitergabe erlaubt ist
OSI	Open Software Initiative, 1998 gegründete Organisation zur Förderung von → Open Source Software
PAPI	Public Available Personal Information (öffentlich verfügbare persönliche Informationen)
PAQ	Projektgruppe Automation und Qualifikation
Parser	(‚to parse' = analysieren) Computerprogramm, das Eingaben in für die Weiterverarbeitung brauchbare Formate umwandelt
PAS	Publicly Available Specification (öffentlich verfügbare Spezifikation), Diskussionsentwurf als Zwischenschritt bei der Entstehung einer Norm
Pattern	in Lernkontexten erfolgreich erprobte ‚Muster' von Methoden, die auf die Gestaltung von neuen Lerninhalten übertragen werden können
Permalink	permanent verfügbare Verknüpfung (→ Hyperlink) mit anderen Dateien oder Internetseiten, vor allem in → Blogs genutzt
PLE	Personal Learning Environment (Persönliche Lernumgebung)
Plug-in	(‚to plug in' = anschließen) Computerprogramm, das zusätzlich installiert wird, um die Funktionalität eines anderen Softwareprogramms zu erweitern
POD	Playable on Demand (nach Bedarf spielbar)
Podcast	eine im Internet jederzeit abrufbare Sendung (in Form von Audio-/Video-/Vod-/Screen- oder Enhanced Podcast)
POP3	Post Office Protocol 3, Übertragungsprotokoll für den Abruf von E-Mails

Public Domain Software	Software, die lizenzfrei benutzt werden kann und deren Quellcode auch frei verfügbar und veränderbar ist
QM	Qualitätsmanagement
QR	Quick Response (,schnelle Reaktion'), zweidimensionaler Code (in einem quadratischen Feld), der binär verschlüsselte Informationen enthält, die mit entsprechender Hard- und Software ausgelesen werden können
QTI	Question and Test Interoperability (Austauschbarkeit von Fragen- und Testformaten), einheitliches Datenformat, um Test- und Quizinhalte zwischen verschiedenen Anwendungen austauschbar zu machen (→ IMS, Instructional Management System Project)
RLO/LO	Reusable Learning Object/Learning Object, wiederverwendbares Lernobjekt/Lernobjekt, das in verschiedenen Lernkontexten eingesetzt werden kann
RSS-Feed	Really Simple Syndication Feed, Nutzer können sich automatisch über neue Beiträge benachrichtigen lassen, → Feed, → Feed-Reader
Science Fiction	Genre u. a. in Literatur, Film sowie zunehmend in (Online-)Rollenspielen, häufig in der Zukunft und/oder im Weltraum angesiedelt
SCORM	Sharable Content Object Reference Model (Referenzmodell für den Austausch von Inhaltsobjekten), Sammlung von Standards, um elektronische Lerninhalte leicht austauschen und von einer Lernumgebung in eine andere transferieren zu können
Screencast	digitale Aufzeichnung der Abläufe am Bildschirm
Screenreader	Software, die den Bildschirminhalt ausliest und über Sprache, Braillezeile oder Schriftvergrößerung ausgibt
Screenshot	Momentaufnahme des aktuellen Bildschirminhalts = Bildschirmfoto
Second Life	(zweites Leben) Online-3D-Welt, in der Menschen durch → Avatare interagieren können

Second Talk	mündliches Sprachprogramm zur Kommunikation zwischen den → Avataren in → Second Life
Semantic Web	(semantisches Netz) Erweiterung des → WWW mit dem Ziel, die Bedeutung von Daten durch Maschinen interpretierbar und weiterverarbeitbar zu machen
Serious Games	(ernsthafte Computerspiele), Computerspiele, die in Lernzusammenhängen eingesetzt werden
Server	Computer, der Daten und Dienste für → Clients bereitstellt
Skype	kostenfreie → VoIP-Software zur Text-, Audio- und Videokommunikation sowie Datenübertragung über das Internet
SL	Abkürzung für → Second Life
SMS	Short Message Service (Kurznachrichtendienst)
Social Bookmark	Lesezeichen, die im Internet gemeinsam abgelegt, verwaltet, bewertet und eingesehen werden können, → Bookmark
Social Media	soziale Medien ist ein Sammelbegriff für eine Vielfalt von Software zur gemeinsamen Kommunikation, Kooperation und Gestaltung medialer Inhalte im Internet
Social Software	soziale Software ist Software zur gemeinsamen Kommunikation und Kooperation im Internet, oft Synonym für → Web 2.0 Werkzeuge
Social Tagging	gemeinsame Verschlagwortung von Seiten und Inhalten im Internet durch die Nutzenden → Tag
Spam	(‚Abfall') dem Empfänger unverlangt zugestellte, unerwünschte, in der Regel elektronisch übertragene Nachrichten (meist durch E-Mail)
Streaming	(‚Strömen') gleichzeitiges Senden und Empfangen von Multimedia-Daten aus dem Internet, ermöglicht im Gegensatz zum → Download eine Wiedergabe ohne Zeitverzögerung
Tag	Schlagwort

Tag Clouds	(,Schlagwortwolken') grafische Darstellungsform von Schlagworten, in der die Häufigkeit des Vorkommens durch die Schriftgröße erkennbar ist
TCP/IP	Transmission Control Protocol/Internet Protocol, das aus den Netzwerkprotokollen kombinierte Protokoll der Datenübertragung im Internet, aktuell erweitert in der IP-Version 6 (IPv6), → IP-Adresse
TCAPi	(Tin Can Api → Tin Can) ist eine spezifizierte Schnittstelle zur Kommunikation zwischen verschiedenen Lernsystemen auf der Grundlage der Beschreibung von Lernaktivitäten und speichert diese in ,Learning Record Stores' (LRS), welche die Beschreibungen mit anderen LRS teilen und sich innerhalb oder außerhalb eines → LMS (Learning Management Systems) befinden
Tin Can	ist eine Projektinitiative von → SCORM zur Entwicklung der Spezifikation Tin Can Api, → TCAPi abgekürzt, zur Ermöglichung bidirektionaler Kommunikation zwischen verschiedenen Lernsystemen
TMG	Telemediengesetz
Tool	(Software)Werkzeug
Toolbar	(Werkzeugleiste) Symbolleiste mit kleinen, häufig bebilderten Schaltflächen als erweiternde Elemente der Menüführung
TQM	Total Quality Management (vollständiges Qualitätsmanagement), Ansatz eines umfassenden Qualitätsmanagements
Tracking	Aufzeichnung des Weges, den ein Nutzer in Software oder im Internet beschritten hat
Upload	Hochladen von Daten auf einen anderen Computer, z. B. Server im Internet
UrhG	Urheberrechtsgesetz
URL	Uniform Resource Locator, ,einheitlicher [Internet-]Quellenanzeiger' zur Lokalisierung von Rechner und Speicherort einer Datei im Internet
Usability	Benutzerfreundlichkeit und Gebrauchsfähigkeit eines Produkts bzw. von Software und/oder Hardware

User Tracking	Protokollierung der Handlungen des Nutzers im Umgang mit der Software
VFH	Bundesleitprojekt „Virtuelle Fachhochschule für Technik, Informatik und Wirtschaft", gefördert durch das → BMBF von 1998 bis 2003
Videocast	ein im Internet jederzeit abrufbares Video → Podcast
Videochat	Online-Bildkommunikation zwischen Personen in Echtzeit
Virtual Reality Objects	Objekte in der computerbasierten virtuellen Realität
VK	Virtuelles Klassenzimmer
Voice Chat	audiobasierte Online-Kommunikation zwischen Personen in Echtzeit
VoIP	Voice over IP, Sprachübertragung im Internet (Internettelefonie) → TCP/IP
VR	Virtual Reality (virtuelle Realität)
W3C	World Wide Web Consortium
WAI	Web Accessibility Initiative, Initiative des → W3C, die das Internet allen Menschen, auch mit Behinderungen, zugänglich machen will
WAN	Wide Area Network, Netzwerk zur Verbindung von Computern oder Local Area Networks (→ LAN) über große Entfernungen, z. B. Internet
WBT	Web Based Training (internetunterstützte Lernprogramme)
Web 2.0	Bezeichnung für alle im Internet verfügbaren Anwendungen, die es dem Nutzer erlauben, selbst Inhalte einzustellen und diese zu kommunizieren; ein Nutzungsprinzip im Internet, das die Partizipation in den Vordergrund stellt
Webcam	Videokamera, mit der Bilder über das Internet übertragen werden können
Weblog	Webseite, die aus rückwärts chronologisch geordneten Beiträgen besteht, ähnlich einem Tagebuch oder Journal, die in der Regel öffentlich kommentiert werden können (auch → Blog genannt)

Webquest	Lehr- und Prüfungsform in der Regel in Kleingruppen, für die eine Recherche authentischen Materials im Internet grundlegend ist (herausfordernde kooperative Internetrecherche)
Whiteboard	freie Schreibfläche innerhalb eines Programms, auf der alle Nutzer gemeinsam Notizen verfassen können, z. B. in Online-Seminaren
Wii	ein Kunstwort, das Assoziationen zu engl. ‚we' und dt. ‚wir' wecken soll = fernsehgebundene Videospiel-Konsole der Firma Nintendo, die durch einen bewegungssensitiven Controller bewegungsgesteuerte Spiele ermöglicht
Wiki	(der Begriff ist vom hawaiianischen ‚wikiwiki', ‚schnell', abgeleitet) ist eine auf einem einfachen → CMS basierende Sammlung von → Hypertexten, die von den Nutzenden nicht nur gelesen, sondern auch online verändert werden können
Wikipedia	Name einer Online-Enzyklopädie im Internet, die auf einem Wiki-System basiert und von allen Nutzenden mitgestaltet werden kann
Wiki-Webquest	ein → Webquest, dessen technische Basis ein Wiki-System ist, → Wiki
WLAN	Wireless Local Area Network (lokales Funknetzwerk zur drahtlosen Verbindung von Computern)
WWW	World Wide Web (‚weltweites Gewebe'), Abkürzung für das entwickelte → Hypermedia-System als einem Dienst im Internet
WYSIWYG	‚What you see is what you get' (‚Was du siehst ist, was du erhältst'), wie es auf dem Bildschirm erscheint, so wird es auch ausgedruckt – Software-Prinzip, welches das endgültige Erscheinungsbild bereits bei der Erstellung zeigt
XML	Extensible Markup Language, erweiterbare Beschreibungssprache, mit der die Struktur von Dokumenten beschrieben wird, ermöglicht die einheitliche Speicherung von Daten (Metasprache)
ZFU	Staatliche Zentralstelle für Fernunterricht

Literatur

ABI (2008a) = Aktionsbündnis für b@rrierefreie Informationstechnik: Leitfaden zur Erstellung barrierefreier Textdokumente.
http://wob11.de/images/stories/elearning/textdokumente/Erstellung_barrierefrei er_Textdokumente_Rev.4.pdf [30.07.2010]

ABI (2008b) = Aktionsbündnis für b@rrierefreie Informationstechnik: Leitfaden zur Erstellung barrierefreier Präsentationen. http://www.wob11.de/images/stories/elearning/ erstellung_barrierefreier_praesentationen.pdf [30.07.2010]

ACRL (1989) = Association of College & Research Libraries: Presidential Committee on Information Literacy: Final Report.
http://www.ala.org/ala/mgrps/divs/acrl/publications/whitepapers/presidential.cfm [17.10.2009]

Alami, Marita (2006): Mit persönlichem Lern-Tutoring zum Erfolg. Flexibles Lernen im Selbstlernzentrum bietet übertragbare Lösungen. In: Ludwigs, Stefan/Timmler, Ulrike/ Tilke, Martin (Hg.): Praxisbuch E-Learning. Ein Reader des Kölner Expertennetzwerkes cel_C. Bielefeld: W. Bertelsmann, S. 35–42

Albrecht, Claudia/Börner, Claudia/Köhler, Thomas (2012): Ein E-Portfolio als Instrument für die berufliche Ausbildung. Konzeption, Umsetzung und Potenziale. In: BWP Berufsbildung in Wissenschaft und Praxis, 41. Jg., H. 3, S. 22–25

Albrecht, Rainer (2003): E-Learning in Hochschulen. Die Implementierung von E-Learning an Präsenzhochschulen aus hochschuldidaktischer Perspektive.
http://www.raineralbrecht.de/resources/Dissertation_albrecht_030723.pdf [15.02.2009]

Alby, Tom (2007): Web 2.0. Konzepte, Anwendungen, Technologien. München: Carl Hanser (2., aktual. Aufl.)

Alexander, Christopher (1979): The Timeless Way of Building. New York (USA): Oxford University Press

Allert, Heidrun (2001): Betreuung, Kommunikation und Kooperation mit Groupware (BSCW). 6. Studienmodul des Online-Kurses „Tele-Tutor-Training" der Teleakademie Furtwangen (unveröffentlichtes Manuskript)

Allert, Heidrun/Qu, Changtao/Neidl, Wolfgang (2002): Theoretischer Ansatz zur Rolle der Didaktik in Metadaten Standards.
http://www.l3s.de/web/upload/documents/Theoretischer%2520Ansatz%2520zur %2520Rolle%2520der%2520Didaktik%2520in%2520Metadaten%2520Standards.pdf [16.03.2011]

Apel, Heino/Kraft, Susanne (2003) (Hg.): Online lehren. Planung und Gestaltung netzbasierter Weiterbildung. Bielefeld: W. Bertelsmann

Arnold, Patricia (2001) (unter Mitarbeit von Rogner, Larissa/Thillosen, Anne): Didaktik und Methodik telematischen Lehrens und Lernens. Lernräume – Lernszenarien – Lernmedien. State-of-the-Art und Handreichung mit Hinweisen für die Entwicklung der telematischen Lernkultur von Gerhard Zimmer. Münster: Waxmann (Medien in der Wissenschaft, Bd. 17)

Arnold, Patricia (2003a): Einführung in das Online-Lernen. Modul: Grundlagen I, Lerneinheit: Online Lernen. Rostock: Universität Rostock (Studienbrief, vollst. überarb. Fassung siehe 2008)

Arnold, Patricia (2003b): Kooperatives Lernen im Internet. Qualitative Analyse einer Community of Practice im Fernstudium. Münster: Waxmann (Medien in der Wissenschaft, Bd. 23)

Arnold, Patricia (2005a): Communities of Practice in der Fernlehre – Gratwanderung zwischen Arbeiten und Lernen. In: Schulz, Manuel/Glump, Heinz (Hg.): Fernausbildung ist mehr. Auf dem Weg vom technologischen Potenzial zur didaktischen Innovation. Augsburg: ZIEL, S. 63–74

Arnold, Patricia (2005b): Evaluation von E-Learning – Ansätze, Methoden, Praxisbeispiele. Rostock: Universität Rostock (Studienbrief)

Arnold, Patricia (2006): Qualitätsentwicklung im E-Learning – Ansätze, Herausforderungen und Perspektiven. In: Behrmann, Detlef/Schwarz, Bernd (Hg.): Integratives Qualitätsmanagement. Perspektiven und Praxis der Organisations- und Qualitätsentwicklung in der Weiterbildung. Bielefeld: W. Bertelsmann, S. 79–114

Arnold, Patricia (2008): Einführung E-Learning. Modul: Grundlagen I, Lerneinheit: Online Lernen. Rostock: Universität Rostock (2., vollst. überarb. Fassung des Studienbriefes 2003a)

Arnold, Patricia (2009): Entwicklungsgeschichte(n) E-Learning an Hochschulen: Persönliche Reflexion zentraler Herausforderungen aus vier Akteursperspektiven. In: Dittler, Ullrich/Krameritsch, Jakob/Nistor, Nicolae/Schwarz, Christine/Thillosen, Anne (Hg.): E-Learning: Eine Zwischenbilanz. Kritischer Rückblick als Basis eines Aufbruchs. Münster: Waxmann, S. 189–204

Arnold, Patricia/Kilian, Lars/Klockmann, Ute/Thillosen, Anne (2003): Didaktik und Methodik telematischen Lehrens und Lernens – DIMETELL. Abschlussbericht des Arbeitspaketes 2–1 im Bundesleitprojekt „Virtuelle Fachhochschule für Technik, Informatik und Wirtschaft". Hamburg: Universität der Bundeswehr Hamburg, Projektleitung: Univ.-Prof. Dr. Gerhard Zimmer, Professur für Berufs- und Betriebspädagogik

Arnold, Patricia/Kilian, Lars/Thillosen, Anne (2002a): „So lonely!?" – Online-Betreuung als kritische Erfolgsbedingung beim telematischen Studieren. Ergebnisse einer Befragung von Studierenden und Mentoren in der Virtuellen Fachhochschule für Technik, Informatik und Wirtschaft (VFH). In: Bachmann, Gudrun/Haefeli, Odette/Kindt, Michael (Hg.): Campus 2002. Die virtuelle Hochschule in der Konsolidierungsphase. Münster: Waxmann (Medien in der Wissenschaft, Bd. 18), S. 334–344

Arnold, Patricia/Kilian, Lars/Thillosen, Anne (2002b): Tele-Tutoren in der virtuellen Fachhochschule für Wirtschaft, Informatik und Technik. In: Bernath, Ulrich (Hg.): Online-Tutorien. Beiträge zum Spezialkongress „distance learning" der AG-F im Rahmen der LEARNTEC. Bibliotheks- und Informationssystem der Carl von Ossietzky Universität Oldenburg, S. 63–75

Arnold, Patricia/Kilian, Lars/Thillosen, Anne (2002c): Training of Online-Facilitators as a Key Issue in Implementing Virtual Learning: Organizational Approach and Course Design within the Virtual University of Applied Science, Germany. In: Proceedings, World Congress Networked Learning in a Global Environment, Challenges and Solutions for Virtual Education. May 1–4, 2002, Berlin. ICSC-NAISO Academic Press

Arnold, Patricia/Kilian, Lars/Thillosen, Anne (2003): Pädagogische Metadaten im E-Learning. Allgemeine Problemfelder und exemplarische Fragestellungen am Beispiel der Virtuellen Fachhochschule. In: Kerres, Michael/Voß, Britta (Hg.): Digitaler Campus. Vom Medienprojekt zum nachhaltigen Medieneinsatz in der Hochschule. Münster: Waxmann (Medien in der Wissenschaft, Bd. 24), S. 379–390

Arnold, Patricia/Mayrberger, Kerstin/Merkt, Marianne (2006): E-Learning als Prozessinnovation zwischen Strategie und Didaktik – am Beispiel des Change Management Projekts KoOP der Hamburger Hochschulen. In: Seiler-Schiedt, Eva/Kälin, Sieglinde/Sengstag, Christian (Hg.): E-Learning – alltagstaugliche Innovation? Münster: Waxmann, S. 27–36

Arnold, Patricia/Putz, Peter (2000): Communities of Practice als Orientierungsrahmen für die Gestaltung virtueller Lernumgebungen. In: Scheuermann, Friedrich. (Hg.): Campus 2000. Lernen in neuen Organisationsformen. Münster: Waxmann (Medien in der Wissenschaft, Bd. 10), S. 97–109

Arnold, Patricia/Smith, John (2003): Adding connectivity and losing context with ICT: contrasting learning situations from a community of practice perspective. In: Huysman, Marleen/Wenger, Etienne/Wulf, Volker (Hg.): Proceedings of the International Conference on Communities and Technologies (C&T 2003). Dordrecht (Niederlande): Kluwer, S. 465–484

Arnold, Patricia/Thillosen, Anne (2002): Aufgabenorientiertes Lernen in telematischen Studienmodulen: Aufgabenformen, Aufgabentypen und Aufgabengestaltung. In: Zimmer, Gerhard (Hg.): High-Tech or High-Teach. Lernen in Netzen zwischen Aktualität und Potenzialität. Dokumentation der Beiträge im Workshop 7 der Hochschultage Berufliche Bildung 2002 an der Universität zu Köln. Bielefeld: W. Bertelsmann, S. 35–45

Arnold, Patricia/Thillosen, Anne (2003): Gestaltung von Teletutoren-Schulungen am Beispiel der Virtuellen Fachhochschule. In: Hohenstein, Andreas/Wilbers, Karl (Hg.): Handbuch E-Learning. Expertenwissen aus Wissenschaft und Praxis. Köln: Deutscher Wirtschaftsdienst (Loseblattsammlung, Grundwerk 2001), Beitrag 6.1.3, S. 1–4

Arnold, Rolf (1997): Qualität durch Professionalität – zur Durchmischung von Utilität und Zweckfreiheit in der Qualität betrieblicher Weiterbildung. In: Arnold, Rolf (Hg.): Qualitätssicherung in der Erwachsenenbildung. Opladen: Leske + Budrich, S. 51–61

Arnold, Rolf (2005): Die emotionale Konstruktion der Wirklichkeit. Grundlinien einer emotionspädagogischen Erwachsenenbildung. Baltmannsweiler: Schneider

Arnold, Rolf (2009): Seit wann haben Sie das? Grundlinien eines Emotionalen Konstruktivismus. Heidelberg: Carl Auer

Arnold, Rolf/Arnold-Haecky, Beatrice (2009): Der Eid des Sisyphos. Eine Einführung in die Systemische Pädagogik. Baltmannsweiler: Schneider

Arnold, Rolf/Gómez Tutor, Claudia/Kammerer, Jutta (2004): Selbstlernkompetenzen. Arbeitspapier 1 des Forschungsprojekts „Selbstlernfähigkeit, pädagogische Professionalität und Lernkulturwandel – Teilprojekt Selbstlernkompetenz". Pädagogische Materialien der Universität Kaiserslautern, Vol. 12. Kaiserslautern: Universität Kaiserslautern (2. Aufl.)

Arnold, Rolf/Schüssler, Ingeborg (1998): Wandel der Lernkulturen: Ideen und Bausteine für ein lebendiges Lernen. Darmstadt: Wissenschaftliche Buchgesellschaft

Arrenberg, Jutta/Kowalski, Susann (2007): Lernen Frauen und Männer unterschiedlich? Eine Studie über das Lernverhalten von Studierenden. Fachhochschule Köln. http://www.kompetenzz.de/Themen/Lernen [21.02.2011]

Asselborn, Annette/Hoffschroer, Michael (2000): Die Tätigkeitsmatrix. Ansatz zur Systematisierung der Handlungen von Teledozenten. In: Esser, Friedrich H./Twardy, Martin/Wilbers, Karl (Hg.): E-Learning in der Berufsbildung. Telekommunikationsunterstützte Aus- und Weiterbildung im Handwerk. Markt Schwaben: Eusl, S. 303–340

Attwell, Graham (2007): The Personal Learning Environments. The future of eLearning? http://www.elearningeuropa.info/files/media/media11561.pdf [01.09.2009]

Attwell, Graham/Bimrose, Jenny/Brown, Alan/Barnes, Sally Anne (2008): Maturing Learning: Mash up Personal Learning Environments. http://ftp.informatik.rwth-aachen.de/Publications/CEUR-WS/Vol-388/attwell.pdf [02.08.2009]

Auer, Thomas (2003): Nachhaltigkeit im Spannungsfeld von Wissensgesellschaft und Demografie http://www.wiper.de/dokumente/sust_d.pdf [17.10.2008]

Auernheimer, Georg (2008): Interkulturelle Kompetenz und pädagogische Professionalität. Wiesbaden: VS Verlag für Sozialwissenschaften

Baacke, Dieter (1973): Kommunikation und Kompetenz. Grundlegung einer Didaktik der Kommunikation und ihrer Medien. München: Juventa

Baacke, Dieter (1996): Medienkompetenz – Begrifflichkeit und sozialer Wandel. In: Rein, Antje von (Hg.): Medienkompetenz als Schlüsselbegriff. Bad Heilbrunn: Klinckhardt, S. 112–124

Baacke, Dieter (1998): Zum Konzept und zur Operationalisierung von Medienkompetenz. http://http://www.uni-bielefeld.de/paedagogik/agn/ag9/Texte/MKompetenz1.htm [27.01.2008]

Bacher, Christian/Müller, Rainer/Ottmann, Thomas (1997): Ein Weg zur Integration von Live-Vorlesung, Teleteaching und Lehrsoftwareproduktion. In: Arbeitskreis Hochschule und Weiterbildung e. V. (Hg.): Elektronische Medien in der wissenschaftlichen Weiterbildung Braunschweig: Technische Universität Braunschweig, Zentralstelle für Weiterbildung, S. 261–272

Bachmann, Gudrun/Dittler, Martina/Lehmann, Thomas/Glatz, Dieter/Rösel, Fritz (2002): Das Internetportal „LearnTechNet" der Universität Basel: Ein Online-Supportsystem für Hochschuldozierende im Rahmen der Integration von E-Learning in die Präsenzuniversität. In: Bachmann, Gudrun/Haefeli, Odette/Kindt, Michael (Hg.): Campus 2002. Die Virtuelle Hochschule in der Konsolidierungsphase. Münster: Waxmann, S. 87–97

Bäcker, Eva-Maria/Cendon, Eva/Mörth, Anita (2011): Das E-Portfolio für Professionals. Zwischen Lerntagebuch und Kompetenzfeststellung. In: zeitschrift für e-learning, Lernkultur und Bildungstechnologie, 6. Jg., H. 3, S. 37–50

Baddeley, Alan D. (2002): Human Memory. Theory and Practice. Hove (UK): Psychology Press Ltd.

Baldauf-Bergmann, Kristine (2009): Lernen im Lebenszusammenhang. Der Beitrag der subjektwissenschaftlichen Arbeiten Klaus Holzkamps zu einer pädagogischen Theorie des lebensbegleitenden Lernens. Berlin: Lehmanns Media (International Cultural-historical Human Sciences, Bd. 31)

Balk, Michael (2009): Moderation und Präsentation. In: Henninger, Michael/Mandl, Heinz (Hg.): Handbuch Medien- und Bildungsmanagement. Weinheim, Basel: Beltz, S. 474–493

Balli, Christel/Krekel, Elisabeth M./Edgar, Sauter (2002a) (Hg.): Qualitätsentwicklung in der Weiterbildung. Zum Stand der Anwendung von Qualitätssicherungs- und Qualitätsmanagementverfahren bei Weiterbildungsanbietern. Bonn: Bundesinstitut für Berufsbildung

Balli, Christel/Krekel, Elisabeth M./Sauter, Edgar (2002b): Qualitätsentwicklung in der Weiterbildung aus der Sicht von Bildungsanbietern – Diskussionsstand, Verfahren, Entwicklungstendenzen. In: Balli, Christel/Krekel, Elisabeth M./Sauter, Edgar (Hg.): Qualitätsentwicklung in der Weiterbildung. Zum Stand der Anwendung von Qualitätssicherungs- und Qualitätsmanagementverfahren bei Weiterbildungsanbietern. Bonn: Bundesinstitut für Berufsbildung, S. 5–24

Ballstaedt, Steffen-Peter (1997): Wissensvermittlung. Die Gestaltung von Lernmaterial. Weinheim, Basel: Beltz PVU

Bamford, Anne (2011): The 3D in Education White Paper. http://dlp.com/downloads/The_3D_in_Education_White_Paper_US.pdf [01.07.2012]

Barrett, Helen C. (2003): Electronic portfolios. In: Kovalchick, Ann/Dawson, Kara (Hg.): Educational technology – an encyclopedia. Santa Barbara (USA): ABC-CLIO

Batinic, Bernad/Appel, Markus (2008) (Hg.): Medienpsychologie. Heidelberg: Springer Medizin Verlag

Batinic, Bernad/Werner, Andreas/Gräf, Lorenz/Bandilla, Wolfgang (1998) (Hg.): Online Research. Methoden, Anwendungen und Ergebnisse. Göttingen: Hogrefe

Bauer, Reinhard/Baumgartner, Peter (2012): Schaufenster des Lernens. Eine Sammlung von Mustern zur Arbeit mit E-Portfolios. Münster: Waxmann

Bauer, Thomas A. (2006): Kommunikationskulturen im Wandel. Wertemodelle und Wissensmodelle der Mediengesellschaft. In: Bauer, Thomas A./Ortner, Gerhard E. (Hg.): Werte für Europa. Medienkultur und ethische Bildung in und für Europa. Düsseldorf: B +B Medien, S. 46–62

Bauer, Thomas A. (2009): Wissen im Medienmodell der modernen Bildungsgesellschaft. In: Mikuszeit, Bernd/Szudra, Ute (Hg.): Multimedia und ethische Bildung. E-Learning – Ethik – Blended Learning. Frankfurt/Main: Peter Lang, S. 35–60

Baumgartner, Peter (1999a): 10 Todsünden in der Evaluation interaktiver Lehr- und Lernmedien. In: Lehmann, Klaus (Hg.): Studieren 2000 – Alte Inhalte in neuen Medien? Münster: Waxmann (Medien in der Wissenschaft, Bd. 8), S. 199–220

Baumgartner, Peter (1999b): Evaluation mediengestützten Lernens. Theorie – Logik – Modelle. In: Kindt, Michael (Hg.): Projektevaluation in der Lehre. Multimedia an Hochschulen zeigt Profil(e). Münster: Waxmann (Medien in der Wissenschaft, Bd. 7), S. 63–99

Baumgartner, Peter (2002): Pädagogische Anforderungen für die Bewertung und Auswahl von Lernsoftware. In: Issing, Ludwig J./Klimsa, Paul (Hg.): Information und Lernen mit Multimedia und Internet. Lehrbuch für Studium und Praxis. Weinheim: Beltz PVU (3., vollst. überarb. Aufl.), S. 427–444

Baumgartner, Peter (2005): Eine neue Lernkultur entwickeln: Kompetenzbasierte Ausbildung mit Blogs und E-Portfolios.
http://http://www.educa.ch/dyn/bin/131141–131143–1-eportfoliodeutsch.pdf [01.04.2010]

Baumgartner, Peter (2006): Web 2.0: Social Software & ELearning. In: Computer + Personal (CoPers), Schwerpunktheft: E-Learning und Social Software. 14. Jg., H. 8, S. 20–22, 34
http://www.peter.baumgartner.name/article-de/social-software_copers.pdf/download [27.03.2009]

Baumgartner, Peter (2007): Editoral. zeitschrift für e-learning, 2. Jg., H. 2, S. 4–7

Baumgartner, Peter/Häfele, Hartmut/Maier-Häfele, Kornelia (2002): E-Learning Praxishandbuch. Auswahl von Lernplattformen. Marktübersicht – Funktionen – Fachbegriffe. Innsbruck: Studienverlag

Baumgartner, Peter/Häfele, Hartmut/Maier-Häfele, Kornelia/Kalz, Marco (2004): Content Management Systeme in e-Education: Auswahl, Potenziale und Einsatzmöglichkeiten. Innsbruck: Studienverlag

Baumgartner, Peter/Himpsl, Klaus/Zauchner, Sabine (2009): Einsatz von E-Portfolios an (österreichischen) Hochschulen: Zusammenfassung – Teil I des BMWF-Abschlussberichts „E-Portfolio an Hochschulen". Department für Interaktive Medien und Bildungstechnologien, Donau Universität Krems (Österreich)

BDSG (2009) = Bundesdatenschutzgesetz vom 20.12.1990, neu gefasst 14.01.2003, zuletzt geändert 14.08.2009
http://www.gesetze-im-internet.de/bundesrecht/bdsg_1990/gesamt.pdf [19.04.2011]

Behrendt, Erich/Ulmer, Philipp/Müller-Tamke, Wolfgang (2004): Netzbasiertes Lernen in der beruflichen Praxis: Zur Bedeutung des Bildungspersonals. Ergebnisse einer qualitativen empirischen Erhebung. In: Wissenschaftliche Diskussionspapiere, H. 68, Bonn: Bundesinstitut für Berufsbildung

Behrendt, Jens/Zeppenfeld, Klaus (2008): Web 2.0. Berlin, Heidelberg: Springer

Behrens, Ulrike (2001): Teleteaching is easy!? Pädagogisch-psychologische Qualitätskriterien und Methoden der Qualitätskontrolle für Teleteaching-Projekte. Landau: Empirische Pädagogik

Beißwenger, Michael/Anskeit, Nadine/Storrer, Angelika (2012) (Hg.): Wikis in Schule und Hochschule. Boizenburg, Werner Hülsbusch

Bendel, Oliver (2003): Pädagogische Agenten im Corporate E-Learning. Bamberg: Difo-Druck (Dissertation an der Universität St. Gallen/Schweiz).
http://verdi.unisg.ch/org/iwi/iwi_pub.nsf/wwwPublRecentEng/
05535D23A73EF464C1256D0A003572E5/$file/Paedagogische_Agenten.pdf
[05.05.2004]

Bendel, Oliver (2004): Merkmale, Ziele und Funktionen pädagogischer Agenten. In: Bekavac, Bernard/Herget, Josef/Rittberger, Marc (Hg.): Informationen zwischen Kultur und Marktwirtschaft. Proceedings des 9. Internationalen Symposiums für Informationswissenschaft (ISI 2004), Chur (Schweiz), 06.-08.10.2004. Konstanz: UVK Verlagsgesellschaft, S. 213–226
http://creativecommons.org/licenses/by-nc-sa/2.0/de/ [10.10.2010]

Bennett, Randy E. (1998): Reinventing Assessment: Speculations on the Future of Large-Scale Educational Testing. Princeton (USA): Educational Testing Service Policy Information Center
http://www.ets.org/Media/Research/pdf/PICREINVENT.pdf [04.03.2011]

Berliner Erklärung (2003)
http://www.mpg.de/pdf/openaccess/BerlinDeclaration_dt.pdf [10.12.2010]

Berners-Lee, Tim (2006): Transkript des developerWorks Interviews.
http://www.128.ibm.com/developerworks/podcast/dwi/cm-int082206.txt [30.07.2010]

Bertelsmann Stiftung/Heinz Nixdorf Stiftung (2000) (Hg.): Studium online. Hochschulentwicklung durch neue Medien. Gütersloh: Bertelsmann Stiftung

Betrancourt, Mireille (2005): The animation and interactivity principles in multimedia learning. In: Mayer, Richard E. (Hg.): Cambridge Handbook of Multimedia Learning. Cambridge, New York (USA): Cambridge University Press, S. 287–296

Bett, Katja/Gaiser, Birgit (2004): E-Moderation.
http://www.e-teaching.org/lehrszenarien/vorlesung/diskussion/e-moderation.pdf
[27.01.2010]

Bettinger, Patrick (2012): Medienbildungsprozesse Erwachsener im Umgang mit sozialen Online-Netzwerken. Boizenburg, Werner Hülsbusch

Beus, Johannes (2009): Twitter: Wachstum.
http://www.sistrix.de/news/909-twitter-wachstum.html [30.07.2010]

Beuschel, Werner (2002): Ubiquitous e-Learning: Zwischen Lernen mit Spiel und Spaß und lebenslanger Überforderung. In: Britzelmaier, Bernd/Geberl, Stephan/Weinmann, Siegfried (Hg.): Der Mensch im Netz – Ubiquitous Computing, 4. Liechtensteinisches Wirtschaftsinformatik-Symposium. Stuttgart: Teubner (Reihe Wirtschaftsinformatik), S. 83–91

BGG (2002) = Behindertengleichstellungsgesetz: Gesetz zur Gleichstellung behinderter Menschen.
http://bundesrecht.juris.de/bgg/index.html [30.07.2010]

BIBB (1997) = Bundesinstitut für Berufsbildung (Hg.): Handlungsorientierte Abschlussprüfung der Versicherungskaufleute. Ein Praxishandbuch für Unternehmen, Berufsschulen und Prüfer von Industrie- und Handelskammern. Karlsruhe: Verlag für Versicherungswirtschaft

BIBB/ZFU (2004) = Bundesinstitut für Berufsbildung und Zentralstelle für Fernunterricht: Leitfaden für die Begutachtung von Fernlehrgängen. Bonn und Köln

Biggs, John (1996): Enhancing teaching through constructive alignment. Higher Education, 32. Jg., H. 3, S. 347–364
http://dx.doi.org/10.1007/BF00138871 [02.02.2011]

BITV (2002) = Barrierefreie Informationstechnik-Verordnung: Verordnung zur Schaffung barrierefreier Informationstechnik nach dem Behindertengleichstellungsgesetz.
http://bundesrecht.juris.de/bitv/index.html [30.07.2010]

Blakowski, Gerold/Hinze, Udo (2000): Hinweise zur Konzeption virtueller Gruppenarbeit. Fachhochschule Stralsund (projektinternes Dokument).

Blakowski, Gerold/Hinze, Udo (2001): Hinweise zur Gestaltung virtueller Gruppenarbeit. Fachhochschule Stralsund (projektinternes Dokument).

Blessing, Axel M./Kortenkamp, Ulrich (2011): VideoClipQuests as an E-Learning Pattern. In: Kohls, Christian/Wedekind, Joachim (Hg.): Investigations of E-Learning-Patterns. Context Factors, Problems and Solutions. New York (USA): Hershey (Information Science Reference), S. 237–246

Bloh, Egon (2006): Methodische Formen des E-/Online-Assessment. Kaiserslautern (unveröffentlichtes Manuskript)

Bloh, Egon (2010): Qualität und Evaluation metzbasierten Lehrens und Lernens. In: Lehmann, Burkhard/Bloh, Egon (Hg.): Online-Pädagogik. Band 4: Qualität und Evaluation. Baltmannsweiler: Schneider, S. 7–143

Blum, Franz/Hensgen, Anne/Kloft, Carmen/Maichle, Ulla M. (1995): Forschungsprojekt Erfassung von Handlungskompetenz in den Prüfungen der Industrie- und Handelskammern. Abschlussbericht. Bonn: Bundesinstitut für Berufsbildung

Blumstengel, Astrid (1998): Entwicklung hypermedialer Lernsysteme.
http://dsor.upb.de/de/forschung/publikationen/blumstengel-diss/ [24.08.2003]

BMBF (2005) = Bundesministerium für Bildung und Forschung (Arbeitskreis: Zimmer, Gerhard [Leitung]/Elz, Willi/Esser, Friedrich-Hubert/Gaiser, Birgit/Grotlüschen, Anke/Härtel, Michael/Littig, Peter/Michel, Lutz P./Payome, Thea/Petersheim, Albert K.): Förderprogramm Neue Medien in der Bildung. Auditempfehlungen zum Förderbereich „Neue Medien in der berulichen Bildung". Bonn, Berlin: BMBF

BMJ (2002a) = Bundesministerium der Justiz: Gesetz zur Gleichstellung behinderter Menschen (Behindertengleichstellungsgesetz – BGG).
http://bundesrecht.juris.de/bgg/index.html [30.07.2010]

BMJ (2002b) = Bundesministerium der Justiz: Verordnung zur Schaffung barrierefreier Informationstechnik nach dem Behindertengleichstellungsgesetz (Barrierefreie Informationstechnik-Verordnung – BITV).
http://bundesrecht.juris.de/bitv/index.html [30.07.2010]

BMJ (2008) = Bundesministerium der Justiz: Gesetz über Urheberrecht und verwandte Schutzrechte (Urheberrechtsgesetz).
http://www.gesetze-im-internet.de/bundesrecht/urhg/gesamt.pdf [01.03.2011]

Bogner, Christian (2010): Studentisches Feedback im Bachelor. Eine empirische Untersuchung zur Effektivität und Qualität eines angepassten Peer-Assessment-Verfahrens. In: zeitschrift für e-learning, 5. Jg., H. 1, S. 36–49

Bohnsack, Ralf (2006): Rekonstruktive Sozialforschung. Einführung in qualitative Methoden. Stuttgart: UTB

Bornemann-Jeske, Brigitte (2006): Barrierefreiheit im Internet. Vortrag in der Ringvorlesung „Disability Studies" der Universität Hamburg.
http://www.zedis.uni-hamburg.de/dokumente/Barrierefreies_Internet_Bornemann-Jeske.pdf [21.07.2010]

Bortz, Jürgen/Döring, Nicola (2002): Forschungsmethoden und Evaluation: für Human- und Sozialwissenschaftler. Berlin: Springer

Brahm, Taiga/Seufert, Sabine (2007): E-Assessment und E-Portfolio zur Kompetenzentwicklung: Neue Potenziale für Ne(x)t Generation Learning. In: Brahm, Taiga/Seufert, Sabine (Hg.): „Ne(x)t Generation Learning". E-Assessment und E-Portfolio – halten sie, was sie versprechen? St. Gallen (Schweiz): Universität St. Gallen, SCIL (Swiss Centre for Innovations in Learning) Arbeitsbericht 13, S. 2–26

Brandenburg, Petra (2005): Qualitätskriterien für die Begutachtung und Zulassung von Lehrgängen nach dem Fernunterrichtsschutzgesetz. In: BWP Berufsbildung in Wissenschaft und Praxis, 34. Jg., H. 2, S. 42–46

Bransford, John D./Sherwood, Robert D./Hasselbring, Ted S./Kinzer, Charles K./Williams, Susan M. (1990): Anchored Instruction: Why We Need It and How Technology Can Help. In: Nix, Don/Spiro, Rand J. (Hg.): Cognition, Education and Multimedia: Exploring Ideas in High Technology. Hillsdale (USA): Lawrence Erlbaum, S. 115–142

Braun, Edith/Hannover, Bettina (2008): Kompetenzmessung und Evaluation von Studienerfolg. In: Jude, Nina/Hartig, Johannes/Klieme, Eckhard (Hg.): Kompetenzerfassung in pädagogischen Handlungsfeldern. Berlin: BMBF (Bundesministerium für Bildung und Forschung), S. 153–160

Brehm, Karl-Heinz (2000): Qualitätsmanagement und Qualitätsstandards in der beruflichen Bildung. In: Grundlagen der Weiterbildung, 11. Jg., H. 6, S. 270–273

Bremer, Claudia (2006): Qualitätssicherung und eLearning: Implementierungsansätze für die Hochschule. In: Sindler, Alexandra/Bremer, Claudia/Dittler, Ulrich/Hennecke, Petra/Sengstag, Christian/Wedekind, Joachim (Hg.): Qualitätssicherung im eLearning. Münster: Waxmann, S. 185–202

Breuer, Jens (2001): Kooperative Lernformen beim E-Learning einsetzen. In: Hohenstein, Andreas/Wilbers, Karl (Hg.): Handbuch E-Learning. Expertenwissen aus Wissenschaft und Praxis. Köln: Deutscher Wirtschaftsdienst (Loseblattsammlung, Grundwerk 2001), Beitrag 4.2, S. 1–20

Breuer, Johannes (2010): Spielend lernen? Eine Bestandsaufnahme zum (Digital) Game-Based Learning. Landesanstalt für Medien Nordrhein-Westfalen (Hg.), LfM-Dokumentation, Bd. 41. http://www.lfm-nrw.de/fileadmin/lfm-nrw/Publikationen-Download/Doku41-Spielend-Lernen.pdf [01.07.2012]

Britain, Sandy/Liber, Oleg (1999): A Framework for Pedagogical Evaluation of Virtual Learning Environments (JTAP Report). http://www.jtap.ac.uk/reports/htm/jtap-041.html [06.03.2001]

Brombach, Guido (2010): Vom Geo- zum Educaching. Das Web 2.0 bietet neue didaktische Chancen. http://www.dotcomblog.de/?p=1861 [01.07.2010]

Brötz, Rainer/Behling, Michael (2009): Werkzeugkasten zur Erstellung von handlungsorientierten Prüfungsaufgaben. In: BWP Berufsbildung in Wissenschaft und Praxis, 38. Jg., H. 3, S. 44–47

Brown, John S./Duguid, Paul (1996): Universities in the digital Age. In: AAHE (American Association for Higher Education): Change: The Magazine of Higher Learning. Vol. 28, Nr. 4, S. 10–19

Brückner, Walter/Girke, Gabriele (2005): Das Kompendium – Leitfaden zur Anwendung und Hilfen zur Umsetzung der PAS 1037:2004. Köln: Pro Business

Brugger, Rolf (2001): Die Erstellung von wiederverwendbaren Inhalten für Web-basierte Kurse. In: Wagner, Erwin/Kindt, Michael (Hg.): Virtueller Campus. Szenarien – Strategien – Studium. Münster: Waxmann (Medien in der Wissenschaft, Bd. 14), S. 239–247

Bruhn, Manfred (2008): Qualitätsmanagement für Dienstleistungen: Grundlagen, Konzepte, Methoden. Berlin: Springer (7., überarb. u. erw. Aufl.)

Bruns, Beate/Gajewski, Petra (2002): Multimediales Lernen im Netz. Leitfaden für Entscheider und Planer. Berlin: Springer (3., vollst. überarb. Aufl.)

BMFSFJ (o.J.) = Bundesministerium für Familie, Senioren, Frauen und Jugend: Das Verhältnis von Gender Mainstreaming zu Diversity Management. http://www.gender-mainstreaming.net/gm/Wissensnetz/ziele,did=16586.html [21.01.2011]

Burger, Christoph/Stieger, Stefan (2010, im Druck): Let's go formative: Continuous student ratings with Web 2.0 application Twitter. CyberPsychology & Behavior. Posterpräsentation auf der Mobile Research Conference 2009. http://www.mobileresearchconference.com/index.php/page/presentations-mrc-2009 [30.07.2010]

Burgos, Daniel/Tattersall, Colin/Koper, Rob (2007): How to represent adaption in e-Learning with IMS Learning Design. In: Interactive Learning Environments, 15. Jg., H. 2., S. 161–170

Busch, Frank/Mayer, Thomas B. (2002): Der Online-Coach. Wie Trainer virtuelles Lernen optimal fördern können. Weinheim, Basel: Beltz (Beltz-Weiterbildung)

Capaul, Roman (2002): Planspiele erfolgreich einsetzen. In: Hohenstein, Andreas/Wilbers, Karl (Hg.): Handbuch E-Learning. Expertenwissen aus Wissenschaft und Praxis. Köln: Deutscher Wirtschaftsdienst (Loseblattsammlung, Grundwerk 2001), Beitrag 4.11, S. 1–13

Carr, Nicholas (2010): Wer bin ich, wenn ich online bin ... und was macht mein Gehirn so lange? Wie das Internet unser Denken verändert. München: Karl Blessing

Carson, Stephen (2006): 2005 Program Evaluation Findings Report. MIT OpenCourseWare.
http://ocw.mit.edu/ans7870/global/05_Prog_Eval_Report_Final.pdf [29.07.2010]

Carstensen, Doris (2009): Wandel und E-Learning in Hochschulen – überraschende Transformationsmuster. In: Dittler, Ullrich/Krameritsch, Jakob/Nistor, Nicolae/Schwarz, Christine/Thillosen, Anne (Hg.): E-Learning: Eine Zwischenbilanz. Kritischer Rückblick als Basis eines Aufbruchs. Münster: Waxmann, S. 249–261

CEN/ISSS (2003) = Comité Européen de Normalisation/Information Society Standardization System: CWA 14644:2003 Quality Assurance and Guidelines. Brüssel: CEN

Chandler, Paul/Sweller, John (1992): The split-attention effect as a factor in the design of instruction. In: British Journal of Educational Psychology, H. 62, S. 233–246

Collins, Allan/Brown, John S./Newman, Susan E. (1989): Cognitive Apprenticeship: Teaching the Crafts of Reading, Writing and Mathematics. In: Resnick, Lauren B. (Hg.): Knowing, Learning, and Instruction. Essays in Honor of Robert Glaser. Hillsdale (USA): Lawrence Erlbaum. S. 453–494

Connectivism (2008): Support-Wiki des Open Online Course Connectivism and Connective Knowledge http://ltc.umanitoba.ca/wiki/Connectivism_2008 [27.06.2012]

Connectivism & Connective Knowledge (2010)
http://ltc.umanitoba.ca/connectivism/ [07.01.2010]

Cress, Ulrike/Kimmerle, Joachim (2008): A Systemic and Cognitive Perspective on Collaborative Knowledge Building with Wikis. In: International Journal of Computer-Supported Collaborative Learning, 3. Jg., H. 2, S. 105–122

Crisp, Geoffrey (2009): Interactive e-Assessment: Moving beyond multiple-choice questions. Centre for Learning and Professional Development. Adelaide (Australien): University of Adelaide
http://ipac.kacst.edu.sa/eDoc/2009/173798_1.pdf [10.11.2010]

Deci, Edward L./Ryan, Richard R. (1993): Die Selbstbestimmungstheorie der Motivation und ihre Bedeutung für die Pädagogik. Zeitschrift für Pädagogik, 39. Jg., H. 2, S. 223–238

DeGEval (2002) = Deutsche Gesellschaft für Evaluation: Standards für Evaluation. Köln: Deutsche Gesellschaft für Evaluation

DGI (2008): Denkschrift der Deutschen Gesellschaft für Informationswissenschaft und Informationspraxis (DGI e. V.) zur Förderung der Informationskompetenz im Bildungssektor. In: Information – Wissenschaft und Praxis, 59. Jg., S. 391–392

DGQ (2001) = Deutsche Gesellschaft für Qualität: Qualitätsmanagement in der Weiterbildung. Ein Leitfaden für Weiterbildungsanbieter und Weiterbildungsnachfrager. DGQ-Band 30–21. Berlin: Beuth

Didaktische Design Patterns (2010)
http://www.didaktische-design-patterns.de/ [06.05.2010]

DIHK (O.J.) = Deutscher Industrie- und Handelskammertag (DIHK-Gesellschaft für berufli-che Bildung): Website Innovativ prüfen.

http://www.pruefer.ihk.de/ [12.02.2011]

Dikli, Semire (2006): An Overview of Automated Scoring of Essays. Journal of Technology, Learning, and Assessment, 5. Jg., H. 1, S. 1–36

http://escholarship.bc.edu/cgi/viewcontent.cgi?article=1044&context=jtla [04.03.2011]

DIN (2001) = Deutsches Institut für Normung: DIN-Normenheft 10. Grundlagen der Nor-mungsarbeit des DIN. Berlin: Beuth (7., überarb. Aufl.)

DIN (2004a) = Deutsches Institut für Normung: PAS 1032–1: Aus- und Weiterbildung unter besonderer Berücksichtigung von e-Learning – Teil 1: Referenzmodell für Qualitätsma-nagement und Qualitätssicherung; Planung, Entwicklung, Durchführung und Evaluati-on von Bildungsprozessen und Bildungsangeboten.

http://www.beuth.de/langanzeige/PAS-1032–1/de/71254176.html [26.02.2011]

DIN (2004b) = Deutsches Institut für Normung: PAS 1032–2:2004–05: Aus- und Weiterbil-dung unter besonderer Berücksichtigung von e-Learning – Teil 2: Didaktisches Objekt-modell; Modellierung und Beschreibung didaktischer Szenarien.

http://www.beuth.de/langanzeige/PAS+1032–2/de/73326272.html&limitation type=&searchaccesskey=MAIN [26.02.2011]

DIN (2010) = Deutsches Institut für Normung: Erfolg durch Normung.

http://www.din.de/cmd?level=tpl-bereich&menuid=47388&cmsareaid=47388&lang uageid=de [24.03.2010]

DIN EN ISO / IEC 19796-1:2005 (2005): Informationstechnik – Lernen, Ausbilden und Wei-terbilden – Qualitätsmanagement, -sicherung und -metriken – Teil 1: Allgemeiner Satz. Genf (Schweiz): International Organisation for Standardization (ISO)

DIN ISO 29990:2010: Lerndienstleistungen für die Aus- und Weiterbildung – grundlegende Anforderungen an Dienstleistende. Genf (Schweiz): ISO

Dittler, Ullrich/Krameritsch, Jakob/Nistor, Nicolae/Schwarz, Christine/Thillosen, Anne (2009) (Hg.): E-Learning: Eine Zwischenbilanz. Kritischer Rückblick als Basis eines Auf-bruchs. Münster: Waxmann (Medien in der Wissenschaft, Bd. 50)

Ditton, Hartmut (2002): Evaluation und Qualitätssicherung. In: Tippelt, Rudolf (Hg.): Handbuch Bildungsforschung. Opladen: Leske + Budrich, S. 775–790

DLR (2010) = Deutsches Zentrum für Luft- und Raumfahrt – Projektträger neue Medien in der Bildung:

http://www.dlr.de/pt/desktopdefault.aspx/tabid-5882/9540_read-18559/ [28.03.2010]

Döbeli Honegger, Beat (2005): Wikis in der Bildung: Chaos, Emanzipation oder Schweizer Messer? Vortrag im Rahmen des Wiki-Workshops im 2. Fernausbildungskongress 2005 an der Helmut Schmidt Universität Hamburg am 20.09.2005.

http://beat.doebe.li/projects/fernausbildung05/index.html [30.07.2010]

Döbeli Honegger, Beat (2008): Von der Faszination des Web 2.0. Interviewtranskript. In: LOG IN, H. 152, S. 31–34

Doberkat, Ernst-Erich/Veltmann, Christof/Engels, Gregor/Hausmann, Jan Hendrik/Lohmann, Marc (2002): Anforderungen an eine eLearning-Plattform – Innovation und Integration. Studie im Auftrag des Ministeriums für Schule, Wissenschaft und Forschung des Landes Nordrhein-Westfalen.

Doerr, Klaus/Orru, Andreas (2000): Zwischenbilanz zum Qualitätsmanagement. In: Grundlagen der Weiterbildung, 11. Jg., H. 2, S. 82–84

Dohmen, Günther (2001): Das informelle Lernen: Die internationale Erschließung einer bisher vernachlässigten Grundform menschlichen Lernens für das lebenslange Lernen aller. Bonn: Bundesministerium für Bildung und Forschung, Referat Öffentlichkeitsarbeit

Domagk, Steffi (2008): Pädagogische Agenten in multimedialen Lernumgebungen. Empirische Studien zum Einfluss der Sympathie auf Motivation und Lernerfolg. Berlin: Logos

Domagk, Steffi/Poepperling, Peer/Niegemann, Helmut M. (2006): Do people prefer the opposite sex? Characteristics of Pedagogical Agents. Paper presented at the EARLI SIG 6/7, Instructional Design & Learning and Instruction with Computers, June 21st-23rd, Leuven (Belgien)

Dörr, Günter/Jüngst, Karl Ludwig (1998) (Hg.): Lernen mit Medien. Ergebnisse und Perspektiven zu medial vermittelten Lehr- und Lernprozessen. Weinheim u. München: Juventa

Dörr, Günter/Strittmatter, Peter (2002): Multimedia aus pädagogischer Sicht. In: Issing, Ludwig J./Klimsa, Paul (Hg.): Information und Lernen mit Multimedia und Internet. Lehrbuch für Studium und Praxis. Weinheim: Beltz PVU (3., vollst. überarb. Aufl.), S. 29–43

Downes, Stephen (2005): E-Learning 2.0.
http://www.elearnmag.org/subpage.cfm?article=29–1&section=articles [30.07.2010]

Draheim, Susanne/Beuschel, Werner (2005): Social not technological? Funktionalität und Szenarien für neue Lehr- und Lernformen am Beispiel Weblogs. In: Tavangarian, Djamshid/Nölting, Kristin (Hg.): Auf zu neuen Ufern! E-Learning heute und morgen. Münster: Waxmann (Medien in der Wissenschaft, Bd. 34), S. 27–36

Drolshagen, Birgit/Klein, Ralph (2003): Barrierefreiheit – eine Herausforderung für die Medienpädagogik der Zukunft. In: Kerres, Michael/Voß, Britta (Hg.): Digitaler Campus. Vom Medienprojekt zum nachhaltigen Medieneinsatz in der Hochschule. Münster: Waxmann (Medien in der Wissenschaft, Bd. 24), S. 25–35

DUDEN (1990): Fremdwörterbuch. Mannheim: Dudenverlag (5., neu bearb. u. erw. Aufl.)
http://www2.tisip.no/E-LEN/patterns_info.php [06.05.2010]

E-Learning Design Patterns Repository (2010)
http://www2.tisip.no/E-LEN/patterns_info.php [06.05.2010]

Ebbinghaus, Margit (2004): Prüfungsformen der Zukunft? – Prüfungsformen mit Zukunft? Bielefeld: W. Bertelsmann

Ebersbach, Anja/Glaser, Markus/Heigl, Richard (2005): WikiTools. Kooperation im Web. Mit einem Vorwort von Gunter Dueck. Berlin, Heidelberg: Springer

Ebner, Martin/Reinhard, Wolfgang (2009): Social networking in scientific conferences – Twitter as tool for strengthen a scientific community. In: Proceedings of the 1st International Workshop on Science 2.0 for TEL at the 4th European Conference on Technology Enhanced Learning (EC-TEL'09).
http://www.scribd.com/doc/20363438/Social-networking-in-scientific-conferences-%E2%80%93-Twitter-as-tool-for-strengthen-a-scientific-community [30.07.2010]

EFQM (2003) = European Foundation for Quality Management: EFQM Excellence Model.
http://www.efqm.org/en/PdfResources/teaser-model170609.pdf [01.10.2010]

EFQM (2010) = European Foundation for Quality Management: EFQM Transition Guide. How to upgrade to the EFQM Excellence Model 2010.
http://www.efqm.org/en/PdfResources/Transition_Guide.pdf [01.10.2010]

Ehlers, Ulf-Daniel (2002): Qualität beim E-Learning: Der Lernende als Grundkategorie bei der Qualitätssicherung. In: MedienPädagogik. Online-Zeitschrift für Theorie und Praxis der Medienbildung.

Ehlers, Ulf-Daniel (2004): Qualität im E-Learning aus Lernersicht. Grundlagen, Empirie und Modellkonzeption subjektiver Qualität. Wiesbaden: VS Verlag für Sozialwissenschaften

Ehlers, Ulf-Daniel (2007): E-Learning Standards nachhaltig anwenden – Potenziale ausschöpfen durch Qualitätskompetenz. zeitschrift für e-learning, 2. Jg., H. 2, S. 21–32

Ehlers, Ulf-Daniel (2009): Qualität für neue Lernkulturen des „Next-Generation" E-Learning. In: Issing, Ludwig, J./Klimsa, Paul (Hg.): Online-Lernen. Handbuch für Wissenschaft und Praxis. München: Oldenbourg, S. 339–356

Ehlers, Ulf-Daniel/Goertz, Lutz/Hildebrandt, Barbara/Pawlowski, Jan M. (2005): Qualität im E-Learning. Nutzung und Verbreitung von Qualitätsansätzen im europäischen E-Learning. Eine Studie des European Quality Observatory. Luxemburg: Amt für amtliche Veröffentlichungen der Europäischen Gemeinschaft

Ehlers, Ulf-Daniel/Pawlowski, Jan Martin (2006): Quality in European e-Learning. An introduction. In: Ehlers, Ulf-Daniel/Pawlowski, Jan Martin (Hg.): Handbook on quality and standardization in e-learning. Berlin: Springer, S. 1–14

Ehses, Christiane/Heinen-Tenrich, Jürgen/Zech, Rainer (2001): Das lernerorientierte Qualitätsmodell für Weiterbildungsorganisationen. Hannover: Expressum

Elsholz, Uwe/Knutzen, Sönke (2010): Der Einsatz von E-Portfolios in der Berufsausbildung – Konzeption und Potenziale. In: Medienpädagogik 18.
http://www.medienpaed.com/18/elsholz_knutzen1002.pdf [25.06.2012]

Elster, Frank/Dippl, Zorana/Zimmer, Gerhard (2003) (Hg.): Wer bestimmt den Lernerfolg? Leistungsbeurteilung in projektorientierten Lernarrangements. Bielefeld: W. Bertelsmann

Erpenbeck, John/Sauter, Werner (2007): Kompetenzentwicklung im Netz. New Blended Learning im Web 2.0. Köln: Personalwirtschaft

Esser, Friedrich H./Twardy, Martin/Wilbers, Karl (2001) (Hg.): eLearning in der Berufsbildung: Telekommunikationsgestützte Aus- und Weiterbildung. Paderborn: Eusl (2. Aufl.)

e-teaching.org (2006): CBT und WBT.
http://www.e-teaching.org/technik/aufbereitung/cbt_wbt/index_html [23.08.2010]

e-Teaching.org (2007a): RSS als Informationsquelle.
http://www.e-teaching.org/didaktik/recherche/quellen/rss/index_html [30.07.2010]

e-teaching.org (2007b): RSS-Feeds anbieten.
http://www.e-teaching.org/technik/distribution/rss/index_html [30.07.2010]

e-teaching.org (2007c): Social Software.
http://www.e-teaching.org/technik/kommunikation/socialsoftware/ [13.01.2011]

e-teaching.org (2008a): Digitalvideo.
http://www.e-teaching.org/didaktik/gestaltung/visualisierung/video/index_html
[23.08.2010]

e-teaching.org (2008b): Hypervideo.
http://www.e-teaching.org/didaktik/gestaltung/visualisierung/hypervideo/index_html
[23.08.2010]

e-teaching.org (2008c): Social Bookmarking.
http://www.e-teaching.org/technik/kommunikation/socialbookmarking/index_html
[30.07.2010]

e-teaching.org (2009a): Gestalten mit Entwurfsmustern.
http://www.e-teaching.org/didaktik/konzeption/entwurfsmuster/ [30.04.2010]

e-teaching.org (2009b): Sammlungen von Entwurfsmustern.
http://www.e-teaching.org/didaktik/konzeption/entwurfsmuster/sammlungen/
[30.04.2010]

e-teaching.org (2010a): Audiobasierte Podcasts.
http://www.e-teaching.org/lehrszenarien/vorlesung/audiobaspodcasts/ [22.07.2010]

e-teaching.org (2010b): Planspiele & Rollenspiele.
http://www.e-teaching.org/didaktik/konzeption/methoden/lernspiele/planspiele/
index_html/view?searchterm=rollenspiel [23.08.2010]

e-teaching.org (2010c): Podcast (Didaktik).
http://www.e-teaching.org/didaktik/gestaltung/ton/podcast/index_html [30.07.2010]

e-teaching.org (2010d): Podcasts (Technik).
http://www.e-teaching.org/technik/aufbereitung/audio/podcasts/ [30.07.2010]

e-teaching.org (2010e): Social Networking: Facebook, MySpace, StudiVZ und Co. http://
www.e-teaching.org./didaktik/kommunikation/socialnetworking/index_html
[08.09.2010]

e-teaching.org (2010f): Themenspecial E-Lecture.
http://www.e-teaching.org/specials/e-lectures [30.07.2010]

e-teaching.org (2010g): Videobasierte Podcasts.
http://www.eteaching.org/lehrszenarien/vorlesung/videobaspodcasts/ [22.07.2010]

e-teaching.org (2010h): Vorlesung.
http://www.e-teaching.org/lehrszenarien/vorlesung/ [30.04.2010]

e-teaching.org (2010i): Qualifizierungsangebote.
http://www.e-teaching.org/projekt/organisation/personalentwicklung/qualifizierungs
angebote/ [30.04.2010]

e-teaching.org (2011): E-Portfolio.
http://www.e-teaching.org/lehrszenarien/pruefung/pruefungsform/eportfolio/
[02.02.2011]

e-teaching.org (2012): Open Course.
http://www.e-teaching.org/lehrszenarien/opencourse/ [27.06.2012]

Euler, Dieter (1992): Didaktik des computerunterstützten Lernens. Praktische Gestaltung und theoretische Grundlagen. Nürnberg: BW Bildung und Wissen

Euler, Dieter (1999): Multimediale und telekommunikative Lernumgebungen zwischen Potenzialität und Aktualität: Eine Analyse aus wirtschaftspädagogischer Sicht. In: Gogolin, Ingrid/Lenzen, Dieter (Hg.): Medien-Generation. Beiträge zum 16. Kongress der Deutschen Gesellschaft für Erziehungswissenschaft. Obladen: Leske + Budrich, S. 77–97

Euler, Dieter (2001): Selbstgesteuertes Lernen mit Multimedia und Telekommunikation gestalten. In: Hohenstein, Andreas/Wilbers, Karl (Hg.): Handbuch E-Learning. Expertenwissen aus Wissenschaft und Praxis. Köln: Deutscher Wirtschaftsdienst (Loseblattsammlung, Grundwerk 2001), Beitrag 4.1, S. 1–20

Euler, Dieter (2005a): Gestaltung der Kompetenzentwicklung von E-Learning-Promotoren. In: Euler, Dieter/Seufert, Sabine (Hg.): E-Learning in Hochschulen und Bildungszentren. München: Oldenbourg, S. 169–186

Euler, Dieter (2005b): Gestaltung der Implementierung von E-Learning-Innovationen: Förderung der Innovationsbereitschaft von Lehrenden und Lernenden als zentrale Akteure der Implementierung. In: Euler, Dieter/Seufert, Sabine (Hg.): E-Learning in Hochschulen und Bildungszentren. München: Oldenbourg, S. 561–584

Euler, Dieter/Wilbers, Karl (2002): Selbstlernen mit neuen Medien didaktisch gestalten. St. Gallen (Schweiz): Universität St. Gallen, IWP-HSG (Hochschuldidaktische Schriften, Bd. 1)

Europäische Vereinigung der ILSMH (1998) (Hg.): Sag es einfach! Europäische Richtlinien für die Erstellung von leicht lesbaren Informationen für Menschen mit geistiger Behinderung für Autoren, Herausgeber, Informationsdienste, Übersetzer und andere interessierte Personen. Brüssel.
http://www.inclusion-europe.org/documents/101.pdf [01.02.2011]

Faulstich, Peter/Ludwig, Joachim (2004) (Hg.): Expansives Lernen. Baltmannsweiler: Schneider

Felkel, Stefan (2004): Weblogs als Kernstruktur in e-learning Environments.
http://westner.levrang.de/cms/upload/pdf/Diplomarbeit-Weblogs_als_Kernstruktur_in_e-learning_Environments.zip [08.08.2007]

FernUSG = Fernunterrichtsschutzgesetz: Gesetz zum Schutz der Teilnehmer am Fernunterricht (Stand 2002).
http://www.bmbf.de/pub/fernusg_neu_2002.pdf [16.04.2010]

Ferris, S. Pixy/Wilder, Hilary (2006): Uses and Potentials of Wikis in the Classroom. In: Innovate, 2. Jg., H. 5
http://www.innovateonline.info/pdf/vol2_issue5/Uses_and_Potentials_of_Wikis_in_the_Classroom.pdf [01.02.2011]

Fischbach, Rainer (2005): Mythos Netz. Kommunikation jenseits von Raum und Zeit? Zürich: Rotpunktverlag

Fischer, Gerhard (2002): Beyond „Couch Potatoes": From Consumers to Designers and Active Contributors. First Monday, Vol. 7, Issue 12.
http://www.firstmonday.dk/issues/issue7_12/fischer/ [23.03.2004]

Flechsig, Karl-Heinz (1996): Kleines Handbuch didaktischer Modelle. Eichenzell: Neuland

Fleischer, Ivonne/Plozer, Christin/Sträfling, Nicole/Witschel, Thomas (2008): Der Einfluss des Erscheinungsbildes pädagogischer Agenten in computerbasierten Lernprogrammen auf die Motivation des Lerners und den Lernerfolg. Forschungsbericht vorgelegt im Fachgebiet Sozialpsychologie, Prof. Dr. Nicole Krämer, Universität Duisburg-Essen.
http://www.uni-due.de/imperia/md/content/sozialpsychologie/paedagogische_agen ten-fleischer_polzer_straefling_witschel.pdf [10.10.2010]

Foucault, Michel (1979): Überwachen und Strafen. Die Geburt des Gefängnisses. Frankfurt/ Main: Suhrkamp Taschenbuch (3. Aufl., übersetzt von Walter Seitter)

Frank, Stephen (2012): eLearning und Kompetenzentwicklung. Ein unterrichtsorientiertes didaktisches Modell. Bad Heilbrunn, Klinkhardt

Fricke, Reiner (2000): Qualitätsbeurteilung durch Kriterienkataloge. In: Schenkel, Peter/ Tergan, Sigmar-Olaf/Lottmann, Alfred (Hg.): Qualitätsbeurteilung multimedialer Lern- und Informationssysteme. Evaluationsmethoden auf dem Prüfstand. Nürnberg: BW Bildung und Wissen, S. 75–88

Friebertshäuser, Barbara/Langer, Antje/Prengel, Annedore (2009): Handbuch Qualitative Forschungsmethoden in der Erziehungswissenschaft. Weinheim: Juventa

Friedrich, Hans (2002): Qualitätssicherung der Lehre im Europäisierungsprozess. In: Reil, Thomas/Winter, Martin (Hg.): Qualitätssicherung an Hochschulen. Theorie und Praxis. Bielefeld: W. Bertelsmann, S. 72–79

Friedrich, Helmut F. (2009): Lernen mit Texten. In: Plötzner, Rolf/Leuders, Timo/Wichert, Adalbert (Hg.): Lernchance Computer. Strategien für das Lernen mit digitalen Medienverbünden. Münster: Waxmann, S. 19–41

Fries, Meike (2012): Hochschulbildung, kostenlos und für alle. Kostenlose Vorlesungen auf Stanfordniveau für ein globales Publikum: Der Professor Sebastian Thrun sagt im Interview, wie er die akademische Bildung demokratisieren will. In: ZEIT ONLINE.
http://www.zeit.de/studium/uni-leben/2012–01/udacity-thrun/komplettansicht [27.06.2012]

Frohberg, Dirk (2008): „Mobile Learning" (Dissertation).
http://www.ifi.uzh.ch/pax/uploads/pdf/publication/1230/m-learning_frohberg_kom primiert.pdf [27.06.2008]

Furnham, Adrian/Gunter, Barrie (1985): Sex, presentation mode and memory for violent and nonviolent news. Journal of Educational Television, Nr. 11, S. 99–105

Gaiser, Birgit (2002): Die Gestaltung kooperativer telematischer Lernarrangements. Aachen: Shaker

Gaiser, Birgit (2008): Lehre im Web 2.0 – Didaktisches Flickwerk oder Triumph der Individualität?
http://www.e-teaching.org/didaktik/kommunikation/08–09–12_Gaiser_Web_2.0.pdf [02.03.2011]

Gaiser, Birgit/Hampel, Thorsten/Panke, Stefanie (2008a) (Hg.): Good Tags – Bad Tags. Social Tagging in Wissensorganisationen. Münster: Waxmann

Gaiser, Birgit/Hampel, Thorsten/Panke, Stefanie (2008b): Vorwort. In: Gaiser, Birgit/Hampel, Thorsten/Panke, Stefanie (Hg.): Good Tags – Bad Tags. Social Tagging in der Wissensorganisation. Münster: Waxmann, S. 11–13

Gaiser, Birgit/Thillosen, Anne (2009): Hochschullehre 2.0 zwischen Wunsch und Wirklichkeit. In: Apostulopoulos, Nicolas/Hoffmann, Harriet/Mansmann, Veronika/Schwill, Andreas (Hg.): E-Learning 2009. Lernen im digitalen Zeitalter. Münster: Waxmann, S. 185–196

Gamma, Erich/Helm, Richard/Johnson, Ralph/Vlissides, John M. (1995): Design-Patterns: Elements of Reusable Object-Oriented Software. Reading, Mass. (USA): Addison-Wesley

Garris, Rosemary/Ahlers, Robert/Driskell, James E. (2002): Games, Motivation and Learning. Research and Practice Model. In: Simulation & Gaming, 33. Jg., H. 4. Newbury Park (USA): Sage Publications, S. 441–467

Gee, James Paul (2005): Learning by Design. Good video games as learning machines. In: E-Learning and Digital Media, 2. Jg., H. 1.
http://www.wwwords.co.uk/pdf/validate.asp?j=elea&vol=2&issue=1&year=2005&article=2_Gee_ELEA_2_1_web [01.02.2011]

Gefeller, Olaf (2010): Digitaler Tod oder digitale Freiheit? Wer vermisst Scriptoren? Die Stärkung der Autoren durch „Open Access" in der Wissenschaft. In: Frankfurter Allgemeine Zeitung, 01.12.2010, S. N5

Geser, Guntram (2007): Open Educational Practices and Resources. The OLCOS Roadmap 2012.
http://www.olcos.org/cms/upload/docs/olcos_roadmap.pdf [29.07.2010]

Geyken, Alexander/Mandl, Heinz/Reiter, Wilfried (1998): Selbstgesteuertes Lernen mit Tele-Tutoring. In: Schwarzer, Ralf (Hg.): Multimedia und Telelearning. Lernen im Cyberspace. Frankfurt/Main: Campus, S. 181–196

GG = Grundgesetz: Grundgesetz für die Bundesrepublik Deutschland, vom 23.05.1949, zuletzt geändert 21.07.2010
http://www.gesetze-im-internet.de/bundesrecht/gg/gesamt.pdf [19.04.2011]

Ghosh, Amit/Rendtel, Ulrich (2007): Unterrichten und Prüfen mit dem Statistiklabor. Ein Erfahrungsbericht. Diskussionsbeiträge des Fachbereichs Wirtschaftswissenschaft der Freien Universität Berlin, Volkswirtschaftliche Reihe, H. 7
http://www.econstor.eu/bitstream/10419/28053/1/541756826.pdf [04.03.2011]

Giesecke, Michael/Stahl, Heiner/Früh, Hannah (2010): Der Einfluss sozialer Netzwerkseiten auf den Bewerbungs- und Rekrutierungsprozess.
http://media.monster.com/dege/b2b_pdf/Studien/social_media_universitaet_erfurt.pdf [27.01.2011]

Giles, Jim (2005): Special Report, Internet encyclopaedias go head to head. In: Nature, H. 438, S. 900–901

Gillen, Julia (2007): Kompetenzfeststellung als Chance zur Selbstreflexion. Was können und sollen Kompetenzfeststellungen zur Förderung von Reflexivität leisten? Vortrag im Rahmen des Workshops „Theorie und Praxis der Kompetenzfeststellung im Betrieb" der Arbeitsgemeinschaft Berufsbildungsforschungsnetz (AG BFN), 05.-06.11.2007. http://www.kibb.de/cps/rde/xbcr/SID-3C5594CA-45BF7009/kibb/AGBFN_Work shop_Kompetenz_Praesentation_Gillen.pdf [04.03.2011]

Glahn, Christian (2002): Wie Bildungsprozesse standardisiert beschrieben werden können. Konzepte, Perspektiven und Grenzen von IMS Learning Design. http://webcache.googleusercontent.com/search?q=cache:http://lo-f.at/art-e-kel/glahn/lt/imsld_bm5_20021129.pdf [26.02.2011]

Glaser, Manuela/Schwan, Stephan (in Vorbereitung): Veröffentlichung zum Projekt ‚Lernen mit konfligierenden 3D-Rekonstruktionen'. Informationen zum Projekt: http://www.iwm-kmrc.de/www/de/projekte/projekt.html?name=Lernen3DRekonstruk tionen&dispname=Lernen3DRekonstruktionen [01.07.2012]

Glaser, Manuela/Weigand, Sonja/Schwan, Stefan (2009): Mediendidaktik. In: Henninger, Michael/Mandl, Heinz (Hg.): Handbuch Medien- und Bildungsmanagement. Weinheim, Basel: Beltz, S. 190–205

Glasersfeld, Ernst von (1987): Wissen, Sprache und Wirklichkeit. Arbeiten zum radikalen Konstruktivismus. Braunschweig: Vieweg 1992 (Wissenschaftstheorie, Wissenschaft und Philosophie, Bd. 24. Autorisierte dt. Fassung Wolfram K. Köck)

Gloger, Axel (2003): Eliteschulen mit Südblick. Im kleinen Kreis zum Erfolg: Das bieten das Hochschulinstitut Lindau und die Munich Business School – nur Ausgewählten. In: WELT am SONNTAG, Nr. 31, 03.08.2003, S. 47

Glowalla, Ulrich/Grob, Heinz Lothar/Thome, Rainer (2000): Qualitätssicherung interaktiver Studienangebote. In: Bertelsmann Stiftung/Heinz Nixdorf Stiftung (Hg.): Studium online. Hochschulentwicklung durch neue Medien. Gütersloh: Bertelsmann Stiftung, S. 51–73

Glowalla, Ulrich/Herder, Meike/Süße, Cord/Koch, Nina (2009): Methoden und Ergebnisse der Evaluation elektronischer Lernangebote. In: Issing, Ludwig, J./Klimsa, Paul (Hg.): Online-Lernen. Handbuch für Wissenschaft und Praxis. München: Oldenbourg, S. 309–328

Goertz, Lutz/Johanning, Anja (2007): OER – Deutschlands Hochschulen im internationalen Vergleich weit abgeschlagen? Eine systematische Bestandsaufnahme von OER-Initiativen im Hochschulsektor weltweit. In: Merkt, Marianne/Mayrberger, Kerstin/Schulmeister, Rolf/Sommer, Angela/van den Berk, Ivo (Hg.): Studieren neu erfinden – Hochschule neu denken. Münster: Waxmann, S. 253–263

golem (2001): Prognose: Durchbruch für E-Learning erst in vielen Jahren. http://www.golem.de/0109/15969.html [02.04.2010]

Gonon, Philipp (1999): Qualitätssysteme auf dem Prüfstand. Die neue Qualitätsdiskussion in Schule und Bildung. Aarau (Schweiz): Bildung Sauerländer

Google Trends (2010) = Vergleich der Stichworte ‚social media', ‚web 2.0' und ‚social web':
http://www.google.de/trends?q=social+media%2C+web+2.0%2C+social
+web&ctab=0&geo=all&date=all&sort=0 [30.07.2010]

Gordon, Jack (2002): Where oh Where is Plug & Play?
http://www.elearningmag.com/elearning/article/articleDetail.jsp?id=41961
[03.04.2003]

Görlitz, Gudrun/Müller, Stefan (2003): Vom Seminar zur Lerneinheit – und zurück. In: Kerres, Michael/Voß, Britta (Hg.): Digitaler Campus. Vom Medienprojekt zum nachhaltigen Medieneinsatz in der Hochschule. Münster: Waxmann (Medien in der Wissenschaft, Bd. 24), S. 401–410

Görting, Leonie Pia/Pelka, Bastian/Schmitt, Julia (2008): Potenziale von Wikis in der Hochschullehre. Eine Theorie geleitete explorative Erprobung von Konzeptionsprinzipien für die Nutzung von Wikis in der Web 2.0-gestützten Lehre.
http://www.e-teaching.org/praxis/erfahrungsberichte/Pelka-Wiki [07.01.2010]

Göth, Christoph/Frohberg, Dirk/Schwabe, Gerhard (2007): Von passivem zu aktivem mobilen Lernen. In: zeitschrift für e-learning, 2. Jg., H. 4, S. 12–28
http://www.e-learning-zeitschrift.org/download/?dl=74 [26.06.2012]

Graf, Joachim (2003): Trainer entdecken das e-Learning. Train the e-Trainer. In: Manager-Seminare, H. 68, S. 8–15

Greßhöner, Kristine/Schmidt, Tim/Thelen, Tobias (2008): Praxisbericht: Uniblogs – die Blogfarm der Universität Osnabrück.
http://www.e-teaching.org/materialien/praxisberichte/08–10–24_Praxisbericht_Uni
blogs.pdf%20 [30.07.2010]

Griesbach, Heinz/Lewin, Karl/Heublein, Ulrich/Schreiber, Jochen/Sommer, Dieter (1998): Studienabbruch – Typologie und Möglichkeiten der Abbruchsbestimmung. Hannover: HIS-Kurzinformation A 5/98

Grotlüschen, Anke (2003): Widerständiges Lernen im Web – virtuell selbstbestimmt? Eine qualitative Studie über E-Learning in der beruflichen Erwachsenenbildung. Münster: Waxmann

Grzega, Joachim (2003): LdL (Lernen durch Lehren, die Verf.) in universitären Kursen – Ein hochschuldidaktischer Weg zur Vorbereitung auf die Wissensgesellschaft.
http://www.ldl.de/material/berichte/uni/ldl.pdf [21.01.2011]

Grzega, Joachim (2005): Lernen durch Lehren und Forschen – Bildungs-, lehr- und lernökonomische Hinweise und Materialien.
http://www.ldl.de/material/berichte/uni/grzega2005.pdf [21.01.2011]

Gücker, Robert (2007): Wie E-Learning entsteht. Untersuchung zum Wissen und Können im Beruf Medienautor/in. München: kopaed

Gunter, Barrie/Furnham, Adrian (1986): Sex and personality differences in recall of violent and non-violent news from three presentation modalities. In: Personality and Individual Differences, 7. Jg., H. 6, S. 829–837

Gunter, Barrie/Furnham, Adrian/Leese, J. (1986): Memory for information from a party political broadcast as a function of the channel of communication. In: Social Behaviour, 1. Jg., H. 2, S. 135–142

Gupta, Prem Lata (2012): Das Nicht-Fassbare erfahrbar machen. Interview mit Sander Münster.
http://checkpoint-elearning.de/article/10856.html [01.07.2012]

Gussenstätter, Astrid (2003): Internationales Monitoring. Lernkultur Kompetenzentwicklung: Lernen im Netz und mit Multimedia. Statusbericht 7. Schwerpunkt: Teletutoring.
http://www.abwf.de/content/main/programm/befunk/Monitoring/LiNe/
92_Mon_LiNe_7_2003.pdf [05.05.2004]

Haber, Peter (2007): Wikipedia: zitieren oder nicht zitieren?
http://weblog.histnet.ch/archives/753 [30.07.2010]

Häcker, Thomas (2005): Das Portfolio als Instrument der Kompetenzdarstellung und reflexiven Lernprozesssteuerung. In: bwp@ Berufs- und Wirtschaftspädagogik – online, Ausgabe 8
http://www.bwpat.de/ausgabe8/txt/haecker_bwpat8-txt.htm [03.03.2011]

Hagenhoff, Svenja/Schuhmann, Matthias/Schellhase, Jörg (2001): Lernplattformen auswählen. In: Hohenstein, Andreas/Wilbers, Karl (Hg.): Handbuch E-Learning. Expertenwissen aus Wissenschaft und Praxis. Köln: Deutscher Wirtschaftsdienst (Loseblattsammlung, Grundwerk 2001), Beitrag 5.1, S. 1–21

Hahne, Klaus (2003): Für ein anwendungsbezogenes Verständnis von E-Learning. E-Learning zwischen formellen Kursangeboten und Unterstützung des Erfahrungslernens in der Arbeit. In: BWP Berufsbildung in Wissenschaft und Praxis, 32. Jg., Heft 4, S. 35–39

Hampel, Thorsten (2007): Social Tagging. Expertenchat mit Prof. Dr. Thorsten Hampel am 30.11.2007.
http://www.e-teaching.org/community/communityevents/expertenchat/social_tag
ging_30112007 [30.07.2010]

Hänger, Christoph (2008): Good tags or bad tags? Tagging im Kontext der bibliothekarischen Wissenserschließung. In: Gaiser, Birgit/Hampel, Thorsten/Panke, Stefanie (Hg.): Good Tags – Bad Tags. Social Tagging in der Wissensorganisation. Münster: Waxmann, S. 63–71

Häntschel-Erhart, Irene (2008): Podcasting. In: Back, Andrea/Gronau, Norbert/Tochtermann, Klaus (Hg.) (2008): Web 2.0 in der Unternehmenspraxis. Grundlagen, Fallstudien und Trends zum Einsatz von Social Software. München: Oldenbourg, S. 51–56

Hardenberg, Cornelia von (2001): Qualitätsmanagement in sozialen Organisationen. In: Kreuzhage, Stephanie (Hg.): Praxishandbuch SozialManagement. Soziales Engagement professionell managen. Bonn: VNR Verlag für die Deutsche Wirtschaft, Beitrag Q29

Harke, Dietrich (2001): Von der Lernproblemdiagnose zur Lernberatung. Ansätze zur Förderung des Lernens in der Weiterbildung. Bönen: Verlag für Schule und Weiterbildung

Harke, Dietrich (2003): Lernförderung durch Lernberatung: Materialien. Bönen: Verlag für Schule und Weiterbildung

Harney, Klaus (2000): Zwischen Arbeit und Organisation. In: Grundlagen der Weiterbildung, 11. Jg., H. 6, S. 285–288

Harrer, Andreas/Lohmann, Steffen (2008): Potenziale von Tagging als partizipative Methode für Lehrportale und E-Learning-Kurse. In: Gaiser, Birgit/Hampel, Thorsten/Panke, Stefanie (Hg.): Good Tags – Bad Tags. Social Tagging in der Wissensorganisation. Münster: Waxmann, S. 63–71

Härta, René (2002): Didaktisches Design multimedialer Lern- und Arbeitsumgebungen. Hamburg: Dr. Kovac

Hartwig, Ronald/Triebe, Johannes/Herczeg, Michael (2002a): Ergonomie-Handbuch zur Gestaltung virtueller Lerneinheiten – Version 1.0.4. Universität zu Lübeck – Institut für Multimediale und Interaktive Systeme. http://www.imis.mu-luebeck.de/de/forschung/publikationen.html#20022002 [03.04.2003]

Hartwig, Ronald/Triebe, Johannes/Herczeg, Michael (2002b): Software-ergonomische Evaluation im Kontext der Entwicklung multimedialer Lernmodule für die virtuelle Lehre. In: Herczeg, Michael/Prinz, Wolfgang/Oberquelle, Horst (Hg.): Mensch & Computer 2002. Vom interaktiven Werkzeug zu kooperativen Arbeits- und Lernwelten. Stuttgart: B.G. Teubner, S. 313–322

Hartwig, Ronald/Triebe, Johannes/Herczeg, Michael (2002c): Styleguide – Richtlinien zur Qualitätssicherung bei der Realisierung von Studienmodulen im Projekt VFH. Universität zu Lübeck – Institut für Multimediale und Interaktive Systeme. http://www.imis.mu-luebeck.de/de/forschung/publikationen.html#20022002 [03.04.2003]

Hasebrook, Joachim (1995): Multimedia-Psychologie. Eine neue Perspektive menschlicher Kommunikation. Heidelberg: Spektrum

Haubner, Dominik/Brüstle, Peter/Schinzel, Britta/Remmele, Bernd/Schirmer, Dominique/ Holthaus, Matthias/Reips, Ulf-Dietrich (2009): E-Learning und Geschlechterdifferenzen? Zwischen Selbsteinschätzung, Nutzungsnötigung und Diskurs. In: Apostolopoulos, Nicolas/Hoffmann, Harriet/Mansmann, Veronika/Schwill, Andreas (Hg.): E-Learning 2009. Lernen im digitalen Zeitalter. Münster: Waxmann, S. 41–50

Haug, Simone (2009): Studierende als Medienakteure. E-Learning-Aktivitäten zur Kompetenzentwicklung. http://www.e-teaching.org/projekt/organisation/personalentwicklung/medienkompetenz/Haug_Medienakteure.pdf [27.01.2010]

Haug, Simone/Wedekind, Joachim (2009): „Adresse nicht gefunden" – Auf den digitalen Spuren der E-Teaching-Förderprojekte. In: Dittler, Ullrich/Krameritsch, Jakob/Nistor, Nicolae/Schwarz, Christine/Thillosen, Anne (Hg.): E-Learning: Eine Zwischenbilanz. Kritischer Rückblick als Basis eines Aufbruchs. Münster: Waxmann, S. 19–37

Hausmann, Beate (1999): Das Aufgabenprofil von Online-ModeratorInnen. In: Bundesministerium für Bildung und Forschung (Hg.): Selbstgesteuertes Lernen. Dokumentation zum KAW-Kongreß in Königswinter vom 4.-6. November 1998. Bonn: Bundesministerium für Bildung und Forschung, S. 209–215

Heckmann, Dirk (2009): juris Praxiskommentar Internetrecht. 2. Aufl. http://www.juris.de [10.12.2010]

Heckmann, Dirk (2010): Schutzlos ausgeliefert? Rufschädigung im Web 2.0. In: Forschung & Lehre, 17. Jg., H. 8, S. 590–591

Heckmann, Dirk (2011): juris Praxiskommentar Internetrecht – Telemediengesetz, E-Commerce, E-Government. 3. Aufl.
http://www.juris.de [01.06.2012]

Hegner, Markus (2003): Methoden zur Evaluation von Software. Arbeitsbericht Nr. 29 des Informationszentrums Sozialwissenschaften der Arbeitsgemeinschaft Sozialwissenschaftlicher Institute e. V. (ASI). Bonn: Informationszentrum Sozialwissenschaften

Heidenreich, Susanne (2009): Pädagogische Anforderungen an das Lernhandeln im E-Learning. Dimensionen von Selbstlernkompetenz. Hamburg: Dr. Kovac

Held, Christoph/Cress, Ulrike (2008): Social Tagging aus kognitionspsychologischer Sicht. In: Gaiser, Birgit/Hampel, Thorsten/Panke, Stefanie (Hg.): Good Tags – Bad Tags. Social Tagging in der Wissensorganisation. Münster: Waxmann, S. 37–49

Hellbusch, Jan-Eric/Mayer, Thomas (2006): Barrierefreies Webdesign. Webdesign für Menschen mit körperlichen Einschränkungen. Osnabrück: KnowWare (4., überarb. Aufl.)

Helmke, Andreas (2003): Unterrichtsqualität erfassen, bewerten, verbessern. Seelze: Kallmeyer

Hemsing-Graf, Sabine (2003): Technisches Know-How – Anforderungen an Anbieter und Nachfrager von Online-Seminaren. In: Apel, Heino/Kraft, Susanne (Hg.): Online lehren. Planung und Gestaltung netzbasierter Weiterbildung. Bielefeld: W. Bertelsmann, S. 205–218

Henninger, Michael (2008): Qualitätsmanagement am Beispiel von Hochschulen. In: Henninger, Michael/Mandl, Heinz (Hg.): Handbuch Medien- und Bildungsmanagement. Weinheim, Basel: Beltz, S. 406–417

Hense, Jan U./Mandl, Heinz (2009): Bildung im Zeitalter digitaler Medien – Zur wechselseitigen Verflechtung von Bildung und Technologien. In: Henninger, Michael/Mandl, Heinz (Hg.): Handbuch Medien- und Bildungsmanagement. Weinheim, Basel: Beltz, S. 22–40

Hense, Jan U./Mandl, Heinz (2010): Selbstevaluation als Ansatz der Qualitätsverbesserung von E-Learning-Angeboten. In: Lehmann, Burkhard/Bloh, Egon (Hg.): Online-Pädagogik. Band 4: Qualität und Evaluation. Baltmannsweiler: Schneider, 196–215

Hensge, Kathrin/Schlottau, Walter (2001): Lehren und Lernen im Internet. Organisation und Gestaltung virtueller Zentren. Bielefeld: W. Bertelsmann

Herold, Gabriele (2003): Wege aus der Unselbstständigkeit – Selbstevaluation als Instrument, die erlernte Unselbstständigkeit zu verlernen. In: Elster, Frank/Dippl, Zorana/Zimmer, Gerhard (Hg.): Wer bestimmt den Lernerfolg? Leistungsbeurteilung in projektorientierten Lernarrangements. Bielefeld: W. Bertelsmann, S. 95–112

Herzlinger, Sara (2009): Der Einsatz von Neuen Medien in der Schule am Beispiel des WebQuest-Modells. Norderstedt: Grin Verlag

Hesse, Friedrich W./Garsoffky, Bärbel/Hron, Aemilian (2002): Netzbasiertes kooperatives Lernen. In: Issing, Ludwig J./Klimsa, Paul (Hg.): Information und Lernen mit Multimedia und Internet. Lehrbuch für Studium und Praxis. Weinheim: Beltz PVU (3., vollst. überarb. Aufl.), S. 283–298

Hettrich, Alexander/Koroleva, Natascha (2003): Marktstudie Learning Management Systeme (LMS) und Learning Content Management Systeme (LCMS). Fokus deutscher Markt. Stuttgart: Fraunhofer-Institut für Arbeitswissenschaft und Organisation (IAO)

Himpsl, Klaus/Baumgartner, Peter (2009): Evaluation von E-Portfolio-Software – Teil III des BMWF-Abschlussberichts „E-Portfolio an Hochschulen". Department für Interaktive Medien und Bildungstechnologien, Donau Universität Krems (Österreich)

Himpsl-Gutermann, Klaus/Bauer, Reinhard (2011): Kaleidoskope des Lernens: E-Portfolios in der Aus- und Weiterbildung von (österreichischen) LehrerInnen. In: zeitschrift für e-learning, 6. Jg., H. 3, S. 20–36

Himpsl-Gutermann, Klaus (2012): E-Portfolios in der universitären Weiterbildung. Studierende im Spannungsfeld von Reflexivem Lernen und Digital Career Identity. Boizenburg, Werner Hülsbusch

Hinze, Udo (2004a): Computergestütztes kooperatives Lernen. Einführung in Technik, Pädagogik und Organisation des CSCL. Münster: Waxmann

Hinze, Udo (2004b): Kooperatives E-Learning.
http://www.e-teaching.org/lehrszenarien/seminar/Gruppenarbeit/koop_e-learning.pdf [27.01.2010]

Hinze, Udo/Blakowski, Gerold (2002): Anforderungen an die Betreuung im Onlinelernen: Ergebnisse einer qualitativen Inhaltsanalyse im Rahmen der VFH. In: Bachmann, Gudrun/Haefeli, Odette/Kindt, Michael (Hg.): Campus 2002: Die virtuelle Hochschule in der Konsolidierungsphase. Münster: Waxmann (Medien in der Wissenschaft, Bd. 18), S. 323–333

Hodel, Jan (2007): Programm eines Werkstattgesprächs zum Thema: Wikipedia in den Wissenschaften. Zur Praxis und Theorie eines aktuellen Phänomens.
http://wiki.histnet.ch/index.php/Werkstatt [30.07.2010]

Hodel, Jan/Haber, Peter (2007): Das kollaborative Schreiben von Geschichte als Lernprozess. Eigenheiten und Potential von Wiki-Systemen und Wikipedia. In: Merkt, Marianne/Mayrberger, Kerstin/Schulmeister, Rolf/Sommer, Angela/van den Berk, Ivo (Hg.): Studieren neu erfinden – Hochschule neu denken. Münster: Waxmann, S. 43–53

Hoeren, Thomas (2010): Internetrecht. Stand: September 2010.
http://www.uni-muenster.de/Jura.itm/hoeren/materialien/Skript/Skript_Internet recht_September%202010.pdf [10.12.2010]

Hoeren, Thomas (2011): Kleine Werke? – Zur Reichweite von § 52a UrhG. In: ZUM 5/2011
http://www.uni-muenster.de/Jura.itm/hoeren/INHALTE/publikationen/hoeren_ver oeffentlichungen/KleineWerke.pdf [01.06.2012]

Hoeren, Thomas (2011): Innovationsverantwortung und Haftung im Internet. S. 123–145
http://www.uni-muenster.de/Jura.itm/hoeren/INHALTE/publikationen/hoeren_ver oeffentlichungen/Innovationsverantwortung_und_Haftung_im_Internet.pdf [01.06.2012]

Hoeren, Thomas (2012): Was bleibt vom Urheberrecht im Zeitalter von Filesharing und Facebook? In: EuZ 2012, Nr. 1, S. 2–9 http://www.uni-muenster.de/Jura.itm/hoeren/INHALTE/publikationen/hoeren_veroeffentlichungen/Urheberrecht_im_Zeitalter_von_Filesharing_und_Facebook.pdf [01.06.2012]

Hoeren, Thomas/Giurgiu, Andra (2012): Der Datenschutz in Europa nach der neuen Daten-schutz-Grundverordnung. In: NWB Steuer- und Wirtschaftsrecht 19/2012, S. 1599–1607
http://www.uni-muenster.de/Jura.itm/hoeren/INHALTE/publikationen/hoeren_ver oeffentlichungen/Der_Datenschutz_in_europa.pdf [01.06.2012]

Höffler, Tim N./Leutner, Detlev (2007): Instructional animation versus static pictures: A meta-analysis. In: Learning and Instruction, H. 17, S. 722–738

Höffner, Eckhard (2012): Wie erwirbt der Mensch Wissen, wie wendet er es an und wie behandelt das Recht diesen Vorgang?
http://www.irights.info/print/print.php?node=2196 [16.05.2012]

Hofhues, Sandra/Bianco, Tamara (2009): Podcasts als Motor partizipativer Hochschulent-wicklung: Der Augsburger KaffePod. In: Apostulopoulos, Nicos/Hoffmann, Harriet/ Mansmann, Veronika/Schwill, Andreas (Hg.): E-Learning 2009. Lernen im digitalen Zeitalter. Münster: Waxmann, S. 235–245

Hofhues, Sandra/Reinmann, Gabi/Wagensommer, Viktoria (2008): w.e.b.Square – ein Modell zwischen Studium und freier Bildungsressource. In: Zauchner, Sabine/Baum-gartner, Peter/Blaschitz, Edith/Weissenbäck, Andreas (Hg.): Offener Bildungsraum Hochschule. Freiheiten und Notwendigkeiten. Münster: Waxmann, S. 28–38

Hofmann, Jeanette (1998): „Let A Thousand Proposals Bloom" – Mailinglisten als For-schungsquelle. In: Batinic, Bernad/Werner, Andreas/Gräf, Lorenz/Bandilla, Wolfgang (Hg.): Online Research. Methoden, Anwendungen und Ergebnisse. Göttingen: Hogrefe, S. 179–199

Hohenstein, Andreas/Wilbers, Karl (Hg.) (2001): Handbuch E-Learning. Köln: Deutscher Wirtschaftsdienst (Loseblattsammlung)

Holmberg, Börje/Schuemer, Rudolf (1997): Lernen im Fernstudium. In: Weinert, Franz E./ Mandl, Heinz (Hg.): Enzyklopädie der Psychologie. Göttingen: Hogrefe, S. 507–566

Holzinger, Andreas (2001): Interoperabilität und Metadaten.
http://e-campus.uibk.ac.at/planet-et-fix/M8/8.3.2_Metadatenstandards/download/ metadaten.pdf [17.08.2010]

Holzkamp, Klaus (1983): Grundlegung der Psychologie. Frankfurt/Main: Campus

Holzkamp, Klaus (1993): Lernen. Subjektwissenschaftliche Grundlegung. Frankfurt/Main: Campus

Honold, Pia (2000): Interkulturelles Usability Engineering. Eine Untersuchung zu kultu-rellen Einflüssen auf die Gestaltung und Nutzung technischer Produkte. Düsseldorf: Verein Deutscher Ingenieure (VDI)

Horizon Report (2010)
http://www.mmkh.de/upload/dokumente/2010-Horizon-Report-de.pdf [23.08.2010]

Hornung-Prähauser, Veronika/Geser, Guntram/Hilzensauer, Wolf/Schaffert, Sandra (2007): Didaktische, organisatorische und technologische Grundlagen von E-Portfolios und Analyse internationaler Beispiele und Erfahrungen mit E-Portfolio-Implementie-rungen an Hochschulen. Salzburg Research Center (Österreich).
http://edumedia.salzburgresearch.at/images/stories/e-portfolio_studie_srfg_fnma.pdf [30.07.2010]

Horvath, Eva (2009): Was macht E-Learning erfolgreich? Erfassung und Förderung von E-Lehrkompetenz für die Hochschullehre.
http://www.e-teaching.org/praxis/erfahrungsberichte/Wasmachtelearningerfolg reich.pdf [15.02.2009]

HRK (2003a) = Hochschulrektorenkonferenz: Entwurf einer Entschließung „Zum Stand der Neuen Medien in der Hochschullehre". Bonn, Stand: 09.01.2003

HRK (2003b) = Hochschulrektorenkonferenz: Zum Einsatz der Neuen Medien in der Hochschullehre. Entschließung des 199. Plenums vom 17./18.02.2003.
http://www.hrk.de/downloads/Neue_Medien.pdf [26.04.2004]

Huber, Ludwig (2007): Forschendes Lernen. 10 Thesen zum Verhältnis von Forschung und Lehre aus der Perspektive des Studiums. Die Hochschule, H. 2, S. 29–49

Hug, Theo/Lindner, Martin (2006) (Hg.): Micromedia & e-Learning 2.0: Gaining the Big Picture. Proceedings of Microlearning Conference 2006. Innsbruck (Österreich): Innsbruck Univ. Press

Huwendieck, Sören/Hanebeck, Benjamin/Bosse, Hans-Martin/Haag, Martin/Hoffmann, Georg F./Tönshoff, Burkhard (2009): Lernen und Prüfen mit virtuellen Patienten am Zentrum für Kinder- und Jugendmedizin des Universitätsklinikums Heidelberg: Ergebnisse der Evaluation im Rahmen des E-Learning-Preises Baden-Württemberg 2007. DOI: 10.3205/mibe000089
http://www.egms.de/static/en/journals/mibe/2009–5/mibe000089.shtml [02.02.2011]

Inclusion Europe (2009) (Hg.): Informationen für alle. Europäische Regeln, wie man Informationen leicht lesbar und leicht verständlich macht. Brüssel: Inclusion Europe.
http://www.inclusion-europe.org/LLL/documents/DE-Information%20for%20all.pdf [01.02.2011]

ISW (O.J.) = Institut für Strukturpolitik und Wirtschaftsförderung Halle-Leipzig: Was oder wer ist ein Teletutor?
http://www.isw-online.org/infosys/ [23.03.2004]

Issing, Ludwig J. (2002): Instruktions-Design für Multimedia. In: Issing, Ludwig J./Klimsa, Paul (Hg.): Information und Lernen mit Multimedia und Internet. Lehrbuch für Studium und Praxis. Weinheim: Beltz PVU (3., vollst. überarb. Aufl.), S. 151–176

Issing, Ludwig J./Klimsa, Paul (2002) (Hg.): Information und Lernen mit Multimedia und Internet. Lehrbuch für Studium und Praxis. Weinheim: Beltz PVU (3., vollst. überarb. Aufl.)

Issing, Ludwig J./Klimsa, Paul (2009) (Hg.): Online-Lernen. Handbuch für Wissenschaft und Praxis. München: Oldenbourg

Jakobs, Kai (2000): Standardization Processes in IT. Impact, Problems and Benefits of User Participation. Braunschweig: Vieweg & Sohn

Jechle, Thomas (2001a): Merkmale und Elemente des Telelernens. 1. Studienbrief des Online-Kurses „Tele-Tutor-Training" der Teleakademie Furtwangen (unveröffentlichtes Manuskript)

Jechle, Thomas (2001b): Formen des Telelernens. 2. Studienbrief des Online-Kurses „Tele-Tutor-Training" der Teleakademie Furtwangen (unveröffentlichtes Manuskript).

Jelitto, Marc (2004): Digitale Medien in der Hochschullehre: Gender Mainstreaming & Evaluation. Forschungsbericht des Fachbereichs Elektrotechnik. FernUniversität in Hagen (2., überarb. u. erg. Aufl.)

http://www.fernuni-hagen.de/imperia/md/content/fakultaetfuermathematikundinformatik/forschung/berichteetit/forschungsbericht_1_2003.pdf [30.04.2010]

JISC (2007) = Joint Information Systems Committee: Effective Practice with e-Assessment. An overview of technologies, policies and practice in further and higher education.

http://www.jisc.ac.uk/media/documents/themes/elearning/effpraceassess.pdf [02.02.2011]

Jochum, Uwe (2011): Stereotypen des Open Access. In: Frankfurter Allgemeine Zeitung, 06.04.2011, S. N5

Johannes Gutenberg Universität Mainz (2011): Unterschiedliche Lesegeräte, unterschiedliches Lesen? Forschungsschwerpunkt Medienkonvergenz legt weltweit einmalige Lesestudie mit neurowissenschaftlichen Ergebnissen zum Lesen auf E-Readern vor.

http://www.uni-mainz.de/presse/48646.php [01.07.2012]

Johns, Henry (2001): Qualitätsmanagement im Kooperationsverbund „Hochschulen für Gesundheit". In: Wagner, Erwin/Kindt, Michael (Hg.): Virtueller Campus. Szenarien, Strategien, Studium. Münster: Waxmann (Medien in der Wissenschaft, Bd. 14), S. 285–292

Johnson, Laurence F./Smith, Rachel S./Willis, Holly/Levine, Alan/Haywood, Keene (2011). The 2011 Horizon Report. Austin, Texas: The New Media Consortium. Deutsche Übersetzung Helga Bechmann.

http://www.mmkh.de/upload/dokumente/2011-Horizon-Report_German.pdf [27.06.2012]

Johnson, Laurence/Adams, Samantha/Cummins, Michele (2012): The NMC Horizon Report: 2012 Higher Education Edition. Austin, Texas: The New Media Consortium. Deutsche Übersetzung Helga Bechmann.

http://www.mmkh.de/upload/dokumente/2012HorizonReport_German_final.pdf [25.11.2012]

Jumpertz, Sylvia (2007): Global genormte Trainingsqualität. Die neue ISO/IEC 19796–1. In: ManagerSeminare, H. 2, S. 46–50

Kaliva, Elisabeth (2009): Personal Learning Environments in der Hochschullehre. Boizenburg: Werner Hülsbusch

Katzlinger, Elisabeth (2009): Online-Tutoring. In: Issing, Ludwig J./Klimsa, Paul (Hg.): Online-Lernen. Handbuch für Wissenschaft und Praxis. München: Oldenbourg, S. 243–254

Kawalek, Jürgen (1997): Unterricht am Bildschirm. Der Einsatz von Videokonferenzen in EDV-Schulungen. Frankfurt/Main: Peter Lang

Kerres, Michael (1998): Multimediale und telemediale Lernumgebungen. Konzeption und Entwicklung. München: Oldenbourg

Kerres, Michael (2001a): Multimediale und telemediale Lernumgebungen. Konzeption und Entwicklung. München: Oldenbourg (2., vollst. überarb. Aufl.)

Kerres, Michael (2001b): Online- und Präsenzelemente in Lernarrangements kombinieren. In: Hohenstein, Andreas/Wilbers, Karl (Hg.): Handbuch E-Learning. Expertenwissen aus Wissenschaft und Praxis. Köln: Deutscher Wirtschaftsdienst (Loseblattsammlung, Grundwerk 2001), Beitrag 4.5 (Grundwerk Dezember 2001), S. 1–19

Kerres, Michael (2001c): Von der Pionierleistung in den Alltag. Nachhaltige Implementierung mediengestützter Lehre. In: Wissenschaftsmanagement – Zeitschrift für Innovation, H. 5. Bonn: Lemmens, S. 17–20

Kerres, Michael (2002): Medien und Hochschule. Strategien zur Erneuerung der Hochschullehre. In: Issing, Ludwig J./Stärk, Gerhard (Hg.): Studieren mit Multimedia und Internet. Ende der traditionellen Hochschule oder Innovationsschub? Münster: Waxmann (Medien in der Wissenschaft, Bd. 16), S. 57–70

Kerres, Michael (2006): Potenziale von Web 2.0 nutzen. In: Hohenstein, Andreas/Wilbers, Karl (Hg.): Handbuch E-Learning. Köln: Deutscher Wirtschaftsdienst. Preprint 05.06.2006.
http://mediendidaktik.uni-duisburg-essen.de/system/files/web20-a.pdf [01.02.2011]

Kerres, Michael (2007): Strategische Kompetenzentwicklung und E-Learning an Hochschulen: Chancen für die Hochschulentwicklung. In: Baumgartner, Peter/Reinmann, Gabi (Hg.): Überwindung von Schranken durch E-Learning. Festschrift für Rolf Schulmeister. Innsbruck: Studienverlag

Kerres, Michael/Bormann, Mark/Vervenne, Marcel (2009): Didaktische Konzeption von Serious Games: Zur Verknüpfung von Spiel und Lernangeboten. In: MedienPädagogik. Online-Zeitschrift für Theorie und Praxis der Medienbildung.
http://www.medienpaed.com/2009/kerres0908.pdf [01.07.2012]

Kerres, Michael/de Witt, Claudia (2002): Quo vadis Mediendidaktik? Zur theoretischen Fundierung von Mediendidaktik. In: MedienPädagogik. Online-Zeitschrift für Theorie und Praxis der Medienbildung.
http://www.medienpaed.com/02-2.htm [04.12.2003]

Kerres, Michael/Jechle, Thomas (2000): Betreuung des mediengestützten Lernens in telemedialen Lernumgebungen. In: Unterrichtswissenschaft, 28. Jg., H. 3, S. 257–277, zitiert nach
http://www.kerres.de/articles/betreuung.pdf [05.05.2004]

Kerres, Michael/Jechle, Thomas (2002): Didaktische Konzeption des Tele-Lernens. In: Issing, Ludwig J./Klimsa, Paul (Hg.): Information und Lernen mit Multimedia und Internet. Lehrbuch für Studium und Praxis. Weinheim: Beltz PVU (3., vollst. überarb. Aufl.), S. 267–281

Kerres, Michael/Nübel, Ilke/Grabe, Wanda (2005): Gestaltung der Online-Betreuung für E-Learning. In: Euler, Dieter/Seufert, Sabine (Hg.): E-Learning in Hochschulen und Bildungszentren. München: Oldenbourg, S. 335–349

Kerres, Michael/Ojstersek, Nadine/Preussler, Annabell/Stratmann, Jörg (2009): E-Learning-Umgebungen in der Hochschule: Lehrplattformen und persönliche Lernumgebungen. In: Dittler, Ullrich/Krameritsch, Jakob/Nistor, Nicolae/Schwarz, Christine/Thillosen, Anne (Hg.): E-Learning: Eine Zwischenbilanz. Kritischer Rückblick als Basis eines Aufbruchs. Münster: Waxmann, S. 101–117

Kiedrowski, Joachim von (2001a): Lernplattformen für e-Learning Prozesse beruflicher Weiterbildungsträger. Bewertung und Auswahl mit Methoden des Total Quality Managements. Köln: Botermann und Botermann (Wirtschafts-, Berufs- und Sozialpädagogische Texte, Bd. 36)

Kiedrowski, Joachim von (2001b): Qualifizierungsmaßnahmen für Teletutoren – bedarfsorientierte Planung und Auswahl. In: Hohenstein, Andreas/Wilbers, Karl (Hg.): Handbuch E-Learning. Expertenwissen aus Wissenschaft und Praxis. Köln: Deutscher Wirtschaftsdienst (Loseblattsammlung, Grundwerk 2001), Beitrag 6.1, S. 1–18

Kiedrowski, Joachim von/Schaumann, Uwe (2000): Teledozenten-Schulung. Problematisierung, Konzeptualisierung, Operationalisierung. In: Esser, Friedrich H./Twardy, Martin/ Wilbers, Karl (Hg.): E-Learning in der Berufsbildung. Telekommunikationsunterstütze Aus- und Weiterbildung im Handwerk, Markt Schwaben: Eusl, S. 343–369

Kilian, Lars (2010): „low tech – high experience". Podcasts als Lehr- und Lernmedium – Ein empirischer Erfahrungsbericht.
http://lars-kilian.de/blog/wp-content/low-tech-%E2%80%93-high-experience.pdf
[17.12.2010]

Kimmerle, Joachim (2008): Partizipation an Wikis: motivationale und soziale Erklärungsansätze. In: Moskaliuk, Johannes (Hg): Konstruktion und Kommunikation mit Wikis. Theorie und Praxis. Boizenburg: Werner Hülsbusch, S. 69–82

Kindt, Michael (1999) (Hg.): Projektevaluation in der Lehre. Multimedia an Hochschulen zeigt Profil(e). Münster: Waxmann

Klampfer, Alfred (2005): Wikis in der Schule. Eine Analyse der Potentiale im Lehr-/Lernprozess. Abschlussarbeit im Rahmen der B.A.-Prüfung im Hauptfach Erziehungswissenschaft, Lehrgebiet Bildungstechnologie, Fachbereich Kultur- und Sozialwissenschaften an der FernUniversität in Hagen.
http://teaching.eduhi.at/alfredklampfer/bachelor-wikis-schule.pdf [30.07.2010]

Klauer, Karl-Josef/Leutner, Detlev (2007): Lehren und Lernen. Einführung in die Instruktionspsychologie. Weinheim, Basel: Beltz

Klebl, Michael (2003): Markup mit Methode: Von der Educational Modeling Language EML zu IMS Learning Design.
http://www1.ku-eichstaett.de/PPF/Arbeitswiss/lab004/modules.php?op=modlo ad&name=Downloads&file=index&req=getit&lid=26 [12.04.2005]

Kleimann, Bernd (2009): Technologiedefizite technologiebasierter Lehre? Unzeitgemäße Betrachtungen zu E-Learning im Hochschulkontext. In: Dittler, Ullrich/Krameritsch, Jakob/Nistor, Nicolae/Schwarz, Christine/Thillosen, Anne (Hg.): E-Learning: Eine Zwischenbilanz. Kritischer Rückblick als Basis eines Aufbruchs. Münster: Waxmann, S. 71–89

Kleimann, Bernd/Özkilic, Murat/Göcks, Marc (2008): Studieren im Web 2.0. Studienbezogene Web- und E-Learning-Dienste. Hannover: HIS Hochschul-Informations-System (HISBUS-Kurzinformation Nr. 21)

Kleimann, Bernd/Schmid, Ulrich (2007): E-Readiness der deutschen Hochschulen – Ergebnisse einer Umfrage zum Stand von IT-Management und E-Learning. In: Keil, Reinhard/Kerres, Michael/Schulmeister, Rolf (Hg.): eUniversity – Update Bologna. Münster: Waxmann, S. 173–196

Kleimann, Bernd/Wannemacher, Klaus (2004): E-Learning an deutschen Hochschulen. Von der Projektentwicklung zur nachhaltigen Implementierung. Hannover: HIS-Hochschul-Informations-System (HIS Hochschulplanung, Bd. 165)
http://www.his.de/pdf/pub_hp/hp165.pdf [27.03.2011]

Kleimann, Bernd/Wannemacher, Klaus (2005): E-Learning-Strategien deutscher Universitäten. Fallbeispiele aus der Hochschulpraxis. Hannover: HIS Hochschul-Informations-System (HIS-Kurzinformationen B 4), S. 1–98
http://www.his.de/pdf/pub_kib/kib200504.pdf [27.03.2011]

Kleimann, Bernd/Wannemacher, Klaus (2006): E-Learning an deutschen Fachhochschulen. Fallbeispiele aus der Hochschulpraxis. Hannover: HIS Hochschul-Informations-System (HIS Forum Hochschule Nr. 5)
http://www.his.de/pdf/pub_fh/fh-200605.pdf [27.03.2011]

Klein, Ralph (1994): Barrierefreie Gestaltung von Benutzeroberflächen: Speziallösungen oder eine Benutzungsoberfläche für Alle? In: Display, 9. Jg., H. 2, S. 93–110

Klein, Ralph (2002): Gestaltungshinweise für barrierefreie Webseiten der Hochschulen und Studentenwerke. Vortrag auf der Tagung „Barrierefreie Hochschulen und Studentenwerke", Heidelberg 27./28.02.2002 (unveröffentlichtes Manuskript)

Kluge, Jürgen (2003): Schluss mit der Bildungsmisere. Ein Sanierungskonzept. Frankfurt/Main: Campus

KMK (2009) = Ständige Konferenz der Kultusminister der Länder in der Bundesrepublik Deutschland: Konzeption der Kultusministerkonferenz zur Nutzung der Bildungsstandards für die Unterrichtsentwicklung.
http://www.kmk.org/fileadmin/veroeffentlichungen_beschluesse/2009/2009_12_10-Konzeption-Bildungsstandards.pdf [28.03.2010]

Knispel, Karl L. (2008): Qualitätsmanagement im Bildungswesen: Ansätze, Konzepte und Methoden für Anbieter von E-Learning- und Blended Learning-Qualifizierungen. Münster: Waxmann

Knoll, Jörg (2002): „Wie hältst du's mit der Qualität?" – Neuer Umgang mit einem vertrauten Thema. In: Bastian, Hannelore/Beer, Wolfgang/Knoll, Jörg (Hg.): Pädagogisch handeln – wirtschaftlich handeln. Zur Verknüpfung von Ökonomie und Profession in der Weiterbildung. Bielefeld: W. Bertelsmann, S. 72–90

Koch, Johannes (2011): Ausbildung in der Wissensgesellschaft – neue Chancen für das Lernen in Arbeitsprozessen. In: BWP Berufsbildung in Wissenschaft und Praxis, 40. Jg., H. 1, S. 25–28

Kohls, Christian (2009): E-Learning-Patterns. Nutzen und Hürden des Entwurfsmuster-Ansatzes. In: Apostulopoulos, Nicolas/Hoffmann, Harriet/Mansmann, Veronika/Schwill, Andreas (Hg.): E-Learning 2009. Lernen im digitalen Zeitalter. Münster: Waxmann, S. 61–72

Kohls, Christian/Wedekind, Joachim (2008): Die Dokumentation erfolgreicher E-Learning-Patterns. In: Zauchner, Sabine/Baumgartner, Peter/Blaschitz, Edith/Weissenbäck, Andreas (Hg.): Offener Bildungsraum Hochschule. Freiheiten und Notwendigkeiten. Münster: Waxmann, S. 217–227

Köller, Olaf (2007): Evaluation. In: Tenorth, Heinz-Elmar/Tippelt, Rudolf (Hg.): Lexikon Pädagogik. Weinheim, Basel: Beltz, S. 214–217

Kollock, Peter (1999): The economies of online cooperation. Gifts and public goods in cyberspace. Smith, Marc/Kollock, Peter (Hg.): Communities in Cyberspace. London (UK): Routledge, S. 220–239

Kombartzky, Uwe/Plötzner, Rolf (2009): Lernen mit erläuterten Animationen. In: Plötzner, Rolf/Leuders, Timo/Wichert, Adalbert (Hg.): Lernchance Computer: Strategien für das Lernen mit digitalen Medienverbünden. Münster: Waxmann, S. 161–178

Konrad, Klaus/Traub, Silke (1999): Selbstgesteuertes Lernen in Theorie und Praxis. München: Oldenbourg

Kopp, Brigitta/Mandl, Heinz (2009): Gestaltung medialer Lernumgebungen. In: Henninger, Michael/Mandl, Heinz (Hg.): Handbuch Medien- und Bildungsmanagement. Weinheim, Basel: Beltz, S. 55–72

Krause, Stefan/Kortmann, Rolf-Dieter (2002): Standardisierung im E-Learning oder Vom schleichenden Untergang der Didaktik. In: MedienPädagogik. Online-Zeitschrift für Theorie und Praxis der Medienbildung, H. 2.
http://www.medienpaed.com/02–2/krause_kortmann1.pdf [16.3.2011]

Kreckel, Reinhard (2002): Externe und interne Impulse zur Erneuerung der Qualitätssicherung in den Hochschulen. Einige einführende Überlegungen. In: Reil, Thomas/Winter, Martin (Hg.): Qualitätssicherung an Hochschulen. Theorie und Praxis. Bielefeld: W. Bertelsmann, S. 16–20

Kreisvolkshochschule Goslar (2008): Die vhs im Second Life hat den europäischen e-learning Award eureleA 2008 gewonnen!
http://www.vhs-goslar.de/aktuell.htm#eurelea [28.10.2009]

Kremer, H.-Hugo/Sloane, Peter F.E. (2001): Virtuelle Seminare gestalten. In: Hohenstein, Andreas/Wilbers, Karl (Hg.): Handbuch E-Learning. Expertenwissen aus Wissenschaft und Praxis. Köln: Deutscher Wirtschaftsdienst (Loseblattsammlung, Grundwerk 2001), Beitrag 4.3, S. 1–18

Kreutzer, Till (2009): Rechtsfragen bei E-Learning. Ein Praxis-Leitfaden von Rechtsanwalt Dr. Till Kreutzer. Überarbeitete Fassung: Stand Juni 2009, Hamburg, Multimedia Kontor.
http://www.mmkh.de/upload/dokumente/Leitfaden_E-Learning_und_Recht_creative commons_MMKH.pdf [10.12.2010]

Kristöfl, Robert/Sandtner, Heimo/Jandl, Maria (2006) (Hg.): Qualitätskriterien für E-Learning. Ein Leitfaden für Lehrer/innen, Lehrende und Content-Ersteller/innen. Wien: Bundesministerium für Bildung, Wissenschaft und Kultur

Kromrey, Helmut (2000): Die Bewertung von Humandienstleistungen. Fallstricke bei der Implementations- und Wirkungsforschung sowie methodische Alternativen. In: Kromrey, Helmut (Hg.): Qualität von Humandienstleistungen. Opladen: Leske + Budrich, S. 19–57

Kromrey, Helmut (2001): Evaluation – ein vielschichtiges Konzept. Begriff und Methodik von Evaluierung und Evaluationsforschung. Empfehlungen für die Praxis. In: Sozialwissenschaften und Berufspraxis, Jg. 24, H. 2, S. 105–131

Kromrey, Helmut (2002): Empirische Sozialforschung. Modelle und Methoden der standardisierten Datenerhebung und Datenauswertung. Opladen: Leske + Budrich

Kröpelin, Philipp (2003): Mit Geschäftsmodellen für E-Learning den dauerhaften Projekterfolg sicherstellen. In: Hohenstein, Andreas/Wilbers, Karl (Hg.): Handbuch E-Learning. Expertenwissen aus Wissenschaft und Praxis. Köln: Deutscher Wirtschaftsdienst (Loseblattsammlung, Grundwerk 2001), Beitrag 3.5, S. 1–26

Krüger, Marc (2010): Selbstgesteuertes und kooperatives Lernen mit eLectures: Ein Widerspruch?
http://www.e-teaching.org/etresources/media/pdf/langtext_2010_krueger-marc_selbstgesteuertes-und-kooperatives-lernen-mit-electures.pdf [10.10.2010]

Kruse, Elke (2009): Projektstudium und Praxisbezüge im Bologna-Prozess. Reform der Reform? In: Sozial Extra, H. 1/2, S. 42–47

Küchler, Felicitas von (2000): Worin besteht die Qualität eines pädagogischen Produkts? In: Grundlagen der Weiterbildung, 11. Jg., H. 6, S. 277–280

Kuhlmann, Annette M./Sauter, Werner (2008): Innovative Lernsysteme. Kompetenzentwicklung mit Blended Learning und Social Software. Berlin u. Heidelberg: Springer

Lamnek, Siegfried (2005): Qualitative Sozialforschung. Lehrbuch. Weinheim: Beltz PVU (4., vollst. überarb. Aufl.)

Lange, Michael (2012): Augmented Reality in der Medienarbeit.
http://pb21.de/2012/06/augmented-reality-in-der-medienarbeit/ [02.07.2012]

Lave, Jean/Wenger, Etienne (1991): Situated Learning: Legitimate Peripheral Participation. Cambridge (USA): Cambridge University Press

Le, Son/Weber, Peter (2011): Game-based Learning – Spielend Lernen? In: Ebner, Martin/Schön, Sandra (Hg.): Lehrbuch für Lernen und Lehren mit Technologien (L3T).
http://l3t.tugraz.at/index.php/LehrbuchEbner10/article/view/79 [01.07.2012]

Lehmann, Burkhard/Bloh, Egon (2010) (Hg.): Online-Pädagogik. Band 4: Qualität und Evaluation. Baltmannsweiler: Schneider

Lehmann, Robert (2010): Lernstile als Grundlage adaptiver Lernsysteme in der Softwareschulung. Münster: Waxmann, S. 15–25

Lehmann, Sven (2007): Strategien und Möglichkeiten zur Implementation von E-Learning im Unternehmen. Berlin: Logos

Lehmann, Sven/Mandl, Heinz (2009): Implementation von E-Learning in Unternehmen. In: Henninger, Michael/Mandl, Heinz (Hg.): Handbuch Medien- und Bildungsmanagement. Weinheim, Basel: Beltz, S. 436–457

Leitner, Helmut (2005): Die Geschichte des Wiki Web.
http://www.wikiweb.at/wiki.cgi?DieGeschichteDesWikiWeb [30.07.2010]

Lerche, Thomas (2009): Lernen muss man immer noch selbst! In: Dittler, Ullrich/Kramer-itsch, Jakob/Nistor, Nicolae/Schwarz, Christine/Thillosen, Anne (Hg.): E-Learning: Eine Zwischenbilanz. Kritischer Rückblick als Basis eines Aufbruchs. Münster: Waxmann, S. 165–178

Lernen durch Lehren (2010)
http://www.ku-eichstaett.de/Forschung/forschungsprojekte/ldl/ [30.04.2010]

Leslie, Scott (2003): Some Uses of Blogs in Education.
http://www.edtechpost.ca/gems/matrix2.gif [30.07.2010]

Leuf, Bo/Cunningham, Ward (2001): The Wiki Way. Quick Collaboration on the Web. Boston (USA): Addison Wesley

Leutner, Detlev (2002): Adaptivität und Adaptierbarkeit multimedialer Lehr- und Informationssysteme. In: Issing, Ludwig J./Klimsa, Paul (Hg.): Information und Lernen mit Multimedia und Internet. Lehrbuch für Studium und Praxis. Weinheim: Beltz PVU (3., vollst. überarb. Aufl.), S. 115–125

Levin, Barbara (2002): Reflection as the Foundation for E-Portfolios. In: Proceedings of SITE (Society for Information Technology and Teacher Education) International Conference, März 2002, Nashville (USA)

Liber, Oleg (2002): The Revolutionary Possibilities of E-Learning Standards. In: Bachmann, Gudrun/Haefeli, Odette/Kindt, Michael (Hg.): Campus 2002. Die Virtuelle Hochschule in der Konsolidierungsphase. Münster: Waxmann, S. 197–208

Linder, Ute (2004): Qualitätssicherung für netzbasierte kooperative Übungen. In: Münzer, Stefan/Linder, Ute (Hg.): Gemeinsam online lernen. Vom Design bis zur Evaluation kooperativer Online-Übungen. Bielefeld: W. Bertelsmann, S. 37–48

LTSC of IEEE 1484.12.1–2002 (2002): Draft Standard for Learning Object Metadata, Institute of Electrical and Electronics Engineers, Inc. (LTSC of IEEE = Learning Technology Standards Committee of Institute of Electrical and Electronic Engineers)
http://ltsc.ieee.org/wg12/files/LOM_1484_12_1_v1_Final_Draft.pdf [16.03.2011]

Ludwigs, Stefan/Timmler, Ulrike/Tilke, Martin (2006) (Hg.): Praxisbuch E-Learning. Ein Reader des Kölner Expertennetzwerkes cel_C. Bielefeld: W. Bertelsmann

Mandl, Heinz/Gruber, Hans/Renkl, Alexander (2002): Situiertes Lernen in multimedialen Lernumgebungen. In: Issing, Ludwig J./Klimsa, Paul (Hg.): Information und Lernen mit Multimedia und Internet. Lehrbuch für Studium und Praxis. Weinheim: Beltz PVU (3., vollst. überarb. Aufl.), S. 139–148

Manssen, Gerrit (2002) (Hg.): Telekommunikations- und Multimediarecht. Loseblattkommentar. Berlin: Erich Schmidt

Markard, Morus (2009): Einführung in die Kitrische Psychologie. Hamburg: Argument

Markowski, Karen/Nunnenmacher, Ute (2003): Das Kompetenzprofil von Online-Tutoren. In: Apel, Heino/Kraft, Susanne (Hg.): Online lehren. Planung und Gestaltung netzbasierter Weiterbildung. Bielefeld: W. Bertelsmann, S. 158–169

Martin, Jean-Pol (2001): 'Lernen durch Lehren' – Vorbereitung auf die Wissensgesellschaft". http://www.ldl.de/material/aufsatz/tuebingen.pdf [21.01.2011]

Marugg, Thomas (2002): Metadaten für Content-Indizierung und Wissenssicherung (1). http://www.internetmanagement.ch/index.cfm/fuseaction/shownews/newsid/351 [16.03.2011]

Maßon, Jürgen (2003): Ausbildung im Dialog – AiD. In: Elster, Frank/Dippl, Zorana/Zimmer, Gerhard (Hg.): Wer bestimmt den Lernerfolg? Leistungsbeurteilung in projektorientierten Lernarrangements. Bielefeld: W. Bertelsmann, S. 87–93

Mattern, Klaudia (2009): Impulse zu Gender und Diversity im e-Learning. Praxisleitfaden zur Berücksichtigung von gender- und diversitygerechten Aspekten in Online-Bildungsangeboten. http://www.fh-campuswien.ac.at/index.php?download=2611.pdf [01.03.2011]

Mayer, Richard E. (2005) (Hg.): Cambridge Handbook of Multimedia Learning. New York (USA): Cambridge University Press

Mayer, Richard E. (2009): Multimedia Learning. New York (USA): Cambridge University Press (2. Aufl.)

Mayrberger, Kerstin (2008): (Medien-)pädagogische Kompetenzen für die nachhaltige Integration von E-Learning in die akademische Lehre. In: zeitschrift für e-learning, 3. Jg., H. 2, S. 9–23

Mayring, Philipp (2002): Einführung in die qualitative Sozialforschung. Weinheim, Basel: Beltz

Mayring, Philipp/Hurst, Alfred (2004): Zur Evaluation der akademischen Medienkompetenz. In: Vogel, Rose (Hg.): Didaktische Konzepte der netzbasierten Hochschullehre. Ergebnisse des Verbundprojekts „Virtualisierung im Hochschulbereich". Münster: Waxmann, 33–54

Meier, Anne (2000): MEDA und AKAB: Zwei Kriterienkataloge auf dem Prüfstand. In: Schenkel, Peter/Tergan, Sigmar-Olaf/Lottmann, Alfred (Hg.): Qualitätsbeurteilung multimedialer Lern- und Informationssysteme. Evaluationsmethoden auf dem Prüfstand. Nürnberg: BW Bildung und Wissen, S. 164–188

Meifort, Barbara/Sauter, Edgar (1991): Qualität in der beruflichen Weiterbildung. Ergebnisse eines Workshops des Bundesinstituts für Berufsbildung. Berlin: Bundesinstitut für Berufsbildung

Meisel, Klaus (2000): Qualitätssicherung und Qualitätsentwicklung in der Weiterbildung – konkret. In: Küchler, Felicitas von/Meisel, Klaus (Hg.): Herausforderung Qualität. Dokumentation der Fachtagung Qualitätssicherung in der Weiterbildung 02.-03.11.1999. Frankfurt: Deutsches Institut für Erwachsenenbildung, S. 9–15

Mendiburu, Bernard (2009): 3D Movie Making. Stereoscopic Digital Cinema from Script to Screen. Amsterdam u. a.: Elesevier http://www.psut.edu.jo/sites/nadine/fp/3 mmsdcs.pdf [01.07.2012]

Merkenich, Stephanie (2007): Wikis in der Ausbildung am Beispiel Glaskompendium. http://www.lehrer-online.de/glaskompendium-wiki.php?sid=6677698932325678551950303030308020 [01.07.2012]

Merkt, Marianne (2005): Die Gestaltung kooperativen Lernens in akademischen Online-Seminaren. Münster: Waxmann

Merkt, Marianne (2009): Medienkompetenz durch hochschuldidaktische Weiterbildung. Virtuelle Ringvorlesung bei www.e-teaching.org am 09.02.2009. http://connect.iwm-kmrc.de/p61406098/ [15.02.2009]

Merkt, Martin/Weigand, Sonja/Heier, Anke/Schwan, Stephan (im Druck): Wissenserwerb mit interaktiven Unterrichtsfilmen im Fach Geschichte. In: Hodel, Jan/Ziegler, Béatrice (Hg.): Forschungswerkstatt Geschichtsdidaktik 09. Beiträge zur Tagung „geschichtsdidaktik empirisch 09". Bern (Schweiz): hep-Verlag

Meyer, Torsten/Mayrberger, Kerstin/Münte-Goussar, Stephan./Schwalbe, Christina (2011) (Hg.): Kontrolle und Selbstkontrolle. Zur Ambivalenz von E-Portfolios in Bildungsprozessen. Wiesbaden: VS Verlag für Sozialwissenschaften

Microsoft (2009): Europe Logs On. http://www.techfiles.de/presse/EUROPE%20Log%20ons/Europe%20Logs %20On_Zusammenfassung%20der%20gesamten%20Studie.pdf [17.09.2009]

Mikuszeit, Bernd/Szudra, Ute (2009a): Qualitätskonzept für E-Learning und Blended Learning und in der ethischen Bildung. In: Mikuszeit, Bernd/Szudra, Ute (Hg.): Multimedia und ethische Bildung. E-Learning – Ethik – Blended Learning. Frankfurt/Main: Peter Lang, S. 175–194

Mikuszeit, Bernd/Szudra, Ute (2009b): Qualitätsanforderungen für didaktische Multimediaprodukte. In: Mikuszeit, Bernd/Szudra, Ute (Hg.): Multimedia und ethische Bildung. E-Learning – Ethik – Blended Learning. Frankfurt/Main: Peter Lang, S. 195–222

Mikuszeit, Bernd/Szudra, Ute (2009c): Qualitätsanforderungen für Blended-Learning-Programme. In: Mikuszeit, Bernd/Szudra, Ute (Hg.): Multimedia und ethische Bildung. E-Learning – Ethik – Blended Learning. Frankfurt/Main: Peter Lang, S. 223–250

Miller, Max (1986): Kollektive Lernprozesse. Studien zur Grundlegung einer soziologischen Lerntheorie. Frankfurt/Main: Suhrkamp

MMB (2011) = Michel Medienforschung und Beratung, Institut für Medien- und Kompetenzforschung: MMB-Branchenmonitor I/2011: E-Learning-Branche bleibt auf Wachstumskurs. Ergebnisse der Branchenerhebung *MMB E-Learning-Wirtschaftsranking* 2011 http://www.mmb-institut.de

MMB/PSEPHOS (2001) = Michel Medienforschung und Beratung/Institut für Wahlforschung und Sozialwissenschaft: eLearning zwischen Euphorie und Ernüchterung – Eine Bestandsaufnahme zum eLearning in deutschen Großunternehmen. Zusammenfassung der Studienergebnisse. http://www.mmb-michel.de/New_Learning_Zusammenfassung.pdf [01.04.2004]

Mootz, Julia (2011): CeBIT 2011: CeLTech präsentiert 3D-Lernumgebungen in der Medizin. http://web.visu.uni-saarland.de/CeLTech/wordpress/?p=591 [01.07.2012]

Morisse, Karsten (2008): Medial gestützte Vorlesung. Audiointerview. http://www.e-teaching.org/materialien/podcasts/podcasts_2008/medial_gestuetzte_vorlesung [10.10.2010]

Moser, Heinz (2000): Einführung in die Medienpädagogik. Aufwachsen im Medienzeitalter. Opladen: Leske + Budrich, 3. überarb. u. aktual. Aufl.

Moser, Heinz (2005): WebQuests als didaktisches Modell für den Unterricht. In: Lehmann, Burkhard/Bloh, Egon (Hg.): Online-Pädagogik, Band 3: Referenzmodelle und Praxisbeispiele. Baltmannsweiler: Schneider, S. 146–156

Moskaliuk, Johannes (2008a): Das Wiki-Prinzip. In: Moskaliuk, Johannes (Hg): Konstruktion und Kommunikation von Wissen mit Wikis. Theorie und Praxis. Boizenburg: Werner Hülsbusch, S. 17–27

Moskaliuk, Johannes (2008b): Effektiver Einsatz von Wikis. In: Moskaliuk, Johannes (Hg.): Konstruktion und Kommunikation von Wissen mit Wikis. Boizenburg: Werner Hülsbusch, S. 83–112

Moskaliuk, Johannes/Kimmerle, Joachim (2008): Wikis in der Hochschule – Faktoren für den erfolgreichen Einsatz. http://www.e-teaching.org/didaktik/kommunikation/wikis/08–11–19_Moskaliuk-Kimmmerle_Wikis.pdf [30.07.2010]

Moßgraber, Jürgen (1997): Konzeption, Entwurf und Umsetzung eines Metadatenmodells zur Interpretation und Verwaltung von Informationen mit geographischem Bezug. http://aragon.iitb.fhg.de/Work/Publications/Diplomarbeit/Diplomarbeit.pdf [01.04.2004]

Müller, Antje/Leidl, Martin (2007): Second Life in der Lehre. http://www.e-teaching.org/didaktik/gestaltung/vr/SL_lehre_langtext_071207_end.pdf/view?searchterm=second%20life [23.08.2010]

Müller, Hans-Joachim (2006): Handlungsorientierte Prüfungen in der beruflichen Fortbildung. Eine subjekt- und arbeitsprozessorientierte Konzeption für die Konstruktion situationsbezogener Prüfungsmodule am Beispiel der Textilwirtschaft. Bielefeld: W. Bertelsmann

Müller, Peter (2012a): Quo Vadis Weiterbildung – Zahlen, Fakten, Daten. In: Siepmann, Frank (Hg.): eLearning Journal – Themenheft: Weiterbildung 2.0. Albstedt: Siepmann Media, S. 10–15

Müller, Peter (2012b): Personalentwicklung meets IKT – Chancen, Nutzen, Risiken. In: Siepmann, Frank (Hg.): eLearning Journal – Themenheft: Weiterbildung 2.0. Albstedt: Siepmann Media, S. 16–20

Müller, Peter (2012c): eLearning Leitfaden für Entscheider – Planung, Durchführung, Kosten. In: Siepmann, Frank (Hg.): eLearning Journal – Themenheft: Weiterbildung 2.0. Albstedt: Siepmann Media, S. 22–27

Müller, Ralph (2006): Fortbildung zur Teletutorin/zum Teletutor in der Weiterbildung. In: Ludwigs, Stefan/Timmler, Ulrike/Tilke, Martin (Hg.): Praxisbuch E-Learning. Ein Reader des Kölner Expertennetzwerkes cel_C. Bielefeld: W. Bertelsmann, S. 158–174

Mündemann, Friedhelm (2002): e-Moderation: Der Trainer als Lernermöglicher. In: Bernath, Ulrich (Hg.): Online Tutorien. Beiträge zum Spezialkongress „distance learning" der AG-F im Rahmen der LEARNTEC. Bibliotheks- und Informationssystem der Carl von Ossietzky Universität Oldenburg, S. 7–19

Mündemann, Friedhelm (2003): Methodik und Didaktik synchroner Online-Seminare. In: Apel, Heino/Kraft, Susanne (Hg.): Online lehren. Planung und Gestaltung netzbasierter Weiterbildung. Bielefeld: W. Bertelsmann, S. 51–75

Münk, Dieter/Schelten, Andreas (2010) (Hg.): Kompetenzermittlung für die Berufsbildung. Verfahren, Probleme und Perspektiven im nationalen, europäischen und internationalen Raum. Bielefeld: W. Bertelsmann

Münster, Sander (2012): Lernen mit 3D-Objekten. Computergenerierte 3D-Visualisierungen als Medium der Wissens- und Informationsvermittlung. Aufzeichnung eines Webinars vom 17.04.2012.
https://bildungsportal.sachsen.de/wissenswertes/selbstlernangebote/webinare/lernen_mit_3d_objekten [01.07.2012]

Münte-Goussar, Stephan (2011): Ambivalente Selbst-Techniken: Portfolio, Ökonomisierung, Selbstbestimmung. In: Meyer, Torsten/Mayrberger, Kerstin/Münte-Goussar, Stephan/Schwalbe, Christina (Hg.): Kontrolle und Selbstkontrolle. Zur Ambivalenz von E-Portfolios in Bildungsprozessen. Wiesbaden: VS Verlag für Sozialwissenschaften, S. 225–249

Murch, Richard/Johnson, Tony (2000): Agententechnologie. Die Einführung. Intelligente Softwareagenten auf Informationssuche im Internet. München: Addison-Wesley

Nentwich, Michael/Herwig, Jana/Kittenberger, Axel/Schirm, Jan (2009): Microblogging und die Wissenschaft. Das Beispiel Twitter. Steckbrief 4 im Rahmen des Projekts Interaktive Science.
http://epub.oeaw.ac.at/ita/ita-projektberichte/d2–2a52–4.pdf [30.07.2010]

Neuweg, Georg Hans (2001): Das Können prüfen. Plädoyer für eine andere Prüfungsdidaktik. In: GdWZ – Grundlagen der Weiterbildung Zeitschrift, 12. Jg., H. 5, S. 202–205

Nick, Sabine/Urhahne, Detlef (2004): Helfen 3D-Simulationen beim Lernen mit CHEMnet? In: CHEMKON, 11. Jg., S. 27–31

Niedziella, Wolfgang (2000): Wie funktioniert Normung? Eine Einführung in die nationale (DIN/DKE), europäische (CENELEC) und internationale (IEC) Elektronische Normung. Berlin, Offenbach: Verein Deutscher Elektroingenieure (VDE)

Niegemann, Helmut M. (1998): Selbstkontrolliertes Lernen und didaktisches Design. Weinheim u. München: Juventa, S. 121–139

Niegemann, Helmut M./Domagk, Steffi/Hessel, Silvia/Hein, Alexandra/Hupfer, Matthias/Zobel, Annett (2008): Kompendium multimediales Lernen. Berlin, Heidelberg: Springer

Nielsen, Jakob (2010): iPad and Kindle Reading Speeds.
http://www.useit.com/alertbox/ipad-kindle-reading.html [29.06.2012]

Niemann, Philipp (2007): Podcasting: Eine Revolution? Marburg: Tectum

Nieskens, Birgit/Müller, Florian (2009): Web-basierte Selbsterkundung persönlicher Voraussetzungen und Interessen. In: Erziehung und Unterricht, 159. Jg, H. 1–2, S. 41–49

Nisius, Holger/Laudahn, Andrea (2000): Online-Weiterbildungsagentur. Abschlussbericht des Arbeitspaketes 1–2: Online-Weiterbildungsagentur im Bundesleitprojekt „Virtuelle Fachhochschule für Technik, Informatik und Wirtschaft". Hamburg: Universität der Bundeswehr Hamburg, Projektleitung: Univ.-Prof. Dr. Gerhard Zimmer, Professur für Berufs- und Betriebspädagogik

(N)Onliner Atlas 2010: Eine Topographie des digitalen Grabens durch Deutschland. Nutzung und Nichtnutzung des Internets, Strukturen und regionale Verteilung. Inklusive der Sonderstudien „Online-Banking – Mit Sicherheit! Vertrauen und Sicherheitsbewusstsein bei Bankgeschäften im Internet" und „eGovernment-Monitor 2010". Eine Studie der Initiative D21, durchgeführt von TNS Infratest.
http://www.initiatived21.de/wp-content/uploads/2010/06/NONLINER2010.pdf
[14.07.2010]

Nötzold, Wolfgang (2002): Werkbuch Qualitätsentwicklung. Bielefeld: W. Bertelsmann

Oberhuemer, Petra/Heyer, Susanne (2007): Probleme bei der Umsetzung didaktischer Modelle in IMS Learning Design: eine Anwenderperspektive. In: zeitschrift für e-learning, 2. Jg., H. 2, S. 33–44

Oberhuemer, Petra/Pfeffer, Thomas (2008): Open Educational Resources – ein Policy-Paper. In: Zauchner, Sabine/Baumgartner, Peter/Blaschitz, Edith/Weissenbäck, Andreas (Hg.): Offener Bildungsraum Hochschule. Freiheiten und Notwendigkeiten. Münster: Waxmann, S. 17–27

OECD (2007) = Organisation for Economic CO-Operation and Development: Giving Knowledge for Free.
http://www.oecd.org/dataoecd/35/7/38654317.pdf [29.07.2010]

Oelkers, Jürgen (1991): Theorie der Erziehung. Ein vernachlässigtes Thema. In: Zeitschrift für Pädagogik, 37. Jg., H. 1, S. 13–18
(siehe auch http://www.beltz.de/html/frm_Zfpaed.htm)

Oestermeier, Uwe (2008): Lernen mit Text und Bild.
http://www.e-teaching.org/didaktik/gestaltung/visualisierung/textbild/Lernen_mit_Text_und_Bild.pdf [23.08.2010]

Ommerborn, Rainer/Schuemer, Rudolf (2001): „Neue Medien" und Internet – Chance oder Risiko für behinderte Studierende? In: HSW (Hochschulwesen), H. 6, S. 184–192

O'Reilly, Tim (2005): What is Web 2.0? Design Patterns and Business Models for the Next Generation of Software.
http://oreilly.com/web2/archive/what-is-web-20.html [14.10.2009]

Ortner, Gerhard E./Rellecke, Dirk/Wiethoff, Beate (2009a): Ausgangspositionen zur empirischen Untersuchung und zum methodologischen Vorgehen. In: Mikuszeit, Bernd/Szudra, Ute (Hg.): Multimedia und ethische Bildung. E-Learning – Ethik – Blended Learning. Frankfurt/Main: Peter Lang, S. 535–540

Ortner, Gerhard E./Rellecke, Dirk/Wiethoff, Beate (2009b): Praxisanalytisches Vorgehen und Untersuchungsverlauf. In: Mikuszeit, Bernd/Szudra, Ute (Hg.): Multimedia und ethische Bildung. E-Learning – Ethik – Blended Learning. Frankfurt/Main: Peter Lang, S. 341–358

Paivio, Allan (1986): Mental representations: A dual coding approach. New York and Oxford Oxfordshire: Oxford University Press

Panke, Stefanie (2007): Unterwegs im Web 2.0: Charakteristiken und Potenziale.
http://www.e-teaching.org/didaktik/theorie/informelleslernen/Web2.pdf [30.07.2010]

Panke, Stefanie (2011): Personal Learning Environment und Open Online Course: Neue Formen offenen Lernens im Netz.
http://www.e-teaching.org/materialien/artikel/langtext_offen_lernen_panke_2011.pdf [27.06.2012]

Panke, Stefanie/Gaiser, Birgit (2008): Nutzerperspektiven auf Social Tagging – eine Online-Befragung.
http://www.e-teaching.org/didaktik/recherche/goodtagsbadtags2.pdf [27.01.2010]

Panke, Stefanie/Gaiser, Birgit/Maaß, Stefanie (2012): Wenn Edusphäre und Blogosphäre sich treffen. Weblogs an Hochschulen zwischen Zitationskartell und Diskursrevolte. In: MedienPädagogik. Online-Zeitschrift für Theorie und Praxis der Medienbildung.
http://www.zhw.uni-hamburg.de/uploads/ansichten-zur-kommentarkultur.pdf [01.07.2012]

Panke, Stefanie/Gaiser, Birgit/Draheim, Susanne (2007): Weblogs als Lerninfrastrukturen zwischen Selbstorganisation und Didaktik. In: Schwarz, Christine/Dittler, Ullrich (Hg): Online-Communities als soziale Systeme. Münster: Waxmann (Medien in der Wissenschaft, Bd. 40), S. 81–97

Panke, Stefanie/Oestermeier, Uwe (2006): Weblogs in der Lehre – drei Fallbeispiele.
http://www.e-teaching.org/didaktik/gestaltung/kommunikation/weblog/web
logs_25.07.06cr.pdf [30.07.2010]

Panke, Stefanie/Thillosen, Anne (2008): Unterwegs auf dem Wiki-Way. Wikis in Lehr- und Lernsettings.
http://www.e-teaching.org/didaktik/kommunikation/wikis/08–09–12_Wiki_Panke-Thillosen.pdf [30.07.2010]

Pannarale, Simon/Kammerl, Rudolf (2007): Umfrage zu Erfahrungen, Kompetenzen, und Einstellungen von Passauer Studierenden im Umgang mit IT und eLearning.
http://www.mdkk.uni-passau.de/fileadmin/01_intelec_daten/05_online_publikatio
nen/Pannarale_Kammerl_Onlinebefragung_SoSe2006.pdf [19.04.2010]

PAQ (1980) = Projektgruppe Automation und Qualifikation (Haug, Frigga/May, Hannelore/Nemitz, Rolf/Ohm, Christof/Räthzel, Nora/van Treeck, Werner/Waldhubel, Thomas/Wenk, Silke/Zimmer, Gerhard): Automationsarbeit: Empirische Untersuchungen, Teil 1. Berlin: Argument

Pasuchin, Iwan (2009): Medienkompetenz im E-Learning. Eine medienpädagogische Perspektive auf mediendidaktische Diskurse. In: Dittler, Ullrich/Krameritsch, Jakob/Nistor, Nicolae/Schwarz, Christine/Thillosen, Anne (Hg.): E-Learning: Eine Zwischenbilanz. Kritischer Rückblick als Basis eines Aufbruchs. Münster: Waxmann, S. 149–164

Pätzold, Henning (2007): E-Learning 3-D. Welches Potenzial haben virtuelle 3-D-Umgebungen für das Lernen mit neuen Medien? In: MedienPädagogik. Online-Zeitschrift für Theorie und Praxis der Medienbildung.
http://www.medienpaed.com/2007/paetzold0709.pdf [02.03.2011]

Paulson, F. Leon/Paulson, Pearl R./Meyer, Carol (1991): What makes a Portfolio a Portfolio? Educational Leadership.
http://www.stanford.edu/dept/SUSE/projects/ireport/articles/e-portfolio/what
%20makes%20a%20portfolio%20a%20portfolio.pdf [04.02.2011]

Pawlow, Iwan P. (1960; unabriged and unaltered republication of the translation 1927): Conditioned reflexes: An investigation of the physiological activity of the cerebral cortex. New York: Dover Publications

Pawlow, Iwan P. (1941; erste Publikation 1928): Lectures on conditioned reflexes: Twenty-five years of objective study of the higher nervous activity (behavior) of animals. New York: International Publishers

Pellegrini, Tassilo/Blumauer, Andreas (2006) (Hg.): Semantic Web. Wege zur vernetzten Wissensgesellschaft. Berlin, Heidelberg: Springer

Pergante, Frank (2012): Operieren lernen am PC. Eine Schweriner Idee wird zum Pilotprojekt an Kliniken. In: Frankfurter Allgemeine Zeitung, 03.11.2012, S. 9

Peters, Otto (1999): Neue Lernräume. In: Grundlagen der Weiterbildung – Praxishilfen 34 (Loseblattwerk), Nr. 5.150. Neuwied: Luchterhand, S. 1–30

Piaget, Jean (1974): Der Aufbau der Wirklichkeit beim Kind. Stuttgart: Klett

PLENK (2010): Homepage des Open Online Course ‚Personal Learning Environments, Networks and Knowledge'.
http://connect.downes.ca/http://ple.elg.ca/plenk2010/?page_id=2 [27.06.2012]

Plötzner, Rolf/Leuders, Timo/Wichert, Adalbert (2009): Einleitung. In: Plötzner, Rolf/Leuders, Timo/Wichert, Adalbert (Hg.): Lernchance Computer. Strategien für das Lernen mit digitalen Medienverbünden. Münster: Waxmann, S. 7–18

Race, Phil (2001): A briefing on self, peer & group assessment. LTSN Generic Centre Series No 9., York (UK): Learning and Teaching Support Network (LTSN).
http://phil-race.co.uk/wp-content/uploads/Self,_peer_and_group_assessment.pdf [04.02.2011]

Ramlow, Elke/Reisse, Wilfried/Zimmer, Gerhard (1995): Normen zum Qualitätsmanagement – DIN EN ISO 9000. Informationsvorlage für den Hauptausschuß des Bundesinstituts für Berufsbildung 1995. In: Bundesinstitut für Berufsbildung (Hg.): Qualitätssicherung in der beruflichen Weiterbildung. Ergebnisse, Veröffentlichungen und Materialien aus dem BIBB. Berlin und Bonn 1998, S. 7–23

Rautenstrauch, Christina (2001): Tele-Tutoren. Qualifizierungsmerkmale einer neu entstehenden Profession. Bielefeld: W. Bertelsmann (Wissen und Bildung im Internet, Bd. 1)

Reglin, Thomas (2001): Was bedeutet Usability netzgestützter Lehr-/Lernsysteme? In: Nuissl, Ekkehard/Schiersmann, Christiane/Siebert, Horst (Hg.): Literatur- und Forschungsreport Weiterbildung, Nr. 48. Bielefeld: W. Bertelsmann, S. 51–67

Reglin, Thomas/von der Hand, Gerhard/Oppitz, Susanne/Pleger, Georg/Heil, Stefan/Stracke, Christian/Krämer, Robert/Russel, Thomas/Müller Phillips Sohn, Herbert/Meier, Christoph/Hambach, Sybille/Berger, Thomas/Dudzik, Thomas/Heddergott, Kai/Neuhaus, Gerd/Bühler, Claus/Vennemann, Michael/Rockmann, Ulrike/Kause, Leopold/Pawlowski, Jan M./Daun, Annika/Ehlers, Ulf/Strahwald, Brigitte/Unverricht, Kristina/Reisky, Antares/Wölke, Heike/Kramer, Beate (2004): Referenzmodell für Qualitätsmanagement und Qualitätssicherung – Planung, Entwicklung, Durchführung und Evaluation von Bildungsprozessen und Bildungsangeboten (PAS 1032–1). Berlin: Beuth.
http://www.beuth.de/sc/pas1032–1 [14.03.2004]

Reich, Kersten (1998a): Die Ordnung der Blicke. Band 1: Beobachtung und die Unschärfen der Erkenntnis. Neuwied: Luchterhand/Beltz

Reich, Kersten (1998b): Die Ordnung der Blicke. Band 2: Beziehungen und Lebenswelt. Neuwied: Luchterhand/Beltz

Reich, Kersten (2006): Systemisch-konstruktivistische Pädagogik. Weinheim, Basel: Beltz (5. Aufl.)

Reil, Thomas (2002): Weiterentwicklung des Akkreditierungswesens. In: Reil, Thomas/ Winter, Martin (Hg.): Qualitätssicherung an Hochschulen. Theorie und Praxis. Bielefeld: W. Bertelsmann, S. 64–71

Reil, Thomas/Winter, Martin (2002) (Hg.): Qualitätssicherung an Hochschulen. Theorie und Praxis. Bielefeld: W. Bertelsmann

Reinhard, Wolfgang/Ebner, Martin/Beham, Günter/Costa, Cristina (2009): How People are using Twitter during Conferences. In: Hornung-Prähauser, Veronika/Luckmann, Michaela (Hg.): Creativity and Innovation Competencies on the Web. Proceedings of the 5th EduMedia 2009, Salzburg, S. 145–156
http://lamp.tu-graz.ac.at/~i203/ebner/publication/09_edumedia.pdf [30.07.2010]

Reinmann, Gabi (2007a): Bologna in Zeiten des Web 2.0. Assessment als Gestaltungsfaktor. Augsburg: Universität Augsburg, Medienpädagogik, Arbeitsbericht Nr. 16.
http://opus.bibliothek.uni-augsburg.de/volltexte/2008/764/pdf/Arbeitsbericht16.pdf [04.02.2011]

Reinmann, Gabi (2007b): Wissen – Lernen – Medien: E-Learning und Wissensmanagement als medienpädagogische Aufgabe. In: Sesink, Werner/Kerres, Michael/Moser, Heinz (Hg.): Jahrbuch Medienpädagogik. Wiesbaden: Verlag für Sozialwissenschaften, S. 179– 199

Reinmann, Gabi (2008a): Lehren als Wissensarbeit? Persönliches Wissensmanagement mit Weblogs. In: IWP – Information Wissenschaft & Praxis, 59. Jg., H. 1, S. 49–57

Reinmann, Gabi (2008b): Selbstorganisation im Netz – Anstoß zum Hinterfragen impliziter Annahmen und Prämissen. Arbeitsbericht, Universität Augsburg Medienpädagogik.
http://www.imb-uni-augsburg.de/files/Arbeitsbericht_18.pdf [30.07.2010]

Reinmann, Gabi (2009): Arbeitspapier „Pfadabhängiges Didaktik-Modell". E-Learning-Sze-narien für Präsenzhochschulen: Vom Beschreiben zum Entwickeln oder: Die Anfänge eines pfadabhängigen Didaktik-Modells.
http://gabi-reinmann.de/wp-content/uploads/2009/05/elearning-szenarien.pdf [07.01.2010]

Reinmann, Gabi/Bianco, Tamara (2008): Knowledge Blogs zwischen Kompetenz, Autono-mie und sozialer Eingebundenheit. Augsburg: Universität Augsburg, Medienpädagogik. Arbeitsbericht Nr. 17 (Konzeptpapier).
http://www.imb-uni-augsburg.de/files/Arbeitsbericht_17.pdf [30.07.2010]

Reinmann, Gabi/Sippel, Sylvia (2011): Königsweg oder Sackgasse? E-Portfolios für das for-schende Lernen. In: Meyer, Torsten/Mayrberger, Kerstin/Münte-Goussar, Stefan/ Schwalbe, Christina (Hg.): Kontrolle und Selbstkontrolle. Zur Ambivalenz von E-Port-folios in Bildungsprozessen. Wiesbaden: VS Verlag für Sozialwissenschaften, S. 185–202

Reinmann-Rothmeier, Gabi (2003) (unter Mitarbeit von Vohle, Frank/Adler, Frederic/Faust, Heidi): Didaktische Innovation durch Blended Learning. Leitlinien anhand eines Beispiels aus der Hochschule. Bern (Schweiz): Hans Huber

Reinmann-Rothmeier, Gabi/Mandl, Heinz/Prenzel, Manfred (1994): Computerunterstützte Lernumgebungen: Planung, Gestaltung und Bewertung. Erlangen: Publicis-MCD

Renkl, Alexander (1997): Lernen durch Lehren – Zentrale Wirkmechanismen beim kooperativen Lernen. Wiesbaden: Dt. Universitätsverlag

Rey, Günter Daniel (2009): E-Learning Theorien, Gestaltungsempfehlungen und Forschung. Bern (Schweiz): Hans Huber

Rieble, Volker (2009): Freier Zugang zu unfreien Autoren. Open Access aus juristischer Sicht. In: Forschung und Lehre, 16. Jg., H. 9, S. 648–651

Röll, Martin (2006): Knowledge Blogs. Persönliche Weblogs im Intranet als Werkzeug im Wissensmanagement. In: Picot, Arnold/Fischer, Tim (Hg.): Weblogs professionell. Grundlagen, Konzepte und Praxis im unternehmerischen Umfeld. Heidelberg: dpunkt.verlag, S. 95–110

Rottmann, Joachim/Stratmann, Jörg/Kerres, Michael (2006): Handlungsorientiertes Prüfen in der beruflichen Aus- und Weiterbildung. Eine Herausforderung für computergestützte Testverfahren. In: MedienPädagogik. Online-Zeitschrift für Theorie und Praxis der Medienbildung 22.09.2006.
http://www.medienpaed.com/2006/rottmann0609.pdf [04.02.2011]

Ruedel, Cornelia (2010): Was ist E-Assessment? In: Ruedel, Cornelia/Mandel, Schewa (Hg.): E-Assessment. Einsatzszenarien und Erfahrungen an Hochschulen. Münster: Waxmann, S. 11–22

Ruedel, Cornelia/Mandel, Schewa (2010) (Hg.): E-Assessment. Einsatzszenarien und Erfahrungen an Hochschulen. Münster: Waxmann

Sack, Harald/Waitelonis, Jörg (2008): Zeitbezogene kollaborative Annotation zur Verbesserung der inhaltsbasierten Videosuche. In: Gaiser, Birgit/Hampel, Thorsten/Panke, Stefanie (Hg.): Good Tags – Bad Tags. Social Tagging in der Wissensorganisation. Münster: Waxmann, S. 107–118

Salmon, Gilly (2000): E-moderating. The key to teaching and learning online. London (UK): Kogan Page

Salmon, Gilly (2002): E-tivities. The key to active online learning. London (UK): Kogan Page

Sauter, Annette M./Sauter, Werner: (2002): Blended Learning. Effiziente Integration von E-Learning und Präsenztraining. Neuwied: Luchterhand

Sauter, Edgar (2000): Qualitätssicherung und Qualitätsmanagement in der beruflichen Aus- und Weiterbildung. In: Bundesinstitut für Berufsbildung (Hg.): Qualitätsentwicklung in der beruflichen Aus- und Weiterbildung. Bonn: BIBB, S. 7–14

Schaffert, Sandra/Hilzensauer, Wolf (2008): Auf dem Weg zu Persönlichen Lernumgebungen – sieben entscheidende Aspekte. eLearning Papers.
http://www.elearningpapers.eu/index.php?page=doc&doc_id=11938&doclng=3 [02.03.2011]

Schaffert, Sandra/Hornung-Prähauser, Veronika/Hilzensauer, Wolf/Wieden-Bischof, Diana (2007): E-Portfolio-Einsatz an Hochschulen: Möglichkeiten und Herausforderungen. In: Brahm, Taiga/Seufert, Sabine (Hg.): E-Assessment und E-Portfolio: Halten sie, was sie versprechen? St. Gallen (Schweiz): Universität St. Gallen, SCIL (Swiss Centre for Innovations in Learning), Arbeitsbericht 13, S. 75–90

Schaffert, Sandra/Kaltz, Marco (2009): Persönliche Lernumgebungen. Grundlagen, Möglichkeiten und Herausforderungen eines neuen Konzepts. In: Hohenstein, Andreas/Wilbers, Karl (Hg.): Handbuch E-Learning. Expertenwissen aus Wissenschaft und Praxis. Köln: Deutscher Wirtschaftsdienst, Beitrag 5.16, S. 1–24

Scheffer, Simone/Fröhmel, Annette/Georg, Waltraud (2008): Prüfung praktischer Fertigkeiten. Performance-based Testing in der Medizin. In: Dany, Sigrid/Szczyrba, Birgit/Wildt, Johannes (Hg.): Prüfungen auf die Agenda! Hochschuldidaktische Perspektiven auf Reformen im Prüfungswesen. Bielefeld: W. Bertelsmann (Blickpunkt Hochschuldidaktik 118), S. 103–113

Schenkel, Peter (2000): Ebenen und Prozesse der Evaluation. In: Schenkel, Peter/Tergan, Sigmar-Olaf/Lottmann, Alfred (Hg.): Qualitätsbeurteilung multimedialer Lern- und Informationssysteme. Evaluationsmethoden auf dem Prüfstand. Nürnberg: BW Bildung und Wissen, S. 52–74

Schenkel, Peter/Tergan, Sigmar-Olaf/Lottmann, Alfred (2000) (Hg.): Qualitätsbeurteilung multimedialer Lern- und Informationssysteme. Evaluationsmethoden auf dem Prüfstand. Nürnberg: BW Bildung und Wissen

Schiefner, Mandy (2008): Social Tagging in der universitären Lehre. In: Gaiser, Birgit/Hampel/Thorsten/Panke, Stefanie (Hg.): Good Tags – Bad Tags. Social Tagging in der Wissensorganisation. Münster: Waxmann, S. 73–83

Schinzel, Britta (2001): e-learning für alle: Gendersensitive Mediendidaktik. http://www.uibk.ac.at/leitung/fem/nmtagung/downloads/schinzel.pdf [04.05.2004]

Schinzel, Britta/Ruiz Ben, Ester (2002): Gendersensitive Gestaltung von Lernmedien und Mediendidaktik: von den Ursachen für ihre Notwendigkeit zu konkreten Checklisten. http://mod.iig.uni-freiburg.de/users/schinzel/publikationen/Info+Gesell/PS/BMBFGenderNM.pdf [04.12.2003]

Schlag, Sabine/Plötzner, Rolf (2009): Lernen mit informierenden Bildern und Texten. In: Plötzner, Rolf/Leuders, Timo/Wichert, Adalbert (Hg.): Lernchance Computer. Strategien für das Lernen mit digitalen Medienverbünden. Münster: Waxmann, S. 121–137

Schlutz, Erhard (2000): Qualitätssicherung in der Weiterbildung – Rückblick und Ausblick. In: Grundlagen der Weiterbildung Zeitschrift, 11. Jg., H. 1, S. 20–23

Schmidt, Jan/Mayer, Florian (2007): Wer nutzt Weblogs für kollaborative Lern- und Wissensprozesse? Ergebnisse der Befragung 'Wie ich blogge?!' 2005. In: Schwarz, Christine/Dittler, Ullrich (Hg): Online-Communities als soziale Systeme. Münster: Waxmann, S. 61–80

Schmidt, Jan/Wilbers, Martin (2006): Wie ich blogge?!: erste Ergebnisse der Weblog-Befragung 2005. Berichte der Forschungsstelle „Neue Kommunikationsmedien", Nr. 06–01, Bamberg. http://www.ssoar.info/ssoar/View/?resid=987 [30.07.2010]

Schmidt, Jens Uwe (2000): Handlungsorientierte Prüfungen. In: Cramer, Günter/Kiepe, Klaus (Hg.): Jahrbuch Ausbildungspraxis 2000. Köln: Fachverlag Deutscher Wirtschaftsdienst, S. 172–184

Schmidt, Siegfried J. (1994): Kognitive Autonomie und soziale Orientierung. Konstruktivistische Bemerkungen zum Zusammenhang von Kognition, Kommunikation, Medien und Kultur. Frankfurt/Main: Suhrkamp

Schmidt, Tim/Ketterl, Markus/Morisse, Karsten (2007): Podcasts: Neue Chancen für die universitäre Bildung.
http://www.e-teaching.org/didaktik/gestaltung/ton/podcast/langtext_pod cast_04_09_07.pdf [30.07.2010]

Schneider, Daniel K. (2005): Gestaltung kollektiver und kooperativer Lernumgebungen. In: Euler, Dieter/Seufert, Sabine (Hg.): E-Learning in Hochschulen und Bildungszentren. München: Oldenbourg, S. 299–314

Schneider, Ulrike (1980): Sozialwissenschaftliche Methodenkrise und Handlungsforschung. Frankfurt/Main: Campus

Schnotz, Wolfgang (1997): Zeichensysteme und Wissenserwerb mit neuen Informationstechnologien. In: Gruber, Hans/Renkl, Alexander (Hg.): Wege zum Können. Determinanten des Kompetenzerwerbs. Bern (Schweiz): Hans Huber, S. 218–235

Schnotz, Wolfgang (2002): Wissenserwerb mit Texten, Bildern und Diagrammen. In: Issing, Ludwig J./Klimsa, Paul (Hg.): Information und Lernen mit Multimedia und Internet. Lehrbuch für Studium und Praxis. Weinheim: Beltz PVU (3., vollst. überarb. Aufl.), S. 65–81

Schnotz, Wolfgang (2005): An Integrated Model of Text and Picture Comprehension. In: Mayer, Richard E. (Hg.): Cambridge Handbook of Multimedia Learning. New York (USA): Cambridge University Press, S. 49–69

Schnotz, Wolfgang/Lowe, Richard (2008): A unified view of learning from animated and static grafics. In: Schnotz, Wolfgang/Lowe, Richard (Hg.): Learning with animation. Research Implications for Design. New York (USA): Cambridge University Press, S. 304–356

Schönwald, Ingrid/Euler, Dieter/Seufert, Sabine (2004): Supportstrukturen zur Förderung einer innovativen eLearning-Organisation an Hochschulen. St. Gallen (Schweiz): Universität St. Gallen, SCIL (Swiss Centre for Innovations in Learning), Arbeitsbericht 3

Schorb, Bernd (2005): Medienkompetenz. In: Hüther, Jürgen/Schorb, Bernd (Hg.): Grundbegriffe Medienpädagogik. München: kopaed (4., vollst. neu konzip. Aufl.), S. 257–262

Schreiterer, Ulrich (2003): Was bedeutet E-Learning für die Hochschulen: Perspektiven nach dem Hype. Vortrag beim 2. E-Learning Camp Hamburg, 3. Juli 2003.
http://www.mmkh.de/newsanddates/news_91.html [31.04.2004]

Schulmeister, Rolf (1999): Virtuelles Lernen aus didaktischer Sicht. In: Zeitschrift für Hochschuldidaktik (ZSfHD), H. 3, S. 1–27

Schulmeister, Rolf (2000): Gutachten für das BM:BWK. Selektions- und Entscheidungskriterien für die Auswahl von Lernplattformen und Autorenwerkzeugen.
http://www.zhw.uni-hamburg.de/pdfs/Plattformen.pdf [15.11.2009]

Schulmeister, Rolf (2001): Virtuelle Universität – Virtuelles Lernen. München: Oldenbourg

Schulmeister, Rolf (2004): Diversität von Studierenden und die Konsequenzen für eLearning. In: Carstensen, Doris/Barrios, Beate (Hg): Campus 2004. Kommen die digitalen Medien in die Jahre? Münster: Waxmann, S. 133–144
http://www.izhd.uni-hamburg.de/pdfs/Diversitaet.pdf [30.04.2010]

Schulmeister, Rolf (2005a): Lernplattformen für das virtuelle Lernen: Evaluation und Didaktik. München: Oldenbourg (2. Aufl.)

Schulmeister, Rolf (2005b): Interaktivität in Multimedia-Anwendungen.
http://www.e-teaching.org/didaktik/gestaltung/interaktiv/InteraktivitaetSchulmeister.pdf [28.02.2011]

Schulmeister, Rolf (2007): Grundlagen hypermedialer Lernsysteme. Theorie – Didaktik – Design. München: Oldenbourg (4., überarb. u. aktual. Aufl.)

Schulmeister, Rolf (2009): Der Computer enthält in sich ein Versprechen auf die Zukunft. In: Dittler, Ullrich/Krameritsch, Jakob/Nistor, Nicolae/Schwarz, Christine/Thillosen, Anne (Hg.): E-Learning: Eine Zwischenbilanz. Kritischer Rückblick als Basis eines Aufbruchs. Münster: Waxmann, S. 317–323

Schulmeister, Rolf/Leikauf, Roland/Bliemeister, Mathias (2010): Ansichten zur Kommentarkultur in Weblogs. In: Bauer, Petra/Hoffmann, Hannah/Mayrberger, Kerstin (Hg.): Fokus Medienpädagogik – Aktuelle Forschungs- und Handlungsfelder. Festschrift für Stefan Aufenanger. München: kopaed, S. 317–347
http://www.zhw.uni-hamburg.de/uploads/ansichten-zur-kommentarkultur.pdf [01.07.2012]

Schulmeister, Rolf/Mayrberger, Kerstin/Breiter, Andreas/Fischer, Arne/Hofmann, Jörg/Vogel, Martin (2008): Didaktik und IT-Service-Management für Hochschulen. Bremen/Hamburg
http://www.mmkh.de/upload/dokumente/Referenzrahmen_Qualitaetssicherung_elearning_April09.pdf [07.01.2010]

Schwan, Stephan (2006): Game Based Learning – Computerspiele in der Hochschullehre.
http://www.e-teaching.org/didaktik/konzeption/methoden/lernspiele/game_based_learning/gamebasedlearning.pdf [23.08.2010]

Schwan, Stephan/Riempp, Roland (2004): The cognitive benefits of interactive videos: Learning to tie nautical knots. In: Learning and Instruction, H. 14, S. 293–305

Schweibenz, Werner/Thissen, Frank (2003): Qualität im Web. Benutzerfreundliche Webseiten durch Usability Evaluation. Berlin, Heidelberg: Springer

Seitz, Daniel (2012): Mobile Lernspiele selbst gemacht. Werkzeuge, Tipps und Ideen.
http://pb21.de/2012/06/autorenwerkzeuge-fur-eigene-mobile-spiele/ [02.07.2012]

Seufert, Sabine (2005): Gestaltung virtueller Lerngemeinschaften. In: Euler, Dieter/Seufert, Sabine (Hg.): E-Learning in Hochschulen und Bildungszentren. München: Oldenbourg, S. 315–333

Seufert, Sabine (2006): Innovationsorientiertes Bildungsmanagement. Hochschulentwicklung durch Sicherung von Nachhaltigkeit von eLearning. Wiesbaden: VS Verlag für Sozialwissenschaften

Seufert, Sabine/Euler, Dieter (2003): Nachhaltigkeit von eLearning-Innovationen. St. Gallen (Schweiz): Universität St. Gallen, SCIL (Swiss Centre for Innovations in Learning), Arbeitsbericht 1

Seufert, Sabine/Euler, Dieter (2004): Nachhaltigkeit von eLearning-Innovationen. Ergebnisse einer Delphi-Studie. St. Gallen (Schweiz): Universität St. Gallen, SCIL (Swiss Centre for Innovations in Learning), Arbeitsbericht 2

Seufert, Sabine/Meier, Christoph (2003): Planspiele und digitale Lernspiele: Neue Edutainment-Welle oder nicht erkannte Potenziale neuer Lernformen?
http://elearningreviews.org/seufert/docs/lernspiele-planspiele-edutainement.pdf [01.02.2011]

Shannon, Claude Elwood/Weaver, Warren (1949): The Mathematical Theory of Communication. Urbana (USA): The University of Illinois Press

Shapiro, Amy/Niederhauser, Dale (2004): Learning from hypertext: Research issues and findings. In: Jonassen, David H. (Hg.): Handbook of research on educational communications and technology. Mahwah, New Jersey (USA): Lawrence Erlbaum (2. Aufl.), S. 605–620

Siemens, George (2004): A learning theory for the digital age. elearnspace – everything elearning.
http://www.elearnspace.org/Articles/connectivism.htm [30.04.2010]

Siemens, George (2006): Connectivism: Learning Theory or Pastime of the Self-Amused? elearnspace – everything elearning.
http://www.elearnspace.org/Articles/connectivism_self-amused.htm [30.04.2010]

Skinner, Burrhus F. (1958): Teaching Machines. Reprinted from Science Vol. 128, October 24, 1958, No. 3330, S. 969–977
http://bfskinner.org/BFSkinner/Articles_files/teaching_machines.pdf [27.03.2011]

Simpson, Ormond (2000): Supporting Students in Open and Distance Learning. London (UK): Kogan Page

Smith, Gene (2004): Folksonomy: Classification.
http://atomiq.org/archives/2004/08/folksonomy_social_classification.html [01.02.2011]

Sonnberger, Julia (2008): Das E-Learning-Label an der TU Darmstadt. Entwicklung, Einführung und Auswertung eines Modells zur Qualitätssicherung und Qualitätsentwicklung von E-Learning-Veranstaltungen. Berlin: Logos

Spannagel, Christian (2010): How an open scientist can use twitter. Twitter Tip Sheet.
http://go2.wordpress.com/?id=725X1342&site=cspannagel.wordpress.com&url=http%3A%2F%2Fwww.euroscience.org%2Findex.php%3Fmodule%3Dmedia%26action%3DDisplay%26 cmpref%3D35138 %26lang%3Den%26width%3D%26height%3D%26format%3D%26alt%3D&sref=http%3A%2F%2Fcspannagel.wordpress.com%2F [30.07.2010]

Specht, Marcus/Ebner, Martin (2011): Mobiles und ubiquitäres Lernen – Technologien und didaktischen Aspekte. In: Ebner, Martin/Schön, Sandra (Hg.): Lehrbuch für Lernen und Lehren mit Technologie. [Stand 01.02.2011]
http://l3 t.eu/homepage/das-buch/ebook/kapitel/o/id/74 [11.11.2012]

Spindler, Gerald (2006) (Hg.): Rechtliche Rahmenbedingungen von Open-Access-Publikationen. Göttingen: Universitätsverlag

Spiro, Rand J./Coulson, Richard L./Feltovich, Paul J./Anderson, Daniel K. (1988): Cognitive flexibility theory. Advanced knowledge acquisition in ill-structured domains. In: Patel, Vimla L. (Hg.): Tenth Annual Conference of the cognitive Science Society. Hillsdale (USA): Lawrence Erlbaum, S. 375–383

Spiro, Rand J./Feltovich, Paul J./Jacobson Michael J./Coulson Richard L. (1992): Cognitive Flexibility, Constructivism, and Hypertext. Random Access Instruction for Advanced Knowledge Acquisition in Ill-Structured Domains. In: Duffy, Thomas M./Jonassen, David H. (Hg.): Constructivism and the Technology of Instruction. A Conversation. Hillsdale (USA): Lawrence Erlbaum, S. 57–76

Spiro, Rand J./Jehng, Jihn-Chang (1990): Cognitive flexibility, random access instruction and hypertext: Theory and technology for the nonlinear and multidimensional traversal of complex subject matter. In: Nix, Don/Spiro, Rand J. (Eds.): Cognition, education and multimedia: Exploring ideas in high technology. Hillsdale (USA): Lawrence Erlbaum. S. 163–206

Spitzer, Manfred (2010): Im Netz. In: Frankfurter Allgemeine Zeitung, 22.09.2010, S. 8

Spitzer, Manfred (2012): Digitale Demenz. Wie wir uns und unsere Kinder um den Verstand bringen. München: Droemer

Sporer Thomas/Jenert, Tobias (2008): Open Education: Partizipative Lernkultur als Herausforderung und Chance für offene Bildungsinitiativen an Hochschulen. In: Zauchner, Sabine/Baumgartner, Peter/Blaschitz, Edith/Weissenbäck, Andreas (Hg.): Offener Bildungsraum Hochschule. Freiheiten und Notwendigkeiten. Münster: Waxmann, S. 39–49

Stadler, Thomas (2002): Haftung für Informationen im Internet. Berlin: Erich Schmidt

Stahl, Elmar (2001): Hyper – Text – Schreiben. Die Auswirkungen verschiedener Instruktionen auf Lernprozesse beim Schreiben von Hypertext. Münster: Waxmann

Stahl, Elmar (2009): Lernen durch Gestalten von digitalen Medien. In: Plötzner, Rolf/Leuders, Timo/Wichert, Adalbert (Hg.): Lernchance Computer. Strategien für das Lernen mit digitalen Medienverbünden. Münster: Waxmann, S. 239–259

Stahl, Elmar/Bromme, Rainer (2005): Is a hypertext a book or a space? The impact of different introductory metaphors on hypertext construction. In: Computers & Education, 44. Jg., H. 2, S. 115–133

Stangel-Meseke, Martina/Wottawa, Heinrich (1993): Evaluation. In: Schorr, Angela (Hg.): Handwörterbuch der Angewandten Psychologie: Die Angewandte Psychologie in Schlüsselbegriffen. Bonn: Deutscher Psychologen Verlag, S. 212–217

Stapelkamp, Torsten (2007): Screen- und Interfacedesign. Gestaltung und Usability für Hard- und Software. Springer eBook Collection Computer Science & Engineering [Dig. Serial]. Berlin, Heidelberg: Springer

Stark, Robin (2009): Einführung in quantitative Methoden der empirischen Bildungsforschung. In: Henninger, Michael/Mandl, Heinz (Hg.): Handbuch Medien- und Bildungsmanagement. Weinheim, Basel: Beltz, S. 418–434

Statistisches Bundesamt (2010): Behinderte, Kriegsopfer.
http://www.destatis.de/jetspeed/portal/cms/Sites/destatis/Internet/DE/Navigation/
Statistiken/Sozialleistungen/BehinderteKriegsopfer/BehinderteKriegsopfer.psml
[30.07.2010]

Stöber, Anette/Göcks, Marc (2009): Die unberechtigte Angst vor der Konserve: Machen Vorlesungsaufzeichnungen und Podcasts die Präsenzlehre überflüssig? In: Dittler, Ullrich/Krameritsch, Jakob/Nistor, Nicolae/Schwarz, Christine/Thillosen, Anne (Hg.): E-Learning: Eine Zwischenbilanz. Kritischer Rückblick als Basis eines Aufbruchs. Münster: Waxmann, S. 117–132

Stocker, Christa (2007): Zwischen Wunsch und Wirklichkeit. Weblogs im Hochschulunterricht. In: Schwarz, Christine/Dittler, Ullrich (Hg): Online-Communities als soziale Systeme. Münster: Waxmann (Medien in der Wissenschaft, Bd. 40), S. 97–114

Stockmann, Reinhard (2006): Evaluation und Qualitätsentwicklung: Eine Grundlage für wirkungsorientiertes Qualitätsmanagement. Münster: Waxmann

Stockmann, Reinhard (2007) (Hg.): Handbuch zur Evaluation. Eine praktische Handlungsanleitung. Münster: Waxmann

Stracke, Christian M. (2006): Der neue E-Learning-Qualitätsstandard von ISO und IEC – Ein neuer Weg in der Standardisierung. Symposium zur Standardisierung beim Bundesministerium für Wirtschaft, Berlin am 25./26.10.2006.
http://www.bmwi.de/BMWi/Redaktion/PDF/I/ikt-symposium-ws-4-christian-stra
cke,property=pdf,bereich=bmwi,sprache=de,rwb=true.pdf, Zugriff 16.03.2011

Stracke, Christian M. (2007): Kategoriales Referenzmodell für E-Learning – Standards und E-Learning-Standardisierung im Überblick. zeitschrift für e-learning, 2. Jg., H. 2, S. 8–20

Stracke, Christian M. (2009a): Quality Development and Standards in E-Learning. Benefits and Guidelines for Implementations. Proceedings of the ASEM Lifelong Learning Conference: E-Learning and Workplace Learning. Bankok (Thailand), 1–16
http://www.qed-info.de/downloads [01.11.2010]

Stracke, Christian M. (2009b): Qualität und Standards im E-Learning. In: Stracke, Christian M. (Hg.): Qualität und Standards im E-Learning. Duisburg, Essen: Q.E.D. (Qualitätsinitiative E-Learning in Deutschland), S. 9–52

Stracke, Christian M./Hildebrandt, Barbara (2007): Quality Development and Quality Standards in e-Learning: Adoption, Implementation and Adaptation. In: Montgomerie, Craig (Hg.): Proceedings of World Conference on Educational Multimedia, Hypermedia and Telecommunications 2007. Chesapeake (USA): AACE, S. 4158–4165

Stratmann, Jörg/Kerres, Michael (2008) (Hg.): E-Strategy. Strategisches Informationsmanagement für Forschung und Lehre. Münster: Waxmann

Streule, Roland/Läge, Damian (2010): Testen in adaptiven Settings. In: Ruedel, Cornelia/Mandel, Schewa (Hg.): E-Assessment. Einsatzszenarien und Erfahrungen an Hochschulen. Münster: Waxmann, S. 155–173

Strittmatter, Peter/Niegemann, Helmut M. (2000): Lehren und Lernen mit Medien. Eine Einführung. Darmstadt: Wiss. Buchgesellschaft

Sweller, John (2005): Implications of cognitive load theory for multimedia learning. In: Mayer, Richard E. (Hg.): Cambridge Handbook of Multimedia Learning. New York (USA): Cambridge University Press, S. 19–30

Swertz, Christian (2002): Konzepte und Methoden zur Qualitätssicherung bei der Produktion von hypertextuellen Online-Lernumgebungen. In: MedienPädagogik. Online-Zeitschrift für Theorie und Praxis der Medienbildung.
http://www.medienpaed.com/02–1/swertz1.pdf [01.04.2004]

Taeger, Jürgen (2004): Schutz des Geistigen Eigentums bei E-Learning-Projekten. In: Hohenstein, Andreas/Wilbers, Karl (Hg.): Handbuch E-Learning-Expertenwissen aus Wissenschaft und Praxis. Köln: Fachverlag Deutscher Wirtschaftsdienst, Loseblattwerk, Beitrag 3.8

Technorati (2009): State of the Blogosphere 2009.
http://technorati.com/blogging/feature/state-of-the-blogosphere-2009/ [30.07.2010]

TMG = Telemediengesetz: Artikel 1 im Gesetz zur Vereinheitlichung von Vorschriften über bestimmte elektronische Informations- und Kommunikationsdienste (Elektronischer-Geschäftsverkehr-Vereinheitlichungsgesetz – EIGVG) vom 26. Februar 2007. In: Bundesgesetzblatt Jahrgang 2007, Teil I Nr. 6, ausgegeben zu Bonn am 28. Februar 2007

Tergan, Sigmar-Olaf (2000a): Bildungssoftware im Urteil von Experten. 10 + 1 Leitfragen zur Evaluation. In: Schenkel, Peter/Tergan, Sigmar-Olaf/Lottmann, Alfred (Hg.): Qualitätsbeurteilung multimedialer Lern- und Informationssysteme. Evaluationsmethoden auf dem Prüfstand. Nürnberg: BW Bildung und Wissen, S. 137–163

Tergan, Sigmar-Olaf (2000b): Grundlagen der Evaluation. Ein Überblick. In: Schenkel, Peter/Tergan, Sigmar-Olaf/Lottmann, Alfred (Hg.): Qualitätsbeurteilung multimedialer Lern- und Informationssysteme. Evaluationsmethoden auf dem Prüfstand. Nürnberg: BW Bildung und Wissen, S. 22–51

Tergan, Sigmar-Olaf (2000c): Vergleichende Bewertung von Methoden zur Beurteilung der Qualität von Lern- und Informationssystemen. Fazit eines Methodenvergleichs. In: Schenkel, Peter/Tergan, Sigmar-Olaf/Lottmann, Alfred (Hg.): Qualitätsbeurteilung multimedialer Lern- und Informationssysteme. Evaluationsmethoden auf dem Prüfstand. Nürnberg: BW Bildung und Wissen, S. 329–347

Tergan, Sigmar-Olaf (2002): Hypertext und Hypermedia: Konzeption, Lernmöglichkeiten, Lernprobleme und Perspektiven. In: Issing, Ludwig J./Klimsa, Paul (Hg.): Information und Lernen mit Multimedia und Internet. Lehrbuch für Studium und Praxis. Weinheim: Beltz PVU (3., vollst. überarb. Aufl.), S. 99–112

Tergan, Sigmar-Olaf/Zentel, Peter (2003): Lernplattformen und die Zukunft des e-Learning. In: Bett, Katja/Wedekind, Joachim (Hg.), Lernplattformen in der Praxis. Münster: Waxmann (Medien in der Wissenschaft, Bd. 20) S. 223–240

Terhart, Ewald (1999): Konstruktivismus und Unterricht. In: Zeitschrift für Pädagogik, 45. Jg. H. 5, S. 629–647

The Pedagogical Patterns Project (2010)
http://www.pedagogicalpatterns.org/ [06.05.2010]

Thelen, Tobias/Gruber, Clemens (2003): Kollaboratives Lernen mit WikiWikiWebs. In: Kerres, Michael/Voß, Britta (Hg.): Digitaler Campus. Vom Medienprojekt zum nachhaltigen Medieneinsatz in der Hochschule. Münster: Waxmann (Medien in der Wissenschaft, Bd. 24), S. 356–365
http://tobiasthelen.de/uploads/Wissenschaft/thelen_gruber_2003_kollaboratives_ler nen_mit_wikiwikiwebs.pdf [30.07.2010]

Thelen, Tobias/Gruber, Clemens (2005): Textproduktions- und Kommunikationsprozesse in WikiWikiWebs. In: Huneke, Hans-Werner (Hg.): Geschriebene Sprache: Strukturen, Erwerb, Modellbildung. Weinheim: Deutscher Studienverlag, S. 183–202
http://tobiasthelen.de/uploads/Wissenschaft/thelen_gruber_2005_textprodukti ons_und_kommunikationsprozesse_in_wikiwikiwebs.pdf [01.02.2011]

Thierau, Heike (1991): Analyse und empirische Überprüfung wissenschaftlicher Evaluationskonzepte in der betrieblichen Weiterbildung. Dargestellt am Beispiel der Schulung von Führungskräften in der Personalbeurteilung. Unveröffentlichte Dissertation an der Ruhr-Universität Bochum

Thillosen, Anne (2008): Schreiben im Netz. Neue literale Praktiken im Kontext Hochschule. Münster: Waxmann
http://opus.unibw-hamburg.de/opus/volltexte/2008/1409/ [30.07.2010]

Thillosen, Anne/Arnold, Patricia (2001): Entwicklung virtueller Studienmodule im Rahmen des Bundesleitprojekts „Virtuelle Fachhochschule für Technik, Informatik und Wirtschaft" – Evaluationsergebnisse. In: Wagner, Erwin/Kindt, Michael (Hg.): Virtueller Campus – Szenarien – Strategien – Studium. Münster: Waxmann (Medien in der Wissenschaft, Bd. 14), S. 402–410

Thillosen, Anne/Hansen, Holger (2009): Technik und Didaktik im E-Learning: Wer muss was können? Ein Plädoyer für verteilte Medienkompetenz in Hochschulen. In: Dittler, Ullrich/Krameritsch, Jakob/Nistor, Nicolae/Schwarz, Christine/Thillosen, Anne (Hg.): E-Learning: Eine Zwischenbilanz. Kritischer Rückblick als Basis eines Aufbruchs. Münster: Waxmann, S. 133–148

Toffler, Alvin (1983; amerik. Original 1980): Die dritte Welle. Zukunftschance. Perspektiven für die Gesellschaft des 21. Jahrhunderts. München: Goldmann

Trahasch, Stefan/Kraus, Gabriele/Efferth, Thomas (2002): Lernplattformen – Entscheidungen mit Weitblick. In: Bachmann, Gudrun/Haefeli, Odette/Kindt, Michael (Hg.): Campus 2002: Die virtuelle Hochschule in der Konsolidierungsphase. Münster: Waxmann (Medien in der Wissenschaft, Bd. 18), S. 251–261

Treisman, Uri (1992): Studying Students Studying Calculus. A Look at the Lives of Minority Mathematics Students in College. In: The College Mathematics Journal, 5. Jg., H. 23, S. 362–372
http://www.utdanacenter.org/downloads/articles/studying_students.pdf [27.03.2011]

Uhl, Volker (2003): Virtuelle Hochschulen auf dem Bildungsmarkt. Strategische Positionierung unter Berücksichtigung der Situation in Deutschland, Österreich und England. Wiesbaden: Deutscher Universitäts-Verlag

Ulmer, Philipp/Bahl, Anke (2004): Die Bedeutung von Tele-Tutorinnen und Tele-Tutoren für das netzgestützte Lernen – Ein Tätigkeits- und Anforderungsprofil. In: Hensge, Kathrin/Ulmer, Philipp (Hg.): Kommunizieren und Lernen in virtuellen Gemeinschaften. Neue Wege der Qualifizierung des Bildungspersonals. Bonn: Bundesinstitut für Berufsbildung, S. 77–91

Unz, Dagmar (2000): Lernen mit Hypertext. Informationssuche und Navigation. Münster: Waxmann

UrhG = Urheberrechtsgesetz: Gesetz über Urheberrecht und verwandte Schutzrechte. http://www.uni-muenster.de/Jura.itm/hoeren/material/urheberrechtsgesetz.pdf [30.03.2010]

van Eimeren, Birgit/Frees, Beate (2010): Fast 50 Millionen Deutsche online – Multimedia für alle? http://www.ard-zdf-onlinestudie.de/fileadmin/Online10/07–08–2010_van_Eimeren.pdf [17.01.2011]

Veddern, Michael (2004) (unter Mitwirkung von Marie-Luise Hoffmann): Multimediarecht für die Hochschulpraxis. Ratgeber zum Urheberrecht, Patentrecht und Onlinerecht mit Verträgen, Verwertungsmodellen und Rechtemanagement (2., überarb. u. erw. Aufl.). http://eldorado.tu-dortmund.de/bitstream/2003/21358/1/veddern.pdf [16.04.2010]

Veltmann, Christof (2003): Hochschulinformationssysteme und eLearning Plattformen. Anforderungen, Realitäten und Möglichkeiten der Integration.

Verhagen, Pløn (2006): Connectivism: a new learning theory? http://www.surfspace.nl/nl/Redactieomgeving/Publicaties/Documents/Connectivism%20a%20new%20theory.pdf [07.01.2010]

Vogel, Rose/Wippermann, Sven (2004): Dokumentation didaktischen Wissens in der Hochschule. Didaktische Design Patterns als eine Form des Best-Practice-Sharing im Bereich von IKT in der Hochschullehre. In: Fuchs-Kittowski, Klaus/Umstätter, Walther/Wagner-Döbler, Roland (Hg.): Wissenschaftsforschung Jahrbuch 2004. Berlin: Gesellschaft für Wissenschaftsforschung, S. 17–42

Vogt, Michael/Schneider, Stefan (2009): E-Klausuren an Hochschulen. Koordinationsstelle Multimedia der Justus-Liebig-Universität Gießen. http://geb.uni-giessen.de/geb/volltexte/2009/6890/pdf/VogtMichael-2009–02–20.pdf [02.02.2011]

Walma van der Molen, Juliette H./van der Voort, Tom H.A. (2000): Children's and adults' recall of television and print news in children's and adult news formats. In: Communication Research, 27. Jg., H. 2, S. 132–160

Wang, Hao-Chuan/Chang, Chun-Yen Chang/Li, Tsai-Yen (2007): The comparative efficacy of 2D- versus 3D-based media design for influencing spatial visualization skills. In: Computers in Human Behavior, 23. Jg., H. 4, S. 1943–1957 http://www3.nccu.edu.tw/~li/Publication/pdf/chb2007.pdf [01.07.2012]

Wegener, René/Prinz, Andreas/Bitzer, Philipp/Leimeister, Jan M. (2011a): Steigerung von Interaktivität, Individualität und Lernerzufriedenheit in einer universitären Massenveranstaltung durch mobile Endgeräte. In: DeLFI 2011, Dresden

Wegener, René/Bitzer, Philipp/Oeste, Sarah/Leimeister, Jan M. (2011b): Motivation und Herausforderungen für Dozenten bei der Einführung von Mobile Learning. In: Proceedings der 41. Jahrestagung der Gesellschaft für Informatik, Berlin

Weidenmann, Bernd (1993): Instruktionsmedien. Arbeiten zur Empirischen Pädagogik und Pädagogischen Psychologie. München: Universität der Bundeswehr, Institut für Erziehungswissenschaften und Empirische Psychologie

Weidenmann, Bernd (2002a): Abbilder in Multimediaanwendungen. In: Issing, Ludwig J./Klimsa, Paul (Hg.): Information und Lernen mit Multimedia und Internet. Lehrbuch für Studium und Praxis. Weinheim: Beltz PVU (3., vollst. überarb. Aufl.), S. 83–96

Weidenmann, Bernd (2002b): Multicodierung und Multimodalität im Lernprozess. In: Issing, Ludwig J./Klimsa, Paul (Hg.): Information und Lernen mit Multimedia und Internet. Lehrbuch für Studium und Praxis (3., vollst. überarb. Aufl.). Weinheim: Beltz PVU, S. 45–62

Weiler, Hans N. (2012): Im digitalen Tsunami. Hochschulen müssen sich besser auf das E-Learning vorbereiten. In: Der Tagesspiegel, 04.10.2012, S. 32

Weinert, Franz Emanuel (2001): Vergleichende Leistungsmessung in Schulen – eine umstrittene Selbstverständlichkeit. In: Weinert, F. E. (Hg.): Leistungsmessungen in Schulen. Weinheim, Basel: Beltz

Wendt, Matthias (2003): Praxisbuch CBT und WBT: konzipieren, entwickeln, gestalten [mit CD-ROM]. München: Hanser

Werle, Martin (2008): Eingeschaltet oder abgemeldet? Interessen des Publikums im deutschen Radio- und Fernsehmarkt. Wiesbaden: VS Verlag für Sozialwissenschaften

Wetterling, Joachim M./Stevenson, Ian (2003): Guidelines/Performance Support (final version). Internal project deliverable. CANDLE Project (IST-1999–11276). Enschede (Niederlande): University of Twente
http://www.kcl.ac.uk/content/1/c6/01/33/90/deliverable.pdf [16.03.2011]

Wiesner, Heike (2008): Das Wiesner-Wiki.
http://www.e-teaching.org/praxis/erfahrungsberichte/wiesner-wiki [30.07.2010]

Wiesner, Heike/Kamphans, Marion/Schelhowe, Heidi/Metz-Göckel, Sigrid/Zorn, Isabel/Drag, Anna/Peter, Ulrike/Schottmüller, Helmut (2004): unter Mitwirkung von Kedenburg, Claudia/Tigges, Anja/Schröder, Ellen/Wienold, Kirsten/Jelitto, Marc/Cho-Heinze, Hannah/von Prümmer, Christine/Bockermann, Iris/Rose, Michaela/Maaß, Susanne/Petri, Jürgen/Verstegen, Ute und vielen anderen Beteiligten aus dem „Gender-Arbeitskreis" (Hg.) Gender Mainstreaming-Leitfaden.
http://www.heike-wiesner.de/Publikationen/GMLeitfaden04Kurzfassung.pdf [27.03.2011]

Wikipedia dt. (2009): Konnektivismus
http://de.wikipedia.org/wiki/Konnektivismus [07.01.2010]

Wikipedia dt. (2010a): Wikipedia.
http://de.wikipedia.org/wiki/Wikipedia [30.07.2010]

Wikipedia dt. (2010b): Podcasting.
http://de.wikipedia.org/wiki/Podcasting [30.07.2010]

Wikipedia dt. (2010c): Social Bookmark.
  http://de.wikipedia.org/wiki/Social_Bookmarks [30.07.2010]
Wikipedia dt. (2010d): Social Tagging.
  http://de.wikipedia.org/wiki/Social_Tagging [30.07.2010]
Wikipedia dt. (2010e): Rss.
  http://de.wikipedia.org/wiki/Rss [30.07.2010]
Wilbers, Karl (2001a): Didaktik des E-Learning im Spannungsfeld von Wissensmanage-
  ment, elektronischem Management der Humanressourcen und E/M-Commerce. In:
  Krekelau, Carsten/Siegers, Josef (Hg.): Handbuch der Aus- und Weiterbildung. Politik,
  Praxis, Finanzielle Förderung. Köln: Deutscher Wirtschaftsdienst
Wilbers, Karl (2001b): E-Learning didaktisch gestalten. In: Hohenstein, Andreas/Wilbers,
  Karl (Hg.): Handbuch E-Learning. Expertenwissen aus Wissenschaft und Praxis. Köln:
  Fachverlag Deutscher Wirtschaftsdienst (Loseblattsammlung), Beitrag 4.0
Wilbers, Karl (2003): Blended Learning. In: Berufsbildung, 57. Jg., H. 80.
  http://www.karl-wilbers.de/download/wilbers2003i.PDF [04.05.2004]
Wiley, David A/Edwards, Erin K. (2002): Online self-organizing social systems. The decent-
  ralized future of online learning. Quarterly Review of Distance Education.
  http://wiley.ed.usu.edu/doc/osossos.pdf [15.02.2003]
Windisch, Petra (2007): Podcasting in der Bildung. Potentiale und Einsatzmöglichkeiten im
  Hochschulbereich.
  http://bibliothek.fhburgenland.at/fileadmin/Download/bibliothek/diplomarbeiten/
  AC06509147.pdf [25.01.2010]
Winter, Martin (2002): Studienqualität durch Evaluation und Akkreditierung – vier Ent-
  wicklungsszenarien. In: Reil, Thomas/Winter, Martin (Hg.): Qualitätssicherung an
  Hochschulen: Theorie und Praxis. Bielefeld: W. Bertelsmann, S. 110–124
Wirth, Markus (2005): Die Lehr-Lern-Kultur als Ausgangspunkt und Gestaltungsfeld nachhaltiger E-Learning-Implementierungen. In: Euler, Dieter/Seufert, Sabine (Hg.): E-Lear-
  ning in Hochschulen und Bildungszentren. München: Oldenbourg, S. 375–403
**Witt, Heiko/Nilsson, Kerstin/Gajdus, Christian/Gräve, Jan-Frederik/Wagner, Edwin/Willu-
  weit, Philip (2010):** Durchkreuzen wir mit eLectures unsere didaktischen Ziele?
  http://www.e-teaching.org/etresources/media/pdf/langtext_2010_witt-heiko-
  u. a._durchkreuzen-e-lectures-didaktische-ziele.pdf [10.10.2010]
Wolf, Karsten D. (2007): E-Assessment an Hochschulen. Organisatorische und rechtliche
  Rahmenbedingungen. In: Brahm, Taiga/Seufert, Sabine (Hg.): E-Assessment und E-
  Portfolio: Halten sie, was sie versprechen? St. Gallen (Schweiz): Universität St. Gallen,
  SCIL (Swiss Centre for Innovations in Learning), Arbeitsbericht 13, S. 27–40
Wottawa, Heinrich (2001): Evaluation. In: Krapp, Andreas/Weidenmann, Bernd (Hg.): Päd-
  agogische Psychologie. Ein Lehrbuch. Weinheim, Basel: Beltz, S. 649–674
Wottawa, Heinrich/Thierau, Heike (1990): Lehrbuch Evaluation. Bern (Schweiz): Hans
  Huber
Wunder, Helmut (2000a): ISO 9000-Familie. In: Grundlagen der Weiterbildung Zeit-
  schrift, 11. Jg., H. 6, S. 268–270

Wunder, Helmut (2000b): Qualitätsmanagement in der Praxis. Eine Einschätzung zu Nutzen und Entwicklungen. In: Grundlagen der Weiterbildung Zeitschrift, 11. Jg., H. 6, S. 302–305

Wunschel, Alexander (2007): „Die deutschen Podcast-Hörer". Erweiterter Ergebnisband zur zweiten Podcastumfrage im Rahmen der Studienerstellung über soziodemographische Merkmale und Nutzungsdaten von Podcast-Hörern, www.podcastumfrage.de. München 2007.
http://www.pimpyourbrain.de/downloads/Zweite_Podcastumfrage_Ergebnisband.pdf [01.02.2011]

Xie, Ying/Sharma, Priya (2005): Students' lived experience of using weblogs in a class: An exploratory study. Penn State University, Pennsylvania (USA)
http://eric.ed.gov/PDFS/ED485009.pdf [30.07.2010]

Xu, Li (2007): Project the wiki way: using wiki for computer science course project management. In: Journal of Computing Sciences in Colleges, 22. Jg., H. 6, S. 109–116

Zauchner, Sabine/Baumgartner, Peter (2007): Herausforderung OER – Open Educational Resources. In: Merkt, Marianne/Mayrberger, Kerstin/Schulmeister, Rolf/Sommer, Angela/van den Berk, Ivo (Hg.): Studieren neu erfinden – Hochschule neu denken. Münster: Waxmann, S. 244–252

ZDF-Pressestelle (2010): ARD-ZDF-Onlinestudie 2010.
http://www.ard-zdf-onlinestudie.de/ [13.01.2011]

Zech, Bernhard (2007): Ist IMS Learning Design „pädagogisch neutral"? zeitschrift für e-learning, 2. Jg., H. 2, S. 45–55

Zentel, Peter (2006): Barrierefreiheit im Internet.
http://www.e-teaching.org/didaktik/konzeption/barrierefreiheit/Barrierefreiheit.pdf [21.07.2010]

Zentel, Peter/Bett, Katja/Meister, Dorothee M./Rinn, Ulrike/Wedekind, Joachim (2002): Trends und Perspektiven der virtuellen Hochschule in Deutschland. In: it + ti – Informationstechnik und Technische Informatik, 44. Jg., H. 4, S. 223–229

Zimmer, Gerhard (1987): Selbstorganisation des Lernens. Kritik der modernen Arbeitserziehung. Frankfurt/Main: Peter Lang

Zimmer, Gerhard (1997): Konzeptualisierung der Organisation telematischer Lernformen. In: Aff, Josef/Backes-Gellner, Uschi/Jongebloed, Hans-Carl/Twardy, Martin/Zimmer, Gerhard: Zwischen Autonomie und Ordnung. Perspektiven beruflicher Bildung. Köln: Botermann & Botermann (Wirtschafts-, Berufs- und Sozialpädagogische Texte, Sonderband 7), S. 105–121

Zimmer, Gerhard (1998): Aufgabenorientierte Didaktik. Entwurf einer Didaktik für die Entwicklung vollständiger Handlungskompetenzen in der Berufsbildung. In: Markert, Werner (Hg.): Berufs- und Erwachsenenbildung zwischen Markt- und Subjektbildung. Baltmannsweiler: Schneider, S. 125–166

Zimmer, Gerhard (2000a): Der Einsatz von Lernmedien. In: Cramer, Günter/Kiepe, Klaus (Hg.): Jahrbuch Ausbildungspraxis 2000 – Erfolgreiches Ausbildungsmanagement. Köln: Fachverlag Deutscher Wirtschaftsdienst, S. 94–99

Zimmer, Gerhard (2000b): Gestaltung einer Pädagogischen Infrastruktur für telematische Lehr- und Lernformen. In: Straka, Gerald A./Bader, Reinhard/Sloane, Peter F.E. (Hg.): Perspektiven der Berufs- und Wirtschaftspädagogik. Forschungsberichte der Frühjahrstagung 1999 (DGfE, Sektion Berufs- und Betriebspädagogik). Opladen: Leske + Budrich, S. 171–182

Zimmer, Gerhard (2000c): Konzeptualisierung der Pädagogischen Infrastruktur für die telematischen Lehr- und Lernformen an der „Virtuellen Fachhochschule". In: de Cuvry, Andrea/Haeberlin, Friedrich/Michl, Werner/Breß, Hartmut (Hg.): Erlebnis Erwachsenenbildung. Zur Aktualität handlungsorientierter Pädagogik. Neuwied: Luchterhand, S. 98–109

Zimmer, Gerhard (2000d): Evaluation der Lehre durch logische Rekonstruktion der Lernhandlungen. In: Clemens, Wolfgang/Strübing, Jörg (Hg.): Empirische Sozialforschung und gesellschaftliche Praxis. Bedingungen und Formen angewandter Forschung in den Sozialwissenschaften. Opladen: Leske + Budrich, S. 113–133

Zimmer, Gerhard (2001): Ausblick: Perspektiven der Entwicklung der telematischen Lernkultur. In: Arnold, Patricia: Didaktik und Methodik telematischen Lehrens und Lernens. Lernräume, Lernszenarien, Lernmedien. State-of-the-Art und Handreichung. Münster: Waxmann (Medien in der Wissenschaft, Bd. 17), S. 126–146

Zimmer, Gerhard (2002): E-Learning führt zu einer anderen Kultur des Lehrens und Lernens. Folgen für die didaktische Gestaltung. In: Zimmer, Gerhard (Hg.): High-Tech or High-Teach. Lernen in Netzen zwischen Aktualität und Potenzialität. Bielefeld: W. Bertelsmann, S. 7–21

Zimmer, Gerhard (2003): Aufgabenorientierte Didaktik des E-Learning. In: Hohenstein, Andreas/Wilbers, Karl (Hg.): Handbuch E-Learning. Expertenwissen aus Wissenschaft und Praxis. Köln: Deutscher Wirtschaftsdienst (Loseblattsammlung, Grundwerk 2001), Beitrag 4.15, S. 1–14

Zimmer, Gerhard (2004): Aufgabenorientierung: Grundkategorie zur Gestaltung expansiven Lernens. In: Faulstich, Peter/Ludwig, Joachim (Hg.): Expansives Lernen. Baltmannsweiler: Schneider, S. 54–67

Zimmer, Gerhard (2005): Förderprogramm Neue Medien in der Bildung. Auditempfehlungen zum Förderbereich ‚Neue Medien in der beruflichen Bildung'. Hrsgg. vom Bundesministerium für Bildung und Forschung, Bonn u. Berlin 2005, 14 S. (unter Mitarbeit von Elz, W./Esser, F.-H./Gaiser, B./Grotlüschen, A./Härtel, M./Littig, P./Michel, L. P./ Payome, T./Petersheim, A. K.), gedruckt und abrufbar: http://www.bmbf.de/pub/neue_medien_in_der_beruflichen_bildung.pdf [18.10.2006]

Zimmer, Gerhard (2006): Was bestimmt den Lernerfolg? Aufgabenorientierte Didaktik als Grundkonzept für den Erwerb ganzheitlicher Handlungskompetenzen. In: Dieckmann, Heinrich/Dittrich, Karl-Heinz/Lehmann, Burkhard (Hg.): Kompetenztransfer durch selbstgesteuertes Lernen. Bad Heilbrunn: Klinkhardt, S. 31–52

Zimmer, Gerhard (2008): Evaluation von Lernerfolg in E-Learning-Szenarien. In: bwp@ Berufs- und Wirtschaftspädagogik – online, Ausgabe 15 http://www.bwpat.de/ausgabe15/zimmer_bwpat15.pdf [18.10.2010]

Zimmer, Gerhard (2009a): Aufgabenorientierte Didaktik der Berufsbildung. In: Cramer, Günter/Dietl, Stefan F./Schmidt, Hermann/Wittwer, Wolfgang (Hg.): Ausbilder Handbuch. Köln: Deutscher Wirtschaftsdienst (113. und 114. Erg.-Lfg.), Beitrag 6.1.14, S. 1–25

Zimmer, Gerhard (2009b): Qualitätskriterien für Medien in der Weiterbildung. In: Grundlagen der Weiterbildung – Praxishilfen. Köln: Luchterhand (Erg.-Lfg. 78), Beitrag 7.50.20, S. 1–14

Zimmer, Gerhard (2009c): Qualitätskriterien für Medien in der Berufsbildung. In: Cramer, Günter/Dietl, Stefan F./Schmidt, Hermann/Wittwer, Wolfgang (Hg.): Ausbilder Handbuch. Köln: Deutscher Wirtschaftsdienst (109. Erg.-Lfg.), Beitrag 6.3.6, S. 1–21

Zimmer, Gerhard (2009d): Bildung mit E-Learning. In: Mikuszeit, Bernd/Szudra, Ute (Hg.): Multimedia und ethische Bildung. E-Learning – Ethik – Blended Learning. Frankfurt/Main: Peter Lang, S. 61–92

Zimmer, Gerhard (2010a): Subjektivität, Arbeit und Berufsbildung. In: Büchter, Karin (Hg.): Enzyklopädie Erziehungswissenschaft Online – Fachgebiet Berufs- und Wirtschaftspädagogik. Weinheim: Juventa 2010, S. 1–26
http://www.erzwissonline.de DOI 10.3262/EEO12100137

Zimmer, Gerhard (2010b): Evaluation von Lernerfolg im E-Learning. In: Lehmann, Burkhard/Bloh, Egon (Hg.): Online-Pädagogik. Band 4: Qualität und Evaluation. Baltmannsweiler: Schneider, S. 181–195

Zimmer, Gerhard (2011): Unterstützung selbstständigen Lernens – Lehren und Lernen mit digitalen Medien. In: L.A. Multimedia, Heft 4, 2011, S. 24–26

Zimmer, Gerhard (2011): Der dritte Lernort. In: www.didacta-magazin.de, Heft 4, 2011, S. 3–5

Zimmer, Gerhard (2012): Aufgabenorientierte E-Didaktik. Leitlinien für expansives Lernen. In: L.A. Multimedia, Heft 2, 2012, S. 11–13

Zimmer, Gerhard (2012): Technik trifft Didaktik. Löst eine Umwälzung der pädagogischen Verhältnisse aus? In: L.A. Multimedia, Heft 4, 2012, S. 22–24

Zimmer, Gerhard/Dippl, Zorana (2003): Beurteilung der Kompetenzentwicklung – Probleme, Fragen und Kriterien handlungsorientierter Prüfungen. In: Elster, Frank/Dippl, Zorana/Zimmer, Gerhard (Hg.): Wer bestimmt den Lernerfolg? Leistungsbeurteilung in projektorientierten Lernarrangements. Bielefeld: W. Bertelsmann, S. 5–23

Zimmer, Gerhard/Psaralidis, Elena (2000): „Der Lernerfolg bestimmt die Qualität einer Lernsoftware!" Evaluation von Lernerfolg als logische Rekonstruktion von Handlungen. In: Schenkel, Peter/Tergan, Sigmar-Olaf/Lottmann, Alfred (Hg.): Qualitätsbeurteilung multimedialer Lern- und Informationssysteme. Evaluationsmethoden auf dem Prüfstand. Nürnberg: BW Bildung und Wissen, S. 262–303

Zimmer, Gerhard/Rogner, Larissa/Thillosen, Anne (2001): Virtuelle Fachhochschule für Technik, Informatik und Wirtschaft (VFH). Evaluation der Pilotmodule im Bundesleitprojekt. In: AUE – Informationsdienst Hochschule und Weiterbildung, H. 1, S. 51–58

Zink, Klaus/Behrens, Stefan (2000): Ansätze für Bewertung und Qualitätsmanagement. In: Grundlagen der Weiterbildung, 11. Jg., H. 6, S. 274–276

Zinke, Gert/Fogolin, Angela (2004): Nutzung von Online-Communities für arbeitsplatznahes, informelles Lernen. Endbericht der Online-Befragung. Bonn: Bundesinstitut für Berufsbildung und SALSS – Sozialwissenschaftliche Forschungsgruppe

Zinke, Gert/Härtel, Michael (2004) (Hg.): E-Learning: Qualität und Nutzerakzeptanz sichern. Beiträge zur Planung, Umsetzung und Evaluation multimedialer und netzgestützter Anwendungen. Bielefeld: W. Bertelsmann

Zinth, Claas-Philip/Schütz, Julia (2010): E-Learning in der Hochschulpraxis: Wie Lehren und Lernen nicht auf der (virtuellen) Strecke bleiben. In: Holten, Roland/Nittel, Dieter (Hg.): E-Learning in Hochschule und Weiterbildung. Einsatzchancen und Erfahrungen. Bielefeld: W. Bertelsmann, S. 95–106

Zorn, Isabel/Wiesner, Heike/Schelhowe, Heidi/Baier, Barbara/Ebkes, Ida (2004): Good Practice für die gendergerechte Gestaltung digitaler Lernmodule. In: Carstensen, Doris/Barrios, Beate (Hg): Campus 2004. Kommen die digitalen Medien in die Jahre? Münster: Waxmann, S. 112–122
http://dimeb.informatik.uni-bremen.de/documents/artikel.2004.Zorn-etal.genderge rechteGestaltung.pdf [30.04.2010]

Zürcher, Reinhard (2002): Vom Kurs zur Lernumgebung 2: Alternative Lernräume. Förderungsstelle des Bundes für die Erwachsenenbildung für das Burgenland.
http://www.pib-wien.ac.at/content/more/lehrlern/n_lernformen/content/k_lu_2.pdf [06.05.2004]

Autorenhinweise

Patricia Arnold
Prof. Dr. phil., 1. und 2. Staatsexamen für das Lehramt an Gymnasien (Mathematik/Sport), geb. 1958.

Seit 2006 Professorin für Sozialinformatik an der Fakultät für angewandte Sozialwissenschaften der Hochschule München. Studiengangsleiterin des Online-Studiengangs BA Soziale Arbeit sowie E-Learning-Beauftragte der Hochschule. Zuvor langjährig in der didaktischen Beratung und Begleitforschung zu E-Learning sowie in der Erwachsenenbildung, im IT-Training und im Projektmanagement transnationaler Bildungsprojekte tätig. Promotion in Pädagogik, Studium der Erziehungswissenschaft, Mathematik und Sportwissenschaft an den Universitäten Hamburg und London.

Arbeitsschwerpunkte u. a.: Mediendidaktische Konzeptionen für E-Learning an Hochschulen und in der betrieblichen Weiterbildung, Lernen in (virtuellen) Communities of Practice, Qualitätsmanagement und Evaluation.

Zahlreiche Veröffentlichungen und Vorträge zu mediendidaktischen Themen; Lehraufträge in der postgradualen wissenschaftlichen Weiterbildung; Leitung von Drittmittelprojekten, Mitgestaltung einer selbst organisierten, interdisziplinären und internationalen Forschungsgruppe zu Communities of Practice.

Lars Kilian
Dipl.-Päd., 1. Staatsexamen für das Lehramt an Grundschulen, geb. 1972.

Studium der Erziehungswissenschaften, Erwachsenenbildung und Bildungsplanung an der Universität Erfurt sowie Studium des Lehramts für Grundschulen (Hauptfächer Mathematik/Kunsterziehung) an der Pädagogischen Hochschule Erfurt.

2001–2004 wissenschaftlicher Mitarbeiter an der Helmut-Schmidt-Universität/Universität der Bundeswehr Hamburg im Bundesleitprojekt „Virtuelle Fachhochschule". Seit 2004 wissenschaftlicher Mitarbeiter an der Technischen Universität Kaiserslautern in Projekten zu E-Learning im Kontext von Erwachsenenbildung, Wissensmanagement und Qualitätsmanagement. Trainer und Berater für die Konzeption und den Einsatz von E-Learning in der Erwachsenenbildung, Mitarbeit an verschiedenen Qualitäts- und Standardisierungsinitiativen im E-Learning und der Erwachsenenbildung. 2009 Auszeichnung mit dem Landeslehrpreis Rheinland-Pfalz.

Arbeitsschwerpunkte: technische Entwicklungen digitaler Medien und deren Einsatz zur Gestaltung von Lehr- und Lernszenarien, digitale Medien und deren Einsatz in Schule und Erwachsenenbildung.

Veröffentlichungen, Vorträge und weiterführende Informationen unter http://www.lars-kilian.de

Anne Thillosen

Dr. phil., Dipl.-Theol., 1. Staatsexamen (Theologie/Germanistik), geb. 1964.

Seit 1997 im Bereich E-Learning tätig: zunächst bis 2005 an der Helmut-Schmidt-Universität/Universität der Bundeswehr Hamburg, danach bis 2008 als stellvertretende Leiterin der Stabsstelle eLearning der Ruhr-Universität Bochum, seitdem als Co-Leiterin des Informationsportals e-teaching.org am Institut für Wissensmedien in Tübingen. Promotion in Pädagogik, Studium der Katholischen Theologie und Germanistik an der Universität Bonn und an der Dormition Abbey in Jerusalem.

Arbeitsschwerpunkte u. a.: didaktisches Design technologieunterstützten Lehrens, E-Learning-Konzepte an Hochschulen, Veränderungsprozesse durch digitale Medien, Qualitätssicherung und Evaluation, Literalität und neue Medien.

Veröffentlichungen und Vorträge zu mediendidaktischen Themen, seit 2006 Mitglied des Editorial Board der GMW-Buchreihe „Medien in der Wissenschaft".

Gerhard Zimmer

Univ.-Prof. Dr. phil. habil., Dipl.-Psych., Ing. (grad.), geb. 1943.

Von 1996 bis 2008 Inhaber der Professur für Berufs- und Betriebspädagogik in der Fakultät für Geistes- und Sozialwissenschaften der Helmut-Schmidt-Universität/Universität der Bundeswehr Hamburg. Bis 1996 Leiter der Abteilung "Fernunterricht und offenes Lernen" im Bundesinstitut für Berufsbildung in Berlin und Privatdozent am Psychologischen Institut der Freien Universität Berlin.

Arbeitsschwerpunkte u. a.: Gestaltung und Evaluation von E-Learning in der beruflichen Bildung, im Hochschulstudium und in der Weiterbildung, Reform des Systems der Berufsbildung, aufgabenorientierte Didaktik und Methoden beruflicher Bildung zur Entwicklung ganzheitlicher Handlungskompetenzen; Kompetenzentwicklung und allgemeine Bildung.

Zahlreiche Veröffentlichungen und Vorträge; Lehrtätigkeiten an Universitäten in Berlin, Bielefeld, Kassel und Wien; Bearbeitung und Leitung einer Reihe großer Drittmittelprojekte; Vorträge und Forschungsaufenthalte in China, Finnland, Frankreich, Spanien, Portugal, Schweiz, Österreich, Luxemburg, Belgien und den Niederlanden.

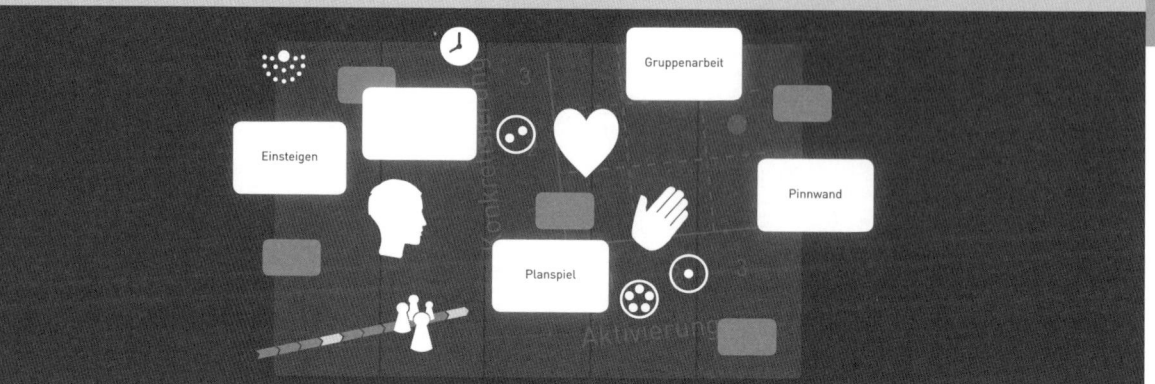

Weiterbildung visuell

Besser lernen mit Bildern

Powerpointpräsentationen, Flipcharts, Collagen, Mindmaps – um Lerninhalte zu visualisieren, gibt es eine Vielzahl von Möglichkeiten. Der lernfördernde Einsatz solcher Methoden setzt jedoch die Kenntnis kontextuell angemessener Einsatzmöglichkeiten und gelungener Gestaltung voraus.

Der Praxisband erklärt, wann welche Visualisierungsmöglichkeiten - besonders in der Weiterbildung - lernförderlich sein können. Neben didaktischen Grundprinzipien und dem Rollenverständnis von Lehrenden und Lernenden werden theoretische Überlegungen zum effektiven Einsatz von Visualisierungen im Lernprozess beschrieben. Der umfangreiche Praxisteil legt gestalterische Regeln für die Veranschaulichung von Lerninhalten dar. Zusätzliche Checklisten stehen im Internet zum Download zur Verfügung.

Alexandra Bergedick, Dirk Rohr, Anja Wegener

Bilden mit Bildern

Visualisieren in der Weiterbildung

Perspektive Praxis

2011, 144 S., 24,90 € (D)
ISBN 978-3-7639-4865-9
ISBN E-Book 978-3-7639-4866-6
Best.-Nr. 43/0038

wbv.de

PRAXIS

W. Bertelsmann Verlag

service@wbv.de | wbv.de | wbv-journals.de | wbv-open-access.de

Handbuch Trainings- kompetenz

Training kompetent durchführen

Immer mehr Wissen wird in Unternehmen von Mitarbeitern für Kollegen aufbereitet und direkt weitergegeben. Diese Multiplikatorenkonzepte sind branchenübergreifend weit verbreitet. Das Handbuch zeigt, wie man diese internen Trainings kompetent konzipiert und durchführt.

Ein weiterer Schwerpunkt ist die externe Weiterbildung, die Auswahl und Beurteilung von Trainern und Trainings. Grundlage des Bandes ist die Ausbildung „Train the Trainer", die die Deutsche Gesellschaft für Personalführung e.V. (DGFP) seit 10 Jahren für Fach- und Führungskräfte sowie Trainer und Dozenten anbietet. Im Praxisteil des Handbuchs präsentieren Absolventinnen und Absolventen der Ausbildung Projekte aus dem Unternehmensalltag. Das letzte Kapitel stellt Instrumente für die Trainingspraxis vor, die ziel- und transferorientierte Lernprozesse unterstützen.

DGFP e.V. (Hg.)

Handbuch Trainingskompetenz

Multiplikatorenkonzept für die Betriebliche Weiterbildung

DGFP-PraxisEdition, 106

2012, 318 S.
ISBN 978-3-7639-5123-9
Best.-Nr. 6001972
Print 39,– €
E-Book 24,99 €

wbv.de

W. Bertelsmann Verlag

service@wbv.de | wbv.de | wbv-journals.de | wbv-open-access.de

Das Internet der Dinge

Ein zukunftsweisendes Tool

Das „Internet der Dinge" wird als besonders zukunftsträchtiges Technologiefeld eingeschätzt. Es zielt auf die Verbreitung von selbstständig kommunikationsfähigen Infrastrukturen durch drahtlose Vernetzung von Objekten, mobilen Geräten und bestehenden Netzwerken wie dem Internet. Das „Internet der Dinge" ist das zweite Themenfeld der neu gestalteten Initiative zur Früherkennung von Qualifikationserfordernissen des Bundesministeriums für Bildung und Forschung (BMBF). Ziel ist, neue Qualifikationsanforderungen früh zu erkennen und sie in den berufsbildungspolitischen Prozess einzubinden. Im Fokus dieses Sammelbands stehen drei Anwendungsfelder, die neue Qualifikationspotenziale erfordern: Logistik, „Smart House" und industrielle Produktion.

Lothar Abicht, Georg Spöttl (Hg.)

**Qualifikationsentwick-
lungen durch das
Internet der Dinge**

Trends in Logistik, Industrie
und „Smart House"

2012, 267 Seiten, 19,90 € (D)
Bestell-Nr. 6004282
ISBN 978-3-7639-5080-5
ISBN E-Book 978-3-7639-5081-2

wbv.de

W. Bertelsmann Verlag

service@wbv.de | wbv.de | wbv-journals.de | wbv-open-access.de